제6판

기본행정법

김명길

탑북스

제6판 서 문

이 책은 초판의 서문에 나타나 있는 바와 같이 행정법의 기본을 이해하고 이를 바탕으로 사례에 응용할 수 있는 능력을 배양하는데 목적을 두고 있다.

이 책의 주요 특징은 첫째, 행정법의 체계를 네 부분으로 구성하고 각각 장과 절로 나누어 행정법의 전체적인 체제와 각 부분의 관련성을 연계할 수 있도록 하고, 둘째, 행정법의 각 주제마다 기본개념을 중심으로 서술하되, 가급적 통설 내지 다수설과 판례에 따라 간단·명료하게 기술하고, 셋째, 각 주제마다 관련되는 법령과 학설 및 판례를 삼위일체식의 서술방식으로 기술하여 살아있는 행정법이 되도록 하고, 넷째, 각 주제별로 목차를 간결하게 정리하여 쟁점을 파악할 수 있도록 하여 사례문제의 해결에 도움이 되도록 하였다는 점이다.

이번 개정도 이 책의 내용과 관련되는 법령과 판례를 필요한 범위 안에서 반영하고, 강의를 하면서 학생들의 요구사항을 이 책의 발간취지에 부합하는 범위 안에서 몇 가지 원칙을 두어 내용을 수정하고 보완하였다.

첫째, 기술내용이 미흡한 부분에 대하여 내용을 추가하거나 보완하여 내용을 더욱 알차게 하였다. 다만, 학술논쟁을 지양하고, 특정 이론을 주장하는 학자를 명시하지 아니한 점 등은 동일하다. 이 점 독자들의 이해를 구한다.

둘째, 개정법령과 주요 판례를 보완하여, 대학의 강의용 기본서로서의 기능에 충실하고자 하였다. 다만, 행정법령의 잦은 개폐 등으로 인용된 실정법의 오류를 지양하기 위하여 실정법의 인용은 가급적 최소화하여 법령의 개폐와 관계없이 행정법의 법리의 이해를 도모하도록 하였다.

셋째, 서술형식을 보다 간결하게 처리하고 가급적 긍정적으로 표현하여 읽고 이해하기 쉽도록 하였다.

끝으로 개정판의 출간에 자료정리와 교정작업에 많은 도움을 준 부산대학교 법과대학 심상복 강사와 표정우 박사에게 고마움을 표하며, 이 책의 기획과 간행에 정성을 기울여주신 편집부 여러분에게 깊은 감사를 드린다.

2016년 6월

저 자

서 문

행정법을 공부하는 학생 또는 수험생들은 행정법이 어렵다고 한다. 행정법이 어려운 원인은 여러 가지가 있겠지만, 저자가 나름대로 분석한 원인은 개념에 대한 이해가 부족한 점, 어려운 외국이론이 다소 산만하게 전개되고 있는 점, 이론과 실제 사례와의 상호관련성을 소홀히 하고 있는 점, 통일법전이 없는 관계로 참조하여야 할 실정법이 너무 많고 자주 변경되어 법전을 활용하기가 귀찮은 점, 그리고 상호관련성이 있는 분야를 연계하지 못함으로써 공부의 효율성을 제고하지 못하는 점 등이다.

저자는 이러한 문제점을 해결하기 위하여 우선 행정법의 기본을 이해하고 이를 바탕으로 사례에 응용할 수 있는 능력을 배양하는데 목적을 두고 이 책을 집필하였다. 이를 위하여 다음과 같은 점에 중점을 두었다.

첫째, 행정법의 전체적인 체제와 각 부분의 관련성을 연계할 수 있도록, 목차를 네 부분으로 구분하고 각각 장과 절로 나누어 공부의 효율성을 제고하도록 하였다.

둘째, 행정법의 기본개념을 중심으로 서술하였다. 나아가 학생들의 이러한 부담을 덜어주기 위하여 학설상 논쟁이 심한 부분은 통설에 따라 간단하고 명료하게 기술하였다.

셋째, 각 주제마다 관련되는 법령과 학설 및 판례를 삼위일체식의 서술방식으로 기술하였다. 이로서 이론(학설 · 판례)과 실정법과의 관련성을 제고하여 살아 있는 행정법이 되도록 하였다.

넷째, 각 주제별로 목차를 간결하게 정리하여 쟁점을 파악할 수 있도록 하여 사례문제의 해결에 도움이 되도록 하였다.

이 책이 행정법을 공부하는 학생과 수험생들의 기대에 충분히 부응할 수 있을까 하는 염려가 앞서지만, 이 책의 집필 의도대로 행정법의 기본을 익히고자 하는 학생과 수험생들에게 커다란 도움이 되기를 바란다.

끝으로 이 책의 출간 자료정리와 교정작업을 도와 준 대학원 박사과정에 재학 중인 전은수 양에게 고마움을 표하며, 이 책의 기획과 간행에 정성을 기울여 주신 편집부 여러분에게 감사의 말씀을 드린다.

2010년 12월

저 자

차 례

第1篇 行政法의 基礎

第1章 行政과 行政法

第2章 行政法의 基本原理

第3章 行政法關係

第2篇 行政作用法

第1章 行政立法

第 2 章 行政行爲

第 3 章 行政計劃 등

第4章 行政節次 · 情報公開

第3篇 行政의 實效性確保手段

第 1 章 行政强制

第 2 章 行政罰

第 3 章 기타 實效性確保手段

第4篇 行政救濟制度

第 1 章 國家責任法制

第 2 章 行政爭訟法制

第1篇　行政法의 基礎

第 1 章 行政과 行政法

第 1 節 行　　政

주요쟁점

1. 행정 개념의 성립 이론은 무엇인가?
2. 행정의 개념은 어떻게 정의할 수 있는가?
3. 통치행위란 무엇이며, 행정 개념과는 어떠한 차이가 있는가?

Ⅰ. 行政의 意義

1. 행정 개념의 성립

행정법의 대상이 되는 행정은 근대국가에 이르러 권력분립제도와 국민주권주의에 의하여 형성된 개념이다.

① 로크(J. Locke)와 몽테스키외(Montesquieu)에 의하여 완성된 권력분립이론은 근대국가의 자유주의적인 정치조직원리로서 국가의 통치작용을 입법·사법·행정으로 나누고, 이를 각각 입법부·사법부·행정부의 세 기관에 귀속시켜 기관 상호간에 '억제와 균형'을 유지함으로써, 국민의 자유와 권리를 확보하기 위한 것이다.

② 국민주권이론은 순수이론적으로는 직접민주제를 제창하는 것이었지만, 현실제도론으로서는 대표민주제를 원칙으로 하는 국가형태를 만들게 되었다. 그리하여 대표민주제는 국민대표라는 관념을 통하여 행정의 입법권에 대한 종속성을 요구하였고, 이 요청에 따라 근대행정법의 기본원리인 '법률에 의한 행정의 원리'가 형성되었다.

2. 행정의 개념

행정법의 대상인 '행정'은 일반적으로 실질적 의미의 행정과 형식적 의미의 행정으로 구분한다.

행정법에서의 행정은 때로는 실질적 의미의 행정을 대상으로 하기도 하고, 때로는 형식적 의미의 행정을 대상으로 하는 등 두 가지 의미로 혼용되어 사용되고 있다.

1) 실질적 의미의 행정

실질적 의미의 행정은 입법 · 사법과 구별되는 국가작용으로 그 성질에 착안하여 이해하는 개념이다. 일반적으로 법집행작용으로 파악한다.

2) 형식적 의미의 행정

형식적 의미의 행정은 행정을 담당하는 주체 내지 기관에 의하여 이루어지는 작용으로 이해하는 개념이다. 제도적 의미의 행정이라고도 한다.

Ⅱ. 實質的 行政의 概念

일반적으로 행정의 개념은 국가작용의 성질에 주목하여 행정의 내용을 파악하는 '실질적 의미의 행정'에 관한 문제이다. 이에 대하여는 부정설과 긍정설이 있고, 긍정설에는 소극설과 적극설이 있다.

1. 학 설

1) 부정설

행정은 다양하게 존재하기 때문에 행정의 특성을 고려하여 행정의 개념을 실질적으로 파악하는 것은 불가능하다고 보는 견해이다.

2) 긍정설

(1) 소극설 - 공제설(控除說)

행정작용의 다양성 때문에 행정을 적극적으로 정의하기는 보다는 "행정은 국가작용 중에서 입법과 사법의 두 작용을 제외한 일체의 작용을 말한다."고 정의하는 견해이다.

(2) 적극설

행정의 개념을 적극적으로 파악하고자 하는 견해로서, "행정이란 국가가 법질서 아래서 자기목적을 실현하기 위하여 행하는 사법(司法) 이외의 작용" 또는 "법 아래서 법의 규율 범위 내에서 이루어지는 계속적·형성적인 국가활동"이라고 정의하는 견해이다. 이와 같은 적극설에는 국가목적실현설, 양태설, 목적설 등 다양한 견해가 있다.

2. 결 어

학설은 일반적으로 적극설의 입장에서 행정의 개념을 정의하고자 하나, "공행정은 정의할 수 있는 것이 아니라 다만 기술할 수 있는 데 불과하며, 개별 행정활동은 다양하기 때문에 통일적 개념으로 요약할 수도 없다."는 포르스트호프(Forsthoff)의 지적처럼 만족할 만한 정의는 사실상 불가능하다고 할 수 있다.

결론적으로 행정의 개념은 행정의 특징에서 찾는 것이 합리적이다.

행정의 개념적 특징은 ① 공익실현을 목적으로 하고, ② 법 아래서 법의 규율 범위 내에서 이루어지며, ③ 계속적·형성적인 활동이며, ④ 구체적인 국가활동이라는 점에 있다

Ⅲ. 統治行爲와 行政

1. 의 의

'통치행위'란 국가적 이해에 직접 관련되는 사항을 대상으로 하는 고도로 정치적인 의미를 가진 국가행위로서 사법심사가 배제되거나 제한되는 행위를 말한다. 따라서 통치행위는 입법·행정·사법과 구별되는 '제4의 국가작용'이라고 불리운다.

이와 같은 통치행위는 미국에서는 정치문제(political question)라는 이름으로 인정되고 있고, 영국에서는 국사행위(國事行爲) 또는 대권행위라는 이름으로 인정되고 있다.

2. 인정 여부

1) 학 설

학설은 이를 긍정하는 견해와 부정하는 견해가 있다.

(1) 긍정설

긍정설에는 ① 국가의 운명을 좌우하는 것과 같은 중대한 고도의 정치적 결단은 비록 법률적 판단이 가능한 경우라도 그 당부는 법원의 판단보다도 정부(또는 국회)가 직접 국민에게 책임을 지면서 국민의 비판으로 실시하는 것이 민주적 정치원리에 합당하다고 보는 권력분립설과, ② 정치적 가치판단에 관한 사항을 법원의 판단에 유보시킨다면 법원이 정치적 분쟁의 와중에 빠지게 되어 중립을 표방하는 사법(司法)의 원리를 해칠 우려가 있다는 사법자제설, ③ 통치행위는 행정행위이기는 하나 자유재량행위이므로 사법심사의 대상이 되지 아니한다는 자유재량행위설 등을 들 수 있다.

(2) 부정설

부정설은 인권존중의 견지에서 사법국가형의 체제를 택하고 있고 사법심사에서 개괄주의를 택하고 있으므로 사법심사의 대상이 아닌 통치행위를 인정하지 아니한다.

2) 판 례

① 우리 대법원은 대통령의 비상계엄선포행위에 대한 재정(裁定) 요지에서 "비상계엄의 선포가 당연히 무효라고 볼 수 없으며 당연무효로 판단할 수 없는 계엄에 대하여는 그 계엄의 선포가 옳고 그른 것은 국회에서 판단하는 것이고 법원에서 판단할 수 없다고 해석하는 것"이라고 판시함으로써(大判 1964. 7.21, 64초3), 그에 대한 사법심사를 거부하여 통치행위를 인정하였다.

② 그러나 헌법재판소는 대통령의 긴급재정경제명령에 관한 헌법소원에서 "비록 고도의 정치적 결단에 의하여 행해지는 국가작용이라고 할지라도 그것이 국민의 기본권 침해와 직접 관련되는 경우에는 당연히 헌법재판소의 심판대상이 된

다."고 판시하여(憲裁決 1996.2.29. 93헌마186) 통치행위의 존재를 인식하면서도 국민의 기본권 침해와 관련되는 경우에는 통치행위 개념의 적용을 부인하는 태도를 취하고 있다.

3) 사 견

통치행위의 법리를 둘러싸고 이론상으로는 긍정론과 부정론의 대립을 보이지만, 통치행위의 개념을 인정하는 근거와 필요성, 범위 등은 주로 판례를 통하여 변함없이 발전되어 왔다. 즉, 프랑스 최고행정재판소는 '사법자제설', 영국 보통재판소는 '대권행위설', 미국 사법재판소는 '권력분립설'의 입장에서 통치행위의 개념을 인정하고 있다.

생각건대, 통치행위란 국가의 운명을 좌우하는 고도의 정치적인 결단 등에 해당하는 행위이므로 가령 법률적 판단이 가능한 경우에도 그 당부는 법원이 판단하는 것보다도 행정부가 직접 국민이나 국회에 대하여 책임을 지면서 국민의 비판을 받는 편이 민주적 정치원리에 적합하다. 뿐만 아니라 정치적 가치판단에 관계하는 사항을 법원이 판단한다면 법원을 정치적 분쟁의 와중에 말려들게 하여 공평과 중립을 목표로 하는 사법의 권위를 실추시킬 염려가 있다는 점에서 사법심사를 배제하는 것이 합리적이다.

그러나 통치행위를 확장하면 사법자제(司法自制)의 이름 아래 사법권의 후퇴를 초래하여 법치국가로서의 성질을 부정할 위험성이 커진다. 그러므로 통치행위의 범위는 최소한에 그쳐야 한다. 따라서 고도의 정치적인 국가행위 중에서도 ① 헌법상의 최상급 국가기관 상호간의 행위와, ② 국정의 기본적인 상태에 결정적인 영향을 주는 내용의 행위이거나, ③ 현실적으로 국민의 정치적 비판에 맡겨야 할 행위에 한하여 통치행위를 인정해야 할 것이다. 물론 통치행위가 인정되는 경우에도 헌법과 법률 등이 일정한 요건이나 절차 등을 규정하고 있는 경우에는 당연히 법의 기속을 받는다.

3. 통치행위의 예

구체적으로 말한다면 대통령이 국가의 중요정책을 국민투표에 회부하는 행위(憲法 §72), 대통령의 외교·선전·강화행위(同法 §73), 사면행위(同法 §79), 국무위원의 임면(同法 §78, §86①, §87①, §98②, §104①) 등이 통치행위의 예이다. 뿐만 아니라 예산의 편성 등 정부와 국회와의 사이의 기본적 관계에 관한 행위라든가 중대한 외교문제의 처리에 관한 행위가 이에 속할 것이다. 그러나 지방의회의 의결 등은 통치행위의 범주에 포함되는 것이 아니므로, 절차나 내용상의 하자는 사법심사의 대상이 된다.

4. 통치행위의 한계

통치행위가 인정되는 경우에도 통치행위 또한 국민의 기본권적 가치의 실현을 위한 수단이라는 한계를 지켜야 하며, 통치행위에 관해 개별적인 법률이 있으면 그에 따라야 한다.

한편 국가배상과 관련하여서는 만일 국가배상을 인정하기 위해서는 통치행위의 위법성을 판단하여야 하므로 일반적인 경우에는 국가배상이 성립되지 않겠지만, 통치행위의 한계를 벗어나는 경우에는 국가배상도 가능하다.

참고판례

▸통치행위에 대하여 사법심사를 부정한 판례 : 大判 1979.12.7, 79초70(同旨: 大判 1964.7.21, 64초3,4,6; 大判 1981.5.26, 81도1116).

"국가를 보위하며 국민의 자유와 복리의 증진에 노력하여야 할 국가원수인 동시에 행정의 수반이며, 국군의 통수자인 대통령이 제반의 객관적 상황에 비추어서 그 재량으로 비상계엄을 선포함이 상당하다는 판단 밑에 이를 선포하였을 경우, 그 행위는 고도의 정치적·군사적 성격을 띠는 행위라고 할 것이어서, 그 선포의 당·부당을 판단할 권한과 같은 것은 헌법상 계엄의 해제요구권이 있는 국회만이 가지고 있다고 할 것이고, 그 선포가 당연무효의 경우라면 모르되, 사법기관인 법원이 계엄선포의 요건의 구비 여부나 선포의 당·부당을 심사하는 것은 사법권의 내재적인 본질적 한계를 넘어서는 것이 되어 적절한 바가 못된다."

▸통치행위에 대하여 사법심사를 인정한 판례 : 大判 1997.4.17, 96도3376.

"군사반란과 내란을 통하여 폭력으로 헌법에 의하여 설치된 국가기관의 권능행사를 사실상 불가능하게 하고 정권을 장악한 후 국민투표를 거쳐 헌법을 개정하고 개정된 헌법에 따라 국가를 통치하여 왔다고 하더라도 그 군사반란과 내란을 통하여 새로운 법질서를 수립한 것이라고 할 수는 없으며, 우리나라의 헌법질서 아래에서는 헌법에 정한 민주적 절차에 의하지 아니하고 폭력에 의하여 헌법기관의 권능행사를 불가능하게 하거나 정권을 장악하는 행위는 어떠한 경우에도 용인될 수 없다. 따라서 그 군사반란과 내란행위는 처벌의 대상이 된다."

第 2 節 行政法

주요쟁점

1. 행정법의 의의는 어디에 있으며, 그 범위는 어디까지인가?
2. 공법과 사법의 구별실익은 무엇이며, 구별기준은 무엇인가?

Ⅰ. 行政法의 意義

1. 행정법의 개념

행정법은 "행정에 관한 고유한 공법으로서, 내용적으로는 행정의 조직과 작용 및 구제에 관한 국내공법"이라고 할 수 있다. 즉, '행정에 고유한 국내공법'이라고도 한다.

이와 같은 의미에서의 행정법은 「헌법」, 「민법」, 「형법」처럼 포괄적인 통일법전은 존재하지 않지만, 행정의 조직과 작용 및 구제에 관한 법률 · 명령 · 조례 · 규칙 등 다양한 법령군에 대하여 공통된 법원리가 지배하는 법영역을 말한다.

1) 행정권의 조직 · 작용 및 구제에 관한 법으로서의 행정법

행정법은 행정권의 조직 · 작용 등에 관한 법이므로 국가와 그 통치권을 중심관념으로 하는 국가의 근본조직과 작용에 관한 근본법인 헌법과 구별되며, 입법권의 조직과 작용에 관하여 규율하는 「국회법」이나 「공직선거법」 등의 입법법과 구별되고, 사법권의 조직과 작용을 규정하는 「법원조직법」 등의 사법법과 구별된다.

2) 국내법으로서의 행정법

행정법은 국내법으로서 국제법과 구별되나, 「헌법」은 "헌법에 의하여 체결 · 공포된 조약과 일반적으로 승인된 국제법규는 국내법과 같은 효력을 가진다."고 규정하므로(同法 §6①), 행정의 조직과 작용 및 구제에 관계되는 조약과 국제법규는 그 한도 내에서 행정법학의 연구대상이다.

3) 공법으로서의 행정법

행정법은 행정의 조직과 작용 및 구제에 관한 국내법의 전부를 의미하는 것이 아니고, 행정에 관한 사법을 제외한 오로지 행정에 특유한 공법만을 의미한다. 그러므로 '공법'이라는 용어는 행정법의 범위를 표시하며, 법에 있어서는 '공법'과 '사법'의 이원론을 전제로 하는 것이다.

2. 행정법의 성립과 현황

1) 행정법의 성립

행정법은 권력분립과 국민주권주의를 토대로 행정권도 법에 구속된다는 법치국가사상이 생성되면서 비로소 성립한 것이다. 그러나 행정법의 성립은 행정권도 법에 구속된다고 하는 법치국가원리 이외에 행정제도의 특수성에서 기인하였다고 할 수 있다.

행정법학의 성립과 발전에 있어서, 이러한 행정제도를 두고 있었던 대륙법계와 그렇지 않은 영미법계는 차이가 있었다.

(1) 대륙법계의 행정법

행정법학이 공법학으로서 독립의 체계를 형성하기에 이른 것은 독일 프랑스 등의 대륙법계 국가부터다. 이러한 국가에서 행정법학이 발전한 것은 행정제도의 관념에 크게 기인한다. 행정제도는 행정에 특수・고유한 법(공법)체계를 인정하고, 행정사건을 처리하기 위하여 통상의 민사・형사사건을 다루는 사법재판소와는 별도로 특별재판소로서 행정재판소를 설치하는 것을 요소로 하였다.

(2) 영미법계의 행정법

영국 및 미국에서는 행정제도의 관념을 인정하지 않고, 행정작용은 법의 지배(rule of law) 원칙의 결과로서 일반 사법재판소의 재판권에 따르도록 하였다. 또한 행정을 지배하는 법은 일반 사인을 지배하는 보통법(common law)과 별도 독립의 법체계로서 인정되지 않았다. 즉, 영미법계에서는 대륙법계와 같은 사법질서로부터 독립된 공법체계 내지 행정법 체계라는 발상은 전통적으로 존재하지 않았다.

2) 행정법의 현황

오늘날의 행정법은 행정법의 특색을 인정한 대륙법계의 요소와 행정에 대한 사법재판소의 관할을 인정한 영미법계의 요소를 융화한 형태로 발전하여 왔다고 볼 수 있다.

우리나라의 행정법도 제도적·상대적이지만, 행정쟁송제도 등에서 행정법의 특성이 인정되고 있으며, 행정사건도 일반법원의 관할에 속하게 함으로써 대륙법계의 요소에 영미법계의 요소를 가미하고 있다.

3. 행정법의 분류

1) 내용상의 분류

다양한 법령군으로 구성된 행정법은 내용적으로는 행정의 조직과 작용 및 구제에 관한 법령으로 분류할 수 있다.

① 국가나 지방자치단체 등 행정주체의 존립근거를 부여하고 이들 행정주체가 설치하여야 할 행정기관의 명칭, 권한, 기관상호간의 관계 및 공무원의 임면, 신분, 직무 등을 규정하는 법인 '행정조직법'과, ② 국가나 지방자치단체 등 행정주체와 사인 사이의 법률관계의 발생·변경 및 소멸에 관한 행정작용 내지 활동에 관한 법인 '행정작용법'과 ③ 위법한 행정에 의하여 국민의 권리가 침해되었을 경우에 이를 시정함과 동시에 침해된 권리의 구제에 관한 법인 '행정구제법'으로 구분할 수 있다.

2) 실체법과 절차법

행정법도 다른 법과 마찬가지로 실체법과 절차법으로 나눌 수 있다.

① 실체법이란 실체적인 권리·의무나 행정행위 등의 효력 등에 관한 법이다. 「건축법」, 「도로교통법」 등 대부분의 행정법령은 이에 속한다.

② 이에 대하여 절차법이란 행정활동에 관한 법으로부터 실체법을 제외한 것이다. 사전절차법으로는 「행정절차법」이, 사후절차법에는 「행정심판법」, 「행정소송법」 등이 있다.

Ⅱ. 行政法의 特徵

1. 존재형식상의 특징

1) 성문법주의

행정법은 국민의 권리의무에 관한 사항을 주된 규율의 대상으로 하기 때문에 성문법주의를 원칙으로 한다. 물론 행정법의 성문법주의가 불문법의 의의를 부정하는 것은 아니다.

2) 기본법전의 부재

행정법은 기본이 되는 법전이 없다. 그렇기 때문에 행정법은 구체적인 법조문의 해석을 떠나서 주로 일반·추상적인 개념을 정립하고, 그 논리적 조작을 통하여 연구할 수밖에 없다. 이 점에서 민법이나 형법의 해석과는 방법론상 차이가 있다.

3) 법원(法源)의 다양성

행정법을 구성하는 법령군은 헌법을 비롯하여 법률, 명령, 자치법규와 불문법 등 매우 다양하다.

2. 내용상의 특징

1) 이념성

행정법은 헌법이념을 구체적으로 실현하는 법이다. 따라서 행정법규를 해석·적용하는 경우에는 헌법의 민주주의원리, 평등원칙, 국민의 기본권보장, 사회국가원리, 지방자치의 구현 등 헌법의 이념과 내용을 고려하여야 한다. 베르너(F. Werner)의 '행정법은 구체화된 헌법'이라는 명제는 헌법과 행정법이 지니는 규범상 단계구조를 지적한 것이다.

2) 공익성

행정법은 개인 사이의 이해조절을 내용으로 하는 사법과는 달리 공익의 실현을 목적으로 한다.

3) 행정주체의 우월성

행정법은 효율적인 공익실현을 위하여 행정주체에게 우월적 지위를 부여하고 있다. 행정주체의 명령권, 행정강제와 행정벌, 취소소송제도 등은 행정주체의 우월적 지위에서 인정되고 있는 제도라고 할 수 있다.

4) 대량 · 평등성

행정법은 다수인을 대상으로 대량적으로 규율하기 때문에 평등성이 요구된다.

5) 획일 · 강행성

행정법은 공익실현을 목적으로 하고, 다수인을 주된 규율의 대상으로 하기 때문에 상대방의 주관적 · 내면적 의사와는 관계없이 획일적이고 강행적으로 적용된다.

6) 기술성

행정법은 공익실현을 목적으로 하고, 다수인을 대상으로 하기 때문에 이해조절을 위한 기술적 규정이 많다. 오토 마이어(O. Mayer)가 말한 "헌법은 변하나, 행정법은 변하지 않는다."는 명제는 행정법의 기술성을 지적한 것이다.

3. 규범적 특징

「민법」이나 「형법」은 현실적인 다툼을 법원이 재판할 때의 기준이 되는 재판규범으로서 사법적 성격이 농후하지만, 행정법은 궁극적으로는 재판규범이기는 하나 제1차적으로는 오히려 행정기관의 활동지침을 부여하는 행위규범의 성질을 갖는다.

행정법의 행위규범적 특징으로 인하여 행정쟁송은 행정권의 제1차적 판단에 대한 사후심사를 원칙으로 한다.

Ⅲ. 公法과 私法

1. 의 의

행정법의 연구대상이나 제도는 공법과 사법의 구별문제를 전제로 할 경우에 공법에 한정된다. 그러므로 공법과 사법의 구별은 실정법의 해석·적용과정에서 중요한 의미를 지닌다.

2. '공법'과 '사법'의 구별의의

공법과 사법의 구별은 대체로 다음과 같은 점에서 그 의의와 필요성이 인정되고 있다.

1) 실체법상의 실익

행정법의 분야에는 헌법·민법·형법의 경우와는 달리 헌법전·민법전·형법전과 같은 일반법전이 존재하지 않기 때문에 행정이 관여하는 법률관계, 이른바 행정상의 법률관계를 법적으로 어떻게 해석·운용할 것인가를 둘러싸고 적용할 법규나 법원칙을 정하기 위하여 공법과 사법의 구별은 필요하다.

2) 절차법상의 실익

「행정소송법」 제3조가 항고소송과 함께 '공법상의 법률관계에 관한 소송'인 당사자소송을 행정소송의 일종으로 규정하여 동법의 적용을 받도록 하여, 민사소송과 달리 운영되고 있다. 이는 행정청과 시민 사이의 분쟁이라 하더라도 사법의 적용으로 해결되어야 할 것은 「민사소송법」의 규정에 따라 민사사건으로 다루어져야 하지만, 공법이 적용되어야 할 분쟁은 행정사건으로 「행정소송법」의 규정에 따라 재판하게 된다. 따라서 행정상의 구체적 법률관계에 대한 법적 분쟁에서 소송절차를 결정하기 위하여 당해 법률관계를 규율하는 법이 공법인가 사법인가를 구별할 필요가 있다.

3. 공법과 사법의 구별기준

1) 학 설

(1) 주체설

주체설은 다시 ① 국가 또는 지방자치단체가 적어도 일방당사자가 되는 법률관계를 규율하는 법을 공법이라 하고, 이와는 달리 시민상호간의 법률관계를 규율하는 법을 사법이라고 보는 '구주체설'과 ② 권리 또는 의무의 귀속주체를 오로지 고권적인 권력의 담당자인 행정주체로 하고 있는 법을 공법이라 하고, 이와는 달리 잠재적·현실적으로 모든 자에게 권리를 부여하거나 의무를 부과하는 법을 사법이라고 보는 '신주체설'로 구분된다.

(2) 권력설(성질설)

이 견해는 당사자 사이의 법률관계가 권력적인 수단에 의하여 규율되고 있는가의 여부에 따라 공법과 사법을 구별하려고 하는 것이다. 성질설이라고도 한다.

(3) 이익설 등

공법과 사법 양자의 구별기준에 대해서는 주체설과 권력설 이외에도 ① 법이 규율하는 목적의 차이에 따라 공익의 실현에 기여하는 법이 공법이며, 이와는 반대로 사익의 실현에 기여하는 법이 사법이라는 '이익설', ② 사람들의 정치적 생활에 관한 법을 공법, 민사적 생활에 관한 법을 사법이라고 하는 '생활관계설' 등이 있다.

2) 비 판

① 국가나 지방자치단체가 일방 또는 쌍방당사자로 되는 관계를 규율하는 법이라 하더라도 물품의 구입과 같은 관계를 규율하는 법은 원칙적으로 사법이기 때문에 구주체설의 타당성은 수긍하기 어렵다.

② 또한 국가행정활동의 증대로 말미암아 '비권력적 수단'에 의하여도 공공의 이익을 위하여 사인 사이의 법관계에는 존재하지 아니하는 특수한 법적 규제가 이루어지고 있으므로 권력이라는 요소만으로 행정법(공법)을 일반사법으로부터 구별하는 것은 적절하다고 할 수 없다.

③ 그리고 모든 법은 인간의 공동생활의 질서를 유지하는 데 기여하는 것이므로 사익도 공익을 위하여 존재하는 경우도 있을 수 있으며, 아직 공익 그 자체의

개념이 엄격하게 정의되고 있지 못한 실정에 있다는 점에서 이익설의 문제점이 있고, 생활관계설도 정치적 생활과 민사적 생활을 구분하기 어렵다는 문제가 있다.

3) 소 결

따라서 공법과 사법의 구별기준은 모든 시민에게 타당한 일반법으로서의 사법에 대하여, 공법은 고권적 권력담당자, 즉 행정주체의 권리의무에 관한 법이라고 보는 신주체설을 기초로 하여 다양한 견해를 종합하여 결정하여야 할 것이다.

第 3 節 行政組織

주요쟁점

1. 행정주체에는 어떠한 것이 있는가?
2. 행정청의 법적 지위는 어떠한가?
3. 행정조직법정주의에 따른 권한의 행사방법과 그 법리는 어떠한가?

Ⅰ. 概 觀

1. 의 의

행정조직이란 국가·지방자치단체, 기타 공공단체 등과 같은 행정주체의 조직을 말한다.

이와 같이 행정주체를 위하여 행정권을 행사하는 행정기관의 설치와 폐지, 행정기관의 권한 및 상호간의 관계에 관한 규정 등 행정조직에 관한 법을 행정조직법이라 한다.

2. 행정조직법정주의

행정조직에 관한 사항은 기본적으로 법률로 정하여야 한다는 원칙을 행정조직법정주의라고 한다.

행정조직법정주의는 법치주의 원리와 민주주의원리에 근거한 행정의 민주적 통제를 위하여 요청된다.

우리 「헌법」은 "행정각부의 설치・조직과 직무범위는 법률로 정한다."(§96)고 하여 행정조직법정주의를 규정하였으며, 이에 따라 「정부조직법」이 제정되었다.

3. 행정조직의 분류

행정조직은 행정주체에 따라 국가행정조직과 지방자치행정조직으로 구분된다.

① 국가행정조직이란 국가사무를 수행하는 행정조직을 말하며, 중앙행정을 수행하는 중앙행정조직과 지방행정을 수행하는 지방행정조직으로 구분된다.

국가의 지방행정은 보통지방행정기관의 관할에 속하는 것과 특별지방행정기관의 관할에 속하는 것이 있다. 보통지방행정기관은 일정한 관할구역 내에서 일반행정사무의 처리를 그 권한으로 하는 지방행정기관으로 지방자치행정조직을 통하여 운영하며, 특별지방행정기관은 특정한 중앙행정기관의 소관사무만을 관장하는 지방행정기관으로 따로 특별지방행정조직(예를 들면 안전행정부 소속의 경찰서, 기획재정부 소속의 세무서)을 두어 운영한다.

② 지방자치행정조직이란 지방자치사무를 수행하는 지방자치단체의 조직을 말한다. 지방자치단체의 조직은 일반적으로 의결기관으로서의 지방의회와 집행기관으로서의 지방자치단체의 장으로 구성된다.

Ⅱ. 行政主體

행정주체라 함은 행정을 담당하는 국가나 지방자치단체, 공공단체(법인)와 공무수탁사인과 같은 법주체를 말한다.

행정주체로는 ① 시원적인 권력을 지닌 국가, ② 전래적인 권력을 지닌 지방자치단체가 있으며, ③ 행정수요의 증대와 행정의 효율성을 도모하기 위한 공공단체가 있다. 논란은 있지만, ④ 공무수탁사인(公務受託私人)도 행정주체가 된다.

이러한 행정주체는 행정상의 법률관계에서 자신의 이름으로 권리를 행사하고 의무를 부담하며, 그 법 효과가 귀속된다.

1. 국 가

국가는 국가행정의 법주체로서 행정주체이다.

그러나 국가행정을 수행하는 형태는 두 유형이 있다. 즉, 국가가 거의 대부분의 행정을 장악하고 국가의 모든 영역에 자신의 조직으로 행정을 수행하는 '중앙집권주의'와 국가로부터 독립된 지방자치단체를 설치하여 행정권의 일부를 포괄적으로 이 단체에 이양하고, 지역적인 행정을 자주적으로 처리하도록 하는 '지방분권주의'가 있다.

2. 지방자치단체

우리 「헌법」은 지방자치를 존중하고 국가로부터 독립된 지방자치단체를 설치하여 행정권의 일부를 포괄적으로 이 단체에 이양하고, 지역적인 행정을 자주적으로 처리하도록 하고 있다(同法 §117①). 이러한 '지방분권주의' 아래에서는 지방자치단체가 헌법상 국가와 더불어 중요한 행정주체가 된다.

또 특정한 목적을 수행하기 위하여 필요한 경우에는 특별지방자치단체를 설치하여 운영할 수도 있으며(地自法 §2③④), 지방자치단체의 조직과 운영에 관한 사항은 법률로써 정하도록 하는 행정조직법정주의가 채택되고 있다(憲法 §118②).

3. 기타의 행정주체(공공단체)

행정에 속하는 특정사업을 실시하기 위하여 설치된 독립법인은 특정목적을 수행함에 있어서 필요한 범위 안에서 행정주체가 된다.

이러한 행정주체로는 이해관계인들로 구성되는 사단적 성격의 단체(공공조합)와 인적·물적 결합체인 단체(영조물법인-정부관련기업)와 공적 자금의 출자에 의거하여 설치된 재단적 성격의 단체가 있다.

1) 공공조합

이는 특별한 법률의 규정 내지 절차에 의하여 설립되는 행정상의 사단법인으로, 「도시개발법」에 의한 도시개발을 위한 조합(同法 §11①6호)처럼 일정한 사업을 행하는 것, 「변호사법」에 의한 대한변호사협회, 「상공회의소법」에 의한 상공회의소, 「주택건설촉진법」에 의한 주택조합처럼 업계나 직장의 공통이익의 증진을 목적으로 하는 것, 그리고 「국민건강보험법」에 의한 국민건강보험공단과 같이 지역과 직종이 함께 사회보험사업을 행하는 것 등이 그 예가 된다.

2) 영조물법인 · 정부관련기업

이는 정부가 직접 경영하기보다는 독립채산의 기업적인 경영방식에 의하는 편이 합리적인 사업경영을 가능하게 한다고 보아 독립의 법인으로 한 것이다. 각종 영조물법인 또는 공사(한국은행, 한국도로공사 등) 등 정부관련기업이 그것이며, 이는 모두 민상법(民商法)상의 조직형태를 취하지만 행정사무의 일부를 담당하기 위하여 정부의 출자로 특별한 법률의 규정이나 절차에 따라 설립된다.

3) 공법상 재단

공법상 재단이라 함은 국가나 지방자치단체가 공공 목적을 위해 출연한 재산을 관리하기 위하여 설립된 재단법인을 말한다(한국연구재단).

4. 공무수탁사인

1) 의 의

'공무수탁사인'이란 자신의 이름으로 일정한 공행정사무를 처리할 수 있는 권한을 위임받은 사인을 말한다. 공무수탁사인은 자연인 또는 법인 · 단체 또는 그 기관이나 개인이 된다.

2) 법적 지위

공무수탁사인은 신분상으로는 사인이지만, 기능상으로는 일정한 범위 내에서 공권력을 행사할 수 있으며, 또한 자기 이름으로 독자적으로 활동할 수 있으므로 그의 권한이 미치는 한도 내에서 행정주체의 지위에 서게 된다(전래적 행정주체설). 그러나 행정주체의 의미를 엄격하게 해석하여 공무수탁사인은 권한의 범위 내에서 행정기관이 될 뿐 행정주체는 아니라고 보는 견해도 있다.

3) 법적 근거

공무수탁사인의 법적 근거로서는 「정부조직법」(同法 §6③)과 「지방자치법」(同法

§104③) 및 개별법률이 있다. 예를 들면 사인 또는 사법인이 소속 직원의 소득세를 원천징수하는 경우(所得法 §127 이하), 사인이 사업시행자로서 타인의 토지를 수용하는 공용수용특권을 행사하는 경우(公土法 §2의 3호), 사인이 별정우체국의 지정을 받아 행하는 우편업무취급의 경우 등이다.

이러한 공무위탁은 법령에 근거한 행정행위나 행정계약을 통하여 이루어진다.

4) 공무수탁사인의 법률관계

(1) 공무수탁사인과 행정주체와의 관계

공무수탁사인은 공무위탁자인 행정주체에 대해서 ① 맡은 바 직무의 성실한 이행과 ② 법령을 준수할 의무 그리고 ③ 주무관청의 감독을 받을 의무 등을 지는 반면, ④ 공법상의 직무수행권과 ⑤ 재정상의 청구권 및 ⑥ 행정쟁송을 제기할 수 있는 권리 등을 갖는다.

(2) 공무수탁사인과 국민과의 관계

공무수탁사인은 외부관계에서 독립된 행정주체로서 지위를 가진다. 또한 행정청으로서의 지위도 가진다.

그러므로 ① 공무수탁사인은 행정주체의 입장에서 행정행위나 행정강제 등 법령상의 여러 가지 행위를 할 수 있으며, ② 국민은 공무수탁사인의 행위에 대하여 행정쟁송을 제기하거나, ③ 국가나 지방자치단체를 상대로 손해배상을 청구할 수 있다(國賠法 §2 참조).

참고판례

▸ 공무수탁사인을 행정청으로 보면서 그 행위를 행정처분이 아니라고 한 판례 : 大判 1990.3.23, 89누4789.

"원천징수하는 소득세에 있어서는 납세의무자의 신고나 과세관청의 부과결정이 없이 법령이 정하는 바에 따라 그 세액이 자동적으로 확정되고, 원천징수의무자는 소득세법 제142조 및 제143조의 규정에 의하여 이와 같이 자동적으로 확정되는 세액을 수급자로부터 징수하여 과세관청에 납부하여야 할 의무를 부담하고 있으므로, 원천징수의무자가 비록 과세관청과 같은 행정청이더라도 그의 원천징수행위는 법령에서 규정된 징수 및 납부의무를 이행하기 위한 것에 불과한 것이지, 공권력의 행사로서의 행정처분을 한 경우에 해당되지 아니한다."

Ⅲ. 行政機關

1. 행정기관의 의의

1) 개 념

행정기관이란 행정주체를 위하여 현실적으로 그 직무를 수행하는 기관을 말한다. 행정각부장관·특별시장·광역시장 및 도지사·시장·군수·구청장 등의 지위가 행정주체의 업무를 담당하는 행정기관이다.

2) 행정기관의 인격성

(1) 원 칙

행정기관에게는 법률에 의하여 일정한 권한과 책임이 주어지며, 그 권한의 범위 내에서 행정기관이 행하는 행위의 법률상의 효과가 행정주체에 귀속되지만, 행정기관 그 자체에는 귀속하지 아니한다. 따라서 이를 가리켜 "행정기관에는 인격이 없다."고 한다. 왜냐하면, 권리는 자신의 이익을 위하여 행사되는 법률상의 힘을 의미하는바, 행정기관의 권한은 어디까지나 행정주체를 위하여 행사되는 것이지 행정기관 자신의 이익을 위하여 행사되는 것이 아니기 때문이다.

(2) 예 외

행정기관은 인격이 인정되지 않는 것이 원칙이지만, 행정기관이 독립된 기본권의 주체로 인정될 수 있는 경우에는 인격권이 인정된다(헌재결 2015.12.23, 2014헌마1149).

참고판례

▸ 국립대학에 청구인능력을 인정한 판례: 헌재결 2015.12.23, 2014헌마1149

"헌법 제31조 제4항이 규정하는 교육의 자주성 및 대학의 자율성은 헌법 제22조 제1항이 보장하는 학문의 자유의 확실한 보장을 위해 꼭 필요한 것으로서 대학에 부여된 헌법상 기본권인 대학의 자율권이므로, 국립대학인 청구인도 이러한 대학의 자율권의 주체로서 헌법소원심판의 청구인능력이 인정된다."

2. 행정기관의 종류

행정기관은 그 법률상의 지위, 권한, 소관사무 등을 기준으로 다양하게 분류될 수 있지만, 행정법학에서 중요한 것은 권한을 기준으로 한 분류로서 행정청과 기타 행정기관을 들 수 있다.

1) 행정청

행정주체의 법률상의 의사를 결정하고 이를 사인에게 표시하는 권한을 가진 기관을 말한다. 「행정심판법」(同法 §2②, §13①, §17 등)이나 「행정소송법」(同法 §2②, §3, §13 등)에서 이 용어를 사용하고, 「정부조직법」(同法 §2, §7 등)에서는 행정청을 행정기관 또는 행정기관의 장으로 표현하고 있다.

2) 기타 행정기관

(1) 보조기관

행정청 기타 행정기관의 직무를 보조하기 위하여 일상적인 사무를 수행하는 기관으로, 차관・차장・실장・국장 또는 부장 및 과장 등이 이에 해당한다(政組法 §2③).

보조기관의 설치와 사무분장은 법률로 정하는 것을 제외하고는 대통령령으로 정한다(同法 §2①).

(2) 자문기관

행정청으로부터 자문의 요청을 받아 의견을 제시하는 기관을 말한다. 각종 심의회가 그것이며 법적으로 행정청을 구속하지 아니한다.

(3) 의결기관

행정청의 의사를 구속하는 의결을 행하는 행정기관이다. 따라서 의결기관의 의사는 행정청을 구속하며, 이 점에서 자문기관과 구별된다.

각종 징계위원회가 이에 해당하며, 종전의 행정심판위원회도 이에 해당한다.

(4) 집행기관

행정목적을 실현하기 위하여 필요한 실력을 행사하는 기관이다.

경찰공무원(경찰관직무집행법), 세무공무원(국세징수법), 집행관(집행관법), 소방공무원(소방기본법) 등이 그 예이다.

(5) 감사기관

행정기관의 사무나 회계처리를 검사하고 그 적부를 감사하는 기관을 말한다.

감사원이 이에 해당한다.

Ⅳ. 行政廳

1. 행정청의 의의

1) 개 념

행정주체의 법률상의 의사를 결정하고 이를 사인에게 표시하는 권한을 가진 행정기관을 행정청이라 한다. 일반적으로 영업허가나 건축허가 등 행정처분을 행하는 행정기관을 말한다.

2) 종 류

① 행정청은 국가의 행정청(각부장관, 경찰청, 공정거래위원회 등)과 지방자치단체의 행정청(특별시장, 광역시장, 도지사 및 시장, 군수, 구청장 등)으로 구분되며,

② 기관구성자의 수에 따라 단독관청(각부장관, 경찰청장, 시장 등)과 합의제관청(중앙토지수용위원회, 공정거래위원회 등)으로 구분된다.

③ 또한 행정청의 계층구조에 따라 상급행정청과 하급행정청으로 구분된다.

2. 행정청의 권한

1) 권한의 의의

행정청의 권한이란 행정주체를 위하여 행위할 수 있는 능력 또는 사무의 범위를 말한다. 이러한 권한이 부여된 행정기관이 행정청이므로 행정청만이 권한을 행사할 수 있고, 다른 행정청 또한 자신의 사무범위에 속하지 않는 권한을 행사할 수 없다.

2) 행정권한법정주의

(1) 원 칙

행정청의 권한은 법이 정하는 바에 따라 행사되어야 한다. 법에 의하여 부여되지 아니한 권한을 행사한 경우에는 무권한의 행위로서 원칙적으로 무효가 된다.

(2) 예 외

권한의 행사는 법령에 의하여 권한이 주어진 행정청이 행사하여야 하나, 업무 처리의 효율성이나 권한을 행사하여야 할 자가 사고 등으로 권한을 행사할 수 없는 경우에는 다른 기관이 권한을 행사하게 된다.

이러한 권한의 행사는 권한의 예외적 행사에 해당하며, 일반적으로 권한의 대행이라고도 한다. 권한의 대행에는 권한의 위임과 권한의 대리가 있다.

3) 권한의 한계

행정청의 권한은 「정부조직법」과 「지방자치법」 등 관련법률의 규정에 따른 일정한 한계가 있다.

이러한 한계로는 ① 사무의 범위에 따른 사항적 한계, ② 권한을 행사할 수 있는 지역에 대한 지역적 한계, ③ 권한을 행사할 수 있는 사람에 대한 대인적 한계 등이 있다.

3. 권한의 위임

1) 의 의

(1) 개 념

위임행정청이 자기 권한의 일부를 다른 기관(주로 하급행정기관 또는 보조기관)에 위임하여 행사하게 하는 것을 말한다.

권한의 위임은 권한의 귀속 자체를 변경하는 것이기 때문에 다음과 같은 점에서 행정청의 권한의 이양, 권한의 대리, 내부위임 및 위임전결 등과는 다르다.

(2) 유사개념과의 구별

(가) 권한의 이양(移讓)

권한의 이양은 권한 자체가 법률상 이전하는 것이나, 권한의 위임은 위임법령에 의해 권한 행사가 수임기관에게 이전되지만, 모법상에는 권한이 여전히 위임기관에게 있다는 점에서 구별된다.

(나) 권한의 대리

권한의 대리는 권한의 이전이 아니라 대리관청이 권한을 대리행사하는 것이므로 권한 자체는 여전히 피대리관청에 있으므로, 권한의 위임은 권한 자체가 수임기관에 있다는 점에서 구별된다.

(다) 권한의 내부위임·전결(專決) 및 대결(代決)

권한의 내부위임이란 행정조직 내부에서 수임기관이 위임기관의 권한을 위임기관의 명의와 책임으로 행사하는 것이므로, 권한의 위임은 수임기관이 자신의 명의와 책임으로 권한을 행사한다는 점에서 구별된다. 만일 권한의 내부위임을 받은 수임기관이 위임기관의 명의로 권한을 행사하지 아니하고 자신의 명의로 권한을 행사한 경우에는 형식적으로 처분청은 수임기관이 되므로 수임기관을 상대로 우선 취소소송을 제기한 다음, 피고경정의 방법으로 피고를 바꾸어야 할 것이다.

이 점에서 경미한 사항에 대한 행정기관 내부의 전결권자가 위임자의 명의로 권한을 행사하는 위임전결 및 기관구성자의 일시부재시 보조기관이 사실상 위임자의 권한을 대리행사하는 대결과도 구별된다.

2) 법적 근거

① 권한의 위임은 법령에 정해진 권한의 일부를 다른 기관에 이전시키는 것이기 때문에 위임에는 법령의 근거가 필요하다. 그러므로 법률의 근거가 없는 경우에 권한의 전부 또는 주요한 부분을 다른 기관에 위임하는 것은 권한법정주의의 취지에 반하여 허용될 수 없다.

② 권한의 위임에 관한 일반적인 근거법으로는「정부조직법」제6조와 이에 근거한「행정권한의 위임 및 위탁에 관한 규정」및「지방자치법」제102조와 제104조가 있다. 또한 각 단행법에 개별적으로 권한의 위임을 규정하고 있다(鑛業法 §111, 印鑑法 §14의2 등).

③ 문제는 권한의 위임에 관한 개별적인 근거규정이 없는 경우에도 일반적인 근거법에 의하여 권한의 위임이 가능한지의 여부에 대하여는 적극설과 소극설이 있다.

생각건대 이를 긍정하는 경우에는 행정조직법정주의와 권한배분원칙에 반하는 점, 사실상 권한의 위임의 법적 근거는 논의의 실익이 없는 점 등을 고려할 때 소극적으로 보는 것이 타당성이 없지 아니하나, 권한의 위임에 대하여 나름대로의 통제가 가능한 점, 위임행정이 갖는 행정의 효율성과 경제성 등을 고려할 때에는 적극설이 타당하다.

판례는 일반적인 근거법만으로도 권한의 위임이 가능하다는 적극설을 취하고 있다(大判 1995.7.11, 94누4615).

3) 범 위

① 위임받은 권한의 재위임도 권한의 위임의 취지에 반하지 않는 경우에는 가능하다(大判 1995.7.11, 94누4615, 憲裁決 2002.10.31, 2001헌가1).

② 권한의 위임은 권한의 일부에 대하여만 가능하다.

4) 유 형

권한의 위임은 그 수임의 상대방에 따라 ① 보조기관・하급행정청에 대한 위임, ② 대등관청 기타 타 행정청에 대한 위임, ③ 자치단체나 그 기관에 대한 위임, ④ 사인에 대한 위임(민간위탁) 등의 형식으로 나누어진다.

5) 법적 효과

① 수임기관은 자신의 명의와 책임으로 권한을 행사한다. 수임기관은 행정청의 지위를 지닌다. 따라서 행정쟁송법상 피청구인적격 내지는 피고적격을 지닌다. 위임행정기관은 그 권한을 상실한다. 다만, 수임기관이 하급행정청인 경우에는 상급관청으로서의 지휘・감독권을 가진다.

② 권한의 위임에 있어서 수임자가 다른 행정청이거나 인격을 달리하는 자일 때에는 위임청이 그 권한의 위임에 따르는 비용을 지원한다(地財法 §21②, §28).

참고판례

▸ 권한의 위임과 법적 근거에 관한 판례 : 大判 1995.7.11, 94누4615.

"건설부장관의 권한에 속하는 … 소정의 영업정지 등 처분권한은 서울특별시장・직할시장 또는 도지사에게 위임되었을 뿐 시・도지사가 이를 구청장・시장・군수에게 재위임할 수 있는 근거규정은 없으나, 정부조직법 제5조 제1항과 이에 기한 행정권한의위임및위탁에관한규정 제4조에 재위임에 관한 일반적인 근거규정이 있으므로 시・도지사는 그 재위임에 관한 일반적인 규정에 따라 위임받은 위 처분권한을 구청장 등에게 재위임할 수 있다."

4. 권한의 대리

1) 의 의

권한의 대리는 행정청의 권한의 전부 또는 일부를 다른 행정기관(대리행정기관)

이 피대리행정청을 위한 것임을 표시하고 자기의 이름으로 행사하며 그 행위는 피대리행정청의 행위로서 법적 효과를 발생하는 것을 말한다.

이는 행정청의 권한 자체를 다른 행정기관에 이전하는 것이 아니므로 권한의 위임과 다르며, 피대리청을 위한 것임을 표시하고 대리자의 이름으로 한다는 점에서 사무의 내부위임 및 대결과도 다르다(자세한 것은 권한의 위임 내용 참조).

2) 종 류

대리에는 수권대리(임의대리)와 법정대리의 두 종류가 있다.

(1) 수권대리(임의대리)

(가) 의 의

수권대리란 본래의 행정청의 수권에 의하여 대리관계가 발생하는 경우를 말한다. 대리기관은 대리관계와 피대리행정청을 명시하여 의사표시 등을 행하게 된다.

(나) 법적 근거

이 경우 원래의 행정청의 권한이 대리기관에 이동하지 않으므로 수권대리에는 법의 근거가 필요하지 아니하다.

(다) 대리권의 범위

본래의 행정청이 타기관(일반적으로 보조기관)에 대하여 자기를 대신하여 권한의 일부를 행사할 기능을 부여하는 것이다.

(라) 복대리(複代理)

수권대리의 신뢰관계를 존중하는 취지에서 원칙적으로 복대리는 허용되지 않는다.

(2) 법정대리

(가) 의 의

법정대리란 일정한 법률사실의 발생시(행정청의 궐위나 사고 등) 법률의 정하는 바에 따라 대리관계가 발생하는 경우를 말한다. 법정대리에는 대통령의 궐위나 사고에 따른 대리(憲法 §71), 행정청의 유고시의 차관·차장 기타 이에 준하는 자의 대리(政組法 §7②) 등과 같이 법정사실이 발생하였을 때 법률상 당연히 대리관계가 발생하는 협의의 법정대리와 일정한 자가 대리자를 지정함으로써 대리관계가 발생하는 지정대리가 있다(政組法 §19).

행정청의 구성자가 사망·해임 등으로 궐위된 경우에 해당 행정청의 권한을 행사하는 서리(署理)도 법정대리에 속한다고 볼 수 있다.

(나) 법적 근거

법정대리는 직접 법령의 규정에 따라 발생하는 것이므로 법정대리를 인정함에는 법령의 명문의 근거가 필요하다.

(다) 대리권의 범위

법정대리의 개념상 대리권은 피대리관청의 권한의 전부에 미친다.

(라) 복대리

법정대리는 사실상 피대리관청의 권한의 전부에 미치므로 권한의 일부에 대한 복대리는 허용된다고 할 것이다.

5. 행정청 상호간의 관계

행정의 통일성과 능률성을 유지하기 위하여 행정조직은 계층관계를 유지한다. 행정청 상호간의 관계는 상·하관청 상호간의 관계와 대등관청 상호간의 관계로 나누어 볼 수 있다.

1) 상하관청 사이의 관계 – 감독관계 –

행정청의 감독은 행정목적을 달성하기 위하여 상급청이 하급청의 위법·부당한 권한행사를 계속적으로 주시하고 필요에 따라 상급청의 의사로써 하급청의 의사를 구속하는 것이다. 권한의 감독은 동일계통의 행정청 상호간에 인정됨이 원칙이며, 개별적인 법령의 근거는 필요하지 않지만, 일반적·추상적인 법적 근거는 필요하다(政組法 §11, 地自法 §167, §169).

(1) 감시권

감시는 상급행정청이 하급행정청의 권한행사의 실정을 파악하기 위하여 행정사무의 집행을 조사하거나 보고하게 하는 감독상의 기초적 수단이다.

(2) 허·인가권

허·인가는 상급행정청이 하급행정청의 권한행사에 있어서 사전에 자기의 승인을 거치도록 요구하는 감독수단이다.

상급행정청의 이러한 허·인가권은 하급행정청의 권한행사의 위법·부당을 사전에 예방하기 위한 수단이지만, 이 수단이 취해질 때에는 하급청은 그의 권한행사에 있어서 행위능력이 박탈되는 것을 의미하는 것이기 때문에 원칙적으로 법령의 규정이 있어야 한다. 법령의 근거없이 상급청의 재량으로 하는 경우라도 예방

감독이 꼭 필요한 경우에 한하여 발동되어야 하는 비례원칙이 적용되어야 한다.

(3) 훈령권

(가) 의 의

훈령권은 감독행정청이 소관 하급행정기관에 대하여 법률의 해석이나 재량판단의 구체적 지침을 제시하여 행정업무의 통일을 기하기 위하여 발하는 명령이다.

훈령은 하급행정기관에 대한 명령인 점에서 상관의 부하에 대한 직무상의 명령인 직무명령과 구별되나, 훈령은 기관구성원인 공무원도 구속하므로 직무명령의 성질도 지닌다.

(나) 근 거

훈령권은 감독권의 내용의 하나이므로 법적 근거가 없이도 가능하다.

(다) 종 류

「행정효율과 협업촉진에 관한 규정」은 지시문서의 종류로 훈령·지시·예규·일일명령으로 구분하고 있다(同規程 §4 ii). 그러나 이들 사이의 법적 성질 내지 효력 등에는 차이가 없다.

(라) 법적 성질

훈령은 일반적으로 법조의 형식으로 되어 있으나, 행정규칙이므로 법규성이 인정되지 않는다. 따라서 훈령에 위반한 행위는 위법한 것으로 되지 않는다.

(마) 요 건

훈령이 유효하게 하급행정기관을 구속하기 위하여는 형식적 요건과 실질적 요건을 갖추어야 한다.

형식적 요건으로는 ① 권한 있는 상급행정청이 발하여야 하며, ② 하급행정기관의 권한에 속한 사항에 대한 것이어야 하며, ③ 직무상 하급행정기관의 독립적인 업무에 속하는 사항이 아니어야 하며, 실질적 요건으로는 ④ 내용적으로 적법·타당하여야 하며, 가능하고 명백하여야 한다.

(바) 효 력

요건을 갖춘 훈령은 하급행정기관을 구속하므로 하급행정기관은 훈령에 복종하여야 한다. 이에 위반하면 징계사유가 된다.

(사) 심 사

훈령이 요건을 구비하지 못한 경우에 하급행정기관이 훈령에 복종하여야 하는지에 대하여는 논란이 있다. 이 문제는 하급행정기관의 심사권의 범위와 이를 수행하는 공무원의 법령준수의무 등을 고려하여 판단하여야 할 것이다.

그러므로 형식적 요건을 결한 훈령에 대하여는 이를 거부할 수 있으나, 실질적 요건을 결한 훈령의 경우에는 훈령의 내용이 중대·명백한 하자가 있어 무효이거나 최소한 위법한 것이 명백한 경우에는 복종의무가 없다고 할 것이다.

(아) 훈령의 경합

서로 모순되는 둘 이상의 훈령이 경합하는 경우에는 주관상급행정청의 훈령에 따라야 하며, 상급관청이 상하관계에 있는 경우에는 직근 상급행정청의 훈령에 따라야 한다.

(4) 취소·정지권

이는 상급행정청이 직권 또는 행정심판청구에 의하여 하급행정청의 위법·부당한 행위를 취소 또는 정지하는 권한이다. 상급청의 지휘감독권(감시권, 허·인가권, 훈령권) 속에 하급청의 처분을 직접 취소하거나 정지시키는 권한이 포함되어 있는가에 대해서는 이론이 있지만, 명문의 규정이 있는 경우(政組法 §11②, §19② 및 地自法 §169①②) 이외에는 소극적으로 해석함이 정당하다. 이를테면 취소·정지의 명령만을 할 뿐이지, 직접 취소·정지권을 행사할 수는 없다.

취소·정지권이 인정되지 않더라도 상급청은 훈령권에 근거하여 하급청에 대하여 부당한 처분의 취소·정지를 명할 수 있기 때문에 행정감독에 별다른 지장이 없기 때문이다.

(5) 권한쟁의결정권

상급행정청이 행정청 상호간의 권한소재에 대하여 쟁의가 발생한 경우에 이를 결정하는 권한을 말한다. 쌍방의 행정청에 공통되는 상급행정청이 있을 경우에는 상급청의 재정(裁定)에 따라 결정하고, 없을 경우에는 쌍방의 상급행정청의 협의에 따라 결정한다.

2) 대등관청 사이의 관계

(1) 권한의 존중관계

대등한 행정청 상호간에는 상·하 행정청간의 경우와는 달리 서로 권한을 존중하고 행정의사를 조정할 필요가 있다.

지도감독관계에 있지 않는 행정청 상호간에서는 서로 그 권한을 존중하여야 한다. 다른 행정청이 자신의 권한에 근거하여 행한 결정은 명백한 권한의 일탈이 아닌 한 행정청은 이를 존중하여야 하며 모순된 행위는 허용되지 않는다.

(2) 권한의 협력관계

둘 이상의 행정청의 권한이 관계되는 사항(공동소관사항)에 대해서는 관계기관이 협의하여 결정한다. 공동소관사항에 대하여 하나의 행정청이 독단으로 행한 결정은 특별한 사정이 없는 한 무효라고 해석하여야 한다.

(3) 행정응원과 촉탁

대등한 행정청의 한 행정청이 다른 행정청의 요청에 따라 또는 자발적으로 다른 행정청의 권한행사에 협력하는 것이 '행정응원'이며(警應法 §1, 消基法 §11 등), 대등한 행정청 상호간에 있어서 일정한 사무가 다른 행정청의 권한에 속하는 경우에 그 처리를 촉탁하는 것이 '사무의 촉탁'이다.

第 4 節 行政法의 法源과 效力

第1. 行政法의 法源

주요쟁점

1. 행정법의 성문법주의란 어떤 의미인가?
2. 고시·훈령 등 행정규칙은 법원성을 가지는가?
3. 행정법의 조리법, 즉 일반법원칙의 의의, 내용, 요건은 어떠하며, 어떠한 사례와 관련되는가?
4. 신로보호원칙과 법률적합성의 원칙과의 충돌을 어떻게 해결하는가?

Ⅰ. 法源의 意義

1. 의 의

법원(法源)이란 법규범의 존재형식을 말한다. 법원이란 궁극적으로 재판에서 적법·위법의 판단의 기준이라는 의미를 가진다.

이러한 의미에서의 행정법의 법원에는 다른 법영역과 마찬가지로 일련의 제정절차를 거쳐 조문의 형식으로 된 성문법(제정법)과 그렇지 아니한 불문법(비제정법)이 있다.

2. 행정법의 성문법중심주의

사법의 영역에서는 사적 자치의 원칙이 지배하기 때문에 관습법과 같은 불문법이 중요한 지위를 차지한다. 그러나 행정법의 영역에서는 '법률에 의한 행정의 원리'가 지배하는 만큼 성문법이 중요한 법원을 이루고, 불문법은 어디까지나 성문법이 정비되어 있지 않은 분야에서 이를 보충하는 보충적 법원으로서의 지위를 가짐에 불과하다.

행정법이 성문법중심주의를 취하는 이유는 ① 그 내용이 전문・기술적 사항에 이르는 상세한 규율을 포함한다는 점, ② 행정권의 발동에 관한 문제이므로 행정의 자의를 방지하고 국민에게 예측가능성을 보장함으로써 법적 생활의 안정을 도모할 필요가 있다는 점, ③ 행정권의 행사에는 민주적 정당성이 요청되기 때문에 의회의 의사가 명확히 된 법률이나 조례의 근거가 요구된다는 점 등이다.

Ⅱ. 行政法의 成文法源

1. 헌 법

「헌법」은 국민의 기본권과 국가의 기본적인 통치구조를 정하는 기본법이므로, 「헌법」 가운데 행정의 조직이나 작용의 기본원칙을 정한 부분은 행정법의 법원이 된다. 헌법은 최상위의 법원이므로 모든 행정활동은 헌법이 규정하는 기본원리에 따라야 한다.

2. 법 률

법률이란 「헌법」이 규정하는 절차에 따라 국회의 의결을 거쳐 법률이라는 형식으로 제정된 법이다. 국회를 입법권행사의 유일한 기관으로 하고(憲法 §40), 국회가 입법권을 독점하고 있는 헌법원리 아래에서는 국민의 권리의무에 관한 일체의 법규정은 법률에 의하여 정해진다. 행정권의 발동근거도 법률에서 구해야 하며,

법률의 수권없이 행정청은 국민에 대하여 명령하고 강제할 수 없다. 이러한 의미에서 보더라도 법률은 행정상 법률관계에 있어서 가장 중심적인 법원이며, 행정권의 조직이나 작용에 관한 기본적 사항은 모두 법률에 의하여 정해진다.

3. 명 령

국회가 제정하는 법을 '법률'이라고 부르는 데 대하여, 행정권에 의하여 제정되는 법규를 총칭하여 '명령'이라고 한다. 널리 명령에는 법규명령과 행정규칙이 있지만, 일반적으로 명령은 법규명령을 의미한다.

우리 「헌법」 아래서의 법규명령으로서는 ① 대통령의 긴급재정경제명령 및 긴급명령(憲法 §76①②), ② 법률에서 개별 구체적으로 범위를 정하여 법률의 내용을 보충하고 구체화하기 위하여 위임받은 사항을 규정하는 위임명령(同法 §75, §95), ③ 법률을 집행하기 위하여 필요한 부수적 세목사항을 정하는 집행명령(同法 §75, §95)을 들 수 있다.

「헌법」에 규정된 법규명령이 아닌 「감사원법」에 의한 감사원규칙(同法 §52) 등도 있다.

4. 국제법규

「헌법」이 "헌법에 의하여 체결·공포된 조약과 일반적으로 승인된 국제법규는 국내법과 같은 효력을 가진다."(同法 §6①)고 규정하고 있으므로 조약이나 우리나라가 직접 당사국이 아닌 조약으로서 국제사회에서 일반적으로 그 규범성이 승인된 것과 국제관습법(외교관의 면책특권 등) 등 국제법규가 국내법적인 사항을 내용으로 하는 것은 국내법과 같은 법적 구속력을 가진다.

조약·국제법규와 국내법과의 효력관계는 국법체계의 유지를 위해 특별법우선의 원칙, 신법우선의 원칙 등의 일반원칙에 의하여 개별적으로 판단되어야 한다.

참고판례

▸ 국제법규의 법원성을 인정한 판례 : 전라북도학교급식조례재의결무효확인 (大判 2005.9.9, 2004추10).

"학교급식을 위해 국내 우수농산물을 사용하는 자에게 식재료나 구입비의 일부를 지원하는 것 등을 내용으로 하는 지방자치단체의 조례안이 '1994년 관세

> 및 무역에 관한 일반협정'(General Agreement on Tariffs and Trade 1994)에 위반되어 그 효력이 없다."

5. 자치법규

자치법규란 국가로부터 자치권이 허용된 지방자치단체가 그 자치권에 근거하여 독자적으로 제정한 법이다. 자치법규에는 ① 조례와 ② 규칙이 있다.

1) 조 례

① 지방자치단체가 법령의 범위 안에서 그 사무에 관하여 의회의 의결로써 제정하는 법규를 '조례'라 한다(地自法 §22). 직접 「헌법」 제117조의 개괄적 수권에 근거하여 제정되기 때문에 조례의 제정에 관하여서는 개별적인 법률의 위임을 필요로 하지 않는다. 다만, 주민의 권리제한 또는 의무부과에 관한 사항이나 벌칙을 정할 때에는 법률의 위임이 있어야 한다(同法 §22 但書).

② 조례와 관련하여 조례제정권의 한계가 어디에 있는가 하는 문제는 규율대상사항이 지방자치단체의 사무에 속하는 것인가의 여부와 국가의 법령에 위반하는가의 여부라는 양 측면에서 고찰되어야 한다.

2) 규 칙

규칙이란 지방자치단체의 장이 법령 또는 조례가 위임한 범위 안에서 그 권한에 속하는 사무를 처리하기 위하여 제정한 것이다(地自法 §23).

Ⅲ. 行政法의 不文法源

1. 관습법

1) 의 의

국민 사이에 오랫동안 계속된 관행이 국민의 법적 확신에 의하여 법적 규범으로 지지되는 단계에 이른 경우에 이를 관습법이라 한다. 행정상의 법률관계에서는 민사상의 법률관계와 비교해 보면 관습법이 성립할 여지가 적기는 하지만, 행정의 조직이나 운영에 대해서도 오랫동안에 걸친 관행이 법적 확신을 얻기에 이르면 관습법으로서 작용하는 경우가 있다.

2) 종 류

행정법의 법원으로서의 관습법에는 ① 지방적·민중적 관습법과 ② 행정선례법이 있다.

지방적·민중적 관습법이란 지역 주민 사이의 관행이 법규범으로 승인되기에 이른 경우를 말한다. 하천수리권(大判 1965.7.6, 65다425)이 그 예다.

행정선례법이란 행정기관에 있어서 실제로 처리한 사건이 선례로서 존중되어 법규범으로 승인된 것을 말한다. 실정법에는 행정선례법을 인정하고 있다(節次法 §4, 國稅法 §18③).

아무리 장기간 지속되는 행정관행이라도 위법한 관행은 사실인 관습에 불과하여 관습법이라 할 수 없다.

3) 관습법의 성립

(1) 학 설

① 법적 확신설은 일반국민의 법적 확신을 얻은 장기·계속적 관행이 관습법으로서 행정법의 법원성이 인정된다고 본다.

② 국가승인설은 일정한 관행이 법적 확신을 얻은 경우에도 국가의 승인이 명시적 내지 묵시적으로 있는 경우에 관습법으로서의 법원성을 인정한다는 입장이다.

(2) 소 결

법원은 법적 확신설을 취하고 있으나(大判 1983.6.14, 80다3132; 大判 2003.7.21, 2002다1178), 그 성립을 둘러싸고 다툼이 있을 경우에는 공권력으로 최종적 판단을 내릴 기관을 법원이라고 보면 양설의 차이는 없다고 할 수 있다.

4) 관습법의 효력

(1) 학 설

① 개폐적 효력설은 관습법에 성문법을 개폐하는 효력을 인정한다.

② 보충적 효력설은 관습법은 성문법이 존재하지 않는 경우에 보충적 효력만을 인정한다.

⑵ 소 결

'법률에 의한 행정의 원리'에서 볼 수 있듯이 국민의 권리의무에 관한 일체의 행정은 법률의 근거가 있어야 하며 이에 위반할 수 없으므로 성문법에 위반하는 관습법의 성립은 부정되어야 할 것이다.

판례도 "비과세관행이 성립되었다고 하려면 장기간에 걸쳐 그 사항에 대하여 과세하지 아니하였다는 객관적 사실이 존재할 뿐 아니라 과세관청 자신이 그 사항에 대하여 과세할 수 있음을 알면서도, 어떤 특별한 사정에 의하여 과세하지 않는다는 의사표시가 있고 그 의사가 명시적 또는 묵시적으로 표시되어야 할 것이므로 과세할 수 있는 어느 사항에 대하여 비록 장기간에 걸쳐 과세하지 아니한 상태가 계속되었다고 하더라도, 그것이 착오로 인한 것이라면 이와 같은 비과세는 일반적으로 받아들여진 관행이라 할 수 없다."(大判 1985.3.12, 84누398)고 하여 동일한 입장을 취한다.

2. 판례법

1) 의 의

판례법이란 동일내용의 판결이 반복될 때, 즉 동일한 원칙이 계속하여 판례에서 나타나면 그 내용이 법으로 승인되는 것을 말한다.

2) 판례의 법원성

판례구속성의 원리가 인정되지 않는 경우에는 대법원의 판례라도 당해 사건에 대한 대법원의 유권해석에 그치므로 당연히 행정법의 법원이 된다고 할 수 없다.

그러나 "상급법원의 재판에 있어서의 판단은 당해 사건에 관하여 하급심을 기속한다."(法組法 §8)는 규정이나, 민사사건에서 상고사건의 환송 또는 이송을 받은 법원은 "상고법원의 파기이유로 한 사실상과 법률상의 판단에 기속을 받는다."(民訴法 §406)는 규정, 그리고 대법원이 종전에 판시한 헌법·법률·명령 또는 규칙의 해석적용에 관한 의견을 변경하려면 대법원판사 3분의 2 이상의 합의체에서 하도록 한 규정(法組法 §7①3호) 등을 고려한다면 대법원의 판례는 하급법원이나 행정기관을 실질적으로 구속한다. 또한 장기에 걸쳐 계속적으로 반복된 법원의 판례는 국민의 일반적인 법적 확신을 얻기에 이르러 관습법의 일종으로 판례법이 성립한다고 할 수 있다.

그렇지만 대법원판례에 위반한 처분의 효력에 대해서는 당연무효가 아니라고 하였다(大判 1990.6.12, 89누7931).

3) 헌법재판소 결정례의 법원성

헌재의 위헌결정은 법원으로서의 성격을 가진다. 위헌으로 결정된 법률이나 법률조항은 효력을 상실할 뿐만 아니라, 법원 기타 국가기관이나 지방자치단체를 기속하기 때문이다(憲裁法 §47①②).

참고판례

▸ 판례에 위반한 행정처분의 효력 : 大判 1990.6.12, 89누7931.

"행정처분이 대법원판례에 배치된다는 사실만으로는 그 하자가 중대하고 명백하여 무효라고 할 수는 없다 할 것인 바, 양도될 당시에는 국세청장이 정한 특정지역에 해당하였으나 취득시에는 특정지역에 해당하지 아니한 토지의 양도차익은 양도가액과 취득가액 모두 지방세법상의 과세시가표준액에 의한 기준시가에 의하여 산정하여야 할 것인데 이에 따르지 아니하고 … 양도소득세를 부과한 과세처분은 흠있는 행정처분으로서 위법하지만 그 흠이 중대하고 명백하지 않아서 당연무효라고 할 수 없다."

3. 법의 일반원칙 -조리-

1) 의 의

'조리'란 일반적으로 정의에 합당한 보편적 원리라고 인정되는 규범을 말한다. 이는 '법의 일반원칙' 또는 '사물의 본성'이라고 부르고, 기본적인 법규범으로서 법원으로 다룬다.

조리는 법령해석상 의문이 있을 경우에 법령해석의 기준으로서 작용하고, 재량행사의 기준이 되기도 하며, 또 법률이나 관습법이 침묵하는 영역에서 법규정의 불비결함을 보충하는 보충법원으로서 중요한 의미를 지닌다.

행정법에서의 조리의 내용에는 ① 평등원칙과 행정의 자기구속의 법리, ② 비례원칙, ③ 신뢰보호의 원칙 등이 있다.

2) 평등원칙

(1) 의 의

'평등원칙'이란 불합리한 차별을 하여서는 아니된다는 원칙을 말한다. 따라서 합리적인 사유가 있는 경우에 다르게 취급하는 것은 평등원칙에 위반하지 아니한다. 한마디로 "같은 것은 같게, 다른 것은 다르게"가 평등원칙이다.

(2) 법적 근거

「헌법」은 "모든 국민은 법 앞에 평등하다. 누구든지 성별·종교 또는 사회적 신분에 의하여 정치적·경제적·사회적·문화적 생활의 모든 영역에 있어서 차별을 받지 아니한다."(同法 §11①)고 규정하고 있다.

「헌법」에서 말하는 법에는 행정법을 포함하는 것으로 이해되기 때문에, 「헌법」 제11조는 평등원리가 행정법에도 직접 적용되게 하는 성문법적인 근거가 된다.

(3) 평등원칙의 내용

"본질적으로 같은 것은 같게, 본질적으로 다른 것은 다르게"라는 평등의 원칙은 행정권의 발동에도 적용되어야 한다. 여기서 말하는 '평등'이란 단순히 기회균등이라는 자유주의시대의 형식적 평등만을 의미하는 것이 아니라, 현대적 의미의 실질적 평등을 말한다. 그러므로 평등원칙에 위반하는 행정작용은 위헌 내지는 위법이 된다.

헌법상의 평등원칙은 구체적으로 행정법상의 '자기구속의 법리'를 형성하였다.

(4) 한 계

평등원칙은 위법한 경우에는 적용되지 아니한다. 왜냐하면 불법에 대한 평등은 법률적합성의 원칙에 반하기 때문이다. 대법원의 입장도 이와 같다(大判 1991.12.12, 90누1878).

참고판례

▶ 불법에의 평등원칙을 부인한 판례 : 大判 1991.12.12, 90누1878.

"피고 군수가 원고의 경우와 같이 개발제한구역 안에 있는 다른 사람 소유의 주택에 관하여 대중음식점으로의 용도변경허가가 되지도 않은 상태에서 착오로 대중음식점 영업허가를 하여 주었다가 건설부의 감사에서 위법사항으로 지적되었으나 기왕에 하여 준 위 영업허가를 취소할 수 없어 위 주택을 대중음식점으로 용도변경허가를 하여 준 사실이 있다고 하여 피고가 개발제한구역의 지정목적에 위반된다는 이유로 원고의 용도변경 허가신청을 반려한 처분이 평등의 원칙에 위반된다고 볼 수도 없다."

3) 행정의 자기구속의 법리

(1) 의 의

'행정의 자기구속'이란 동일한 유형의 사안에 대하여 제3자에게 행한 결정을 상대방에게도 하도록 행정청이 구속을 받는 것을 말한다. 행정청은 스스로가 정하여 종래 시행하고 있는 기준을 합리적인 이유없이 무시할 수 없다. 이 경우 행정청의 구속은 사인에 대한 것이지, 다른 행정기관이나 기관내부에서의 문제가 아님은 물론이다.

이는 평등원칙이 행정실무에서 행정의 자기구속의 법리로 전환된 것을 의미한다.

(2) 법적 근거

행정의 자기구속의 법리의 근거에 대해서는 ① 신뢰보호원칙 또는 신의성실의 원칙에서 구하는 견해, ② 평등의 원칙에서 구하는 견해가 있다.

생각건대, 행정의 자기구속은 자유로운 판단이 가능한 영역에서 스스로 제시한 기준에 따라 자신이 그 동안 행한 행위로부터 특별한 사유가 없는 한 이탈할 수 없음을 의미하는 바, 만약 이를 이탈한다면 상대방의 신뢰유무를 따질 것도 없이 평등의 위반을 뜻하는 것이기 때문에 그 근거를 평등의 원칙에서 구하는 것이 타당하다.

우리 판례도 행정의 자기구속의 원칙을 인정한다(憲裁決 1990.9.3, 90헌마13; 憲裁決 2001.5.31, 99헌마413; 大判 1993.6.29, 93누5633).

(3) 내 용

행정의 자기구속의 법리는 행정규칙과 관련하여 중요한 의미를 갖는다. 왜냐하면, 일반적으로 행정규칙을 법규로 보지 아니하기 때문에 행정규칙의 위반은 위법이 아니나, 행정의 자기구속의 원리에 위배되는 행정규칙의 적용은 위법을 가져온다. 이때 평등원칙은 행정의 자기구속의 법리에 의하여 행정규칙을 국가와 국민간의 관계를 규율하는 법규로 전환시키는 기능을 가져온다. 이와 같은 기능에 의하여 행정규칙은 전환규범으로 기능한다.

(4) 위반의 효과

행정청이 자기구속의 법리에 위반한 처분은 위법하다. 따라서 항고쟁송을 통하여 처분의 취소 등을 구할 수 있으며, 이로 인한 피해에 대하여는 국가배상을 청구할 수 있다.

4) 비례원칙

(1) 의 의

비례원칙은 모든 행정활동에 동등하게 적용되는 헌법상의 원칙으로 행정청에 의한 공권력의 발동은 그 대상인 행위의 위법성 또는 공익침해의 정도와 형평이 유지되어야 한다는 것을 의미한다. 즉, 행정의 목적실현과 그 목적을 실현하기 위한 수단의 관계가 합리적인 비례관계가 있어야 한다는 원칙을 말한다.

비례원칙을 과잉금지의 원칙이라고도 한다.

(2) 근 거

기본권제한의 일반적 법률유보조항인 「헌법」 제37조 제2항(국민의 자유와 권리의 존중 · 제한)이 그 근거가 된다.

(3) 내 용

비례원칙(광의)은 적합성의 원칙, 필요성의 원칙, 협의의 비례원칙을 포괄한다.

① 적합성의 원칙이란 행정수단이 행정목적 달성에 적합하여야 한다는 원칙을 말하며, ② 필요성의 원칙이란 목적달성을 위한 수단 중에서 최소한도의 침해를 가지는 수단이어야 한다는 원칙(최소침해의 원칙)을 말하며, ③ 협의의 비례원칙이란 이러한 수단으로 인한 사익의 침해 정도가 목적실현을 위한 공익을 초과하여서는 아니된다는 원칙(상당성의 원칙)을 말한다.

(4) 적용영역

비례원칙은 각 행정영역에서 적용되고 있다. 즉, ① 재량권의 한계를 넘거나 그 남용에 이르는 재량행위는 비례원칙에 반하는 위법으로 법원이 이를 취소할 수 있으며(재량권행사의 한계)(行訴法 §27), ② 행정행위의 부관이 주된 행위의 효과를 무의미하게 한다면 이는 비례원칙에 반하는 하자있는 부관이 되며(부관의 한계), ③ 취소나 철회로 인하여 입게 될 사인의 불이익보다 공익이 크지 아니하면, 하자있는 것으로 되어 철회나 취소의 제한이 될 것이고(취소 · 철회의 제한), ④ 행정계획이 모든 이해관계자의 이해를 정당하게 형량하지 아니하고 책정된다면, 그것은 형량에 하자있는 것으로 위법이 되고, 행정지도가 지도하고자 하는 공익상의 요구가 상대방이 받는 부담보다 크지 않거나 상대방에게 최소의 부담을 주는 것이 아니라면, 그러한 지도는 하자가 있는 것으로 위법이 된다(형량명령이론). 그리고 ⑤ 행정강제의 경우에 강제수단의 선택과 실현과정에서 비례원칙이 유지되지 않는다면 그러한 강제는 위법한 것이 될 것이다. 특히 ⑥ 경찰권 발동의 경우에는 그 발동 정도가 비례원칙에 합당하여야 함이 명문으로 규정되고 있다(경찰권발동의 한계)(警職法 §1②). ⑦ 행정쟁송의 경우, 사정재결이나 사정판결도 비례원칙에 어긋나면 위법한 것으로서 사법심사의 대상이 된다.

(5) 위반의 법효과와 권리구제

비례의 원칙에 위반되는 명령·처분 등은 위헌·위법하다. 따라서 항고소송으로 다툴 수 있으며, 국가배상책임도 물을 수 있다.

참고판례

▸ 비례원칙의 법적 근거 : 憲裁決 1989.11.20, 89헌가102.

"변호사법 제10조 2항의 개업지 제한규정은 직업선택의 자유를 제한하는 것으로서 그 선택된 수단이 목적에 적합하지 아니할 뿐 아니라, 그 정도 또한 과잉하여 비례의 원칙이 정한 한계를 벗어난 것으로 헌법 제37조 2항에 위반됨은 물론, 헌법 제11조 1항(평등권)·제15조(직업선택의 자유)에 위반되어 위헌…"

▸ 비례원칙을 위반한 경우의 효과 : 大判 1992.2.25, 91누13106.

"(주유소영업의 양도인이 등유가 섞인 유사휘발유를 판매한 바를 모르고 이를 양수한 석유판매업자에게) 전(前)운영자의 위법사유를 들어 사업정지기간 중 최장기간인 6월의 사업정지에 처한 피고의 이 사건 처분은 석유사업법에 의하여 실현하고자 하는 공익목적의 실현보다는 원고가 입게 될 손실이 훨씬 커서 그 재량권을 일탈한 것이어서 위법하다."

5) 신뢰보호의 원칙

(1) 의 의

신뢰보호의 원칙이란 행정기관이 취한 언동에 대하여 사인이 가지는 정당한 신뢰는 보호되어야 한다는 법원칙이다. 이를테면 행정기관이 종전의 언동과 상충되는 행정작용을 함으로써 그 존속성에 대한 정당한 신뢰를 해치는 행위는 허용되지 않는다는 원칙이다.

영미법상의 금반언(禁反言)의 법리와 유사하다.

(2) 근 거

(가) 이론적 근거

이론적 근거로서 법적 안정성설, 신의칙설, 사회국가원리설 및 기본권설 등이 있으나, 신뢰보호는 헌법원리의 일환으로 법치국가원리의 내용 중의 하나인 법적 안정성을 그 근거로 하고 있다는 법적 안정성설이 타당하다.

물론 법적 안정성은 적법행위에서 안정을 의미하는 것이지, 위법행위에서까지 안정을 의미하는 것은 아니다.

(나) 실정법적 근거

실정법적 근거로는 ㉮「행정절차법」 제4조 제2항("행정청은 법령등의 해석 또는 행정청의 관행이 일반적으로 국민들에게 받아들여진 때에는 공익 또는 제3자의 정당한 이익을 현저히 해할 우려가 있는 경우를 제외하고는 새로운 해석 또는 관행에 의하여 소급하여 불리하게 처리하여서는 아니된다")과 ㉯「국세기본법」 제18조 제3항("세법의 해석 또는 국세행정의 관행이 일반적으로 납세자에게 받아들여진 후에는 그 해석 또는 관행에 의한 행위 또는 계산은 정당한 것으로 보며, 새로운 해석 또는 관행에 의하여 소급하여 과세되지 아니한다")을 들 수 있다.

(3) 요 건

신뢰보호의 원칙을 인정하기 위하여서는 다음과 같은 일반적 요건의 충족이 필요하다. 판례도 이와 같은 요건을 요구하고 있다(大判 1992.5.26, 91누10091).

(가) 행정청의 선행조치

행정청이 약속·계약·행정지도·행정계획·처분·규칙·법령 등 일정한 조치를 취하여 국민이 이를 믿게 한 선행조치가 있어야 한다.

(나) 보호가치 있는 신뢰

관계인에게 행정청의 선행조치의 정당성·존속성에 대하여 보호가치가 있는 신뢰가 존재하여야 한다. 따라서 신뢰의 계기가 되는 행정청의 조치에 관계자의 귀책사유가 있는 경우에는 보호가치가 부정된다.

(다) 신뢰에 기한 조치

행정청이 선행조치에 의하여 약속한 행위를 하지 않으며, 그것을 믿은 관계인이 어떤 행위를 함으로써 권익이 침해되어야 한다.

(라) 인과관계

행정청의 선행조치와 이를 믿은 국민의 신뢰 사이에 인과관계가 있어야 한다.

(마) 선행조치에 반하는 처분

행정청이 선행조치에 반하는 처분을 하여야 한다.

참고판례

▸ 신뢰보호원칙의 일반적 요건에 관한 판례: 大判 1992.5.26, 91누10091(同旨 : 大判 1987.5.26, 86누92 ; 大判 1988.9.13, 86누101 ; 大判 1994.3.24, 93누22517).

"행정상의 법률관계에 있어서 행정청의 행위에 대하여 신뢰보호의 원칙이 적용되기 위하여는, 첫째 행정청이 개인에 대하여 신뢰의 대상이 되는 공적인 견해표명을 하여야 하고, 둘째 행정청의 견해표명이 정당하다고 신뢰한 데 대하여 그 개인에게 귀책사유가 없어야 하고, 셋째 그 개인이 그 견해표명을 신뢰하고 이에 따라 어떠한 행위를 하였어야 하며, 넷째 행정청이 위 견해표명에 반하는 처분을 함으로써 그 견해표명을 신뢰한 개인의 이익이 침해되는 결과가 초래되어야 하는 것이며, 이러한 요건을 충족할 때에는 행정청의 처분은 신뢰보호의 원칙에 반하는 행위로서 위법하다고 볼 것이다."

▸ 선행조치의 요건을 인정한 판례(大判 1997.9.12, 96누18380; 大判 1998.5.8, 98두4061) 및 선행조치의 요건을 부정한 판례(大判 2005.4.28, 2004두8828; 1998.9.25, 98두6494) 참조

▸ 신뢰보호에서 보호가치가 부정된 예:

① 大判 1989.6.27, 88누6283(同旨 : 大判 1992.5.8, 91누13274).

"교통사고가 일어난 지 1년 10개월이 지난 뒤 그 교통사고를 일으킨 택시에 대하여 운송사업면허를 취소하였더라도 처분관할청이 위반행위를 적발한 날로부터 10일 이내에 처분을 하여야 한다는 교통부령인 자동차운수사업법 제31조 등의 규정에 의한 사업면허취소 등의 처분에 관한 규칙 제4조 제2항 본문을 강행규정으로 볼 수 없을 뿐만 아니라 택시운송업자로서는 자동차운송사업법의 내용을 잘 알고 있어 교통사고를 낸 택시에 대하여 운송사업면허가 취소될 가능성을 예상할 수 있었을 터이니, 자신이 별다른 행정조치가 없을 것으로 믿고 있었다 하여 바로 신뢰의 이익을 주장할 수는 없으므로, 그 교통사고가 자동차운송사업법 제31조 제1항 제5호 소정의 '중대한 교통사고로 인하여 많은 사상자를 발생하게 한 때'에 해당한다면, 그 운송사업면허의 취소가 행정에 대한 국민의 신뢰를 저버리고 국민의 법생활의 안정을 해치는 것이어서 재량권의 범위를 일탈한 것이라고 보기는 어렵다."

※ 이 판례는 신뢰보호요건을 결한 것으로 보기보다는 신뢰보호원칙보다 법률적합성의 원칙이 적용되는 경우의 판례로 보아야 할 것임

② 大判 1989.3.28, 88누2694.

"행정청이 신청인의 허위방법에 의하여 면허자격이 있는 것으로 오인하고 착오로 한 면허처분은 하자있는 처분이므로 행정청이 스스로 취소할 수 있고, 이 경우 면허를 얻은 사람은 이익이 위법하게 취득되었음을 알아 그 취소가능성도 예상하고 있었을 터이므로 그 자신이 행정행위에 관한 신뢰이익을 원용할 수 없음은 물론 행정청이 이를 고려하지 않더라도 재량권의 남용이 논의될 여지가 없다고 함이 신의칙과 공평의 원칙에 비추어 정당하다."

▸ 사정변경을 이유로 신뢰보호를 인정하지 아니한 경우: 大判 1996.8.20, 95누10877.

"행정청이 상대방에게 장차 어떤 처분을 하겠다고 확약 또는 공적인 의사표명을 하였다고 하더라도, 그 자체에서 상대방으로 하여금 언제까지 처분의 발령을 신청을 하도록 유효기간을 두었는데도 그 기간 내에 상대방의 신청이 없었다거나 확약 또는 공적인 의사표명이 있은 후에 사실적·법률적 상태가 변경되었다면, 그와 같은 확약 또는 공적인 의사표명은 행정청의 별다른 의사표시를 기다리지 않고 실효된다."

(4) 적용영역

신뢰보호의 원칙이 적용되는 영역은 한정되어 있지 않지만, 주로 다음과 같은 영역에서 문제가 된다.

(가) 수익적 행정행위의 취소·철회의 제한

사인의 신뢰보호를 위하여 행정행위의 취소 또는 철회사유가 있는 경우에도 취소 또는 철회가 제한되는 경우가 있다. 이 경우에는 사인의 신뢰이익과 실현하고자 하는 공익과의 이익형량이 필요하다.

(나) 확 약

확약으로 인한 신뢰도 신뢰보호의 원칙을 통하여 보호받을 수 있다.

(다) 실 권

행정청이 행정행위의 위법상태를 장기간 방치함으로써 사인이 당해 상태를 신뢰한 경우에는 행정청이 이후 그 위법성을 이유로 당해 행위를 취소할 수 없게 된다. 독일 연방행정절차법은 행정행위의 취소기한을 1년으로 하여 이러한 실권의 법리를 명문화하고 있다(同法 §48④).

(라) 기 타

법령의 개정(大判 2007.10.29, 2005두4649), 행정계획에서의 계획보장, 행정법규의 소급효금지, 처분사유의 추가·변경 등에서도 신뢰보호의 원칙이 적용된다.

(5) 한계 - 행정의 법률적합성의 원칙과의 관계

법치국가원리의 한 내용인 법적 안정성을 위한 원칙인 신뢰보호의 원칙은 법치국가원리의 또 하나의 내용인 행정의 법률적합성의 원칙과 충돌되는 경우가 있다.

이에 대하여는 ① 법률적합성 우위설과 ② 양자 동위설이 있다.

양자 동위설이 일반적인 견해이다. 그러므로 양자가 충돌하는 경우에는 법률적합성의 원칙에 의하여 실현되는 공익과 신뢰보호의 원칙에 의하여 보호되는 사익을 비교교량하여 판단하여야 할 것이다.

판례도 이와 같은 취지이다(大判 1997.9.12, 96누18380).

이와 같은 취지에 따라 신뢰보호의 대상이 재산권인 경우에 존속보장을 할 것인지 가치보장을 할 것인지 여부를 판단하는 경우에도 유추적용되어야 한다. 또한 사실관계가 변경되는 등의 사정변경이 있는 경우에는 원칙적으로 신뢰보호의 원칙이 인정되지 않지만(大判 1996.8.20, 95누10877), 사익에 대한 침해가 수인한도를 넘는 경우에는 신뢰보호의 원칙이 인정될 수도 있다.

(6) 위반의 효과

신뢰보호의 원칙에 위반한 처분은 위법하다. 따라서 항고쟁송을 통하여 처분의 취소 등을 구할 수 있으며, 이로 인한 피해에 대하여는 국가배상을 청구할 수 있다.

참고판례

▶ 법률적합성의 원칙과 신뢰보호의 원칙과의 관계

① 大判 1987.9.8, 87누373.

"자동차운전면허취소처분취소와 관련하여 …운전면허 정지기간 중 운전행위를 하다가 적발되어 당시 형사처벌을 받았으나 피고로부터는 아무런 행정조치가 없어 안심하고 계속 영업용 택시업무에 종사하여 왔다면… 원고의 위반행위가 있은 이후 장기간에 걸쳐 아무런 조치를 취하지 않은 채 방치하고 있다가 3년 이상이 지난 후에 와서 이를 이유로 행정제재를 하면서 가장 무거운 운전면허를 취소하는 행정처분을 한 것은 원고가 그간 별다른 행정조치가 없을 것이라고 믿은 신뢰의 이익과 그 법적 안정을 빼앗는 것이 되어 원고에게 가혹하다 할 것이고, 비록 원고의 판시 위반행위가 당시와 같은 기준에 의하여 운전면허 취소사유에 해당한다 할지라도 그와 같은 공익상의 목적만으로는 원고가 입게 될 불이익에 견줄 바 못된다 할 것이다."

② 大判 1997.9.12, 96누18380.

"사건에서 비록 피고가 위 토지형질변경허가를 하였다가 이를 취소・철회하는 것은 아니라 하더라도 피고가 토지형질변경이 가능하다는 공적 견해표명을 함으로써 이를 신뢰하게 된 원고에 대하여는 그 신뢰를 보호하여야 한다는 점에서 형질변경허가 후 이를 취소・철회하는 경우를 유추・준용하여 그 형질변경허가의 취소・철회에 상당하는 이 사건 처분으로써 피고가 달성하려는 공익 즉, 이 사건 토지에 대하여 그 형질변경을 불허하고 이를 우량농지로 보전하려는 공익과 위 형질변경이 가능하리라고 믿은 원고가 입게 될 불이익을 상호 비교・교량하여 만약 전자가 후자보다 더 큰 것이 아니라면 이 사건 처분은 비례의 원칙에 위반되는 것으로 재량권을 남용한 위법한 처분이라고 봄이 상당하다고 할 것이다."

6) 부당결부(不當結付)금지원칙 등

위에서 열거한 원칙 외에도 행정법의 일반원칙으로 부당결부금지원칙, 수인성(受忍性)의 원칙 등이 있다.

(1) 부당결부금지의 원칙

(가) 의 의

부당결부금지원칙이란 행정작용과 사인이 부담하는 급부는 부당한 내적인 관련을 가져서는 안 될 뿐만 아니라 상호 결부되어서도 아니된다는 원칙이다.

(나) 법적 근거

이 원칙은 법치국가원리와 자의의 금지에서 비롯된 것으로 헌법적 지위를 가진다.

(다) 적용영역

이 원칙은 주로 행정행위의 부관의 타당성 또는 행정의 실효성확보수단의 타당성 여부와 관련하여 적용된다.

예를 들면, 주택사업계획승인과 관련한 토지의 기부채납이나 행정법규위반자에 대한 관허사업의 제한 등의 타당성 여부를 판단할 경우에 부당결부금지원칙이 적용될 수 있다. 한편 판례는 운전면허취소와 관련하여 부당결부금지원칙을 적용하여 부당결부가 아니라고 하여 처분이 적법하다고 한 경우도 있으며, 부당결부에 해당한다고 하여 처분의 위법하다고 판시한 경우도 있다.

(라) 위반의 효과

이 원칙에 위반한 행정작용은 위법하다. 따라서 부당결부금지원칙에 위반한 부관이나 실효성확보수단은 위법하다.

(2) 수인성의 원칙

수인성의 원칙이란 모든 행정작용은 그 효과가 사인이 수인할 수 있는 것이어야 한다는 원칙이다. 이 원칙은 그 근거를 기본권에서 찾기도 하고, 비례원칙에서 찾기도 한다. 독일에서 이 원칙은 헌법적 지위를 갖는 공법상의 독자적인 원칙으로 강조되고 있다.

참고판례

▸부당결부가 아니라는 판례 : 大判 1993.5.11, 93누4229.

"한 사람이 여러 종류의 자동차운전면허를 취득하는 경우 뿐 아니라 이를 취소 또는 정지하는 경우에 있어서도 서로 별개의 것으로 취급하는 것이 원칙이기는 하나, 자동차운전면허는 그 성질이 대인적 면허일 뿐만 아니라 도로교통법시행규칙 제26조 별표 14에 의하면, 제1종 대형면허 소지자는 제1종보통면허로 운전할 수 있는 자동차와 원동기장치 자전거를, 제1종 보통면허 소지자는 원동기장치 자전거까지 운전할 수 있도록 규정하고 있어서 제1종 보통면허로 운전할 수 있는 차량의 음주운전은 당해 운전면허 뿐만 아니라 제1종 대형면허로도 가능하고, 또한 제1종 대형면허나 제1종 보통면허의 취소에는 당연히 원동기장치 자전거의 운전까지 금지하는 취지가 포함된 것이어서 이들 세 종류의 운전면허는 서로 관련된 것이라고 할 것이므로 제1종 보통면허로 운전할 수 있는 차량을 음주운전한 경우에 이와 관련된 면허인 제1종 대형면허와 원동기장치자전거면허까지 취소할 수 있는 것으로 보아야 할 것이다."

▸부당결부라고 한 판례 : 大判 1994.11.25, 94누9672.

"승용차는 제1종 보통, 대형면허로는 운전이 가능하나 특수면허로는 운전할 수 없는 것이고 따라서 승용자동차의 운전과 특수면허와는 아무런 관련이 없으므로 승용자동차를 음주운전한 사유만 가지고서는 특수면허의 취소나 정지를 할 수 없다."

Ⅳ. 行政法規의 欠缺과 補充

1. 개 설

구체적인 행정법관계에 적용할 개별법규가 없는 경우에 어떠한 법이 적용될 것인가의 문제가 있다. 이것이 바로 행정법원의 흠결과 보충의 문제이다.

행정법규의 흠결과 보충의 문제는 통일된 단일의 행정법전이 존재하지 않는 공·사법의 2원적 법체계를 가진 국가에서 문제된다.

행정법규의 흠결의 문제를 해결하기 위하여 공법규정의 유추적용 및 사법규정의 적용문제가 다루어지고 있다.

2. 공법규정의 유추적용

행정법규의 흠결이 있는 경우에는 우선적으로 관련 공법규정을 유추적용하여야 한다. 이는 공법의 원리를 실현할 수 있는 합리적인 해석방법이기 때문이다.

공법규정을 유추적용하는 경우에는 헌법규정 및 일반법원칙을 고려하여야 할 것이다.

참고판례

▸ 공법규정의 유추적용을 한 판례 : 大判 2004.12.23, 2002다73821.
"사업시행자가 손실보상의무를 이행하지 아니한 채 공유수면에서 허가어업을 영위하던 어민들에게 피해를 입힐 수 있는 공유수면매립공사를 시행함으로써 어민들이 더 이상 허가어업을 영위하지 못하는 손해를 입게 된 경우에는, 어업허가가 취소 또는 정지되는 등의 처분을 받았을 때 손실을 입은 자에 대하여 보상의무를 규정하고 있는 수산업법 제81조 제1항을 유추적용하여 그 손해를 배상하여야 할 것이고, …"

3. 사법규정의 적용

1) 학 설

(1) 부정설

이 견해는 공법은 국가와 시민간의 관계에서 공익실현을 목적으로 하는 것이므로 사인간의 이해조절을 목적으로 하는 사법과는 다르다는 전제하에 공법관계에는 사법이 적용될 수 없다고 한다. 다만 행정상 법률관계에 사법규정이 적용될 수 있는 것은 오로지 국가가 국고관계로 사인과 법률관계를 형성하는 경우에만 가능하다고 한다.

(2) 긍정설

이 견해는 공법과 사법이 본질적으로 상이한 것이 아님을 전제로 하여 행정법관계에도 사법이 적용될 수 있다고 한다. 이 견해는 직접적용설과 유추적용설로 나뉜다. 유추적용설은 다시 반대규정이 없는 한 일반적으로 유추적용한다는 일반적 유추적용설과 특별규정이 있거나 내용이 유사한 경우에 유추적용한다는 한정적 유추적용설로 나뉜다.

(3) 제한적 긍정설

이 견해는 행정법관계에서 사법규정의 적용문제를 기본적으로 한정적 유추적용설의 입장에 서서 사법규정의 분석과 행정법관계의 구분에 따라 판단하는 입장을 취한다. 이러한 입장을 특히 개괄적 구별설이라 부른다. 개괄적 구별설은 사법규정은 대체로 일반법원리적 규정 · 법기술적 규정 · 이해조절적 규정 등으로 이루어져 있고, 여기서 일반법원리적 규정이나 법기술적 규정에 해당하는 조항은 권력관계와 비권력관계 모두에 적용되며, 다만 이해조절적인 규정은 비권력관계에서 유추적용이 가능하다고 한다.

2) 사 견

공법과 사법이 본질적으로 상이한 것이 아니라, 제도적 · 상대적으로 구분된다고 보면 제한적 긍정설이 타당하다. 그러므로 행정법규의 흠결이 있는 경우에 사법규정의 적용 여부는 ① 행정법관계의 성질과 ② 사법규정의 성질을 고려하여 판단하여야 할 것이다.

따라서 권력관계에서는 사법규정 중 신의성실의 원칙과 권리남용금지의 원칙, 자연인 및 법인의 관념, 권리능력과 행위능력의 관념 등과 같은 일반법원리적 규정과 기간 · 시효제도 등과 같은 법기술적 규정은 직접적용 또는 유추적용될 수 있으나, 이해조절적 규정은 원칙적으로 적용될 수 없다고 할 것이다. 관리관계에서는 이해조절적 규정도 특수한 공법적 규율이 필요한 경우가 아니라면 직접적용 또는 유추적용될 수 있다고 할 것이다.

물론 명문으로 사법규정의 적용을 예정해 두고 있는 경우에는 그에 따르면 될 것이다.

4. 공 · 사법규정의 유추적용 순서

행정법관계에 적용할 행정법규의 흠결이 있는 경우에는 ① 우선 헌법과 관련 있는 공법의 규정을 유추적용하고, ② 관련 공법규정이 없거나 미흡한 경우에는 사법규정의 적용을 검토하여야 할 것이다.

第2. 行政法의 效力

주요쟁점

1. 공포일, 주지기간, 시행일이란 무엇인가?
2. 부진정소급효란 무엇이며, 이는 인정되는가?

행정법의 효력이란 행정법이 어떠한 범위에서 관계자를 구속하는 힘을 가지는가 하는 문제이다. 행정법의 성문법원인 성문법규는 그 효력면에서 시간적 · 지역적 및 대인적 한계를 가진다. 행정법의 경우, 변화하는 행정현실에 대응하기 위하여 그 개폐가 비교적 빈번할 뿐만 아니라, 특수한 행정상의 필요에 따라 특정 지역만을 적용대상으로 하는 법령도 있는 바, 이러한 한도에서 다른 법분야에서의 법령의 효력과는 다른 특색이 인정된다.

Ⅰ. 時間的 效力

1. 효력발생시기

1) 공포와 주지(周知)기간[시행유예기간]

(1) 공포의 방법

공포의 방법은 법령 · 조약의 경우 관보에 게재하고(公布法 §11①), 조례 · 규칙은 당해 자치단체의 공보(公報)나 일간신문에의 게재 또는 게시판에의 게시로써 한다(地自法施行令 §30①). 대통령의 법률안거부권행사로 인하여 재의결된 법률을 국회의 장이 공포하는 경우에는 서울특별시에서 발행되는 두 개 이상의 일간신문에 게재하여야 한다(公布法 §11②).

(2) 주지기간

① 행정법령은 공포와 시행과의 사이에 일정한 유예기간을 두는 바, 법령과 조례 · 규칙은 그 시행일에 관하여 특별한 규정이 없으면, 공포한 날로부터 20일을 경과함으로써 효력을 발생한다(憲法 §53⑦, 公布法 §13, 地自法 §26⑧).

② 그러나 국민의 권리제한 · 의무부과와 직접 관련되는 법령의 주지기간은 30일 이상이어야 한다(公布法 §13의2).

2) 공포일과 시행일

시행일은 효력발생일을 말한다. 시행일은 공포일이 그 기준일이 되고, 공포일은 '그 법령 등을 게재한 관보 또는 신문이 발행된 날'(公布法 §12)이다.

'발행된 날'이 언제인가를 둘러싸고 ① 발신주의의 입장에서 외부로의 관보발송절차가 완료된 때로 보는 견해(발송절차완료시설)와 ② 도달주의의 입장에서 관보가 국민이 구독 가능한 상태에 놓인 최초의 시점으로 보는 견해(최초구독가능시설)가 있는 바, 최초구독가능시설이 통설이며 판례의 입장이다(大判 1970.7.21, 70누76).

2. 불소급의 원칙

1) 원 칙

법치행정의 원칙상 국민에 대한 예측가능성과 법적 안정성을 담보하기 위하여 불이익 입법의 소급적용은 허용되지 아니한다(진정소급효). 즉, 소급금지의 원칙은 기본적으로 진정소급효의 금지를 의미한다. 다만, 진정소급입법이라 할지라도 예외적으로 국민이 소급입법을 예상할 수 있었던 경우와 같이 소급입법이 정당화되는 경우에는 허용될 수 있다(친일반민족행위자 재산의 국가귀속에 관한 특별법 제2조 등 위헌소원 등 憲裁決 2011. 3.31, 2008헌바141).

2) 예 외

(1) 부진정소급의 경우

진정소급의 경우와는 달리, 상당기간 계속되는 행위에 있어서 행위개시 당시의 법령과 행위 중의 법령이 서로 다른 경우에는 신법의 적용을 받게 된다(부진정소급효). 즉, 원칙적으로 부진정소급은 인정된다(大判 2000.3.10, 97누13818).

(2) 권리침해가 아닌 경우

법령의 소급적용이 국민의 권리·의무와 직접적인 관련이 없거나, 국민의 권익에 도움이 되는 경우에는 소급효가 인정된다(大判 2005.5.13, 2004다8630).

(3) 신청시와 처분시의 법령기준이 개정된 경우

행정처분의 신청시점의 법령이 처분시점에 개정된 경우에는 신청접수 후 소관행정청이 처리를 부당하게 지연하였다는 등의 특별한 사유가 없거나 신청당시의 기준에 의한다는 경과규정이 없는 한, 처분시의 법령기준에 따른다.

참고판례

▸ 소급효가 인정된다는 판례

① 부진정소급효가 인정된다는 판례 : 大判 2000.3.10, 97누13818.

"행정처분은 그 근거 법령이 개정된 경우에도 경과 규정에서 달리 정함이 없는 한 처분 당시 시행되는 개정 법령과 그에서 정한 기준에 의하는 것이 원칙이고, 그 개정 법령이 기존의 사실 또는 법률관계를 적용대상으로 하면서 국민의 재산권과 관련하여 종전보다 불리한 법률효과를 규정하고 있는 경우에도 그러한 사실 또는 법률관계가 개정 법률이 시행되기 이전에 이미 완성 또는 종결된 것이 아니라면 이를 헌법상 금지되는 소급입법에 의한 재산권 침해라고 할 수는 없으며, 그러한 개정 법률의 적용과 관련하여서는 개정 전 법령의 존속에 대한 국민의 신뢰가 개정 법령의 적용에 관한 공익상의 요구보다 더 보호가치가 있다고 인정되는 경우에 그러한 국민의 신뢰보호를 보호하기 위하여 그 적용이 제한될 수 있는 여지가 있을 따름이다."

② 국민의 권리제한 등이 아닌 경우 : 大判 2005.5.13, 2004다8630.

"법령의 소급적용, 특히 행정법규의 소급적용은 일반적으로는 법치주의의 원리에 반하고, 개인의 권리 · 자유에 부당한 침해를 가하며, 법률생활의 안정을 위협하는 것이어서, 이를 인정하지 않는 것이 원칙이고(법률불소급의 원칙 또는 행정법규불소급의 원칙), 다만 법령을 소급적용하더라도 일반 국민의 이해에 직접 관계가 없는 경우, 오히려 그 이익을 증진하는 경우, 불이익이나 고통을 제거하는 경우 등의 특별한 사정이 있는 경우에 한하여 예외적으로 법령의 소급적용이 허용된다."

③ 인 · 허가기준이 변경된 경우 : 大判 1992.12.8, 92누13813.

"행정행위는 처분 당시에 시행중인 법령 및 허가기준에 의하여 하는 것이 원칙이고 인 · 허가의 신청 후 처분 전에 관계법령이 개정 · 시행된 경우 신법령 부칙에서 신법령 시행 전에 이미 허가신청이 있는 때에는 종전의 규정에 의한다는 취지의 경과규정을 두지 아니한 이상 당연히 허가신청 당시의 법령에 의하여 허가여부를 판단하여야 하는 것은 아니며, 소관 행정청이 허가신청을 수리하고도 정당한 이유없이 처리를 늦추어 그 사이에 법령 및 허가기준이 변경된 것이 아닌 한 새로운 허가기준에 따라서 한 불허가처분이 위법하다고 할 수 없다."

3. 효력의 소멸

행정법규 중에는 유효기간을 정하고 있는 한시법(限時法)도 드물지 않은 바 이 경우에는 그 기간의 경과에 의해 당연히 효력을 상실한다. 그 밖의 경우에는 상급 또는 동위의 법령에 의한 명시적인 폐지나 또는 내용적으로 모순 · 저촉되는 법령의 제정에 의해 효력이 소멸한다.

다만, 한시법의 경우에는 효력이 소멸한 경우에도 유효기간 내의 위반행위에 대하여 처벌이 가능하다(大判 1997.7.28, 96도2247).

Ⅱ. 地域的 效力

일반적으로 행정법령은 이를 제정하는 기관의 권한이 미치는 지역 내에서만 효력을 가지는 것이 원칙이다. 따라서 법률이나 국가의 중앙행정기관이 제정한 법령의 효력은 전국에 미치며, 지방자치단체의 조례·규칙은 당해 자치단체의 구역 내에서만 효력을 가짐이 원칙이다.

Ⅲ. 對人的 效力

행정법규도 속지주의원칙에 따라 영토 또는 구역 내의 모든 자에게 일률적으로 적용되는 것으로, 내국인·외국인, 자연인·법인 여하를 불문한다.

속지주의 원칙의 예외로서

① 국제법상 관할권 면제와 특권을 가진 외국원수 또는 외교사절에는 국내법령이 적용되지 않으며,

② 국내에 주둔하는 미합중국군대 구성원에게는 국내법령의 적용이 제한되며,

③ 일반 외국인에 대하여는 행정법규가 일반적으로 적용됨이 원칙이나, 상호주의의 유보하에서 적용되거나(國賠法 §7 참조), 법령상 외국인에 대한 특칙을 두는 경우도 있다(出入法 §7-§11).

또한 ④ 국외의 자국인에 대하여는 「여권법」 등과 같이 속인적으로 적용되는 경우도 있다.

第2章 行政法의 基本原理

第1節 行政法에서의 憲法原理

헌법은 행정법의 중요법원으로서 최상위법이다. 헌법과 행정법의 단계구조상 행정법은 헌법의 이념을 실현하는 것을 내용으로 하는 법이라 할 수 있다. 베르너(F. Werner)는 이러한 특징을 "헌법의 구체화법으로서의 행정법"이라고 하였다.

우리 「헌법」은 위헌법령심사제도를 두어 행정법의 헌법이념의 실현을 담보하고 있다.

행정법에서의 주요 헌법원리로는 ① 민주주의원리, ② 실질적 법치주의원리, ③ 사회복지주의원리 등이 있다. 이 가운데 실질적 법치주의원리가 행정법의 기본원리로서 중요한 요소를 이룬다.

第2節 法律에 의한 行政의 原理

주요쟁점

1. 법률에 의한 행정의 원리의 내용은 무엇인가?
2. 법률유보이론은 어떻게 전개되어 왔는가?
3. 법률의 우위의 의의는 어디에 있는가?

Ⅰ. 概 觀

1. 의 의

1) 개 념

'법률에 의한 행정의 원리'란 "행정권도 법에 근거를 두고 법의 기속을 받아야 하며, 법을 위반하여 국민에게 피해를 주는 경우에는 재판 등을 통한 구제제도가 마련되어야 하는 법원리"를 말한다. 즉, 법률에 의한 행정의 원리는 행정의 영역에서의 법치주의의 내용을 의미한다.

2) 이 념

법률에 의한 행정의 원리는 자유주의 정치이념의 대두와 더불어 전통적인 군주의 지배권에 제약을 가하고 개인의 자유로운 영역을 옹호하기 위한 권력분립주의와 법치주의가 행정법의 영역에 나타난 투영물이다.

이와 같은 법사상적 배경에서 보면 법률에 의한 행정의 원리는 ① 법적 안정성의 요청과 ② 민주적 통제의 요청이라는 두 가지 기본적 이념을 구현하고 있다.

3) 유 형

법치주의의 행정에의 요청은 그 구체적인 법원리로서 ① 영미계에 있어서의 '법의 지배(rule of law)의 원리'로, ② 대륙법계에 있어서의 '법치행정' 내지 '법률에 의한 행정의 원리'로 제도화되었다.

2. 근 거

우리 「헌법」에는 '법률에 의한 행정의 원리'를 직접 명문으로 규정하고 있지는 아니하나, 자유주의(憲法前文), 기본적 인권의 보장(同法 §10), 평등원리(同法 §11), 일반적 법률유보의 한계(同法 §37②) 등의 규정을 두어, 이 원리를 보장하고 있다.

Ⅱ. '法律에 의한 行政의 原理'의 內容

'법률에 의한 행정의 원리'는 법률의 법규창조력, 법률의 우위 그리고 법률의 유보의 세 원칙을 내용으로 한다.

이러한 내용은 오토 마이어(O. Mayer, 1846-1924)에 의하여 정립되었다.

1. 법률의 법규창조력의 원칙

1) 의 의

이는 "국민의 권리 · 의무에 관한 일반적 · 추상적 법규를 새롭게 창설하는 힘은 입법권의 전권에 속하는 것이고, 행정권은 법률에 의한 수권이 없는 한 법규를 창조할 수 없다."는 원칙이다. 이 원칙은 "입법권은 국회에 속한다."는 「헌법」 제40조에 의해 승인되고 있다.

이 원칙에 의하면 긴급명령 등 헌법이 인정하는 예외적인 경우를 제외하고 행정권이 정립하는 행정입법은 원칙적으로 법률의 위임이 있어야 한다.

2) 개념의 변화

일반적으로 '법규'란 국민의 권리의무에 변동을 일으키는 일반적 규범(역사적 · 전통적 의미의 법규 개념)을 의미하였으나, 오늘날 법규는 국민의 권리의무와 직접적인 관계가 없더라도 법적으로 구속력이 있는 경우에는 법규가 된다는 취지에서 법적으로 구속력을 갖는 일반적 · 추상적 규범(현대적 법규 개념)을 의미한다. 바꾸어 말하면 법규란 누구에게나 적용된다는 일반성, 불특정사항을 규율한다는 추상성, 법원을 구속한다는 구속성을 가지는 규범을 말한다.

이와 같은 법규개념의 변화는 행정규칙의 법규성과 관련하여 논란이 있지만, 법률의 수권이 필요하다는 점에서 볼 때 법률의 법규창조력은 원칙적으로 인정되고 있다.

2. 법률우위의 원칙

1) 의 의

법률우위의 원칙은 "행정활동은 법률의 규정에 위반하여 이루어져서는 아니된다."는 행정활동의 범위에 관한 원칙이다. 이 원칙은 모든 행정영역에 적용된다.

법률의 우위라고 하는 경우에 있어서의 '법률'은 헌법, 형식적 의미의 법률, 법규명령과 자치법규 및 행정법의 일반법원칙 등 불문법을 포함한 모든 법규범을 의미한다. 행정규칙은 원칙적으로 이에 포함되지 않는다.

2) 합헌적 법률의 우위

실질적 법치주의에서의 법률의 우위는 법률의 합헌성심사제도(위헌법률심사제도)를 통한 합헌적 법률의 우위를 뜻한다.

3. 법률유보의 원칙

1) 의 의

법률유보의 원칙이란 "행정활동이 이루어지기 위해서는 반드시 법률의 근거(즉, 법률의 수권)를 필요로 한다."는 원칙을 말한다. 법률우위의 원칙이 행정의 모든 활동에 적용되는 타당한 원칙이라면, 반대로 행정은 현존하는 법률에 저촉되지 않는 한 어떠한 행정활동을 하더라도 무방하다고 할 수밖에 없다. 그러나 기존 법률에 아무런 저촉이 없는 경우라도 다시 법률의 적극적인 수권을 요구하는 점이 법률유보의 원칙이 지니는 고유한 의미이다.

그렇지만 법률유보의 원칙에 대해서는 법률의 근거 내지 수권이 필요하다고 하는 경우의 '근거'나 '수권'의 의미와 그 '범위'를 둘러싸고 많은 논의가 제기되고 있다.

2) 법률유보의 범위

법률유보의 범위를 둘러싸고 역사적으로 침해유보설에서 시작하여 오늘날 중요사항유보설에 이르기까지 다양한 견해가 주장되었다. 중요한 이론으로는 다음과 같은 것이 있다.

(1) 침해유보설

침해유보설에 의하면 행정작용이란 원칙적으로 행정부의 독자적 책임과 판단으로 국가 내지는 공익목적을 추구하는 자율적인 국가작용이므로 행정활동의 자유성이 폭넓게 허용되지만, 행정권이 일방적으로 국민의 자유와 재산을 제한하거나 박탈하는 경우에는 이러한 취지를 수권하는 법률의 규정이 필요하다고 한다.

따라서 침해유보의 이론의 입장에서는 침해적 · 권력적 성질을 가지지 아니하는 급부행정의 분야라든지, 국민의 권리의무 등에 직접 관계가 없는 행정수단(계약, 비구속적인 행정계획이나 행정지도 등)에 대해서는 헌법이나 법률이 특별히 '법률사항'으로서 지정하고 있는 경우를 제외하고는 법률의 근거를 필요로 하지 아니한다.

(2) 전부유보(공행정유보)설

전부유보설은 헌법상의 민주주의 이념을 근거로 침해유보설에 대한 비판적 견해로 주장되었다.

민주국가에 있어서는 일체의 행정작용은 국민의 의사에 따라 이루어져야 하기 때문에 모든 공행정작용에는 구체적인 작용법상의 근거가 필요하며, 법률의 근거 없이는 어떠한 행정활동도 행할 수 없다고 한다.

이처럼 공행정 전체를 법률의 유보 아래에 두고자 하는 견해를 '전부유보설'이라 한다.

(3) 급부유보(사회유보)설 등

침해유보설에 대한 비판적 견해로 전부유보설이 주장되었으나, 법률의 근거가 없는 한 아무런 활동도 할 수 없다고 보는 전부유보설의 정당성에 대한 비판적 견해가 주장되었다. 이에 속하는 견해는 침해유보설과 전부유보설의 중간영역에 속하는 견해라고 할 수 있다.

(가) 급부유보설

이 견해는 현대국가에서는 공권력으로부터 국민의 자유와 재산만을 지킬 것이 아니라, 국민의 생존권(사회권)을 확보하는 것도 행정의 중요한 책무임을 근거로 침해행정의 분야만이 아니라 급부행정의 분야까지도 법률의 유보 아래 두고자 하는 견해이다. 사회권의 확보를 목적으로 이루어지는 생활배려행정에는 반드시 법률의 근거가 필요하다고 한다.

(나) 권력행정유보설

이 견해는 침해행정인가 수익행정인가를 불문하고 당해 행정이 권력작용에 해당하는 경우에는 법률의 근거가 필요하다고 한다.

(4) 중요사항유보설(본질성이론)

(가) 의 의

중요사항유보설이란 독일의 연방헌법재판소의 판례에 의하여 정립된 견해로 국민의 기본적 인권에 관련되는 중요한 행정작용을 행함에 있어서는 그 본질적 내용은 반드시 법률로써 정해져야 한다는 견해이다. '본질성이론'이라고도 한다.

이는 행정활동에 대하여 의회 스스로가 본질적인 사항의 결정을 행하여야지 행정에 맡겨서는 안 된다는 것이다.

이것도 한편으로 행정의 민주적 통제를 추구하면서 다른 한편으로 그 한계를 정하고자 하는 시도이다. 다만 본질적 사항이 무엇인가 하는 것이 문제이나, 국가공동체와 그 구성원에게 기본적이고도 중요한 의미를 갖는 영역이 이에 해당한다고 할 것이다.

(나) 의회유보와의 관계

중요사항유보설에 의하면 중요사항은 법률유보사항이므로 입법자가 스스로 정하여야 하는 바, 이를 위임입법으로 정하는 것은 허용되지 않는다. 이처럼 위임금지를 통하여 강화된 법률유보를 의회유보라고 한다. 다시 말하면 의회의 배타적 입법범위를 의미한다. 특히 국적취득의 요건, 재산권의 사용·수용·제한 및 보상, 교육제도 등과 같이 헌법상의 법률유보사항은 전속적 의회유보사항에 해당된다.

(다) 행정유보와의 관계

행정유보는 국가의 다른 기관(의회, 법원)이 개입할 수 없는 행정의 핵심영역을 가리키는 것으로 이해된다. 따라서 행정유보사항은 법률유보의 범위에서 제외된다. 그러나 법치주의 관점에서 행정을 법률로부터 독립시켜 독자적으로 파악할 수 있는가 그리고 과연 행정의 핵심영역이 무엇인가 하는 문제점이 있다.

3) 결 어 - 행정활동의 민주적 정당성의 보장 -

법률유보의 범위는 행정에 대한 법적 안정성의 요청과 행정의 민주적 견제의 요청을 실현할 수 있는 범위가 합리적이라 할 것이다. 따라서 중요사항유보설이 타당성이 있다.

다만, '법률에 의한 행정의 원리'가 국민의 권익보장을 실현하기 위하여는 어떠한 행정작용을 법률유보의 대상으로 할 것인가 하는 '법률유보'의 측면보다 어떠한 행정작용이 법에 위반되는가 하는 '법률우위'의 측면에 중점을 두어야 할 것이다.

참고판례

▸ 법률유보의 범위-중요사항유보설에 입각한 판례 : 憲裁決 1999.5.27, 98헌바70.

"오늘날 법률유보원칙은 단순히 행정작용이 법률에 근거를 두기만 하면 충분한 것이 아니라, 국가공동체와 그 구성원에게 기본적이고도 중요한 의미를 갖는 영역, 특히 국민의 기본권실현과 관련된 영역에 있어서는 국민의 대표자인 입법자가 그 본질적 사항에 대해서 스스로 결정하여야 한다는 요구까지 내포하고 있다(의회유보원칙). 그런데 텔레비전방송수신료는 대다수 국민의 재산권 보장의 측면이나 한국방송공사에게 보장된 방송자유의 측면에서 국민의 기본권실현에 관련된 영역에 속하고, 수신료금액의 결정은 납부의무자의 범위 등과 함께 수신료에 관한 본질적인 중요한 사항이므로 국회가 스스로 행하여야 하는 사항에 속하는 것임에도 불구하고 한국방송공사법 제36조 제1항에서 국회의 결정이나 관여를 배제한 채 한국방송공사로 하여금 수신료금액을 결정해서 문화관광부장관의 승인을 얻도록 한 것은 법률유보원칙에 위반된다."

第 3 章 行政法關係

第 1 節 行政上 法律關係

주요쟁점

1. 행정상 법률관계와 행정법관계는 어떻게 다른가?
2. 행정상 법률관계와 행정법관계의 구별실익은 무엇이며, 구별기준은 무엇인가?
3. 행정사법관계는 무엇이며, 이는 공법관계인가 사법관계인가?

Ⅰ. 行政上 法律關係

1. 의 의

1) 행정상 법률관계

일반적으로 '법률관계'는 법주체간에 구체적인 권리·의무관계를 의미한다. 따라서 '행정상 법률관계'라 함은 행정주체가 일방당사자인 법률관계를 말한다. 즉 '행정상 법률관계'는 행정주체와 행정주체 사이의 권리·의무관계 내지는 행정주체와 국민 사이의 권리·의무관계를 내용으로 하는 관계를 말한다.

행정상 법률관계에는 ① 행정주체(국가·지방자치단체) 상호간의 관계 또는 그 기관 상호간의 관계인 '행정조직법관계'와 ② 행정주체와 그 상대방인 사인과의 관계인 '행정작용법관계'가 포함된다.

행정상 법률관계는 주로 행정주체와 국민 사이의 권리·의무관계를 내용으로 하는 행정작용법관계를 주요 대상으로 하고 있으며, 행정작용법관계 중에서는 수평적 관계로 형성되는 '사법관계'와 수직적 관계로 형성되는 '공법관계'로 구분된다.

2) 행정법관계

'행정법관계'는 행정상 법률관계 중에서 사법관계가 아닌 공법관계를 가리킨다.

이와 같은 행정법관계는 '행정조직법관계'와 사법관계에 속하지 않는 '행정작용법관계'를 말한다. 이른바 행정법의 대상이 되는 분야를 의미한다.

2. 행정상 법률관계의 분류

1) 행정상 법률관계 3분설

전통적 행정법이론은 행정상의 법률관계를 공법관계와 사법관계로 구분하고, 공법관계를 원칙적으로 사법규정의 적용이 배제되는 권력관계(본래적 공법관계)와 원칙적으로 사법규정이 적용되나 공익상의 필요에 따라 사법원리와는 다른 특별한 법적 규율이 인정되는 관리관계(전래적 공법관계)로 구분하였다. 즉, 행정주체와 사인 사이의 법률관계(행정작용법관계)는 ① 권력관계, ② 공법상의 관리관계, ③ 국고관계라는 세 개의 범주로 구분하였다.

(1) 권력관계

권력관계는 경찰작용이나 조세의 부과징수와 같이 행정주체의 일방적인 명령강제에 의하여 지배되고 있는 관계를 가리킨다. 여기에는 법전체에 통용되는 일반적인 원리나 법기술상의 약속이라고 할 수 있는 규정(가령 신의성실, 권리남용금지, 기간의 계산 등)이 민법전에 포함되어 있는 경우를 제외하고는 일반사법은 그 적용이 배제됨으로써 독자적인 공법원리(행정법원리)가 적용된다는 것이다.

(2) 관리관계

공법상의 관리관계는 공물의 설치 · 유지 · 관리나 공기업의 경영 · 관리 등을 둘러싼 법관계로서 그 본래의 성질이 대등한 시민상호간의 관계와 다를 바가 없어 사법이 적용되는 것이 원칙이나, 공익의 실현을 위하여 필요한 범위 내에서만 특별한 공법적 규율이 가해지는 관계를 가리킨다. 따라서 이 경우에는 사법원리와는 다른 특수한 법적 규율을 하는 명문의 규정이 있거나, 순수한 사경제작용과 구별될 만한 공공성이 인정되는 경우에 한해서만 공법원리(행정법원리)의 적용이 있을 뿐 그 이외에는 사법원리에 의하여 지배된다.

(3) 국고관계(國庫關係)

국고관계는 사법관계로서 청사의 건설계약이나 일반사무용품의 구입처럼 시민

상호간의 경제거래와 전혀 다를 바가 없이 이루어지는 경우로서, 사법규정의 전면적 적용을 받게 된다.

2) 행정상 법률관계 2분설 – 공법관계 · 사법관계

행정상 법률관계를 3분하는 전통적인 분류설에 대하여, 행정상 법률관계 2분설은 공물이나 공기업에 관한 법관계를 전체적으로 보아 그것이 공법관계인가 사법관계인가의 여부를 논하는 것은 불가능할 뿐만 아니라, 공법인가 사법인가 하는 문제는 개별 구체적 법규범에 따라 결정되어야 할 문제이므로 중간영역적인 '공법상의 관리관계'라는 개념을 구성하는 것은 실익이 없다고 한다.

3. 행정사법관계(行政私法關係)

1) 의 의

(1) 개 념

'행정사법관계'라 함은 행정주체가 사법형식에 의해 공행정을 수행함에 있어서 국민과 맺는 법률관계를 말한다.

전통적으로 공행정은 공법적 수단에 의해 수행되는 것이 원칙이었으나 오늘날 행정주체가 공법관계에서의 여러 가지 부담과 제약에서 벗어나 사적 부문의 자율성과 창의성에 기초하여 공행정을 효율적으로 수행할 수 있도록 하기 위하여 등장한 법률관계이다. 따라서 이와 같은 행정사법관계는 ① 사법형식, ② 공행정의 수행, ③ 공법적 규율이라는 특징을 지닌다.

(2) 법적 성격

행정상 법률관계를 공법관계와 사법관계로 구분하고 공법관계를 권력관계와 관리관계로 구분하는 전통적 행정상 법률관계의 3분설에 의하면 행정사법관계는 국고관계(광의)에 해당한다.

그러나 국고관계인 사법관계도 국고작용의 유형에 따라 단순한 국고작용과 공행정의 수행을 위한 국고작용으로 구분하는 경우에 후자의 관계를 국고관계(협의)와 구분하여 행정사법관계라고 부른다.

그러므로 행정사법관계는 공행정의 수행을 강조하는 관점에 의하면 관리관계의 특별한 유형으로 볼 수 있고, 사법형식을 강조하는 관점에 의하면 국고관계의 특별한 유형으로 볼 수 있다.

2) 행정사법관계의 근거와 한계

행정사법관계는 법률에 의해 인정될 수 있다. 또한 법률에 반하지 않는 한 공행정을 수행함에 있어서 행정사법관계를 형성할 수 있다.

사법형식에 의한 행정이 행해질 수 있는 대표적인 영역은 급부행정(철도사업, 전기, 수도, 가스 등 공급사업, 하수도관리사업, 쓰레기처리사업)과 자금지원행정(보조금의 지급, 융자)이다. 그러나 경찰, 조세 등과 같은 권력관계에서는 행정사법형식이 인정될 수 없다고 보아야 한다.

3) 행정사법관계의 법적 규율

행정사법관계를 규율하는 법을 '행정사법'이라 한다. 행정사법관계는 공법형식의 제약에서 벗어나 사법형식에 의해 규율되는 법률관계이므로 기본적으로 사법에 의해 규율된다. 그러나 행정주체가 수행하는 작용의 실질은 공행정이므로 국민의 기본권을 보장하고 공행정의 공공성을 최소한으로 보장하기 위하여 행정사법관계에는 일정한 공법원리가 적용된다.

행정사법관계에 적용되는 공법원리에는 공법적 제한을 비롯하여 평등의 원칙, 비례의 원칙, 공역무(공행정)계속성의 원칙, 행정권의 기본권 보장의무 등이다. 이와 같은 행정사법관계에 대한 일정한 공법원리의 적용은 공행정의 '사법으로의 도피'를 막기 위한 공법적 제한이라 할 수 있다.

4) 권리구제

행정사법관계는 기본적으로 사법관계이므로 행정사법관계에 관한 법적 분쟁은 행정소송이 아니라 민사소송의 대상이 된다(大判 1982.12.28, 82누441).

Ⅱ. 行政法關係(公法關係)

1. 의 의

1) 개 념

행정법관계는 행정상 법률관계 중에서 사법관계가 아닌 공법관계를 가리킨다.

즉, 행정법관계란 공법의 원리가 적용되는 법률관계이며, 공법관계와 동일한 의미로 사용된다.

이른바 행정법관계란 행정법의 대상이 되는 분야를 의미한다.

2) 유 형

행정법관계는 행정작용법관계와 행정조직법관계로 구분된다.

① 행정작용법관계는 행정상 법률관계 중에서 사법관계인 국고관계를 제외한 권력관계와 공법상의 관리관계인 공법관계를 뜻하며, 행정법의 독자성을 인정하여 행정법 특유의 해석원리인 공법원리가 인정되는 관계를 말한다.

② 행정조직법관계는 행정주체 상호간의 관계 내지 행정기관 상호간의 관계를 말한다.

3) 특 징

행정법관계는 공법의 원리가 적용되는 법률관계이므로 사법관계와는 다른 여러 가지 특징을 지닌다.

이러한 특징으로는 ① 법률에 의한 행정의 원리가 적용되는 행정의사의 법률적 합성, ② 공정력, 강제력 등이 인정되는 행정의사의 우월성, ③ 국가배상 등의 국가책임의 특수성, ④ 행정쟁송 등 권리구제의 특수성 등이 인정된다.

2. 행정법관계(공법관계)와 사법관계의 구별실익과 구별기준

1) 개 설

행정법관계(공법관계)와 사법관계의 구별실익과 구별기준은 공법과 사법의 구별기준과 구별실익과 같다(이에 관하여는 제1장 제2절 Ⅲ 공법과 사법 참조).

따라서 행정법관계(공법관계)와 사법관계는 ① 실체법적으로 적용할 법규나 법원리가 공법원리인지 사법원리인지를 정하고, ② 쟁송절차가 행정쟁송절차인지 민사소송절차인지를 결정하기 위하여 당해 법률관계가 행정법관계(공법관계)인가 사법관계인가를 구별할 필요가 있다.

행정법관계(공법관계)와 사법관계의 구별기준으로는 신주체설을 기준으로 하여 다양한 견해를 종합하여 판단하여야 할 것이다.

2) 구체적 사례와 과제

공법관계인가 사법관계인가의 판단은 다양한 법률관계에서 볼 때 용이한 것이 아니다.

예를 들면, 국유재산 중 일반재산(종전의 잡종재산)의 매매 또는 사용과 관련된 분쟁은 사법관계로 파악하고 대부료 징수에 대하여 「국세징수법」의 체납처분절차가 준용되더라도 사법관계로 보고 있으나(大判 2000.2.11, 99다61675), 국유재산(일반재산)의 무단점유에 대하여 변상금을 부과하는 것은 공법관계로 보고 있다(大判 1988.2.23, 87누1046).

더욱이 정당한 이유없이 용역계약을 체결하지 아니하였다는 이유로 입찰보증금을 환수조치하고 입찰참가자격 제한처분을 한 경우에 이에 불복하는 자는 입찰참가자격제한처분의 취소와 입찰보증금 환수조치의 취소를 구하는 것이 일반적이지만, 입찰참가자격제한처분의 취소는 공법관계로 보아 행정소송의 대상이 된다고 보고 있으나, 입찰보증금 환수통보의 취소는 사법관계라고 하여 행정소송으로 다툴 수 없다고 하고 있다(大判 1983.12.27, 81누366).

결론적으로 입찰보증금 환수관계는 민사소송으로 입찰참가자격제한처분관계는 행정소송으로 다투어야 하는 바, 동일한 사실관계에 기초하고 있는 분쟁을 다투는 경우에 공·사법관계로 구분하여 관할의 당부를 판단하는 소송경제상의 비효율을 지양하여야 할 문제도 있다.

참고판례

▸ 국유재산 대부행위를 사법관계로 본 판례 : 大判 2000.2.11, 99다61675

"국유잡종재산을 대부하는 행위는 국가가 사경제 주체로서 상대방과 대등한 위치에서 행하는 사법상의 계약이고, 행정청이 공권력의 주체로서 상대방의 의사 여하에 불구하고 일방적으로 행하는 행정처분이라고 볼 수 없으며, 국유잡종재산에 관한 대부료의 납부고지 역시 사법상의 이행청구에 해당하고, 이를 행정처분이라고 할 수 없다. … 국유재산법 제38조, 제25조의 규정에 의하여 국세징수법의 체납처분에 관한 규정을 준용하여 대부료를 징수할 수 있다고 하더라도 이로 인하여 대부계약의 성질이 달라지는 것은 아니라 할 것이므로 …"

▸ 국유재산 무단점유자에 대한 변상금부과처분을 공법관계로 본 판례 : 大判 1988.2.23, 87누1046

국유재산의 무단점유자에 대하여는 대부 또는 사용, 수익허가 등을 받은 경우에 납부하여야 할 대부료 또는 사용료 상당액 외에도 그 징벌적 의미에서 국가

측이 일방적으로 그 2할 상당액을 추가하여 변상금을 징수토록 하고 있으며,… 변상금의 체납시 국세징수법에 의하여 강제징수토록 하고 있는 점 등에 비추어 보면 국유재산의 관리청이 그 무단점유자에 대하여 하는 변상금부과처분은 순전히 사경제 주체로서 행하는 사법상의 법률행위라 할 수 없고 이는 관리청이 공권력을 가진 우월적 지위에서 행한 것으로서 행정소송의 대상이 되는 행정처분이라고 보아야 한다."

▶ 입찰관련행위를 공법관계와 사법관계로 구별한 판례: 大判 1983.12.27, 81누366

"가. 예산회계법에 따라 체결되는 계약은 사법상의 계약이라고 할 것이고 동법 제70조의5의 입찰보증금은 낙찰자의 계약체결의무이행의 확보를 목적으로 하여 그 불이행시에 이를 국고에 귀속시켜 국가의 손해를 전보하는 사법상의 손해배상 예정으로서의 성질을 갖는 것이라고 할 것이므로 입찰보증금의 국고귀속조치는 국가가 사법상의 재산권의 주체로서 행위하는 것이지 공권력을 행사하는 것이거나 공권력작용과 일체성을 가진 것이 아니라 할 것이므로 이에 관한 분쟁은 행정소송이 아닌 민사소송의 대상이 될 수 밖에 없다고 할 것이다.

나. 원고의 대리인이 입찰금액을 … 착오로 … 잘못 기재한 것은 … 입찰서에 기재한 중요부분의 착오가 있는 경우에 해당되어 이를 이유로 즉시 입찰취소의 의사표시를 한 이상 피고(조달청장)는 본건 입찰을 무효로 선언함이 마땅하므로 원고가 이 사건 공사계약체결에 불응하였음에는 정당한 이유가 있다고 할 것이니 원고를 부정당업자로서 6월간 입찰참가자격을 정지한 피고의 처분은 재량권을 일탈하여 위법하다."

第 2 節 行政法關係의 內容

주요쟁점

1. 공권의 성립요건은 무엇인가?
2. 반사적 이익의 공권화란 어떤 의미인가?
3. 공권과 법률상 이익은 어떠한 관계에 있는가?

Ⅰ. 公 權

1. 공권의 개념

1) 의 의

'공권'이란 공법상의 법률관계에서 직접 자기를 위하여 일정한 이익을 주장할 수 있는 법률상의 힘을 가리키며, 법이 단순히 국가나 국민의 작위·부작위를 규정하고 있는 결과로서 발생하는 반사적 이익과는 구별된다.

이 공권에는 국가나 공공단체가 고권적 주체로서 상대방인 국민에 대하여 가지는 지배권으로서의 '국가적 공권'과 이 국가적 공권에 복종하는 국민이 국가나 공공단체에 대하여 가지는 '개인적 공권'이 있다.

일반적으로 공권이란 오로지 국민이 국가 등의 행정주체에 대하여 가지는 '개인적 공권'을 의미한다.

2) 법률상 이익

「행정심판법」과 「행정소송법」에서 규정하고 있는 '법률상 이익'[1)]이 구체적으로 무엇을 내용으로 하는 것인가는 반드시 명확하지 아니하다.

(1) 학 설

학설은 ① 법률상 이익이란 공권을 의미한다는 견해와 ② 법률상 이익이란 공권은 아니지만 실정법이 보호하고 있는 이익, 즉 '보호이익'이라고 보는 견해로 대별된다.

(2) 판 례

판례는 '보호이익'이라는 표현을 사용하고 있다(大判 1974.4.9, 73누173).

(3) 사 견

일정한 이익을 향유할 수 있는 법률상의 힘을 공권이라 한다면, 판례가 의미하는 '법에 의하여 보호되는 이익'이란 공권과 같은 의미이다. 즉, 공권이 아닌 사실상의 이익을 반사적 이익으로 보아 공권과 반사적 이익을 구별하듯이 판례가 보호이익이 아닌 사실상의 이익도 반사적 이익으로 보아 법에 의하여 보호되는 이익과 반사적 이익을 구별하고 있는 점을 고려하면 실정법이 보호하고 있는 이

1) 2013년 입법예고된 법무부 「행정소송법」 개정안은 이를 '법적 이익'이라고 표현하고 있으나, 구체적 내용이 무엇인가에 대하여는 여전히 학설과 판례에 맡겨질 수밖에 없다.

익, 즉 '보호이익'은 공권과 동일한 개념이라 할 것이다. 이러한 의미에서의 공권을 '확대된 공권'이라 하기도 한다.

3) 반사적 이익

반사적 이익이란 관계 행정법규가 공익상 견지에서 행정주체에게 일정한 작위·부작위 등을 명하고 있을 경우에 그 반사적 효과로서 사실상 국민이 얻게 되는 이익을 말한다.

이러한 반사적 이익은 쟁송수단을 통하여 실현할 수 없다. 이를테면 의사의 진료의무(醫療法 §15)나 약사의 조제의무(藥師法 §24)는 개개 시민과의 관계에 있어서 그 시민과 의사·약사간의 권리의무관계를 규정한 것이 아니라 오직 공공적 견지에서 규정한 것이기 때문에 우리들이 진료를 받고 약의 조제를 요구할 수 있는 것은 우리들 개인의 권리로서 청구할 수 있는 것이 아니고, 법이 그렇게 규정한 간접적인 결과임에 불과하다. 그러므로 가령 진료나 조제의 요구를 거절하더라도 환자는 의사나 약사에 대하여 진료나 조제의 의무이행을 청구할 수 없다.

2. 공권의 성립요건

1) 전통적 공권 개념

전통적 공권론은 위법한 공권력의 행사에 대항하여 행정재판으로 구제받을 수 있는 공권과 구제받을 수 없는 반사적 이익을 구분하기 위한 기준이 되었다.

이러한 의미의 공권을 뷜러(O. Bühler)는 "행정에 대하여 일정한 급부 또는 작위·부작위를 요구할 수 있는 국민의 법적 지위로서 사적 이익의 보호를 목적으로 하는 강행법규에 의하여 승인된 것"이라고 정의함으로써 행정법규가 내포하는 세 가지 요소, 즉 ① 강행법규성, ② 사익보호성, ③ 국가에 대한 청구권(사법심사청구권)의 부여성을 공권의 성립요건으로 제시하였다.

2) 공권 성립의 내용

(1) 강행법규성

강행법규성이란 행정청의 처분의무의 존재를 의미하여, 이른바 기속행위인 경우에 공권이 성립될 수 있다는 의미이다. 그러므로 행정청이 재량권을 가지는 재량행위인 경우에는 공권이 성립되지 않는다.

(2) 사익보호성

사익보호성이란 관계법규가 사익보호를 목적으로 하는 경우에 공권이 성립될 수 있다는 의미이다. 그러나 관계법규가 오로지 공익을 추구하기 위한 경우에는 공권이 성립되지 않는다.

(3) 국가에 대한 청구권의 부여성

국가에 대한 청구권(사법심사청구권)의 부여성이란 쟁송제도를 통하여 권리구제 수단이 마련되어 있어야 공권이 성립될 수 있다는 의미이다. 이른바 쟁송의 대상이 열기(列記)주의에 의하여 제한되어 있는 상태에서 쟁송제도가 마련되어 있지 않는 경우에는 공권이 성립되지 않는다.

3) 반사적 이익의 공권화 -공권 개념의 확대-

취소소송의 제기요건으로서의 공권의 의미는 국민이 위법한 공권력의 행사로 인하여 불이익을 받더라도, 그것이 실정법상 공권으로 승인되지 못하는 이상 소송으로 다툴 수 없다는 데 있다. 그러므로 공권의 확대를 통한 실질적 법치주의의 이념을 구현하기 위하여 공권의 성립요건을 완화하는 경향을 보여 왔다.

가장 먼저 헌법상 재판청구권이 보장되고 행정쟁송사항이 개괄주의가 되면서 국가에 대한 청구권(사법심사청구권)의 부여성은 그 의미를 상실하였다. 또한 강행법규성은 재량행위의 축소론(재량권의 0으로의 수축 등) 내지 재량을 하자없이 행사하여야 할 의무의 존재 등을 근거로 재량행위에도 공권이 성립될 수 있게 되었으며, 사익보호성은 처분법규뿐만 아니라 관련법규 및 헌법상의 기본권규정을 고려하여 합리적 해석을 통하여 그 범위를 확대함으로써 뷜러(Bühler)의 공권개념은 당초의 엄격성으로부터 상당히 완화되고 있다.

3. 공권과 반사적 이익(사례)

1) 경업자의 이익

(1) 허가영업자

영업허가와 관련하여 기존영업자의 영업이익은 일반적으로 반사적 이익 내지 사실상의 이익에 불과하다(대판 1990.11.13, 89누756).

그러나 ① 거리제한 또는 개수제한 등이 있는 경우의 영업이익은 당해 규정이 공익뿐만 아니라 기존영업자의 영업이익도 보호하고 있는 것으로 보아 법률상 이익을 인정하고 있으며, ② 여러 사람의 신청을 받아 일부의 사람에 대하여만 인·허가 등을 하는 경우에 이를 경원자관계로 보아 인·허가 등을 받지 못한 자에 대하여도 법률상 이익을 인정하고 있다(大判 1999.10.12, 99두6026).

(2) 특허영업자

특허영업의 경우에는 기존업자의 이익은 단순한 사실상의 이익이 아니고 법에 의하여 보호되는 이익이라 하여 제3자인 기존업자의 원고적격을 인정하고 있다(大判 1974.4.9, 73누173).

2) 이웃주민의 이익

이웃소송과 관련하여 주거지역 내의 연탄공장건축으로 인하여 소음, 먼지, 진동 등의 주거생활상의 불이익을 입은 인근거주자에게 법률상 이익을 인정하였으며, 엘피지(LPG) 자동차충전소 설치허가를 한 경우에 위 설치장소에 인접하여 거주하는 주민에게도 관련법규의 해석을 통하여 법률상 이익을 인정하였다.

또한 환경영향평가관련법령의 규정취지가 환경공익을 보호하는데 그치지 아니하고, 그 지역 주민들의 쾌적한 환경에서 생활할 수 있는 개별적 이익도 보호하는데 있다고 하여 법적 이익을 인정하였으나, 대상지역 밖의 주민 등에게는 법적 이익을 부정하였다(大判 1998.9.22, 97누19571). 그러나 최근의 판례는 "환경영향대상지역 밖의 주민에 대하여 환경상의 이익에 대한 침해 내지 침해 우려가 있다는 것을 입증함으로써 그 처분의 무효확인을 구할 원고적격을 인정받을 수 있다."고 판시한 바 있다(大判 2006.3.16, 2006두330).

참고판례

▸ 경업자가 허가영업자인 경우 법적 이익을 부정한 사례 : 대판 1990.11.13, 89누756

"양곡가공업허가는 금지를 해제하는 명령적 행위에 불과하여 그 허가의 효과도 영업자유의 회복을 가져올 뿐이므로, 이 영업의 자유는 법률이 직접 양곡가공업의 피허가자에게 독점적 재산권을 취득하게 하는 것이 아니라 법률이 국민식량의 확보와 국민경제의 안정이라는 공공의 복리를 목적으로 영업의 자유를 일반적으로 제한함으로 인하여 그 영업자유의 제한이 해제된 피허가자에게 간접적으로 사실상의 이익을 부여하게 됨에 불과하다 할 것이니, … 그 허가처분으로 인하여 이미 같은 허가를 받고 있는 원고의 양곡가공업상의 이익이 사실상 감소된다고 하더라도 이 불이익은 이 사건 양곡가공업허가처분으로 인한 단순한 사실상의 반대적 결과에 지나지 아니하고 이로 말미암아 법률상 원고의 권리가 침해 당한 것이라고 할 수는 없는 것이므로 원고는 피고보조참가인에 대한 이 사건 양곡가공업허가처분에 대하여 그 취소를 소구할 수 있는 법률상 이익이 없다."

▸ 경원자관계인 경우에 법률상 이익을 인정한 판례 : 大判 1999.10.12, 99두6026.

"면허나 인·허가 등의 수익적 행정처분의 근거가 되는 법률이 해당 업자들 사이의 과당경쟁으로 인한 경영의 불합리를 방지하는 것도 그 목적으로 하고 있는 경우 다른 업자에 대한 면허나 인·허가 등의 수익적 행정처분에 대하여 미리 같은 종류의 면허나 인·허가 등의 수익적 행정처분을 받아 영업을 하고 있는 기존의 업자나, 면허나 인·허가 등의 수익적 행정처분을 신청한 수인이 서로 경쟁관계에 있어서 일방에 대한 면허나 인·허가 등의 행정처분이 타방에 대한 불면허·불인가·불허가 등으로 귀결될 수밖에 없는 경우[이른바 경원관계(競願關係)에 있는 경우로서 동일 대상지역에 대한 공유수면매립면허나 도로점용허가 혹은 일정지역에 있어서의 영업허가 등에 관하여 거리제한규정이나 업소개수제한규정 등이 있는 경우를 그 예로 들 수 있다.]에 면허나 인·허가 등의 행정처분을 받지 못한 사람 등은 비록 경업자나 경원자에 대하여 이루어진 면허나 인·허가 등 행정처분의 상대방이 아니라 하더라도 당해 행정처분의 취소를 구할 당사자적격이 있다."

▸ 경업자가 특허영업인 경우 법적 이익을 인정한 사례 : 大判 1974.4.9, 73누173.

"자동차운수사업법 제6조 1호에서 당해 사업계획이 당해 노선 또는 사업구역의 수송수요와 수송력공급에 적합할 것을 면허의 기준으로 한 것은 주로 자동차운수사업에 관한 질서를 확립하고 자동차운수업의 종합적인 발달을 도모하여 공공복리의 증진을 목적으로 하고 있으며, 동시에 한편으로는 업자간의 경쟁으로 인한 경영의 합리화를 보호하자는 데도 그 목적이 있다. 따라서 이러한 기존업자의 이익은 단순한 사실상의 이익이 아니고 법에 의하여 보호되는 이익이라고 해석된다."

▸ 이웃주민의 법률상 이익을 인정한 판례 :

① 大判 1975.5.13, 73누96,97.

"도시계획법과 건축법의 규정취지에 비추어볼 때 이 법률들이 주거지역 내에서의 일정한 건축을 금지하고 또는 제한하고 있는 것은 도시계획법과 건축법이 추구하는 공공복리의 증진을 도모하는 데 그 목적이 있는 동시에, 한편으로는 주거지역 내에 거주하는 사람의 주거의 안녕과 생활환경을 보호하고자 하는데도 그 목적이 있는 것으로 해석된다. 그러므로 주거지역 내에 거주하는 사람의 '주거의 안녕과 생활환경을 보호받을 이익'은 단순한 반사적 이익이나 사실상의 이익이 아니라 바로 법률에 의해 보호되는 이익이라 할 것이다."

② 이웃주민의 원고적격 여부에 관한 판례 : 大判 1995.9.26, 94누14544(상수원보호구역변경처분등취소).

"나. 상수원보호구역 설정의 근거가 되는 수도법 제5조 제1항 및 동 시행령

제7조 제1항이 보호하고자 하는 것은 상수원의 확보와 수질보전일 뿐이고, 그 상수원에서 급수를 받고 있는 지역주민들이 가지는 상수원의 오염을 막아 양질의 급수를 받을 이익은 직접적이고 구체적으로는 보호하고 있지 않음이 명백하여 위 지역주민들이 가지는 이익은 상수원의 확보와 수질보호라는 공공의 이익이 달성됨에 따라 반사적으로 얻게 되는 이익에 불과하므로 지역주민들에 불과한 원고들에게는 위 상수원보호구역변경처분의 취소를 구할 법률상의 이익이 없다.
다. 도시계획법 제12조 제3항의 위임에 따라 제정된 도시계획시설기준에관한규칙 제125조 제1항이 화장장의 구조 및 설치에 관하여는 매장및묘지등에관한법률이 정하는 바에 의한다고 규정하고 있어, 도시계획의 내용이 화장장의 설치에 관한 것일 때에는 도시계획법 제12조 뿐만 아니라 매장및묘지등에관한법률 및 같은법시행령 역시 그 근거 법률이 된다고 보아야 할 것이므로, 같은법시행령 제4조 제2호가 공설화장장은 20호 이상의 인가가 밀집한 지역, 학교 또는 공중이 수시 집합하는 시설 또는 장소로부터 1,000m 이상 떨어진 곳에 설치하도록 제한을 가하고, 같은법시행령 제9조가 국민보건상 위해를 끼칠 우려가 있는 지역, 도시계획법 제17조의 규정에 의한 주거지역, 상업지역, 공업지역 및 녹지지역 안의 풍치지구 등에의 공설화장장 설치를 금지함에 의하여 보호되는 부근 주민들의 이익은 위 도시계획결정처분의 근거 법률에 의하여 보호되는 법률상 이익이다."

③ 大判 1998.9.22, 97누19571.

"환경영향평가법령 등의 규정 취지는 환경영향평가대상사업에 해당하는 발전소건설사업이 환경을 해치지 아니하는 방법으로 시행되도록 함으로써 당해 사업과 관련된 환경공익을 보호하려는 데 그치는 것이 아니라 당해 사업으로 인하여 직접적이고 중대한 환경피해를 입으리라고 예상되는 환경영향평가대상지역 안의 주민들이 전과 비교하여 수인한도를 넘는 환경침해를 받지 아니하고 쾌적한 환경에서 생활할 수 있는 개별적 이익까지도 이를 보호하려는 데에 있으므로, 주민들이 위 승인처분과 관련하여 갖고 있는 위와 같은 환경상 이익은 단순히 환경공익 보호의 결과로서 국민일반이 공통적으로 갖게 되는 추상적·평균적·일반적 이익에 그치지 아니하고 환경영향평가대상지역 안의 주민 개개인에 대하여 개별적으로 보호되는 직접적·구체적 이익이라고 보아야 하고, 따라서 위 사업으로 인하여 직접적이고 중대한 환경침해를 받게 되리라고 예상되는 환경영향평가대상지역 안의 주민에게는 위 승인처분의 취소를 구할 원고적격이 있다.

환경영향평가대상지역 밖의 주민·일반 국민·산악인·사진가·학자·환경보호단체 등의 환경상 이익이나 전원(電源)개발사업구역 밖의 주민 등의 재산상 이익에 대하여는 …근거 법률에 이를 그들의 개별적·직접적·구체적 이익으로 보호하려는 내용 및 취지를 가지는 규정을 두고 있지 아니하므로, 이들에게는 위와 같은 이익 침해를 이유로 전원(電源)개발사업실시계획승인처분의 취소를 구할 원고적격이 없다."

④ 大判 2006.3.16, 2006두330(정부조치계획취소등).

"한편, 환경영향평가 대상지역 밖의 주민이라 할지라도 공유수면매립면허처분 등으로 인하여 그 처분 전과 비교하여 수인한도를 넘는 환경피해를 받거나 받을 우려가 있는 경우에는, 공유수면매립면허처분 등으로 인하여 환경상 이익에 대한 침해 또는 침해우려가 있다는 것을 입증함으로써 그 처분 등의 무효확인을 구할 원고적격을 인정받을 수 있다."

3) 기 타

(1) 공공시설의 설치·이용 등으로 얻는 이익

도로, 교량 등 공공시설의 설치에 따른 이용으로 발생하는 이익은 단순한 반사적 이익에 불과하다. 따라서 도로의 설치나 폐지로 인하여 인근 주민이나 도로이용자가 불이익을 입는다 하더라도 원칙적으로 그 도로의 설치나 폐지를 다툴 수 없다.

그러나 주민이 공공시설을 이용할 수 있는 것은 법적 의미에서 권리로 인정되어야 한다는 견해가 유력하게 제기되고 있다.

(2) 특정한 상대방이 존재하지 아니하는 일정한 행정조치로 얻는 이익

사적(史蹟), 명승, 천연기념물의 지정이나 해제 또는 국립공원으로의 지정이나 해제로 인하여 관계주민이 받는 이익이나 불이익 등은 원칙적으로 반사적 이익이다.

(3) 행정법규에 의하여 규제를 받고 있는 공기업이용자의 이익

철도나 버스 등의 노선이나 정류장을 이용함으로써 이용자가 얻는 이익이라든가, 정부의 공공요금이나 운임 등의 인상 인가제도로 이용자 개개인이 얻는 이익이나 불이익도 원칙적으로 반사적 이익이다. 그러나 최근에는 이러한 이용자의 이익도 점차 법적 이익화하는 경향이 있음에 유의하여야 한다.

4. 공권의 특성

공권은 사권과 구별되는 공법상의 권리이다. 이와 같은 의미에서의 공권은 사법관계의 내용인 사권과는 다른 특성을 지닌다.

공권의 실체법상 특성으로는 ① 불융통성으로 인하여 이전·포기·대리 등이 제한되거나 금지되며, ② 공익실현을 위하여 특별한 보호가 인정되기도 한다.

공권의 절차법적 특성으로서 공권이 침해된 경우에 행정쟁송을 제기하거나 국가배상을 청구하는 등의 쟁송절차의 특수성이 인정된다.

다만 이와 같은 특성은 공권 자체의 성질에서 유래되는 경우도 있지만, 공권이라고 하더라도 그 내용은 각각의 권리에 따라 다르기 때문에 그 특성을 일반론처럼 단정할 수는 없다. 따라서 이와 같이 공권의 특수성은 개별실정법의 규정 및 관계법규의 목적·취지 등을 종합적으로 고려하여 개개의 권리마다 구체적·개별적으로 판단하는 것이 합리적이다.

Ⅱ. 公權의 擴大論

공권의 확대론은 전통적 공권론에서 반사적 이익으로 평가되었던 이익을 법적 이익으로 인정하기 위한 이론을 의미한다.

이러한 논의의 중심에 있는 권리로는 다음과 같은 권리가 있다.

1. 무하자재량행사청구권

1) 의 의

(1) 개 념

무하자재량행사청구권이라 함은 행정청에 재량권이 부여되어 있는 경우에 행정청에 대하여 재량권의 하자없는 행사를 청구할 수 있는 권리를 말한다.

법치행정의 원리를 법이념적인 면에서 볼 때 행정의 위법한 행위(작위 또는 부작위)로 인하여 불이익을 받은 국민에게 공권이 인정되는 것은 당연하다.

문제는 행정권의 행사·불행사가 기속행위인 경우에는 이에 위반할 때에는 당해 행사·불행사가 위법임은 지극히 당연하나, 행정청에게 일정한 행정재량을 인정하고 있는 재량조항의 집행에 관하여 위법의 문제가 생기는가의 여부이다.

종래 재량조항의 위반은 당·부당의 문제로 될지언정 위법은 아니라고 하였지만, 재량조항이라 하더라도 행정의 자의를 인정하는 것은 아니다. 따라서 행정청이 재량권의 한계를 넘거나 재량권을 남용하여 국민의 권리자유를 침해하는 경우에는 그러한 침해행위는 위법으로서 국민은 그 위법행위의 배제를 요구할 수 있다(行訴法 §27).

이와 같이 재량권행사의 일탈·남용으로 초래될 위법한 효과를 사전에 배제할 수 있는 권리를 무하자재량행사청구권이라고 한다.

(2) 등장배경

무하자재량행사청구권은 1960년대 이후 독일법과 일본법을 매개로 하여 인식하기 시작한 개념이다.

종래 행정청의 재량과 국민의 권리는 상호 배척관계로 이해되어 행정청이 상대방인 국민에 대하여 일정한 행위를 하도록 법률상 의무가 규정되어 있으면, 그 국민에게는 행정청에 대하여 당해 행위를 하도록 요구할 권리가 있다고 할 수 있었다. 그러나 어떠한 행위를 할 것인가의 여부가 행정청의 재량에 맡겨져 있을 때에는 국민에게 그러한 행위를 요구할 권리가 인정되지 않았다.

그런데 '재량하자론'의 전개에 따라 재량행위를 사법적 통제 아래에 두려고 한 결과, 보호할 가치가 있는 국민의 이익을 가능한 한 권리영역으로 확대하려는 노력의 성과로서 나타난 것이 무하자재량행사청구권이라는 개념이다.

2) 내 용

무하자재량행사청구권이 독자적인 권리인가에 대하여는 부정설과 긍정설이 있다.

(1) 학 설

(가) 부정설

이 견해는 ① 재량권의 하자있는 행사는 결국 재량의 위법한 행사이므로, 이로 인한 실체법상의 권리침해를 주장할 수 있고, ② 무하자재량행사청구권을 독자적인 권리로 인정하면 원고적격을 부당하게 확대하여 실질적으로 민중소송화할 우려가 있다는 점을 들고 있다.

(나) 긍정설

이 견해는 무하자재량행사청구권을 실체적 권리로 보는 견해와 절차적 또는 형식적 권리로 보는 견해로 구분할 수 있다.

① 무하자재량행사청구권을 실체적 권리로 보는 견해는 무하자재량행사청구권이란 행정청이 의무에 합당한 재량행사를 해야 할 의무가 있고, 국민은 이에 상응하여 무하자재량행사청구권을 가진다고 한다.

② 이에 대하여 무하자재량행사청구권을 절차적 또는 형식적 권리로 보는 견해는 무하자재량행사청구권이란 특정의 처분을 구하는 것이 아닌 종국처분의 형성과정에 있어서 재량권의 법적 한계를 준수하면서 재량권의 합리적 범위 내의 어떠한 처분을 구하는 권리라는 점에서 절차적 또는 형식적 공권이라고도 한다.

물론, 어느 견해이든 재량권이 영으로 수축되어 오직 하나의 처분만이 적법한 재량권의 행사로 인정되는 경우에는 특정처분을 구할 수 있으므로 이 경우에는 무하자재량행사청구권이 실체적 공권이 된다고 한다.

(2) 판 례

무하자재량행사청구권의 인정 여부에 대하여 논의를 야기한 사건이 검사임용거부처분취소청구사건이다(大判 1991.2.12, 90누5825).

대법원은 이 사건에서 "검사의 임용에 있어서 임용권자가 임용여부에 관하여 어떠한 내용의 응답을 할 것인지는 임용권자의 자유재량에 속하므로 일단 임용거부라는 응답을 한 이상 설사 그 응답내용이 부당하다고 하여도 사법심사의 대상으로 삼을 수 없는 것이 원칙이나 적어도 재량권의 한계일탈이나 남용이 없는 위법하지 않은 응답을 할 의무가 임용권자에게 있고, 이에 대응하여 임용신청자로서도 재량권의 한계일탈이나 남용이 없는 적법한 응답을 요구할 권리가 있다고 할 것이며, 이러한 응답신청권에 기하여 재량권남용의 위법한 거부처분에 대하여는 항고소송으로서 그 취소를 구할 수 있다."라고 판시하였다.

일반적으로 이 판결이 무하자재량행사청구권을 인정한 것으로 보고 있다.

(3) 사 견

무하자재량행사청구권이 독자적인 권리인가의 여부는 원고적격과 관련되는 문제라고 할 수 있다. 생각건대 재량권의 행사(재량권의 한계)는 실체법상의 권리의 내용과 관련하여 당해 권리의 보장의 한계를 의미하는 것이므로 실체법상의 권리와 분리되는 독자적인 권리로서의 무하자재량행사청구권을 인정하는 견해는 수긍하기 어렵다.

그러므로 무하자재량행사청구권을 인정한 것으로 보는 검사임용거부처분취소사건판결도 관계법령상의 공무담임권의 내용을 침해함에 있어서 재량권의 한계를 준수하였는가 하는 점에 있는 것으로 보아야지 실체법상의 권리와 별도로 무하자재량행사청구권을 인정한 것으로 보기는 어렵다고 할 것이다.

다만 무하자재량행사청구권을 독자적인 권리로 인정하지 않아도 무하자재량행사청구권을 통하여 재량영역에서도 완전한 공권은 아니지만 절차적 내지 형식적 공권이 성립할 수 있다는 점을 인정함으로써 개인적 공권의 성립요소로서의 강행법규성은 그 의의가 감소되고 사익보호성이 중요한 의의를 지니게 되었다고 할 수 있다.

3) 성립요건

무하자재량행사청구권을 긍정하더라도 무하자재량행사청구권이 성립하기 위해서는 공권의 성립요건과 같이 다음의 요건이 필요하다.

(1) 처분의무의 존재

무하자재량행사청구권이 성립하기 위하여는 행정청에 법적 의무로서의 처분의무가 있어야 한다.

그러나 일반적인 공권의 처분의무가 특정처분을 하여야 할 의무인데 반하여, 여기에서의 처분의무는 재량권의 한계를 준수하여 어떠한 처분을 하여야 할 의무라는 점에서 차이가 있다.

(2) 사익보호성

재량처분을 규정하고 있는 관계법규의 목적・취지가 개인의 이익을 보호하고 있어야 한다. 따라서 관계법규가 오로지 공익만을 규정하고 있는 경우에는 무하자재량행사청구권은 성립할 수 없다.

4) 쟁송의 형태

(1) 취소소송・부작위위법확인소송

① 위법한 재량처분으로 인하여 권리를 침해받은 자는 취소심판이나 취소소송을 통하여 권리구제를 받을 수 있다. 이 경우의 판결의 취지는 "처분은 재량에 하자가 있어 위법하다."는 것이다. 따라서 행정청은 판결의 취지에 따라야 하므로(行訴法 §30②참조), ㉮ 결정재량만 있는 경우에는 상대방이 신청한대로 처분을 하여야 하며(認容處分), ㉯ 선택재량이 있는 경우에는 재량형성과정에 하자가 없는 한 신청에 대하여 적절한 처분(認容處分 또는 拒否處分)을 하여야 한다.

② 행정청의 부작위로 인하여 권리를 침해받은 자는 의무이행심판이나 부작위위법확인소송을 통하여 권리구제를 받을 수 있다. 부작위위법확인소송의 경우에도 취소소송의 경우와 같다(行訴法 §38②, 30②).

(2) 의무화소송

① 행정심판의 경우 의무이행심판이 인정되고 있음에 반하여 행정청이 부작위를 계속하고 있을 경우에 국민이 그 부작위의 위법을 주장하여 행정권의 발동을 요구할 수 있는가에 대하여는 의무화소송을 통하여 권리구제를 받을 수 있는가에 대해서는 다툼이 있다.

판례는 행정권을 발동할 것인가의 여부에 대한 결정은 행정청의 제1차적 판단과 책임에 맡겨져 있기 때문에, 법률상 요건이 갖추어진 경우라도 그 결정은 행정청의 재량판단에 속하는 것이므로 행정청의 규제권한 발동을 구하는 의무화소송은 인정하지 않았다(大判 1992.12.22, 92누13929).

② 그러나 행정권의 발동이 없으면 국민에게 구체적이고 중대한 위험이 발생하는 경우에는 제한적으로 의무화소송을 인정하는 것이 타당하다.

5) 재량권의 영으로의 수축

(1) 배 경

무하자재량행사청구권은 특정의 행정행위를 구하는 청구권이 아니라 오로지 재량의 하자없는 결정을 구하는 청구권에 불과하다. 그렇지만 그 방해와 위험의 정도가 매우 높아 행정청의 불개입결정(부작위) 그 자체가 바로 '재량의 하자'로 볼 수 있는 경우에는 재량의 폭이 영으로 수축하여 하자없는 재량행사를 청구할 청구권이 특정의 행정작용을 구하는 엄격한 청구권으로 전환되어야 할 필요가 있다.

(2) 개 념

이와 같이 행정권을 발동할 것인가의 여부에 대한 판단은 일차적으로 행정청의 재량판단에 맡겨지지만, 재량권행사의 당부는 구체적 상황과 관련하여 상대적으로 판단되므로 법률상 재량이 인정되고 있는 범위에 있어서도 그 구체적 상황에 따라 재량의 범위가 수축할 수 있다. 이것이 '재량권수축론'이다.

이 재량권수축론에 의하면 일정한 상황에서는 행정청에 부여된 재량이 영으로 수축됨으로써 특정한 행위를 하여야 하는 바, 이를 일컬어 통상 '재량권의 영으로의 수축'이라 한다. 행정청의 재량권이 영으로 수축하게 되면 행정청의 부작위는 위법이 될 수밖에 없으므로 결과적으로 국민에게 행정개입청구권을 인정할 수 있다.

(3) 요 건

재량의 영(零)으로의 수축의 요건으로는 일반적으로 ① 국민의 생명, 건강, 중요한 재산 등에 대한 위험이 절박할 것이라는 급박성, ② 규제권한을 행사하지 아니하면 결과 발생을 방지할 수 없다는 보충성, ③ 국민이 규제권한의 행사를 요청하고 기대할 수 있는 상황이었을 것이라는 기대가능성, ④ 규제권한 행사로 인하여 결과를 용이하게 회피할 수 있을 결과회피가능성 등이 요구된다.

2. 행정개입청구권

1) 의 의

(1) 개 념

행정권의 위법한 행사로 국민의 권익이 침해되었을 경우, 국민은 행정권의 위법한 침해의 배제를 청구할 수 있는 위법배제청구권을 가지게 됨은 법치행정의 기본원리이다.

이에 대하여 행정청이 행정권의 행사를 태만히 함으로써 법률상 국민이 받도록 되어 있는 급부나 보호를 받지 못할 경우, 행정청에 대하여 권력의 발동을 요구하여 당해 급부나 보호를 청구할 권리를 가리켜 행정개입청구권이라 한다.

이와 같은 행정개입청구권은 ① 자신의 이익을 위해 자신에게 행정권의 발동을 청구할 수 있는 행정행위발급청구권과 ② 자신의 이익을 위해 제3자에게 행정권의 발동을 청구할 수 있는 협의의 행정개입청구권으로 구분하기도 한다.

(2) 논의의 배경

일반적으로 대부분의 행정법규는 공익의 보호를 목적으로 하고 있기 때문에 이에 근거한 행정활동으로 국민에게 이익이 돌아온다 하더라도 그것은 국민의 권리가 아니라 반사적 이익에 불과하므로 사인의 행정개입청구권에 대해서는 소극적 견해가 지배적이었다.

그렇지만 최근 국민의 행정에 관한 의존도가 증대하고 공권의 확대화 추세에 따라 종래 반사적 이익으로 보았던 것이 법률상 이익으로 인식되고 있다.

이를테면 법을 집행함으로써 국민에게 생긴 이익은 가급적이면 국민개인을 위한 이익이라고 실정법의 취지를 해석함으로써 법률상 보호법익의 범위를 확대하려는 '권리성 추정이론'이 실정법의 해석원리로서 인식되면서 행정청의 위법한 부작위에 대한 행정권의 발동을 청구할 수 있는 권리로서 행정개입청구권이 등장하게 되었다.

2) 인정 여부

(1) 학 설

(가) 부정설

행정청의 위법한 부작위로 인하여 권익을 침해받은 경우에 실체법상의 권리침해를 주장할 수 있으므로 행정개입청구권을 독자적인 권리로 인정할 필요성이 없다는 견해이다.

(나) **긍정설**

① 행정권의 발동 여부는 일반적으로 행정청의 재량이지만 재량에는 한계가 있으며, ② 행정권의 발동으로 인하여 제3자가 받는 이익 중에는 법률상 이익인 경우도 있으며, ③ 행정권이 발동되지 않음으로써 침해된 제3자의 권익구제를 위한 쟁송수단이 있다는 점을 논거로 이를 인정한다.

(2) 판 례

이를 직접적으로 인정한 판례는 없다. 일부 판례(대판 2007.5.11, 2007두1811)를 두고 행정개입청구권을 인정한 것으로 보는 견해도 있다.

(3) 사 견

행정개입청구권의 인정 여부는 원고적격과 관련되는 문제라고 할 수 있다. 생각건대 긍정설이 논거로 삼고 있는 사유는 실체법상의 권리의 내용과 다르지 아니하다. 그러므로 실체법상의 권리와 분리되는 독자적인 권리로서의 행정개입청구권을 인정할 실익이 없다.

3) 성립요건

행정청에 대한 국민의 행정개입청구권은 행정활동이 기속행위인가 재량행위인가의 여부에 따라 신축을 띄게 될 것이지만(주로 결정재량에서 문제된다), 다음과 같은 요건을 갖추어야 한다.

① 법규에 의하여 행정권 발동의무가 부과되어 있어야 한다. 따라서 행정청에 재량이 부여된 경우에는 행정권의 발동의무가 부여되어 있지 않으므로 이 요건을 충족하지 못한다. 그러나 재량이 영으로 축소되는 경우에는 행정권의 발동의무가 인정된다.

② 또한 법규의 취지도 공익만이 아니라 개인의 이익도 보호하고 있어야 한다.

4) 구제수단

① 행정개입청구권의 가장 적절한 수단은 의무화소송이지만, 판례는 이를 인정하지 않고 있다. 현재로서는 의무이행심판이 인정되고 있다.

② 현실적으로 사인의 행정개입청구권의 행사에 대하여 행정청이 거부하거나 아무런 조치를 취하지 않는 경우에는 거부처분의 취소소송 또는 부작위위법확인소송을 통하여 권리를 실현할 수 있을 것이다(行訴法 §34, §38②). 이는 무하자재량행사청구권의 실현방법과 동일하다.

3. 절차적 공권

행정권을 발동하는 경우에도 적법절차의 원칙이 인정되고 있다. 이러한 절차상의 권리로서는 일반적 규범형성과정에 참가하는 권리와 불이익한 행정처분이 이루어지기 전에 청문을 받을 권리 등이 중요하다.

우리나라에서도 1996년 12월 31일 법률 제5241호로 「행정절차법」이 제정·공포되어, 1998년 1월 1일부터 시행되고 있다.

국민이 일반적인 규범이나 계획을 정립하는 규범형성과정에 참여하는 권리로는, 「행정절차법」에서의 의견제출과 공청회에 관한 규정 및 「국토의 계획 및 이용에 관한 법률」에서의 도시기본계획의 수립에 시장이나 군수는 공청회 등을 개최하여 주민의 의견을 청취하는 규정 등이 있다(同法 §20 등).

Ⅲ. 公法上의 義務

1. 개 념

일반적으로 공의무란 타인의 이익을 위하여 하는 공법상의 의사의 구속을 의미한다. 행정주체의 공의무와 국민의 공의무 양자가 있지만, 여기서는 후자에 대해서만 언급한다.

요컨대, 행정법관계에서 의무라 하면 법률 또는 이를 구체화하는 행정작용(그 중심은 행정행위)으로 국민에게 과하여진 자유의 제한이다. 예를 들면, 통행금지의 조치가 취하여지기까지 어떤 장소를 통행할 것인가의 여부는 통행자인 국민의 자유이다. 그렇지만 금지로서 부작위의무가 과하여지면 그 장소에 출입할 자유는 부정되며, 그 한도에서 국민의 자유는 제한받게 된다. 또 국민이 의무를 이행하지 않을 경우에 대비하여 강제나 처벌이라는 의무이행의 확보수단이 마련되어 있는 경우가 많다.

2. 종 류

의무는 그 성질에 따라 작위, 부작위, 급부 및 수인의무로 분류할 수 있다.

3. 특 성

국민이 법률 또는 행정행위로 과하여진 의무를 이행하지 않을 경우, 이행확보의 수단이 문제가 된다. 작위의무 중에도 대체적 작위의무에 관해서는 대집행이라는 일반적 수단이 존재하며(行執法 §1), 급부의무에 관해서는 행정상의 강제징수절차가 마련되어 있다.

그러나 비대체적 작위의무, 부작위의무 및 수인의무를 국민이 이행하지 않을 경우에 유효한 강제수단은 한정되어 있다. 즉, 이러한 경우로는 명령에 위반한 경우의 벌칙이 일반적이다(제3편 행정의 실효성확보수단 참조).

第 3 節 特別行政法關係(이른바 特別權力關係)

주요쟁점

1. 특별권력관계의 특징은 무엇인가?
2. 특별권력관계와 특별행정법관계의 차이는 무엇인가?

Ⅰ. 傳統的 特別權力關係理論

1. 특별권력관계의 개념

'특별권력관계'라는 개념 자체는 '일반권력관계'에 대립되는 것으로 "특별한 행정상의 목적에 필요한 범위 내에서 포괄적으로 당사자의 한 쪽이 상대방을 지배하고, 그 상대방은 이에 복종함을 내용으로 하는 법률관계"를 말한다. 구체적으로는 공무원의 근무관계, 국공립학교・병원・도서관 등 영조물의 이용관계, 죄수의 교도소 수감관계 등이 대표적인 것이다. 이러한 관계에 있어서는 공무원, 영조물이용자 및 죄수라는 관계 때문에 일반 시민의 국가나 지방자치단체에 대한 것과는 다른 특별한 규율에 복종한다.

이와 같이 일반 시민이 경찰권, 과세권 등의 일반 통치권에 복종하는 관계를 일반권력관계라 부르는 데 대하여, 이러한 특별한 규율이 이루어지는 관계를 특별권력관계라고 한다.

2. 특별권력관계의 특색

전통적 행정법이론에서는 특별권력관계가 설정된 목적에 비추어 지배자에게 '포괄적 지배권'이 부여되어 있는 것이라고 보고, 이러한 특별한 관계에서는 '법률에 의한 행정의 원리'의 적용이 배제되었다. 구체적인 특색은 다음과 같다.

1) 법률유보의 배제

특별권력관계에서는 특별권력의 주체가 개별적인 법률의 근거가 없어도 포괄적인 명령권과 징계권으로 상대방을 명령・강제할 수 있다. 공무원의 직무명령, 영조물규칙의 제정이 그것이며, 이러한 명령에는 일일이 법률의 근거를 필요로 하지 아니한다. 따라서 일반권력관계에서 적용되는 법률유보의 원칙이 특별권력관계에서는 적용되지 않는다는 특색이 있다.

2) 기본권보장의 예외

특별권력관계에서는 헌법상의 기본권이 보장되지 않는 경우가 있다. 따라서 특별권력관계의 상대방에게는 법률의 근거없이도 기본권의 제한이 가능하다는 특색이 있다.

3) 사법심사의 배제

특별권력관계 내부에서의 조치로 인하여 권익을 침해받은 경우에도 그 조치가 시민으로서의 지위에 관련이 없는 한 사법적 구제를 요청할 수 없다. 법원은 시민법질서의 유지만을 임무로 하고 특별권력관계 내의 질서유지는 주체인 행정청에 맡겨지기 때문이다. 따라서 사법심사를 통하여 권리구제를 받을 수 없다는 특색이 있다.

3. 포괄적 지배권의 내용 – 특별권력 –

특별권력관계에서의 포괄적 지배권은 특별권력관계의 종류에 따라 직무상 권력, 영조물권력, 감독권력 및 사단권력으로 구분할 수 있으나, 그 내용은 명령권과 징계권으로 구분된다.

1) 명령권

특별권력의 주체는 포괄적 지배권을 발동하여 당해 특별권력관계의 목적달성에 필요한 명령과 강제를 할 수 있다. 그 발동형식은 영조물규칙의 제정, 공공조합의 규약 및 통제규정의 제정 등과 같이 일반적·추상적인 법형식을 취하는 경우와 공무원에 대한 상관의 직무명령 등과 같이 개별적·구체적인 명령·처분의 형식을 취하는 경우가 있다.

2) 징계권

특별권력관계의 질서유지를 위하여 질서를 문란케 한 자에 대하여 징계를 할 수 있다. 징계로서 받는 벌이 징계벌이다.

징계벌은 그 목적과 성질로 보아 일정한 한계가 있고, 최고한도의 것이라도 위반자를 특별권력관계로부터 배제하여 특별권력관계로부터 받는 이익의 박탈에 그친다.

4. 특별권력관계의 종류

지금까지 특별권력관계로 취급되어 온 것에는 ① 공법상의 근무관계(예; 공무원의 근무관계), ② 공법상 영조물의 이용관계(예; 국공립학교 재학관계), ③ 공법상의 특별감독관계(예; 국가와 공법인과의 관계), ④ 공법상의 사단관계(예; 공공조합과 조합원과의 관계)가 있다.

5. 특별권력관계의 성립원인

특별권력관계는 법률의 규정에 의하여 성립되는 경우(刑執法 §1, §11이하 및 感染法 §42)와 상대방의 동의에 의하여 성립되는 경우가 있다.

① 법률의 규정에 의하여 성립하는 경우에는 그 법률에 의하여 당해 특별권력관계의 목적 달성에 필요한 한도 내에서 일방의 당사자에게 포괄적 지배권을 수권한 것이므로 특별권력의 주체가 가지는 명령권·강제권은 당해 법률에 일반적 근거가 있고 다른 개별적 법률의 근거를 요하지 아니한다.

② 상대방의 동의에 의하여 성립하는 경우에는 동의 자체가 사회통념상 당해 특별권력관계의 목적달성에 필요로 하는 한도의 포괄적 지배관계에 복종하겠다는 승인을 의미하고, 특별권력주체의 명령권·강제권의 기초가 된다.

Ⅱ. 特別權力關係에서 特別行政法關係로의 轉換

1. 의 의

법치행정의 원칙이 적용되지 않았던 특별권력관계이론은 실질적 법치주의를 기반으로 하고 있는 이론의 강한 비판에 직면하면서 오늘날 기본권 보장, 법률의 유보 및 사법심사를 인정하는 수정단계를 거쳐 특별권력관계론의 부정단계로 전환되었다.

특별권력관계에 대한 비판적 이론은 구체적인 사항에서 다소 견해의 차이가 있다.

2. 학 설

학설은 특별권력관계를 인정하면서 일정한 범위 내에서 제한적으로 법치주의가 적용된다고 하는 수정이론과 법치주의가 적용되지 않는 특별권력관계 자체를 부정하는 이론으로 대별할 수 있다.

1) 수정론

특별권력관계론의 수정론은 특별권력관계를 인정하되, 필요한 범위 내에서 법치주의가 완화 내지 배제되는 이론을 말한다.

이와 같은 수정론은 ① 특별권력관계에서도 법치주의가 적용되지만 특별한 행정목적을 달성하기 위하여 일정한 범위 안에서만 법치주의의 완화를 인정하고자 하는 제한적 특별권력관계론과 ② 특별권력관계를 내부관계와 외부관계로 구분하여, 공무원에 대한 직무명령·인사관리 등과 같이 특별권력관계의 운영과 관련되는 내부관계에서는 법치주의의 적용이 배제되지만 공무원의 임명·해임 등과 같이 특별권력관계의 발생 내지 소멸과 관련되는 외부관계에서는 법치주의가 적용되어야 한다는 내부·외부관계구분론 내지 기본관계·경영수행관계론이 있다.

2) 부정론

(1) 전면적·형식적 부정설

실질적 법치주의 및 기본권 존중주의에 근거하여 공권력의 발동은 모두 법률에 근거하여야 하며, 법률로부터 자유로운 특별권력이란 개념 자체를 부정하고 이를 일반권력관계로 보는 견해이다.

(2) 개별적·실질적 부정설

종래의 특별권력관계를 구체적·개별적으로 분석하여, ㉮ 수형자 또는 강제입원환자 등과 같은 경우에는 이를 일반권력관계로, ㉯ 학생의 재학관계 등과 같은 경우에는 계약관계 또는 관리관계로 환원시킴으로써 특별권력관계를 실질적으로 부정하는 견해이다.

(3) 기능적 재구성설

종래의 특별권력관계를 부정하고 이를 기능적 관점에서 파악하여 이에 상응하는 고유한 법리를 적용하고자 하는 견해이다. 이른바 '부분사회론'으로 대표된다.

3) 사 견

종래 특별권력관계로 취급되어 온 관계에 대해서는 실제상의 필요 때문에 그에 관련되는 특별법이 일반의 법관계와 다른 특수한 규정을 하고 있는 경우도 있으며 또 해석론상 특별히 해석하여야 할 경우도 있으므로 전면적·형식적 부정설의 타당성을 인정하기 어렵다.

그러나 이러한 특수한 규정은 각각의 경우에 개별적·구체적으로 합리적인 이유가 있는 경우에 입법된 것으로서 '일반권력관계'와 본질적으로 다른 특별권력관계라는 성질로부터 설명될 것이 아니므로, 특별권력관계에 실질적인 의미를 부여하지 아니하는 개별적·실질적 부정설 내지 법관계의 성질과 목적이라는 특수성에서 파악하는 기능적 재구성설이 타당하다고 하겠다.

Ⅲ. 特別行政法關係와 法治主義

1. 법률의 유보

특별행정법관계에서는 일반권력관계와 마찬가지로 법률의 유보이론이 적용된다. 따라서 특별행정법관계의 성립, 특별권력의 상대방에 대한 권리제한 또는 의무부과에는 법률의 근거가 있어야 한다. 다만, 특별한 목적과 기능 수행에 필요한 한도 내에서 법률의 규율방식을 일반조항적 규정에 의하는 것은 허용된다.

2. 기본권 보장

특별행정법관계에서의 기본권 제한은 법률에 근거가 있어야 한다. 특별행정법관계에서는 헌법상 기본권의 내재적 한계가 인정된다는 견해가 있으나, 부정하는 것이 타당하다. 다만 상술한 바와 같이 기본권 제한을 일반조항적 규정에 의하는 것은 허용될 수 있다.

3. 사법심사

특별행정법관계에서 특별권력에 의하여 권익을 침해받은 경우에는, 일반적인 경우와 같이 소송요건을 갖추면 사법심사를 통하여 구제받을 수 있다. 다만 이 경우 특별권력에게 목적수행을 위하여 광범위한 재량을 부여한 경우가 많기 때문에 재량권의 일탈·남용이 있을 경우에만 구제를 받게 된다는 한계가 있다.

참고판례

▸특별권력관계와 사법심사 여부: 大判 1991.11.22, 91누2114.

"행정소송의 대상이 되는 행정처분이란 행정청이 행하는 구체적 사실에 관한 법집행으로서의 공권력의 행사 또는 그 거부와 그 밖에 이에 준하는 행정작용을 말하는 것인 바, 국립교육대학 학생에 대한 퇴학처분은, 국가가 설립·경영하는 교육기관인 동 대학의 교무를 통할하고 학생을 지도하는 지위에 있는 학장이 교육목적실현과 학교의 내부질서유지를 위해 학칙 위반자인 재학생에 대한 구체적 법집행으로서 국가공권력의 하나인 징계권을 발동하여 학생으로서의 신분을 일방적으로 박탈하는 국가의 교육행정에 관한 의사를 외부에 표시한 것이므로, 행정처분임이 명백하다. 학생에 대한 징계권의 발동이나 징계의 양정이 징계권자의 교육적 재량에 맡겨져 있다 할지라도 법원이 심리한 결과 그 징계처분에 위법사유가 있다고 판단되는 경우에는 이를 취소할 수 있는 것이고, 징계처분이 교육적 재량행위라는 이유만으로는 사법심사의 대상에서 당연히 제외되는 것은 아니다."

第4節 行政法關係의 變動要因

주요쟁점

1. 법률요건과 법률사실은 어떻게 다른가?
2. 용태와 사건이란 어떻게 다른가?
3. 사인의 공법행위로서의 신고 중에서 처분성이 인정되지 않는 신고는 어떠한 신고이며 그 이유는 무엇인가? 타당성은 있는가?
4. 자체완성적 신고와 행정요건적 신고의 차이점은 무엇인가?

Ⅰ. 槪 觀

1. 법률요건·법률사실과 법률효과

행정법관계를 변동(발생·변경·소멸)시키는 요인을 '법률요건'이라 하고, 결과를 가리켜 '법률효과'라 한다.

행정법관계의 내용이 권리(공권)와 의무(공의무)이므로 '법률효과'라 하면 권리·의무의 변동, 즉 발생·변경·소멸임에 대하여, '법률요건'은 권리·의무의 변동을 일으키는 요인이다. 변동요인을 구성하는 개개의 부분을 '법률사실'이라 하고 법률사실의 전체가 '법률요건'을 이룬다. 즉, 행정법상의 법률요건은 하나의 법률사실(예컨대, 상계)로 이루어지는 경우도 있고, 여러 개의 법률사실(예컨대, 행정계약에서의 청약행위와 승낙행위)로도 이루어진다.

2. 용태(容態)와 사건

행정법상의 법률사실은 사람의 정신작용을 요소로 하는가의 여부로 구분된다.

사람의 정신작용을 요소로 하는 법률사실을 '용태', 사람의 정신작용을 요소로 하지 않는 법률사실(예컨대, 인간의 생사, 시간의 경과, 주소 등)을 '사건'이라 한다.

용태는 외부적 용태(행위)와 내부적 용태(내심)로 구분된다. 외부적 용태는 사람의 심중에 있는 것만이 아니라 그 나타난 바로서 외부에 표출된 용태를 말하고, 내부적 용태는 외부에 표시되지 아니하고 사람의 심중에 그치고 있는 용태를 말한다(예컨대, 고의·과실, 선의·악의 등).

Ⅱ. 公法行爲

1. 개 관

1) 의 의

'공법행위'라 함은 행정주체와 사인간의 행정법관계에서의 행위를 말한다. 즉, 공법상의 법률관계의 발생·변경·소멸을 가져오는 법률사실이다.

공법행위의 주체는 행정청과 행정청 이외의 법주체(사인)이다. 따라서 공법행위는 행정청의 공법행위도 있고, 사인의 공법행위도 있다. 행정청 이외의 법주체, 즉 사인이 행하는 공법행위를 특별히 '사인의 공법행위'라고 한다.

2) 종 류

일반적으로 ① 공권력의 발동 여부에 따라 공권력의 발동으로서 행해지는 권력행위(行政行爲)와 그렇지 않은 행위인 비권력행위(管理行爲), ② 행위의 적법·위법 여부에 따라 법에 합치하고 법이 목적으로 하는 효과를 발생시키는 행위인 적법행위와 그렇지 않은 행위인 위법행위, ③ 주체의 수에 의한 분류로서 1인의 의사표시로 하나의 법률행위를 발생시키는 행위인 단독행위와 2인 이상의 의사표시의 합치에 의해 하나의 법률효과를 발생시키는 행위인 쌍방행위(계약과 지방자치단체의 조합설립행위 등과 같은 합동행위) 등으로 구분된다.

2. 사인의 공법행위

1) 의 의

사인의 공법행위라 함은 공법관계에서 공법적 효과의 발생을 목적으로 하는 사인의 행위를 말한다. 예로는 사인이 투표를 하거나 행정청에 허·인가의 신청을 하는 경우, 신고 또는 행정청에 행정심판을 청구하거나 법원에 소를 제기하는 것과 같은 경우 등이다.

사인의 공법행위에 관하여 규율하고 있는 일반법은 없다. 다만, 신고에 관하여 「행정절차법」의 규정이 있고, 민원사무처리에 관하여 「민원사무 처리에 관한 법률」이 있다.

2) 종 류

사인의 공법행위는 일반적으로 '자체완성적 공법행위'와 '행정요건적 공법행위'로 구분한다.

(1) 자체완성적 공법행위

자체완성적 공법행위란 출생신고 등과 같이 사인의 어떠한 행위가 그 행위 자체만으로 일정한 법적 효과를 가져오는 행위를 말한다.

(2) 행정요건적 공법행위

행정요건적 공법행위란 허가의 신청 등과 같이 사인의 어떠한 행위가 특정행위의 전제요건을 구성하는 행위를 말한다.

3) 적용법규

사인의 공법행위를 규율하고 있는 일반법이 없으므로 이에 적용할 법원칙은 「민법」에서 찾을 수밖에 없다. 그러나 사인의 공법행위는 사법상의 행위가 아니므로 적용 여부에 대하여는 검토가 필요하다.

(1) 의사능력·행위능력

의사능력과 행위능력에 관한 규정은 일반적으로 적용된다고 할 것이다. 그러나 법령에 예외규정을 두고 있는 경우에는 적용이 배제된다고 할 것이다. 행정법규는 행위능력에 관하여 예외규정을 둔 경우가 많다(郵便法 §10, 道交法 §82 등).

(2) 대 리

일신전속적인 행위가 아닌 한 대리에 관한 규정은 유추적용될 수 있다.

(3) 하자있는 의사표시

하자있는 의사표시에 관한 규정도 유추적용이 된다고 볼 것이다. 다만, 이를 적용하기 곤란한 특수성이 있는 경우에는 그 적용이 배제된다고 보아야 한다(大判 2001.8.24, 99두9971).

(4) 의사표시의 철회

사법관계에서는 의사표시가 상대방에게 도달한 경우에는 철회할 수 없으나, 공법관계에서는 그에 의거한 행정행위가 행하여지기 전까지는 철회가 가능하다고 할 것이다(大判 2001.8.24, 99두9971). 다만, 성질상 허용될 수 없는 경우도 있다(예; 투표행위).

(5) 부 관

공법관계의 명확성, 신속한 법적 안정성의 요청 등으로 사인의 공법행위에는 부관을 붙일 수 없다.

(6) 기 타

사인의 공법행위의 형식, 효력발생시기 등에서도 법률상 예외규정을 두고 있거나 성질상 적용이 불합리한 경우가 아니라면 민법규정이 유추적용된다고 할 것이다.

참고판례

▸ 사인의 공법행위와 민법의 의사표시의 규정의 적용 여부 : 大判 2001.8.24, 99두9971.

"이른바 1980년의 공직자숙정계획의 일환으로 일괄사표의 제출과 선별수리의 형식으로 공무원에 대한 의원면직처분이 이루어진 경우, 사직원 제출행위가 강압에 의하여 의사결정의 자유를 박탈당한 상태에서 이루어진 것이라고 할 수 없고 민법상 비진의 의사표시의 무효에 관한 규정은 사인의 공법행위에 적용되지 않는다는 등의 이유로 그 의원면직처분을 당연무효라고 할 수 없다.

… 공무원이 한 사직 의사표시의 철회나 취소는 그에 터잡은 의원면직처분이 있을 때까지 할 수 있는 것이고, 일단 면직처분이 있고 난 이후에는 철회나 취소할 여지가 없다."

4) 법적 효과

사인의 공법행위의 효과는 관계법규에서 정하는 바에 따른다.

일반적으로 자체완성적 공법행위는 행정청의 별도의 조치없이 효력이 발생하고, 행정요건적 공법행위의 경우에는 행정청이 이를 신속하게 처리해야 할 처리의무가 발생한다.

3. 사인의 공법행위로서의 신고

1) 의 의

사인의 공법행위로서 신고란 사인의 행정청에 대한 일정한 사실·관념의 통지로 일정한 법적 효과가 발생하는 행위를 말한다.

신고의 통상적인 법적 효과는 신고의무를 이행함으로써 신고의 대상행위를 적법하게 할 수 있는 적법성을 회복하는 경우로서 공법적 효과가 발생하지만, 혼인신고와 같이 사법상의 혼인의 효력이 발생하는 경우도 있다. 따라서 신고는 '공법적 효과'가 발생하는 행위가 아니라 '관계법이 정하는 법적 효과'의 발생을 목적으로 하는 행위라 할 수 있다. 당연히 아무런 법적 효과를 가져오지 않는 신고는 사실로서의 신고일 뿐, 사인의 공법행위로서의 신고에는 해당하지 아니한다.

2) 신고의 종류

(1) 의 의

사인의 공법행위로서의 신고는 자체완성적 신고와 행정요건적 신고로 구분된다.

(2) 구별실익

종래에는 자체완성적 신고는 행정청에 대하여 일정한 사항을 통지함으로써 의무가 끝나는 신고라는 점에 근거하여, 신고 그 자체로서 법적 효과가 발생하고, 수리 또는 수리거부는 사실상의 행위로 보았으나, 지금은 법적 효력을 인정하고 있다.

이에 반하여 행정요건적 신고의 경우에는 일반적인 인·허가과정상의 법리가 적용된다는 점에 근거하여, 행정청이 수리함으로써 신고의 효과가 발생하고, 수리 또는 수리거부는 법적 행위가 된다.

따라서, 양자의 차이는 처분성의 인정 여부에 있는 것이 아니라, 신고 및 수리와 관련하여 신고의 효력의 발생시기에 있다고 보아야 한다. 즉, 자체완성적 신고의 경우에는 신고하면 수리거부가 없는 한 신고서가 접수기관에 도달한 때에 효력을 발생하나, 행정요건적 신고의 경우에는 수리라는 행정청의 행위가 있어야 효력이 발생하는 점에 차이가 있다.

(3) 구별기준

개별법령이 자체완성적 신고와 행정요건적 신고를 구분하여 규정하고 있는 경우가 아니라면 당해 법령의 목적과 당해 법령에서 나타나고 있는 관련조문에 대한 합리적이고도 유기적인 해석을 통해 양자를 구분할 수밖에 없다.

바꾸어 말하면, 사회질서나 공공복리에 미치는 영향력의 정도 내지 행정목적을 직접적으로 침해하는 것인지 여부에 따라 규제의 정도가 경미한 경우에 해당하는 신고는 자체완성적 신고로, 규제의 정도가 중요한 경우에 해당하는 신고는 행정요건적 신고로 보아야 할 것이다. 자체완성적 신고는 규제의 정도가 완화된 경우에 해당하므로, 원칙적으로 사회질서나 공공복리에 미치는 영향력이 적은 행위 내지 직접적으로 행정목적을 침해하는 것이 아닌 행위 등이 이에 해당할 것이다.

구체적으로 신고대상행위가 허가의 법리가 적용되는 경우에는 행정요건적 신고로 보아야 할 것이며(영업자 지위승계신고, 사업양수인 지위승계신고 등), 신고대상행위가 사인간의 법률관계에 그치는 경우에는 자체완성적 신고로 보아야 할 것이다(사업의 양수신고, 유선사업자의 요금신고 등). 또한 동일법령에서 허가와 신고(건축법, 식품위생법 등), 등록과 신고(체육시설의 설치·이용에 관한 법률)와 같이 규제의 강도를 달리하는 경우의 신고도 원칙적으로 자체완성적 신고로 보아야 할 것이다.

판례는 「건축법」상의 건축주명의변경신고(大判 1993.3.31, 91누4911), 「식품위생법」상의 영업자지위승계신고(大判 2001.2.9, 2000도2050), 「액화석유가스안전 및 사업관리법」상의 사업양수인 지위승계신고(大判 1993.6.8, 91누11544) 등에 대하여 수리를 요하는 신고로 보았으며, 「건축법」상의 건축신고(大判 1999.4.27, 97누6780), 「체육시설의 설치·이용에 관한 법률」상의 골프장이용료변경신고(大決 1993.7.6, 93마635) 등에 대하여는 수리를 요하지 않는 신고, 즉 자체완성적 신고로 보았다. 최근에 대법원은 인·허가의제 효과를 수반하는 건축신고는 일반적인 건축신고와는 달리, 특별한 사정이 없는 한 행정청이 그 실체적 요건에 관한 심사를 한 후 수리하여야 하는 '수리를 요하는 신고'로 판시하였다(대판 2011.1.20, 2010두14954).

3) 신고의 요건

(1) 요건의 내용

「행정절차법」은 이른바 자체완성적 신고와 관련하여 신고의 요건으로 ㉮ 신고서의 기재사항에 하자가 없을 것, ㉯ 필요한 구비서류가 첨부되어 있을 것, ㉰ 기타 법령 등에 규정된 형식상의 요건에 적합할 것을 규정하고 있다(同法§40②). 따라서 신고의 구체적 요건은 신고행위의 내용에 따라 개별법령에서 정하는 바에 의하지만, 그 요건은 형식적인 것이 원칙이다.

또한 「행정절차법」은 신고인의 편의를 위해 "법령 등에서 행정청에 대하여 일정한 사항을 통지함으로써 의무가 끝나는 신고를 규정하고 있는 경우 신고를 관장하는 행정청은 신고에 필요한 구비서류와 접수기관 기타 법령 등에 의한 신고에 필요한 사항을 게시하거나 이에 대한 편람을 비치하여 누구나 열람할 수 있도록 하여야 한다."(동조 제1항)고 하여 신고의 편의성을 도모하고 있다.

이 규정은 행정요건적 신고(수리를 요하는 신고)에서도 준용된다고 보아야 할 것이다.

(2) 요건의 심사

① 자체완성적 신고의 요건은 원칙상 형식적 요건이며, 행정청의 심사권한은 형식적 심사에 한정된다.

「행정절차법」은 이와 관련하여 "신고 요건을 갖추지 못한 신고서가 제출된 경우 행정청은 지체없이 상당한 기간을 정하여 신고인에게 보완을 요구하도록 하고, 행정청은 신고인이 당해 기간 내에 보완을 하지 아니한 때에는 그 이유를 명시하여 당해 신고서를 되돌려 보내야 한다."(同法§40③·④)고 규정하고 있다. 이는 행정요건적 신고의 경우에도 유추적용될 수 있을 것이다.

② 행정요건적 신고의 경우에는 요건의 심사는 형식적 심사에 한정되는 것이 일반적이지만, 관계법이 형식적인 요건 이외에 일정한 실질적 요건을 신고의 요건으로 하고 있는 경우에는, 행정청은 형식적 요건 외에 적법성 및 합목적성 등의 실질적 심사를 할 수 있다(대판 1998.9.25, 98두7503). 이와 같은 경우는 외형상으로만 신고일 뿐이며, 실질적으로는 행정청이 당사자의 신고행위의 가부를 결정하는 허가행위로서의 실질을 갖게 되는 것이다. 이처럼 사인의 신고에 대한 수리에 있어 행정청의 실질적 심사권이 인정되는 경우에는 당해 수리행위는 내용적으로는 허가와 동일한 성격을 가진다고 보아야 한다(大判 1993.6.8, 91누11544).

참고판례

▸ 수리를 요하는 신고의 요건심사 : 대판 1998.9.25, 98 두 7503

"주유소등록신청을 받은 행정청은 주유소설치등록신청이 석유사업법, 같은법 시행령, 혹은 위 시행령의 위임을 받은 시·지사의 고시 등 관계 법규에 정하는 제한에 배치되지 않고, 그 신청이 법정등록 요건에 합치되는 경우에는 특별한 사정이 없는 한 이를 수리하여야 하고, 관계 법령에서 정하는 제한사유 이외의 사유를 들어 등록을 거부할 수는 없는 것이나, 심사결과 관계 법령상의 제한 이외의 중대한 공익상 필요가 있는 경우에는 그 수리를 거부할 수 있다."

▸ 수리행위의 성질: 大判 1993.6.8, 91 누 11544: 同旨: 大判 1995.2.24, 94 누 9146.
"액화석유가스의 안전 및 사업관리법 제7조 2항에 의한 사업양수에 의한 지위승계신고를 수리하는 허가관청의 행위는 단순히 양도·양수자 사이에 발생한 사법상의 사업양도의 법률효과에 의하여 양수자가 사업을 승계하였다는 사실의 신고를 접수하는 행위에 그치는 것이 아니라 실질에 있어서 양도자의 사업허가를 취소함과 아울러 양수자에게 적법하게 사업을 할 수 있는 법규상 권리를 설정하여 주는 행위로서 사업허가자의 변경이라는 법률효과를 발생시키는 행위이므로 허가관청이 같은 법 제7조 2항에 의한 사업양수에 의한 지위승계신고를 수리하는 행위는 행정처분에 해당한다"

4) 신고의 수리 및 수리거부

종전의 판례에 의하면, 자체완성적 공법행위로서의 신고는 행정청에 대하여 일정한 사항을 통지함으로써 의무가 끝나는 것이므로, 신고로서 법적 효과가 발생하는 것이고 행정청의 별도의 수리행위가 필요한 것은 아니었다(大判 1995.3.14, 94누 9962). 따라서 비록 행정청의 거부행위가 있다 하더라도 이는 사실상의 행위에 불과하다고 보았다. 최근에 대법원은 판례를 변경하여 자체완성적 신고인 건축신고의 반려를 다투는 소송에서 건축신고불허 또는 반려행위에 대하여 처분성을 인정하였다(대판 2010.11.18, 2008두167).

한편, 행정요건적 신고의 경우에는 행정청이 수리함으로써 신고의 효력이 발생한다. 이 경우 신고가 적법하면, 행정청은 의무적으로 수리하여야 한다. 원칙적으로 법령에 없는 사유를 내세워 수리를 거부할 수는 없다는 것이 판례의 입장이다. 이 점에 대하여 관계 법령상의 제한 이외의 중대한 공익상 필요가 있는 경우에는 그 수리를 거부할 수 있다는 판례(대판 1998.9.28 98두7503)가 예외적인 판례라고 볼 수도 있으나, 이는 관계법령의 해석·적용의 문제로 보면 원칙에 따른 판례라고 볼 수 있다. 그러나 신고가 부적법한 경우에는 당연히 수리를 거부하여야 한다. 만약 부적법한 신고를 수리한다면, 그것은 하자 있는 행정행위가 된다.

참고판례

▸ 자체완성적 공법행위로서의 신고와 수리의 성질
① 신고의무가 없는 행위에 대하여 수리행위가 필요한 것이 아니라는 판결
大判 1995.3.14, 94누9962(담장설치신고서반려처분취소)

"건축법상 신고사항에 관하여는 건축을 하고자 하는 자가 적법한 요건을 갖춘 신고만 하면 건축을 할 수 있고, 행정청의 수리처분 등 별단의 조치를 기다릴 필요가 없는 것이고, 더욱이 이 사건에서와 같이 높이 2미터 미만의 담장설치공사는 건축법이나 도시계획법 등 관계법령의 규정상 어떠한 허가나 신고없이 가능한 행위인데, 원고가 이와 같은 사정을 알지 못한 채 이 사건 담장설치 신고를 하였고 위 신설동장이 이를 반려하였다고 하여, 그러한 반려조치를 원고의 구체적인 권리의무에 직접 변동을 초래하는 것을 내용으로 하는 행정처분이라고 볼 수 없다고 할 것이다."

② 수리 여부가 사실상의 행위라는 판결(자체완성적 신고의 처분성을 부인한 종전의 판결)

大決 1993.7.6, 93마635(과태료처분에 대한 이의)

"행정청에 대한 신고는 일정한 법률사실 또는 법률관계에 관하여 관계행정청에 일방적으로 통지를 하는 것을 뜻하는 것으로서 법에 별도의 규정이 있거나 다른 특별한 사정이 없는 한 행정청에 대한 통지로서 그치는 것이고 그에 대한 행정청의 반사적 결정을 기다릴 필요가 없는 것이므로, 체육시설의 이용에 관한 법률 제18조에 의한 변경신고는 그 신고 자체가 위법한 것이거나 신고에 무효사유가 없는 한 이것이 도지사에게 제출되어 접수된 때에 신고가 있었다고 볼 것이고, 도지사의 수리행위가 있어야만 신고가 있었다고 볼 것은 아니다."

③ 수리 여부가 법적 행위로 처분성이 인정된다는 판결

大判 2010.11.18, 2008두167

"구 건축법(2008. 3. 21. 법률 제8974호로 전부 개정되기 전의 것) 관련 규정의 내용 및 취지에 의하면, 행정청은 건축신고로써 건축허가가 의제되는 건축물의 경우에도 그 신고 없이 건축이 개시될 경우 건축주 등에 대하여 공사중지·철거·사용금지 등의 시정명령을 할 수 있고(제69조 제1항), 그 시정명령을 받고 이행하지 않은 건축물에 대하여는 당해 건축물을 사용하여 행할 다른 법령에 의한 영업 기타 행위의 허가를 하지 않도록 요청할 수 있으며(제69조 제2항), 그 요청을 받은 자는 특별한 이유가 없는 한 이에 응하여야 하고(제69조 제3항), 나아가 행정청은 그 시정명령의 이행을 하지 아니한 건축주 등에 대하여는 이행강제금을 부과할 수 있으며(제69조의2 제1항 제1호), 또한 건축신고를 하지 않은 자는 200만 원 이하의 벌금에 처해질 수 있다(제80조 제1호, 제9조). 이와 같이 건축주 등은 신고제하에서도 건축신고가 반려될 경우 당해 건축물의 건축을 개시하면 시정명령, 이행강제금, 벌금의 대상이 되거나 당해 건축물을 사용하여 행할 행위의 허가가 거부될 우려가 있어 불안정한 지위에 놓이게 된다. 따라서 건축신고 반려행위가 이루어진 단계에서 당사자로 하여금 반려행위의 적법성을 다투어 그 법적 불안을 해소한 다음 건축행위에 나아가도록 함으로써 장차 있을지도 모르는 위험에서 미리 벗어날 수 있도록 길을 열어 주고, 위법한 건축물의 양산과 그 철거를 둘러싼 분쟁을 조기에 근본적으로 해결할 수 있게 하는 것이 법치행정의 원리에 부합한다. 그러므로 건축신고 반려행위는 항고소송의 대상이 된다고 보는 것이 옳다."

5) 기 타

(1) 신고필증

행정요건적 신고의 경우에 주어지는 신고필증은 사인의 신고를 수리하였음을 증명하는 서면이지만, 그 서면에 나타나고 있는 수리는 신고한 사인들에게 새로운 법적 효과를 발생시키는 직접적인 원인행위가 된다.

이에 대하여 자체완성적 신고의 경우에는 신고필증이 교부될 필요가 없지만, 만약 신고필증의 교부가 있더라도 이는 신고가 있었다는 사실을 확인하는 의미만 있다는 것이 판례의 입장이다(대판 1985.4.23, 84도2953). 그러나, 자체완성적 신고의 반려행위에 대하여 처분성을 인정한 판례에 따르면 이 또한 수리의 의사표시로 보아야 할 것이다.

(2) 신고의무위반과 사법상의 효력

신고의무를 위반하더라도 신고의무를 규정한 법조항이 일반적으로 단속규정에 해당하므로 사법적 효력은 부인되지 아니한다. 그러나 신고의무를 규정한 법조항이 효력규정인 경우에는 사법적 효력이 부인된다. 바꾸어 말하면, 신고의무를 위반한 경우의 사법적 효력의 문제는 신고 자체의 문제가 아니라 신고의 대상행위에 대한 규제목적의 문제이므로 신고의 법리와는 직접적인 관련성을 지니는 것은 아니다.

판례도 같은 취지이다(大判 1988.11.22, 87다카2777).

참고판례

▸ 신고의무를 위반한 경우의 사법상 효력 여부: 大判 1988.11.22, 87다카2777.

"국토이용관리법은 … 토지거래를 규제함에 있어, 그 규제대상지역을 규제구역과 신고구역의 두 종류로 나누고, 규제구역 내에 있는 토지 등의 거래계약에 대하여는 관할도지사의 허가를 받아야 하고, 그 허가를 받지 아니하고 체결된 거래계약은 효력을 발생하지 아니하는 것으로 규정하고 있음에 비하여(제21조의3 제7항), 신고구역 내에 있는 토지 등의 거래계약에 대하여는 관할시장, 군수 등을 거쳐 도지사에게 사전신고를 하면 되는 것으로 규정하면서, 신고의무를 이행하지 아니하고 거래계약이 체결된 경우에 대하여는 효력에 관한 아무런 규정을 두지 아니하고 다만 신고의무에 위반한 거래계약 당사자에 대한 벌칙을 두고 있는 데에 비추어 보면 신고구역에 관한 위 규정은 단속법규에 속하고 신고의무에 위반한 거래계약의 사법적 효력까지 부인되는 것은 아니라고 풀이된다."

Ⅲ. 事 件

사건이란 일상적인 용어와는 달리 사람의 정신작용을 요소로 하지 않는 법률사실을 말한다.

사건에는 자연현상에 의해서 생기는 것으로서 시간의 경과(제척기간·소멸시효·실권), 사람의 출생, 사망, 주소 등이 있다.

1. 기 간

기간은 한 시점에서 다른 시점까지의 시간적 간격을 가리킨다. 기간의 계산방법은 법기술적 약속인 바, 원칙적으로 공법과 사법에 있어 다를 수가 없다. 법령에 특별한 규정이 있는 경우를 제외하고는 민법의 규정(同法 §155-§161)이 그대로 적용된다.

기산점(起算點)에 관하여는 일(日)·주(週)·월(月) 또는 연(年)일 경우에는 초일은 산입하지 않는 것이 원칙이다. 이에는 예외가 있다. 첫째로, 기간이 오전 영시로부터 시작하는 때에는 초일을 산입한다. 둘째로, 연령계산에 있어서는 출생일을 산입한다. 시·분·초일 경우에는 즉시부터 기산한다. 그리고 종료점에 관하여는 기간을 일·주·월 또는 연으로 정한 때에는 말일이 종료일이 되지만, 그 말일이 일요일이거나 공휴일이면 그 다음날에 만료된다(民法 §160, §161). 한편 기간을 역산하는 경우, 예컨대 '선거일 60일전'이면 초일인 선거일을 빼고 계산한다.

2. 시 효

시효는 원래 사법에서 발달된 제도로서, 일정한 사실상태가 일정기간 계속된 경우에, 그 사실상태가 진실한 법률관계에 합치되는지의 여부를 불문하고 사실상태를 그대로 존중하여 진실한 법률관계로 인정하는 제도이다. 시효제도의 취지는 장기간 계속된 사실상태를 존중하여 법률생활의 안정을 도모하는 데 있다.

① 행정법상 소멸시효와 관련하여 문제되는 것은 금전채권에 관한 것으로서 국가의 경우는 「국가재정법」이, 지방자치단체의 경우는 「지방재정법」이 각각 일반적 규정을 두고 있다(國財法 §96, 地財法 §82).

「국가재정법」 제96조는 국가의 또는 국가에 대한 금전채권은 다른 법률에 특별한 규정이 없는 한, 5년간 행사하지 않으면 소멸한다고 규정한다. 여기서 '다른 법률의 특별한 규정'이라 함은 「국가재정법」의 5년보다 단기(短期)로 규정하고 있는 경우를 의미한다.

다른 법률에 특별한 규정이 있는 예로는, 국가 등의 금전채권으로서의 국세 및 관세징수권은 5억 이상인 경우 10년, 그 외의 경우는 5년(국세법 §27①, 關稅法 §22①) 등이 있고, 국민의 권리로서 단기급여지급청구권(3년 : 年金法 §81), 관세과오납반환청구권(5년 : 關稅法 §22②) 등이 있다.

② 행정법상 공물(公物)은 시효취득의 대상이 되지 아니하나(國有法 §7②), 일반재산은 취득시효의 대상이 된다.

3. 제척기간

일정한 권리에 대하여 법률이 정하고 있는 존속기간을 가리킨다. 행정심판이나 행정소송의 제기기간 등이 그것이다.

4. 주 소

「민법」은 "생활의 근거되는 곳을 주소로 한다."고 규정하여(同法 §18①), 생활의 근거라는 객관적 사실에 따라 주소의 관념을 정의하고 있다(객관주의).

공법관계에서의 주소에 관하여는 「주민등록법」에 따로 규정을 두고 있다.

① 공법상 자연인의 주소에 관하여는 다른 법률에 특별한 규정이 없으면 「주민등록법」에 따른 주민등록지를 공법관계에서의 주소로 한다(同法 §23①).

주민등록은 30일 이상 거주할 목적으로 일정한 곳에 주소나 거소를 가지는 경우에 하는 것이므로(同法 §6), 「주민등록법」은 자연인에 대한 주소의 인정에 있어, 의사주의에 의하면서도 주민등록이란 형식적 절차에 의하도록 하고 있다.

주소의 수에 대한 입법례나 학설은 다양하지만, 「주민등록법」은 이중등록을 금지하고 있으므로, 결국 공법상의 주소는 1개소에 한정된다.

② 법인의 경우 주소는 공법작용인가 또는 국고작용인가에 관계없이 민법의 규정이 유추적용된다 할 것이다.

Ⅳ. 公法上의 事務管理와 不當利得

1. 공법상의 사무관리

사무관리란 법률상 의무없이 타인을 위하여 사무를 관리하는 행위를 가리킨다(民法 §734). 이는 원래 사법상의 관념이나, 그에 해당하는 행위는 수난구호, 보호기업에 대한 강제관리 및 시·군에서 행하는 행려병자의 관리 등과 같이 공법에서도 인정된다.

공법상 사무관리에 대하여는, 법령에 특별한 규정이 없으면, 민법상의 사무관리에 관한 규정을 준용하여 사무관리기관의 통지의무·비용상환 기타 이해조정이 강구되어야 할 것이다.

2. 공법상의 부당이득

1) 의 의

부당이득이란 법률상 원인없이 타인의 재산 또는 노무로 인하여 이익을 얻고 이로 인하여 타인에게 손해를 끼치는 것을 말하며, 이 경우 그 이익은 반환되어야 한다(民法 §741).

공법상의 부당이득이란 부당이득의 발생 원인이 공법상의 원인으로 발생한 경우를 말한다. 예컨대, 조세부과처분에 따라 납세하였으나, 이후 당해 처분이 행정소송에서 취소된 경우, 조세의 과오납, 봉급과액수령, 무자격자의 연금수령 등이 그것이다.

2) 적용법규

공법상의 부당이득에 관하여는 개별법령에 특별한 규정(國稅法 §51-§54)이 있는 경우는 있으나, 일반적 규정은 없다.

3) 부당이득반환청구권의 성질

공법상의 부당이득반환청구권의 성질에 대하여는 발생 원인이 공법상의 것이라는 논거로 공권으로 보는 견해와 부당이득이란 경제적인 이해조절을 위한 것이라는 논거로 사권으로 보는 견해의 대립이 있다.

판례는 "조세부과처분이 무효임을 전제로 하여 이미 납부한 세금의 반환을 청구하는 것은 민사상의 부당이득반환청구로서 민사소송절차에 따라야 한다."고 하여 사권으로 보고 있다(大決 1991.2.6, 90프2).

생각건대 이론상으로는 공권설이 타당하다. 「행정소송법」 개정안에서도 공법상의 부당이득반환청구소송을 당사자소송으로 규정하고 있다. 공법상의 부당이득반환청구권을 '공법상의 법률관계에 관한 소송'인 당사자소송에 의할 경우 실제상으로는 민사소송으로 청구하는 것과 크게 다를 바가 없으므로 구별의 실익은 크지 아니하다.

특별한 규정이 없는 한 공법상의 부당이득반환청구권의 소멸시효기간은 5년이다(國財法 §96, 地財法 §82).

第 2 篇　行政作用法

第 1 章 行政立法

第 1 節 概　觀

Ⅰ. 槪 念

'행정입법'이란 행정기관이 제정하는 일반적·추상적 규범 또는 일반적·추상적 규범을 정립하는 작용을 의미한다. 행정기관에 의한 규범은 행정기관이 법률의 위임 내지 공백부분을 보완하기 위하여 구체적 행정작용에 관한 규범 내지 기준을 제정하는 것이다.

Ⅱ. 必要性

「헌법」은 "입법권은 국회에 속한다."고 규정하고(同法 §40), 국민의 자유·권리에 대한 법적 규제는 원칙적으로 법률에 의하도록 하고 있다(同法 §37②). 이와 같이 「헌법」은 국민의 권리·자유에 대한 규제를 법률에 유보하면서도, 다른 한편으로는 국회입법의 예외로서 행정기관에 의한 입법을 허용하고 있다. 이를테면, 대통령은 법률에서 구체적으로 범위를 정하여 위임받은 사항과 법률을 집행하기 위하여 필요한 사항에 관하여 대통령령을 발할 수 있고(同法 §75), 국무총리 또는 행정각부의 장관은 소관 사무에 관하여 법률이나 대통령의 위임 또는 직권으로 총리령 또는 부령을 발할 수 있다(同法 §95).

행정입법이 필요한 이유는 ① 행정에 관한 입법의 증가와 입법내용의 전문화·기술화, ② 법률의 행정현실변화에 대한 경직성, ③ 다양한 지방적·지역적 사정의 고려 등 현실적 필요 때문이다. 그러나 행정입법은 국회에 부여한 입법권한을 침해할 우려가 있으므로 행정입법에 대한 민주적 통제를 어떻게 할 것인가는 행정입법의 중심과제이다.

Ⅲ. 種　類

행정입법에는 '법규명령'과 '행정규칙'으로 구분된다.

법규명령과 행정규칙은 ① 제정에서 법령에 의한 수권의 필요 여부, ② 재판기준성 및 국민에 대한 법적 효력의 존재 여부 그리고 ③ 효력발생요건으로서의 공포 여부에서 차이가 있다.

第 2 節　法規命令

주요쟁점

1. 법규명령의 종류에는 어떠한 것이 있는가?
2. 위임명령과 집행명령은 차이는 무엇인가?
3. 법규명령의 한계로는 어떠한 것이 논의되는가?

Ⅰ. 概 念

'법규명령'이란 행정기관이 제정한 일반적 · 추상적 규율로서 법규의 성질을 가지는 것을 말한다. 법규명령은 법원의 일종으로서 법률 · 조례처럼 대외적 구속력, 재판기준성을 가지고 국민의 법적 지위를 변동시키는 효력을 가진다.

법규명령은 국민생활을 일방적으로 규율한다는 점에서 행정행위와 유사하며, 행정행위와 더불어 행정의 활동형식의 하나로서 행정목적의 실현에 기여한다. 그러나 행정행위가 개별적 · 구체적 규율을 하는 수단이지만, 법규명령은 일반적 · 추상적 규율을 하는 수단이라는 데에 기본적 차이점이 있다.

Ⅱ. 法規命令의 種類

법규명령은 여러 가지로 분류할 수 있으나, 중요한 것은 다음과 같다.

1. 비상명령 · 법률대위명령 · 법률종속명령

이는 법규명령의 법률적 효력을 기준으로 한 분류이다.

① 비상명령은 헌법적 효력을 가지는 명령이며, ② 법률대위명령은 법률적 효력을 가지는 명령이다. ③ 법률종속명령이란 법률보다 하위의 효력을 가지는 명령이다.

일반적으로 법규명령이라 함은 법률종속명령을 가리키며, 이에는 위임명령과 집행명령이 있다.

비상명령이나 법률대위명령은 헌법상의 근거가 필요하다. 현재 비상명령에 대한 헌법적 근거는 없으나, 법률대위명령인 대통령의 긴급명령(憲法 §76①) 및 긴급재정 · 경제명령(同法 §76②)은 허용되고 있다.

2. 위임명령과 집행명령

이는 법규명령의 내용을 기준으로 한 분류이다.

1) 위임명령

위임명령은 법률 등을 보충하여 국민의 권리의무를 새롭게 설정할 수 있는 것으로서 법률에 의한 개별적 작용법상의 수권이 있어야 한다.

즉, 위임명령은 "입법권은 국회에 속한다."는 「헌법」 제40조를 전제로 하면서, "대통령은 법률에서 구체적으로 범위를 정하여 위임받은 사항과 법률을 집행하기 위하여 필요한 사항에 관하여 대통령령을 발할 수 있다."는 「헌법」 제75조에 의하여 '법률에서 구체적으로 범위를 정하여 위임받은 사항에 관하여' 제정이 허용된다.

2) 집행명령

집행명령은 위임명령과 달리 법률 또는 대통령령을 집행하기 위하여 필요한 사항을 정하는 것이기 때문에 법률과 대통령령의 범위 내에서 집행에 필요한 구체적인 절차나 형식 등을 규정할 수 있을 뿐이므로 법률의 명시적 수권은 필요하지 않다. 즉, 새로운 법률사항을 정함은 집행명령의 한계를 일탈하는 것이다.

3. 대통령령 · 총리령 · 부령 등

이는 법규명령의 제정기관과 일반적 형식을 기준으로 한 분류이다.

1) 대통령령

① 대통령령은 대통령이 제정권자이며, 통상 시행령이라 한다(憲法 §75).
② 대통령령은 총리령이나 부령보다 상위의 효력을 가진다.

2) 총리령 · 부령

① 총리령은 국무총리가 제정권자이고, 부령은 각부장관이 제정권자이며, 통상 시행규칙이라 한다(憲法 §95).

국무총리소속 중앙행정기관은 행정각부의 장관이 아니므로 독자적으로 부령을 발할 수 없다. 이러한 경우에는 총리령으로 발하여야 한다.

② 총리령과 부령의 효력상 우월에 관하여는 논란이 있으나, 내용상 저촉이 있으면 국무총리가 행정각부를 통할하는 지위에 있으므로 총리령이 우월하다고 보아야 할 것이다.

3) 중앙선거관리위원회규칙 · 감사원규칙 등

중앙선거관리위원회가 제정하는 중앙선거관리위원회규칙(憲法 §114⑥)과 감사원이 「감사원법」에 의하여 제정한 감사원규칙(同法 §52) 등이 있다.

감사원규칙의 법적 성질에 대하여는 감사원규칙은 헌법에 근거가 없으며 법률은 입법형식 자체를 창설하지 못하므로 행정규칙이라고 보아야 한다는 견해도 있으나, 헌법이 일정한 법형식의 행정입법을 인정하고 있기는 하지만 그렇다고 법률에 의하여 그 이외의 법형식을 일체 부정하는 뜻으로 보기는 어려운 것이고, 법률의 위임에 의하여 제정되고 있다는 점에서 법규명령으로 보는 것이 타당하다.

4. 국가의 법규명령 · 지방자치단체의 법규명령

① 국가행정기관의 법규명령 이외에 지방자치단체의 법규명령도 있다. 이에는 지방자치단체가 법령의 범위 안에서 제정하는 '조례'(地自法 §22)와 지방자치단체의 장이 법령과 조례의 범위 안에서 권한에 속하는 사무에 관하여 제정하는 '규칙'이 있다(地自法 §23).

② 또한 교육감이 법령이나 조례의 범위 안에서 그 권한에 속하는 사무에 관하여 제정하는 '교육규칙'(地教法 §25)이 있다.

Ⅲ. 法規命令의 根據와 限界

「헌법」은 오로지 "입법권은 국회에 속한다."고 규정함으로써(同法 §40), 대통령의 긴급명령과 긴급재정 · 경제상의 명령(同法 §76①②) 이외에는 법률의 수권이 있어야 한다.

법률에 의한 수권에는 ① 작용법상의 수권과 ② 조직법상의 수권이 있는 바, 집행명령의 제정에는 조직법상의 일반적 수권으로 충분하다. 이는 법률 또는 상위법령의 구체적 · 개별적인 위임을 근거로 하는 것이 아니라, 소관사무를 수행하기 위하여(憲法 §75 후단, §95 후단) 직권으로 발해지는 것이다.

그러므로 법규명령의 근거와 한계는 위임명령의 경우에 논의의 의미가 있다.

1. 포괄적 수권의 금지

「헌법」은 국회입법을 원칙으로 하기 때문에 입법권의 위임은 '법률에서 구체적으로 범위를 정하여 위임받은 사항'에만 가능하다. 즉, '일반적 · 포괄적' 수권은 허용되지 아니하며, '개별적 · 구체적' 수권이어야 한다. 따라서 수권법률은 위임의 목적이나 수권의 범위를 구체적으로 명시하고 행정청에 허용되는 위임의 범위를 명확하게 객관적으로 한정하여야 한다.

다만, 흔히 볼 수 있는 현실적 수권규정 속의 '개괄적 수권'은 원칙적으로 전문적 · 정책적 상황에 한정된다고 보아야 할 것이다. 판례도 이러한 취지에서 규율대상이 지극히 다양하거나 수시로 변화하는 성질의 것이어서 입법기술상 일의적으로 규정할 수 없는 경우에는 관련조항의 유기적·체계적 판단을 통하여 명확성의 원칙이 완화될 수 있다고 판시하고 있다(헌재 2007.10.4, 2006헌바91 참조).

2. 국회전속적 입법사항의 위임금지

국적취득의 요건, 죄형법정주의, 조세법률주의, 지방자치단체의 종류 등과 같이 헌법에 의하여 법률로 정하도록 규정되어 있는 경우에는 기본적인 사항은 반드시 법률로 규정되어야 하며, 이를 위임하여서는 아니된다.

물론 이 경우에도 기본적인 사항을 규정한 후에 구체적으로 범위를 정하여 위임하는 것은 허용된다.

3. 재위임 여부

법령에 의하여 수권된 입법권을 하급행정기관에 수권하는 이른바 재위임은 구체적으로 범위를 정하여 세부적인 사항을 보충하는 범위 내에서는 수권법령에 명시적으로 인정되고 있지 않더라도 가능하다. 그러나 수권된 입법권을 전면적으로 다시 하위명령에 위임하는 것은 수권법의 내용을 변경하는 것이므로 허용될 수 없다고 보아야 할 것이다(憲裁決 2002.10.31, 2001헌가1).

4. 처벌규정의 위임 여부

헌법상 벌칙에 관한 규정은 법률사항에 속한다(憲法 §12①). 이러한 헌법상의 죄형법정주의는 벌칙을 명령에 일반적으로 위임하는 것을 금지하는 것으로 해석된다.

그러므로 개별적으로 벌칙을 위임하는 경우에도 법률이 처벌대상인 행위의 설정(범죄구성요건) 및 그 행위에 대한 처벌(형벌의 종류와 정도)의 내용에 한정하여 구체적으로 범위를 정한 경우에는 허용된다.

5. 조례에의 위임의 문제

「지방자치법」은 "지방자치단체는 법령의 범위 안에서 그 사무에 관하여 조례를 제정할 수 있다. 다만, 주민의 권리제한 또는 의무부과에 관한 사항이나 벌칙을 정할 때에는 법률의 위임이 있어야 한다."(同法 §22)라고 규정하고 있다.

이 경우에 위임의 한계에 관한 명시적 규정이 없으므로 위임의 한계가 문제된다. 이에 대하여 조례가 지방자치단체의 자주법이라는 점을 고려한다면 위임명령에 대한 일반적·포괄적 위임의 금지원칙이 완화된다.

Ⅳ. 法規命令의 成立과 效力

1. 법규명령의 성립

법규명령이 성립되고 효력을 발생하기 위해서는 ① 수권법상 정당한 권한을 가진 행정기관이 ② 상위법령에 저촉됨이 없이 ③ 수권의 범위 안에서 ④ 법이 정한 절차에 따라 ⑤ 일정한 형식으로 공포·시행될 것이 요청된다.

법규명령의 공포는 관보에 게재하는 방식에 의하고(公布法 §11①) 관보의 발행일이 공포일이 된다. 지방자치단체에 있어서는 조례로써 그 양식을 정하여야 한다.

2. 법규명령의 효력

① 법규명령의 효력은 법률보다 하위에 있다.

② 국가의 행정기관이 제정하는 법규명령은 지방자치단체의 법규명령(조례 및 규칙)보다 우위에 있다.

③ 국가의 법규명령 상호간에 있어서는 이를 제정한 행정기관의 조직법상의 지위상하에 따라 효력의 우열이 결정된다. 예를 들면, 대통령령은 총리령과 부령보다 우위의 지위에 서게 된다.

3. 법규명령의 소멸

법규명령은 근거법령의 소멸, 종기의 도래, 해제조건의 성취 그리고 명시적 폐지 등에 의하여 소멸한다.

그러나 집행명령은 근거법령인 상위법령이 폐지되면 특별한 규정이 없는 이상 실효되는 것이나, 상위법령이 개정됨에 그친 경우에는 개정법령에 반하지 않고 위임명령의 시행에 필요한 사항을 규정하고 있는 경우에는 당해 집행명령은 상위법령이 개정됨에도 불구하고 당연히 실효되지 아니하며 개정법령의 시행을 위한 집행명령이 제정·개폐될 때까지 여전히 그 효력을 유지한다(大判 1989.9.12, 88누6962).

V. 法規命令에 대한 統制

1. 행정적 통제

1) 일반적 통제수단

법규명령에 대한 일반적 통제수단으로는 상급관청의 지휘·감독권의 행사, 행정심판 등 행정관청의 일반적 권한 행사를 통한 통제를 들 수 있다(법령의 시정조치를 요구할 수 있는 行審法 §59 참조).

2) 입법예고절차

법규명령의 제정절차와 관련하여 「행정절차법」은 국민의 권리·의무 또는 일상생활과 밀접한 관련이 있는 법령 등을 제정·개정 또는 폐지하고자 할 때에는, 당해 입법안을 마련한 행정청(주관행정청)이 이를 예고하도록 하여(同法 제4장 §41①-③, 행정상 입법예고) 국민에게 의견제출의 기회를 부여하고 있다(同法 §44). 이는 정부와 국민 사이의 갈등을 사전에 조정할 수 있는 제도적 장치로서 법규명령의 제정 등에 대한 사전적 행정절차이다.

2. 입법적 통제

1) 직접적 통제수단

법규명령에 대한 '의회의 관여'(원안의 의회에의 제시 등)는 행정기관에 입법을 수권하는 것과 결코 모순되는 것은 아니다.

「국회법」은 대통령령·총리령·부령 등의 국회상임위원회에의 제출절차를 규정하고 있으며(同法 §98조의2), 「행정절차법」은 대통령령을 입법예고하는 경우에는 국회 소관 상임위원회에 제출하도록 규정하고 있다(同法 §42②).

2) 간접적 통제수단

국정감사, 질의·질문, 국무위원 해임건의 등의 방법에 의하여 통제가 가능하다.

3. 사법적 통제

1) 법원에 의한 통제

(1) 구체적 규범통제

법원에 의한 통제는 구체적 규범통제의 방법으로 이루어진다. 즉, 법규명령이 헌법이나 법률에 위반 여부가 재판의 전제가 되는 경우에는 이에 근거한 집행행위를 대상으로 하여 이를 다툼으로써 법규명령을 통제할 수 있다. 법규명령 그 자체는 항고소송의 대상이 되지 않는다고 하여 추상적 규범통제의 방법은 허용되지 아니한다.

이때 법원에 의하여 무효로 판정된 법규명령은 일반적으로 실효된다고 볼 수 있다. 행정쟁송이라는 수단이 국민의 권리구제를 위한 제도적 장치라고 볼 때, 법규명령에 대하여 구체적 규범통제만이 법원에 허용되고 있는(憲法 §107②) 점은 아쉬운 감이 없지 아니하다.

이 점에 대해서는 지방자치단체의 자치법규에 대하여 추상적 규범심사제도가 「지방자치법」 제9장 이하에 인정되고 있음은 고무적이다.

(2) 처분적 법규명령의 통제

그러나 집행행위를 기다릴 필요없이 국민에 대하여 직접적·구체적으로 불이익한 효과를 미치는 법규명령에 대하여 직접 쟁송의 제기를 허용하지 않는다면 구제를 받을 수 없는 경우도 생길 수 있기 때문에 대외적 효력을 수반하는 법규명령이라면 행정처분에 준하여 항고소송의 대상으로 하여야 할 것이다.

2) 헌법재판소에 의한 통제

법규명령에 의하여 기본권을 침해받은 경우에 헌법소원을 제기하여 법규명령에 대한 통제가 인정될 수 있는가(憲裁法 §68① 참조). 이 문제에 대해서는 「헌법」 제107조 제2항과 관련하여 허용여부에 대한 논란이 있다.

(1) 긍정설

헌법소원을 긍정하는 견해는 「헌법」 제107조 제2항은 재판의 전제가 된 경우에 한하여 명령과 규칙에 대한 법원의 심사권을 규정하는 것이므로, 재판의 전제가 되지 아니하고 기본권 침해가 존재하는 경우에는 헌법소원이 인정된다는 점, 헌법소원의 대상은 법원의 재판을 제외한 공권력의 행사 또는 불행사이므로 이러한 대상에 명령과 규칙도 포함된다는 점 등을 논거로 제시한다.

(2) 부정설

이에 반해 헌법소원을 부정하는 견해는 「헌법」 제107조 제2항이 법원에 명령과 규칙에 대한 최종적인 심사권을 인정하고 있는 이상, 그 대상이 명령과 규칙인 때에는 헌법소원은 인정될 수 없다고 한다.

(3) 소 결

주지하는 바와 같이 「법무사법시행규칙」에 대한 사건의 심리과정에서 대법원은 헌법소원의 대상성이 되지 않는다고 하였으나, 헌법재판소는 대법원규칙의 형식을 취하나, 「법무사법」 제4조 제2항에 의하여 위임된 법규명령으로서의 성질을 갖는 「법무사법시행규칙」(大法院規則)에 대하여 인정설의 입장에서 헌법소원의 대상이 됨을 인정하고, 동 규칙 제3조 제1항이 위헌임을 판시하였다(憲裁決 1990.10.15, 89헌마178).

생각건대, 헌법소원제도가 지니는 국민의 기본권 보장 기능을 고려한다면 긍정설이 타당하다. 이 경우 기본권 침해의 자기관련성·현재성·직접성과 보충성의 요건 등 헌법소원의 요건을 갖추어야 한다. 이와 같은 취지는 행정입법부작위에도 인정된다(憲裁決 1998.7.16, 96헌마246 참조)고 보아야 한다.

참고판례

▸ 포괄적 수권의 금지와 관련된 판례

① 大判 1993.5.11, 92누13677.

"개발사업착수 시점의 매입가격을 특정한 경우에만 소명에 의한 신고가액으로 할 수 있도록 한정하고 있는 개발이익환수에관한법률 시행령 제9조 제5항(현행 시행령 제9조 제6항)은 모법의 위임근거없는 규정이기 때문에 무효이다."

② 憲裁決 1993.5.13, 92헌마80.

"체육시설의설치이용에관한법률 시행규칙 제5조가 19가지 체육시설 중 오직 당구장업자에 대해서만 출입문에 18세 미만의 출입을 금지하는 내용을 표시해야 한다고 규정한 것은 법률의 근거없이 당구장업자의 헌법상의 직업선택의 자유의 한 내용인 직업종사(직업수행)의 자유를 침해하는 것이고, 다른 체육시설업자에 비하여 합리적인 이유없는 차별로써 당구장업자의 헌법상의 평등권을 침해하는 위헌의 규정이다."

③ 大判 1993.5.11, 92누12841.

"개발이익환수법 제9조 제3항 2호에서 개발완료시점의 예외적 사유의 하나로 '분양'을 규정한 것은, 아파트건설 시행자가 아파트나 상가를 분양할 시점에는 이미 분양가가 정해있고 분양한 때부터는 임의로 처분할 수 없어서 부지가격이 그 후 상승해도 그로 인한 이익을 차지할 방법이 없다는 점을 고려한 때문이라 해석되므로, 이 법에서 정한 '분양' 등 처분하는 경우의 범위를 근거없이 부당하게 제한한 동법 시행령 제8조 제2항은 무효이다."

④ 憲裁決 1994.7.29, 93헌가12.

"도시계획법 제4조 제1항 2호 후단은 도시계획구역 안에서 대통령령이 정하는 물건을 대통령령이 정하는 기간 이상 쌓아두는 행위를 하고자 하는 자는 시장 또는 군수의 허가를 받아야 한다고 규정하고 있고 이를 위반한 경우 처벌하도록 하고 있다. 이 법의 목적 및 이 법 제4조 제1항의 목적은 도시계획사업에 지장을 줄 수 있는 행위를 제한하기 위한 것이라고 할 수 있다. 그러므로 이 법 제4조 제1항 2호 후단의 목적도 도시계획사업에 지장을 줄 수 있는 행위를 금지하기 위한 것이다. 따라서 위 규정에 의하여 대통령령에 규정될 물건이나 기간도 도시계획사업에 지장을 줄 수 있는 정도의 물건이나 기간으로서 대통령령에 위임된 부분의 대강을 국민이 예측할 수 있도록 수권법률이 구체적으로 정하여져 있다고 할 수 있으므로 이는 위임입법의 범위와 한계를 벗어난 것이라 할 수 없다."

⑤ 憲裁決 1991.2.11, 90헌가27.

"교육법 제8조의 2는 교육법 제8조에 정한 의무교육으로서 3년의 중등교육의 순차적인 실시에 관하여만 대통령령이 정하도록 하였으므로 우선 제한된 범위에서라도 의무교육을 실시하되 순차로 그 대상을 확대하도록 되어 있음은 교육법의 각 규정상 명백하고/ 다만 그 확대실시의 시기 및 방법만을 대통령령에 위임하여 합리적으로 정할 수 있도록 한 것이므로 포괄위임금지를 규정한 헌법 제75조에 위반되지 아니한다."

▶ 재위임의 한계 : 憲裁決 1996.2.29, 94헌마213.

"법률에서 위임받은 사항을 전혀 규정하지 않고 재위임하는 것은 위임금지의 법리에 반할 뿐 아니라 수권법의 내용변경을 초래하는 것이 되고,……법률에서 위임받은 사항을 전혀 규정하지 아니하고 그대로 재위임하는 것은 허용되지 않으며 위임받은 사항에 관하여 대강을 정하고 그 중의 특정사항을 범위를 정하여 하위법령에 다시 위임하는 경우에만 재위임이 허용된다."

▶ 조례에의 위임과 일반적·포괄적 위임의 금지 : 憲裁決 2004. 9. 23, 2002헌바76.

"지방자치단체는 헌법상 자치입법권이 인정되고, 법령의 범위 안에서 그 권한에 속하는 모든 사무에 관하여 조례를 제정할 수 있다는 점과 조례는 선거를 통하여 선출된 그 지역의 지방의원으로 구성된 주민의 대표기관인 지방의회에서 제정되므로 지역적인 민주적 정당성까지 갖고 있다는 점을 고려하면, 조례에 위임할 사항은 헌법 제75조 소정의 행정입법에 위임할 사항보다 더 포괄적이어도 헌법에 반하지 않는다고 할 것이다."

第3節 行政規則

주요쟁점

1. 행정규칙의 법규성 여부는 어떠한 의미를 지니는가?
2. 행정규칙의 종류에는 어떠한 것이 있는가?

Ⅰ. 行政規則의 意義

1. 행정규칙의 개념

1) 전통적 견해

종래에는 행정규칙이란 "행정기관이 행정조직내부 또는 특별한 공법상의 법률관계를 규율하기 위하여 정립하는 일반적·추상적 규범으로서 법규의 성질을 가지지 아니하는 것"을 말하였다.

2) 비판적 견해

그러나 '행정조직내부 또는 특별한 공법상의 법률관계를 규율하기 위한'이란 내용적 요건은 행정규칙의 통상적인 요소이기는 하지만 행정규칙의 필요적 요소는 아니라고 보는 것이 합리적이다. 왜냐하면 행정조직내부라는 의미가 불명확할 뿐만 아니라 행정조직의 권한은 법규사항인 점을 고려하면 행정규칙은 형식적 요소를 중심으로 파악하는 것이 타당하기 때문이다.

이러한 취지에서 행정규칙이란 "행정기관이 정립하는 일반적·추상적 규범으로서 법규의 성질을 가지지 아니하는 것"으로 파악하고자 한다.

2. 행정규칙의 근거

행정규칙을 제정하는 경우에 법령의 수권이 필요한 것은 아니다(법률유보의 배제). 행정규칙의 제정은 훈령이나 직무명령처럼 행정기관의 조직법상의 일반적 권한에 속한다.

Ⅱ. 行政規則의 性質

1. 학 설

1) 비법규성설

전통적 행정법이론에 의하면, 행정입법 중에는 직접 국민의 권리·의무에 변동을 초래하고 법률의 수권에 의해서만 정립될 수 있는 것을 '법규명령'으로, 그렇지 않은 것을 '행정규칙'이라고 불러왔다.

따라서 특별권력관계상의 내부규칙에 복종하는 하급행정기관 및 공무원은 행정주체의 구성요소이므로 이러한 자들의 권리·의무를 규율하는 모든 관계는 행정의 '내부관계'에 속하는 것이며, 원래 행정의 내부관계에 대하여 적용되는 행정규칙은 원천적으로 '외부관계'에 있는 국민의 권리·의무에 직접적으로 법적 영향을 미치는 것이 아닌 비법규적인 것이라 하였다.

이와 같은 견해에 의하면 행정기관의 행위는 행정규칙의 위반을 이유로 위법이 되지 아니하며, 반대로 행정규칙에 적합하다는 이유만으로 적법이라고도 할 수 없다.

2) 준법규성설

이 견해에 의하면, 행정규칙은 행정기관의 행동의 기준을 제시하는 데 불과한 것이기는 하나 사실상 이에 의거하여 행정행위가 이루어지는 것이기 때문에 훈령이나 직무명령의 내용이 현실적으로 국민의 권리·의무와 전혀 무관한 것이라고 볼 수는 없다. 바꾸어 말하면 행정규칙은 행정사무의 처리준칙으로서 행정기관 내부에서만 효력을 가지는데 그치고 대외적으로는 직접적인 법적 효력을 발생시키지는 않지만, 행정의 자기구속의 법리(평등원칙)나 행정관행, 신뢰보호원칙 등을 통하여 행정규칙의 대외적 구속력이 사실상 인정되고 있다고 한다.

3) 법규성설

이 견해에 의하면, 행정규칙도 실질적으로 국민의 권리・의무에 영향을 미치고 있으므로 일정한 조건 아래에서 법규로서의 성질을 가진다고 한다.

2. 판 례

① 판례는 원칙적으로 행정규칙의 법규성을 부인하고 있다(大判 1995.3.28, 94누6925).

② 그러나 행정의 자기구속의 법리(평등원칙)나 신뢰보호원칙 등을 통하여 행정규칙의 대외적 구속력을 사실상 인정하고 있다(憲裁決 1990.9.3, 90헌마13).

3. 사 견

법령의 수권없이 제정되는 행정규칙의 법규성은 인정되지 않는다는 비법규성설이 타당하다. 행정규칙의 사실상 구속력을 인정하는 준법규성설도 행정규칙의 법규성을 인정하는 견해는 아니므로 엄격하게 말하자면 비법규성설에 포함된다고 보아야 한다.

다만, 법률의 수권에 의해서 제정되는 일정한 유형의 행정규칙은 법규성이 인정된다고 할 것이다.

Ⅲ. 行政規則의 類型

1. 형식에 따른 분류

① 행정규칙은 그 형식에 따라 크게 훈령과 고시로 구분되며, 훈령은 다시 협의의 훈령・지시・일일명령・예규로 세분된다.

② 훈령이란 상급관청이 하급관청에 대하여 발하는 권한의 행사에 관한 기준 내지 준칙의 형식을 말한다. 고시란 행정기관이 일정한 사항을 불특정다수의 일반인에게 알리는 형식을 말한다. 그러나 형식에 따른 효력의 차이는 없다.

2. 내용에 따른 분류

(1) 행정규칙은 내용에 따라 ① 행정의 내부조직 또는 근무 등에 관한 규칙인 조직규칙, 근무규칙, 영조물규칙 등과 ② 법령의 통일적 적용을 위한 법령해석규칙, ③ 행정기관의 재량권행사의 기준을 정한 재량준칙 및 법령의 내용을 보충하거나 이를 구체화하는 법령보충규칙 또는 규범구체화행정규칙으로 나눌 수 있다.

(2) 법령의 수권을 받아 수권의 범위 안에서 법령의 내용을 보충하거나 이를 구체화하는 법령보충규칙 또는 규범구체화행정규칙은 일반적인 행정규칙과는 달리 법규성이 인정된다(후술의 제4절 Ⅲ. 법규성적 행정규칙 참조)

Ⅳ. 行政規則의 成立과 效力

1. 행정규칙의 성립·소멸

1) 성 립

행정규칙은 ① 이를 발할 수 있는 정당한 권한이 있는 행정기관이 ② 가능하고 명백한 내용으로 ③ 상급기관의 승인과 같은 소정의 절차를 거쳐 ④ 일정한 형식에 따라 제정함으로써 성립된다. 그리고 관보에의 게재 기타 적당한 방법으로 적용받는 자 등 관계인에게 고지됨으로써 효력을 발생한다. 고지의 방법으로 공포를 요하는 것은 아니다.

2) 소 멸

행정규칙은 폐지, 종기의 도래 또는 해제조건의 성취 등으로 그 효력을 상실한다. 법률, 법규명령 또는 상위 행정규칙에 위반되는 행정규칙은 하자있는 행정규칙으로 무효라 할 것이다.

2. 행정규칙의 효력

1) 내부적 효력

행정규칙은 행정내부에서는 효력을 갖는다. 이러한 의미에서 행정규칙을 내부법이라 한다.

2) 외부적 효력

행정규칙의 외부적 효력은 원칙적으로 인정되지 않는다. 그러나 재량준칙과 관련하여 행정규칙의 적용에 있어서 평등원칙, 행정의 자기구속의 법리, 신뢰보호원칙 등에 의하여 간접적·사실적 효력이 인정되고 있다.

다만, 행정규칙이 상위법령의 위임에 근거하여 법령의 내용을 보충하거나 구체화하는 경우에는 대외적 구속력이 인정된다.

Ⅴ. 行政規則에 대한 統制

1. 행정규칙과 사법심사

대법원은 행정규칙에 근거한 행정행위의 적법성·위법성이 문제가 되는 경우에 행정규칙 그 자체는 개인의 구체적인 권리·의무에 직접적인 변동을 초래하는 것이 아니라 하여 재판기준성을 부정하고 있다(大判 1985.11.26, 85누394; 大判 1990.6.12, 90누1588).

이 문제와 관련하여 훈령으로 정한 청문절차에 대하여 재판기준성을 인정하여 행정규칙을 법규범으로 본 판례는 주목할 만하다(大判 1984.9.11, 82누166; 大判 1994.3.8, 92누1728).

2. 행정규칙에 대한 사전통제 등

행정규칙에 대한 사법심사 문제는 행정입법에 대한 사후통제이지만, 행정입법에 대한 사전통제도 간과하여서는 아니된다. 사전통제에는 행정내부적 통제(憲法 §85, §95, 政組法 §24)와 국민의 입법참가를 통한 통제(법령안예고제도-節次法 §41) 등이 있다.

참고판례

▸ 행정규칙의 준법규성 : 憲裁決 1990.9.3, 90헌마13.

"재량권행사의 준칙인 (행정)규칙이 그 정한 바에 따라 되풀이 시행되어 행정관행이 이룩되게 되면 평등의 원칙에 따라 행정기관은 그 상대방에 대한 관계에서 그 규칙에 따라야 할 자기구속을 당하게 되는 경우에는 구속력을 가지게 된다."

▶ 훈령에 규정된 청문절차 위반을 위법으로 본 판례 : 大判 1984.9.11, 82누166(同旨 : 大判 1994.3.8, 92누1728).

"건축사사무소의 등록취소 및 폐쇄처분에 관한 규정(1979.9.6 건설부훈령 제447호) … 제9조에는 건축사사무소의 등록을 취소하고자 할 때에는 미리 당해 건축사에 대하여 청문을 하거나 필요한 경우에 참고인의 의견을 들어야 한다. 다만 정당한 사유없이 청문에 응하지 아니하는 경우에는 그러하지 아니한다 라고 규정하고 있는바, 이와 같이 관계행정청이 건축사사무소의 등록취소처분을 함에 있어 당해 건축사들을 사전에 청문하도록 한 법제도의 취지는 위 행정처분으로 인하여 건축사사무소의 기존권리가 부당하게 침해받지 아니하도록 등록취소사유에 대하여 당해 건축사에게 변명과 유리한 자료를 제출할 기회를 부여하여 위법사유의 시정가능성을 감안하고 처분의 신중성과 적정성을 기하려함에 있다 할 것이므로 관계행정청이 위와 같은 처분을 하려면 반드시 사전에 청문절차를 거쳐야 하고 설사 위 같은법 제28조 소정의 사유가 분명히 존재하는 경우라 하더라도 당해 건축사가 정당한 이유없이 청문에 응하지 아니하는 경우가 아닌 한 청문절차를 거치지 아니하고 한 건축사사무소등록취소처분은 청문절차를 거치지 아니한 위법한 처분 …"

※ 평석; 이에 대하여는 행정규칙의 법규성을 인정한 것으로 보는 견해도 있고, 행정절차의 법원칙성을 인정한 것으로 보는 견해도 있으나, 이 판례는 청문절차에 대한 신뢰보호원칙 내지 청문을 실시한 선례에 대한 행정의 자기구속의 원칙과 같은 행정법의 일반법원칙을 적용한 것으로 보아야 할 것이다.

第 4 節 法規命令과 行政規則의 分類와 性質의 檢討

주요쟁점

1. 법규명령과 행정규칙의 분류기준은 무엇인가?
2. 판례의 법규명령형식의 행정규칙과 행정규칙형식의 법규명령이란 어떠한 의미인가?
3. 법령보충규칙은 행정규칙인가, 법규명령인가?

Ⅰ. 概 說

1. 문제의 소재

일반적으로 행정입법의 내용과 형식이 서로 다르게 나타나는 경우가 있는바,

이러한 경우에 그 법적 성격을 어떻게 이해할 것인가 하는 문제가 있다.

문제의 유형은 두 가지인 바, 하나는 '법규명령형식의 행정규칙'이라고 하는 것으로 행정규칙으로 정하여질 내용이 법규명령의 형식으로 정립되는 경우와 다른 하나는 '행정규칙형식의 법규명령'이라고 하는 것으로 법규명령으로 정하여질 내용이 행정규칙의 형식으로 정립되는 경우가 있다.

2. 새로운 제안

이른바, '법규명령형식의 행정규칙' 또는 '행정규칙형식의 법규명령'이란 용어는 용어의 의미를 이중적으로 사용하고 있어 적합한 용어가 아니다. 일반적 견해에 의하면, 전반의 '법규명령형식' 또는 '행정규칙형식'이란 용어의 통상적인 의미는 행정입법의 종류로서의 법규명령 또는 행정규칙을 의미하고, 후반의 법규명령 또는 행정규칙이란 용어는 법규성의 인정 여부에 대한 법적 성질을 의미한다. 따라서 용어의 후반부의 법규명령 또는 행정규칙이란 표현은 지양하여 혼란을 방지하여야 할 것이다.

이러한 취지에서 '법규명령형식의 행정규칙'은 '법규성이 인정되지 않는 법규명령' 또는 간략하게 '비법규성적 법규명령'으로, '행정규칙형식의 법규명령'은 '법규성이 인정되는 행정규칙' 또는 간략하게 '법규성적 행정규칙'으로 부르고자 한다.

Ⅱ. 非法規性的 法規命令(소위 法規命令形式의 行政規則)

1. 의 의

'비법규성적 법규명령'의 문제는 행정규칙으로 정하여질 내용이 법규명령의 형식으로 정립되는 경우의 문제이다.

이와 같은 논의는 법규명령이 규율하여야 할 사항과 행정규칙으로 규율할 사항이 따로 존재한다는 것을 전제로 하고 있다. 그리고 '행정조직내부 또는 특별한 공법상의 법률관계를 규율하기 위한 사항'은 행정규칙으로 규율하여야 한다는 것을 인정하고 있다.

따라서 '행정조직내부 또는 특별한 공법상의 법률관계를 규율하기 위한 사항'은 규율형식이 행정규칙이든 법규명령이든 관계없이 그 실질에 따라 법규성이 부정되는가가 문제이다.

2. 학 설

학설의 일반적 경향은 ① 법규명령의 형식을 취하고 있는 경우에는 규율사항이 무엇인가를 묻지 아니하고 법규성을 인정하는 형식설(법규명령설)과 ② 규율사항이 행정규칙사항인 경우에는 규율내용에 따라 법규성이 인정되지 않는다는 실질설(행정규칙설)로 구분된다.

3. 판 례

판례는 처분기준을 정한 법규명령에 대하여 ① 부령으로 정한 행정처분기준에 대하여는 행정규칙으로 판시하고, ② 대통령령으로 정한 행정처분기준에 대하여는 법규명령으로 판시하였다. 다만, 처분의 기준을 처분의 상한으로 봄으로써 행정처분기준에 따른 처분일지라도 재량의 남용으로 위법한 처분이 될 수 있게 된다.

4. 소 결

법규명령형식의 행정규칙이란 용어를 갈음하는 비법규성적 법규명령이란 법규명령에 해당하는 경우에도 법규성을 가지지 않는 법규명령을 의미한다.

이와 같은 비법규성적 법규명령을 인정할 것인가 하는 문제는 법규명령으로 규율할 사항과 행정규칙으로 규율할 사항이 따로 있는가에 따라 달라진다. 만약 이를 인정한다면 비법규성적 법규명령을 인정하게 되며, 이를 부정한다면 비법규성적 법규명령을 인정할 수 없게 된다.

생각건대 법규명령으로 규율할 사항과 행정규칙으로 규율할 사항은 이론적인 문제가 아니라 제도적인 문제라고 할 수 있다. 따라서 법규명령의 형식으로 규율하고 있으면 내용과 관계없이 법규성을 인정하는 것이 타당하다.

이와 같은 관점에 의하면, 대법원이 부령에 대하여는 실질적 내용을 논거로 법규성을 부정하고 대통령령에 대하여는 규정형식을 논거로 법규성을 인정하는 일관성이 결여된 태도는 수긍할 수 없다. 다만 최근에 대법원이 부령이나 규칙으로 정한 처분기준에 따른 제재적 행정처분이 기간의 경과로 인하여 효과가 소멸한 경우에도 그 처분의 취소를 구할 법률상 이익을 인정하였으나(大判 2006.6.22, 2003두1684), 부령이나 규칙의 성질에 관하여는 직접적인 판단을 유보한 점은 여전히 의문점이라 하겠다.

참고판례

▸ 부령의 법규성(부정)에 관한 판례 : 大判 1991.11.8, 91누4973(同旨 大判 1995.10.17, 94누14148).

"자동차운수사업법 제31조 등에 의한 사업면허취소처분 등의 처분에 관한 규칙도 형식은 부령으로 되어 있으나 그 성질과 내용이 자동차운수사업면허의 취소처분 등에 관한 사무처리기준과 처분절차 등 행정기관내부의 사무처리준칙을 정한 것이어서 행정명령의 성질을 가지는 것이다."

▸ 대통령령의 법규성(긍정)에 관한 판례

① 大判 1997.12.26, 97누15418.

"이 사건 처분의 기준이 된 시행령 제10조의3 제1항 [별표 1]은 법 제7조 제2항의 위임규정에 터잡은 규정형식상 대통령령이므로 그 성질이 부령인 시행규칙이나 또는 지방자치단체의 규칙과 같이 통상적으로 행정조직 내부에 있어서의 행정명령에 지나지 않는 것이 아니라 대외적으로 국민이나 법원을 구속하는 힘이 있는 법규명령에 해당한다고 할 것이다."

② 大判 2001.3.9, 99두5207.

"구청소년보호법 제49조 제1항, 제2항에 따른 같은법시행령 제40조 [별표 6]의 위반행위의종별에따른과징금처분기준은 법규명령이기는 하나 모법의 위임규정의 내용과 취지 및 헌법상의 과잉금지의 원칙과 평등의 원칙 등에 비추어 같은 유형의 위반행위라 하더라도 그 규모나 기간·사회적 비난 정도·위반행위로 인하여 다른 법률에 의하여 처벌받은 다른 사정·행위자의 개인적 사정 및 위반행위로 얻은 불법이익의 규모 등 여러 요소를 종합적으로 고려하여 사안에 따라 적정한 과징금의 액수를 정하여야 할 것이므로 그 수액은 정액이 아니라 최고한도액이다."

▸ 부령에 규정된 처분기준에 법률상 이익을 인정한 판례 : 大判 2006.6.22, 2003두1684.

"규칙이 정한 바에 따라 선행처분을 가중사유 또는 전제요건으로 하는 후행처분을 받을 우려가 현실적으로 존재하는 경우에는, 선행처분을 받은 상대방은 비록 그 처분에서 정한 제재기간이 경과하였다 하더라도 그 처분의 취소소송을 통하여 그러한 불이익을 제거할 권리보호의 필요성이 충분히 인정된다고 할 것이므로, 선행처분의 취소를 구할 법률상 이익이 있다고 보아야 한다."

Ⅲ. 法規性的 行政規則(소위 行政規則形式의 法規命令)

1. 의 의

'법규성적 행정규칙'의 문제는 법규명령으로 정하여질 내용이 행정규칙의 형식으로 정립되는 경우의 문제이다.

'비법규성적 법규명령'의 문제가 법규명령이 규율하여야 할 사항과 행정규칙으로 규율할 사항이 따로 존재하는가의 문제인데 반하여, 법규성적 행정규칙의 문제는 법규성의 요건으로서의 '수권'의 의미를 어떻게 볼 것인가의 문제이다. 즉, '수권'의 요건을 충족하는 경우에는 그 형식이 법규명령이든 행정규칙이든 관계없이 법규성이 인정되는가의 문제이다.

2. 학설 · 판례

학설과 판례의 일반적 견해는 법령의 위임을 받아 법령의 내용을 구체적으로 정한 행정규칙은 위임의 근거규정과 결합하여 전체로서 외부적 효과를 발생하는 법규명령으로 이해하고 있다. 헌법재판소의 견해도 같다.

그러나 이와 같은 행정규칙에 대하여 법규성을 인정하는 근거는 ① 행정규칙이지만 '수권'의 요건을 충족하기 때문에 법규성이 인정된다는 견해와, ② '수권'의 요건을 갖춘 행정입법은 법규명령에 해당하므로 법규성이 인정된다는 견해로 구분된다.

3. 사 견

행정규칙형식의 법규명령이란 용어를 갈음하는 '법규성적 행정규칙'은 훈령 · 고시 등 행정규칙의 형식이지만, 법령의 위임을 받아 법령의 내용을 구체적으로 정한 행정규칙에 대하여 법규성을 인정하는 것을 의미한다.

이와 같은 법규성적 행정규칙은 '수권'을 요건으로 함으로써 상위법령의 수권없이 행정기관이 독자적으로 제정하는 일반적인 행정규칙과는 명확하게 구별되므로 이를 인정하는 것이 합리적이다. 다만, 법규성적 행정규칙의 분류를 법규명령으로 볼 것인지 행정규칙으로 볼 것인지에 대하여 견해의 차이는 있으나 실익은 없다고 본다. 왜냐하면, 이와 같은 유형을 '법령보충규칙' 또는 '규범구체화행정규칙' 이라고 부르고 법규성을 인정한다는 점에서는 차이가 없기 때문이다.

참고판례

▸ 법령보충규칙의 요건과 법적 성질에 관한 판례

① 大判 1992.1.21, 91누5334.

"국세청 훈령인 재산제세조사사무처리규정(훈령 제980호)은 소득세법 시행령의 위임에 따라 그 규정의 내용을 보충하는 기능을 가지면서 그와 결합하여 대외적인 구속력이 있는 법규명령으로서의 효력을 가지는 것이어서 그 내용이 위 법령의 위임한계를 벗어난 것이라는 등의 특별한 사정이 없는 한 무효라고 볼 수 없다."

② 大判 1994.4.26, 93누21668.

"주세법 제8조 제1항, 제10조 10호 및 같은 법시행령 제14조의 규정내용에 비추어 보면, 주류도매업의 면허신청서에 3개의 주류제조자와의 거래약정서 각 2부씩을 첨부하도록 정한 주류도매면허제도개선업무처리지침(국세청 소비 22644-1831)은 비록 행정규칙의 형식을 취하고 있지만 국세청장이 시행령 제14조의 위임에 따라서 그 규정의 내용이 될 사항을 구체적으로 정하고 있는 것으로서 그 위임의 한계를 벗어나지 않는 한 시행령 제14조와 결합하여 대외적으로 구속력 있는 법규명령으로서 효력을 갖는다."

③ 憲裁決 2004.1.29, 2001헌마894.

"'청소년유해매체물의 표시방법'에 관한 정보통신부고시는 청소년유해매체물을 제공하려는 자가 하여야 할 전자적 표시의 내용을 정하고 있는데, 이는 정보통신망이용촉진및정보보호등에관한법률 제42조 및 동법시행령 제21조 제2항, 제3항의 위임규정에 의하여 제정된 것으로서 국민의 기본권을 제한하는 것인바 상위법령과 결합하여 대외적 구속력을 갖는 법규명령으로 기능하고 있는 것이므로 헌법소원의 대상이 된다."

第 2 章 行政行爲

第 1 節 行政行爲의 意義과 特性

Ⅰ. 行政行爲의 意義

1. 행정행위의 개념

1) 개 념

우리나라의 경우 법령상으로는 '행정행위'라는 용어가 쓰이고 있지는 않지만, 행정법학의 체계에 있어서는 이 개념이 중심적 지위를 차지한다.

행정행위라는 개념은 일반적으로 "행정청이 법 아래서 구체적 사실에 대한 법집행으로서 행하는 권력적 단독행위인 공법행위"를 의미한다.

2) 행정행위의 개념 요소

(1) 행정청의 행위

행정행위는 행정청의 행위이다. 행정청이란 일반적으로 행정주체의 의사를 외부적으로 결정·표시할 수 있는 권한을 가진 행정기관을 의미하나, 여기에서의 행정청은 법령에 의하여 행정주체의 권한을 부여받은 공공단체 및 사인을 포함한다(行審法 §2②, 行訴法 §2② 참조). 예를 들면, 한국전력공사가 입찰자격제한처분을 한 경우에 한국전력공사는 행정청에 해당한다.

(2) 공법적 행위

공법상의 행위이어야 한다. 그러나 그 효과가 반드시 공법적일 필요는 없으며 「국토의 계획 및 이용에 관한 법률」의 토지거래계약허가(同法 § 118①)처럼 사법적 효과인 경우라도 무관하다.

(3) 법적 행위

행정행위는 특정 국민의 권리의무를 결정한다고 하는 '법적 효과'를 수반하는 행위이다. 따라서 특정인의 권리의무에 영향을 미치지 아니하는 행위는 법적 효과를 지니지 아니하기 때문에 행정청이 행하는 행위라 하더라도 행정행위가 아니다.

(가) 사실행위

도로건설이나 청소작업, 일기예보 등은 특정인의 법적 지위에 변동을 초래하는 것이 아니라 단순한 사실상의 활동에 불과한 '사실행위'는 행정행위에 해당되지 않는다.

또 행정청이 일정한 행정질서를 형성할 목적으로 국민을 일정한 방향으로 유도할 의도 아래서 행하는 지도나 조언 등 이른바 '행정지도'도 국민의 권리의무를 결정하는 것이 아니기 때문에 행정행위에 해당하지 않는다.

그러나 수인의무가 부과되는 권력적 사실행위는 그 범위 안에서 법적 효과가 발생하므로 행정처분에 해당한다.

(나) 내부적 행위

훈령이나 직무명령은 행정조직의 내부에서 상급관청이 하급관청에 대하여 또는 상급자가 하급자에 대하여 명령하고 시달하는 것으로서 행정주체와 국민과의 권리의무에 직접 관련되는 것이 아니기 때문에 '내부행위'라고 하여 행정행위로 인정되지 않는다.

판례는 개별공시지가의 결정행위는 행정쟁송법상의 행정처분이지만(大判 1993.1.15, 92누12407; 大判 1993.6.11, 92누16706), 정부투자기관에 대한 기획재정부장관의 예산편성지침 통보는 행정처분이 아니라고 한다(大判 1993.9.14, 93누9163).

따라서 원칙적으로 일정한 행정처분이 있을 것이라고 알리는 행위는 행정행위가 아니지만, 행정대집행의 계고나 대집행영장의 통지는 독립된 행정행위로 보며, 후속행위를 위한 단순한 기준이나 자료의 제공(운전면허정지처분의 자료가 되는 벌점)은 행정행위가 아니다(大判 1994.8.12, 94누21900).

대법원은 "군의관의 신체등급판정행위는 행정청이라고 볼 수 없는 군의관이 하도록 하고 있고, 그 자체만으로는 바로 병역법상의 권리·의무가 정하여지는 것이 아니라, 그에 따라 지방병무청장이 병역처분을 함으로써 비로소 병역의무의 종류가 정하여지는 것이므로 항고소송의 대상이 되는 행정처분으로 보기 어렵다."고 하여 군의관의 신체등급 판정행위를 행정행위 개념으로 보지 않는다(大判 1993.8.27, 93누3356).

(4) 단독행위

행정행위는 행정청의 일방적 판단으로 국민의 권리의무를 결정하는 행위인 단독행위이다.

그러므로 법적 효과를 수반하는 행위라 하더라도 행정청이 국민과 협의하여 권리의무를 결정하는 '공법상의 계약'이나 '공법상의 합동행위'는 행정행위가 아니다.

이 점과 관련하여 공무원의 임명행위의 성질을 둘러싸고 다소의 논란이 있다. 일부의 견해는 공무원의 임명은 국민의 신청에 대하여 행정청이 승낙하는 것이기 때문에 일종의 '공법상 계약'으로 보아야 한다고 주장하지만, 다수의 견해는 사인의 신청을 전제로 하여 임명권자 측에서 일방적으로 채용여부를 결정하여 법률에 정해진 지위에 임하게 되는 것이므로 계약으로 볼 것이 아니라, '동의를 요하는 행정행위'로 보는 것이 타당하다.

(5) 구체적 규율행위

행정행위는 특정인의 권리의무를 구체적으로 결정하는 행위이다. 행정청이 국민의 권리의무를 일방적으로 결정하는 것이더라도 특정인의 구체적인 권리의무가 아니고 일반적인 국민의 권리의무를 추상적으로 결정하는데 불과한 행위는 입법행위이지 행정행위는 아니다. 법령이나 조례는 그 자체가 일반적인 내용을 가짐에 불과하고 특정인의 권리의무는 그 집행행위에 의하여 비로소 구체적으로 결정됨이 통상이기 때문에 법령이나 조례를 제정하는 행위는 원칙적으로 행정행위가 아니고 '입법행위'에 속한다.

2. '행정처분' 개념과의 관계

1) 의 의

원래 행정행위의 개념은 「민법」의 법률행위의 개념과는 달리 성문법상의 개념이 아니라 행정작용의 체계적 이해를 위한 학문상의 개념이다.

실정법에서는 허가, 인가, 면허, 특허, 금지, 면제 등 개별적 용어로 표현되는 것 외에도 이들을 포괄하는 일반적 용어로 행정처분 또는 처분(憲法 §107②, 行審法 §2①, 行訴法 §2①)이라는 개념이 사용되고 있다.

그러므로 강학상 행정행위와 실정법상의 처분과의 관계가 중요한 문제가 된다.

2) 실정법상의 처분 개념

「행정소송법」이나 「행정절차법」에서 처분의 개념을 "행정청이 행하는 구체적 사실에 관한 법집행으로서 공권력의 행사 또는 그 거부와 기타 이에 준하는 행정작용"을 말한다(行訴法 §2①, 行節法 §2의 2호)고 하여, 처분의 개념을 넓게 정의하고 있으므로, 처분과 강학상의 행정행위 개념은 동의어로 볼 수 없다.

3) 판례상의 처분 개념

종래 판례는 행정처분을 "행정청의 공법상의 법률행위로서 특정된 사건에 대하여 법규에 의하여 권리를 설정하고 의무를 명하며 기타 법률상 효과를 발생케 하는 단독행위"라고 하여, 행정행위와 행정처분을 동일개념으로 파악하려는 경향을 보였다.

그러나 실정법에서 처분 개념을 넓게 규정하고 있을 뿐만 아니라 국민의 권리구제를 제고하기 위하여 강학상 행정행위뿐만 아니라 구속적 행정계획이나 권력적 사실행위 등도 처분 개념에 해당한다고 하여, 처분 개념을 행정행위 개념보다 넓게 파악하고 있다.

4) 소 결

항고소송의 목적과 성질, 그리고 그 기능을 고려하여 도입된 '행정처분'의 개념은 학문상의 개념이 아니고 실정법제도상의 개념이며 행정구제제도상 법기술적으로 필요한 개념이다. 따라서 행정작용법상의 법이론적 과제를 다루는 것이 아니라 행정소송이라는 법제도를 논할 경우 '행정행위'라는 용어보다는 '행정처분'이라는 통일된 용어를 사용함이 적절하다.

3. 형식적 행정행위(행정처분)

1) 의 의

이처럼 행정행위개념의 유연한 해석론이나 입법론에 의한 항고소송 대상의 확대론이 전개되고, 종래 행정행위에 해당되지 않던 비권력적인 여러 행위가 '처분'으로 인정되고 있다. 이와 같이 행정행위의 실체를 가지지 아니하면서도 행정목적 실현을 위하여 항고쟁송의 대상으로 인정하는 행위를 형식적·기술적 행정행위라는 의미에서 형식적 행정행위(또는 행정쟁송법상의 개념으로 형식적 행정처분)라고 한다.

2) 비 판

형식적 행정행위라고 하는 개념은 권리구제가 필요한 행정작용을 항고쟁송의 대상으로 하고자 하는 개념이라 할 수 있다. 그러나 다양한 형식의 행정작용을 권리구제에만 초점을 맞추어 형식적 행정행위라는 개념으로 항고쟁송의 대상으로 하고자 하는 이론보다는 다양한 행정의 행위형식에 적합한 권리구제제도를 모색하는 것이 타당하다고 볼 때 형식적 행정행위 개념은 바람직하지 않다.

Ⅱ. 行政行爲의 特性

1. 법적합성

사법상의 법률행위는 사적 자치의 원칙이 적용된다. 따라서 하자론이나 계약의 해석이 당사자의 의사를 중심으로 이루어진다. 그러나 행정행위에 있어서는 '법률에 의한 행정의 원리'에 따라 행정은 법률에 적합하여야 한다.

2. 공정성(公定性)

일반적으로 법률관계에서는 법에 위반하는 행위는 무효이고 어느 누구에 대해서도 법적 구속력을 갖지 않는다. 그러나 행정행위의 경우에는 이와 달리 법령에 위반하더라도 그것이 중대하고 명백한 하자로서 무효가 되는 경우 외에, 권한 있는 국가기관(행정청 · 법원)에 의하여 취소되기까지는 원칙적으로 유효하여 상대방인 국민은 물론 법원, 행정청, 기타 제3자도 유효한 행위로서 존중하여야 한다.

이러한 행정행위의 공정성은 행정행위 그 자체에 고유하게 내재하는 특성이 아니라 일정한 정책적 목적을 위하여 실정법규에 의하여 부여된 특성이다.

3. 불가쟁성 및 불가변성

1) 불가쟁성

행정행위의 상대방인 국민은 행정행위에 의하여 부여된 의무가 자신에게 존재하지 않는다고 생각하면 민법상의 채무자와는 달리 스스로 행정심판이나 항고소송이라는 법적 수단으로 구제를 요청하지 않으면 안된다. 이러한 구제수단의 강구에는 일정한 제척기간이 있어(行審法 §18, 行訴法 §20) 이 법정기간을 경과하게 되면 당해 행정처분의 상대방은 그 처분의 위법을 주장할 수 없게 된다. 이처럼 행정심판청구기간이나 법원에 대한 항고소송의 제기기간을 도과함으로써 당해 행정행위의 효과를 상대방인 국민이 더 이상 다툴 수 없게 되는 것은 바로 이 불가쟁성 때문이다. 이 효력은 행정법관계의 조기안정을 도모하기 위한 것이다.

2) 불가변성

또 일정한 경우에는 행정청 자신이라도 스스로 행한 행정행위를 임의로 취소하거나 변경하지 못한다. 이는 행정행위에 대한 국민의 신뢰를 보호한다는 차원에서 허용된 것이다. 재판에 있어서 판결이 일단 이루어지면 상소절차에 의해서만 취소가 가능하며 당해 판결을 내린 법관 스스로가 이를 취소할 수 없듯이, 행정행위의 경우에도 이를 행한 행정청 스스로에 의해 취소될 수 없는 효력이 있는 바, 이를 가리켜 행정행위의 불가변성이라 한다. 그러므로 이 불가변성은 행정행위 가운데서도 행정심판에 대한 재결처럼 성질상 재판상의 판결에 유사한 목적을 가진 것에 한정된다고 보아야 한다.

4. 강제성

1) 의 의

행정행위의 강제성은 행정행위의 상대방이나 제3자가 의무이행을 해태하거나 의무를 위반하는 경우에 당해 행정행위의 내용을 행정청 스스로 실현할 수 있는 자력집행력이 인정되거나 제재를 가할 수 있는 제재력이 인정되는 성질을 말한다.

2) 근 거

행정행위의 강제성은 상대방 등에 대하여 침익적 효과를 가져오는 것이기 때문에 법률에 근거가 있어야 한다. 또한 이러한 강제성이 법률상 인정되고 있는 경우에는 상대방 국민이 그 행정행위에 대하여 행정심판이나 항고소송을 제기한 경우라도 원칙적으로 아무런 방해를 받지 않는다(行審法 §21, 行訴法 §23).

5. 행정구제의 특수성

행정행위에 대한 분쟁은 원칙적으로 취소소송에 의하여서만 해결된다. 이를 '취소소송의 배타적 관할'이라고 한다. 공정성이나 불가쟁성과 같은 행정행위의 특성은 법제도적으로는 취소소송의 배타적 관할과 밀접한 관련을 가진 효력이다.

행정행위에 의하여 발생된 손실보전은 ① 공공필요에 의한 적법한 행정행위로 인한 손실의 보상(憲法 §23③), ② 공무원의 직무상의 불법행위로 인한 손해의 배상(憲法 §29, 國賠法 §2)이 있다.

第 2 節 行政行爲의 分類

행정행위는 대체로 ① 법규의 구속 정도에 따라 기속행위와 재량행위, ② 행정주체의 의사표시를 구성요소로 하는가의 여부에 따라 법률행위적 행정행위와 준법률행위적 행정행위, ③ 그 상대방인 국민의 권리의무에 어떠한 관련성을 가지느냐의 여부에 따라 명령적 행위와 형성적 행위, ④ 법률효과에 따라 수익적 행정행위, 부담적 행정행위, 복효적 행정행위, ⑤ 상대방의 협력의 필요여부에 따라 일방적 행정행위와 쌍방적 행정행위, ⑥ 상대방의 수령을 요하는가의 여부에 따라 수령을 요하는 행정행위와 수령을 요하지 아니하는 행정행위 등으로 나누어진다.

Ⅰ. 羈束行爲와 裁量行爲

주요쟁점

1. 어떠한 경우에 재량이 인정되는가?
2. 자유재량행위의 의미는 무엇인가?
3. 재량의 한계에는 어떠한 것이 있는가?

1. 의 의

1) 기속행위와 재량행위

행정행위는 법률의 행정청에 대한 수권여부와 그 폭에 따라 행정행위를 기속행위와 재량행위로 구분할 수 있다.

(1) 기속행위

'기속행위'란 법령이 행정행위의 요건이나 내용을 일의적인 명확한 개념으로 상세하게 규정하고 있어 법률의 규정을 대전제로 하고 구체적인 사실을 소전제로 하여 법규에 맞추어 기계적 집행으로 이루어지는 행정행위를 말한다.

(2) 재량행위

'재량행위'란 기속행위에 대비되는 개념으로 행정행위를 할 것인가의 여부 및 행정행위를 한다면 어떠한 내용의 처분을 행할 것인가가 행정청의 선택에 맡겨져 있는 행정행위를 말한다.

행정행위를 할 것인가의 여부의 재량을 결정재량이라 하며, 행정행위를 한다면 어떠한 내용의 처분을 행할 것인가의 재량을 선택재량이라고 한다.

2) 기속재량행위 · 자유재량행위

(1) 의 의

전통적 행정법이론에 의하면 재량행위를 '기속재량행위'와 '자유재량행위'로 구분하였다.

기속재량행위란 불확정개념에 의하여 행정행위의 요건이나 효과가 정하여져 있는 경우에 행정청은 그 법규정의 취지나 목적으로 보아 원래 법률이 예정하고 있는 객관적 기준에 따라 재량권을 행사하는 것, 즉 무엇이 법인가를 판단하는 재량으로 '법규재량행위'라고도 하였다.

이에 대하여 자유재량행위란 행정청이 정책적 · 행정적인 공익적 판단에 따라 재량권을 행사하는 것, 즉 무엇이 공익 · 행정목적에 보다 적합한 것인지를 판단하는 재량으로 '편의재량행위' 또는 '공익재량행위'라고 불러왔다.

(2) 구별실익

기속재량행위는 법규범적인 법칙성에 따라 행사되는 재량이기 때문에 행정청이 재량권의 행사를 그르친 것인가의 여부는 '법률문제'로서 법원의 심리대상이 되지만, 자유재량행위는 법적 판단이 아니라 공익을 도모하려는 행정청의 순수한 정책적 · 행정적 판단이기 때문에 그 판단의 잘못 여부는 '재량문제'로서 법원의 심리대상이 되지 아니하며 오로지 당 · 부당의 문제로 행정심판 등을 통한 행정청 스스로의 시정에 맡길 수밖에 없다고 한다. 이와 같이 기속재량행위와 자유재량행위 양자의 구분은 법원의 사법심사권의 범위와 관련하여 실익을 가진 개념으로 논의되어 왔다.

(3) 비 판

법의 기속은 구체적인 경우 단지 정도의 차이가 있음에 불과한 것이므로 기속행위와 재량행위, 자유재량행위와 기속재량행위는 상대적인 정도의 차이가 있음에 불과한 것으로서 본질적인 차이가 있는 것은 아니다. 또한 모든 재량행위가 재판통제의 대상이 됨에 따라(行訴法 §27), 전통적 견해의 기속재량과 자유재량의 구분은 그 의의가 상실되었다.

바꾸어 말하면 모든 재량행위는 재량의 한계 내에서는 '자유'로운 반면, 재량의 한계를 벗어날 수 없는 '기속'을 받기 때문이다. 결국 자유롭지 아니한 재량이 없고 기속받지 않는 재량이 존재하지 아니하기에 자유재량 · 기속재량의 구분은 무의미하다고 보는 것이다.

한편 판례상으로는 여전히 자유재량과 기속재량의 구분이 행해지고 있으나(大判 1995.12.12, 94누12302 참조), 판례에서의 자유재량은 재량불심리의 대상으로서의 자유재량이 아니라, 재량의 폭이 비교적 넓음을 뜻하는 것으로 사법심사의 대상이 됨을 밝히고 있어 재량불심리의 대상으로서의 자유재량 개념을 인정하지 않는다.

참고판례

▸판례상의 자유재량행위와 기속재량행위의 개념

① 사립학교장에 대한 임명승인취소행위는 자유재량행위이고(大判 1971.4.28, 71누4), 소방법 제15조에 의한 주유소의 설치허가는 기속재량행위라고 하였다(大判 1974.11.26, 74누110).

② 大判 1989.9.12, 88누9206.
"공유수면매입면허는 설권행위인 특허의 성질을 갖는 것이므로 원칙적으로 행정청의 자유재량에 속하는 것이며, 일단 실효된 공유수면매립면허의 효력을 회복시키는 행위도 특단의 사정이 없는 한 새로운 면허부여와 같이 면허관청의 자유재량에 속한다고 할 것이다."

2. 구별의 필요성

1) 행정소송과의 관계

원래 행정에 있어서 기속과 재량의 한계문제가 대두하게 된 것은 행정소송사항인가 아닌가의 여부를 판단하려는 기술적 필요 때문이었다.

오늘날 행정청의 자유재량행위에 대하여 법원은 이를 심리할 수 없다는 '재량불심리원칙'은 폐기되었지만, 우리나라의 경우에도 「행정심판법」이 '위법 또는 부당한 처분'을 심판대상으로 규정하는(同法 §1) 것과는 달리 「행정소송법」은 행정소송의 대상을 '위법한 처분'으로 한정하고 있고(行訴法 §1), 재량권의 일탈 또는 남용의 경우에는 이를 위법한 것으로 취소할 수 있도록 규정하고 있다(同法 §27). 따라서 「행정소송법」의 기술적 요청으로 기속행위와 재량행위의 구별은 필요하다.

2) 부관과의 관계

기속행위에는 부관을 붙일 수 없으나 재량행위에는 부관을 붙일 수 있다는 점에서도 구별의 실익이 있다.

물론 예외적으로 기속행위에도 부관을 붙일 수 있는 경우(법률요건충족적 부관)도 있으며 재량행위에도 부관을 붙일 수 없는 경우(법무부장관의 귀화허가)도 있다는 이유에서 이를 비판하는 견해가 있으나, 일반적인 관점에서 구별실익은 있다.

3) 공권과의 관계

기속행위에는 공권이 성립되나, 재량행위에는 공권이 성립되지 않는다는 점에서 구별의 실익이 있다는 견해도 있으나, 재량행위에도 무하자재량행사청구권이 주장되고 있다는 점에서 보면 수긍하기 어렵다. 다만, 기속행위에 있어서는 특정행위에 대한 공권을 주장할 수 있다는 점에서 공권의 성립이 아닌 공권의 내용적 측면에서 차이가 있다고 하겠다.

3. 기속행위 · 재량행위의 구별기준 – 전통적 이론 –

1) 학 설

기속행위와 재량행위의 구별기준으로는 요건재량설과 효과재량설이 주장되었다. 그리고 요건재량설을 보완한 판단재량설이 있다.

(1) 요건재량설

요건재량설은 행정행위의 요건을 규정한 법률의 문언에 중점을 두어 법조문에 명기된 요건의 해석은 불확정개념까지도 포함하여 '기속행위'이나, 법조문이 처분요건에 관하여 일반적 공익목적만을 규정하고 있거나 처분요건을 규정하고 있지 않는 경우에 요건사항의 판단은 '재량행위'라는 견해이다.

(2) 효과재량설

효과재량설은 법률의 문언 여하에 관계없이 행정행위의 성질 및 법률효과에 주목하여 당해 행위가 구체적으로 국민의 권리·의무에 대하여 가지는 관련성 여하에 따라 기속행위인가 재량행위인가를 결정한다. 이 견해는 첫째, 국민의 권리를 침해하거나 또는 국민에게 새로운 의무를 명하는 행위는 설사 법률의 문언이 재량을 인정하는 것 같이 보이더라도 항상 기속행위이고, 둘째, 반대로 국민을 위하여 새로운 권리를 설정하거나 이익을 부여하는 행위는 법률이 특별히 규정하고 있는 경우를 제외하고는 원칙적으로 재량행위이며, 셋째, 국민의 권리·의무에 직접적으로 영향을 미치지 아니하는 행위는 법률이 특별히 규정하고 있는 경우를 제외하고는 원칙적으로 재량행위에 속한다고 한다.

(3) 판단재량설

판단재량설은 법률이 정한 요건이 다의적·불확정적 개념으로 규정된 경우에 요건규정이 경험적 개념인 경우에는 재량이 성립하지 않지만 요건규정이 규범적 개념인 경우에 행정청에게 이러한 요건의 해석·적용과정에서 재량이 인정된다는 견해이다. 다만, 이와 같은 판단재량이 판단여지와 같은 것인지에 대하여는 논란이 있다. 이에 관하여는 항을 달리하여 기술하기로 한다.

2) 판 례

재량행위에 관한 판례의 태도는 ① 요건규정과 효과규정의 해석·적용과정에서 재량행위를 인정하고 있으며, ② 재량행위를 기속재량행위와 자유재량행위를 구분하여 재량판단의 내용에 착안하여 통상인의 일상적인 경험에 입각한 판단에 따라 행한 행위를 법규재량행위 또는 기속재량행위(大判 1974.11.26, 74누110)라 하고, 행정청의 제도적·전문기술적 지식에 의거한 판단이나 정치적·행정적 책임을 수반하는 정책적 판단에 의한 행위를 자유재량행위 또는 공익재량행위 혹은 편의재량행위(大判 1971.5.24, 71다510)라고 하고 있다.

3) 소 결

법률의 기속 여부는 행정행위의 요건과 효과에 대하여 이루어지므로, 법률이 이 양자에 대하여 일의적으로 명확한 규정을 하고 있는 경우에 그 행위는 기속행위이다. 또 반대로 법률이 요건이나 효과에 대하여 명백하게 행정청의 자유로운 정책적·행정적 판단에 맡겼다고 생각되는 경우에 요건규정에서의 재량이 요건재량이며, 효과규정에서의 재량이 효과재량이라 할 수 있다.

문제는 요건규정의 해석·적용과 관련하여 재량이 허용되는지에 대하여 요건재량설에 비하여 판단재량설이 재량을 허용하는 범위가 좁다는 점에서 진일보한 견해이나, 후술하는 바와 같이 요건규정의 해석·적용과정에서는 재량이 성립하지 않는다는 판단여지설에 의하면 재량행위는 효과재량만 인정된다.

효과재량설에 의할 경우에 재량의 허용 여부가 명확하지 않은 경우에는 당해 행위의 성질(수익적인가 침익적인가), 헌법상의 기본권과의 관련성 등을 종합적으로 검토하여 그 법규의 취지나 목적의 합리적 해석에 의하여 구체적·개별적으로 판단하여야 할 것이다.

판례의 태도는 요건재량의 인정 여부와 관련하여서 학설과 견해가 다르나, 재량행위를 자유재량과 기속재량으로 구분하고 있어도 이는 재량의 범위의 광협을 뜻하는 취지일 뿐이므로 학설과 차이는 없다.

4. 재량행위의 한계 – 재량권의 유월(踰越)·남용 –

1) 실정법적 한계

재량행위도 법률에 의한 행정의 원리에 의한 법적 한계가 존재하므로 실정법에 위반하는 재량권 행사, 사실오인에 의한 재량권 행사 등은 재량권의 일탈(逸脫)·유월에 해당하여 위법하다.

2) 조리상의 한계

법령상 행정청의 재량을 허용하고 있는 범위 내에서의 재량권 행사라도 행정목적에 따르는 조리상의 한계를 벗어나서 재량권이 행사될 경우에는 재량권의 남용에 해당하여 그 행위는 위법하다.

구체적으로 목적 위반, 평등원칙 위반, 비례원칙 위반, 재량권의 불행사 또는 해태 등이 조리상의 한계에 해당한다.

5. 재량행위에 대한 통제

1) 입법적 통제

재량행위에 대한 입법적 통제는 법률의 관련규정을 가능한 한 구체적이고 명확하게 규정함으로써 이루어질 수 있다. 다만, 행정의 전문성, 구체적 타당성의 확보, 입법기술상의 문제 등으로 한계가 있다.

또한 적정한 재량권 행사 여부에 대하여 국정감사·조사, 질문 등에 의해 통제할 수 있다.

2) 행정적 통제

(1) 직무감독에 의한 통제

재량행위에 대한 행정적 통제는 일반적으로 상급관청의 직무감독에 의하여 이루어진다. 재량준칙을 통한 예방적 통제뿐만 아니라 위법·부당한 재량행위를 취소·변경하는 교정적 통제도 있다.

(2) 행정심판에 의한 통제

재량권의 위법·부당한 행사로 법률상 이익을 침해당한 자는 행정심판을 제기할 수 있다. 행정심판위원회는 당해 처분이 부당한 경우에도 이를 취소·변경함으로써 재량행위를 통제할 수 있다.

(3) 행정절차에 의한 통제

재량권 행사과정에 이해관계인의 참여를 보장함으로써 재량권이 적정하게 이루어질 수 있도록 하고 있다. 즉, 최근의 행정활동에 있어서는 행정청이 법을 적용하여 곧 바로 행정행위를 행하기보다는 이해관계인의 참여나 각종 심의회의 자문 등 일련의 행정절차를 거쳐 처분을 하는 경우가 많아지는 경향이 있다.

이와 같이 행정절차를 통한 재량행위의 통제는 사법심사에서 매우 유용한 통제법리로 활용되고 있다.

3) 사법적 통제

재량행위에 대한 통제는 '재량행위의 한계론'에 의하여 사법심사에 의한 통제가 가장 강력한 통제수단이라 할 수 있다. 「행정소송법」은 "행정청의 재량에 속하는 처분이라도 재량권의 한계를 넘거나 그 남용이 있는 때에는 법원은 이를 취소할 수 있다."(同法 §27)고 규정함으로써 재량행위에 대한 사법심사를 명확히 하였다.

다만, 처분이 재량권의 한계를 벗어난 것이어서 위법하다는 점은 그 행정처분의 효력을 다투는 자가 이를 주장·입증하여야 한다(大判 1987.12.8, 87누861).

참고판례

▸재량권의 조리상 제약인 공익원칙, 평등원칙, 비례원칙 등에 입각한 판례.

① 大判 1972.12.26, 72누194.

"당직근무대기 중 심심풀이로 돈을 걸지 않고 점수따기 화투놀이를 한 사실이 징계사유에 해당한다 할지라도 징계처분으로 파면을 택한 것은 함께 화투놀이를 한 3명은 견책에 처하기로 된 사실을 고려하면 공평의 원칙상 그 재량의 범위를 벗어난 위법한 것이다."

② 大判 1977.9.13, 77누15.

"유흥장소에 미성년자를 출입시켜 주류를 제공하였다는 단 1회의 식품위생법 위반사실을 이유로, 그 제재로써 가장 중한 영업취소로 응징한 처분은 책임에 대한 응보의 균형을 잃은 것으로서 행정행위의 재량을 심히 넘은 처분이다."

Ⅱ. 不確定概念과 判斷餘地

주요쟁점

1. 요건에 재량이 인정되는가?
2. 판단여지와 재량의 차이는 무엇인가?
3. 판단여지에 대한 사법심사의 한계는 무엇인가?

1. 의 의

1) 개 념

전통적 견해에 의하면 불확정개념으로 요건이 규정되어 있는 경우, 즉 '의심할 만한 상당한 이유가 있을 때'라든가, '심히 공익을 해할 것으로 인정될 때' 또는

'환경보전을 위하여 필요한 경우에' 등과 같이 그 내용이 불명확한 개념을 사용하여 법률의 구체적 집행을 행정청의 사안에 적합한 판단에 맡기는 경우에 행정청의 재량이 허용되는 것으로 보았다.

그러나 오늘날에는 요건이 '불확정개념'으로 규정되어 있는 경우에도 이를 법개념으로 보아 객관적인 경험법칙에 의하여 그 내용을 확정할 수 있으므로 행정청은 행위의 요건을 판단함에 있어서 재량이 허용되지 않는다고 본다. 즉, 법률상으로 여러 행위 중에서 선택의 여지가 허용되는 것이 아니라 하나의 결정만이 적법한 것으로 인정되는 기속행위가 된다고 본다.

다만, 그 해석이나 판단에 대한 객관적인 기준이 없이 행정청에게 정책적인 판단의 여지가 주어지는 경우에는 사법심사가 제한된다는 이론을 '판단여지'라고 한다. 바호프(Bachof)의 '판단여지설', 울레(Ule)의 '대체가능성설'이 이에 해당한다.

2) 종 류

불확정개념은 경험적 개념과 규범적 개념으로 구분된다.

① 경험적 개념이란 '야간에' 또는 '건전한 성도덕' 등과 같이 경험할 수 있는 사항과 관련된 개념이며, ② 규범적 개념이란 '적성' 또는 '자연경관의 보호' 등과 같이 주관적·가치적 평가와 관련된 개념이다. 규범적 개념을 가치 개념이라고도 한다.

양자의 구별이 명확하지 않은 점은 있지만, 판단여지는 주로 규범적 개념에서 문제된다.

2. 재량과 판단여지의 차이

1) 학 설

(1) 긍정설

판단여지는 법개념의 인식문제이며 행위의 요건을 판단하는 문제이나, 재량은 법효과의 선택의 문제라는 점에서 판단여지와 재량을 구별한다.

(2) 부정설

판단여지와 재량은 일정한 범위(한계) 안에서 사법심사가 제한된다는 점, 그 범위(한계)를 벗어나면 위법하다는 점 등을 이유로 판단여지와 재량행위를 구별할 실익이 없다고 하여 판단여지와 재량행위를 구별하지 않는다.

2) 판 례

판례는 판단여지를 재량과 구별하지 아니하고 이를 자유재량이라는 용어를 사용하여 사법심사가 극히 제한된다는 취지로 판시하고 있다.

대법원은 2종교사용지도서 1차심사결과 부적판정처분 취소사건(大判 1988.11.8, 86누618)에서 "법원이 위 검정에 관한 처분의 위법여부를 심사함에 있어서는 문교부장관과 동일한 입장에 서서 어떠한 처분을 하여야 할 것인가를 판단하고 그것과 동 처분과를 비교하여 당부를 논하는 것은 불가하고, 문교부장관이 관계법령과 심사기준에 따라서 처분을 한 것이라면 그 처분은 유효한 것이고 그 처분이 현저히 부당하다거나 또는 재량권의 남용에 해당된다고 볼 수 밖에 없는 특별한 사정이 있는 때가 아니면 동 처분을 취소할 수 없다."(밑줄 저자)고 판시함으로써 실질적으로 판단여지를 인정하였다. 이와 같이 판단여지를 인정한 경우로 볼 수 있는 것으로는 ① 교과서 검정 이외에 ② 시험에서의 채점기준·정답결정, 합격기준(大判 1996.9.20, 96누6822) 및 ③ 면접전형에서의 면접위원의 판단(大判 1976.6.8, 76누63) 등이 있다.

헌법재판소도 같은 견해를 취하고 있는 것으로 보인다(憲裁決 2004.8.6, 2002헌마107).

3) 결 론

판단여지는 하나의 결정에만 적법성이 인정되는 법개념임에 반하여, 재량행위는 다수의 결정에 적법성이 인정되는 개념이므로 양자는 이론상 구별하는 것이 타당하다. 이를 구별하는 경우에 판단여지는 요건규정과 관련되는 행정의 자유영역이며, 재량행위는 효과규정과 관련되는 행정의 자유영역이라 할 수 있다.

다만, 행정청에게 판단여지가 인정되는 경우에 그 범위(한계) 안에서는 판단여지에 대한 사법심사가 제한된다는 점에서 재량행위가 재량의 범위(한계) 안에서 이루어진 경우에는 사법심사가 제한되는 점과 유사하다.

3. 적용영역

판단여지는 불확정개념의 해석·적용에 있어서 객관적 기준을 적용하기 어려운 고도의 전문적·정책적 판단에 속하는 개념의 해석·적용에 한하여 인정된다. 일반적으로 비대체적 결정이 필요한 시험평가 등의 결정, 구속적 가치평가가 요구되는 전문위원회 등의 전문적 결정·정책적 결정이 이에 해당한다.

4. 판단여지의 한계

판단여지가 인정되는 경우에 그 범위 안에서 사법심사는 제한된다. 그러나 판단여지가 인정되는 경우에도 사실관계의 오인, 객관적 기준 위반, 절차 위반 등 사회통념상 인정될 수 없는 경우에는 위법성이 인정된다.

참고판례

▸ 판단여지를 인정한 판례 : 大判 2008.12.24. 2008두8970
공무원 임용을 위한 면접전형에서 임용신청자의 능력이나 적격성 등에 관한 판단은 면접위원의 고도의 교양과 학식, 경험에 기초한 자율적 판단에 의존하는 것으로서 오로지 면접위원의 자유재량에 속하고, 그와 같은 판단이 현저하게 재량권을 일탈·남용하지 않은 한 이를 위법하다고 할 수 없다.

5. 여 론

판단여지설은 불확정개념의 적용에 있어서 전문적·정책적 고려가 큰 비중을 차지하는 분야에서는 매우 중요한 의미를 가지지만, 사실상 재판을 거절할 수 있는 분야를 넓힘으로써 결과적으로는 사법의 자제로 인한 국민의 권익보장이 위축될 수 있다. 따라서 이러한 판단여지는 될 수 있는 한 예외적으로 인정되어야 할 것이다.

Ⅲ. 命令的 行爲와 形成的 行爲 - 行政行爲의 內容上 分類 -

주요쟁점

1. 명령적 행위인 허가와 형성적 행위인 특허의 차이는 무엇이며, 그러한 차이가 발생하는 이유는 무엇인가?
2. 버스요금의 인가는 어떠한 의미인가?
3. 인가의 대상이 법률행위인 이유는 무엇이며, 쟁송의 대상은 무엇이며 그 이유는 무엇인가?

1. 개 설

1) 의 의

(1) 개 념

① '명령적 행위'는 국민이 본래부터 지니고 있는 자연적 자유에 제한을 과하여 일정한 행위를 할 의무를 명하거나 그 의무를 해제함을 내용으로 하는 행정행위를 말한다. 따라서 명령적 행위는 규제와 해제의 의미를 지닌다.

② '형성적 행위'는 국민에 대하여 본래부터 가지고 있지 않은 특수한 권리, 능력 기타 법적 지위를 부여하거나 박탈함을 내용으로 하는 행정행위를 말한다. 따라서 형성적 행위는 설권과 해제의 의미를 지닌다.

(2) 차 이

명령적 행위가 개인의 자연적 자유에 관한 사항을 규율의 대상으로 하는데 대하여, 형성적 행위는 개인의 권리·능력에 관한 사항을 규율대상으로 하고 있다.

이와 같은 내용상의 차이로 인하여 행정행위의 기속성 여부, 경업자의 법률상 이익의 인정 여부, 위반에 대한 법적 효력 및 제재수단 등에서 차이가 발생한다.

2) 내 용

① 명령적 행위는 상대방에게 의무를 과하는 '하명(下命)'과 이를 해제하는 '허가' 및 '면제'로 구분된다.

② 이에 대하여 형성적 행위는 직접 상대방에 대하여 권리나 포괄적인 법률관계를 설정하거나 박탈하는 '특허'(공유수면매립면허나 공무원 임면 등)와 제3자의 법률적 효력을 완성시켜 주는 '인가'(공공요금의 인가나 사립학교의 정관변경 인가 등)와 제3자의 법률적 행위를 대리하는 '대리'로 구분된다.

이를 도식하면 다음과 같다.

* 행정행위의 분류

- 행정행위
  - 명령적 행위
    - 하명 –작위, 부작위(금지), 급부, 수인,
    - 허가
    - 면제
  - 형성적 행위
    - 특허(변경 · 탈권행위)
    - 인가
    - 대리

2. 명령적 행위

1) 하 명

(1) 의의 · 종류

하명이란 국민으로 하여금 작위 · 부작위 · 급부 · 수인의 의무를 과하는 행정행위를 말한다. 특히 부작위의무를 과하는 행위를 '금지'라고 한다.

위법한 건축물의 철거명령, 조세의 부과처분, 도로의 통행금지 등은 하명의 예이다.

하명은 법령에 근거한 행정행위에 의해 이루어지는 것이므로, 처분법규처럼 법령 자체에 의하여 이와 같은 효과가 발생하는 경우는 여기에서의 하명이 아니다.

(2) 하명의 대상과 상대방

① 하명의 대상인 행위는 사실행위인 경우도 있고 법률행위인 경우도 있다.

② 하명의 상대방은 특정인인 경우가 일반적이나 불특정다수인일 수도 있다. 불특정다수인에 대한 하명은 일반처분에 해당한다.

(3) 하명의 효과

① 하명의 효과는 그 내용에 따라 작위, 부작위, 급부, 수인의무가 발생하며, 원칙적으로 하명의 상대방에 대한 관계에서만 발생하지만 대물적 하명인 경우에는 그 대상인 물건을 승계한 자에게도 그 효과가 승계된다.

② 하명을 위반한 자에게는 행정상 강제집행에 의하여 그 의무내용이 강제되거나 행정벌 등의 제재가 주어진다.

③ 하명에 위반한 법률행위는 위법하지만 원칙적으로 효력은 인정된다(大判 1983.3.22, 83다51). 물론 법률이 이를 무효로 하는 경우에는 그러하지 아니하다.

(4) 위법한 하명과 권리구제

위법한 하명으로 권리가 침해된 자는 취소쟁송 등을 제기하거나 손해배상을 청구할 수 있다.

2) 허 가

(1) 개 념

(가) 의 의

'허가'란 법령에 의한 일반적 · 상대적 금지를 특정한 경우에 해제하여 적법하게 일정한 행위를 할 수 있도록 해주는 행정행위를 말한다.

허가는 허가를 유보한 일반적·상대적 금지의 존재를 전제로 하기 때문에 절대적 금지(미성년자의 음주, 흡연 등)에 대하여는 허가할 수 없다.

한편, 법령상으로는 허가·면허·승인·특허 등의 용어가 사용되고 있지만, 그것이 학문상의 허가에 해당하는지의 여부는 구체적인 관계법령의 취지에 따라 판단되어야 한다.

(나) 예외적 승인

'예외적 승인'이란 개발제한구역 내에서의 토지의 형질변경허가 또는 학교환경위생정화구역에서의 행위 및 시설허가와 같이 절대적 금지가 아닌 억제적 금지를 예외적으로 해제하는 것을 말한다. 따라서 허가가 예방적 금지의 해제라는 점에서 양자는 차이가 있다.

예외적 승인은 특별한 법적 권리 또는 능력을 부여하는 것이 아니므로 그 법적 성질은 허가의 특별한 형태라고 보아야 할 것이다. 다만, 예외적 승인은 공익적 요소로 인하여 일반적으로 재량행위에 속한다.

⑵ 법적 근거

허가 여부는 허가 당시의 법령에 의한다. 따라서 허가 신청 후에 법령의 개정이 있는 경우에는 원칙적으로 개정법령에 따라야 한다(大判 1996.8.20, 95누10877).

⑶ 성 질

(가) 기속행위성

허가는 본래 국민이 가지고 있는 자연적 자유를 회복시켜 주는 행위이기 때문에 신청이 법정의 결격사유나 기타 허가를 거부할 사유에 해당하지 않는 한, 즉 관계법상의 허가요건이 충족되는 경우에는 행정청은 이를 허가하도록 기속되는 것이 원칙이다. 그러나 허가의 여부가 공익을 고려하여야 하는 경우에는 재량행위가 될 수 있다(大判 1997.8.29, 96누15213).

(나) 형성적 행위성 여부

허가는 원칙적으로 개인의 자연적 자유를 회복하는데 그치고 특별한 권리를 설정하는 것이 아니므로 명령적 행위에 속한다.

이에 대하여 최근 허가는 법령에 의하여 일정한 행위를 할 수 있는 권리(헌법상의 자유권적 권리)가 제한되고 있을 때, 그 제한을 해제하여 적법한 권리행사가 가능하게 하는 행위이기 때문에 특허와 같은 형성적 행위라고 보아야 한다는 견해가 있다. 그러나 허가는 특허처럼 새로이 권리·능력을 부여하는 것이 아니라, 본래 개인이 가지고 있는 권리에 대한 제한을 해제하는 것으로 특허와는 차이가 있다.

이와 같은 차이점은 특히 경업자관계에 있는 기존업자가 신규업자에 대한 허가를 다툴 수 있는가 하는 점에서 차이가 나타난다. 따라서 허가의 형성적 행위성은 인정되지 않는다. 다만, 허가의 경우에도 관계법령에 개소제한 또는 거리제한 등의 규정을 두어 허가영업을 보호하는 경우에는 '허가의 권리성', 즉 형성적 행위성이 인정될 수 있다.

(4) 신 청

허가는 수익적 행위이므로 원칙적으로 상대방의 신청이 있어야 한다. 그러나 허가는 자연적 자유를 회복하여 주는 행위이므로 신청 없이도 가능한 경우가 있다. 따라서 신청요건을 결한 경우의 허가는 하자는 있어도 무효로 볼 것은 아니다.

(5) 종 류

허가는 허가의 대상에 따라 ① 사람의 능력·지식 등 주관적 요소를 대상으로 하는 대인적 허가(의사면허, 운전면허 등), ② 물건의 내용·상태 등 객관적 요소를 대상으로 하는 대물적 허가(자동차정기검사 등) 그리고 ③ 일정한 물적 요소와 인적 요소의 결합된 상태를 대상으로 하는 혼합적 허가(총포, 화약류제조허가 등)로 분류된다.

(6) 효 과

① 허가의 법률적 효과는 일반적으로 금지된 자연적 자유의 회복이므로 새로운 권리의 설정이 아니라 제한된 자유의 회복에 불과하다. 따라서 허가로 인한 경영상의 이익은 일반적으로 반사적 이익에 불과하므로 이에 대한 침해는 행정쟁송의 대상이 되지 아니한다. 다만 관계법령에 개소제한 또는 거리제한 규정을 두는 경우와 같이 허가요건규정이 공익 뿐만 아니라 개인의 이익도 보호하고 있다고 해석되는 경우에는 법률상 이익으로 인정될 수 있다.

② 허가의 효과는 원칙적으로 그 허가를 받은 사람에 대한 관계에서만 발생된다. 그러나 대물적 허가의 경우에는 허가의 대상인 물건이나 시설 등의 이전에 따라 원칙적으로 그 물건이나 시설을 이전받은 자에게 허가의 효과도 이전된다(大判 1979.10.30, 79누190). 그러므로 행정청으로부터 허가된 지위를 양도 내지 상속할 수 있는가 하는 문제는 당해 허가의 성질에 따라 판단하되 그 허가가 허가를 받는 자의 경력·능력·성격 등 인적 요소에 착안하여 부여된 것이라면 그 지위는 양도나 상속을 할 수 없다. 그렇지만 그 허가가 오로지 물적 요소에 착안하여 부여된 것이라면 그 지위는 원칙적으로 양도나 상속의 대상이 될 수 있다. 다만 혼합적 허가는 일률적으로 판단할 수는 없으나, 원칙적으로 이전되지 않는다고 보아야 할 것이다. 판

례는 영업허가에 대하여 양도성을 인정한 경우도 있고(大判 1992.4.14, 91다39986), 부인한 경우도 있다(大判 1981.1.13, 80다1126).

생각건대, 영업허가의 양도·양수는 양도인에 대한 영업허가의 철회와 양수인에 대한 영업허가의 성질을 가진다고 볼 때(대판 1993.6.8, 91누11544 참조), 영업허가의 양도성을 부인한 판결은 허가의 법리상 수긍하기 어렵다. 나아가 영업허가의 양도·양수와 관련하여 양도인에 대한 제재처분의 효과 내지 제재사유는 원칙적으로 양수인에게 이전된다고 보아야 할 것이다.

③ 허가는 허가의 근거법상의 금지를 해제하는 효과만 있을 뿐 타법상의 금지까지 해제하는 효과는 없다. 예를 들면, 공무원에 대한 영업허가가 있다 하더라도 「국가공무원법」에서의 공무원의 영리업무금지의무까지 해제하여 주는 효과가 발생하지는 않는다.

(7) 요허가행위를 허가받지 않고 한 행위

허가를 받아야 할 수 있는 행위를 허가받지 않고 한 행위에 대하여는 행정상 강제집행에 의하여 그 의무내용이 강제되거나 행정벌 등의 제재가 주어진다. 왜냐하면 허가는 행위의 적법요건이지 유효요건이 아니기 때문이다. 그러나 법령에 특별한 규정이 있는 경우에는 무효가 되는 경우도 있다.

참고판례

▸ 예외적 승인은 재량행위라는 판례 : 大判 2001.2.9, 98두17593.

"개발제한구역 내에서의 건축물 용도변경에 대한 허가가 가지는 예외적인 허가로서의 성격과 그 재량행위로서의 성격에 비추어 보면, 그 용도변경의 허가는 개발제한구역에 속한다는 것 이외에 다른 공익상의 사유가 있어야만 거부할 수가 있고 그렇지 아니하면 반드시 허가를 하여야만 하는 것이 아니라 그 용도변경이 개발제한구역의 지정 목적과 그 관리에 위배되지 아니한다는 등의 사정이 특별히 인정될 경우에 한하여 그 허가가 가능한 것이고, 또 그에 관한 행정청의 판단이 사실오인, 비례·평등의 원칙 위배, 목적위반 등에 해당하지 아니하면 이를 재량권의 일탈·남용이라고 하여 위법하다고 할 수가 없다."

▸ 법령의 개정과 허가의 근거법령 : 大判 1996.8.20, 95누10877.

"허가 등의 행정처분은 원칙적으로 처분시의 법령과 허가기준에 의하여 처리되어야 하고 허가신청 당시의 기준에 따라야 하는 것은 아니며, 비록 허가신청 후 허가기준이 변경되었다 하더라도 그 허가관청이 허가신청을 수리하고도 정당한 이유 없이 그 처리를 늦추어 그 사이에 허가기준이 변경된 것이 아닌 이상 변경된 허가기준에 따라서 처분을 하여야 한다."

▸ 허가의 기속행위성

① 大判 1992.12.11, 92누3038.

"건축허가신청이 법정요건에 합치하는 경우에는 특별한 사정이 없는 한 이를 허가하여야 하며, 공익상 필요가 없음에도 불구하고 요건을 갖춘 자에 대한 허가를 건축법·도시계획법 등 관계법규에서 정한 제한사유 이외의 사유를 들어 거부할 수는 없다."

② 大判 1993.5.27, 93누2216.

"식품위생법에 근거한 대중음식점영업허가는 법이 정한 요건을 구비한 때에 반드시 이를 허가하여야 할 것이고, 관계법규에서 정하는 사유 이외의 사유를 들어(즉, 개발제한구역의 지정목적에 반한다는 이유로) 그 허가신청을 거부할 수 없다."

▸ 허가에 재량이 인정되는 경우 : 大判 1997.8.29, 96누15213.

"산림훼손은 국토 및 자연의 유지와 수질 등 환경의 보전에 직접적으로 영향을 미치는 행위이므로 법령이 규정하는 산림훼손 금지 또는 제한 지역에 해당하는 경우는 물론 금지 또는 제한 지역에 해당하지 않더라도 허가관청은 산림훼손허가신청 대상 토지의 현상과 위치 및 주위의 상황 등을 고려하여 국토 및 자연의 유지와 환경의 보전 등 중대한 공익상 필요가 있다고 인정될 때에는 허가를 거부할 수 있고, 그 경우 법규에 명문의 근거가 없더라도 거부처분을 할 수 있는 것이며, 이는 산림훼손기간을 연장하는 경우에도 마찬가지이다."

▸ 허가의 양도성이 인정된 판례 : 大判 1992.4.14, 91다39986.

"학원의설립·운영에관한법률 제5조 제2항에 의한 학원의 설립인가는 강학상의 이른바 허가에 해당하는 것으로서 그 인가를 받은 자에게 특별한 권리를 부여하는 것은 아니고 일반적인 금지를 특정한 경우에 해제하여 학원을 설립할 수 있는 자유를 회복시켜 주는 것에 불과한 것이기는 하지만 위 법률 제5조 제2항 후단의 규정에 근거한 같은법시행령 제10조 제1항은 설립자의 변경을 변경인가사항으로 규정하고 있어 학원의 수인가자의 지위 (이른바 인가권)의 양도는 허용된다."

▸ 양도성이 부인된 판례 : 大判 1981.1.13, 80다1126.

"공중목욕장의 영업허가를 받은 자가 그 허가를 타인에게 양도하는 경우에는 영업의 시설이나 영업상의 이익 등만이 이전될 뿐 허가권 자체가 이전되는 것은 아니므로 양수인은 본법(구공중목욕장업법 제4조)에 의한 영업허가를 새로이 받아야 하는 것이고, 그 절차에는 양도인의 동의를 필요로 하는 것이 아님에도 불구하고 원심이 양도인에게 공중목욕장 영업허가권에 관하여 양수인 명의로 명의변경등록절차의 이행을 명하였음은 위법이다."

▸ 영업의 양도·양수의 법적 성질에 관한 판례 : 大判 1993.6.8, 91누11544.

"사업양수에 의한 지위승계신고를 수리하는 허가관청의 행위는 단순히 양도, 양수자 사이에 발생한 사법상의 사업양도의 법률효과에 의하여 양수자가 사업을 승계하였다는 사실의 신고를 접수하는 행위에 그치는 것이 아니라 실질에 있어서 양도자의 사업허가를 취소함과 아울러 양수자에게 적법히 사업을 할 수 있는 법규상 권리를 설정하여 주는 행위로서 사업허가자의 변경이라는 법률효과를 발생시키는 행위이므로…”

3) 면 제

면제란 이미 법령 또는 행정행위에 의하여 과하여진 작위・급부・수인의무를 특정한 경우에 해제하는 행정행위를 말한다. 이는 허가가 부작위의무의 해제라는 점과 다르다. 병역면제가 그것이다.

3. 형성적 행위

1) 특허 및 변경・탈권행위

(1) 개 념

‘특허’란 특정인을 위하여 새로운 권리를 설정하고 기타 법률상의 힘 내지 법률상의 지위를 부여하는 행정행위를 말한다. 예를 들면 광업권설정의 허가, 하천의 점용허가, 공유수면매립면허, 토지수용에 있어서의 사업인정(公土法 §20), 공무원의 임명이 이에 해당한다.

변경행위나 탈권행위는 이 특허에 의하여 부여된 권리 내지 법률상의 지위를 변경하거나 박탈하는 행위를 가리킨다. 광구의 변경이나 광업허가의 취소가 그 예이다.

실정법에서는 허가・인가・면허 등의 용어를 쓰기도 한다. 강학상의 특허개념에 해당하지 않지만 특허라고 규정한 예(特許法 §2-§4)도 있다.

(2) 성 질

(가) 형성적 행위

특허는 공익상의 필요 때문에 특정인에게 권리・능력의 부여나 포괄적 법률관계를 형성하는 형성적 행정행위이다.

(나) 재량행위

특허를 할 것인지의 여부는 행정청의 재량행위임이 일반적이다. 다만, 법령이 일정한 사유가 있는 경우에 특허를 하도록 규정하고 있는 경우에는 기속행위라고 보아야 할 것이다.

(3) 출 원

형성적 행위인 특허는 상대방의 출원(신청)을 필요요건으로 한다. 따라서 출원이 없거나 그 출원의 내용에 부합되지 않는 특허는 효력을 발생할 수 없다.

(4) 효 과

① 특허의 효과는 상대방에게 권리·능력 등 법률상의 힘을 부여하는 데 있다. 따라서 특허를 받은 자가 누리는 이익은 제3자에 대하여 주장할 수 있는 권리이다.

② 특허의 효과는 당해 특허가 일신전속적인 것(귀화의 허가 등)인 때에는 이전성이 없지만, 대물적인 것일 때에는 당국에의 신고 또는 그 승인과 같은 일정한 제한 아래 이전될 수 있다. 판례는 이와 같은 취지에서 여객자동차운송사업의 양도·양수의 신고를 수리하는 행위는 양수인에 대해 양도인이 가지고 있던 면허와 동일한 내용의 면허를 부여하는 처분을 포함하고 있다고 보고 있다(대판 2010.11.11, 2009두14934).

(5) 영업허가와 공익기업의 특허 – 특허와 허가의 차이–

특허와 허가는 양자 모두 사업활동에 대한 규제수단이라는 점에서 유사한 면이 많지만(법령상 용어의 혼용 – 부관, 출원, 행정청의 감독 등) 전통적 행정법의 이론에서는 양자 간의 차이를 인정한다.

① 허가는 자연적 자유를 회복시켜 주는 명령적 행위이며, 특허는 권리·능력을 부여하는 형성적 행위이다.

② 허가는 개인이 본래부터 자유로이 할 수 있는 행위이지만, 사회공공의 질서에 미치는 악영향을 방지하기 위하여 법률로써 일단 일반적으로 금지하여 두고 구체적 신청이 있을 경우에 그 금지를 해제하는 의미에서 행하는 것이다. 그 전형적인 예가 영업허가제이다.

이에 반하여 전기, 가스 등 공공사업이나 철도 등 운송사업은 국민생활에 필요한 역무를 제공하는 공익성이 높은 사업이기 때문에 국가의 승인하에 업무상 감독을 받으면서 해야 한다. 그러므로 공공사업의 허가는 강학상 허가(영업의 허가)가 아니라 국가가 공익사업을 경영할 특권을 부여하는 특허(공익기업의 특허)로 구성된다.

따라서 법해석상으로 영업허가는 기속행위임에 비하여 공기업의 특허는 행정청의 재량행위임이 원칙이다.

③ 특허를 받은 기업은 법제상으로 주무관청의 업무상의 감독(이 관계는 특별행정법관계이다)을 받고, 양호하고도 안정적인 역무를 평등하게 제공할 의무를 지며

주무관청의 승인을 얻어 휴·폐업을 할 수 있는 등 적극적 감독이 이루어진다.

그러나 영업허가를 받은 자에 대한 감독은 사회공공의 안녕과 질서유지를 위한 소극적인 것에 그친다.

④ 물론 공공사업의 허가를 '특허'로 구성할 필요가 있는가에 대하여 의문을 제기하고 '공익사업의 허가'로서 유형화해 두면 될 것이라는 견해도 있다.

그러나 여하튼 공익사업에 대해서는 법률제도상 공공의 안녕과 질서유지라는 소극적 목적만이 아니라 국민의 생활배려라는 적극적 관점에서 일반적인 자유영업과는 다른 엄격한 규제가 과하여지고 있음은 사실이다.

특허설을 취하든 허가설을 취하든 간에 경찰규제와 공익사업에 대한 규제는 법제상 여러 가지 점에서 차이가 있음은 유의할 필요가 있다.

2) 인 가

(1) 개 념

'인가'란 제3자의 계약, 합동행위 등과 같은 법률행위를 보충하여 그 법률적 효력을 완성시켜주는 행정행위를 말한다. 비영리법인 설립인가, 특허기업의 운임·요금인가, 사업양도인가, 하천점용권 양도의 승인, 토지개량조합 설립인가 등이 그것이다.

이는 공익적 관점에서 법령상 효력발생에 행정청의 동의를 필요로 하도록 되어 있는 법률행위이며(埋立法 §17 등), 이 경우 행정청은 제3자 사이의 법률행위에 동의함으로써 그 법률상 효과가 완성된다.

(2) 성 질

인가를 받지 않는 계약 등은 효력을 발생하지 않는다. 즉, 무인가행위는 원칙적으로 무효이며, 무허가행위가 처벌의 대상은 되지만 원칙적으로 무효가 되지 않는 것과 다르다.

그렇지만 인가는 어디까지나 개인의 기본적 법률행위를 보충하는 행위에 불과하기 때문에 개인의 기본적 법률행위에 하자가 있을 때에는 인가가 있더라도 그것이 사법상 유효한 것으로 되지는 않는다.

(3) 인가의 대상

인가는 법률행위를 대상으로 하여 이루어지며 공법적 행위(공공조합의 정관변경의 인가 등)와 사법적 행위(수도공급규정의 인가—水道法 §17 등)를 가리지 아니하나, 반드시 구체적 처분의 형식으로 이루어진다.

(4) 신청·수정인가

인가는 행정객체의 법률적 행위의 효력을 보충하는 것이기 때문에 본체인 법률행위를 하려는 행정객체의 신청이 있어야만 한다.

신청의 내용과 다른 수정인가는 원칙적으로 허용되지 않지만, 법률의 명시적 근거가 있을 경우에는 수정인가도 가능하다.

(5) 인가와 쟁송방법

기본적 법률행위에 하자가 있을 때에는 사인은 인가 후에도 기본적 법률행위의 무효 내지 취소를 주장할 수 있으므로 그 하자를 이유로 기본적 법률행위를 다투지 아니하고 인가행위의 무효 또는 취소를 구하는 것은 법률상 이익(협의의 소의 이익)이 인정되지 않아 허용되지 않는다. 뿐만 아니라 인가 당시에 유효한 기본적 법률행위를 대상으로 유효하게 성립된 인가라도 그 뒤 기본적 법률행위가 실효되거나 취소되면 인가는 존립의 근거를 잃으므로 실효된다(大判 1979.2.13, 78누428).

참고판례

▸ 인가와 사법상 법률행위의 효력 : 大判 1987.8.18, 86누152.

"사립학교법 제20조 제2항에 의한 학교법인의 임원에 대한 감독청의 취임승인은 학교법인의 임원선임행위를 보충하여 그 법률상의 효력을 완성케 하는 보충적 행정행위로서 성질상 기본행위를 떠나 승인처분 그 자체만으로는 법률상 아무런 효력도 발생할 수 없으므로 기본행위인 학교법인의 임원선임행위가 불성립 또는 무효인 경우에는 비록 그에 대한 감독청의 취임승인이 있었다 하여도 이로써 무효인 그 선임행위가 유효한 것으로 될 수는 없다."

▸ 인가와 쟁송방법 : 大判 2000.9.5, 99두1854.

"주택건설촉진법에서 규정한 바에 따른 관할시장 등의 재건축조합설립인가는 불량·노후한 주택의 소유자들이 재건축을 위하여 한 재건축조합설립행위를 보충하여 그 법률상 효력을 완성시키는 보충행위일 뿐이므로 그 기본되는 조합설립행위에 하자가 있을 때에는 그에 대한 인가가 있다 하더라도 기본행위인 조합설립이 유효한 것으로 될 수 없고, 따라서 그 기본행위는 적법유효하나 보충행위인 인가처분에만 하자가 있는 경우에는 그 인가처분의 취소나 무효확인을 구할 수 있을 것이지만 기본행위인 조합설립에 하자가 있는 경우에는 민사쟁송으로써 따로 그 기본행위의 취소 또는 무효확인 등을 구하는 것은 별론으로 하고 기본행위의 불성립 또는 무효를 내세워 바로 그에 대한 감독청의 인가처분의 취소 또는 무효확인을 소구할 법률상 이익이 있다고 할 수 없다."

3) 공법상 대리

공법상 대리는 행정청이 제3자가 하여야 할 행위를 대신하여 행하고 당해 제3자가 스스로 행한 것과 같은 법적 효과를 발생시키는 행정행위를 말한다. 공법상 대리는 ① 당사자의 협의가 이루어지지 않을 때에 행정청이 대신하여 행하거나(토지수용의 재결 등), ② 감독적 견지에서 행하거나(감독청에 의한 공공조합 등의 정관작성, 임원의 임명 등), ③ 행정행위의 실효성을 도모하기 위하여 하는(국세의 강제징수, 조세체납처분으로서의 공매(公賣)행위) 것으로 본인의 의사에 의한 대리행위가 아니라, 법률의 규정에 의한 법정대리이다.

Ⅳ. 法律行爲的 行政行爲와 準法律行爲的 行政行爲

1. 개 념

1) 구별의 의의

이는 민법상의 법률행위론을 유추하여 나눈 것으로, '법률행위적 행정행위'는 행정청의 의사표시, 즉 행정청이 일정한 법률효과의 발생을 의욕하는 의사(효과의사)를 가지고 이를 외부에 표시하는 행위(표시행위)로 성립하는 행정행위이며, 행정청의 효과의사에 따라 법률효과를 발생시키는 행위이다.

이에 대하여 '준법률행위적 행정행위'는 행정청의 의사표시가 아니고, 의사표시 이외의 판단이나 인식의 표시에 대하여 법률에 의하여 일정한 법적 효과가 결합됨으로써 행정행위가 되는 것이다. 예를 들면, 선거인명부에의 등록은 원래 선거관리위원회가 「공직선거법」 소정의 자격이 있음을 증명하는 사실행위에 불과하지만, 법이 이를 선거권 행사의 요건으로 정하고 있기 때문에 등록이 있으면 선거권의 행사가 가능하다는 법률효과가 발생한다. 그러한 의미에서 등록이 준법률행위적 행정행위가 된다.

2) 구별실익

법률행위적 행정행위는 행정청의 의사표시에 의하여 법률효과가 승인되는 것이기 때문에 법률로써 행정청에 행정재량을 인정할 수 있으며, 이 재량권의 범위 내에서 부관을 붙일 수가 있다.

이에 대하여 준법률행위적 행정행위에 의거한 법률효과는 행정청의 의사에 의하여 발생하는 것이 아니기 때문에 원칙적으로 법률효과의 형성에 대하여 행정청에 재량권이 인정되지 않는 기속행위에 속하므로 부관으로 그 효과를 제한할 수도 없다.

2. 준법률행위적 행정행위

준법률행위적 행정행위에는 확인, 공증, 통지, 수리가 있다.

1) 확 인

확인은 특정한 사실 또는 법률관계의 존재여부를 공적 권위로서 판단하는 행위(당선자 결정, 도로구역 결정, 소득금액 결정, 행정심판 재결, 발명특허 등)로서, 법률상 법률관계를 확정하는 효과가 인정되는 것을 가리킨다.

2) 공 증

공증은 특정사실 또는 법률관계의 존재를 공적으로 증명하는 행위(선거인명부의 등록, 호적의 기재, 변호사·건축사 등의 등록, 당선증서 등 증명서 발급, 영수증 교부 등)로서, 법률에 의하여 법률효과의 발생이 예정되어 있는 것이다.

따라서 각종 공부(公簿)에의 등재행위 중에 실체적 법률관계의 변동에 영향을 미치는 경우에 이에 해당하나, 그렇지 아니한 경우는 단순한 사실행위에 불과하므로 이에 해당하지 아니한다.

참고판례

▸ 공증에 해당하는지의 여부: 大判 1977.5.24, 76누295.

"서울특별시장 또는 도지사의 의료유사업자격증 갱신발급행위는 의료유사업자의 자격을 부여 내지 확인한 것이 아니라, 특정한 사실 또는 법률관계의 존부를 공적으로 증명하는 소위 공증행위에 속하는 행정행위라고 할 것이다."

▸ 등재행위가 사실행위라고 하여 처분성을 부인한 판례: 大判 1989.12.2, 89누5348(同旨 大判1982.10.26, 82누411 〔가옥대장의 등재행위〕).

"건축물대장에 일정한 사항을 등재하거나 등재된 사항을 변경하는 행위는 행정사무집행의 편의와 사실증명의 자료로 삼기 위한 것이고 그 등재나 변경등재 행위로 인하여 당해 건축물에 대한 실체상의 권리관계에 어떤 변동을 가져오는 것은 아니므로 소관청이 그 등재사항에 대한 정정신청을 거부한 것을 가리켜 항고소송의 대상이 되는 행정처분이라고 할 수 없다."

▶ 등재행위의 처분성을 인정한 판례: 大判 2004.4.22, 2003두9015.

"구 지적법(2001.1.26. 법률 제6389호로 전문 개정되기 전의 것) 제20조, 제38조 제2항의 규정은 토지소유자에게 지목변경신청권과 지목정정신청권을 부여한 것이고, 한편 지목은 토지에 대한 공법상의 규제, 개발부담금의 부과대상, 지방세의 과세대상, 공시지가의 산정, 손실보상가액의 산정 등 토지행정의 기초로서 공법상의 법률관계에 영향을 미치고, 토지소유자는 지목을 토대로 토지의 사용·수익·처분에 일정한 제한을 받게 되는 점 등을 고려하면, 지목은 토지소유권을 제대로 행사하기 위한 전제요건으로서 토지소유자의 실체적 권리관계에 밀접하게 관련되어 있으므로 지적공부 소관청의 지목변경신청 반려행위는 국민의 권리관계에 영향을 미치는 것으로서 항고소송의 대상이 되는 행정처분에 해당한다."

3) 통 지

통지는 특정인 내지 불특정다수인에 대하여 일정한 사항을 알리는 행위로서 본래 사실행위에 지나지 않지만, 여기서 법률에 의하여 일정한 법률효과가 부여되면 준법률행위적 행정행위의 일종이 된다.

통지는 특정의 사실에 관한 관념의 통지일 경우도 있고(특허출원공고, 귀화고시), 행위자의 의사의 통지일 경우도 있다(대집행의 계고, 납세독촉, 토지세목의 공고).

법률상의 행정청의 통지행위에 아무런 법적 효과도 결부되지 아니한 것은 사실행위에 불과하므로 여기서 말하는 통지는 아니다.

참고판례

▶ 통지행위의 처분성을 인정한 판례: 大判 2004.4.22, 2000두7735.

"기간제로 임용되어 임용기간이 만료된 국·공립대학의 조교수는 교원으로서의 능력과 자질에 관하여 합리적인 기준에 의한 공정한 심사를 받아 위 기준에 부합되면 특별한 사정이 없는 한 재임용되리라는 기대를 가지고 재임용 여부에 관하여 합리적인 기준에 의한 공정한 심사를 요구할 법규상 또는 조리상 신청권을 가진다고 할 것이니, 임용권자가 임용기간이 만료된 조교수에 대하여 재임용을 거부하는 취지로 한 임용기간만료의 통지는 위와 같은 대학교원의 법률관계에 영향을 주는 것으로서 행정소송의 대상이 되는 처분에 해당한다."

4) 수 리

수리는 타인의 행위를 유효한 것으로서 수령하는 행위를 말한다.

수리는 타인의 행위(신고, 신청 등)가 유효하다는 판단에서 수령하는 인지표시행위이므로 단순한 접수와는 다르다. 신청서 등이 형식적 요건을 결한 경우에 행정청은 보정명령을 내리며, 소정의 기한까지 보정되지 아니하면 수리를 거부한다. 수리거부행위, 즉 각하는 행정쟁송에 의하여 다투어질 수 있다.

수리의 법률효과는 법령이 정하는 바에 의하여 일반적으로 수리의 전제가 된 행위를 한 자에게 생기지만, 제3자에게 법적 효과(혼인신고의 수리 등)를 발생시킬 때도 있고, 수리한 행정청에게 법적 효과(행정심판청구서의 수리 등)를 발생시킬 때도 있다.

V. 複效的 行政行爲

주요쟁점

1. 복효적 행정행위에서의 제3자는 어떠한 요건이 있어야 하는가?
2. 경업자와 경원자의 원고적격은 어떤 차이가 있는가?
3. 제3자 보호를 위한 수단제도로는 어떠한 것이 있는가?

1. 의 의

복효적 행정행위란 하나의 행정행위가 수익과 침익이라는 복수적인 효과를 발생시키고 복수의 상대방 가운데 어느 한 사람에게 이익을 부여하고, 동시에 다른 한 사람에게 불이익을 과하는 행정행위를 말한다. 이러한 의미에서 '제3자효 행정행위'라고도 한다.

2. 복효적 행정행위의 특색

복효적 행정행위의 특색은 이해관계를 달리하는 당사자들의 이익과 불이익간의 상호관련성에 있다. 즉, 당해 행정행위의 성립·존속·소멸에 관하여 한 당사자에게는 수익적 효과를, 다른 당사자에게는 침익적 효과를 부여하게 된다는 데 있다. 예를 들면, 기존업자의 보호이익을 침해하는 복수의 경원자(競願者) 가운데 한 사람에게만 주어진 영업허가, 건축법상의 인인(隣人)보호규정에 위반하여 주어진 건축허가 또는 지역주민에게 피해를 입힐 위험이 있는 원자력발전소의 원자로설치 허가 등이 그 전형적인 예라 하겠다.

따라서 복효적 행정행위는 이중적 법효과를 수반한다는 특색 때문에 서로 이해가 대립되는 당사자 사이의 이익교량을 필요로 한다. 이에 따라 복효적 행정행위에는 제3자의 권리구제와 관련하여 여러 가지 제도를 두고 있다.

3. 제3자의 원고적격

1) 의 의

복효적 행정행위와 관련된 이상의 여러 가지 문제 가운데 가장 기본적인 문제는 제3자의 원고적격 문제이다.

제3자의 원고적격이 문제되는 경우로 경업자관계에 있는 기존업자의 원고적격 여부와 건축허가나 대규모개발사업허가시 인근주민의 원고적격 여부가 대표적이다.

(1) 경업자의 원고적격

① 허가영업의 경우에 일반적으로 허가영업을 영위하는 기존업자의 영업상 이익은 단순한 사실상의 반사적 이익에 불과하고 법률에 의하여 보호되는 이익이 아니라고 하여 제3자인 기존업자의 원고적격을 부인하고 있다(大判 1963.8.31, 63누101).

그러나 허가 등의 수익적 행정처분을 신청한 다수의 사람이 서로 경쟁관계에 있어서 한 사람에 대한 허가 등의 처분이 다른 사람에 대한 불허가 등이 되는 경우 또는 일정지역에 있어서의 영업허가 등에 관하여 거리제한규정이나 업소개수제한규정 등이 있는 경우와 같이 이른바 경원관계(競願關係)에 있는 경우에는 허가 등의 처분을 받지 못한 자는 비록 경원자에 대하여 이루어진 허가 등 처분의 상대방이 아니라 하더라도 당해 처분의 취소를 구할 원고적격이 인정된다(大判 1999.10.12, 99두6026). 물론 구체적인 경우에 있어서 그 처분이 취소된다 하더라도 허가 등의 처분을 받지 못한 불이익이 회복된다고 할 수 없을 때에는 당해 처분의 취소를 구할 정당한 이익이 없다고 할 것이다.

② 이에 반하여 특허영업의 경우에 기존업자의 이익은 단순한 사실상의 이익이 아니고 법에 의하여 보호되는 이익이라 하여 제3자인 기존업자의 원고적격을 인

정하고 있다(大判 1974.4.9, 73누173; 大判 1992.7.10, 91누9107).

주의할 점은 「자동차운수사업법」에서 경업관계에 있는 허가처분이 "허가행정청·상대방·기존업자"라는 삼면관계에서는 제3자인 기존업자의 이익은 법률상 이익이므로 원고적격이 인정되지만, 사업구역을 달리하는 경우의 사업자의 이익은 법률상 이익이 아니므로 원고적격이 인정되지 않는다(大判 1992.12.8, 91누13700)는 점에 주목할 필요가 있다. 이와 같은 판결의 취지는 원고적격의 여부를 관련 법규의 목적·취지에 따라 법률상 이익의 유무를 판단하기 때문이다.

(2) 인근주민의 원고적격

건축허가 또는 원자력발전소의 원자로설치허가 등과 같은 경우에 인근주민이 건축허가 또는 원자력발전소의 원자로설치허가 등을 다툴 수 있는 원고적격 여부는 관계법령이 인근주민의 이익을 법률상 보호하고 있는가에 달려 있다.

인근주민의 원고적격을 인정하고 있는 것으로는 주거지역 내의 연탄공장건축허가를 다툰 인근주민(大判 1975.5.13, 73누96,97)과 대규모개발사업을 다툰 환경영향평가대상지역 안의 주민(大判 1998.4.24, 97누3286)들에게 원고적격을 인정하고 있다.

참고판례

▸ 경업자관계에서의 원고적격 여부

① 大判 1999.10.12, 99두6026.

"면허나 인·허가 등의 수익적 행정처분의 근거가 되는 법률이 해당 업자들 사이의 과당경쟁으로 인한 경영의 불합리를 방지하는 것도 그 목적으로 하고 있는 경우 다른 업자에 대한 면허나 인·허가 등의 수익적 행정처분에 대하여 미리 같은 종류의 면허나 인·허가 등의 수익적 행정처분을 받아 영업을 하고 있는 기존의 업자나, 면허나 인·허가 등의 수익적 행정처분을 신청한 수인이 서로 경쟁관계에 있어서 일방에 대한 면허나 인·허가 등의 행정처분이 타방에 대한 불면허·불인가·불허가 등으로 귀결될 수밖에 없는 경우[이른바 경원관계(競願關係)에 있는 경우로서 동일 대상지역에 대한 공유수면매립면허나 도로점용허가 혹은 일정지역에 있어서의 영업허가 등에 관하여 거리제한규정이나 업소개수제한규정 등이 있는 경우를 그 예로 들 수 있다.]에 면허나 인·허가 등의 행정처분을 받지 못한 사람 등은 비록 경업자나 경원자에 대하여 이루어진 면허나 인·허가 등 행정처분의 상대방이 아니라 하더라도 당해 행정처분의 취소를 구할 당사자적격이 있다."

② 大判 1992.12.8, 91누13700.

"자동차운수사업법 제4조 제2항, 같은 법 시행규칙(구법) 제7조 제4항이 자동차운송사업면허를 함에 있어서 사업구역을 정하도록 하고, 그 운송사업자로 하여금 면허받은 사업구역 외에 상주하여 영업할 수 없다고 규정한 것은 각 지역 국민의 편익을 위한 것이고, 사업구역 위반으로 인한 과징금부과처분에 의하여 다른 사업구역의 동종업자의 영업이 보호되는 결과가 되더라도 그것은 면허의 조건으로 부가되는 사업구역제도의 반사적 이익에 불과하다. …이 사건 재결을 취소한다고 하여 원고들에게 직접적으로 어떤 이익이 생기는 것도 아니라는 이유로, 원고들에게 이 사건 재결의 취소를 구할 법률상 이익이 없다고 판단한 것은 정당하다."

▸ 이웃주민의 원고적격 여부 : 大判 1998.4.24, 97누3286.

"환경영향평가에 관한 자연공원법령 및 환경영향평가법령의 규정들의 취지는 집단시설지구개발사업이 환경을 해치지 아니하는 방법으로 시행되도록 함으로써 집단시설지구개발사업과 관련된 환경공익을 보호하려는 데에 그치는 것이 아니라 그 사업으로 인하여 직접적이고 중대한 환경피해를 입으리라고 예상되는 환경영향평가대상지역 안의 주민들이 개발 전과 비교하여 수인한도를 넘는 환경침해를 받지 아니하고 쾌적한 환경에서 생활할 수 있는 개별적 이익까지도 이를 보호하려는 데에 있다 할 것이므로, ……주민 개개인에 대하여 개별적으로 보호되는 직접적·구체적인 이익이라고 보아야 한다.

당해 국립공원 용화집단시설지구개발사업으로 인하여 직접적이고 중대한 환경피해를 입으리라고 예상되는 환경영향평가대상지역 안의 주민에게 환경영향평가대상사업에 관한 변경승인 및 허가처분의 취소를 구할 원고적격이 있다."

4. 관련문제

1) 행정쟁송에서의 특성

(1) 본안쟁송의 형식

(가) 취소쟁송

복효적 행정행위로부터 불이익을 당한 자가 택하게 될 소송형태는 취소소송이 일반적이다. 복효적 행정행위로부터 불이익을 입은 제3자가 그 취소를 구하여 제소한 경우에 수익적 행정행위에서의 직권취소의 제한이론을 곧바로 적용할 수 없고, 오히려 이 경우 행정행위를 취소할 것인가의 여부에 대하여 행정청의 재량이 보다 폭넓게 인정된다고 보아야 할 것이다.

(나) 의무이행심판·부작위위법확인소송

행정청의 처분이 제3자에게 수익적인 경우에는 수익적 행정행위의 발급의 신청에 대한 부작위에 대하여 그 발급을 구하는 의무이행심판, 발급의 신청에 대한 부작위에 대하여 부작위위법확인소송 등을 제기하여 그 권리를 실현할 수도 있다.

(2) 행정쟁송제기기간

행정처분의 직접적 상대방이 아닌 제3자가 행정쟁송을 제기하는 경우에도 행정쟁송법상 제기기간의 적용을 받는다. 그러나 처분의 상대방이 아니므로 제기기간의 산정에 있어서 '정당한 사유'가 인정될 여지가 있다(大判 1991.5.28, 90누1359).

(3) 제3자의 쟁송참가

「행정소송법」 제16조는 "법원은 소송의 결과에 따라 권리 또는 이익의 침해를 받을 제3자가 있는 경우에는 당사자 또는 제3자의 신청 또는 직권에 의하여 결정으로써 그 제3자를 소송에 참가시킬 수 있다."(同條 ①)고 하여 제3자의 소송참가를 규정하고 있는 바, 여기서 말하는 '제3자'는 취소소송이 제기된 경우에 그 취소소송의 결과에 따라 자기의 권리와 이익에 영향이 미칠 우려가 있는 자를 의미하므로 복효적 행정행위의 상대방인 수익자를 말한다.

수익자가 소송에 참가한 경우에는 「민사소송법」 제67조의 규정이 준용되는 만큼(行訴法 §16①), 필요적 공동소송에 해당하는 지위를 가지게 되지만, 그것은 공동소송적 보조참가에 유사한 성격을 가진다고 보아야 할 것이다. 이 경우 참가인은 피참가행정청의 소송행위와 저촉되는 행위도 할 수 있다.

(4) 재심청구

제3자는 자신의 귀책사유가 아닌 사정으로 소송에 참가할 수 없었기 때문에 판결에 영향을 미칠 공격 또는 방어방법을 제출하지 못한 때에는 이를 이유로 확정된 종국판결에 대하여 제3자의 재심청구의 소를 제기할 수 있다(行訴法 §31①). 복효적 행정행위는 법적으로 이해가 상반되는 복수의 상대방이 있으므로, 행정소송의 결과·처분 등을 취소하는 판결로 인하여 권리와 이익을 침해받는 제3자가 있을 수 있기 때문이다.

제3자에 의한 재심청구는 확정판결을 안 날로부터 30일 이내, 판결이 확정된 날로부터 1년 이내에 제기하여야 한다(同法 §31②). 이 기간은 불변기간이다.

(5) 제3자의 가구제-집행정지

① 복효적 행정행위로 불이익을 입을 자, 예를 들면 지역주민이 피해의 위험이 있는 원자력발전소의 원자로설치허가의 취소소송을 제기하고, 그로 인하여 회복하기 어려운 손해를 예방하기 위하여 긴급한 필요가 있다고 인정할 때에는 법원에 이유를 소명하여 그 행위의 집행정지를 신청할 수 있다(行訴法 §23). 「행정소송법」은 집행정지결정의 효력이 제3자에게도 적용된다고 규정하고 있다(同法 §29②).

② 문제는 집행정지결정의 효력이 제3자에게도 적용되므로 집행정지결정에 대

한 수익자의 대항수단이 필요하게 된다. 위에서 본 바와 같이 수익자의 소송참가(行訴法 §16-第3者의 소송참가)도 그 한 수단이며, 이 경우 집행정지결정의 취소를 청구할 수 있는지가 문제가 된다. 명문의 규정은 없지만 수익자가 소송참가를 한 경우, 공동소송에 있어서의 공동소송인에 준하는 지위를 가지므로 긍정적으로 해석하여야 할 것이다. 이 경우 복효적 행정행위의 상대방인 수익자는 자신의 이익침해를 주장하거나 공공복리에 중대한 영향을 미칠 우려가 있음을 주장하여 집행정지결정취소를 구할 수 있을 것이다.

(6) 복효적 행정행위의 강제력

원래 부담적 행정행위에 있어서는 수익적 행정행위의 경우와는 달리 상대방의 의무불이행에 대하여는 자력집행력이 수반된다.

복효적 행정행위의 경우, 이해가 상반되는 복수의 당사자가 있으므로 부담적 효과를 받는 자의 의무불이행은 수익적 효과가 귀속되는 자의 불이익이 되는 만큼, 당해 행정청은 복효적 행정행위에 의한 의무를 강제적으로 실현시킬 의무를 진다고 보아야 할 것이다.

참고판례

▸ 제3자와 행정심판제기기간의 적용여부에 관한 판례 : 大判 1991.5.28, 90누1359.

"행정처분의 상대방이 아닌 제3자가 이해관계인으로서 행정심판을 청구하는 경우에 그가 행정심판법 제18조 제3항 본문의 청구기간 내에 심판청구를 제기하지 아니하였다 하더라도 그 심판청구기간 내에 심판청구가 가능하였다는 특별한 사정이 없는 한 동조항 단서에서 규정하고 있는 기간을 지키지 못한 '정당한 사유'가 있는 때에 해당한다고 보아 심판청구기간의 제한을 받지 아니한다고 할 것이다.…… 갑 운수회사에 대한 노선여객자동차운송사업의 사업계획변경인가처분의 이해관계있는 제3자인 을 운수회사가 처분일부터 행정심판법 제18조 제3항 본문 소정의 180일을 경과하여 행정심판을 제기하였지만, 을 운수회사는 갑 운수회사의 대외홍보로 비로소 처분사실을 알았다고 하여 위 심판청구기간을 지키지 못한 데에 '정당한 사유'가 있다."

2) 행정절차에서의 특성

(1) 의견제출절차

「행정절차법」상의 처분의 사전통지 및 의견청취절차는 침익적 처분의 상대방에 대하여 적용된다. 따라서 복효적 행정행위로 인하여 권익을 침해받는 제3자에게는 이와 같은 행정절차가 적용되지 아니하나, 행정청이 직권 또는 신청에 의하여 행정절차에 참여하게 한 이해관계인에게는 행정절차가 적용된다.

(2) 고 지

행정절차에 참여하게 한 복효적 행정행위의 제3자도 행정심판의 제기 여부, 불복청구절차·방법 등에 대한 고지제도가 적용된다.

3) 복효적 행정행위의 취소·철회

복효적 행정행위의 취소·철회의 경우 행정쟁송에 의한 취소에서는 부담적 행정행위, 행정청의 직권에 의한 취소·철회에서는 수익적 행정행위가 문제가 되는 등 (전자에서는 사정판결의 경우를, 그리고 후자에서는 신뢰보호라는 차원을 생각할 수 있다) 행정행위의 취소를 둘러싼 이익상황이 양자의 경우 전혀 다르기 때문에 위의 두 경우에 취소원인을 동일하게 보기는 매우 어려울 것이다. 이러한 점에 착안한다면 취소할 수 있는 행정행위와 무효인 행정행위의 판별기준으로 중대·명백설이 아닌 구체적 가치형량설의 타당성이 인정될 수 있다.

Ⅵ. 事前決定

1. 사전결정의 의의

종국적인 행정행위를 위하여 여러 가지 요소들이 복잡하게 연관되어 있어 일련의 절차 등이 필요하고 부분적 판단 등이 선행되어야 할 경우에, 종국적인 행정행위를 위한 전단계에서 이루어지는 행정결정(부분결정·부분허가 등) 내지 잠정적인 결정(가인가, 가승인 등) 또는 개별적 요건에 대한 행정결정(예비결정 등)이 이루어지는 경우가 적지 아니하다.

이와 같이 종국적인 행정행위에 앞서 행하여지는 행정결정을 사전결정이라고 한다.

사전결정에는 ① 단계화된 행정절차에서 한정된 부분에 대하여만 승인하는 행위인 부분승인(부분허가), ② 종국적인 행정행위에 요구되는 여러 요건 중 일부의 요건에 대하여 사전적으로 인정하는 행위인 예비결정 및 ③ 사실관계와 법률관계가 확정되지 아니한 상태에서 잠정적으로 인정하는 행위인 가행정행위가 있다.

2. 법적 성질

사전결정은 종국적인 행정행위에 앞서 이루어지는 행정결정이므로 종국적인 효력이 발생하는 것은 아니다. 그러나 사전결정은 종국적인 결정에 대한 구속효를 갖거나 정해진 부분에 대한 제한적 효력 내지 잠정적 효력을 가지므로 행정쟁송법상의 처분에 해당한다.

판례도 구 「원자력법」의 부지사전승인처분(大判 1998.9.4, 97누19588)이나 「폐기물관리법」의 사업계획서부적정통보(大判 1998.4.28, 97누21086)에 대하여 처분성을 인정하고 있으며, 최근 법학전문대학원예비인가행위(國行審裁決 08-06781, 07666)에 대하여도 처분성을 인정하였다.

3. 법적 근거

사전결정에 대한 법적 근거가 있으면 사전결정이 가능함은 당연하다. 만약 사전결정에 대한 명문의 근거가 없는 경우에도 종국적 행정행위에 관한 근거가 있으면 사전결정은 원칙적으로 허용된다고 할 것이다.

4. 권리구제

사전결정의 처분성이 인정되고 있으므로 일반적인 행정쟁송절차에 따라 권리구제를 도모할 수 있다.

따라서 사전결정의 위법성을 직접 다투거나, 종국적인 결정을 다투면서 사전결정의 위법성을 다툴 수도 있다. 판례는 사전결정을 다투는 과정에서 종국적인 결정이 이루어진 경우에 사전결정을 다툴 소의 이익은 소멸한다고 보고 있다(大判 1998.9.4, 97누19588).

참고판례

▸ 사전결정의 처분성

① 大判 1998.9.4, 97누19588.

"원자력법 제11조 제3항 소정의 부지사전승인제도는 … 건설허가 전에 미리 승인을 받는 제도로서, 원자로 및 관계 시설의 건설에는 장기간의 준비・공사가 필요하기 때문에 필요한 모든 준비를 갖추어 건설허가신청을 하였다가 부지의 부적법성을 이유로 불허가될 경우 그 불이익이 매우 크고 또한 원자로 및 관계 시설 건설의 이와 같은 특성상 미리 사전공사를 할 필요가 있을 수도 있어 건설허가 전에 미리 그 부지의 적법성 및 사전공사의 허용 여부에 대한 승인을 받을 수 있게 함으로써 그의 경제적·시간적 부담을 덜어 주고 유효·적절한 건설공사를 행할 수 있도록 배려하려는 데 그 취지가 있다고 할 것이므로, 원자로 및 관계 시설의 부지사전승인처분은 그 자체로서 건설부지를 확정하고 사전공사를 허용하는 법률효과를 지닌 독립한 행정처분이기는 하지만, 건설허가 전에 신청자의 편의를 위하여 미리 그 건설허가의 일부 요건을 심사하여 행하는 사전적 부분 건설허가처분의 성격을 갖고 있는 것이어서 나중에 건설허가처분이 있게 되면 그 건설허가처분에 흡수되어 독립된 존재가치를 상실함으로써 그 건설허가처분만이 쟁송의 대상이 되는 것이므로, 부지사전승인처분의 취소를 구하는 소는 소의 이익을 잃게 되고, 따라서 부지사전승인처분의 위법성은 나중에 내려진 건설허가처분의 취소를 구하는 소송에서 이를 다투면 된다."

② 大判 1998.4.28, 97누21086.

"폐기물관리법 관계 법령의 규정에 의하면 폐기물처리업의 허가를 받기 위하여는 먼저 사업계획서를 제출하여 허가권자로부터 사업계획에 대한 적정통보를 받아야 하고, 그 적정통보를 받은 자만이 일정기간 내에 시설, 장비, 기술능력, 자본금을 갖추어 허가신청을 할 수 있으므로, 결국 부적정통보는 허가신청 자체를 제한하는 등 개인의 권리 내지 법률상의 이익을 개별적이고 구체적으로 규제하고 있어 행정처분에 해당한다."

Ⅶ. 確 約

1. 확약의 의의

행정법상 '확약'이란 일정한 행정작용을 하거나 하지 아니할 것을 내용으로 하는 행정청의 구속력있는 약속을 말한다. 확언(確言)이라고도 한다. 즉, 확약은 행정행위의 발급 또는 불발급을 약속하는 책임있는 자의 정식의 의사표시를 가리킨다(大判 1984.12.26, 82누266). 각종 인·허가의 발급약속(內許可·內認可)이나 주민에 대한 개발사업의 약속 등은 그 예가 될 수 있다.

2. 확약의 법적 성격과 근거

1) 법적 성격

(1) 행정행위성

확약이 행정행위인가에 대하여는 견해의 대립이 있다.

학설은 확약의 구속적 성격을 인정하여 확약이 행정행위의 기본적 요소인 규율성의 요건을 충족하는 것으로 보아 확약의 행정행위성을 인정하는 견해와 확약의 단계에서는 아직 규율성이 결여되어 있다고 보아 확약의 행정행위성을 부인하는 견해도 있다.

판례는 이를 부정하는 취지인 것으로 보인다(大判 1995.1.20, 94누6529).

생각건대, 확약의 구속효를 고려한다면 행정행위로서의 성격을 가진다고 보아야 할 것이다.

(2) 재량행위

행정청의 확약 여부는 행정청의 재량이라 할 것이다.

참고판례

▸ 확약의 처분성을 부인한 판례 : 大判 1995.1.20, 94누6529.

"어업권면허에 선행하는 '우선순위결정'은 행정청이 우선권자로 결정된 자의 신청이 있으면 어업권면허처분을 하겠다는 것을 약속하는 행위로서 강학상의 확약에 불과하고 행정처분은 아니므로, 우선순위결정에 공정력이나 불가쟁력과 같은 효력은 인정되지 아니한다. 따라서 우선순위결정이 잘못되었다는 이유로 종전의 어업권면허처분이 취소되면, 행정청은 종전의 우선순위결정을 무시하고 다시 우선순위를 결정한 다음 새로운 우선순위결정에 기하여 새로운 어업권면허를 할 수 있다."

※평석; 확약에는 공정력이나 불가쟁력과 같은 효력이 인정되지 아니함을 확약의 행정처분성을 부정하는 논거로 보고 있으나, 이러한 효력은 처분행정청에게 발생하는 효력이 아니므로 확약의 행정처분성을 부정하는 논거가 될 수 없다고 보아야 함.

2) 법적 근거

확약은 일정한 행정처분권이 존재하는 경우 장래의 당해 처분에 대한 자기구속적 약속이므로, 그 처분권에 수반되는 예비적 권한행사로서 그 권한은 본래의 처분권에 당연히 포함되어 있다고 할 것이다.

따라서 확약에 관한 근거규정이 없는 경우에도 확약은 가능하다고 할 것이다.

3. 확약의 효력

1) 구속효

확약이 있는 경우에는 원칙적으로 행정청은 확약된 행위를 하여야 할 의무를 부담하며, 상대방은 그 이행을 청구할 수 있는 구속효를 가진다.

2) 확약의 실효

확약은 그 자체에서 정한 유효기간을 경과한 이후에는 당연히 실효된다.

즉, 행정청이 상대방에게 장차 어떤 처분을 하겠다고 확약 또는 공적인 의사표명을 하였다고 하더라도, ① 그 자체에서 상대방으로 하여금 언제까지 처분의 발령을 신청을 하도록 유효기간을 두었는데도 그 기간 내에 상대방의 신청이 없었다거나, ② 확약 또는 공적인 의사표명이 있은 후에 사실적·법률적 상태가 변경되었다면, 그와 같은 확약 또는 공적인 의사표명은 행정청의 별다른 의사표시를 기다리지 않고 실효된다(大判 1996.8.20, 95누10877).

4. 확약과 권리구제

1) 행정쟁송

확약의 효과는 행정청이 상대방에게 확약한 내용의 행위를 하여야 할 법적 의무를 지는 데 있다. 따라서 상대방에게는 행정청에 대한 확약 내용의 이행청구권이 인정될 수 있을 것이며, 행정청이 확약의 내용인 행위를 하지 아니할 경우, 상대방은 의무이행심판 내지는 부작위위법확인소송에 의하여 그 이행을 청구할 수 있다.

2) 손해배상

확약의 불이행으로 손해가 발생한 경우에는 손해배상청구소송을 제기할 수 있을 것이다.

Ⅷ. 自動化된 行政決定

1. 의 의

자동화된 행정결정이란 미리 입력된 프로그램에 따라 자동적으로 결정되는 행위를 말한다. 이를 행정의 자동결정 또는 자동적으로 결정되는 행정행위라고 한다. 예를 들면, 조세부과, 신호등에 의한 교통신호 등이 이에 해당한다.

2. 법적 성질

① 자동화된 행정결정은 행정행위의 성질을 갖는다. 따라서 자동화된 행정결정은 외부에 표시되어야 행정행위로서 성립하며 당사자에게 통지되어야 효력을 발생하게 된다.

② 자동화된 행정결정의 기준이 되는 프로그램의 법적 성질은 행정규칙이라고 볼 수 있다.

3. 법적 규율의 특수성

1) 원 칙

자동화된 행정결정에 대하여는 특별한 규정이 없는 한 행정행위에 관한 규정이 적용된다. 기속행위에 대해서는 행정의 자동결정이 가능하다는 데 이론이 없지만, 재량행위에 대해서는 견해의 대립이 있다.

2) 예 외

자동화된 행정결정에 있어서는 ① 행정청의 인쇄에 의한 서명・인영(印影)에 의한 날인의 허용, ② 문자 이외의 부호・기호 사용의 허용, ③ 이유부기의 생략, ④ 의견청취절차의 생략 등 특수한 법적 규율이 행해질 수 있다.

다만, 이러한 특수한 법적 규율은 원칙상 명문의 규정이 있어야 한다.

4. 자동화된 행정결정의 하자와 권리구제

1) 자동화된 행정결정의 하자

자동화된 행정결정은 행정행위이므로 자동화된 행정결정의 하자도 일반 행정행위의 하자이론과 동일하다.

2) 권리구제

(1) 행정쟁송

자동화된 행정결정은 행정행위이므로 항고쟁송으로 다툴 수 있다.

(2) 국가배상

위법한 자동결정에 의해 손해를 받은 자는 국가배상을 청구할 수 있다.

이 경우에 불법행위가 공무원의 직무행위와 관련되면 「국가배상법」 제2조에 의한 배상책임이 인정되며, 기계장치의 하자 등과 관련되면 동법 제5조에 의한 영조물의 설치·관리의 하자로 인한 책임이 인정된다.

第 3 節 行政行爲의 附款

주요쟁점

1. 부관은 법정부관과 내용상 제한과는 어떤 차이가 있는가?
2. 부관의 종류로는 어떠한 것이 있는가?
3. 사후부관은 허용되는가?
4. 무효인 부관과 주된 행정행위의 효력의 관계는 어떠한가?
5. 부관을 다투는 방법은 어떠한가?

Ⅰ. 附款의 意義

1. 개 념

'행정행위의 부관'이란 행정행위의 효과를 제한 또는 보충하거나 특별한 의무를 부과하기 위하여 주된 행위에 부가된 종된 규율 또는 본체인 행정행위에 부가된 추가적 하명 내지 행정행위의 효력범위를 보다 자세히 정하기 위하여 주된 행정행위에 부가된 규율을 말한다.

바꾸어 말하면, 법률이 행정청으로 하여금 일정한 행정행위를 하도록 수권하면서, 동시에 필요에 따라 '조건 등'을 붙일 수 있도록 허용하고 있는 바(國公法 §66④ -집단행위금지 등), 이러한 경우의 조건이 부관에 해당한다.

2. 구별개념

1) 법정부관

행정행위의 효과가 직접 법률의 규정에서 정해지는 법정부관은 여기에서의 부관이 아니다. 예를 들면, 「광업법」 제28조는 광업출원인이 광업권설정의 허가통지서를 받은 날로부터 30일 이내에 등록신청을 하여야 하며, 등록을 신청하지 아니한 때에는 허가가 효력을 상실하도록 규정하고 있는 바, 이는 행정행위의 효력의 제한이 직접 법규에 정하여져 있는 법정부관이다.

2) 내용상의 제한

부관은 행정행위의 내용상의 제한과 구별하여야 한다. 행정행위의 부관은 신청한 행정행위의 효과에 부가되는 규율이지만, 행정행위의 내용상의 제한은 신청한 내용 자체가 한정되어 있음을 뜻한다. 그러므로 행정행위의 내용상의 제한에 위반한 경우에는 당해 행정행위의 효력을 주장할 수 없다. 예를 들면 2종보통운전면허로 버스를 운전한 경우에는 무면허운전이 된다.

3. 기 능

부관은 법률이 행정행위의 내용으로 정하고 있는 사항 이외의 것을 부가하여 구체적 상황에 적합한 행정을 수행할 수 있으므로 행정의 합리성, 협력성 및 경제성을 도모할 수 있는 기능이 있다.

또 부관은 형식적으로 행정청이 일방적으로 부가하는 형식을 취하지만, 실질적으로는 기한이나 부담과 같이 신청자가 미리 신청서에 기재하는 경우처럼 사전에 행정청과 국민과의 협의의 결과로서 부가되는 경우도 있다.

Ⅱ. 附款의 種類

행정행위의 부관은 법령상 조건, 제한 등의 용어로 혼용되고 있지만 이론상으로 그 법적 효과의 차이에 따라 조건, 기한, 부담, 철회권의 유보 및 법률효과의 일부배제로 나누어 볼 수 있다.

1. 조 건

조건은 민법상의 조건과 같은 의미이며, 행정행위의 효력의 발생·소멸을 발생이 불확실한 장래의 사실에 의존하게 하는 부관을 가리킨다.

조건에는 ① 회사설립을 조건으로 회사의 발기인에게 면허를 부여하는 것과 같이 행정행위의 효력의 발생을 장래 발생이 불확실한 사실의 발생 여부에 의존하게 하는 '정지조건'과, ② 일정기간 내에 공사에 착수하지 아니하면 실효할 것을 조건으로 원자력 발전시설의 설치허가를 하는 것과 같이 행정행위의 효력소멸을 장래 발생이 불확실한 사실의 발생 여부에 의존하게 하는 '해제조건'이 있다.

그러나 조건은 사실상 부담과의 구별이 어려운 경우가 적지 않다. 구체적인 경우에 조건인가 부담인가의 구별이 애매할 때에는 상대방의 이익을 고려하는 차원에서 부담으로 해석해야 할 것이다.

2. 기 한

① 기한은 행정행위의 효력의 발생·소멸을 장래 발생이 확실한 사실에 의존하게 하는 부관이다. 예를 들면 "유수(流水)의 점용을 2005년 1월 1일부터 허가한다."는 경우와 같이 당해 사실의 효과가 발생하는 기한을 '시기(始期)'라 하며, "도로의 점용을 2005년 12월 31일까지 허용한다."고 하는 경우와 같이 효과가 소멸하는 기한을 '종기(終期)'라 한다. 이와 같이 행정행위의 효력의 발생에 관한 것이 시기이고, 그 소멸에 관한 것이 종기이다.

② 종기는 행정행위의 존속기간이므로 종기의 도래로 그 행정행위의 효력은 당연히 소멸된다. 그러나 종기가 부당하게 단기인 경우에는 기한의 도래로 당연히 처분이 실효하는 것이 아니라, 이 기간은 점용료 등과 같이 허가조건의 개정기간으로 보아야 할 경우도 있다.

참고판례

▸ 종기의 의미에 관한 판례

① 大判 1962.2.22, 1960行上42(同旨 大判 2005.11.10, 2004다7873).

"행정행위인 허가 또는 특허에 붙인 조항으로서 …… 종기인 기한에 관하여는 일률적으로 기한이 왔다고 하여 당연히 그 행정행위의 효력이 상실된다고 할 것이 아니고, 그 기한이 그 허가 또는 특허된 사업의 성질상 부당하게 짧은 기한을 정한 경우에 있어서는 그 기한은 그 허가 또는 특허의 조건의 존속기한을 정한 것이며 그 기간이 옴으로써 그 조건의 개정을 고려한다는 뜻으로 해석하여야 한다."

② 大判 1993.5.25, 93구4177.

"사행행위의 허가(사안에서는 투전기업 허가)는 그것이 비록 갱신허가라고 하더라도 종전의 허가처분을 전제로 하여 그 유효기간을 연장하여 주거나 기간연장신청을 거부하는 행정처분이라기보다는 종전의 허가처분과는 별도의 새로운 행정처분이라고 보아야 할 것이므로, 허가관청은 기존허가받은 자에 대해서 다시 허가를 할 때에는 신법 소정의 허가요건 및 허가를 제한하고 있는 경우에 해당하고 있는지 여부를 새로이 판단하여 허가여부를 결정하여야 하며, 재허가를 불허하더라도 기득권박탈이나 신뢰보호원칙에 어긋난다고 할 수 없다."

3. 부 담

1) 의 의

'부담'이란 행정행위의 상대방에게 법령에서 규정되고 있는 의무 이외 작위·부작위·수인·급부 등의 사항을 부가하는 부관이다. 도로점용을 허가하면서 점용료의 납부를 명하는 것이 그 예다. 법문상이나 행정실무상으로 조건으로 부르는 경우가 많다.

2) 독립성

부담의 경우에는 상대방이 따르지 않더라도 본체인 허가 등의 효력이 당연히 실효되는 것은 아니다. 이처럼 행정행위의 효력에 직접 영향을 주지 않는다는 점에서 조건, 기한과는 성질을 달리한다. 상대방의 부담에 대한 위반이 있으면, 행정청은 부담의 이행을 행정상의 강제집행으로 강제하든가 또는 본체인 행정행위를 철회하든가(부담의무의 위반은 행정행위의 철회사유가 됨에 그친다) 하는 별도의 조치를 강구하여야 한다. 이는 본체인 행정행위로부터 부담의 상대적인 독립성을 인정하기 때문이다. 그러나 부담은 본체인 행정행위에 부가하는 것이기 때문에 본체인 행정행위가 무효이면 부담은 당연히 효력을 상실한다.

3) 부담유보・수정부담

① '부담유보'란 부담을 행정행위와 동시에 부가하는 것이 아니라 사후에 부가할 것을 유보하는 부관이다. 그 '부가'의 내용은 부담의 설정・변경・보완 등일 수 있다.

② '수정부담'이란 상대방이 신청한 내용과 다른 내용으로 신청을 허가・승인하는 것을 말한다.

③ 부담유보 및 수정부담을 부담과 구별되는 부관으로 설명하는 견해도 있고, 수정부담은 부관이 아니라 '변경허가' 또는 '수정허가'로 이해하여 부관이 아니라는 주장도 있다.

생각건대, 부담유보 및 수정부담도 본체인 행정행위의 목적의 범위 내에서 그리고 그 행위의 본질을 해치지 아니하는 범위 내에서 부가되는 규율이라는 점에서 볼 때 광의의 부담의 일종으로 보아 이해하여도 무방하다고 하겠다.

4. 철회권의 유보

1) 의 의

'철회권의 유보'라 함은 허가나 인가 등의 행정행위를 할 때 일정한 요건 하에서 이를 철회할 수 있음을 내용으로 하는 부관을 말한다.

2) 행사의 한계

철회권을 행사함에 있어서는 단순히 철회권의 유보조항이 있다는 사실만으로는 불충분하며, 상대방의 권익을 보호하고 법적 생활의 안정성과 예측가능성을 확보한다는 뜻에서 철회권의 행사에는 일정한 조리상의 제한이 인정되고 있다.

3) 손실보상 여부

철회권이 유보되어 있는 경우에 상대방은 원칙적으로 철회로 인한 손실의 보상을 청구할 수도 없다. 이는 철회권의 유보에 의한 철회권의 발동은 처분시 이미 피처분자가 예측하고 있던 것이며 또 자기 책임으로 철회권이 발동되는 것이므로 특별한 희생이라고 볼 수 없기 때문이다.

참고판례

▸ 철회권의 행사의 조리상의 제한 : 大判 1984.11.13, 84누269(同旨 大判 1992.1.17, 91누3130).

"피고가 원고에 대한 주류판매업면허를 함에 있어서 조건부면허를 한 것은 행정행위의 부관 중 취소권(행정행위의 성립에 하자가 있어 이를 취소하는 경우가 아니라, 유효하게 성립한 행정행위를 그 후에 발생한 새로운 사정에 의하여 취소, 즉 철회하는 경우)의 유보로서, 그 취소사유는 법령에 그 규정이 있는 경우가 아니라고 하더라도 의무위반이 있는 경우, 사정변경이 있는 경우, 좁은 의미의 취소권이 유보된 경우, 또는 중대한 공익상의 필요가 발생한 경우 등에는 당해 행정행위를 한 행정청은 그 행정처분을 취소할 수 있다"고 하여 행정청에 유보된 철회권의 행사는 철회를 필요로 할 만한 공익상 및 기타의 정당한 사유가 있어야 한다는 견해를 취하였다.

5. 법률효과의 일부배제

1) 의 의

'법률효과의 일부배제'란 행정행위의 법적 효과의 일부를 배제하는 내용의 부관이다. 예를 들면, 격일제운행을 조건으로 하는 택시영업허가가 그것이다.

법률효과의 일부배제는 법령이 인정하는 효과를 행정청의 의사로써 배제하는 것이기 때문에 법령이 이를 허용하는 명문의 규정이 있는 경우에 한하여 부가할 수 있으며, 판례도 이를 긍정한다(大判 1972.5.31, 72누94).

2) 내용상 제한과의 구별

영업구역의 설정과 같은 경우는 행정행위에 부가되는 의무가 아니라 행정행위의 효과의 지역적 한계를 설정하는 것으로 이는 행정행위에 특히 부가된 의무가 아니라 행정행위의 내용적 규정 내지는 내용적 제한에 해당하여 부관으로 볼 수 없지만, '법률효과의 일부배제'는 행정행위에 있어서 법률이 이미 규정하고 있는 이외 사항의 규율이라는 점과 또 이 경우 제한위반행위는 무허가사항으로 처리되는 점에서 부관에 해당한다.

Ⅲ. 附款의 許容性과 限界

1. 부관의 허용성

부관의 허용성이란 당해 행정행위의 근거법령에서 정하고 있는 사항 이외의 규율을 행정행위에 허용할 수 있는가 하는 문제이다.

1) 법령상 명문규정이 있는 경우

법령이 명문으로 부관에 관한 규정을 두고 있는 경우(食品法 §37②)에는 당해 법령의 규정에 따라 부관을 붙이기만 하면 된다. '법률에 의한 행정의 원리'가 전형적으로 실현되는 예다.

2) 법령상 명문규정이 없는 경우

전통적 견해에 의하면 행정청의 재량에 속하는 법률행위적 행정행위에만 부관을 붙일 수 있다고 한다. 이러한 '부관'의 전통적 견해에 대하여는 다음과 같은 검토가 가능하다.

(1) 법률행위적 행정행위 · 준법률행위적 행정행위와 부관

부관의 문제는 주된 행정행위의 내용을 제한하는 종된 의사표시이기 때문에 행정청의 인식 · 판단 등 정신작용에 법률이 일정한 법적 효과를 부여하는 준법률행위적 행정행위의 경우에는 관계 법령에 수권조항이 없는 한 부관은 허용되지 않는다고 한다. 그러나 행정행위의 효과가 행정청의 의사표시 보다는 법률규정으로부터 생기는 점을 주목한다면, 의사표시의 효력에 따른 행정행위의 구별 자체도 의문시되고 있는 상황에서 이러한 논의는 그다지 실익이 없다.

(2) 재량행위 · 기속행위와 부관

재량행위의 경우에는 부관이 허용되는 경우가 대부분이겠지만, 재량행위라도 언제나 당연히 부관을 붙일 수 있는 것은 아니다. 「국적법」에 의한 법무부장관의 귀화허가는 재량행위이지만 성질상 부관이 허용될 수 없다.

또한 기속행위의 경우에는 행정청이 법령에 엄격히 기속되기 때문에 그 효과를 제한하는 의미의 부관은 허용될 수 없을 것이다. 이러한 취지에서 판례는 기속행위에 붙인 부관을 무효라고 판시한 바 있다. 그러나 기속행위라 하더라도 그 부관이 기속행위의 근거법률이 예정하는 내용을 보충하는 것이고 근거법률이 예정

하고 있지 않은 새로운 부담을 과하는 것이 아닌 한 법률요건충족적 부관은 허용될 수 있다.

참고판례

▸ 부관의 허용 여부 : 大判 1988.4.27, 87누1106(同旨 判例 大判 1990.10.16, 90누2253 ; 大判 1991.10.11, 90누8688)

"일반적으로 기속행위나 기속적 재량행위에는 부관을 붙일 수 없고, 가사 부관을 붙였다 하더라도 이는 무효의 것이다. 따라서 감독관청이 사립학교법인의 이사회소집 승인을 하면서 소집일시·장소를 지정한 것은 기속재량행위에 붙인 부관으로 무효이다."

2. 사후부관

행정행위를 한 후에 새로이 부관을 붙일 수 있는가에 대해서는 견해의 대립이 있다.

1) 부정설

사후부관을 부정하는 견해는 부관이란 주된 행정처분에 부수한 종된 제한이므로 그의 독자적인 존재를 인정할 수 없고, 따라서 사후에 부관만을 따로 붙일 수는 없다고 한다.

2) 제한적 긍정설

이에 대하여 종전의 행정행위를 소멸시키고 새로운 부관부행정행위를 한 것으로 보아 원칙적으로 사후부관을 인정하지 아니하나, 제한적으로 긍정하는 견해도 있다. 사후부관이 인정되는 경우로는 ① 부담이 유보되어 있는 경우, ② 법령에 근거가 있는 경우, ③ 상대방의 동의가 있는 경우에는 사후에 부관을 붙일 수 있다고 한다.

3) 소 결

생각건대, 사후부관을 변경처분으로 보면, 행정행위의 취소·변경이나 철회는 언제나 자유로이 할 수 있는 것이 아니라는 조리상의 제한이 따르기 때문에 사후부관을 일반적으로 인정하기가 곤란하나 공익상 필요하고 사인에 대한 침해가능성이 적은 경우에는 인정될 수 있다. 즉, 제한적 긍정설처럼 ① 부담이 유보되어 있거나 ② 법령에 근거가 있거나 ③ 상대방의 동의가 있는 경우 등과 같은 예외적인 경우에는 사후부관이 가능하다고 할 것이다.

3. 부관의 한계성

부관이 허용된다고 하더라도 어떠한 내용의 부관이든 무제한으로 붙일 수 있는 것이 아니라 일정한 한계가 따른다. 행정행위의 부관이 허용되는 한계는 각 행정행위의 성질과 내용에 따라 개별·구체적으로 판단되어야 하는 바, 실정법상의 한계와 조리상의 한계로 나누어 볼 수 있다.

1) 실정법상의 한계

일반적으로 부관은 관계법령에 적합하여야 하는 바, ① 내용과 형식면에서 법령에 위배되지 않아야 하고, ② 그 이행이 가능하여야 하며, ③ 그 내용이 명확하여야 한다.

2) 조리상의 한계

부관은 ① 주된 행정행위의 본질적 효력을 해하지 아니하는 것이어야 하며, ② 행정행위의 목적에 필요한 범위를 넘어서서는 아니됨은 물론 당해 법률의 목적 이외의 목적으로 부관을 붙일 수 없는 등 법의 일반원칙에 위배되어서는 아니되는 조리상의 한계가 있다.

참고판례

▸ 부관의 조리상의 한계 : 大判 1990.4.27, 89누6808.
"수산업법 제15조에서 행정관청은 어업조정 기타 공익상 필요하다고 인정할 때에는 어업의 면허 또는 허가를 할 때에 제한 또는 조건을 부가할 수 있다고 규정하고 있으나, 이러한 부관은 그 성질상 허가된 어업의 본질적 효력을 해하지 않는 한도의 것이어야 하고, 허가된 어업의 내용 또는 효력 등에 대하여는 행정청이 임의로 제한 또는 조건을 붙일 수 없다고 보아야 한다."

Ⅳ. 無效인 附款과 行政行爲의 效力

1. 하자있는 부관의 효력

하자있는 부관의 효력은 행정행위의 하자에 관한 법리에 따라 '무효인 부관'과 '취소할 수 있는 부관'으로 나누어진다. 부관의 하자가 중대하고 명백하여 무효일 때에는 처음부터 그 부관이 없었던 것과 같은 효과를 발생하며, 부관의 하자가 단순하여 취소할 수 있을 때에는 일단 부관으로 효력을 발생하되 사후에 정해진 절차에 따라 취소할 수 있을 뿐이다.

2. 무효인 부관부행정행위의 효력

무효인 부관이 그 본체인 행정행위의 효력에 미치는 영향에 대하여는 다음과 같은 견해가 있다.

① 제1설은 부관만이 무효가 될 뿐 본체인 행정행위는 아무런 영향도 받지 아니하여 부관없는 단순행정행위가 된다고 한다.

② 제2설은 그 부관이 붙은 행정행위 전체가 무효로 된다는 것이다.

③ 제3설은 원칙적으로 부관없는 단순행정행위가 되지만, 부관이 본체인 행정행위를 함에 중요한 본질적 요소가 되는 경우에 한하여 본체인 행정행위는 무효로 된다고 한다.

생각건대, 부관은 그 내용상 본체인 행정행위와 분리될 수 있는 성질을 가진 것이 있는가 하면, 반대로 본체인 행정행위의 중대하고 본질적인 요소가 되어 부관이 없었다면 그러한 행정행위가 이루어지지 않았을 것으로 생각되는 경우도 있을 수 있기 때문에 제3설이 타당하다.

이 경우 부관이 본질적으로 중요한 요소인가의 여부에 대한 판단은 행정청의 의사도 중요하지만 관련 법령의 취지, 당해 행정행위의 성질 및 내용 등에 비추어 객관적으로 판단하여야 한다(大判 1985.7.9, 84누604).

Ⅴ. 違法한 附款에 대한 爭訟制度

위법한 부관이 취소사유에 해당하는 경우에 부관 그 자체만을 독립하여 행정쟁송의 대상으로 할 수 있는지 여부(독립쟁송가능성) 및 당해 쟁송에서 부관만의 취소가 가능한지 여부(독립취소가능성)의 문제가 제기되고 있다.

1. 부관의 독립쟁송가능성

1) 일반적인 부관의 경우

위법한 부관을 다투고자 하는 경우의 쟁송형태로는 ① 부관부행정행위를 쟁송의 대상으로 하는 방법과 ② 부관 그 자체를 쟁송의 대상으로 하는 방법이 있다.

일반적인 견해에 의하면 부관 그 자체는 독립된 행정행위가 아니기 때문에 부관 그 자체를 행정쟁송의 대상으로 할 수 없고, 위법한 부관을 다투기 위해서는 부관부행정행위를 쟁송의 대상으로 하여야 한다.

2) 부담의 경우

위와 같이 일반적으로 부관은 그 자체로서 쟁송의 대상이 되지 않지만, 부담만은 그 존속이 본체인 행정행위의 존재를 전제로 하는 것일 뿐 그 자체로서 하나의 독립된 행정행위로 인정되므로, 부담은 직접 행정쟁송의 대상이 될 수 있다고 보는 데에 이의가 없다(진정일부취소쟁송).

그 밖에 분리가능성을 기준으로 하는 견해, 분리가능성의 문제를 본안문제로 파악하여 모든 부관은 독립하여 취소쟁송의 대상이 된다고 보는 견해도 있다.

3) 쟁송가능성과 판결의 형태

부담을 제외한 부관만의 취소를 구하는 소송에 대하여는 각하판결을 하여야 하며, 부담만의 취소를 구하는 경우에는 본안을 판단하여 인용 또는 기각판결을 하여야 한다.

참고판례

▸ 부관의 독립쟁송 가능성 여부

① 大判 1986.8.19, 86누202.

"어업면허처분을 함에 있어 그 면허의 유효기간을 1년으로 정한 경우, 위 면허의 유효기간은 행정청이 위 어업면허처분의 효력을 제한하기 위한 행정행위의 부관이라 할 것이고, 이러한 행정행위의 부관은 독립하여 행정쟁송이 될 수 없는 것이므로 위 어업면허처분 중 그 면허유효기간만의 취소를 구하는 청구는 허용될 수 없다."

② 大判 1992.1.21, 91누1264 (同旨 大判 2001.6.15, 99두509).

"행정행위의 부관은 행정행위의 일반적인 효력이나 효과를 제한하기 위하여 의사표시의 주된 내용에 부가되는 종된 의사표시이지 그 자체로서 직접 법적 효과를 발생하는 독립된 처분은 아니므로, 현행 쟁송제도 아래서는 부관 그 자체만을 독립된 쟁송의 대상으로 할 수 없는 것이 원칙이나, 행정행위의 부관 중에서도 행정행위에 부수하여 그 행정행위의 상대방에게 일정한 의무를 부과하는 행정청의 의사표시인 부담의 경우에는 다른 부관과는 달리 행정행위의 불가분적인 요소가 아니고 그 존속이 본체인 행정행위의 존재를 전제로 하는 것일 뿐이므로 부담 그 자체로서 행정쟁송의 대상이 될 수 있다고 할 것이다."

2. 부관의 독립취소가능성

부관이 위법한 경우에 부관부행정행위 전체를 쟁송의 대상으로 하더라도 부관만의 취소를 구할 수 있는지(부진정일부취소쟁송)가 문제된다. 즉, '일부취소'의 의미에서의 변경판결(行訴法 §4 1호)로써 구제될 수 있을 것인가에 대하여는 논란이 있다.

1) 학 설

이에 대하여 학설은 매우 다양하다.

① 부관의 종류에 따라 독립취소가능성을 인정하는 견해는 ㉮ 모든 부관에 대하여 이를 인정하는 견해와 ㉯ 부담인 부관과 부담이 아닌 부관을 구분하여 부담의 경우에는 독립취소를 인정하나 다른 부관에 대하여는 이를 부정하는 견해로 구분된다.

② 부관의 중요성 여부에 따라 독립취소가능성을 허용하는 견해는 부관이 중요하여 주된 행정행위의 중요한 부분을 이루고 있을 때에 당해 행정행위 전체의 취소나 변경을 구하여야 하므로 부관만의 독립취소는 허용되지 않지만, 부관이 주된 행정행위에 별다른 영향을 주지 않는 정도의 그다지 중요하지 않은 경우에는 당해 행정행위 전체를 쟁송의 대상으로 하더라도 부관만의 취소가 허용된다고 한다(부진정일부취소).

③ 주된 행정행위가 기속행위인가 또는 재량행위인가에 따라 독립취소가능성을 허용하는 견해는 기속행위인 경우에는 부관만의 취소가 허용되나(부진정일부취소), 재량행위인 경우에는 부관만의 취소는 허용되지 않는다고 한다.

물론 ④ 독립취소가능성을 부정하는 이론도 있다.

2) 판 례

판례는 부담을 제외한 부관의 경우에는 일부취소를 허용하지 않고 당해 행정행위 전체의 취소만을 허용한다. 다만, 부담인 부관에 대하여는 독립쟁송을 허용하고 이에 따라 부담만의 취소(진정일부취소)를 인정하고 있다.

3) 사 견

부관의 중요성에 따라 독립취소가능성을 인정하는 견해는 부관의 중요성에 대한 행정청의 제1차적 판단권을 침해할 우려가 있고, 기속행위의 경우에 독립취소가능성을 인정하는 견해는 부관의 허용성 여부를 독립취소가능성과 혼동할 우려가 있어 수긍하기 어렵다.

또한 판례의 입장인 부담을 제외한 부관만의 독립취소가능성을 부정하는 견해도 수익적 효과는 향유하되 부담적 규율만의 취소를 바라는 국민의 법감정에 맞지 아니하다.

생각건대, 부관은 주된 행정행위에 부가된 종된 규율이므로 주된 행정행위의 효력이 존재하는 경우에는 수익적 효과는 향유하되 종된 규율만의 취소를 바라는 국민의 법감정에 맞게 부관부행정행위 전체를 쟁송의 대상으로 하되 부관만의 취소를 허용하고(부진정일부취소), 주된 행정행위의 효력이 소멸한 경우에는 소멸된 부관부행정행위를 다투는 소송을 제기하여 당해 행정행위 전체의 취소를 통하여 권리구제를 도모하는 것이 합리적이다. 물론 부담에 대하여는 독립쟁송이 가능하므로 당연히 부관만의 취소가 허용된다(진정일부취소).

第4節 行政行爲의 成立과 效力

주요쟁점

1. 성립요건과 효력요건의 의미는 무엇인가?
2. 공정력과 입증책임 등과의 관계는 어떠한가?
3. 공정력과 구성요건적 효력의 차이는 무엇인가?

Ⅰ. 行政行爲의 成立

1. 행정행위의 성립요건

행정행위가 유효하게 성립하기 위해서는 주체·내용·절차·형식요건을 갖추어야 한다.

즉, 행정행위는 ① 정당한 권한을 가진 행정기관이 ② 적법·타당한 내용의 행정행위를 ③ 법령이 정하는 절차와 ④ 법령의 형식으로 하여야 한다.

이를 행정행위의 '내부적 성립요건'이라 한다.

2. 행정행위의 효력요건

1) 의 의

행정행위는 내부적 성립요건을 갖추고 상대방에게 고지되어야 하는 '외부적 성립요건'을 갖추어야만 효력이 발생한다. 그러므로 내부적 의사결정의 단계에 머물면서 외부적으로 인식할 수 있는 형태를 구비하지 않을 때에는 행정행위가 성립하지 않는다.

2) 고지의 방법

고지는 통상 구두 또는 서면의 교부나 송달로써 이루어지지만, 상대방이 불특정인인 경우라든지 주소나 거소가 불명한 경우에는 고시 또는 공고의 방법을 취하기도 한다. 「행정절차법」은 송달 및 고시·공고의 방법 등에 대하여 원칙적인 규정을 두고 있다.

(1) 송 달

송달은 우편·교부 또는 정보통신망 이용 등의 방법에 의하되 송달받을 자의 주소 등에 하도록 하고, 다른 법령 등에 특별한 규정이 있는 경우를 제외하고는 송달받을 자에게 도달됨으로써 그 효력이 발생한다(同法 §14①, 15①).

그러므로 통상적인 송달방법인 우편송달의 경우 송달의 입증을 위하여 등기우편의 방법에 의하여야 하며, 주소 등에 거주하고 있지 아니한 경우에는 우편물의 도달사실을 처분청이 입증할 의무가 있다.

(2) 고시 또는 공고

송달받을 자의 주소 등을 통상의 방법으로 확인할 수 없거나, 송달이 불가능한 경우에는 송달받을 자가 알기 쉽도록 관보·공보·게시판·일간신문중 하나 이상에 공고하고 인터넷에도 공고하여야 하며, 다른 법령 등에 특별한 규정이 있는 경우를 제외하고는 원칙적으로 공고일부터 14일이 경과한 때에 그 효력이 발생한다(同法 §14④, 15③).

참고판례

▸ 도달(송달)의 입증책임 : 大判 1998.2.13, 97누8977.

"우편물이 등기취급의 방법으로 발송된 경우, 특별한 사정이 없는 한, 그 무렵 수취인에게 배달되었다고 보아도 좋을 것이나, 수취인이나 그 가족이 주민등록지에 실제로 거주하고 있지 아니하면서 전입신고만을 해 둔 경우에는 그 사실만으로써 주민등록지 거주자에게 송달수령의 권한을 위임하였다고 보기는 어려울 뿐 아니라 수취인이 주민등록지에 실제로 거주하지 아니하는 경우에도 우편물이 수취인에게 도달하였다고 추정할 수는 없고, 따라서 이러한 경우에는 우편물의 도달사실을 과세관청이 입증해야 할 것이고, 수취인이나 그 가족이 주민등록지에 실제로 거주하고 있지 아니하면서 전입신고만을 해 두었고, 그 밖에 주민등록지 거주자에게 송달수령의 권한을 위임하였다고 보기 어려운 사정이 인정된다면, 등기우편으로 발송된 납세고지서가 반송된 사실이 인정되지 아니한다 하여 납세의무자에게 송달된 것이라고 볼 수는 없다."

Ⅱ. 行政行爲의 效力

1. 구속력

1) 의 의

유효하게 성립한 행정행위는 그 내용에 따라 일정한 법률적 효과(권리의무관계 기타)를 발생시키고 당사자를 구속하는 효력을 갖는다. 이 효력을 일반적으로 구속력이라고 부른다. 내용상 구속력이라고도 한다.

2) 내 용

이와 같은 구속력은 법률관계의 일반적 효력으로서 행정행위에 고유한 효력은 아니다. 구속력은 상대방이나 이해관계있는 제3자에 대해서만이 아니라 행정청에도 미친다.

2. 공정력(公定力)

1) 개 념

(1) 종래의 개념

행정행위는 사법상의 법률행위와는 달리 당연무효가 아닌 한 정당한 권한있는 법원 또는 행정청에 의하여 취소되기까지는 적법·위법, 당·부당의 여하를 불문하고 일단 유효한 것으로 통용되고 상대방이나 제3자로 하여금 이러한 효력이 있음을 승인토록 강요하는 힘을 가지는 바, 이러한 효력을 행정행위의 공정력이라 한다.

(2) 새로운 개념

공정력을 새롭게 파악하는 견해는 공정력이란 행정행위에 하자가 있는 경우에도 상대방 및 이해관계인에게 유효한 것으로 통용되어 상대방 및 이해관계인은 이를 부인할 수 없는 효력으로 한정하고, 다른 행정청이나 법원 등에게 통용되는 효력을 구성요건적 효력으로 파악한다.

(3) 사 견

양 견해는 공정력이 미치는 범위에서 구별된다. 즉, 하자있는 행정행위가 유효하다는 통용력이 행정행위의 상대방 및 이해관계인에게만 미치는 것인지 다른 행정청이나 법원 등 제3자에게도 미치는 것인지의 차이이다.

구체적으로는 행정행위의 효력 등이 선결문제가 되는 경우에, 종래의 개념에 의하면 공정력에서 논의하게 되나, 새로운 견해에 의하면 구성요건적 효력에서 논의하게 된다.

생각건대 선결문제를 공정력의 문제로 보거나 구성요건적 효력의 문제로 보거나 실제상의 구별실익은 없다고 할 수 있다. 그러나 공정력이란 행정법관계의 조속한 안정을 도모하기 위한 행정쟁송제도와 관련이 있는 효력인데 반하여 구성요건적 효력은 권한존중의 필요 때문에 인정되는 효력이라는 점을 고려할 때, 행정행위의 상대방 및 이해관계인에게만 미치는 효력과 다른 행정청이나 법원 등 제3자에게도 미치는 효력은 구별하는 것이 합리적이다.

2) 근 거

(1) 이론적 근거

(가) 전통적 이론

공정력의 전통적 근거는 오토 마이어(O. Mayer)의 '자기확인설'과 포르스트호프(E. Forsthoff)의 '국가권위설' 등에서 찾아볼 수 있다.

행정행위의 개념이 재판판결과 유사하다는 점을 전제하고 "행정행위 가운데 나타나는 공권력은 자기 자신을 항상 적법한 것으로 확인한다"는 오토 마이어의 자기확인설이나, 행정행위는 국가권위의 표현이기 때문에 존경되어야 하며 타당성을 지닌다고 하는 포르스트호프의 국가권위설은 모두 행정행위의 효력을 법규에서부터 유래하는 것으로 보지 아니하고 행정행위에 고유한 것으로 본 견해이다.

(나) 현대적 이론

행정행위의 적법성과 타당성이 의심스러울 경우에 권한 있는 국가기관에 의한 취소를 기다릴 필요도 없이 누구라도 당해 행정행위의 효력을 부인할 수 있다면, 행정행위에 의한 공익의 실현과 행정법관계의 안정성 유지는 매우 어렵게 된다. 따라서 행정행위에 비록 하자가 있다고 하더라도 행정목적의 조기실현, 행정법관계의 안정성 유지와 국민의 신뢰보호의 요청 등을 위하여 우선 구속력의 승인을 요구하는 효력을 인정하여야 할 필요가 있다. 이와 같은 이론을 법적 안정성설 내지 행정정책설이라고 한다.

(다) 소 결

행정권에 우월적 지위를 인정하는 전통적 견해는 이미 타당성을 상실하였고,

오늘날 법적 안정성설 내지 행정정책설이 그 근거가 된다.

⑵ 실정법적 근거

① 공정력을 직접적으로 규정하고 있는 실정법규는 없으나, 행정행위의 효력은 오로지 취소소송에 의해서만 부정될 수 있다는 행정쟁송제도에 의하여 실정법적으로 뒷받침되고 있다.

② 또한 직권취소제도도 공정력의 근거로 보고 있다.

③ 다만, 집행부정지원칙에 대하여는 공정력의 근거로 보는 견해도 있으나, 이는 입법정책적 사항으로 공정력과는 관련이 없다.

3) 공정력의 기능

공정력의 기능과 관련하여 입증책임 및 집행부정지 등이 문제가 된다. 다만, 전통적 견해에 의하면 선결문제는 공정력의 문제로 본다.

⑴ 입증책임

행정행위의 취소소송에서 입증책임의 소재를 결정할 때에는 행정행위의 공정력이 관련성을 가지는가 하는 점에 대해서는 의견이 대립된다.

(가) 원고부담설

행정행위에는 공정력이 있어 적법성이 추정되고 있기 때문에 당해 행위의 위법성을 주장하여 불복을 제기한 자가 입증책임을 진다고 한다.

(나) 입증책임분배설

법률에 특별한 규정이 없는 한 「민사소송법」상의 입증책임분배의 원칙에 따라야 한다고 한다. 이 견해는 행정행위의 공정력은 입증책임의 문제와는 직접적인 관계가 없으며 취소소송에 있어서의 양 당사자의 지위를 대등한 것으로 보기 때문이다.

(다) 소 결

생각건대 공정력이란 행정행위가 법적 요건을 구비했는가의 여부에 관계없이 절차법적 관점에서 본 효력을 뜻함에 불과한 것이지, 당해 행정행위가 실질적으로 적법하다는 것을 뜻하는 것은 아니라 할 것이다. 따라서 공정력은 취소소송을 심리하는 법원의 심리절차에 있어서의 입증책임소재 결정에 아무런 영향을 미치지 아니한다. 따라서 법규에 근거한 행위의 효과가 유리하게 작용하는 당사자측이 그 요건사실의 존재에 대하여 입증책임을 진다고 하는 「민사소송법」상의 입증책임분배원칙이 취소소송에 대해서도 원칙적으로 타당하다.

(2) 집행부정지

「행정소송법」 제23조 제1항은 명문으로 취소소송의 제기가 처분의 집행을 정지하지 않는다는 원칙을 규정하고 있다. 즉, 행정행위에 공정력이 인정되고 있기 때문에 취소소송이 제기되더라도 취소판결이 확정되기 전에는 당해 행위의 효력에 아무런 영향을 미치지 아니하며 집행력이 있다는데 그 근거를 찾는다. 그러나 집행정지의 여부는 행정의 원활한 운영이라는 공익과 국민의 권리보호라는 사익의 조화 속에 입법정책적으로 결정되어야 할 문제이지 공정력 때문이 아니다.

4) 공정력의 한계

(1) 무효인 행정행위

공정력은 행정행위에 의한 공익의 실현을 도모하고 행정법관계의 안정을 위하여 인정된 것이다. 그러므로 무효인 하자가 있는 행정행위에까지 공정력을 인정하는 것은 그 한도를 일탈한 것이라고 할 수 있다. 따라서 행정행위의 공정력은 행정행위가 당연무효인 경우에 인정되지 않는다.

(2) 형식적 행정행위 · 사실행위 등

공정력은 행정행위에 인정되는 효력이다. 따라서 사실행위나 사법행위와 같은 행정행위 이외의 행정작용에는 공정력이 미치지 아니한다.

3. 구성요건적 효력

1) 의 의

(1) 개 념

행정행위의 '구성요건적 효력'이란 유효한 행정행위가 존재하는 이상, 비록 하자가 있는 행위일지라도, 다른 국가기관은 그의 존재(또는 유효성 · 내용)를 존중하며, 스스로의 판단의 기초 내지는 구성요건으로 삼아야 하는 구속력을 말한다.

(2) 공정력과의 관계

구성요건적 효력을 공정력과 구별하는 견해에 의하면, 행정행위의 구성요건적 효력은 유효한 행정행위의 타 국가적 기관에 대한 구속력으로, 공정력은 행정행위의 상대방(및 이해관계자)에 대한 구속력으로 구분한다.

2) 근 거

행정행위의 구성요건적 효력의 법적·제도적 근거는 국가기관은 상호권한과 직무 또는 관할을 달리함에 따라 상호 타기관의 권한을 존중하며 침해해서는 아니 된다는 '권한존중의 원칙'에 있다.

3) 선결문제

행정행위의 구성요건적 효력과 관련하여 구체적으로 문제가 되는 것은 민사 및 형사사건 등에 있어서의 선결문제이다.

선결문제가 논의되는 구체적인 경우는 다음과 같다.

(1) 민사사건의 경우

구성요건적 효력이 문제되는 민사사건은 행정행위의 적법·위법성이 선결문제인 국가배상청구사건과 행정행위의 유효·무효 여부가 선결문제인 공법상의 부당이득반환청구사건으로 대별된다.

(가) 국가배상청구사건의 경우

국가의 손해배상책임의 문제는 심리의 대상이 되는 공무원의 직무수행행위의 적법 여부에 관한 것이지(행정행위의 적법성), 당해 행위의 효력 여부에 관한 것이 아니므로(행정행위의 유효성), 법원은 구성요건적 효력과 관계없이 심리할 수 있다. 행정행위의 취소소송과 손해배상의 청구소송은 서로 성격과 취지가 다르기 때문이며, 행정행위의 구성요건적 효력은 손해배상의 청구와 관계가 없다.

(나) 부당이득반환청구사건의 경우

부당이득반환청구사건에서 부당이득의 여부는 행정행위의 유효성이 문제가 되므로, 법원은 당해 행정행위의 하자가 중대·명백하여 당연무효가 아닌 한, 구성요건적 효력에 반하여 판단할 수 없다. 바꾸어 말하면, 부당이득반환청구사건에서는 구성요건적 효력으로 인하여 청구는 기각된다.

참고판례

▸ 민사사건과 선결문제

① 大判 1972.4.28, 72다337.

"계고처분이 위법임을 이유로 배상을 청구하는 취지를 인정하는 사건에 있어, 위법한 행정대집행이 완료되면 그 처분의 무효확인 또는 취소를 구할 소의 이익은 없다 하더라도, 미리 그 행정처분의 취소판결이 있어야만 그 행정처분의 위법임을 이유로 손해배상청구를 할 수 있는 것은 아니다."

② 大判 2001.1.16, 98다58511.

"수용재결이 있은 후에 수용 대상 토지에 숨은 하자가 발견되는 때에는 불복기간이 경과되지 아니한 경우라면 공평의 견지에서 기업자는 그 하자를 이유로 재결에 대한 이의를 거쳐 손실보상금의 감액을 내세워 행정소송을 제기할 수 있다고 보는 것이 상당하나, 이러한 불복절차를 취하지 않음으로써 그 재결에 대하여 더 이상 다툴 수 없게 된 경우에는 기업자는 그 재결이 당연무효이거나 취소되지 않는 한 재결에서 정한 손실보상금의 산정에 있어서 위 하자가 반영되지 않았다는 이유로 민사소송절차로 토지소유자에게 부당이득의 반환을 구할 수는 없다."

(2) 형사사건의 경우

구성요건적 효력이 문제되는 형사사건도 행정행위의 적법·위법성이 선결문제가 되는 사건과 행정행위의 유효·무효 여부가 선결문제가 되는 사건으로 구분할 수 있다.

(가) 행정행위의 적법·위법이 범죄구성요건인 경우

행정행위의 적법·위법이 범죄구성요건인 경우에는 구성요건적 효력이 미치지 아니하므로 형사법원은 독자적으로 유·무죄의 판결을 할 수 있다.

(나) 행정행위의 유효·무효가 범죄구성요건인 경우

행정행위의 유효·무효가 범죄구성요건인 경우에는 구성요건적 효력이 미치므로 당해 행정행위의 하자가 중대·명백하여 당연무효인 경우를 제외하고는 행정행위가 유효함을 전제로 판결하여야 한다. 이와 같은 취지에서 운전면허의 무효가 구성요건인 경우에는 구성요건적 효력으로 유죄로 판결하여서는 아니되며, 무허가영업이 구성요건인 경우 영업취소 후의 영업행위에 대하여는 유죄판결을 하여야 한다. 다만, 이에 대한 유죄의 판결이 선고되기 전에 영업취소처분이 취소되면 범죄가 성립되지 않는다.

참고판례

▸ 행정행위의 적법·위법이 문제된 경우: 大判 1986.1.28, 85도2489.

"동래구청장의 시설개선명령은 온천수의 효율적인 수급으로 온천의 적절한 보호를 도모하기 위한 조치로서, 위 온천법 제15조가 정하는 온천의 이용증진을 위하여 특히 필요한 명령이라 할 것이니, 이를 이행하지 아니하여 이에 위반한 피고인 등의 행위는 온천법 제26조 제1호, 제15조의 구성요건을 충족하였다고 할 것이다."

▸ 행정행위의 유효·무효가 문제된 경우

① 大判 1982.6.8, 80도2646.

"사위(詐僞)의 방법으로 연령을 속여 발급받은 운전면허는 비록 위법하다 하더라도, 도로교통법 제65조 제3호의 허위, 기타 부정한 수단으로 운전면허를 받은 경우에 해당함에 불과하여 취소되지 않는 한 그 효력이 있는 것이라 할 것이므로, 그러한 운전면허에 의한 운전행위는 무면허운전이라 할 수 없다."

② 大判 1991.5.14, 91도627.

"피고인 갑이 어업면허를 받아 피고인 을과 동업계약을 맺고 피고인 을의 비용으로 어장시설을 복구 또는 증설하여 어류를 양식하던 중 어업면허가 취소되었으나 피고인 갑이 행정소송을 제기하여 면허취소처분의 효력정지가처분결정을 받은 후 면허취소처분을 취소하는 판결이 확정되었다면, 피고인들간의 거래는 어업권의 임대가 아니며 면허취소후 판결로 그 처분이 취소되기까지 사이에 어장을 그대로 유지한 행위를 무면허어업행위라고 보아서 처벌할 수는 없다."

(3) 소 결

결론적으로 구성요건적 효력과 선결문제의 법리는 민사사건과 형사사건에서 동일하다고 보는 것이 타당하다.

4. 확정력(불가쟁력·불가변력)

1) 불가쟁력(不可爭力)

(1) 개 념

행정행위는 일정한 법률사실의 존재(행정쟁송기간의 경과)로 상대방 기타의 이해관계인이 더 이상 그 효력을 다툴 수 없게 되는 힘을 가지는 바, 이를 가리켜 행정행위의 '불가쟁력'(형식적 확정력)이라 한다.

(2) 성 질

불가쟁력은 행정법관계의 조기확정이라는 목적을 실현하기 위한 입법정책에 따라 실정법에 의하여 승인된 효력이기 때문에 이로써 행정행위의 적법성·타당성이 확정되는 것은 아니다. 그러므로 국가배상청구소송에서 그 적법성을 다투는 것이 허용됨은 물론 취소권 제한의 법리가 적용되지 아니하는 범위 내에서 행정청 자신의 직권에 의한 취소·변경은 아무런 방해를 받지 아니한다.

그리고 무효인 행정행위에는 불가쟁력이 생기지 아니한다.

2) 불가변력(不可變力)

(1) 개 념

준사법적 쟁송절차를 거쳐 이루어지는 행정행위는 적법·위법, 당·부당을 불문하고 분쟁의 평화적 해결이라는 관점에서 특별한 규정이 없는 한 행정청이 직권으로 취소하거나 변경할 수 없는 바, 이를 가리켜 행정행위의 '불가변력'(실질적 확정력)이라 한다.

불가변력은 행정행위의 다른 효력과는 달리 직접 법률의 규정에 의하여 승인되는 것이 아니라, 분쟁의 평화적 해결이라는 관점에서 준사법적 절차를 거쳐 이루어지는 행위에 한정하여 허용되는 이론상의 효력이다. 어디까지나 이 효력은 행정청 자신에 의한 취소나 변경이 허용되지 아니하는 힘이기 때문에 법원이 당해 행위를 취소할 수 있음은 물론이다.

불가변력은 행정행위의 유효성을 전제로 하여 승인되는 것으로서 무효인 행정행위에 불가변력은 존재하지 아니한다.

(2) 불가변력의 특성-법치주의와의 관계

불가변력은 행정행위의 적법·위법을 불문하고 인정되는 효력이므로 법치주의의 견지에서 볼 때, 그 승인에는 엄격한 해석이 필요하다. 원래 불가변력은 판결의 기속력에 대응하는 효력으로 인정된 효력이기 때문에 이는 조직·구성·권한에 있어서 공평한 제3자적 입장에 서는 행정청에 의하여 재판절차에 준하는 신중한 절차를 거쳐 이루어지는 행정행위에 한하여서만 인정된다.

(3) 관련 용어의 문제

① 불가변력은 판결의 실질적 확정력인 기판력에 대응하는 개념으로, 행정행위에 의하여 정해진 법률관계의 내용이 이후 당사자 사이의 법률관계의 기준이 되어 당사자나 기타 행정청·법원이 이에 모순되는 주장이나 판단을 할 수 없는 효력을 판결의 기판력과 대응하여 '실질적 확정력'이라고 한다.

② 행정행위의 직권취소나 철회가 일정한 한도에서 제한되는 경우도 불가변력과 유사한 점은 있으나, 이는 원래의 불가변력과는 성질·차원을 달리하므로 이 문제는 행정행위의 취소권·철회권제한의 법리에 해당한다고 보는 것이 합리적이다.

5. 강제력(집행력 및 제재력)

1) 자력집행력

(1) 의 의

'자력집행력'이란 행정청이 상대방의 의사에 반하여 행정행위의 내용을 실현할 수 있는 효력을 말한다. 구체적으로 설명하면 조세부과처분에 불응하여 납부가 이루어지지 아니할 경우, 채권자인 행정청(국세청)이 법원에 제소하지 아니하고 행정청 스스로가 체납처분을 실행하여 자신의 채권의 내용을 실현하거나, 행정청의 위법한 건축물의 철거명령에도 불구하고 상대방이 이를 이행하지 아니할 때 행정청 스스로가 또는 제3자에게 의뢰하여 의무를 이행하게 하는 것을 말한다.

(2) 근 거

행정행위의 집행력을 인정하는 근거에 대해서는 ① 집행력은 행정행위로부터 직접 발생되는 효력의 하나라고 보는 행정효력설과, ② 강제권과 집행권은 사법권에 고유한 권력이기 때문에 행정권에 의한 강제집행이 허용된다면 그것은 특별한 법령의 근거가 있어야 한다는 법규효력설이 대립된다.

생각건대, 실질적 법치주의 아래서는 집행력을 행정행위에 고유한 효력이 아니라, 행정목적의 조기실현이라는 입법정책에 따라 행정행위의 수권법규와는 다른 별개의 실정법에 의하여 특별히 승인되는 효력으로 보아야 한다. 따라서 행정행위의 근거 규범과는 별도로 행정행위의 집행력을 인정하는 법률의 근거가 필요하다.

(3) 집행력의 목적

행정행위에 집행력이라는 효력을 승인하는 목적은 행정행위의 내용의 조기실현, 즉 행정목적의 조기실현에 있다. 아울러 법원의 부담경감이라는 목적도 있다.

(4) 집행력의 한계

집행력은 그 성질상 의무를 과하는 행정행위(하명 · 금지)에 한하고, 행정행위의 유효성을 전제로 하기 때문에 무효인 행정행위에는 존재하지 않는다.

2) 제재력

행정행위상의 의무위반행위에 대하여는 법률상 일정한 제재(행정형벌이나 질서벌 등)가 규정되어 있는 경우가 있다. 이 경우 제재는 의무위반에 대한 궁극적 처벌이라는 심리적 강제에 의하여 행정상 의무이행을 확보하여 주는 기능이 있으므로, 집행력은 광의로 본다면 의무위반에 대한 제재까지도 포함하는 의미이다. 제재력의 근거, 목적, 한계 등에 관한 내용은 집행력에서 기술한 내용과 같다.

第 5 節 行政行爲의 瑕疵

주요쟁점

1. 무효와 취소의 구별실익과 구별기준은 어떠한가?
2. 하자의 승계의 의미는 어떠한가?

Ⅰ. 概 觀

1. 하자 있는 행정행위

1) 의 의

'법률에 의한 행정의 원리'는 행정행위가 법률의 내용에 합치하고 더불어 공익에 적합할 것을 요청한다. 행정행위는 적법성과 공익적합성을 동시에 충족시켜야만 비로소 완전하게 효력이 발생한다. 적법성에 반하는 행정행위는 위법이고, 공익적합성에 반하는 행정행위는 부당한 것으로서 이러한 흠이 있는 행정행위를 가리켜 '하자있는 행정행위'라 한다.

2) 하자있는 행정행위의 효과

하자있는 행정행위에 어떠한 법적 효과를 부여할 것인가는 입법정책으로 결정할 수 있다. 그러나 일반적으로 법령은 행위요건만을 규정하고 있을 뿐 요건에 위배된 행위의 효과에 대해서는 명시적 규정을 두지 않고 있다.

학설·판례는 '하자있는 행정행위'의 효과에 대하여 무효인 행정행위와 취소할 수 있는 행정행위로 구분하고 있다.

2. 무효인 행정행위와 취소할 수 있는 행정행위

학설·판례는 하자의 원인과 정도의 차이에 따라 하자있는 행정행위를 다음과 같이 분류한다.

- 광의의 하자있는 행정행위
  - 하자있는 행정행위
    - 부당한 행정행위
    - 위법한 행정행위
      - 취소할 수 있는 행정행위
      - 무효인 행정행위
  - (행정행위의 부존재)

① 행정행위에는 공정력이 있기 때문에 그 하자는 원칙적으로 '취소할 수 있는 행정행위'에 해당한다. 그러나 이러한 원칙에도 불구하고 현실적으로 하자가 매우 뚜렷하여 쟁송절차로 취소되기까지는 유효한 것으로 보는 것이 지나치게 불합리하다고 생각될 경우에는 취소를 기다리지 아니하고 처음부터 유효한 행정행위로서 인정하지 않는 '무효인 행정행위'에 해당한다.

② 무효인 행정행위에는 공정력, 불가쟁력, 자력집행력 등 일체의 효력이 존재하지 아니하고, 일련의 취소절차를 거치지 않더라도 처음부터 유효한 행정행위로서의 구속력이 인정되지 않는다. 즉, 조세의 부과처분이 무효원인인 하자를 띤다면 처분을 받은 자는 처음부터 세금을 납부할 필요가 없으며, 비록 세금을 납부하였다 하더라도 취소절차 등을 거칠 필요없이 언제라도 당해 처분의 무효를 주장하여 납부한 세액의 반환을 청구할 수 있으며, 민사소송의 수소법원도 역시 선결문제의 심리에 있어서는 무효인 행정행위에 구속받지 아니한다. 또한 행정소송법이 '취소할 수 있는 행정행위'에 대하여 취하고 있는 제소기간, 사정판결 등 쟁송절차상의 여러 가지 제약은 무효인 행정행위에는 적용되지 아니한다.

3. 행정행위의 부존재

1) 의 의

'행정행위의 부존재'는 행정행위 그 자체가 처음부터 성립되지 않고 행정행위로서 외관상이나 형식상으로 전혀 표시되지 아니한 것이기 때문에, 일단 행정행위로서 성립된 후 그 법률효과의 하자가 문제되는 무효인 행정행위와는 개념상 구별된다. 즉, '취소할 수 있는 행정행위'와 '무효인 행정행위'가 그 법적 효과는 별개로 하더라도 현실적으로는 행정행위로서의 외관을 구비하고 있음에 대하여, '부존재'는 행정청의 내부적 의사결정이 아직 상대방에게 통지되지 않아 행정행위로서 성립되지 않은 경우나 행정기관이 아닌 명백한 사인의 행위 등과 같이 행정행위로서의 외관을 구비하고 있지 않은 경우를 말한다.

2) 무효와 부존재의 구별

(1) 긍정설

'무효인 행정행위'의 경우에도 여하튼 행정행위의 외관을 사실상 구비하고 있기 때문에 마치 효력이 있는 것으로 오해될 우려가 있으므로 그 효력을 소송으로 배제하기 위하여 무효확인의 소를 제기할 이유가 인정된다.

이에 반하여, '행정행위의 부존재'의 경우에는 전혀 행정행위로서의 외관을 갖추지 못하고 있으므로 소가 제기되더라도 각하를 면하지 못한다는 점에서 무효와 부존재의 구별을 인정한다.

(2) 부정설

행정행위의 '무효'와 '부존재'를 이론적으로 구별하기가 어려울 뿐만 아니라 '무효'와 '부존재'에 해당하는 하자의 정도도 상대적이라는 점을 고려하면, '부존재'도 '무효'의 일종에 불과하다고 보아 무효와 부존재의 구별을 부정한다.

(3) 사 견

'행정행위의 부존재'의 경우에는 전혀 행정행위로서의 외관을 갖추지 못하고 있으므로 소가 제기되더라도 각하된다는 점에서 무효와 구별할 필요가 없는 것은 아니지만, 행정행위의 '무효'와 '부존재'의 구별이 어려우며, '무효'와 '부존재'에 해당하는 하자의 정도가 상대적인 점을 고려하면 구별실익은 의미가 없다고 하겠다.

이러한 취지에서 행정쟁송법제는 무효확인쟁송과 부존재확인쟁송을 '무효등확인심판'(行審法 §4 2호) 및 '무효등확인소송'(行訴法 §4 2호)으로 동일하게 취급하고 있어, 무효와 부존재의 구별실익은 실질적으로 의미가 없다.

참고판례

▸ 大判 1967.6.27, 67누44.

"행정내부에서의 행위, 알선, 권유, 사실상의 통지 등과 같은 행정처분의 부존재는 행정소송의 대상이 될 수 없고, 따라서 본안심리를 기다릴 것도 없이 각하하는 수밖에 없다."

Ⅱ. 取消할 수 있는 行政行爲와 無效인 行政行爲의 구별

1. 구별실익

1) 행정쟁송의 형식 등

무효인 행정행위에는 무효확인심판이나 무효확인소송을 제기하고, 취소할 수 있는 행정행위에는 취소심판이나 취소소송을 제기한다. 무효인 행정행위의 특성상 행정심판전치주의와 제소기간 등의 제한을 받지 아니한다(行訴法 §38 참조).

한편 무효인 행정행위에 대하여도 취소심판이나 취소소송을 제기할 수 있다. 이 경우의 취소는 무효선언의 의미에서의 취소이다. 무효인 행정행위에 대하여도 취소심판이나 취소소송을 제기하는 경우에는 제소기간 등 취소심판이나 취소소송의 요건을 갖추어야 한다(大判 1987.6.9, 87누219).

2) 불가쟁력

무효인 행정행위는 언제나 무효를 주장할 수 있으므로 이를 다툼에 있어서 쟁송기간의 제한이 없다. 이에 반하여 취소할 수 있는 행정행위의 경우에는 일정한 쟁송기간 내에 이를 다투지 아니하면 더 이상 다툴 수 없는 불가쟁력이 발생한다.

3) 선결문제

민사소송이나 형사소송에 있어서 행정행위의 무효 여부가 선결문제가 되는 경우에, 무효인 행정행위인 경우에는 수소법원이 이를 무효임을 전제로 판단할 수 있으나 취소할 수 있는 행정행위인 경우에는 이를 무효임을 전제로 판단할 수 없다. 다만, 행정행위의 위법 여부가 선결문제인 경우에는 수소법원이 이를 독자적으로 심리 · 판단할 수 있다.

4) 사정재결 · 사정판결

단순위법의 경우에는 청구가 이유 있다고 인정하는 경우에도 청구를 기각하는 결정인 사정재결 및 사정판결이 인정되나(行審法 §44①, 行訴法 §28① 참조), 행정행위가 무효인 경우에는 사정재결이나 사정판결에 의하여 유지시킬 유효한 행정행위가 처음부터 존재하지 않기 때문에 사정재결이나 사정판결이 인정되지 않는다(行審法 §44③).

5) 하자(위법성)의 승계

둘 이상의 행정행위가 단계적으로 이루어질 때 선행행위에 무효사유인 하자가 있는 경우에는 선행행위의 하자는 후행행위에 승계되지만, 취소사유인 하자가 있는 경우의 후행행위 승계여부는 사안에 따라 구체적으로 판단하여야 한다.

6) 하자의 치유와 전환

하자의 치유는 취소할 수 있는 행정행위에 예외적으로 인정되나, 하자의 전환은 무효인 행정행위에 예외적으로 인정된다.

2. 구별기준

1) 학 설

(1) 중대명백설(외관상 일견명백설)

이 견해는 '취소할 수 있는 행정행위'와 '무효인 행정행위'를 구별하는 기준을 '하자의 중대명백성'에서 구하고, 하자있는 행정행위는 취소할 수 있음을 원칙으로 하지만 그 하자가 중대하고 명백한 경우에는 무효가 된다고 한다.

즉, 행정행위가 무효가 되기 위해서는 위법한 행정행위에 내재하는 하자가 중대한 법규위반이 있어 그 하자가 중대하여야 하고, 또한 그 하자가 외관상 명백하여야 한다. 이에 반하여 행정행위의 하자가 중대하지만 명백하지 않다든지 명백하지만 중대하지 않은 경우에 행정행위는 당연무효가 아니고 취소사유로 보게 된다.

(2) 조사의무위반설과 명백성보충요건설

이 견해도 기본적으로는 중대명백설과 같은 취지이지만, '명백성'의 인식주체가 누구이며 어느 정도의 하자를 가리켜 명백한 하자로 볼 것인가에 대하여 차이가 있다.

즉, 중대명백설이 외관상 일견명백설이라 한다면, 하자의 명백성의 인식주체를 일반 국민에게 명백한 경우뿐만 아니라 관계 공무원에게도 명백한 경우도 포함함으로써 명백성의 요건을 완화하여 무효사유를 확대하고자 하는 조사의무위반설과 하자의 중대성은 반드시 필요하나 명백성은 법적 안정성 내지 제3자의 이익보호를 위하여 필요한 경우에만 요구된다는 명백성보충요건설이 있다.

이 견해에 따르면 '명백성'의 의의는 그렇게 엄격하지 않으므로 무효의 범위가 확대됨으로써 국민의 구제에는 도움이 된다.

(3) 구체적 가치형량설

이 견해는 하자있는 행정행위가 취소할 수 있는 행정행위에 그칠 것인가, 아니면 무효인 행정행위로 될 것인가에 대해서 하자의 '중대명백성'이라는 통일적 기준으로서 결정하려는 것으로는 합리적인 기준이 될 수 없다고 보고, 개별 구체적 경우에 관계되는 제반 이익을 고려하여 정하여야 한다고 한다.

바꾸어 말하면, 행정행위의 무효와 취소의 구별은 그것이 문제가 되는 분쟁상황, 행정행위를 둘러싼 이익상황, 이해관계의 성격, 그리고 행정행위의 성질 등 구체적인 모든 사정을 고려하여 이루어지는 것이지 중대명백이라는 획일적인 기준을 기계적으로 적용함으로써 이루어지는 것은 아니라고 한다.

2) 판 례

대법원은 "위법한 행정행위에 내재하는 하자가 중대한 법규위반이 있어 그 하자가 중대하고 명백한 경우에는, 비록 그 행정행위가 외형적으로 존재하고 행정청이 그 유효임을 주장할지라도 그 행정처분은 처음부터 그 효력을 인정할 수 없는 행정처분이라 할 것이고, 이에 반하여 행정처분의 하자가 중대하고 명백한 것이 아닌 때에는 그 행정처분은 당연무효가 아니고 취소청구의 대상이 된다."(大判 1985.9.24, 85다326)고 하여 중대명백설을 취하고 있다. 또한 "행정처분의 하자가 객관적으로 명백하다 함은 그 행정처분 자체의 하자가 외관상 명백하다 함을 말하는 것으로서, 단순히 행정처분의 대상 자체에 명백한 하자가 있음만을 가리키는 것은 아니다."고 하여 '외관상 일견명백설'을 취하였다(大判 1987.6.23, 85누944).

3) 사 견

무효와 취소의 구별기준은 국민의 권리구제와 행정의 법적 안정성과의 관계를 고려하여야 한다는 관점에서 보다 객관적인 기준인 중대명백설이 설득력이 있다. 그러나 하자의 중대성과 명백성은 당해 행정행위와 관련된 법률의 목적·의미·기능 등과 동시에 당해 행정행위가 행하여진 구체적 특수성을 고려하여야 한다는 관점에서 보면 구체적 가치형량설도 중대명백설의 연장선상에 있는 것으로 보인다.

판례도 "하자가 중대하고 명백하여 당연무효로 되는 것인가 또는 취소를 할 수 있음에 불과한 것인가는 그 법률의 목적·의미·기능 등을 목적론적으로 고찰함과 동시에 그 구체적 사안 자체의 특수성에 관하여도 합리적으로 고찰함을 요한다."(大判 1985.7.23, 84누419)고 판시하여, 행정행위의 무효의 기준으로서 추상적인 하자의 중대명백성을 강조하면서도, 그 구체적 사안 자체의 특수성을 합리적으로 고려할 것을 요청함으로써 구체적 가치형량의 관점을 수용하고 있다.

참고판례

▸ 무효의 판단기준

① 大判 1987.6.23, 85누944.

"과세관청이 사실관계를 오인하여 부과한 과세처분은 일반적으로 당연무효가 아니라 할 것이나, 사실관계오인의 근거가 된 과세자료가 외형상 상태성(常態性)을 결여하거나 또는 객관적으로 그 성립이나 내용의 진정을 인정할 수 없는 것임이 명백한 경우에는… 그 과세처분은 그 하자가 중대할 뿐만 아니라, 객관적으로도 명백하여 무효라고 보아야 한다."

② 大判 1985.7.23, 84누419(同旨 大判 1991.10.22, 91다26690).

"행정처분이 당연무효라고 하기 위하여는 그 처분에 위법사유가 있다는 것만으로는 부족하고 그 하자가 중요한 법규에 위반한 것이고 객관적으로 명백한 것이어야 하며, 하자가 중대하고 명백한 것인가의 여부를 판단함에 있어서는 그 법규의 목적 · 의미 · 기능 등을 목적론적으로 고찰함과 동시에 구체적인 사안 자체의 특수성에 관하여도 합리적으로 고찰함을 요한다."

Ⅲ. 行政行爲의 瑕疵의 事例

1. 주체(행위자)에 관한 하자

1) 정당한 권한이 없는 행정청의 행위

① 행정청이 될 수 없는 자(공무원의 결격사유에 해당하는 자, 공직의 임기가 만료된 자 등)가 행한 행위는 원칙적으로 무효이다. 단지 상대방의 신뢰를 보호하기 위하여 '사실상의 공무원 이론'을 적용하여 이러한 행위를 유효로 인정하는 경우도 있다.

② 합의제행정청의 경우에는 그 위원회가 적법하게 구성된 것이 아니거나 위원회의 구성원에 결격자가 참여한 경우 등은 무효원인으로 보는 것이 옳다.

참고판례

▸ 권한없는 행정청의 처분이라도 무효로 볼 수 없다는 사례 : 大判 1984.7.10, 82누563.

"…지방자치단체의 장은 국가사무를 처리하는 범위 내에서는 국가의 보통지방행정기관의 지위에 있는 것이며, 공유수면관리법 제3조에 공유수면은 도지사가 관리하도록 되어 있으니 도지사는 위 규정들에 의하여 조례가 정하는 바에 따라 그 권한에 속하는 사무의 일부를 시장에 위임할 수 있다고 해석되므로 피고(삼천포시장)의 이 사건 공유수면에 대한 점용허가의 취소처분의 당부를 심리판단함이 없이 직권판단만으로 점용허가취소처분이 당연무효라고 단정함은 위법이다."

2) 권한을 일탈한 경우

행정청이 그 본래의 권한을 일탈한 경우도 무권한의 행위로서 무효라고 보아야 할 것이다.

3) 행위자의 의사에 결함이 있는 경우

일반적으로 행정행위는 사인의 법률행위와는 달리 행위자의 심리적 동기 자체보다도 그것이 법률의 규정에 따라 행하여졌는가의 여부가 더욱 중요하기 때문에 행정행위가 착오에 기인한 것이라 하더라도, 그것이 법령의 규정에 위반하지 아니하는 한 유효하다. 그러나 행정청인 공무원이 심신상실 또는 고도의 강박하에서 행한 행정행위는 무효라 할 것이다.

2. 내용에 관한 하자

1) 일반적인 경우

행정행위의 내용상 하자는 취소원인인 것이 원칙이다. 그러나 일반적으로 내용이 불명확하거나 사실상 또는 법률상 실현이 불가능한 행정행위는 무효가 된다.

참고판례

▸ 내용이 불명확한 행정행위는 무효라는 사례 : 大判 1979.5.31, 79누1.

"행정처분에 있어서는 그 처분내용의 범위가 확정되어야 하는데 계고처분의 내용이 건물의 총면적중 153평방미터만을 철거하라는 것은 구체적으로 어느 부분의 153평방미터를 철거하라는 것인지 확인되지 아니한 위법으로 무효이다."

2) 위헌법률에 근거한 행정행위의 하자의 정도

(1) 행정행위의 효력

위헌결정이 있은 이후에 당해 법률에 근거한 행정행위는 당연히 무효이다. 그러나 행정행위가 있은 이후에 그 근거가 된 법률이 위헌으로 결정된 경우에는 하자의 중대성은 인정되지만 하자의 명백성을 결하는 것으로 보아 취소사유에 해당한다. 따라서 이를 무효확인소송으로 다투면 법원은 이를 기각하여야 한다.

(2) 소급효 여부

위헌결정의 효력은 그 결정이 있는 날로부터 효력을 상실하므로(憲裁法 §47②) 제소기간이 도과하여 확정력이 발생한 경우에는 소급효가 미치지 않는다.

참고판례

▸ 위헌법률에 근거한 처분의 효력 등 : 大判 1994.10.28, 92누9463 (同旨 大判 2002.11.8, 2001두3181 참조).

"가. 법률에 근거하여 행정처분이 발하여진 후에 헌법재판소가 그 행정처분의 근거가 된 법률을 위헌으로 결정하였다면 결과적으로 행정처분은 법률의 근거가 없이 행하여진 것과 마찬가지가 되어 하자가 있는 것이 되나, 하자 있는 행정처분이 당연무효가 되기 위하여는 그 하자가 중대할 뿐만 아니라 명백한 것이어야 하는데, 일반적으로 법률이 헌법에 위반된다는 사정이 헌법재판소의 위헌결정이 있기 전에는 객관적으로 명백한 것이라고 할 수는 없으므로 헌법재판소의 위헌결정 전에 행정처분의 근거되는 당해 법률이 헌법에 위반된다는 사유는 특별한 사정이 없는 한 그 행정처분의 취소소송의 전제가 될 수 있을 뿐 당연무효사유는 아니라고 봄이 상당하다.

나. 위헌인 법률에 근거한 행정처분이 당연무효인지의 여부는 위헌결정의 소급효와는 별개의 문제로서, 위헌결정의 소급효가 인정된다고 하여 위헌인 법률에 근거한 행정처분이 당연무효가 된다고는 할 수 없고, 오히려 이미 취소소송의 제기기간을 경과하여 확정력이 발생한 행정처분에는 위헌결정의 소급효가 미치지 않는다고 보아야 한다.

다. 어느 행정처분에 대하여 그 행정처분의 근거가 된 법률이 위헌이라는 이유로 무효확인청구의 소가 제기된 경우에는 다른 특별한 사정이 없는 한 법원으로서는 그 법률이 위헌인지 여부에 대하여는 판단할 필요 없이 그 무효확인청구를 기각하여야 한다."

3) 절차에 관한 하자

(1) 권익보호 내지 이해관계인의 참여절차의 하자

일반적으로 그 절차가 상대방을 비롯하여 이해관계인의 권리 또는 이익을 보호할 목적으로 인정된 경우 또는 서로 대립하는 이해관계인 사이의 이해조정을 목적으로 인정된 경우에는 그 절차를 결한 행위는 원칙적으로 무효라고 하여야 할 것이다.

(2) 관계기관과의 협력절차의 하자

절차가 단순히 행정의 내부적 요청, 즉 행정의 원활과 합리적 운영 기타 행정상의 편의를 목적으로 하여 두어진 경우에는 그 절차를 결한 행위는 원칙상 취소원인에 불과하다고 보아야 할 것이다.

4) 형식에 관한 하자

행정행위가 특정 형식으로 행하여져야 한다는 것이 법정되어 있는 경우에 이를 갖추지 않는 경우에는 원칙적으로 무효이다.

Ⅳ. 行政行爲의 瑕疵의 承繼

1. 개 설

1) 의 의

하자있는 행정행위는 취소되어야 하지만, 둘 이상의 행정행위가 선후의 관계에 있을 때 해당 행정행위 자체의 위법이 아니라 그 행정행위에 선행하는 행정행위의 하자를 해당 행정행위의 위법사유로 주장할 수 있는가 하는 것이 하자(위법성) 승계의 문제이다.

전통적 견해에 의하면 행정상의 법률관계는 가능하면 조기에 확정하여 안정을 유지하여야 하기 때문에 둘 이상의 행정행위가 연속하여 이루어질 때 선행행정행위 및 후행행정행위의 하자는 각자 독립적인 것으로 보아, 상호간에 하자의 승계는 허용되지 않는다고 보았다. 이는 불가쟁력이 이미 발생한 행정행위를 후에 다툴 수 없게 하여 법적 안정성을 도모하자는 입장이다.

생각건대, 하자의 승계의 인정 여부는 행정법관계의 조기확정에 따른 법적 안정성의 도모할 것인가 아니면 국민의 권리구제를 도모할 것인가의 가치선택의 문제이다.

2) 논의의 전제

하자의 승계는 ① 선행행정행위에 하자가 무효가 아닌 취소의 하자일 것, ② 선행행정행위에 불가쟁력이 발생할 것, ③ 후행행정행위가 적법일 것을 그 전제로 한다.

왜냐하면, ① 선행행정행위의 하자가 무효인 경우에는 선행행위의 하자는 당연히 후행행정행위에 승계되며, ② 선행행정행위에 불가쟁력이 발생하지 않은 경우에는 선행행정행위를 다툼으로써 그 목적을 달성할 수 있기 때문이다. 또한 ③ 후행행정행위가 위법하면 그 위법을 다투어 권리구제가 가능하기 때문에 하자의 승계문제가 생기지 않는다.

2. 하자의 승계 여부

1) 승계가 인정되는 경우

선행처분과 후행처분이 결합하여 하나의 절차를 구성하고 동일 목적의 법률효과를 발생시키는 것일 때에는 위법성의 승계를 인정하여 선행처분의 위법을 이유로 후행처분의 효력을 다툴 수 있다. 이는 법적 안정성보다 국민의 권리보호가 더욱 중요한 경우이다.

하자의 승계가 인정되는 경우로 대집행절차상의 계고처분과 대집행영장발부통보처분 사이, 조세체납처분에 있어 독촉·압류·매각·배분의 각 행위 사이 등이 있다. 이외에도 안경사시험합격무효처분과 안경사면허취소처분 사이(大判 1993.2.9, 92누4567) 및 기준지가고시처분과 토지수용처분(大判 1979.4.24, 78누242), 개별공시지가와 과세처분(大判 1994.1.25, 93누8542) 등에서도 인정된 경우가 있다.

2) 승계가 인정되지 않는 경우

선행처분과 후행처분이 서로 관련이 있어도 그것이 제각기 독립하여 별개의 법효과를 발생시키는 것일 때에는 선행처분의 위법은 후행처분에 승계되지 않는다.

하자의 승계가 인정되지 않는 경우로는 조세의 부과와 조세체납처분(大判 1977.7.12, 76누51) 사이, 도시계획결정과 수용재결처분(大判 1990.1.23, 87누947) 사이,

직위해제처분과 면직처분(大判 1984.9.1, 84누191) 사이 등이 있다.

3) 소 결

판례가 하자의 승계를 인정하는 범위는 상당히 제한적이라 할 수 있다. 판례의 이러한 태도는 국민의 권익구제라는 관점에 의하면 새로운 검토가 필요하다고 하겠다.

3. 하자의 승계론과 구속력론

1) 구속력의 의의

선행행위의 후행행위에 대한 구속력론은 행정행위의 하자의 승계문제를 선행행위의 후행행위에 대한 구속력의 문제로 다룬다. 이 견해에 의하면, 둘 이상의 행정행위가 일련의 절차에서 연속하여 행하여지는 경우, 행정청은 후행행위의 규율에 있어서 선행행위의 규율내용과 모순되는 결정을 내려서는 안 되며, 상대방도 후행행위에 대한 불복에 있어서 선행행위의 규율내용에 대해서 다투어서는 안 되는 효력이 발생한다고 한다.

2) 구속력의 범위(한계)

구속력이 발생하기 위하여는 다음과 같은 요건을 요구한다. 즉, ① 객관적 한계(내용적·사물적 한계)로서 선행행위와 후행행위가 동일한 목적을 추구하고 그 법적 효과가 기본적으로 일치하여야 하고, ② 주관적 한계(대인적 한계)로 후행행위의 당사자가 선행행위의 당사자와 일치하여야 하며, ③ 시간적 한계로 선행행위의 사실 및 법적 상황의 동일성을 전제로 하여야 하며, ④ 추가적 요건으로, 개인의 권리보호가 부당하게 축소되는 것을 방지하기 위하여, 그와 같은 구속력이 개인에게 예견가능성 내지 수인가능성이 인정되는 경우에 구속력이 미친다는 것이다.

3) 판 례

구속력의 문제는 개별공시지가결정과 과세처분 사이의 하자의 승계 여부에 대한 사건에서 제기되었다. 이와 관련된 사건에서 대법원은 선행행위의 후행행위에 대한 구속력과 관련하여 선행처분의 구속력을 부정하고 선행처분의 위법을 후행처분에서 주장할 수 있다고 판시하기도 하고(大判 1994.1.25, 93누8542), 선행처분의 구속력을 인정하여 선행처분의 위법을 후행처분에서 주장할 수 없다고 판시하기도 하였다(大判 1998.3.13, 96누6069).

참고판례

▸ 구속력을 부정한 사례 : 大判 1994.1.25, 93누8542.

"개별공시지가결정은 이를 기초로 한 과세처분 등과는 별개의 독립된 처분으로서 서로 독립하여 별개의 법률효과를 목적으로 하는 것이나, 개별공시지가는 이를 토지소유자나 이해관계인에게 개별적으로 고지하도록 되어 있는 것이 아니어서 토지소유자 등이 개별공시지가결정 내용을 알고 있었다고 전제하기도 곤란할 뿐만 아니라 결정된 개별공시지가가 자신에게 유리하게 작용될 것인지 또는 불이익하게 작용될 것인지 여부를 쉽사리 예견할 수 있는 것도 아니며, 더욱이 장차 어떠한 과세처분 등 구체적인 불이익이 현실적으로 나타나게 되었을 경우에 비로소 권리구제의 길을 찾는 것이 우리 국민의 권리의식임을 감안하여 볼 때 토지소유자 등으로 하여금 결정된 개별공시지가를 기초로 하여 장차 과세처분 등이 이루어질 것에 대비하여 항상 토지의 가격을 주시하고 개별공시지가결정이 잘못된 경우 정해진 시정절차를 통하여 이를 시정하도록 요구하는 것은 부당하게 높은 주의의무를 지우는 것이라고 아니할 수 없고, 위법한 개별공시지가결정에 대하여 그 정해진 시정절차를 통하여 시정하도록 요구하지 아니하였다는 이유로 위법한 개별공시지가를 기초로 한 과세처분 등 후행 행정처분에서 개별공시지가결정의 위법을 주장할 수 없도록 하는 것은 수인한도를 넘는 불이익을 강요하는 것으로서 국민의 재산권과 재판받을 권리를 보장한 헌법의 이념에도 부합하는 것이 아니라고 할 것이므로, 개별공시지가결정에 위법이 있는 경우에는 그 자체를 행정소송의 대상이 되는 행정처분으로 보아 그 위법 여부를 다툴 수 있음은 물론 이를 기초로 한 과세처분 등 행정처분의 취소를 구하는 행정소송에서도 선행처분인 개별공시지가결정의 위법을 독립된 위법사유로 주장할 수 있다."

▸ 구속력을 인정한 사례 : 大判 1998.3.13, 96누6069.

"개별토지가격 결정에 대한 재조사 청구에 따른 감액조정에 대하여 더 이상 불복하지 아니한 경우, 이를 기초로 한 양도소득세 부과처분 취소소송에서 다시 개별토지가격 결정의 위법을 당해 과세처분의 위법사유로 주장할 수 없다."

4) 평 가

이와 같은 구속력론은 하자의 승계론이 지니고 있는 국민의 권리구제기능의 한계를 지양하기 위한 이론으로 평가할 수 있다.

즉, 선행행위의 후행행위에 대한 구속력론은 구속력이 인정되지 않는 예외적인 경우에 선행행위의 위법을 후행행위에서 주장할 수 있어, 결과적으로 하자의 승계가 인정되는 것과 같은 효과를 가져 옴으로써 국민의 권리구제에 도움이 된다고 할 수 있다.

따라서 권리구제기능을 제고하기 위하여 선행행위와 후행행위가 서로 관련이 있기는 하여도 그것이 제각기 독립하여 별개의 법효과를 발생시키는 것일 때에도, 예외적으로 하자의 승계를 인정하지 않으면 개인에게 수인할 수 없는 가혹한 결과를 가져오는 경우에는 하자의 승계를 인정할 필요가 있다. 예를 들면 직위해제처분과 면직처분의 경우[1]가 이에 해당할 수 있다.

V. 瑕疵의 치유(治癒)와 전환(轉換)

1. 하자의 치유와 전환의 의의

'하자있는 행정행위'는 취소됨이 원칙이지만, 그 하자가 경미하거나 후일 사정의 변경이 있으면 적법한 행정행위로서 효력을 유지한다. 이것이 하자의 치유와 전환의 이론인 바, 그 논거로는 공공복리의 실현, 무익한 행정의 반복방지, 법질서의 안정도모 등이 제시되고 있다.

2. 하자의 치유

1) 치유의 의의

하자의 치유라 함은 행정행위에 위법한 요소가 있기는 하지만 그 위법이 경미하여 처분을 취소할 가치가 없거나 사정의 변화로 결여되고 있던 적법요건이 실질적으로 충족된 경우에 당해 행위를 적법한 행정행위로 취급하는 것을 말한다.

하자의 치유는 그 논리적 성격으로 보아 무효인 행정행위에는 있을 수 없고,

---

1) 임용권자가 직위를 해제한 경우 3개월의 대기기간 중 그 해제가 소멸된 때에는 지체없이 직위를 부여하도록 되어 있다. 따라서 직위를 해제당한 자는 다시 직위를 부여받게 될 것을 기대하며 근신하지 않을 수 없는 상태에서 90일의 제소기간이 경과하여 불가쟁력이 발생하고, 이후 직권면직을 다투고자 하는 경우에 하자의 승계가 인정되지 않는다면 가혹한 결과를 가져오기 때문이다.

취소할 수 있는 행정행위의 경우에만 인정된다.

2) 치유의 사유

하자의 치유가 인정되는 것으로는 ① 하자있는 소집절차로 회의를 개최한 경우나 필요한 신청서를 사후에 제출한 경우, 열람기간이 하루 모자라지만 그 사이 관계자 전원이 열람을 끝낸 경우처럼 요건이 사후에 보완된 경우라든지, ② 사실상의 공무원이론과 같은 경우이다.

권한행사의 지연에 따른 법적 불안정의 제거나 행정행위의 내용을 취소할 수 없는 공공복리상의 필요는 하자의 치유의 사유라고 볼 것이 아니라 행정행위 취소의 제한사유라 보는 것이 옳다.

참고판례

▸ 무효인 경우에는 하자의 치유가 인정되지 아니한다는 사례 : 大判 1989. 12. 12, 88누8869.

"징계처분이 중대하고 명백한 흠 때문에 당연무효의 것이라면 징계처분을 받은 자가 이를 용인하였다 하여 그 흠이 치유되는 것이 아니다."

3. 하자있는 행정행위의 전환

1) 전환의 의의

하자있는 행정행위의 전환이라 함은 어떤 행정행위에 하자가 있어 원칙으로는 무효이지만, 이를 별개의 행정행위로 볼 경우에는 법령의 요건이 충족되어 하자가 없고, 또 목적, 절차, 내용에 있어서도 적법요건을 충족하고 있다고 인정될 경우 이를 별개의 행정행위로 보아 유효한 것으로 취급하는 것을 말한다.

2) 전환의 요건

무효인 행정행위가 유효한 행정행위로 전환하기 위한 요건으로는 ① 두 행위 사이에 요건·목적·효과 등에 실질적 공통성을 가진 것으로, ② 행정청의 주관적 의도에 반하지 않아야 할 것이며, ③ 상대방에게 원처분보다 불이익을 과하는 것이어서는 아니될 뿐만 아니라 제3자의 이익을 침해하는 것이 아니어야 할 것 등이다.

4. 치유와 전환의 한계

원래 하자의 치유나 전환은 불필요한 행정절차의 반복을 피하기 위하여 행정경제의 관점에서 승인된 이론이지만, 이를 지나치게 허용하면 행정편의주의에 치우치기 쉽다. 그러므로 국민의 권리를 중시하고 행정절차의 공정을 존중하는 현행법 아래서는 치유나 전환을 손쉽게 허용해서는 아니된다는 한계가 있다.

第 6 節 行政行爲의 取消와 撤回

주요쟁점

1. 취소와 철회는 어떤 차이가 있는가?
2. 취소 및 철회의 제한의 법리는 어떠한가?

Ⅰ. 行政行爲의 取消

1. 취소의 개념

1) 의 의

'행정행위의 취소'란 행정행위가 그 성립에 하자가 있음을 이유로 일단 유효하게 성립한 행정행위의 효력을 원칙적으로 처음부터 소급하여 상실시키는 행위를 말한다.

이와 같이 일단 유효하게 통용되고 있는 행정행위의 효력을 상실시키는 취소의 방법에는 '직권취소'와 '쟁송취소'가 있다. '쟁송취소'는 행정쟁송을 통한 행정행위의 취소로서 행정쟁송제도에서 다루는 문제이므로 일반적으로 행정행위의 취소란 '직권취소'를 의미한다.

2) 직권취소와 쟁송취소

(1) 의 의

직권취소는 행정행위의 상대방이나 기타 관계인으로부터의 법적 청구를 기다리지 아니하고 행정청이 스스로 행정행위의 위법·부당을 이유로 이를 취소하는 것으로, 행정의 적법성 회복을 통한 공익의 달성에 그 의의가 있다.

이에 반하여 쟁송취소는 행정청의 위법·부당한 행정행위에 대하여 행정행위의 상대방을 비롯한 이해관계인의 쟁송제기에 의하여 쟁송판단기관이 이를 취소하는 것으로, 국민의 권익구제에 그 의의가 있다.

(2) 취소권자

직권취소는 처분행정청 및 감독청(견해 차이 있음)이 행하지만, 쟁송취소는 소관 행정심판위원회 및 관할법원이 행한다.

(3) 취소의 대상·기간 등

① 직권취소는 모든 행정행위가 대상이 되나, 쟁송취소는 침익적 행정행위가 대상이 된다. 물론 복효적 행정행위의 경우에도 침익적 효과로 인하여 쟁송취소의 대상이 된다.

② 직권취소는 불가쟁력이 발생한 경우에도 가능하므로 기간의 제한이 없으나, 쟁송취소는 불가쟁력으로 인한 기간의 제한이 있다. 한편 직권취소는 불가변력이 발생한 경우에는 불가능하나, 쟁송취소는 불가변력이 발생한 경우에도 가능하지만 기간의 제한이 있다.

(4) 취소사유

직권취소는 위법뿐만 아니라 부당한 경우에도 가능하다.

이에 반하여 쟁송취소는 행정심판의 경우에 부당한 경우에도 취소사유가 되나, 행정소송의 경우에 위법만이 취소사유가 된다.

(5) 취소권의 제한

직권취소는 취소로 인하여 달성되는 공익과 이로 인하여 상대방 등이 입는 사익을 비교교량하여야 한다.

이에 반하여 쟁송취소는 사익의 보호를 위한 것이므로 원칙적으로 취소하여야 한다. 다만, 취소하는 것이 현저히 공공복리에 적합하지 아니하다고 인정될 때에 취소가 제한된다(사정재결 및 사정판결).

(6) 취소의 절차·형식

직권취소는 「행정절차법」 및 개별법이 정하는 절차와 형식에 의한다. 주로 불이익처분절차가 중심이 된다. 이에 반하여 쟁송취소는 「행정심판법」 또는 「행정소송법」이 정하는 쟁송절차와 형식에 의한다.

(7) 취소의 효과

직권취소는 그 대상에 따라 소급효 여부가 달라진다. 원칙적으로 수익적 행정행위를 취소하는 경우에는 소급효가 제한된다. 이에 반하여 쟁송취소는 원칙적으로 소급효가 인정된다.

2. 취소권의 근거

직권취소를 하는 경우에는 법적 근거 없이 취소할 수 있다.

왜냐하면, 행정의 적법성과 타당성의 확보는 법치행정의 원칙이며, 행정행위의 근거규정은 처분의 근거규정인 동시에 취소권의 근거규정이 되기 때문이다.

3. 취소권자

1) 처분청

처분청은 명문의 근거가 없이도 취소할 수 있다.

2) 감독청

처분청의 상급행정청인 감독청은 감독권의 행사로서 하급행정청의 행정행위를 당연히 직권으로 취소할 수 있는가에 대해서는 ① 법률에 명문의 규정이 없더라도 당연히 취소할 수 있다는 적극설과, ② 법률에 명문의 규정이 없는 한 당연히 취소권을 가지는 것은 아니고 단지 처분청에 대하여 취소를 명할 수 있을 뿐이라는 소극설의 대립이 있다.

생각건대, 상급행정청은 취소·정지권이 인정되지 않더라도 훈령권을 근거로 하급행정청의 위법·부당한 행정처분의 취소 또는 정지를 요청할 수 있고, 상급행정청의 취소권의 행사는 처분행정청의 권한을 대행하는 일종의 대집행인 성질을 가지기 때문에 개별적 수권규정이 있는 경우 이외에는 소극적으로 해석하여야 할 것이다.

4. 취소사유

직권취소의 사유는 특별히 정한 것이 없다면 성립요건에 무효원인인 중대하고도 명백한 하자가 아닌 단순위법하거나 부당한 하자가 있는 경우이다.

5. 취소의 자유성과 그 제한

1) 취소의 자유성

전통적 행정법이론에 의하면 위법·부당한 행정행위는 법치주의의 원칙에 반하기 때문에 처분청이 이를 지체없이 취소하여야 할 뿐만 아니라 이를 취소하는 것을 의무로 이해하였다. 처분청이 이와 같이 직권에 의하여 자유롭게 행정행위를 취소할 수 있다는 원칙을 가리켜 '취소자유의 원칙'이라고 부른다.

2) 취소제한론

그러나 기본적 인권보호를 이념으로 하는 실질적 법치주의 아래에서는 행정행위에 하자가 있는 경우에도 '행정의 법률적합성의 원칙'과 '법적 안정성' 또는 '신뢰보호의 원칙'의 조화라는 관점에서 당해 행정행위를 취소할 수 없는 경우가 있다. 이를 '취소제한론'이라 하며, 수익적 행정행위를 취소하는 경우에 제기되는 문제이다.

(1) 침익적 행정행위의 경우

위법·부당한 침익적 행정행위의 취소는 법치국가적 요청과 국민의 권익보호의 요청에 부합하므로 자유롭게 취소할 수 있다.

(2) 수익적 행정행위의 경우

① 실질적 확정력(불가변력)을 가진 행정행위는 이를 행한 행정청 스스로가 취소할 수 없다.

② 포괄적 법률관계의 설정하는 경우(귀화허가, 공무원임명행위 등)에는 이를 근거로 수많은 법률관계가 형성되므로 법적 안정성의 측면에서 취소가 제한된다.

③ 위법·부당한 행정행위라 하더라도 비례원칙에 위반하면 취소할 수 없다. 즉, 위법한 처분을 취소함으로써 실현되는 공익과 취소로 인하여 입게 되는 불이익을 비교교량하여 실현되는 공익이 더 큰 경우에만 취소가 가능하다. 이에 위반하여 취소하면 오히려 그 취소 자체가 위법이 된다.

④ 신뢰보호의 원칙에 반하는 경우에 취소가 제한된다. 그러나 수익자가 사

기·강박 등 부정행위로 행정행위를 하게 하였을 경우와 같이 상대방인 수익자를 보호할 가치가 없는 경우에는 취소가 가능할 것이다.

⑤ 상당기간에 걸쳐 취소권을 행사하지 아니하고 그 결과 상대방에게도 이제는 취소되지 않으리라는 신뢰를 주게 되었을 경우에는 '실권의 법리'(취소권의 상실)에 의하여 취소권을 주장할 수 없게 된다.

참고판례

▸ 취소권 행사가 제한된 경우

① 大判 1991.4.12, 90누9520.

"행정처분에 하자가 있음을 이유로 처분청이 이를 취소하는 경우에도 그 처분이 국민에게 권리나 이익을 부여하는 이른바 수익적 행정행위인 때에는 그 처분을 취소하여야 할 공익상 필요와 그 취소로 인하여 당사자가 입게 될 기득권과 신뢰보호 및 법률생활안정의 침해 등 불이익을 비교 형량한 후 공익상 필요가 당사자가 입을 불이익을 정당화할 만큼 강한 경우에 한하여 취소할 수 있다. 그러나 처분의 하자가 당사자의 사실 은폐나 기타 사위(詐僞)의 방법에 의한 신청행위에 기인한 것이라면 당사자는 그 처분에 의한 이익이 위법하게 취득되었음을 알아 그 취소가능성도 예상하고 있었다고 할 것이다. 따라서 그 자신이 위 처분에 관한 신뢰의 이익을 원용할 수 없음은 물론 행정청이 이를 고려하지 아니하였다고 하여도 재량권의 남용이 되지 않는다."

② 大判 1988.4.27, 87누915.

"실권 또는 실효의 법리는 법의 일반원리인 신의성실의 원칙에 바탕을 둔 파생원칙인 것이므로 공법관계 가운데 관리관계는 물론이고 권력관계에도 적용되어야 함을 배제할 수는 없다 하겠으나, 그것은 본래 권리행사의 기회가 있음에도 불구하고 권리자가 장기간에 걸쳐 그의 권리를 행사하지 아니하였기 때문에 의무자인 상대방은 이미 그의 권리를 행사하지 아니할 것으로 믿을만한 정당한 사유가 있게 되거나 행사하지 아니할 것으로 추인케 할 경우에 새삼스럽게 그 권리를 행사하는 것이 신의성실의 원칙에 반하는 결과가 될 때 그 권리행사를 허용하지 않는 것을 의미하는 것이므로……."

6. 취소의 절차

직권취소의 절차는 개별법령에 규정된 절차에 의한다. 개별법령에 따로 절차에 관한 규정이 없는 경우에는 특별한 절차를 요하지 않는다. 그러나 수익적 행정행위를 취소하는 경우에는 「행정절차법」에 의한 고지와 청문 등의 절차가 필요하다.

7. 취소의 효과

1) 취소의 효과

(1) 소급효와 장래효

행정행위 취소의 효과는 원칙적으로 소급한다.

그러나 수익적 행정행위를 취소하는 경우에 그 효과를 소급시키면 상대방의 신뢰를 현저하게 해치게 될 것이므로 이 경우에는 예외로서 소급효를 부정하고 취소의 효과를 장래에 향하여서만 인정하는 것이 타당하다. 다만, 취소의 원인이 당사자의 책임있는 사유에 기인하는 경우(사기 기타 부정한 수단에 의한 경우)와 같이 상대방의 신뢰를 보호할 필요가 없거나, 소급효를 인정하지 않으면 심히 공익에 반하는 경우에는 소급효가 인정된다.

(2) 원상회복

직권취소가 소급효를 갖는 경우에 상대방의 수익은 법적 근거가 없는 것이므로 부당이득이 된다. 따라서 행정청은 반환청구를 할 수 있다.

(3) 손실보상

상대방의 귀책사유가 없음에도 수익적 행정행위를 직권취소하는 경우에는 상대방의 신뢰에 대한 손실보상이 이루어질 수 있다.

8. 취소의 하자

① 직권취소에 무효인 하자가 있는 경우에는 원행정행위가 그대로 존속한다. 물론 이 경우에도 무효선언으로서의 취소나 무효확인을 구할 수 있다.

② 직권취소에 단순위법인 하자가 있는 경우에는 하자론의 일반원칙에 따라 이를 취소할 수 있다고 할 것이다. 다만, 침익적 행정행위의 취소의 취소에는 취소권 제한의 법리가 적용된다.

판례는 수익적 행정행위의 취소의 취소는 인정하나(大判 1997.1.21, 96누3401), 침익적 행정행위의 취소의 취소는 인정하지 아니한다(大判 1979.5.8, 77누61).

Ⅱ. 行政行爲의 撤回

1. 의 의

1) 철회의 개념

'행정행위의 철회'란 아무런 하자없이 적법·타당하게 성립한 행정행위를 그 후에 발생한 새로운 사정으로 공익상 그 효력을 더 이상 존속시킬 수 없는 경우에 장래에 향하여 그 효력을 소멸시키는 것을 말한다.

그러므로 '철회'는 행정청이 행정행위의 성립시부터 존재하고 있었던 하자를 이유로 하여 원칙적으로 소급하여 그 효력을 소멸시키는 '취소'와는 구별된다. 실정법은 행정행위의 철회까지도 취소라고 부르는 경우가 있지만, 강학상은 이를 구별하여야 한다.

2) 철회와 취소의 구별

'취소'와 '철회'는 양자 모두 행정행위를 행한 행정청 스스로가 그 행위의 효력을 소멸시키기 위하여 행하는 새로운 행정행위라는 점에서 공통적 성질을 지니기는 하지만, 전통적으로는 이 양자를 그 대상이 하자있는 행정행위인가의 여부, 직권에 의한 취소·철회권자가 처분청과 감독청인가 또는 처분청만인가, 그리고 그 효과가 행정행위의 성립시까지 소급하는가 아니면 장래에 향해서만 발생하는가 하는 등에서 이론적으로 구별하였다. 그러나 현재 직권취소와 철회는 본질적인 점에서 차이를 별로 인정하지 않는 경향에 있다.

2. 법적 근거

1) 학설·판례

행정행위를 철회하는 경우에 법적 근거가 필요한가에 대하여는 근거불요설과 근거필요설의 다툼이 있다.

(1) 근거불요설

근거불요설은 원행정행위의 수권규정을 철회의 근거규정으로 볼 수 있는 점, 공익의 실현을 위하여 반드시 명시적 근거를 요구하기 어려운 점을 그 논거로 하고 있다.

판례는 근거불요설을 취하고 있다(大判 2004.7.22, 2003두7606; 同旨 大判 2002.11.26, 2001두2874).

(2) 근거필요설

근거필요설은 철회는 새로운 행정행위이므로 법률유보의 원칙에 따라 수익적 행정행위를 철회하는 경우에는 법적 근거가 필요하다고 한다.

2) 사 견

생각건대, 철회의 법적 근거의 문제는 공익의 실현과 사익의 보호라는 점을 고려하여 결정할 문제이다. 공익의 실현을 위한 수단인 철회는 철회사유에도 불구하고 철회권의 제한을 통하여 사익을 보호하고 있는 점, 철회권의 유보가 허용된다는 점을 고려하여 볼 때 법적 근거가 반드시 필요한 것은 아니라고 할 것이다.

그러나 개별법령이 철회사유를 명시적으로 열거하고 있는 경우에는 열거된 사유 이외의 사유로 철회하는 것은 법률우위의 원칙에 위반하므로 허용되지 않는다고 보아야 할 것이다.

참고판례

▸ 大判 2004.7.22, 2003두7606 ; 同旨 大判 2002.11.26, 2001두2874.

"처분청은 비록 그 처분 당시에 별다른 하자가 없었고, 또 그 처분 후에 이를 철회할 별도의 법적 근거가 없다 하더라도 원래의 처분을 존속시킬 필요가 없게 된 사정변경이 생겼거나 또는 중대한 공익상의 필요가 발생한 경우에는 그 효력을 상실케 하는 별개의 행정행위로 이를 철회할 수 있다."

3. 철회권자

1) 처분청

처분청은 당연히 철회권을 가진다.

2) 감독청

처분청의 감독청은 감독권의 행사로서 철회할 수 있는가에 대해서 행정청의 권한은 법에 정하여져 있으므로 권한을 대행할 수 있는 특별한 근거가 있는 경우를 제외하고 철회할 수 없다고 할 것이다.

4. 철회사유

하자없는 행정행위라 하더라도 공익상 그 효력을 유지시킬 수 없는 '새로운 사정'이 발생한 경우에는 철회할 수 있다.

철회사유로서의 '새로운 사정'은 일일이 열거할 수 없으나, 대체적으로 다음과 같은 것이 있다.

① 법령의 명시적 규정
② 철회권의 유보
③ 상대방의 의무위반
④ 사정변경
⑤ 중대한 공익상의 필요

5. 철회의 자유성과 그 제한

1) 철회의 자유성

하자없는 행정행위라 하더라도 그 효력을 유지시키는 것이 공익상 불필요한 경우에는 처분청은 공익의 관리자로서 자유로이 이를 철회할 수 있다고 이해하였다. 처분청이 이와 같이 직권에 의하여 임의로 행정행위를 철회할 수 있다는 원칙을 가리켜 '철회자유의 원칙'이라고 부른다.

2) 철회의 제한론

그러나 기본적 인권보호를 추구하는 실질적 법치주의는 형식적 · 획일적인 철회자유의 원칙을 배제하고, 철회사유가 있는 경우에도 여러 가지 이유 때문에 당해 행정행위를 철회할 수 없는 경우가 있다. 이를 '행정행위의 철회의 제한론'이라 한다.

행정행위의 철회의 제한의 문제는 침익적 행정행위의 경우에는 문제되지 아니한다. 침익적 행정행위를 철회하는 경우에는 제3자의 이익을 침해하지 않는 한 원칙적으로 자유롭기 때문에 행정행위의 철회의 제한은 수익적 행정행위를 철회하는 경우에 문제된다.

① 철회의 제한은 일반적으로 철회로 인하여 실현되는 공익과 상대방이 입는 사익(불이익), 공익적 합리성과 신뢰보호의 요청과의 이익형량의 원칙이 중요한 기준이 된다.

② 복효적 행정행위의 철회에 있어서는 처분의 수익자의 보호만을 고려할 것이 아니라, 처분으로 인하여 불이익을 입게 될 상대방 또는 제3자의 보호도 고려하지 않으면 안된다. 따라서 수익적 행정행위가 제3자의 권리나 이익을 침해하게 되면 그 침해의 정도나 당해 법익의 내용과 보호의 필요성에 따라 행정행위의 철회가 필요할 수도 있을 것이다.

참고판례

▸ 철회권 행사가 제한되는 경우 : 大判 1990.6.26, 89누5713.

"면허청이 상대방에게 면허권을 주는 행정처분을 하였을 때에는 비록 법규상의 취소권(철회권)발동사유가 발생하더라도 수익자에게 실제로 취소권(철회권)을 발동시키는 데는 취소(철회)하여야 할 공익상의 필요와 취소(철회)로 인하여 당사자가 입을 불이익 등을 형량하여 취소(철회)여부를 결정하여야 하고 이것이 잘못되었을 경우에는 기속재량권의 남용이나 그 범위의 일탈에 해당하여 취소(철회)처분이 위법함을 면할 수 없다."

▸ 이익형량의 요소로서의 상대방의 귀책사유 : 大判 1989.10.24, 89누2431.

"부담부 행정처분에 있어서 처분의 상대방이 부담(의무)을 이행하지 아니한 경우에 처분행정청으로서는 이를 들어 당해 처분을 취소(철회)할 수 있는 것이므로 이 사건에서 원고가 소정기간 내에 공사를 완료하지 못했다 하더라도 이로 말미암아 긴급한 위난이 예상되거나 긴급한 사정이 없는 한 허가받은 자의 이익을 번복하는 처분은 할 수 없다는 소론은 받아들일 수 없다."

6. 철회의 효과

1) 장래효

행정행위의 철회는 그 행위의 효과를 더 이상 존속시킬 수 없는 후발적 사정에 의해 발생한 경우이기 때문에 일반적으로 장래에 향해서만 그 효과가 발생한다.

그러나 철회의 부수적 효과로 위법·부당한 급부의 반환이나 원상회복 등의 명령이 있을 수 있다.

2) 손실보상

공공시설의 점용허가와 같은 수익적 처분을 오로지 공익상의 이유로 철회하는 경우에 그 상대방으로서는 막대한 손실이 생길 수 있으므로 '철회로 인하여 발생되는 통상손실'에 대하여 보상을 해야 하는 것이 「헌법」 제23조 제3항의 취지에 합치된다.

7. 철회의 절차

철회절차는 개별법령에 규정된 절차에 의한다. 개별법령에 따로 절차에 관한 규정이 없는 경우에는 특별한 절차를 요하지 않는다. 그러나 수익적 행정행위를 철회하는 경우에는 「행정절차법」에 의한 고지와 청문 등의 절차가 필요하다.

8. 철회의 하자

철회에 하자가 있는 경우에 하자이론에 따라 무효인 하자가 있는 경우에는 원 행정행위는 그대로 존속하며, 단순위법인 하자가 있는 경우에는 이를 취소할 수 있다고 할 것이다.

第3章 行政計劃 등

第1節 行政計劃

> **주요쟁점**
> 1. 행정계획에는 법적 근거가 필요한가?
> 2. 행정계획의 법적 성질은 어떠한가?
> 3. 행정계획에 대한 사법심사의 특징과 권리구제수단은 어떠한가?

Ⅰ. 行政計劃의 意義

1. 개 념

행정계획이란 "행정주체가 일정한 행정활동을 위하여 일정한 목표를 설정하고, 서로 관련되는 행정수단의 조정과 종합화를 통하여 그 목표로 제시된 장래의 시점에 있어서의 보다 좋은 질서를 실현할 것을 목적으로 하는 구상 또는 활동기준의 설정" 또는 "행정주체가 행정에 관한 전문적·기술적 판단을 기초로 하여 특정한 행정목표를 달성하기 위하여 서로 관련되는 행정수단을 종합·조정함으로써 장래의 일정한 시점에 있어서 일정한 질서를 실현하기 위한 활동기준으로 설정된 것"(大判 1996.11.29, 96누8567)을 의미한다.

이와 같은 행정계획은 행정기관이 정립하는 계획으로서 일정한 행정의 목표를 설정하는 '목표창조성'과 그 목표에 도달하기 위하여 여러 가지 수단을 종합적으로 조정하는 '수단종합성'을 2대 중심요소로 한다.

따라서 행정계획은 행정주체에 의해 주도적으로 이루어지므로 사인에 의하여 작성되고 실시된 계획에 대하여 행정이 허가나 인가의 수단으로 관여하는 경우는 행정계획에 포함되지 않는다고 할 것이다.

2. 법률의 근거 여부

행정계획도 행정작용의 일종인 이상 '법률에 의한 행정의 원리'의 적용을 받아야 한다. 그렇지만 행정계획은 다양한 유형이 있기 때문에 실정법상 행정계획의 작성・결정에 대해서는 작용법상의 근거가 주어지는 경우도 있지만, 경제계획처럼 조직법상의 규정이 근거가 될 수도 있고 전혀 법률의 근거없이 이루어지는 계획도 있다.

그러므로 행정계획의 책정에 법률의 근거가 없다고 반드시 위법이 되는 것은 아니다. 행정청이 계획을 책정할 때 법률의 근거나 수권의 필요유무에 대해서는 획일적으로 판단할 것이 아니라, 행정계획의 독특한 성격을 염두에 두고 판단하여야 한다. 이를테면 행정계획의 결정이나 고시가 국민의 권리를 제한하는 법효과를 가지는 구속적 계획의 작성・결정에는 법률의 근거가 필요하다.

3. 행정계획의 종류

행정계획은 실정법상의 것만 하더라도 「국토의 계획 및 이용에 관한 법률」에서의 각종 계획을 비롯하여 많은 종류의 계획이 있어, 현대행정이 마치 '계획의 시대'라고 불리워질 정도이다. 행정계획은 그 형식이나 내용이 지극히 다양하므로 보는 관점에 따라 여러 가지로 나눌 수 있다.

비교적 중요하다고 생각되는 것을 보면 ① 정책계획과 협의의 행정계획, ② 상위계획과 하위계획, ③ 구속적 계획과 비구속적 계획 등이 있다.

4. 행정계획의 기능

행정계획은 계획 일반의 성질인 '목표창조성'과 '수단종합성'을 그 지표로 하는 조건프로그램인 일반 행위재량이 아니라, 목표프로그램인 정책적・전문기술적 계획재량이다. 기본적으로 행정계획은 행정의 계획적 수행을 가능하도록 확보하는 이른바 '행정의 계획화'에 있다. 그리고 행정의 계획적 수행의 확보는 행정합리화의 요청에 기인한다는 점에서 행정계획은 ① 행정의 합리성을 제고하는 수단이다. 이 외에도 행정계획은 ② 행정청과 시민간의 이해를 조정하는 기능, ③ 입법·예산을 유도하는 기능 및 ④ 국민을 설득하고 협동을 유도하는 기능 등을 가진다.

Ⅱ. 行政計劃의 特質

1. 행정계획의 법적 성질

1) 학설·판례

행정계획의 법적 성질에 대하여는 ① 일반적·추상적인 입법행위로 보는 견해, ② 개별적·구체적인 행정행위로 보는 견해, ③ 입법행위도 행정행위도 아닌 독자적 성질을 가진 제3의 행위로 보는 견해 등이 있다.

서울고등법원판례는 구「도시계획법」제24조가 규정하고 있는 도시계획결정의 법적 성질에 대하여 행정입법의 성질을 지닌다고 하였으나(서울高判 1980.1.29, 79구416), 대법원은 "도시계획결정이 고시되면 도시계획구역 안의 토지나 건물소유자의 토지형질변경, 건축물의 신축·개축 또는 증축 등 권리행사가 일정한 제한을 받게 되는 바, 이런 점에서 볼 때 고시된 도시계획결정은 특정 개인의 권리 내지 법률상의 이익을 개별적이고 구체적으로 규제하는 효과를 가져오게 하는 행정청의 처분이라 할 것이고, 이는 행정소송의 대상이 된다."(大判 1993.6.29, 91누6986)고 하여 행정행위적 성질을 지닌다고 하였다.

2) 사 견

① 행정계획 일반에 관하여 법적 성질을 논하는 것은 행정계획의 다양성으로 인하여 의미가 없다. 즉, 행정계획의 법적 성질은 행정계획의 종류에 따라 개별적으로 평가하여야 할 것이지만, 행정계획의 법적 성질을 논하는 실익은 행정계획이 항고소송의 대상이 될 수 있는가 여부에 있으므로 행정계획의 법적 성질은 구속적 행정계획의 문제이다.

② 생각건대, 행정계획은 행정입법이나 행정행위와는 구별되는 행정의 행위형식으로 인정되므로 독자적 성질을 지닌 것으로 보는 것이 타당하다.

그러나 행정계획이 항고소송의 대상이 되는가의 여부를 논함에 있어서는 행정계획의 법적 성질을 어떻게 보느냐의 문제가 아니라 당해 행정계획이 국민의 권리의무에 구체적으로 영향을 미치는가의 여부의 문제이므로 행정계획의 법적 성질을 논할 실익은 없다.

참고판례

▸ 행정계획의 성질 : 大判 1993.6.29, 91누6986.
"구 문화재관리법(1982.12.31. 법률 제3644호로 전문 개정되기 전의 것)하의 지방문화재에 대한 보호구역 지정처분은 보호구역 내에 있는 토지소유자에 대하여 권리행사의 제한 또는 의무부담을 주는 행정처분에 해당한다."

2. 계획재량

1) 의 의

계획재량이란 행정청이 어떻게 행정계획을 수행할 것인가에 대한 재량, 즉 행정계획의 작성·결정에 대하여 가지는 재량을 말한다. 행정계획의 작성·결정을 행정행위에 비유하면 행정행위의 내용(법효과)의 판단·결정에 해당한다. 그러나 행정행위의 내용의 판단·결정은 법률에 의하여 규정되지만, 행정계획의 경우에는 그 내용의 결정에 대하여 행정청이 광범위한 재량권을 행사하게 된다. 따라서 행정계획의 작성·결정을 가능하게 하는 객관적 조건은 바로 계획재량의 존재이며, 관계행정청이 일정한 목적을 달성하기 위하여 수단이나 방법을 선택하고 그 실시를 위하여 광범한 재량을 가짐으로써 행정계획은 작성·결정된다.

판례는 "(계획)관계 법령에는 추상적인 행정목표와 절차만이 규정되어 있을 뿐 행정계획의 내용에 대하여는 별다른 규정을 두고 있지 아니하므로 행정주체는 구체적인 행정계획을 입안·결정함에 있어서 비교적 광범위한 형성의 자유를 가진다."(大判 2000.3.23, 98두2768)고 하여 계획재량을 인정하고 있다.

2) 계획재량의 한계

행정주체가 가지는 계획재량은 무제한적인 것이 아니라 그 행정계획에 관련되는 자들의 이익을 공익과 사익 사이에서는 물론이고 공익 상호간과 사익 상호간에도 정당하게 비교교량하여야 한다는 제한이 있으나, 그 통제가 용이하지 않다.

따라서 행정계획은 행정계획의 입안・결정에 이해관계인의 참여를 불가결의 요소로 한다.

3. 집중효

1) 의 의

① '집중효'라 함은 행정계획이 승인・확정된 경우에 관련법률에 규정되어 있는 인・허가 등의 효력이 발생되는 것으로 보는 효력을 말한다.
② 집중효제도는 절차의 간소화를 통하여 행정의 효율성과 신속성을 도모한다.

2) 법적 근거

집중효는 행정기관의 권한의 변경을 가져오므로 법률의 근거가 필요하다.

3) 집중효의 정도

이에 대하여는 ① 대체행정청의 관할권을 계획행정청에 이관한다는 관할집중설, ② 계획행정청에 절차만 집중되므로 대체행정청이 갖추어야 할 실체적 요건은 갖추어야 한다는 절차집중설로 대별할 수 있다.

생각건대, 집중효제도의 취지 및 법치행정의 원칙을 고려하면 계획행정청이 행정계획의 확정에 관한 절차적인 권한을 가지고 있으므로 절차의 집중을 인정할 필요가 있으며, 실체적인 인・허가요건에는 원칙적으로 기속되어야 하지만, 집중효제도의 취지를 고려하여 실체의 집중도 제한적으로 인정할 필요가 있으므로 제한적 실체집중설이 합리적이다.

판례는 절차집중은 인정하나(大判 1992.11.10, 92누1162), 실체집중은 인정하지 않고 있다(大判 2002.10.11, 2001두151).

4) 집중효와 불복방법

집중효가 인정되는 인・허가를 불허하는 처분의 불허가사유 중에 의제되는 인・허가의 불허가사유가 있는 경우에는 의제되는 인・허가를 별도로 다툴 수는 없고 주된 인・허가를 다투어야 한다(大判 2001.1.16, 99두10988).

참고판례

▸ 집중효와 불복대상 : 大判 2001.1.16, 99두10988.

"구 건축법(1999.2.8. 법률 제5895호로 개정되기 전의 것) 제8조 제1항, 제3항, 제5항에 의하면, 건축허가를 받은 경우에는 구 도시계획법(2000.1.28. 법률 제6243호로 전문 개정되기 전의 것) 제4조에 의한 토지의 형질변경허가나 농지법 제36조에 의한 농지전용허가 등을 받은 것으로 보며, 한편 건축허가권자가 건축허가를 하고자 하는 경우 당해 용도·규모 또는 형태의 건축물을 그 건축하고자 하는 대지에 건축하는 것이 건축법 관련 규정이나 같은 도시계획법 제4조, 농지법 제36조 등 관계 법령의 규정에 적합한지의 여부를 검토하여야 하는 것일 뿐, 건축불허가처분을 하면서 그 처분사유로 건축불허가 사유뿐만 아니라 형질변경불허가 사유나 농지전용불허가 사유를 들고 있다고 하여 그 건축불허가처분 외에 별개로 형질변경불허가처분이나 농지전용불허가처분이 존재하는 것이 아니므로, 그 건축불허가처분을 받은 사람은 그 건축불허가처분에 관한 쟁송에서 건축법상의 건축불허가 사유뿐만 아니라 같은 도시계획법상의 형질변경불허가 사유나 농지법상의 농지전용불허가 사유에 관하여도 다툴 수 있는 것이지, 그 건축불허가처분에 관한 쟁송과는 별개로 형질변경불허가처분이나 농지전용불허가처분에 관한 쟁송을 제기하여 이를 다투어야 하는 것은 아니며, 그러한 쟁송을 제기하지 아니하였어도 형질변경불허가 사유나 농지전용불허가 사유에 관하여 불가쟁력이 생기지 아니한다."

Ⅲ. 行政計劃의 作成·決定節次의 民主化

1. 계획재량권의 법적 통제

행정계획은 단순한 행정내부적 의미를 가짐에 그치지 아니하고, 실질적으로 국민에 대하여 영향력을 가진다. 뿐만 아니라 폭넓은 계획재량권에 의하여 수립되는 만큼, 종래의 '법률에 의한 행정'으로부터 '계획에 의한 행정'으로 그 성격을 변질시키게 될 우려도 있다. 따라서 계획을 둘러싼 법률문제로서 가장 중요한 것은 행정계획이 행정청의 자의에 의하여 책정되는 것을 막기 위하여 행정청의 계획재량권을 법적으로 통제함으로써 계획수립에 민의가 반영되어야 한다는 점이다.

그러기 위하여 가장 바람직한 방법은 계획을 작성하고 결정할 때에 법률에 근거를 두고, 계획 그 자체의 내용도 가급적이면 실체법적 제약 하에 두는 것이다. 또한 행정계획의 책정에 있어서 계획내용을 합리화하고 그 정당성을 확보하기 위해서 타계획과의 정합성 확보, 각종의 전문지식의 존중 그리고 이해관계인의 이해조정 등이 필요하다. 이러한 것들은 무엇보다도 국민의 권리와 이익이 보장되어야 한다는 전제 때문에 국민의 의견이 반영되어야 한다. 따라서 행정계획의 책정절차는 민주적인 것이어야 하며, 국민에게 판단의 기초적 자료를 제공하는 정보공개와 국민참가의 기회가 허용되어야 한다.

현행제도상으로는 계획의 책정절차가 정비되어 있지는 않지만, 대강 다음과 같은 절차를 개별 법규에서 찾아볼 수 있다.

1) 공고·공람·의견서제출 등의 절차

행정청이 공공사업의 실시계획 등을 세울 때에는 계획안을 일정기간 공고하고 일반에게 공람시킴과 동시에 이 공람기간 내에 이해관계인으로 하여금 의견서를 제출하게 한다.

이러한 공고·공람·의견서의 제출은 주민참가의 한 수단으로 중요한 의미를 가지기 때문에, 만약 이러한 절차가 법률상 규정되고 있음에도 불구하고 정당한 이유없이 행정청이 이를 무시하고 계획을 책정하는 것은 허용될 수 없다. 그렇지만 의견서를 채택할 것인가의 여부는 행정청의 광범위한 재량에 속하나, 국민·주민의 참가권은 취소소송의 소의 이익과 관련하여 권리로서의 성격이 인정되고 있음도 유의할 필요가 있다.

2) 공청회 등의 개최

이 외에도 법률에 의하여 공청회의 개최가 규정되어 있는 경우도 있으며(國土法 §14), 행정청이 전문기술적 사항이나 이해관계가 얽혀있는 사항에 대한 입법이나 계획에 앞서 각종 심의회(경제과학심의회, 국토건설종합계획심의회 등)를 열어 자문을 얻는 경우가 적지 아니하다.

3) 지방자치단체의 의견청취

지방자치단체와 관련이 있는 도시계획을 수립하거나 이를 변경하고자 하는 때에는 미리 관계 지방자치단체의 장 및 의회의 의견을 들어야 한다(國土法 §15① 참조).

4) 「행정절차법」의 행정예고제에 의한 제한적 참여보장

「행정절차법」은 행정계획에 대하여 규율하고 있지 않지만, 행정예고제에 의하여 제한적인 범위에서 행정계획의 확정절차에 국민의 의견을 반영할 근거를 마련하고 있다(節次法 §46, §47).

2. 계획책정절차의 민주화

이러한 절차가 법률상 규정되어 있을 경우에도 그 절차를 거치기만 하면 의미가 없다. 따라서 실질적으로 행정의사의 형성과정에 주민의 의사는 충분히 반영되어야 한다. 이 점에 계획책정절차의 민주화의 의미가 있다. 이 문제는 절차에 관한 하자로서 행정계획의 성립 및 효력요건을 이룬다.

Ⅳ. 行政計劃과 權利救濟

1. 행정계획과 행정쟁송

행정계획에 대한 취소쟁송을 통한 권리구제가능성은 행정계획의 법적 성질과 연관이 있다.

1) 행정쟁송의 가능성

(1) 의 의

행정계획이 국민의 권리·이익에 직접적으로 영향을 미치는 것이 아닌 경우, 이러한 계획은 행정처분이 아니므로 항고소송의 제기는 허용되지 아니한다. 그러나 행정계획이 국민의 권리·이익에 직접적으로 영향을 미치는 경우에는 행정쟁송제기를 허용할 것인가에 대해서는 의견이 대립된다.

(2) 학 설

① 부정적 견해는 행정계획은 사업의 청사진에 불과하여 그것이 공고됨으로써 행정의 상대방에게 여러 가지 제한의 효과가 가해지더라도 그 자체의 효과로써 발생하는 권리제한이 아니라 하는 부수적 효과론과 계획의 단계에서는 사건의 성숙성을 결한다는 쟁송미성숙론을 그 논거로 하고 있으며, ② 긍정적 견해는 행정계획의 효과가 구체적으로 사인의 권리·이익의 제한으로 기능하고 있는 이상 사후 그 계획에 의거한 구체적 처분(즉, 행정입법에 의거한 개별행위)이 있을 때 이를

다투게 하면 구제의 실효를 거두기가 어려울 것이므로 행정계획 그 자체의 처분성을 인정하려는 구제의 효율성을 그 논거로 하고 있다.

(3) 소 결

생각건대 부수적 효과론은 인식론으로서 매우 논리적이고 정당한 것 같지만 의문이 있다. 이를테면 항고소송의 대상이 될 행정처분이라는 개념의 한 요소로서의 법효과에는 부수적 효과를 배제할 이유가 없으며, 또한 쟁송미성숙론 역시 이미 발생하고 있는 권리제한적 법효과에 대한 구제가 요청되고 있는 경우에 이를 거부할 만한 논거로서는 그다지 설득력이 없다.

대법원은 "도시계획법 제12조 소정의 도시계획결정이 고시되면 특정 개인의 권리 내지 법률상의 이익을 개별적이고 구체적으로 규제하는 효과를 가져오게 하는 행정청의 처분으로 보고 행정소송의 대상이 된다."(大判 1986.8.19, 86누256)고 하여 행정계획의 처분성을 인정하고 있다.

이와 같이 본다면 행정계획이 국민의 권리·이익에 직접적으로 영향을 미치는가의 여부를 구체적으로 검토함으로써 행정계획의 처분성 여부를 판단하여야 할 것이다.

2) 계획보장청구권 등

(1) 의 의

행정계획은 법적 구속력의 유무에 관계없이 국민생활에 커다란 영향을 줄 뿐만 아니라 국민 스스로도 이를 생활의 기준으로 하는 경우가 적지 아니하다. 따라서 행정계획을 신뢰하여 경제적 투자나 기타 활동을 한 사인이 계획의 변경으로 인하여 손실을 입는 경우도 있을 수 있다.

이와 같이 계획보장청구권은 행정계획의 폐지나 변경 및 그 내용의 불이행이 있을 경우에 당사자가 주장할 수 있는 다양한 청구권과 이에 상응하는 다양한 보장수단을 포함하는 개념이며 ① 계획존속청구권, ② 계획실행청구권, ③ 경과조치청구권 등을 내용으로 한다.

(2) 인정 여부

대법원은 원칙적으로 계획보장청구권이나 계획변경청구권을 인정하지 않고 있다(大判 1993.5.25, 92누2394).

생각건대, 계획보장청구권을 인정할 것인가의 여부는 공익목적을 달성하기 위한 행정계획의 수립·변경의 필요성과 행정계획을 신뢰한 사인의 신뢰이익과의 조화의 관점에서 해결하여야 할 것이다. 따라서 행정계획 관련 법령이 특정 사인의 보호를 위한 규정을 두고 있다면 그 사인은 계획보장청구권이나 계획변경청구권을 가진다고 보아야 할 것이다.

최근 대법원은 이러한 취지에서 원고적격의 관점에서 계획청구권(大判 2004. 4.28, 2003두1806) 내지 계획변경청구권(大判 2003. 9.23, 2001두10936)을 인정하고 있다.

다만, 계획의 적법한 변경으로 인한 신뢰이익의 보상은 불법행위책임의 문제로 다룰 것이 아니라, 행정행위의 철회로 인한 손실보상법리에 준하여 오히려 손실보상의 문제로서 다루는 것이 옳다.

2. 행정계획과 국가책임

1) 손실보상 여부

계획결정으로 인한 재산상의 손실(토지소유권의 제한 등)에 대해서는 일반적으로 '재산권에 내재하는 제약'으로서 특별한 입법이 존재하지 않는 한 손실보상을 인정하지 않는 것이 종래의 경향이었다. 그렇지만 이 점에 대해서는 그 재산이 처해 있는 지역적·사회적 상황(이를테면 종래의 이용방법 등)을 고려하여 종합적으로 판단하여야 한다는 비판적인 견해가 유력하다.

즉, 도시계획 기타 구속적 행정계획의 경우처럼 계획의 실현을 담보하기 위한 조치로서 장기간에 걸쳐 재산권의 행사를 제한하고 있는 경우에 대해서는 입법론으로서만이 아니라 해석론으로서도 손실 자체의 보상을 인정하여야 할 것이다.

2) 국가배상

행정계획의 내용이 위법하여 국민에게 손해를 입힌 경우에는 행정지도에 의한 경우처럼 행정계획을 공권력의 행사로 보아 국가배상법 제2조에 근거하여 손해배상을 청구하는 것도 가능하다고 할 것이다.

참고판례

▸ 계획보장청구권 등을 부정한 판례:

① 大判 1993.5.25, 92누2394(공사계획인가변경청구거부처분취소).

"행정계획에 있어서는 계획이 확정된 후 사정의 변동이 있다고 하여 지역주민에게 일일이 계획의 변경을 청구할 권리를 인정해 줄 수도 없으므로 행정청이 인가된 도시계획사업(도로개설) 실시계획의 변경인가를 거부하였다 하여 거부행위를 가지고 항고소송의 대상이 되는 행정처분이라고 볼 수 없다."

② 大判 1994.1.28, 93누22020(도시계획시설폐지및변경신청거부처분취소).

"도시계획법상 주민이 행정청에 대하여 도시계획 및 그 변경에 대하여 어떤 신청을 할 수 있음에 관한 규정이 없고, 도시계획과 같이 장기성, 종합성이 요구되는 행정계획에 있어서 그 계획이 일단 확정된 후에 어떤 사정의 변동이 있다고 하여 지역주민에게 일일이 그 계획의 변경을 청구할 권리를 인정해 줄 수도 없는 것이므로, 원고들에게 그 주장과 같은 사유만으로는 이 사건 도시계획의 변경을 신청할 조리상의 권리가 있다고도 볼 수 없다."

▶ 계획보장청구권을 긍정한 판례: 大判 2004.4.28, 2003두1806.

"도시계획구역 내 토지 등을 소유하고 있는 주민으로서는 입안권자에게 도시계획입안을 요구할 수 있는 법규상 또는 조리상의 신청권이 있다고 할 것이고, 이러한 신청에 대한 거부행위는 항고소송의 대상이 되는 행정처분에 해당한다."

※ 평석; 일반적으로 이 판결을 광의의 계획보장청구권을 긍정한 판결로 평가하고 있으나, 엄밀히 말하면 계획입안신청에 대한 거부처분을 다툰 것으로 구체적 계획 내용을 보장한 판결은 아닌 것으로 보아야 함.

第 2 節 行政契約

주요쟁점

1. 행정계약의 개념을 어떻게 정의하여야 하며, 행정계약을 체결하기 위하여는 법적 근거가 있어야 하는가?
2. 행정계약과 사법상 계약과는 어떤 차이가 있는가?

I. 概 觀

1. 행정계약의 의의

1) 행정계약의 개념

'행정계약'이란 행정주체가 행정활동의 한 수단으로 공행정 목적을 수행하기 위한 계약적 행위로 타행정청 또는 사인과의 사이에 체결하는 계약을 말한다.

2) 유사개념과의 구별

(1) 행정행위

행정계약은 당사자의 대등성을 전제로 하는 점에서 행정주체의 권력적 단독행위인 행정행위와 구별된다.

(2) 공법상 계약

공법상 계약은 광의로 보면 국제법상의 국가간의 계약, 헌법기관과의 계약을 포함한다. 그러나 행정계약은 행정주체가 당사자가 되는 행정법상의 계약만을 의미한다는 점에서 차이가 있다. 다만 공법상 계약을 협의로 보아 행정법상의 계약만을 의미하는 경우에는 공법상 계약과 행정계약의 의미가 같다.

(3) 사법상 계약

사법상 계약은 사법적 효과의 발생을 목적으로 하는 행정주체의 계약을 의미한다. 따라서 공법적 효과의 발생을 목적으로 하는 행정계약과는 구별된다. 다만, 넓은 의미에서의 행정계약은 행정주체가 당사자인 계약을 말하는 바, 이 경우의 행정계약은 행정계약(협의)과 사법적 계약을 포함한다.

2. 행정계약의 유용성

행정계약은 ① 획일적이고 경직된 행정행위에 의한 규율보다 개별·구체적 사정에 따라 탄력적으로 행정목적을 달성할 수 있으며, ② 상대방의 반대급부가 확보되어 있을 때에 오히려 신속하고 원활하게 행정목적을 달성할 수 있고, ③ 사실관계 또는 법률관계가 불명확한 경우에 그 해결을 용이하게 하여 행정경제에 기여할 수 있으며, ④ 법률생활의 안정을 가져와 쟁송의 제기를 최소화시킬 것이며, ⑤ 법률지식이 없는 자에게도 교섭을 통하여 계약의 내용을 이해시킬 수 있는 장점이 있다.

Ⅱ. 行政契約과 法的 根據

1. 행정계약의 가능성

"당사자 사이의 의사의 대등이 계약의 불가결의 요소인 만큼, 공법상 국가와 국민과의 사이에는 이러한 의사의 대등관계가 존재하지 아니하고, 따라서 계약의 존재는 절대로 불가능하다."고 한 오토 마이어(O. Mayer)의 행정계약 가능성의 부정론처럼 행정계약의 관념을 부정하는 견해는 오늘날 존재하지 아니한다. 그러므로 오늘날에 있어서는 행정계약을 체결함에 법률의 근거를 필요로 하는가 하는 행정계약의 자유성 여부가 문제가 된다.

2. 행정계약의 자유성

1) 근거필요설

이 견해는 행정주체는 법규에 의하여 부여된 행정권을 당연히 자기의 의사에 따라 처분할 수 없기 때문에 행정계약은 자유가 아니라 그 성립에는 원칙적으로 이를 인정하는 행정법규의 근거를 필요로 한다고 한다. 또한 행정법규가 어떤 행정을 공권력의 발동으로 행할 것을 규정하고 있는 한 거기에 공법상 계약의 성립을 인정할 여지가 없다고 한다.

2) 근거불요설

① 이 견해는 "합의는 법을 만든다"(consensus facit legem)는 원칙 아래 행정계약의 체결에 법률의 근거가 필요한 것은 아니라고 한다.

② 그러나 이 견해에 의하더라도 행정계약은 일반적으로 가능하지만, 법규에 저촉하지 않는 범위 내에서만 유효하게 성립할 수 있다고 하여 법률의 우위 원칙에 위반하여서는 아니된다.

즉, 행정계약은 대등한 당사자 사이의 합의에 의하여 법률관계가 형성되는 것이기 때문에 법령의 문언·취지나 목적에 비추어 계약이 허용되지 않는다는 뜻이 아닌 한 행정계약은 허용된다고 한다.

3) 사 견

생각건대, 행정계약에 대한 법률의 근거 여부는 일률적으로 결정할 수 없고, 그 계약이 이루어지는 행정영역의 성질이나 그 존재이유 및 현실적 기능 등을 고려하여 개별 구체적으로 결정하여야 할 것이다.

즉, 행정계약은 법령에 위배되지 않는 한 당해 행정목적을 위하여 필요한 범위 내에서 법률의 근거가 없어도 자유롭게 체결할 수 있다고 할 것이나, 권력행정의 분야에서는 법령의 문언·취지나 목적에 비추어 행정계약의 체결의 자유성이 많은 제한을 받을 수밖에 없고, 비권력행정의 분야에서는 비교적 넓게 자유성이 인정될 수 있다.

Ⅲ. 行政契約의 種類

행정상의 계약은 당사자를 기준으로 하여 ① 행정주체 상호간의 계약(지방자치단체상호간의 학령아동의 교육사무위탁계약 – 初敎法 §12③, 경계지의 도로·하천의 관리비용분담협의–道路法 §70, 河川法 §61 등), ② 행정주체와 사인간의 계약(행정주체에 대한 납품계약이나 공공토지건축도급계약과 같은 정부계약, 국공유재산에 관한 대부계약과 매도계약, 원자력손해배상보상계약, 공용부담계약, 보조금교부계약–福祉法 §42, 환경보전협정 및 보상계약 등), ③ 사인상호간의 계약(토지수용에 있어서의 기업자와 토지소유자 –公土法 §17) 등으로 분류된다.

Ⅳ. 行政契約의 特殊性

1. 실체법상의 특수성

행정계약은 행정주체가 기본적으로 통상 사인과의 동등한 지위에서 체결하고, 그 계약의 효과에 대하여는 원칙적으로 민·상법상의 사법규정의 적용을 받는다.

다만, 행정계약은 공익을 대표하는 행정주체가 당사자인 만큼 실정법규로 사법규정에 대한 예외를 정하고 있는 경우가 적지 않다. 예컨대, ① 계약의 체결에 관하여 재정민주주의의 요청에 따라 의회의 의결을 요하는 경우라든가(憲法 §58), ② 사인의 이익보호를 위하여 계약체결을 강제하는 경우(水道法 §39), ③ 계약의 종료에 관하여 공익의 실현과 사익과의 조정을 도모하기 위하여 행정주체에게 일방적 철회권을 부여하면서도 철회로 인하여 발생한 손해를 보상하도록 하고 있거나, ④ 행정주체에게 사인의 이행지체나 이행불능에 따른 해제권 이외에도 공익을 이유로 하는 해제권이 인정되거나, ⑤ 사인이 행정주체와의 사이에 체결한 계약에 따른 의무를 이행하지 않을 경우에 행정주체는 강제집행을 할 수 있으며, 특별한 규정이 있는 경우에는 법원의 판결없이 강제집행을 할 수 있는 예도 있다.

2. 절차법상의 특수성

행정계약(공법상 계약)을 둘러싼 분쟁에 대해서는 '공법상의 법률관계에 관한 소송'으로서 공법상의 당사자소송으로 「행정소송법」의 적용을 받지만(行訴法 §3 2호)(大判 1993.9.14, 92누4611), 사법계약상의 분쟁은 「민사소송법」에 의한다. 다만, 「행정소송법」은 공법상의 당사자소송에 대하여 민사소송과는 다른 특례를 규정하고 있지 아니하므로 절차상의 이러한 구별의 실익은 거의 없다고 할 수 있다.

참고판례

▸ 행정계약을 둘러싼 분쟁을 당사자 소송으로 본 판례

① 大判 1993.9.14, 92누4611.

"현행 실정법이 지방전문직공무원 채용계약해지의 의사표시를 일반공무원에 대한 징계처분과는 달리 항고소송의 대상이 되는 처분 등의 성격을 가진 것으로 인정하지 아니하고, 지방전문직공무원규정 제7조 각호의 1에 해당하는 사유가 있을 때 지방자치단체가 채용계약관계의 한쪽 당사자로서 대등한 지위에서 행하는 의사표시로 취급하고 있는 것으로 이해되므로, 지방전문직공무원 채용계약 해지의 의사표시에 대하여는 대등한 당사자간의 소송형식인 공법상의 당사자소송으로 그 의사표시의 무효확인을 청구할 수 있다고 보아야 할 것이다."

② 같은 취지에서 당사자소송으로 본 판례

(i) 공중보건의사의 채용계약의 해지에 관한 판례(大判 1995.5.31, 95누10617), (ii) 서울특별시무용단원의 해촉에 관한 판례(大判 1995.12.22, 95누4636), (iii) 광주광역시 시립단원의 재위촉거부에 관한 판례(大判 2001.12.11, 2001두7794) 등이 있다.

第3節 行政指導

주요쟁점

1. 「행정절차법」에서의 행정지도의 원칙은 무엇인가?
2. 행정지도와 권리구제의 관계는 어떠한가?

Ⅰ. 概 觀

1. 행정지도의 의의

1) 개 념

행정지도란 "행정기관이 그 소관사무의 범위 안에서 일정한 행정목적을 실현하기 위하여 특정인에게 일정한 행위를 하거나 하지 아니하도록 지도·권고·조언 등을 하는 행정작용"을 말한다(節次法 §2 iii). 즉, 행정지도란 행정청이 행정목적을 달성하기 위하여 조언, 요망 등과 지도, 권장과 같은 비권력적인 수단으로 국민에게 임의적 협력을 구하면서 국민을 유도하여 행정청이 의욕하는 바를 실현하는 행위형식을 말한다. 그 예로는 중소기업의 불황을 극복하기 위하여 지식경제부장관이 기업에 조업단축을 권고하거나 지방자치단체가 일조권 분쟁을 피하기 위하여 건축허가지침으로 주민의 동의를 얻도록 지도하는 것 등을 들 수 있다.

실정법상의 지도, 권고, 지시 등이 이에 해당한다.

2) 법적 성질

① 행정지도는 사실행위로서의 성질을 가지므로 직접 법적 효과의 발생을 목적하는 법적 행위인 행정행위와 구별된다.

② 그리고 비권력적 사실행위로서의 성질을 가지므로 강제되거나 행정대집행과 같은 권력적 사실행위와 구별된다.

2. 행정지도의 종류

행정지도는 여러 가지 유형으로 나눌 수 있지만, 행정법상 의미가 있는 분류로는 규제적 행정지도, 조성적(助成的) 행정지도, 조정적 행정지도로 나눌 수 있다.

① 규제적 행정지도는 행정의 상대방인 사기업 등의 활동을 규제할 목적으로 행하는 것이다. 원래 행정행위로서 규제되어야 할 것을 권고의 형식으로 국민에게 협력을 구하는 규제적 행정지도는 규제법률이 존재하지 아니하는 경우에 행하여지는 것이지만, 법령에 의한 규제권한 발동에 앞서서 이루어지는 경우가 많다. 자연환경의 보호를 위한 오물투기의 제한 등이 그 예이다.

② 조성적 행정지도는 사인에 대하여 정보를 제공하고, 이로써 사인의 활동을

조성하려고 하는 것이다. 영농지도, 중소기업의 경영지도, 학생의 건강상담 등이 그 예이다.

③ 조정적 행정지도는 주민이나 업계에서의 이해대립을 조정하고 사인간의 분쟁을 해결하기 위하여 행정청이 중개나 알선 등의 형식으로 시민생활에 개입하여 간섭하는 것이다. 건축주와 인근주민과의 건축분쟁을 조정하는 것이 그 예이다.

3. 행정지도의 효용과 문제점

1) 행정지도의 효용

① 행정청은 법적 구속을 받지 않고 자유롭게 행정지도를 할 수 있으므로 행정지도를 이용하여 자신의 소관사무의 범위에 속하는 행정수요의 변동에 맞추어 탄력성 있는 행정을 할 수 있다.

② 행정지도의 상대방으로서는 행정청의 권력적인 명령에 의한 일방적 의무부과보다 행정지도를 이용하여 협력을 구하므로 불필요한 마찰이나 분쟁을 사전에 피할 수 있다.

③ 행정지도는 행정청이 새로운 과학기술이나 첨단적인 경영정보를 제공하는데 주요한 행정수단이 된다.

2) 행정지도의 문제점

행정지도의 결함으로는 다음과 같은 점이 있다.

① 행정목적을 달성하기 위하여 행정지도를 남용할 위험이 있다. 물론 국민은 지도내용이 적절하지 못하다고 생각되면 법적으로도 지도에 대한 협력을 거부할 수 있지만, 현대 국민생활의 행정의존도로 볼 때 따르지 아니할 수 없어 행정지도가 사실상 강제되기 때문이다.

② 행정청이 규제를 요하는 자에 대하여 정식규제권한을 발동하지 아니하고 행정지도로써 규제를 가감하여 피규제자와 필요 이상으로 타협할 위험이 있다.

③ 책임소재의 불명확성과 불충분한 권리구제수단이 문제가 된다. 가령 농업지도에서 장려한 농작물이 과잉생산으로 가격이 하락하여 지도에 따른 농가가 손해를 입었거나, 세무상담에 따른 신고가 과소신고가 되어 가산세를 물게 될 경우가 그것이다.

Ⅱ. 行政指導의 根據와 限界

1. 법적 근거

1) 근거불요설

이 견해는 행정지도가 법률의 불비를 보충하여 행정청이 새로운 행정수요에 적절히 대응함으로써 행정책임을 도모하는 데 장점이 있을 뿐만 아니라, 행정지도에 따를 것인가는 상대방의 임의적 결정에 달려 있으므로 법적 근거가 필요한 것은 아니라고 한다.

2) (제한적) 근거필요설

이 견해는 국민의 자유와 재산의 보호라는 관점에서 적어도 행정지도 가운데 실질적으로 자유를 제한하는 규제적 행정지도의 경우에 법률의 근거가 필요하다고 주장한다.

즉, 규제적 행정지도는 권력적 규제작용과 다를 바가 없으므로 조직법상의 권한규범만으로는 부족하고, 작용법상의 행위규범의 근거가 필요하다고 본다.

3) 소 결

행정지도는 상대방의 임의적 협력을 전제로 하는 만큼 행정청이 자기 권한 내의 사항에 대하여 법령의 근거없이 행할 수 있다.

다만, 행정지도의 통제는 필요한 바, 행정지도의 법적 한계를 통하여 이를 통제하여야 한다.

2. 행정지도의 한계

1) 조직법상의 한계

행정지도라 하더라도 당해행정기관의 조직법상의 권한에 속하는 사항이 아니면 이를 행할 수 없다.

2) 작용법상의 한계

행정지도도 '법률우위의 원칙'의 적용을 받아야 하므로 행정지도의 내용은 법의 명문이나 법의 일반원칙에 저촉되지 않아야 한다.

특히 「행정절차법」이 정하고 있는 절차를 위반하여서는 아니된다.

Ⅲ. 行政指導의 原則

「행정절차법」은 행정지도의 원칙을 다음과 같이 제시하고 있다.

① 행정지도는 그 목적달성에 필요한 최소한도에 그쳐야 하며, 행정지도의 상대방의 의사에 반하여 부당하게 강요하여서는 아니되고, 행정기관은 행정지도에 따르지 아니하였다는 것을 이유로 불이익한 조치를 하여서는 아니된다(同法 §48 ①②).

② 행정지도를 행하는 자는 그 상대방에게 당해 행정지도의 취지·내용 및 신분을 밝혀야 한다(同法 §49 ①). 행정지도가 구술로 이루어지는 경우에 상대방이 제49조 제1항의 사항을 기재한 서면의 교부를 요구한다면 당해 행정지도를 행하는 자는 직무수행에 특별한 지장이 없는 한 이를 교부하여야 한다(同法 §49 ②).

③ 행정지도의 상대방은 당해 행정지도의 방식·내용 등에 관하여 행정기관에 의견제출을 할 수 있다(同法 §50). 다수인을 대상으로 하는 행정지도의 경우 등과 같이 행정기관이 같은 행정목적을 실현하기 위하여 많은 상대방에게 행정지도를 하고자 하는 때에는 특별한 사정이 없는 한 행정지도에 공통적인 내용이 되는 사항을 공표하여야 한다(同法 §51).

Ⅳ. 行政指導와 救濟制度

1. 위법한 행정지도와 위법성조각

1) 원 칙

행정지도에 따를 것인가는 자기의 책임이므로, 위법·부당한 행정지도에 따른 경우에는 자신에 대한 민·형사상의 책임이 조각되지 않는다고 보아야 한다(大判 1992.4.24, 91도1609).

2) 예 외

행정지도의 잘못으로 인하여 지도에 따른 상대방인 국민의 행위가 위법일 경우에 행정지도를 신뢰하여 이에 따른 상대방에게 불이익을 과하는 것이 신의에 반하는 경우에는 위법이 될 수 있다. 이와 같은 경우에는 위법·부당한 행정지도에 따른 경우에 자신에 대한 행정청의 민·형사상의 책임이 조각되지 않는다고 보아야 한다(大判 1992.4.24, 91도1609). 예를 들면, 국세청의 세무상담에서 담당 공무원의 잘못된 지도에 따른 납세자의 체납행위에 대하여, 언젠가는 법률에 따른 적정한 과세처분이 행해지는 것은 당연하나, 과거의 위법에 대하여 경정기간을 도과하여 과세하거나 가산세를 부과하는 등의 제재적 불이익처분을 부과하는 것은 신의칙에 반하므로 허용될 수 없다.

참고판례

▸ 大判 1992.4.24, 91도1609.

"행정관청이 토지거래계약신고에 관하여 공시된 기준지가를 기준으로 매매가격을 신고하도록 행정지도하여 왔고 그 기준가격 이상으로 매매가격을 신고한 경우에는 거래신고서를 접수하지 않고 반려하는 것이 관행화되어 있다 하더라도 이는 법에 어긋나는 관행이라 할 것이므로 그와 같은 위법한 관행에 따라 허위신고행위에 이르렀다고 하여 그 범법행위가 사회상규에 위배되지 않는 정당한 행위라고는 볼 수 없다."

2. 행정쟁송

1) 원 칙

행정쟁송의 대상은 일정한 법적 효과가 발생하는 권력행위를 원칙으로 하기 때문에, 비권력적 사실행위로서 어떠한 구속력이나 법적 효과를 발생하지 아니하는 행정지도는 행정쟁송의 대상인 처분성을 결여하여 행정쟁송의 대상이 될 수 없다(大判 1980.10.27, 80누395).

2) 예 외

그러나 행정지도가 사실상 강제성을 지니고 있는 경우에는 행정쟁송법상의

'처분'에 준하여 항고쟁송의 제기를 허용함이 옳다.

이 문제와 관련하여 대법원은 통상의 행정지도의 방법과는 달리 사실상 지시하는 방법으로 행하여진 경우에 그것이 헌법상의 법치주의원리와 시장경제의 원리에 반한다는 입장을 취하여 이러한 논리를 뒷받침하고 있다(大判 1999.7.23, 96다21706).

이러한 취지에 입각하여 행정지도가 헌법소원의 대상이 된다고 본 판례도 있다(憲裁 2003.6.26, 2002헌마337).

참고판례

▸ 행정지도와 위법성 : 大判 1999.7.23, 96다21706.

"국가의 공권력이 헌법과 법률에 근거하지 아니하고 통상의 행정지도의 한계를 넘어 부실기업의 정리라는 명목하에 사기업의 매각을 지시하거나 그 해체에 개입하는 것은 허용되지 아니하나, 원래 재무부장관은 금융기관의 불건전채권 정리에 관한 행정지도를 할 권한과 책임이 있고, 이를 위하여 중요한 사항은 대통령에게 보고하고 지시를 받을 수도 있으므로, 기업의 도산과 같이 국민경제에 심대한 영향을 미치는 중요한 사안에 대하여 재무부장관이 부실채권의 정리에 관하여 금융기관에 대하여 행정지도를 함에 있어 사전에 대통령에게 보고하여 지시를 받는다고 하여 위법하다고 할 수는 없으며, 다만 재무부장관이 대통령의 지시에 따라 정해진 정부의 방침을 행정지도라는 방법으로 금융기관에 전달함에 있어 실제에 있어서는 통상의 행정지도의 방법과는 달리 사실상 지시하는 방법으로 행한 경우에 그것이 헌법상의 법치주의 원리, 시장경제의 원리에 반하게 되는 것일 뿐이다."

▸ 행정지도를 공권력의 행사로 본 판례 : 憲裁 2003.6.26, 2002헌마337.

"교육인적자원부장관의 대학총장들에 대한 이 사건 학칙시정요구는 고등교육법 제6조 제2항, 동법시행령 제4조 제3항에 따른 것으로서 그 법적 성격은 대학총장의 임의적인 협력을 통하여 사실상의 효과를 발생시키는 행정지도의 일종이지만, 그에 따르지 않을 경우 일정한 불이익조치를 예정하고 있어 사실상 상대방에게 그에 따를 의무를 부과하는 것과 다를 바 없으므로 단순한 행정지도로서의 한계를 넘어 규제적·구속적 성격을 상당히 강하게 갖는 것으로서 헌법소원의 대상이 되는 공권력의 행사라고 볼 수 있다."

3. 행정상 손해전보

1) 국가배상

(1) 원 칙

일반적으로 행정지도에 따를 것인가의 여부는 국민의 자유인만큼 손해가 생기더라도, "동의는 불법행위의 성립을 조각한다."는 법언에 따라 국가배상은 인정되지 않는다.

또한 행정지도에 따름으로써 손해가 발생한 것을 이유로 하는 손해배상청구에서는 당해 행정지도가 「국가배상법」 제2조의 직무범위에 비권력적 공행정작용도 포함되므로 이는 문제되지 아니하나, 위법성, 고의·과실, 인과관계 등은 원칙적으로 인정되지 않는다.

(2) 예 외

다만 행정지도가 우월적 권위를 배경으로 이루어지는 경우에는 사실상 강제와 다를 바가 없다. 이러한 경우에 행정지도가 한계를 벗어난 경우에는 위법성이 인정되며, 위법성이 인정되면 과실 및 인과관계도 인정되어 손해배상청구가 인정될 수 있다.

2) 손실보상

(1) 원 칙

하자없는 행정지도에 의하여 특별한 손실을 입은 상대방은 그 손실이 피해자 자신의 임의적인 동의의 결과이기 때문에 특별한 규정이 없는 한 손실보상의 대상이 되지 않는다.

(2) 예 외

그러나 행정지도는 사실상 행정청의 우월적 지위를 배경으로 이루어지고 국민이 이에 따라야만 하는 경우에 상대방이 입은 특별한 손실은 국가가 적정한 보상을 함이 옳다고 생각된다. 이러한 경우에는 수용적 침해의 법리가 적용될 수 있다.

第4節 行政上 事實行爲

Ⅰ. 槪 觀

1. 의 의

1) 개 념

'행정상 사실행위'라 함은 행정기관의 행위 가운데 일정한 법적 효과의 발생을 목적으로 하는 것이 아니라, 폐기물 수거, 대집행의 실행, 교량건설이나 도로공사처럼 직접 어떠한 사실상의 효과·결과의 실현을 목적으로 하는 행정작용이다. 즉, 행정상 사실행위는 의사표시가 아니라 사실로서 일정한 상태의 실현이 문제가 된다.

2) 법적 성질

행정상 사실행위는 일반적으로 어떠한 직접적인 법효과를 갖는 것이 아니다. 그러나 행정상 강제의 경우처럼 적법한 사실행위에 대하여 사인이 수인의무를 부담하는 경우도 있다. 따라서 행정상의 사실행위도 법질서에 부합해야 하고, 만약 그것이 위법하여 국민에게 손해가 발생하면 국가나 지방자치단체는 손해배상의무를 지게 되며, 피해를 입은 국민은 결과제거 내지 손해배상청구권을 가지게 된다.

2. 종 류

행정상 사실행위는 이를 보는 관점에 따라 ① 공법상 사실행위와 사법상 사실행위, ② 내부적 사실행위와 외부적 사실행위, ③ 정신적 사실행위와 물리적 사실행위, ④ 독립적 사실행위와 집행적 사실행위, ⑤ 권력적 사실행위와 비권력적 사실행위 등으로 나누기도 한다.

Ⅱ. 行政上 事實行爲의 根據와 限界

1. 법적 근거

행정상 사실행위도 법률에 의한 행정의 원리에 따라야 하므로 법률의 우위 및 법률의 유보원칙의 적용을 받는다.

특히 법률의 유보와 관련하여 공법상 사실행위는 조직규범의 존재만으로도 충분한 것이 아니라, 경우에 따라 작용법상의 개별·구체적인 법적 근거를 요한다.

바꾸어 말하면, 공법상 사실행위가 조직규범의 범위 내에서 이루어져야 함에는 의문이 없지만, 행정강제처럼 적어도 개인의 신체·자유·재산에 직접 침해를 야기할 수 있는 사실행위는 작용법상의 근거도 가져야 한다.

2. 법적 한계

행정상의 사실행위가 법적 한계를 벗어나면 위법한 행위가 된다. 위법한 사실행위에 대하여는 손해배상청구·결과제거청구 등의 문제가 생길 것이다.

1) 실정법상의 한계

공법상의 사실행위도 ① 조직법상 주어진 권한의 범위 내에서, ② 개별법규가 있으면 그에 따라야 한다.

2) 조리상의 한계

또한 목적의 범위 내에서 공익원칙·평등원칙·신뢰보호원칙 등 행정법의 일반원칙에 따라야 한다.

Ⅲ. 行政上 事實行爲에 대한 權利救濟

1. 행정쟁송

위법한 행정상 사실행위를 항고쟁송으로 다투기 위해서는 행정상 사실행위가 「행정심판법」과 「행정소송법」의 '처분'개념에 포함되어야 한다(行審法 §2의 1, 行訴法 §2의 1).

일반적으로 취소소송의 기능이나 목적이 국민의 권리구제적 측면에 있다고 보아 권력적 사실행위는 행정쟁송의 대상인 처분으로 보고 있다. 문제는 비권력적 사실행위를 처분으로 볼 수 있는가 하는 것이다.

대법원은 "상훈대상자를 결정할 권한이 없는 국가보훈처장이 기포상자에게 훈격재심사계획이 없다고 한 회신은 단순한 사실행위"라고 하여 단순한 사실행위의 처분성을 부정하고 있다(大判 1989.1.24, 88누3116).

그러나 법적으로는 비권력적 행위이지만, 사실상 강제력을 가지는 비권력적 사실행위는 '기타 이에 준하는 행정작용'(行審法 §2의 1, 行訴法 §2의 1)으로 보아 처분성을 인정함이 옳다.

2. 행정상 손해배상

(1) 위법한 행정상 사실행위로 인하여 사인이 손해를 입으면, 피해자는 그 사실행위가 사법적 사실행위인 경우에 민사법에 따라, 공법적 사실행위인 경우에 「국가배상법」과 「행정소송법」에 따라 손해배상을 청구할 수 있을 것이다. 사실행위의 처분성이 부정되거나, 단기간에 목적을 달성하고 종료된 경우에는(소의 이익 소멸) 항고쟁송의 길이 없으므로 국가배상이 오히려 실효성있는 구제수단이 된다.

(2) 이 외에도 위법한 행정상 사실행위를 행한 공무원에 대한 형사책임 · 징계책임의 추궁, 감독청의 직무상 감독작용, 관계자의 청원 등도 간접적이기는 하나 피해자의 권리보호의 수단으로 강구될 수 있을 것이다.

3. 행정상 손실보상

적법한 권력적 사실행위가 있은 후에 위법한 양상으로 국민에게 특별한 재산적 손실을 야기한 경우에는 손실보상의 문제가 제기될 수 있다.

「헌법」 제23조 제3항은 적법한 '법적 행위'로 인한 손실보상 문제만을 대상으로 하므로, 그 대상이 사실행위인 경우에는 그 적용에 한계가 있다. 이에 대해서는 ①「헌법」 제23조 제3항의 구성요건을 확대하여 이를 근거로 직접 손실보상을 청구할 수 있다는 견해, ②「헌법」 제23조 제3항을 유추적용하여 독일에서 논의되는 이른바 수용적 침해이론에 입각하여 이러한 사실행위에 대해서도 그 침해를 인용하고 손실보상을 청구할 수 있다는 견해의 대립이 있다.

이에 대하여는 「헌법」 제23조 제3항의 경우, 그 구성요건상 사실행위를 대상으로 하지 않으며, 독일식의 수용적 침해이론은 그 발전과정에 있어서 명백하듯이 독일에서 관습법적으로 주장되어 온 희생보상청구권에 근거를 둔 이론이기 때문에 우리의 실정에는 적합하지 않은 점이 있긴 하지만, 공평부담의 견지에서 위험부담론에 입각하여 손실보상을 하여야 할 것이다.

4. 사실행위에 대한 가구제문제

사실행위에 대해서도 가구제의 허용여부가 문제되며, 그 가구제의 유형에는 행정소송에 특유한 집행정지와, 민사소송에서의 제도인 가처분을 행정소송에서 이용하는 경우가 있다.

1) 집행정지의 인정 문제

행정소송에서의 가구제인 집행정지는 그 전제로서 행정소송, 특히 취소소송의 대상이 될 수 있는 처분성이 인정되는 행정작용만을 대상으로 하며, 이러한 요건은 사실행위에 있어서도 동일하다. 따라서 비권력적인 단순한 사실행위는 처분성을 인정하기 어려우므로 집행정지의 대상이 될 수 없다. 그러나 계속적인 효력을 가지는 권력적 사실행위는 처분성이 인정되고 이에 따라 취소소송의 대상이 됨과 동시에 행정소송에서의 가구제인 집행정지의 대상이 될 수 있을 것이다.

2) 행정소송에서의 가처분 인정 문제

「행정소송법」 제8조 제2항이 "행정소송에 관하여 이 법에 특별한 규정이 없는 사항에 대하여는 「법원조직법」과 「민사소송법」의 규정을 준용한다."고 규정하고 있으므로 민사소송상의 가처분제도가 행정소송에서도 일반적으로 허용될 수 있을 것인가에 대하여는 논의가 있다.

이에 대해서 판례는 부정적이나, 학설은 소극설과 적극설(제한적 긍정설)의 대립이 있다(행정소송의 가처분 설명 참조).

第 4 章 行政節次·情報公開

第 1 節 行政節次

주요쟁점	1. 행정절차가 적용되는 침익적 처분이란 어떠한 것인가? 2. 침익적 처분절차의 요소는 무엇인가? 3. 절차 하자는 취소사유가 되는가?

Ⅰ. 行政節次의 意義

1. 개 념

행정절차란 구체적인 행정결정을 위하여 이루어지는 일련의 과정을 말한다.

넓은 의미에서의 행정절차는 행정행위 등의 행정결정이 이루어지기까지의 '사전절차'와 행정결정 이후에 이루어지는 불복절차인 행정심판절차와 같은 '사후절차'로 나눌 수 있지만, 행정절차로서 논의의 대상이 되는 것은 보통 '사전절차'이다.

「행정절차법」은 처분·신고·행정상 입법예고·행정예고 및 행정지도의 절차를 행정절차로 규정하고 있다(同法 §3①).

2. 기 능

1) 법치주의원리의 보완

행정절차는 법률에 의한 행정의 원리가 사후구제를 통하여 국민의 권리를 보호하는데 따르는 한계를 보완하는 기능을 가진다. 즉, 행정절차를 통하여 미리 권리침해를 예방함으로써 국민의 권리를 실질적으로 보장할 수 있다.

2) 행정의 공정성 · 투명성의 확보

행정절차는 행정운영에 있어서 공정성 확보와 투명성의 향상을 도모함으로써, 국민의 권리이익을 보호하는 기능을 수행한다. 이 점은 「행정절차법」 제1조의 목적에 명시되어 있다.

3) 이해의 조정

행정절차는 행정결정을 둘러싸고 사인 사이에 이해관계가 서로 대립되고 있을 경우에 이해조정을 통하여 행정의 능률성을 제고한다.

Ⅱ. 行政節次의 根據

1. 헌법적 근거

우리 「헌법」에는 미국헌법수정 제5조나 제14조와 같은 규정이 없지만, 「헌법」 제12조(신체의 자유)의 '적법한 절차'라는 조항이 직접적으로는 형사사법권의 발동에 관한 조항이라 하더라도 그 취지는 행정절차에도 유추된다고 볼 수 있다(憲裁決 1992.12.24, 92헌마78).

이와 관련하여 「행정절차법」이 제정 · 시행되기 전에 대법원은 청문절차의 헌법적 원리성 또는 일반법원칙성을 부인하였으나(大判 1994.8.9, 94누3414), 훈령에 규정된 청문절차에 대하여 일반법원칙성을 인정하기도 하였다(大判 1984.9.11, 82누166).

헌법재판소는 청문절차의 헌법적 원리성 또는 일반법원칙성을 인정하였다(憲裁決 1990.11.29, 90헌가48).

참고판례

▸ 행정절차의 헌법적 근거에 관한 판례

① 憲裁決 1992.12.24, 92헌마78.

"헌법 제12조 제3항 본문은 동조 제1항과 함께 적법절차원리의 일반조항에 해당하는 것으로서, 형사절차상의 영역에 한정되지 않고 입법·행정 등 국가의 모든 공권력의 작용에는 절차상의 적법성뿐만 아니라 법률의 실제적 내용도 합리성과 정당성을 갖춘 실체적인 적법성이 있어야 한다는 적법절차의 원칙을 헌법의 기본원리로 명시한 것이다."

② 大判 1984.9.11, 82누166.

"건축사사무소의 등록취소 및 폐쇄처분에 관한 규정(1979.9.6, 건설부훈령 제447호)…제9조에는 건축사사무소의 등록을 취소하고자 할 때에는 미리 당해 건축사에 대하여 청문을 하거나 필요한 경우에 참고인의 의견을 들어야 한다…고 규정하고 있다. 이와 같이 관계 행정청이 건축사사무소의 등록취소처분을 함에 있어 당해 건축사들을 사전에 청문하도록 한 법제도의 취지는, 위 행정처분으로 인하여 건축사사무소의 기존 권리가 부당하게 침해받지 아니하도록 등록취소사유에 대하여 당해 건축사에게 변명과 유리한 자료를 제출할 기회를 부여하여 위법사유의 시정가능성을 감안하고 처분의 신중성과 적정성을 기하려 함에 있다 할 것이므로, 관계 행정청이 위와 같은 처분을 하려면 반드시 사전에 청문절차를 거쳐야 하고 설사 위와 같은 법 제28조 소정의 사유가 분명히 존재하는 경우라 하더라도 청문절차를 거치지 아니한 건축사사무소 등록취소처분은 위법한 처분이다."

한편, 이 판례에 대하여는 훈령의 법규성을 인정한 것으로 보아야 한다며, 행정절차의 헌법적 일반법원칙성을 인정하지 않는 견해가 있다.

③ 憲裁決 1990.11.29, 90헌가48.

"공소가 제기된 변호사에 대해서 형사상의 소추만으로 법무부장관의 일방적 명령에 의하여 변호사업무를 정지시키는 것은 당해 변호사가 자기에게 유리한 사실을 진술하거나 필요한 증거를 제출할 수 있는 청문의 기회가 보장되지 아니하여 적법절차를 존중하지 아니하는 것이 되어 변호사법 제15조는 위헌이다."

2. 실정법적 근거

행정절차에 관한 법률로는 행정작용에 대해 공통적으로 적용되는 행정절차에 관한 「행정절차법」이 있다.

또한 민원사무와 관련하여 「민원사무처리에 관한 법률」이 있으며, 개별법률에서 행정절차에 관한 개별적 규정을 두고 있다.

Ⅲ. 行政節次의 內容

1. 의 의

행정절차상의 원칙으로서 가장 중요한 것은 '고지'(告知, Notice)와 '청문'(聽聞, Hearing)이다. 고지와 청문은 행정주체가 사인에 대하여 행정처분을 행할 경우 사전에 그 취지를 고지하여 상대방에게 의견을 진술할 수 있는 기회가 주어져야 한다는 절차적 요청이다.

영국의 common law에서 '자연적 정의의 원리'는 "어느 누구라도 자기가 관여하는 사건의 재판관이 될 수 없다."(No man shall be judge in his own case)는 점과 "양 당사자로부터 들어야 한다."(Both sides must be heard)는 두 가지 원칙을 그 내용으로 한다.

또 미국의 연방헌법수정 제5조 및 제14조는 "어느 누구라도 법의 정당한 절차(due process of law) 없이는 생명, 자유 또는 재산을 침해당하지 아니한다."고 하여 적법절차(due process)의 원칙을 규정하고 있다. 이 원칙은 상대방에 대한 고지와 상대방의 주장에 대한 청문을 요구할 것을 내용으로 한다.

2. 「행정절차법」의 주요 내용

1) 총 칙

총칙에서는 이 법의 목적과 용어정의, 적용범위 등 행정절차의 통일적 규정을 필요로 하는 사항에 대하여 공통적인 기준을 마련하였다. 총칙의 주요 내용은 다음과 같다.

(1) 적용범위

처분, 신고, 행정상 입법예고, 행정예고 및 행정지도의 절차에 관하여 다른 법률에 특별한 규정이 있는 경우를 제외하고는 「행정절차법」을 적용하도록 하였다(§3①). 다만, ① 국회 또는 지방의회의 의결을 거치거나 동의 또는 승인을 받아 행하는 사항, ② 법원 또는 군사법원의 재판에 의하거나 그 집행으로 행하는 사항, ③ 헌법재판소의 심판을 거쳐 행하는 사항, ④ 각급 선거관리위원회의 의결을 거쳐 행하는 사항, ⑤ 감사원이 감사위원회의의 결정을 거쳐 행하는 사항, ⑥ 형사, 행형(行刑) 및 보안처분 관계법령에 따라 행하는 사항, ⑦ 국가안전보장 · 국방·외교 또는 통일에 관한 사항 중 행정절차를 거칠 경우 국가의 중대한 이익을 현저히 해칠 우려가 있는 사항, ⑧ 심사청구, 해양안전심판, 조세심판, 특허심판, 행정심판, 그 밖의 불복절차에 따른 사항, ⑨「병역법」에 따른 징집·소집, 외국인의 출입국·난민인정·귀화, 공무원 인사 관계 법령에 따른 징계와 그 밖의 처분, 이해 조정을 목적으로 법령에 따른 알선·조정·중재·재정 또는 그 밖의 처분 등 해당 행정작용의 성질상 행정절차를 거치기 곤란하거나 거칠 필요가 없다고 인정되는 사항과 행정절차에 준하는 절차를 거친 사항으로서 대통령령으로 정하는 사항[1)]에 대하여는 이 법을 적용하지 아니한다. 그러나 「행정절차법」의 적용이 배제되는 예외는 합리적인 사유가 있어야 허용된다고 보아야 할 것이다.

판례도 이러한 취지에서 「행정절차법」의 적용이 배제되는 공무원 인사 관계 법령에 따른 징계와 그 밖의 처분이라 하더라도 성질상 행정절차를 거치기 곤란하거나 불필요하다고 인정되는 처분이나 행정절차에 준하는 절차를 거치도록 하고 있는 처분의 경우에만 「행정절차법」의 적용이 배제된다고 판시하고 있다(大判 2007.9.21, 2006두20631; 대판 2013.1.16, 2011두30687).

또한 지방자치단체의 사무에 대하여는 지방자치단체의 특수성을 고려하여 이 법의 범위 안에서 조례로써 특별한 행정절차를 정할 수 있다.

---

1) 시행령 제2조: 제3조 제2항제9호에서 "대통령령으로 정하는 사항"이라 함은 다음 각호의 어느 하나에 해당하는 사항을 말한다.
  1. 「병역법」, 「향토예비군 설치법」, 「민방위기본법」, 「비상대비자원관리법」에 따른 징집·소집·동원·훈련에 관한 사항
  2. 외국인의 출입국·난민인정·귀화·국적회복에 관한 사항
  3. 공무원 인사관계법령에 의한 징계 기타 처분에 관한 사항
  4. 이해조정을 목적으로 법령에 의한 알선·조정·중재·재정 기타 처분에 관한 사항
  5. 조세관계법령에 의한 조세의 부과·징수에 관한 사항
  6. 「독점규제 및 공정거래에 관한 법률」, 「하도급거래 공정화에 관한 법률」, 「약관의 규제에 관한 법률」에 따라 공정거래위원회의 의결·결정을 거쳐 행하는 사항
  7. 「국가배상법」, 「공익사업을 위한 토지 등의 취득 및 보상에 관한 법률」에 따른 재결·결정에 관한 사항
  8. 학교·연수원등에서 교육·훈련의 목적을 달성하기 위하여 학생·연수생등을 대상으로 행하는 사항
  9. 사람의 학식·기능에 관한 시험·검정의 결과에 따라 행하는 사항
  10. 「배타적 경제수역에서의 외국인어업 등에 대한 주권적 권리의 행사에 관한 법률」에 따라 행하는 사항
  11. 「특허법」, 「실용신안법」, 「디자인보호법」, 「상표법」에 따른 사정·결정·심결, 그 밖의 처분에 관한 사항

참고판례

▸「행정절차법」의 적용범위 여부 : 大判 2007.9.21, 2006두20631.
"행정과정에 대한 국민의 참여와 행정의 공정성, 투명성 및 신뢰성을 확보하고 국민의 권익을 보호함을 목적으로 하는 행정절차법의 입법목적과 행정절차법 제3조 제2항 제9호의 규정 내용 등에 비추어 보면, 공무원 인사관계 법령에 의한 처분에 관한 사항 전부에 대하여 행정절차법의 적용이 배제되는 것이 아니라 성질상 행정절차를 거치기 곤란하거나 불필요하다고 인정되는 처분이나 행정절차에 준하는 절차를 거치도록 하고 있는 처분의 경우에만 행정절차법의 적용이 배제된다."

(2) 일반법원칙의 선언

(가) 신의성실의 원칙 · 신뢰보호의 원칙

"행정청은 직무를 수행할 때 신의에 따라 성실히 하여야 한다."(節次法 §4①)는 신의성실의 원칙과 "행정청은 법령 등의 해석 또는 행정청의 관행이 일반적으로 국민들에게 받아들여졌을 때에는 공익 또는 제3자의 정당한 이익을 현저히 해할 우려가 있는 경우를 제외하고는 새로운 해석 또는 관행에 따라 소급하여 불리하게 처리하여서는 아니 된다."(同法 §4②)는 신뢰보호의 원칙을 선언하였다.

(나) 투명성의 원칙

또한 "행정청이 행하는 행정작용은 그 내용이 구체적이고 명확하여야 하며, 행정작용의 근거가 되는 법령 등의 내용이 명확하지 아니한 경우 상대방은 당해 행정청에 대하여 그 해석을 요청할 수 있다. 이 경우 당해 행정청은 특별한 사유가 없는 한 이에 응하여야 한다."(同法 §5)고 하여 투명성의 원칙도 규정하고 있다.

(3) 행정청의 관할 및 협조 등

행정청의 관할에 대한 원칙을 규정하고, 행정청 사이의 협조 및 행정응원을 제도화하였다(同法 §6-8).

(4) 당사자 등

행정청의 처분에 대하여 직접 그 상대가 되는 당사자(大判 1994 .4.12, 93누16666)와 행정청이 직권 또는 신청에 의하여 행정절차에 참여하게 한 이해관계인(同法 §2 iv)의 자격, 지위의 승계 및 대표자의 선정, 대리인의 선정에 관한 규정을 두고 있다(同法 §9-13 참조).

참고판례

▸ 행정절차에서의 당사자 여부 : 大判 1994.4.12, 93누16666.

"여관의 영업허가명의자로부터 사실상 영업을 양수하여 경영하는 자는 구 공중위생법 제24조에서 말하는 '처분의 대상이 되는 영업자 등이나 그 대리인'이라 할 수 없어, 그 자에게 청문기회가 부여되었다 하여 이로써 영업허가명의자에 대한 청문기회가 부여되었다거나 또는 영업허가명의자에 대한 청문을 생략할 정당한 사유에 해당한다고 할 수 없다."

(5) 송달 등

「행정절차법」은 송달 및 기간·기한의 특례에 관한 규정을 두고 있다(同法 §14-16 참조).

특히 행정처분의 실효성을 보완하기 위해 문서를 송달받을 자 또는 그 사무원 등이 정당한 사유 없이 송달받기를 거부하는 때에는 그 사실을 수령확인서에 적고, 문서를 송달할 장소에 놓아둘 수 있도록 하여 유치송달의 근거규정을 두고 있다(동법 §14②但).

송달은 다른 법령등에 특별한 규정이 있는 경우를 제외하고는 해당 문서가 송달받을 자에게 도달됨으로써 그 효력이 발생한다. 정보통신망을 이용하여 전자문서로 송달하는 경우에는 송달받을 자가 지정한 컴퓨터 등에 입력된 때에 도달된 것으로 보며, 송달받을 자의 주소등을 통상적인 방법으로 확인할 수 없거나, 송달이 불가능한 경우에는 다른 법령등에 특별한 규정이 있는 경우를 제외하고는 공고일부터 14일이 지난 때에 그 효력이 발생한다. 다만, 긴급히 시행하여야 할 특별한 사유가 있어 효력 발생 시기를 달리 정하여 공고한 경우에는 그에 따른다(同法 §15).

2) 처분절차

처분절차에서는 각종 처분의 신청에 따른 제반 사항과 신속한 행정처분이 이루어지도록 신청에 대한 처리기간을 설정·공표하도록 하고, 처분기준은 당해 처분의 성질에 비추어 가능한 한 구체적으로 정하여 공표하도록 하였다.

또한 국민에게 의무를 과하거나 권익을 침해하는 처분을 하고자 하는 경우에는 그 사실을 미리 통지하여 행정청에 의견을 제출할 수 있도록 하거나 청문을 실시하여 정확한 사실관계를 규명한 후 처분토록 함으로써 국민의 권익침해를 사전에 예방할 수 있도록 규정하였으며, 다수 국민과 관련된 처분을 할 경우에는 공청회를 개최할 수 있도록 하였다.

3) 신고절차

신고란 사인이 행정기관에 일정한 사항을 통지하는 행위를 말한다.

「행정절차법」은 행정청에 일정한 사항을 통지함으로써 의무가 끝나는 신고가 ① 신고서의 기재사항에 흠이 없고, ② 필요한 구비서류가 첨부되어 있으며, ③ 그 밖에 법령 등에 규정된 형식상의 요건에 적합한 경우에는 신고서가 접수기관에 도달된 때에 신고 의무가 이행된 것으로 보고(同法 §40②), 위의 요건을 갖추지 못한 신고서가 제출된 경우에는 지체 없이 상당한 기간을 정하여 신고인에게 보완을 요구하여야 하며, 행정청은 신고인이 이 기간 내에 보완을 하지 아니하였을 때에는 그 이유를 구체적으로 밝혀 해당 신고서를 되돌려 보내도록(同法 §40③④) 규정하고 있다.

또한 신고인의 편의를 위하여 신고를 관장하는 행정청은 신고에 필요한 구비서류, 접수기관, 그 밖에 법령 등에 따른 신고에 필요한 사항을 게시하거나 이에 대한 편람을 갖추어 두고 누구나 열람할 수 있도록 하여야 한다(同法 §40①)고 규정하고 있다.

신고요건의 흠의 보완요구 및 반려규정은 수리를 요하는 신고에도 준용된다고 할 것이다.

4) 행정상 입법예고절차

(1) 의 의

「행정절차법」은 국민의 일상생활과 밀접한 관련이 있는 법령 등을 제정 · 개정 또는 폐지하려는 경우에는 이를 예고하여 국민의 다양한 의견을 수렴할 수 있도록 하였다.

(2) 적용범위

법률과 명령 등을 제정 · 개정 또는 폐지하고자 하는 경우에는 모두 해당된다. 다만, ① 신속한 국민의 권리 보호 또는 예측 곤란한 특별한 사정의 발생 등으로 입법이 긴급을 요하는 경우, ② 상위 법령 등의 단순한 집행을 위한 경우, ③ 입법내용이 국민의 권리 · 의무 또는 일상생활과 관련이 없는 경우, ④ 단순한 표현 · 자구를 변경하는 경우 등 입법내용의 성질상 예고의 필요가 없거나 곤란하다고 판단되는 경우, ⑤ 예고함이 공공의 안전 또는 복리를 현저히 해칠 우려가 있는 경우에는 예고를 하지 아니할 수 있다. 이 경우에도 법제처장은 입법예고를 하지 아니한 법령안의 심사요청을 받은 경우에 입법예고를 함이 적당하다고 판단할 때에는 해당 행정청에 대하여 입법예고를 권고하거나 직접 예고할 수 있다(同法 §41). 또한 입법안을 마련한 행정청은 입법예고 후 예고내용에 국민생활과 직접 관련된 내용이 추가되는 등 대통령령으로 정하는 중요한 변경이 발생하는 경우에는 해당 부분에 대한 입법예고를 다시 하여야 한다(同法 §41④).

(3) 예고방법・기간

예고방법은 관보 뿐 아니라 신문・방송, 컴퓨터, 기타 널리 활용가능한 모든 방법을 이용하여 입법취지 및 내용을 알리도록 하였다.

입법예고의 효율성을 도모하기 위하여 ① 행정청은 대통령령을 입법예고하는 경우에는 국회 소관 상임위원회에 제출하도록 하고, ② 행정청은 입법예고를 할 때에 입법안과 관련이 있다고 인정되는 중앙행정기관, 지방자치단체, 그 밖의 단체 등이 예고사항을 알 수 있도록 예고사항을 통지하거나 그 밖의 방법으로 알려야 하고, ③ 행정청은 예고된 입법안에 대하여 전자공청회 등을 통하여 널리 의견을 수렴할 수 있으며, ④ 행정청은 예고된 입법안의 전문에 대하여 열람 또는 복사를 요청받았을 때에는 특별한 사유가 없으면 그 요청에 따르도록 하였다(同法 §42②③④⑤).

입법예고기간은 예고할 때 정하되, 특별한 사정이 없는 한 40일(자치법규는 20일) 이상으로 한다(同法 §43).

(4) 의견제출・공청회

예고된 입법안에 대한 의견을 제출한 국민에게는 그 의견의 처리결과를 통지하도록 하여 행정청이 국민의견을 성실히 검토・반영할 수 있도록 하였다(同法 §44).

또한 필요한 경우 공청회도 실시할 수 있도록 하였다(同法 §45).

5) 행정예고절차

(1) 의 의

① 국민생활에 매우 큰 영향을 주는 사항, ② 많은 국민의 이해가 상충되는 사항, ③ 많은 국민에게 불편이나 부담을 주는 사항, ④ 그 밖에 널리 국민의 의견을 수렴할 필요가 있는 사항에 대한 정책・제도 및 계획을 수립・시행하거나 변경하려는 경우에는 이를 미리 국민들에게 예고하도록 하였다. 다만, 예고로 인하

여 공공의 안전 또는 복리를 현저히 해칠 우려가 있거나 그 밖에 예고하기 곤란한 특별한 사유가 있는 경우에는 예고하지 아니할 수 있다(同法 §46①)고 규정하여 행정에 대한 예측가능성 확보 및 국민의 행정참여와 정부정책에 대한 이해와 협조를 도모하였다.

다만, 법령등의 입법을 포함하는 행정예고는 입법예고로 갈음할 수 있다(同法 §46②).

(2) 예고기간 · 예고방법, 의견제출 등

예고기간은 예고 내용의 성격 등을 고려하여 정하되, 특별한 사정이 없으면 20일 이상으로 하며(同法 §46③) 예고방법, 의견제출 및 처리, 공청회 등에 관한 사항은 입법예고에 관한 규정을 준용하고 있다(同法 §47).

또한 행정청은 매년 자신이 행한 행정예고의 실시 현황과 그 결과에 관한 통계를 작성하고, 이를 관보 · 공보 또는 인터넷 등의 방법으로 널리 공고하도록 하여 국민의 권익보호를 강화하고 있다(동법 §46의2).

6) 행정지도절차

(1) 의 의

국민의 임의적 협력을 요하는 각종 행정지도가 사실상 국민에게 불편과 부담을 주고 있는 점을 감안하여, 행정지도의 명확성 · 투명성을 확보함으로써 행정지도의 문제점을 지양하고 행정지도의 효율성을 도모하기 위하여 행정지도절차를 규정하였다.

(2) 행정지도의 원칙

(가) 과잉금지원칙 및 임의성의 원칙

행정지도는 그 목적달성에 필요한 최소한도에 그쳐야 하며, 행정지도의 상대방의 의사에 반하여 부당하게 강요하여서는 아니 된다(同法 §48①).

(나) 불이익변경금지원칙

행정기관은 행정지도의 상대방이 행정지도에 따르지 아니하였다는 것을 이유로 불이익한 조치를 하여서는 아니 된다(同法 §48②).

(3) 행정지도의 방식

① 행정지도를 하는 자는 그 상대방에게 그 행정지도의 취지 및 내용과 신분을 밝혀야 하며, ② 행정지도가 말로 이루어지는 경우에 상대방이 행정지도의 취지 및 내용과 신분에 관한 사항을 적은 서면의 교부를 요구하면 그 행정지도를 하는

자는 직무 수행에 특별한 지장이 없으면 이를 교부하여야 한다(同法 §49).

(4) 의견제출 등

행정지도의 상대방은 해당 행정지도의 방식·내용 등에 관하여 의견제출을 할 수 있도록 하여(同法 §50) 행정기관의 부당하고 일방적인 행정지도를 지양하도록 하였다.

7) 국민참여의 확대

행정청은 행정과정에서 국민의 참여를 확대하도록 노력하고, 국민에게 영향을 미치는 주요 정책 등에 대하여 전자적 정책토론을 운영할 수 있도록 하였다(동법 §52, §53).

8) 보 칙

행정절차에 드는 비용은 원칙적으로 행정청이 부담하며, 행정절차의 진행에 필요한 참고인이나 감정인 등에게 예산의 범위에서 여비와 일당을 지급할 수 있다(同法 §52-54).

Ⅳ. 處分節次

「행정절차법」은 수익적 처분절차와 불이익처분절차에 공통적으로 적용되는 일반절차(공통절차)와 수익적 처분절차와 불이익처분절차에 각각 적용되는 절차를 따로 규정하고 있다.

1. 일반원칙(공통원칙)

1) 처분기준의 설정·공표

(1) 의 의

처분기준의 설정·공표라 함은 행정청이 처분을 하는 경우에 따라야 할 기준을 스스로 설정하고 이를 상대방이나 일반국민에게 알리는 것을 말한다.

「행정절차법」은 행정청은 필요한 처분기준을 해당 처분의 성질에 비추어 되도록 구체적으로 정하여 공표하도록 하고 있으며, 이를 변경하는 경우에도 준용하고 있다(同法 §20). 다만, 처분기준을 공표하는 것이 해당 처분의 성질상 현저히 곤란하거나 공공의 안전 또는 복리를 현저히 해치는 것으로 인정될 만한 상당한 이유가 있는 경우에는 처분기준을 공표하지 아니할 수 있다(同法 §20②).

한편 처분기준을 설정하여야 함에도 이를 행하지 않은 경우에는 처분기준의 설정 · 공표가 의무규정으로 되어 있으므로 독자적인 취소사유가 된다고 본다.

(2) 처분기준의 법적 성질

설정 · 공표된 처분기준은 행정규칙에 해당한다. 따라서 행정규칙의 비법규성에 따라 처분기준의 법적 구속력은 인정되지 않는다.

그러나 처분기준에 대하여 상대방의 신뢰이익이 인정되는 경우 또는 처분기준의 적용이 평등원칙에 위반하는 경우에는 처분기준의 준법규성이 인정될 수 있다(제2편 제1장 제3절 행정규칙의 성질 참조).

(3) 해석 · 설명요청권

당사자 등은 공표된 처분기준이 명확하지 아니한 경우 해당 행정청에 그 해석 또는 설명을 요청할 수 있다. 이 경우 해당 행정청은 특별한 사정이 없으면 그 요청에 따라야 한다(同法 §20③).

2) 처분의 이유 제시 – 이유부기(理由附記) –

(1) 의 의

처분의 이유 제시라 함은 행정청이 일정한 행정행위를 함에 있어서 상대방에게 해당 행정행위를 하게 된 이유를 기재하는 것을 말한다. 이유부기라고도 한다.

(2) 기 능

처분의 이유 제시는 기능적 관점에서 보면 ① 자의억제기능 내지는 신중배려확보기능, ② 불복심판 편의제공기능, ③ 상대방에 대한 설득기능, ④ 결정과정 공개기능 등을 가진다.

(3) 내용과 한계

① 신청내용을 모두 그대로 인정하는 처분인 경우, ② 단순 · 반복적인 처분 또는 경미한 처분으로서 당사자가 그 이유를 명백히 알 수 있는 경우, ③ 긴급히 처분을 할 필요가 있는 경우를 제외하고는 처분의 근거와 이유를 당사자에게 제시하여야 한다(同法 §23①). 다만, ②와 ③의 경우에도 처분 후 당사자가 요청하는 경우에는 그 근거와 이유를 제시하여야 한다.

처분의 이유 제시의 정도는 절차의 종류에 따라 다르지만 처분의 근거규정만이 아니라 어떠한 사실관계를 근거로 처분을 하게 되었는가가 그 기재로써 명백히

되어야 할 것이다. 그러므로 단순한 이유의 제시가 아니라 법의 목적이나 취지에 비추어 필요하고 충분한 정도이어야 한다(大判 1990.9.11, 90누1786).

참고판례

▸ 이유제시의 정도 : 大判 1990.9.11, 90누1786.

"'무면허판매업자에게 주류를 판매하여'라는 단순한 사실기재만으로는 그 처분의 이유제시로서는 불충분한 것으로, 무면허주류업자 누구에게 주류를 판매한 것이 취소사유에 해당하는 것인지를 구체적으로 기재하여야 한다. 면허 등의 취소처분에 그 결정이유를 명시하도록 하는 취지는 행정청의 자의적 결정을 배제하고 이해관계인으로 하여금 행정구제절차에 적절히 대처할 수 있게 하기 위한 것이다."

(4) 이유제시의 하자

이유제시를 하지 않았거나 이유제시의 정도가 불충분한 경우에는 해당 행정행위는 하자있는 행정행위가 된다.

하자의 효과는 중대명백설에 따라 판단되어야 하므로, 중대하고 명백한 하자가 아니라면 취소사유가 된다.

(5) 하자의 치유

이유제시에 하자가 있는 경우에 하자의 치유는 행정의 효율성과 사인의 권리보호와의 조화를 고려하여 제한적으로 허용된다.

이 경우에 하자의 치유는 행정쟁송의 제기 전까지는 가능하다고 보아야 할 것이다(大判 1984.4.10, 83누393).

참고판례

▸ 하자의 치유의 시기 : 大判 1984.4.10, 83누393.

"세액산출근거가 누락된 납세고지서에 의한 과세처분의 하자의 치유를 허용하려면 늦어도 과세처분에 대한 불복여부의 결정 및 불복신청에 편의를 줄 수 있는 상당한 기간내에 하여야 한다고 할 것이므로 위 과세처분에 대한 전심절차가 모두 끝나고 상고심의 계류중에 세액산출근거의 통지가 있었다고 하여 이로써 위 과세처분의 하자가 치유되었다고는 볼 수 없다."

3) 처분의 방식 – 문서주의 –

행정청이 처분을 할 때에는 다른 법령 등에 특별한 규정이 있는 경우를 제외하고는 문서로 하여야 하며, 전자문서로 하는 경우에는 당사자등의 동의가 있어야 한다. 다만, 신속히 처리할 필요가 있거나 사안이 경미한 경우에는 말 또는 그 밖의 방법으로 할 수 있으며, 이 경우 당사자가 요청하면 지체 없이 처분에 관한 문서를 주어야 한다. 그리고 처분을 하는 문서에는 그 처분 행정청 및 담당자의 소속 · 성명과 연락처(전화번호 · 팩스번호 · 전자우편주소 등을 말한다)를 적어야 한다(同法 §24).

4) 처분의 정정(訂正)

행정청은 처분에 오기(誤記) · 오산(誤算) 또는 그 밖에 이에 준하는 명백한 잘못이 있을 때에는 직권으로 또는 신청에 따라 지체 없이 정정하고 그 사실을 당사자에게 통지하여야 한다(同法 §25).

5) 행정심판사항의 고지

「행정심판법」 제42조와 동일하게 행정청이 처분을 할 때에는 당사자에게 그 처분에 관하여 행정심판 및 행정소송을 제기할 수 있는지 여부, 그 밖에 불복을 할 수 있는지 여부, 청구절차 및 청구기간 그 밖에 필요한 사항을 알려야 한다(同法 §26).

2. 수익적 처분절차

1) 의 의

수익적 처분절차라 함은 행정청에 대하여 일정한 수익적 처분을 구하는 절차로 ① 신청과 ② 신청의 수리 및 처리 그리고 ③ 처분(또는 거부처분)의 과정으로 구성되어 있다.

이 경우에 신청은 수익적 처분을 신청할 수 있는 법규상 내지 조리상 신청권이 있는 경우에 한정된다. 왜냐하면, 신청권이 없는 경우에는 행정청이 접수거부 내지 거부처분을 하더라도 이를 다툴 원고적격이 인정되지 않기 때문에 절차 하자 등을 주장할 실익이 없기 때문이다(제4편 제2장 제3절 취소소송의 제기요건 처분성에 관한 설명 참조).

2) 신 청

행정청에 처분을 구하는 신청은 문서로 하여야 한다. 다만, 다른 법령 등에 특별한 규정이 있는 경우와 행정청이 미리 다른 방법을 정하여 공시한 경우에는 그러하지 아니하다. 처분을 신청할 때 전자문서로 하는 경우에는 행정청의 컴퓨터 등에 입력된 때에 신청한 것으로 본다(同法 §17①②).

행정청은 신청에 필요한 구비서류, 접수기관, 처리기간, 그 밖에 필요한 사항을 게시하거나 이에 대한 편람을 갖추어 두고 누구나 열람할 수 있도록 하여야 한다(同法 §17③).

행정청은 신청인의 편의를 위하여 다른 행정청에 신청을 접수하게 할 수 있다. 이 경우 행정청은 다른 행정청에 접수할 수 있는 신청의 종류를 미리 정하여 공시하여야 한다(同法 §17⑦).

신청인은 원칙적으로 처분이 있기 전에는 그 신청의 내용을 보완·변경하거나 취하할 수 있다(同法 §17⑧).

3) 신청의 수리 및 처리

(1) 신청의 수리

행정청은 신청을 받았을 때에는 다른 법령등에 특별한 규정이 있는 경우를 제외하고는 그 접수를 보류 또는 거부하거나 부당하게 되돌려 보내서는 아니 되며, 신청을 접수한 경우에는 대통령령으로 정하는 경우를 제외하고는 신청인에게 접수증을 주어야 한다(同法 §17④).

그러나 행정청은 신청에 구비서류의 미비 등 흠이 있는 경우에는 보완에 필요한 상당한 기간을 정하여 지체 없이 신청인에게 보완을 요구하여야 하며, 행정청은 신청인이 기간 내에 보완을 하지 아니하였을 때에는 그 이유를 구체적으로 밝혀 접수된 신청을 되돌려 보낼 수 있다(同法 §17⑤⑥).

(2) 신청의 처리

행정청은 신청을 접수한 경우에는 신속하게 이를 처리하여야 한다. 이를 위하여 행정청은 신청인의 편의를 위하여 처분의 처리기간을 종류별로 미리 정하여 공표하여야 하며(同法 §19), 다수의 행정청이 관여하는 처분을 구하는 신청을 접수한 경우에는 관계행정청과의 신속한 협조를 통하여 당해 처분이 지연되지 아니하도록 하여야 한다(同法 §18).

행정청은 부득이한 사유로 처리기간 내에 처리하기 곤란한 경우에는 해당 처분의 처리기간의 범위에서 한 번만 그 기간을 연장할 수 있다. 이 경우에는 처리기간의 연장사유와 처리 예정기한을 지체 없이 신청인에게 통지하여야 한다(同法 §18②③).

4) 처 분

행정청은 당사자가 신청한 사항에 대한 처리결과를 신청인에게 문서로 통지하여야 한다. 이 경우 신청인의 신청을 거부하는 경우에는 그 근거 및 이유를 제시하여야 한다.

3. 침익적(불이익) 처분절차

1) 의 의

(1) 개 념

침익적 처분절차라 함은 당사자에게 의무를 부과하거나 권익을 제한하는 처분을 하는 경우에 거치는 사전고지 및 청문 등의 과정을 말한다. 행정청이 사인에 대한 불이익한 처분을 행할 경우 미리 처분 내용을 고지하여 충분히 변명할 자료를 제공할 기회를 부여하는 것은 법치행정의 원리의 본질적 요소를 이루는 것이라고 보아야 할 것이다.

(2) 적용대상

「행정절차법」에서의 침익적 처분이란 "당사자에게 의무를 과하거나 권익을 제한하는 처분"(同法 §21)으로 규정하고 있다. 그러므로 침익적 처분절차는 행정청의 적극적 처분로 인하여 처분의 상대방에게 침익적 효과가 발생하는 경우에 적용된다고 할 것이다.

① 수익적 처분의 신청에 대한 거부처분은 행정청의 적극적 처분에 의한 침익적 처분이 아니므로 여기에서의 침익적 처분에는 해당하지 아니한다(大判 2003. 11.28, 2003두674).

② 복효적 행정행위에서의 제3자는 행정청의 처분에 대하여 직접 그 상대가 되는 당사자가 아니므로 침익적 처분절차가 적용되지 않는다. 다만, "행정청이 직권으로 또는 신청에 따라 행정절차에 참여하게 한 이해관계인"이 되는 경우에는 절차에 참여할 수 있다(同法 §2 iv).

③ '처분'이란 행정청이 행하는 구체적 사실에 관한 법 집행으로서의 공권력의

행사 또는 그 거부와 그 밖에 이에 준하는 행정작용(同法 §2 ii)이므로 공무원채용계약의 해지와 같은 경우에는 처분에 해당하지 아니하므로 침익적 처분절차가 적용되지 아니한다(大判 2002.11.26, 2002두5948).

참고판례

▸ 처분이 아니므로 행정절차법이 적용되지 않는다는 판례 : 大判 2002.11.26, 2002두5948.

"계약직공무원에 관한 현행 법령의 규정에 비추어 볼 때, 계약직공무원 채용계약해지의 의사표시는 일반공무원에 대한 징계처분과는 달라서 항고소송의 대상이 되는 처분 등의 성격을 가진 것으로 인정되지 아니하고, 일정한 사유가 있을 때에 국가 또는 지방자치단체가 채용계약 관계의 한쪽 당사자로서 대등한 지위에서 행하는 의사표시로 취급되는 것으로 이해되므로, 이를 징계해고 등에서와 같이 그 징계사유에 한하여 효력 유무를 판단하여야 하거나, 행정처분과 같이 행정절차법에 의하여 근거와 이유를 제시하여야 하는 것은 아니다."

2) 처분의 사전통지

행정청은 당사자에게 의무를 과하거나 권익을 제한하는 처분을 하는 경우에는 미리 ① 처분의 제목, ② 당사자의 성명 또는 명칭과 주소, ③ 처분하고자 하는 원인이 되는 사실과 처분의 내용 및 법적 근거, ④ 이에 대하여 의견을 제출할 수 있다는 뜻과 의견을 제출하지 아니하는 경우의 처리방법, ⑤ 의견제출기관의 명칭과 주소, ⑥ 의견제출기한 등을 당사자 등에게 통지하여야 한다(同法 §21①).

다만, ① 공공의 안전 또는 복리를 위하여 긴급히 처분을 할 필요가 있는 경우, ② 법령 등에서 요구된 자격이 없거나 없어지게 되면 반드시 일정한 처분을 하여야 하는 경우에 그 자격이 없거나 없어지게 된 사실이 법원의 재판 등에 의하여 객관적으로 증명된 경우, ③ 해당 처분의 성질상 의견청취가 현저히 곤란하거나 명백히 불필요하다고 인정될 만한 상당한 이유가 있는 경우에는 사전통지를 생략할 수 있다(同法 §21④).

처분의 사전통지는 처분의 상대방의 권익보호를 위한 절차이므로 처분의 전제가 되는 사실이 법원의 재판 등에 의하여 객관적으로 증명된 경우 등 사전통지를 하지 아니할 수 있는 구체적인 사항은 대통령령에서 구체적으로 규정하고 있다(同法 §21⑤, 令 §13).

판례도 이러한 취지에서 사전통지가 생략되는 예외적인 경우는 엄격하게 해석하여 청문통지서가 반송되었다거나 행정처분의 상대방이 청문일시에 불출석하였다는 이유(大判 2001.4.13, 2000두3337) 또는 행정지도방식에 의한 사전고지나 그에 따른 당사자의 자진이행 약속 등의 사유만으로는 예외에 해당한다고 볼 수 없다고 판시하였다(대판 2000.11.14, 99두5870).

참고판례

▸ 사전통지를 생략할 수 있는지 여부 : 大判 2001.4.13, 2000두3337.

"행정절차법 제21조 제4항 제3호에서… 말하는 '의견청취가 현저히 곤란하거나 명백히 불필요하다고 인정될 만한 상당한 이유가 있는지 여부'는 당해 행정처분의 성질에 비추어 판단하여야 하는 것이지, 청문통지서의 반송 여부, 청문통지의 방법 등에 의하여 판단할 것은 아니며, 또한 행정처분의 상대방이 통지된 청문일시에 불출석하였다는 이유만으로 행정청이 관계 법령상 그 실시가 요구되는 청문을 실시하지 아니한 채 침해적 행정처분을 할 수는 없을 것이므로, 행정처분의 상대방에 대한 청문통지서가 반송되었다거나, 행정처분의 상대방이 청문일시에 불출석하였다는 이유로 청문을 실시하지 아니하고 한 침해적 행정처분은 위법하다."

3) 의견청취

(1) 의 의

(가) 개념 및 종류

「행정절차법」은 의견청취절차의 유형으로 ㉮ 청문, ㉯ 의견제출 및 ㉰ 공청회 제도를 두고 있다.

'청문'이라 함은 행정청이 어떠한 처분을 하기 전에 당사자 등의 의견을 직접 듣고 증거를 조사하는 절차(同法 §2 v)를 말하며, '의견제출'이라 함은 행정청이 어떠한 행정작용을 하기 전에 당사자 등이 의견을 제시하는 절차로서 청문이나 공청회에 해당하지 아니하는 절차(同法 §2 vii)를 말한다. '공청회'라 함은 행정청이 공개적인 토론을 통하여 어떠한 행정작용에 대하여 당사자 등, 전문지식과 경험을 가진 사람, 그 밖의 일반인으로부터 의견을 널리 수렴하는 절차(同法 §2 vi)를 말한다.

「행정절차법」에 의하면, 청문은 ① 다른 법령 등에서 청문을 실시하도록 규정하고 있는 경우와 ② 행정청이 필요하다고 인정하는 경우에 실시하므로(§22①), 다른 법령에 청문절차를 두지 아니하는 한 절차의 번거로움 등으로 인하여 청문의 광범위한 실시를 기대하기는 어려우나, 의견제출기한 내에 당사자 등의 신청이 있는 경우에는 ① 인허가 등의 취소, ② 신분·자격의 박탈, ③ 법인이나 조합 등의 설립허가의 취소처분에 대하여는 청문을 실시하여야 한다(§22① 3호).

한편 공청회는 ① 다른 법령 등에서 공청회를 개최하도록 규정하고 있는 경우 및 ② 해당 처분의 영향이 광범위하여 널리 의견을 수렴할 필요가 있다고 행정청이 인정하는 경우에 실시한다(同法 §22②).

(나) 의견청취절차의 생략

그러나 ㉮ 공공의 안전 또는 복리를 위하여 긴급히 처분을 할 필요가 있는 경우, ㉯ 법령 등에서 요구된 자격이 없거나 없어지게 되면 반드시 일정한 처분을 하여야 하는 경우에 그 자격이 없거나 없어지게 된 사실이 법원의 재판 등에 의하여 객관적으로 증명된 경우 및 ㉰ 해당 처분의 성질상 의견청취가 현저히 곤란하거나 명백히 불필요하다고 인정될 만한 상당한 이유가 있는 경우와 같이 처분의 사전통지가 생략될 수 있는 경우와 당사자가 의견진술의 기회를 포기한다는 뜻을 명백히 표시한 경우에는 의견청취를 하지 아니할 수 있다(同法 §22④). 그러나 사전 통지를 하지 아니하는 경우 행정청은 처분을 할 때 당사자 등에게 통지를 하지 아니한 사유를 알려야 한다. 다만, 신속한 처분이 필요한 경우에는 처분 후 그 사유를 알릴 수 있다(동법 §21⑥).

사전통지가 생략되는 예외규정은 「행정절차법」의 목적 및 의견청취절차의 취지를 고려하여 엄격하게 해석하여야 할 것이다(대판 2004.5.28, 2004두1254).

대법원은 퇴직급여환수금반납고지처분등취소사건에서 "퇴직연금의 환수결정은 당사자에게 의무를 과하는 처분이기는 하나, 관련 법령에 따라 당연히 환수금액이 정하여지는 것이므로, 퇴직연금의 환수결정에 앞서 당사자에게 의견진술의 기회를 주지 아니하여도 행정절차법 제22조 제3항이나 신의칙에 어긋나지 아니한다."고 판시하였다(대판 2000.11.28, 99두5443).

⑵ 의견청취절차

(가) 청문절차

청문은 청문주재자가 당사자의 의견진술, 증거조사 등의 절차를 거쳐 진행한다. 청문에서는 처분의 상대방과 이해관계자는 의견을 진술하고 자기에게 유리한 증거와 반증제출의 기회가 주어진다(大判 1992.2.11, 91누11575).

행정청은 청문주재자에게 필요한 자료를 7일 전에 통지하여야 하며(동법 §28②),

청문주재자는 청문이 종결되면 청문조서의 작성과 이와 별도로 청문주재자의 의견서를 작성하여야 한다(同法 §28-36 참조).

청문주재자의 직무수행상의 독립성과 중립성을 보장하기 위하여 신분보장 및 제척 · 기피 · 회피제도 등을 두고 있다(同法 §28-29).

(나) 의견제출절차

당사자 등은 처분 전에 그 처분의 관할 행정청에 서면이나 말로 또는 정보통신망을 이용하여 의견제출을 할 수 있다(同法 §27①).

(다) 공청회절차

행정청이 공청회를 개최하려는 경우에는 공청회 개최 14일 전까지 해당 공청회의 제목, 일시 및 장소, 주요 내용, 발표자에 관한 사항, 발표신청 방법 및 신청기한, 정보통신망을 통한 의견제출 등에 관한 사항을 당사자 등에게 통지하고 관보, 공보, 인터넷 홈페이지 또는 일간신문 등에 공고하는 등의 방법으로 널리 알려야 한다(同法 §38).

또한 공청회의 공정성이 확보될 수 있도록 공청회의 주재자, 발표자, 질의 및 답변, 의견제출 등과 관련된 규정을 두고 있다(同法 §38②, §39 참조).

(3) 의견청취결과의 반영

행정청은 처분을 함에 있어서 청문결과, 당사자 등이 제출한 의견 및 공청회에서 제시된 사실 및 의견이 상당한 이유가 있다고 인정하는 경우에는 이를 반영하여야 한다(同法 §27의2, §35의2, §39의2).

4) 문서열람(기록열람)

(1) 의 의

문서열람(기록열람)이란 의견청취절차와 관련하여 관계인이 해당 사안에 관하여 행정기관이 소지하고 있는 문서 내지 기록을 열람하는 것을 말한다.

헌법재판소는 개인의 기록열람권을 「헌법」 제21조에 의하여 보장되는 청구인의 '알 권리'의 내용으로 보아(憲裁決 1989.9.4, 88헌마22), 이를 인정하고 있다.

(2) 「행정절차법」의 내용

「행정절차법」은 당사자 등은 청문의 통지가 있는 날부터 청문이 끝날 때까지 행정청에 대하여 해당 사안의 조사결과에 관한 문서와 그 밖에 해당 처분과 관련되는 문서의 열람 또는 복사를 요청할 수 있다. 이 경우 행정청은 다른 법령에 의하여 공개가 제한되는 경우를 제외하고는 그 요청을 거부할 수 없으며, 열람 또는 복사의 요청을 거부하는 경우에는 그 이유를 소명(疎明)하여야 한다(同法 §37 ①③)고 하여 개인의 기록열람권을 인정하고 있다.

한편, 청문절차가 아닌 의견제출절차에는 명문의 규정은 없지만, 청문절차에서와 마찬가지로 관련문서의 기록열람권은 인정된다고 보는 것이 타당하다.

Ⅴ. 節次의 瑕疵와 處分의 效力

1. 절차상 하자의 개념

행정행위가 법령상 요구되는 실체적 요건을 결하고 있을 때에는 무효 또는 취소의 하자를 띠게 되지만, 법령에 의하여 요구되는 사전고지·청문·이유부기 등의 절차를 결여한 행정행위도 절차상의 하자를 띤 행위가 된다.

2. 절차상 하자있는 처분의 효력

절차상의 위법이 있을 때 당해 행정처분을 취소할 수 있는지 여부, 바꾸어 말하면 절차상의 하자만으로 당해 행정처분의 독립적 취소사유가 되는지 여부에 대하여는 논의가 있다.

1) 학 설

(1) 소극설

실체적 하자가 없다면 절차의 하자만으로 취소하더라도 행정청은 결국 적정한 절차를 거쳐 동일한 처분을 다시 하게 되고, 이는 행정경제상 아무런 도움이 되지 못하므로 절차의 하자는 독립적 취소사유가 되지 않는다고 한다.

(2) 적극설

적정한 절차는 합리적인 결정을 유도하는 바, 적법한 절차를 거쳐 다시 처분을 하는 경우에 반드시 전과 동일한 처분을 하는 것이 아니므로 절차하자는 독립된 취소사유가 된다고 한다.

(3) 절충설

기속행위의 경우에는 절차를 다시 거치더라도 동일한 결과에 이르므로 절차의 하자는 독립적 취소사유가 아니나, 재량행위의 경우에는 적법한 절차를 거친다면 종전의 처분과 다른 처분을 할 수 있으므로 절차의 하자는 독립적 취소사유가 된다고 한다.

2) 판 례

대법원은 「행정절차법」이 적용되는 처분 등에서와 같이 행정절차를 거치지 아니한 절차상의 하자에 대하여는 내용상의 하자와 동일하게 보아 독자적 위법사유로 보고 있다(大判 2007.9.21, 2006두20631).

3) 사 견

절차규제는 실체적으로 올바른 결정을 유도하는 수단적 의미를 지니고 있다는 점에서 절차 하자는 독립적 취소사유가 된다고 할 것이다. 그러나 절차의 하자만으로 취소하더라도 행정청은 적법한 절차를 거쳐 동일한 처분을 하게 되는 경우에는 무용한 절차만을 반복하는 결과를 가져오므로 행정경제상 아무런 도움이 되지 않는다는 점에서 절차하자는 원칙적으로 재량행위에만 인정되어야 할 것이다.

3. 하자의 치유

1) 의 의

불필요한 행정행위의 반복을 방지한다는 취지에서 절차상 하자는 치유가 인정된다.

2) 치유시기

하자의 치유시기는 상대방의 권리구제의 실효성을 보장한다는 점을 고려하여 행정쟁송의 제기 이전까지 허용된다고 할 것이다(大判 1984.4.10, 83누393).

4. 하자의 효과

절차 하자를 인정하는 경우에는 하자의 중대명백성의 정도에 따라 무효사유 또는 취소사유가 되는 것이라고 보아야 할 것이다.

第 2 節 情報公開

주요쟁점

1. 정보공개의 대상이 되는 정보는 어떠한 정보인가?
2. 정보공개에 대한 불복절차는 어떠한가?
3. 개인정보보호제도의 내용은 어떠한가?

Ⅰ. 概　觀

1. 정보공개의 의의

정보공개라 함은 국가나 지방자치단체의 행정기관이 관리하고 있는 정보를 국민이나 주민의 청구에 따라 공개하는 것을 말한다. 따라서 행정기관이 스스로 제공하는 정보제공과는 다르다.

2. 법적 근거

1) 헌법적 근거

정보공개의 헌법적 근거는 국민의 '알 권리'이며, '알 권리'의 근거는 「헌법」 제21조의 표현의 자유 등에서 도출된다(憲裁決 1989.9.4, 88헌마22).

참고판례

▸ 정보공개의 헌법적 근거 : 憲裁決 1989.9.4, 88헌마22.

"알 권리는 헌법 제21조의 언론의 자유에 당연히 포함되는 바, 이는 국민의 정부에 대한 일반적 정보공개를 구할 권리(청구권적 기본권)라고 할 것이며, 서류에 대한 열람·복사민원의 처리는 법률의 제정이 없더라도 불가능한 것은 아니라 할 것이고 또 비록 공문서공개의 원칙보다는 공문서의 관리·통제에 중점을 두고 만들어진 규정이기는 하지만, 위(정부공문서) 규정 제36조 제2항을 근거로 국민의 알 권리를 곧 바로 실현시키는 것은 가능하다."

2) 법령상 근거

(1) 법 률

정보공개에 관한 일반법으로 1996년 12월 31일 법률 제5242호로 「공공기관의 정보공개에 관한 법률」(이하 "정보공개법"이라 함)이 제정·공포됨에 따라, 1998년 1월 1일부터 법률에 의거한 정보공개제도가 시행되었다.

그리고 교육관련기관의 정보공개에 관하여는 「교육관련기관의 정보공개에 관한 특례법」이 적용된다.

(2) 조례

지방자치단체의 정보공개조례도 정보공개의 법적 근거가 된다.

정보공개법이 제정되지 아니한 상황에서 대법원은 "국가의 입법미비를 이유로 지방의회의 조례제정권 행사를 가로막을 수 없다."고 하여 청주시의 「행정정보공개조례」를 적법한 것으로 하였다(大判 1992.6.23, 92추17).

Ⅱ. 情報公開法의 主要內容

1. 목적 · 적용범위

1) 목 적

「정보공개법」은 공공기관이 보유·관리하는 정보에 대한 국민의 공개청구 및 공공기관의 공개의무에 관하여 필요한 사항을 정함으로써 국민의 알권리를 보장하고 국정에 대한 국민의 참여와 국정운영의 투명성을 확보함을 목적으로 한다(同法 §1).

2) 적용범위

정보의 공개에 관하여는 다른 법률에 특별한 규정이 있는 경우를 제외하고는 「정보공개법」이 일반법으로 적용된다. 그러나 국가안전보장에 관련되는 정보 및 보안업무를 관장하는 기관에서 국가안전보장과 관련된 정보분석을 목적으로 수집되거나 작성된 정보에 대하여는 이 법을 적용하지 아니한다. 다만, 정보목록의 작성·비치 및 공개에 대하여는 이 법이 적용된다(同法 §4①③).

2. 공개대상정보 · 비공개대상정보

1) 공개대상정보

정보공개의 대상이 되는 정보는 공공기관이 보유·관리하는 정보이다(同法 §9①).

"공공기관"이라 함은 국가기관, 지방자치단체, 「정부투자기관관리기본법」 제2조의 규정에 의한 정부투자기관 그 밖에 대통령령이 정하는 기관을 말하며, '정보'라 함은 공공기관이 직무상 작성 또는 취득하여 관리하고 있는 문서(전자문서를 포함)·도면·사진·필름·테이프·슬라이드 및 그 밖에 이에 준하는 매체 등에 기록된 사항을 말한다(同法 §2참조).

2) 비공개대상정보

① 공공기관이 보유·관리하는 정보라도 ㉮ 다른 법령에 의하여 비밀 또는 비공개 사항으로 규정된 정보, ㉯ 국가안전보장·국방·통일·외교관계 등에 관한 사항으로서 공개될 경우 국가의 중대한 이익을 현저히 해할 우려가 있다고 인정되는 정보 또는 ㉰ 법인·단체 또는 개인의 경영·영업상 비밀에 관한 사항으로서 공개될 경우 법인 등의 정당한 이익을 현저히 해할 우려가 있다고 인정되는 정보 등과 같이 공익 또는 타인의 권익을 보호하기 위한 정보는 이를 공개하지 아니할 수 있다(同法 §9①참조)(大判 2003.3.11, 2001두6425).

다만, 공공기관은 당해 공공기관의 업무의 성격을 고려하여 비공개대상정보의 범위에 관한 세부기준을 수립하고 이를 공개하여야 한다(同法 §9③참조).

② 그러나 비공개정보가 기간의 경과 등으로 인하여 비공개의 필요성이 없어진 경우에는 당해 정보를 공개대상으로 하여야 한다(同法 §9②).

3) 정보의 부분공개

공개청구한 정보가 비공개정보와 공개가 가능한 부분이 혼합되어 있는 경우로서 공개청구의 취지에 어긋나지 아니하는 범위 안에서 두 부분을 분리할 수 있는 때에는 비공개정보에 해당하는 부분을 제외하고 공개하여야 한다(同法 §14).

참고판례

▸ 비공개정보에 관한 판례 : 大判 2003.3.11, 2001두6425.

"공개하는 것이 공익을 위하여 필요하다고 인정되는 정보'에 해당하는지 여부는 비공개에 의하여 보호되는 개인의 사생활 보호 등의 이익과 공개에 의하여 보호되는 국정운영의 투명성 확보 등의 공익을 비교 · 교량하여 구체적 사안에 따라 신중히 판단하여야 할 것인바, 이 사건 정보 중 개인에 관한 정보는 특별한 사정이 없는 한 그 개인의 사생활 보호라는 관점에서 보더라도 위와 같은 정보가 공개되는 것은 바람직하지 않으며 위 정보의 비공개에 의하여 보호되는 이익보다 공개에 의하여 보호되는 이익이 우월하다고 단정할 수도 없으므로, 이는 '공개하는 것이 공익을 위하여 필요하다고 인정되는 정보'에 해당하지 않는다고 봄이 상당하다."

▸ 부분공개를 인정한 판례 : 大判 2004.12.9, 2003두12707.

"공개를 거부한 정보에 비공개대상 정보에 해당하는 부분과 공개가 가능한 부분이 혼합되어 있고 공개청구의 취지에 어긋나지 아니하는 범위 안에서 두 부분을 분리할 수 있음을 인정할 수 있을 때에는 청구취지의 변경이 없더라도 공개가 가능한 정보에 관한 부분만의 일부취소를 명할 수 있다 할 것이고, 공개청구의 취지에 어긋나지 아니하는 범위 안에서 비공개대상 정보에 해당하는 부분과 공개가 가능한 부분을 분리할 수 있다고 함은, 이 두 부분이 물리적으로 분리가능한 경우를 의미하는 것이 아니고 당해 정보의 공개방법 및 절차에 비추어 당해 정보에서 비공개대상 정보에 관련된 기술 등을 제외 내지 삭제하고 그 나머지 정보만을 공개하는 것이 가능하고 나머지 부분의 정보만으로도 공개의 가치가 있는 경우를 의미한다고 해석하여야 한다."

3. 정보공개청구권자

① 모든 국민은 정보의 공개를 청구할 권리를 가지며 외국인의 경우도 일정한 조건하에서 정보공개청구권을 가진다(同法 §5, 同令3).

② 국민의 정보공개청구권이 원활하게 운영될 수 있도록 공공기관은 주관부서와 인력을 두어야 하며, 특히 ㉮ 국민생활에 매우 큰 영향을 미치는 정책에 관한 정보, ㉯ 국가의 시책으로 시행하는 공사(工事) 등 대규모의 예산이 투입되는 사업에 관한 정보, ㉰ 예산집행의 내용과 사업평가 결과 등 행정감시를 위하여 필요한 정보 등은 정보공개의 구체적 범위, 공개의 주기 · 시기 및 방법 등을 미리 정하여 공표하고, 이에 따라 정기적으로 공개하여야 한다(同法 §6, §7).

또한 공공기관은 당해기관이 보유 · 관리하는 정보에 대하여 정보목록을 작성·비치하고, 그 목록을 정보통신망을 활용한 정보공개시스템 등을 통하여 공개하여야 한다(同法 §8).

4. 정보공개의 절차

1) 정보공개의 청구

정보의 공개를 청구하는 자는 당해 정보를 보유하거나 관리하고 있는 공공기관에 대하여 일정한 사항을 기재한 정보공개청구서를 제출하거나 구술로써 정보의 공개를 청구할 수 있다(同法 §10).

2) 공개 여부의 결정

① 공공기관은 정보공개의 청구가 있는 때에는 청구를 받은 날부터 10일 이내에 공개여부를 결정하여야 한다. 다만, 부득이한 사유가 있는 때에는 10일 이내의 범위에서 공개여부 결정기간을 연장할 수 있다(同法 §11①②).

② 공공기관은 공개청구된 공개대상정보가 제3자와 관련이 있다고 인정되는 때에는 그 사실을 제3자에게 지체없이 통지하여야 하며, 필요한 경우에는 그의 의견을 청취할 수 있다(同法 §11③).

③ 국가기관 등은 정보공개여부 등을 심의하기 위하여 위원장 1인을 포함하여 5인 내지 7인의 위원으로 구성되는 정보공개심의회를 설치·운영한다(同法 §12①②).

3) 공개방법

① 공개의 방법으로는 정보를 열람하게 하거나 그 사본·복제물을 교부하는 것 또는 정보통신망을 통하여 정보를 제공하는 것 등이 있다(同法 §2 ⅱ).

② 공개대상정보의 양이 과다하거나 당해 정보의 원본이 오손 또는 파손될 우려가 있는 경우 등에는 정보의 사본·복제물을 일정 기간별로 나누어 교부하거나 열람과 병행하여 교부 내지 공개할 수 있다(同法 §13②③).

또한 가급적 청구인의 공개청구의 취지를 고려하여 공개청구한 정보에 따라 부분공개방법 및 전자적 형태의 공개방법도 인정되고 있으며, 즉시 또는 구술처리가 가능한 정보에 대하여는 공개절차를 거치지 아니하고 공개하여야 한다(同法 §14-16참조).

4) 비용부담

정보의 공개 및 우송 등에 소요되는 비용은 실비의 범위 안에서 청구인의 부담으로 한다(同法 §17).

5. 불복구제절차

「정보공개법」은 정보공개청구에 대한 비공개결정과 제3자의 정보공개결정에 대하여 선택적으로 활용할 수 있는 다양한 불복절차를 마련하고 있다.

또한 정보공개청구에 대한 비공개결정에 대한 불복절차의 특색은 원고적격의 인정이 용이하다는 점에서 민중소송적 측면이 없지 아니하나, 정보공개청구권이 없는 자의 정보공개신청에 대한 거부는 거부처분에 해당하지 않는다는 점에서 주관소송에 해당한다고 할 것이다.

한편, 정보공개청구에 대한 공개결정에 대하여 제3자의 보호제도를 마련하고 있다.

1) 청구인의 불복절차

(1) 이의신청

청구인이 공공기관의 비공개 또는 부분공개의 결정에 대하여 불복이 있는 때에는 30일 이내에 당해 공공기관에 문서로 이의신청을 할 수 있으며, 이 경우 공공기관은 이의신청을 받은 날부터 7일 이내에 그 이의신청에 대하여 결정하고 그 결과를 청구인에게 지체없이 문서로 통지하여야 한다. 다만, 부득이한 경우에는 7일 이내의 범위에서 연장할 수 있다(同法 §18①②).

공공기관은 이의신청을 각하 또는 기각하는 결정을 한 때에는 청구인에게 행정심판 또는 행정소송을 제기할 수 있다는 취지를 통지하여야 한다(同法 §18③).

(2) 행정심판

청구인이 정보공개와 관련한 공공기관의 결정에 대하여 불복이 있는 때에는 「행정심판법」이 정하는 바에 따라 행정심판을 청구할 수 있다. 이 경우에 청구인은 이의신청절차를 거치지 아니하고 행정심판을 청구할 수 있다(同法 §19①②).

(3) 행정소송

청구인이 정보공개와 관련한 공공기관의 결정에 대하여 불복이 있는 때에는 「행정소송법」이 정하는 바에 따라 행정소송을 제기할 수 있다(同法 §20①).

2) 제3자 보호제도

(1) 비공개요청

① 자신과 관련된 정보가 공개청구된 사실을 통지받은 제3자는 통지받은 날부터 3일 이내에 당해 공공기관에 대하여 자신과 관련된 정보를 공개하지 아니할 것을 요청할 수 있다(同法 §21①).

② 그러나 비공개요청에도 불구하고 공공기관이 공개결정을 하는 때에는 이를 문서로 통지하여야 하며, 공개결정일과 공개실시일의 사이에 최소한 30일의 간격을 두어야 한다(同法 §21②③).

(2) 불복절차

제3자는 공개결정에 대하여 당해 공공기관에 문서로 이의신청을 하거나 행정심판 또는 행정소송을 제기할 수 있다. 이 경우에 이의신청은 통지를 받은 날부터 7일 이내에 하여야 한다(同法 §21②).

6. 정보공개위원회 등

정보공개에 관한 정책의 수립 및 제도개선에 관한 사항 및 정보공개에 관한 기준수립에 관한 사항 등을 심의·조정하기 위하여 대통령 소속으로 정보공개위원회를 둔다(同法 §22).

위원회는 위원장과 부위원장 각 1인을 포함한 9인의 위원으로 구성한다. 위원장·부위원장 및 위원의 임기는 2년으로 하되, 연임할 수 있다(同法 §23①③).

Ⅲ. 個人情報保護制度

1. 의 의

개인정보보호제도란 국민의 '알 권리'에 대응하여 개인에 관한 정보가 부당하게 수집·처리 또는 이용되는 것을 금지하여 개인의 사생활을 보호하는 제도를 말한다.

2. 법적 근거

1) 헌법적 근거

개인정보보호제도의 헌법적 근거는 「헌법」 제17조의 "모든 국민은 사생활의 비밀과 자유를 침해받지 아니한다."는 규정을 비롯하여 「헌법」 제10조의 인간의 존엄과 가치 및 행복추구권 등에서 구할 수 있다.

2) 법률적 근거

공공기관에서의 개인정보를 적극적으로 보호하기 위하여 1994년에 「공공기관의 개인정보보호에 관한 법률」을 제정 · 시행하였으나, 2011년에 이 법을 폐지하고 공공부문과 민간부문을 망라하여 국제수준에 부합하는 개인정보 처리원칙 등을 규정하고, 개인정보 침해로 인한 국민의 피해구제를 강화하여 국민의 사생활의 비밀을 보호하며, 개인정보에 대한 권리와 이익을 보장하기 위하여 「개인정보보호법」을 제정 · 시행하게 되었다.

또한 정보통신망상의 개인정보보호는 「정보통신망 이용촉진 및 정보보호에 관한 법률」에서, 신용정보는 「신용정보의 이용 및 보호에 관한 법률」 등에서 보호되고 있다.

3. 「개인정보보호법」의 주요 내용

「개인정보보호법」은 제1장 총칙, 제2장 개인정보 보호정책의 수립 등, 제3장 개인정보의 처리, 제4장 개인정보의 안전한 관리, 제5장 정보주체의 권리보장, 제6장 개인정보 분쟁조정위원회, 제7장 개인정보 단체소송, 제8장 보칙 및 제9장 벌칙과 부칙으로 구성되어 있다. 이 중에서 제3장 개인정보의 처리에 관한 내용과 제4장 개인정보의 안전한 관리에 관한 내용 및 제5장 정보주체의 권리보장에 관한 내용이 핵심을 이루고 있다.

이 법의 주요 내용은 다음과 같다.

1) 기본원칙 등

(1) 개인정보보호의 기본원칙

개인정보보호의 기본원칙은 다음과 같다(동법 §3).

① 개인정보처리자는 개인정보의 처리 목적을 명확하게 하여야 하고 그 목적에 필요한 범위에서 최소한의 개인정보만을 적법하고 정당하게 수집하여야 하며,

② 개인정보처리자는 개인정보의 처리 목적에 필요한 범위에서 적합하게 개인정보를 처리하여야 하며, 그 목적 외의 용도로 활용하여서는 아니 되며,

③ 개인정보처리자는 개인정보의 처리 목적에 필요한 범위에서 개인정보의 정확성, 완전성 및 최신성이 보장되도록 하여야 하며,

④ 개인정보처리자는 개인정보의 처리 방법 및 종류 등에 따라 정보주체의 권리가 침해받을 가능성과 그 위험 정도를 고려하여 개인정보를 안전하게 관리하여야 하며,

⑤ 개인정보처리자는 개인정보 처리방침 등 개인정보의 처리에 관한 사항을 공개하여야 하며, 열람청구권 등 정보주체의 권리를 보장하여야 하며,

⑥ 개인정보처리자는 정보주체의 사생활 침해를 최소화하는 방법으로 개인정보를 처리하여야 하며,

⑦ 개인정보처리자는 개인정보의 익명처리가 가능한 경우에는 익명에 의하여 처리될 수 있도록 하여야 하며,

⑧ 개인정보처리자는 이 법 및 관계 법령에서 규정하고 있는 책임과 의무를 준수하고 실천함으로써 정보주체의 신뢰를 얻기 위하여 노력하여야 한다.

(2) 개인정보 보호의 범위

공공기관뿐만 아니라 비영리단체 등 업무상 개인정보파일을 운용하기 위하여 개인정보를 처리하는 자는 모두 이 법에 따른 개인정보 보호규정을 준수하도록 하고, 전자적(電子的)으로 처리되는 개인정보 외에 수기(手記) 문서까지 개인정보의 보호범위에 포함된다(동법 §2 참조).

그러나 ① 공공기관이 처리하는 개인정보 중 「통계법」에 따라 수집되는 개인정보, ② 국가안전보장과 관련된 정보분석을 목적으로 수집 또는 제공 요청되는 개인정보, ③ 공중위생 등 공공의 안전과 안녕을 위하여 긴급히 필요한 경우로서 일시적으로 처리되는 개인정보와 ④ 언론, 종교단체, 정당이 각각 취재·보도, 선교, 선거 입후보자 추천 등 고유 목적을 달성하기 위하여 수집·이용하는 개인정보에 관하여는 개인정보의 처리, 정보주체의 권리 등 이 법 제3장부터 제7장까지의 적용이 배제된다(동법 §58).

2) 개인정보보호제도

(1) 개인정보 보호위원회 설치

개인정보 보호 기본계획, 법령 및 제도 개선 등 개인정보에 관한 주요 사항을 심의 · 의결하기 위하여 합의제 의결기관으로 개인정보 보호위원회를 둔다. 개인정보 보호위원회는 대통령 소속으로 위원장 1명, 상임위원 1명을 포함한 15명 이내의 위원으로 구성하며, 개인정보 보호위원회에 사무국을 둔다(동법 §7, §8 참조).

(2) 기본계획 등의 수립 · 시행

개인정보의 보호와 정보주체의 권익보장을 위하여 행정자치부장관은 3년마다 개인정보 보호 기본계획을 관계 중앙행정기관의 장과 협의 하에 작성하여 보호위원회에 제출하고, 보호위원회의 심의 · 의결을 거쳐 시행하여야 한다(동법 §9, §10 참조).

(3) 개인정보보호지침 등

① 행정자치부장관은 개인정보의 처리에 관한 기준, 개인정보 침해의 유형 및 예방조치 등에 관한 표준, 개인정보 보호지침을 정하여 개인정보처리자에게 그 준수를 권장할 수 있으며(동법 §12), ② 행정자치부장관은 개인정보처리자의 자율적인 개인정보 보호활동을 촉진하고 지원하기 위하여 필요한 시책을 마련하여야 하며(동법 §13), ③ 정부는 국제적 환경에서의 개인정보 보호 수준을 향상시키기 위하여 필요한 시책을 마련하여야 하는(동법 §14) 등 개인정보보호정책을 두고 있다.

3) 개인정보의 처리

(1) 개인정보의 수집, 이용 및 제공 등

(가) 개인정보의 수집 · 이용

개인정보처리자는 일정한 경우에만 개인정보를 수집할 수 있으며 그 수집목적의 범위에서 이용할 수 있으며(동법 §15), 개인정보를 수집하는 경우에는 그 목적에 필요한 최소한의 개인정보를 수집하여야 한다. 이 경우 최소한의 개인정보 수집이라는 입증책임은 개인정보처리자가 부담한다(동법 §16).

(나) 개인정보의 목적외 이용 · 제공 제한

또한 개인정보처리자는 일정한 경우에는 정보주체의 개인정보를 제3자에게 제공(공유를 포함)할 수 있으나, 이 경우에도 개인정보를 수집 · 이용의 범위를 초과하여 이용하거나 제3자에의 정보제공의 범위를 초과하여 제공하여서는 아니 된다(동법 §17, §18 참조).

(다) 개인정보의 파기

개인정보처리자는 다른 법령에 따라 보존하여야 하는 경우를 제외하고는 보유기간의 경과, 개인정보의 처리목적 달성 등 그 개인정보가 불필요하게 되었을 때에는 지체 없이 그 개인정보를 파기하여야 한다(동법 §21).

(2) 개인정보의 처리 제한

(가) 민감정보의 처리 제한

① 개인정보처리자는 일정한 경우 이외에는 사상·신념, 노동조합·정당의 가입·탈퇴, 정치적 견해, 건강, 성생활 등에 관한 정보, 그 밖에 정보주체의 사생활을 현저히 침해할 우려가 있는 개인정보(민감정보)를 처리하여서는 아니 된다(동법 §4, §5).

② 개인정보처리자는 일정한 경우를 제외하고는 법령에 따라 개인을 고유하게 구별하기 위하여 부여된 고유식별정보를 처리할 수 없으며, 특히 주민등록번호를 처리할 수 없다. 고유식별정보를 처리할 수 있는 경우에는 암호화 등 안전성 확보에 필요한 조치를 하여야 한다(동법 §24, §24의2 참조).

(나) 영상정보처리기기의 설치 제한

누구든지 일정한 경우를 제외하고는 공개된 장소에 영상정보처리기기를 설치·운영하여서는 아니 된다(동법 §25).

(다) 업무위탁·영업양도 등에 따른 처리 제한

개인정보처리자가 제3자에게 개인정보의 처리업무를 위탁하는 경우에는 일정한 내용이 포함된 문서에 의하여야 하며(동법 §26 참조), 영업의 전부 또는 일부의 양도·합병 등으로 개인정보를 다른 사람에게 이전하는 경우에는 일정한 방법에 따라 해당 정보주체에게 알려야 한다(동법 §27 참조).

4) 개인정보의 관리

① 개인정보처리자는 개인정보가 분실·도난·유출·변조 또는 훼손되지 아니하도록 내부 관리계획 수립, 접속기록 보관 등 안전성 확보에 필요한 기술적·관리적 및 물리적 조치를 하여야 하며, 개인정보 처리방침을 정하고 이를 공개하여야 한다(동법 §29, §30 참조).

② 개인정보처리자는 개인정보의 처리에 관한 업무를 총괄해서 책임질 개인정보 보호책임자를 지정하여야 한다(동법 §31 참조).

③ 공공기관의 장이 개인정보파일을 운용하는 경우에는 일정한 사항을 행정자

치부장관에게 등록하여야 하며, 공공기관의 장은 개인정보파일의 운용으로 인하여 정보주체의 개인정보 침해가 우려되는 경우에는 그 위험요인의 분석과 개선사항 도출을 위한 영향평가를 하고 그 결과를 행정자치부장관에게 제출하여야 한다(동법 §32, §33 참조).

④ 개인정보처리자는 개인정보가 유출되었음을 알게 되었을 때에는 지체 없이 해당 정보주체에게 일정한 사실을 알려야 한다(동법 §34 참조).

5) 정보주체의 권리

정보주체는 자신의 개인정보 처리와 관련하여 ① 개인정보의 처리에 관한 정보를 제공받을 권리, ② 개인정보의 처리에 관한 동의 여부, 동의 범위 등을 선택하고 결정할 권리, ③ 개인정보의 처리 여부를 확인하고 개인정보에 대하여 열람(사본의 발급을 포함함)을 요구할 권리, ④ 개인정보의 처리 정지, 정정 · 삭제 및 파기를 요구할 권리 및 ⑤ 개인정보의 처리로 인하여 발생한 피해를 신속하고 공정한 절차에 따라 구제받을 권리를 가진다(동법 §4). 정보주체의 이러한 권리의 구체적 내용, 권리행사의 방법 및 절차는 제5장에서 자세히 규정하고 있다.

특히 정보주체는 개인정보처리자가 이 법을 위반한 행위로 손해를 입으면 개인정보처리자에게 손해배상을 청구할 수 있는 바, 이 경우 그 개인정보처리자는 고의 또는 과실이 없음을 입증하지 아니하면 책임을 면할 수 없도록 하였다(동법 §39). 즉, 고의 · 과실에 대한 입증책임을 전환하여 개인정보처리자의 손해배상책임을 강화하였다.

6) 개인정보 구제제도

(1) 분쟁조정위원회

개인정보에 관한 분쟁조정(調停) 업무를 신속하고 공정하게 처리하기 위하여 개인정보 분쟁조정위원회를 둔다(동법 §40).

개인정보 분쟁조정위원회의 조정결정에 대해 수락한 경우 재판상 화해의 효력을 부여하며(동법 §47⑤), 개인정보 피해가 대부분 대량 · 소액 사건인 점을 고려하여 집단분쟁조정제도를 두고 있다(동법 §49 참조).

(2) 단체소송

동일 · 유사 개인정보 소송에 따른 사회적 비용을 절감하기 위해 일정한 단체는 개인정보처리자가 집단분쟁조정을 거부하거나 집단분쟁조정의 결과를 수락하지 아니한 경우에는 법원에 권리침해 행위의 금지·중지를 구하는 단체소송을 제기할 수 있다(동법 §51 참조). 다만, 단체소송이 남발되는 것을 막기 위해 단체소송 전에 반드시 집단분쟁조정제도를 거치도록 하고 단체소송의 대상을 권리침해행위의 중단·정지 청구소송으로 제한하고 있다.

(3) 개인정보 침해 신고

정보주체의 신속한 권리구제와 고충처리에 기여할 수 있도록 개인정보처리자로부터 권리 또는 이익을 침해받은 자는 행정자치부장관에게 그 침해사실을 신고할 수 있으며, 행정자치부장관은 신고 접수 및 업무처리 지원을 위해 개인정보 침해 신고센터를 설치·운영하고 있다(동법 §62 참조).

7) 벌 칙

개인정보의 누설, 부정사용 등 「개인정보보호법」을 위반한 행위에 대하여 위반의 정도에 따라 행정형벌 또는 행정질서벌을 과함으로써(同法 §70부터 §75 참조) 개인정보를 보호하고 있다.

다만, 과태료와 과징금의 병과가 이중처벌은 아니지만, 과태료에 관한 규정을 적용할 때 이 법에 따라 과징금을 부과한 행위에 대하여는 과태료를 부과할 수 없도록 하여(동법 §76), 과잉제재를 지양하였다.

第 3 篇 行政의 實效性確保手段

第 1 章 行政强制

第 1 節 行政上 强制執行

주요쟁점

1. 행정상 강제집행의 종류로는 어떠한 것이 있는가?
2. 대집행의 요건은 어떠한가?
3. 이행강제금에 대한 불복절차는 어떠한가?

Ⅰ. 概 觀

1. 행정상 강제집행의 의의

1) 개 념

'행정상 강제집행'이란 법령의 규정 또는 이에 근거한 행정처분에 의하여 과해진 행정상 의무를 이행하지 않을 경우에 행정주체가 국민의 신체나 재산 등에 실력을 행사하여 강제적으로 그 의무를 이행시키거나 이행이 있은 것과 같은 상태를 실현시키는 작용을 말한다.

2) 유사개념과의 구별

(1) 행정상 즉시강제와의 구별

행정상 강제집행은 의무의 불이행을 전제로 한다는 점에서, 의무의 불이행을 전제하지 아니하고 급박한 경우에 행하여지는 행정상 즉시강제와 구별된다.

(2) 행정벌과의 구별

행정상 강제집행은 의무의 이행을 목적으로 한다는 점에서, 과거의 의무위반에 대한 제재를 목적으로 하는 행정벌과 구별된다.

(3) 민사상 강제집행과의 구별

행정상 강제집행은 행정청 자신의 판단으로 강제집행을 할 수 있는 자력집행이라는 점에서, 민사소송을 통한 채무명의로써 법원의 힘을 빌려 강제집행을 하는 민사상의 의무불이행에 대한 강제집행과 구별된다.

2. 행정상 강제집행과 법률의 근거

행정상 강제집행의 법률상 근거에 대해서 종래에는 특별한 법령의 근거없이도 행할 수 있는 것으로 보았으나, 현재의 통설은 의무를 부과하는 것과 그 의무의 이행을 강제하는 것은 별개의 행정작용이므로 행정상의 강제집행에 별도의 법령에 의한 근거가 필요하다고 본다.

행정상의 강제집행에 관한 일반법으로는 「행정대집행법」과 행정상 강제징수에 관한 실질적인 일반법인 「국세징수법」이 있으며, 그 밖에 개별적 근거법으로서 이행강제금에 관한 「건축법」, 직접강제에 관한 「출입국관리법」 등이 있다.

3. 행정상 강제집행의 종류

행정상 강제집행의 수단으로는 ① 대집행, ② 이행강제금(집행벌), ③ 직접강제 및 ④ 행정상의 강제징수가 있다.

4. 행정상 강제집행과 불가쟁력

의무를 부과하는 행정행위의 내용을 실현하기 위하여 행정상의 강제집행을 할 때에는 그 행정행위에 불가쟁력이 발생하고 있을 필요는 없다. 즉, 행정처분에 대한 쟁송제기기간 내라도 행정상의 강제집행은 가능하다.

또 행정쟁송의 제기는 집행정지의 효력을 수반하지 아니하기 때문에 비록 행정소송이 제기되더라도 행정청은 행정상의 강제집행을 할 수 있음이 원칙이다.

Ⅱ. 代執行

1. 대집행의 의의

'대집행'이란 행정상의 대체적 작위의무를 진 자가 그 의무를 이행하지 아니하는 경우에, 당해 행정청이 스스로 또는 제3자로 하여금 의무를 이행하게 하고 그 비용을 의무자로부터 징수하는 행정상 강제집행을 말한다.

2. 대집행의 주체

대집행을 할 수 있는 자는 의무를 부과한 행정청이다. 그러나 대집행을 실제로 집행하는 자는 당해 행정청이 아닌 제3자가 될 수도 있다.

3. 대집행의 요건

대집행의 요건은 「행정대집행법」 제2조에서 다음과 같이 규정하고 있다.

1) 대체적 작위의무의 불이행이 있을 것

① 대집행의 대상이 되는 의무는 법령에 의하여 직접 부과되거나 그 법령에 근거한 행정청의 처분에 의하여 부과된 의무이어야 하며, 그 의무는 대체적 작위의무이어야 한다.

따라서 제3자가 본인을 대신하여 할 수 없거나 의무자만이 이행할 수 있는 전문・기술적 의무와 같은 비대체적 작위의무나 영업정지의무와 같은 부작위의무는 대집행의 대상이 아니다. 부작위의무는 작위의무로 전환시킨 후 대집행의 대상이 될 수 있다.

② 또한 토지・건물의 명도의무는 점유자에 대한 물리력의 행사가 수반되어야 하므로 직접강제의 대상이 될 수 있을 뿐 대집행의 대상은 될 수 없다.

2) 다른 수단으로는 그 의무의 이행을 확보하기가 곤란할 것

다른 수단으로는 그 의무의 이행을 확보하기가 곤란하여야 한다. 다른 수단이란 대집행보다 의무자에 대한 침해가 경미한 수단을 의미하므로, 실질적으로는 대집행에 대한 비례원칙 내지 보충성의 원칙을 선언한 것으로 보고 있다.

3) 불이행을 방치함이 심히 공익을 해할 것으로 인정될 것

그 불이행을 방치함이 현저하게 공익에 반하는 것으로 인정되어야 한다. 즉, 비례원칙이 적용되므로 경미한 의무위반이나 소요비용이 과다하게 요구되는 경우에 행하는 대집행은 위법하다.

4. 대집행의 재량행위성

대집행의 요건이 갖추어진 경우에 행정청은 대집행을 할 것인지의 여부에 대한 재량적 판단을 할 수 있다. 다만, 재량권이 영으로 수축되는 경우에는 기속행위이다. 따라서 대집행을 하지 않음으로 인하여 권리·이익을 침해받는 제3자는 부작위의 위법을 이유로 의무이행심판의 제기나 손해배상소송을 제기할 수 있다.

5. 대집행의 절차

대집행의 요건이 갖추어지면 대집행은 「행정대집행법」의 절차에 따라 ① 계고, ② 대집행영장에 의한 통지, ③ 대집행의 실행 및 ④ 비용징수의 단계로 이루어진다.

1) 계 고

① 대집행은 먼저 상당한 이행기한을 정하여 그 기한까지 이행되지 않을 경우에 대집행을 한다는 뜻을 문서로써 계고하여야 한다. 이 경우 상당한 이행기한을 정함에 있어 의무의 성질·내용 등을 고려하여 사회통념상 해당 의무를 이행하는 데 필요한 기간이 확보되도록 하여야 한다(行執法 §3①).

② 계고는 통지행위인 준법률행위적 행정행위로서, 계고에 불복이 있는 자는 행정심판이나 행정소송을 제기할 수 있다. 그러나 계고에 불응하여 행한 반복된 계고는 대집행기한의 연기통지에 불과하므로 행정처분이 아니다(大判 1994.10.28, 94누5144).

③ 원칙적으로 대집행을 하기 위하여는 사전에 계고를 하여야 하지만, 법률에 다른 규정이 있거나(建築法 §85), 비상시 또는 위험이 절박한 경우에 있어서 계고를 거칠 여유가 없을 때에는 계고를 생략할 수 있다(行執法 §3③).

2) 대집행영장의 통지

① 의무자가 계고를 받고서도 지정된 기한까지 의무를 이행하지 아니한 경우에 행정청은 대집행영장에 의하여 대집행의 시기, 대집행책임자의 성명 및 대집행에 소요되는 비용의 견적액을 의무자에게 통지하여야 한다(同法 §3②).

② 대집행영상의 통지는 계고와 마찬가지로 준법률행위적 행정행위이다. 예외적으로 통지가 생략될 수 있는 경우도 계고와 같다.

3) 대집행의 실행

① 대집행의 실행은 실력을 가하여 의무가 이행된 것과 같은 상태로 실현시키는 사실행위를 말한다.

② 대집행을 실행하는 자는 해가 뜨기 전이나 해가 진 후에는 대집행을 하여서는 아니 된다. 다만, ㉮ 의무자가 동의한 경우, ㉯ 해가 지기 전에 대집행을 착수한 경우, ㉰ 해가 뜬 후부터 해가 지기 전까지 대집행을 하는 경우에는 대집행의 목적 달성이 불가능한 경우, ㉱ 그 밖에 비상시 또는 위험이 절박한 경우에는 대집행이 가능하다(同法 §4①).

③ 대집행을 실행하는 자는 대집행을 할 때 대집행 과정에서의 안전 확보를 위하여 필요하다고 인정하는 경우 현장에 긴급 의료장비나 시설을 갖추는 등 필요한 조치를 하여야 한다(同法 §4②).

④ 대집행을 위하여 현장에 파견된 집행책임자는 자신이 집행책임자임을 나타내는 증표를 휴대하여 대집행시에 이해관계인에게 이를 제시하여야 한다(同法 §4③).

⑤ 대집행에 저항하는 경우에 실력으로 이를 배제할 수 있는가에 대하여는 논란이 있지만, 부득이한 경우에 필요한 최소한의 실력에 의한 배제는 대집행에 수반된 기능으로 보는 것이 타당하다.

4) 비용징수

① 대집행에 소요된 모든 비용은 의무자로부터 징수하는 바, 비용의 징수를 위하여 행정청은 실제로 소요된 비용액과 납부기일을 정하여 의무자에게 문서로써 그 납부를 명하여야 한다(同法 §5).

② 의무자가 스스로 이를 납부하지 아니하는 경우에는 국세체납처분의 예에 따라 징수할 수 있다(同法 §6①).

6. 대집행과 구제수단

1) 행정쟁송

① 위법 또는 부당한 대집행으로 인하여 권리나 이익을 침해당한 자는 행정심판을 제기할 수 있으며(同法 §7), 법원에 행정소송을 제기할 수도 있다(同法 §8). 이 경우 행정심판의 제기는 임의적 전치절차에 속한다.

② 대집행의 계고·대집행영장의 통지 및 대집행의 실행 등은 처분성이 인정된다.

계고 및 대집행영장의 통지는 준법률행위적 행정행위로서, 대집행의 실행은 권력적 사실행위로서 취소소송의 대상이 된다.

그렇지만 계고나 대집행영장의 통지에 대한 소송도 대집행의 실행이 완료된 경우에는 권리보호의 이익이 없어 취소를 다툴 실익이 없다(大判 1971.4.20, 71누22). 따라서 대집행 실행의 선행절차인 계고나 대집행영장의 통지를 다투는 경우에는 취소소송을 제기하면서 집행정지신청을 동시에 함이 바람직하다. 다만 대집행의 실행이 완료된 뒤에도 그 대집행의 취소로 인하여 회복될 법률상 이익이 있는 경우에는 그 취소를 구하는 행정쟁송이 허용된다(行審法 §9① 후단, 行訴法 §12 후단).

2) 국가배상 등

대집행의 실행이 완료된 후에는 대집행의 위법이나 과잉집행을 이유로 하는 손해배상 또는 원상회복 등을 청구할 수 있다(大判 1993.6.8, 93누6164).

참고판례

▸ 대집행의 요건과 재량 여부

① 大判 1987.3.10, 86누860.

"대수선 및 구조변경허가의 내용과 다르게 건물을 증·개축하여 그 위반결과가 현존하고 있다고 할지라도, 그 공사결과 건물모양이 산뜻하게 되었고, 건물의 안정감이 더하여진 반면 그 증평부분을 철거함에는 많은 비용이 소요되고 이를 철거하여도 건물의 외관만을 손상시키고 쓰임새가 줄 뿐이라면 건축주의 철거의 무불이행을 방치함이 심히 공익을 해하는 것으로 볼 수 없다."

② 大判 1989.3.28, 87누930.

"무허가로 불법건축되어 철거할 의무가 있는 건축물을 도시미관, 주거환경, 교통소통에 지장이 없다는 등의 사유만을 들어 그대로 방치한다면 불법건축물을 단속하는 당국의 기능을 무력화하여 건축행정의 원활한 수행을 위태롭게 하고 건축허가 및 준공검사시에 소방시설, 주차시설, 기타 건축법 소정의 제한규정을 회피하는 것을 사전예방한다는 더 큰 공익을 해칠 우려가 있다."

Ⅲ. 履行强制金(執行罰)

1. 이행강제금의 의의

1) 개 념

'이행강제금'이란 행정상의 의무를 의무자가 이행하지 아니한 경우에 행정청이 일정한 기한을 정하여 만약 그 기한 내에 의무가 이행되지 아니할 때에는 일정한 금전벌을 과할 취지를 미리 계고하고, 그 기간 안에 이행이 없거나 이행되더라도 충분하지 못한 경우에는 금전벌을 부과하는 강제집행수단을 말한다. 실정법에서는 일반적으로 이행강제금이란 용어를 사용하며, 강학상 '집행벌'이라고 부른다.

이러한 의미에서 이행강제금은 의무자에게 장래에 향하여 심리적 압력을 가함으로써 간접적으로 의무의 이행을 강제하는 수단이므로 모든 의무의 불이행에 대하여 사용될 수 있다.

2) 유사수단과의 관계

(1) 이행강제금과 행정벌

이행강제금은 사후적 제재가 아니고 의무이행의 확보를 목적으로 하는 만큼 행정벌과 구별된다. 그러므로 이행강제금과 행정벌은 목적을 달리하므로 이중처벌에 해당하지 않아 병과가 허용된다.

(2) 이행강제금과 대집행

이행강제수단으로서의 대집행과 이행강제금은 각각의 장·단점이 있으므로 사안에 따라 합리적인 재량에 의해 선택하여 활용할 수 있다고 본다(憲裁決 2004.2.26, 2001헌바80 등). 「건축법」에서 위법건축물에 대한 강제집행수단으로 대집행과 이행강제금을 규정하고 있다.

참고판례

▶ 형사벌과 이행강제금의 병과가 허용된다는 판례: 憲裁決 2004.2.26, 2001헌바80 등

"건축법 제78조에 의한 무허가 건축행위에 대한 형사처벌과 건축법 제83조 제1항에 의한 시정명령 위반에 대한 이행강제금의 부과는 그 처벌 내지 제재대상이 되는 기본적 사실관계로서의 행위를 달리하며, 또한 그 보호법익과 목적에서도 차이가 있으므로 헌법 제13조 제1항이 금지하는 이중처벌에 해당한다고 할 수 없다."

▶ 대집행과 이행강제금의 관계 : 憲裁決 2004.2.26, 2001헌바80 등.

"현행법상 위법건축물에 대한 이행강제수단으로 인정되는 대집행과 이행강제금을 비교하면, 대집행은 위반 행위자가 위법상태를 치유하지 않아 그 이행의 확보가 곤란하고 또한 이를 방치함이 심히 공익을 해할 것으로 인정될 때에 행정청 또는 제3자가 이를 치유하는 것인 반면, 이행강제금은 위반행위자 스스로가 이를 시정할 수 있는 기회를 부여하여 불필요한 행정력의 낭비를 억제하고 위반행위로 인한 경제적 이익을 환수하기 위한 제도로서 양 제도의 각각의 장·단점이 있다. 따라서 개별사건에 있어서 위반내용, 위반자의 시정의지 등을 감안하여 행정청은 대집행과 이행강제금을 선택적으로 활용할 수 있다고 할 것이며, 이처럼 그 합리적인 재량에 의해 선택하여 활용하는 이상 중첩적인 제재에 해당한다고 볼 수 없다."

2. 이행강제금의 법적 근거

이행강제금을 부과하는 경우에도 법률의 근거가 있어야 한다.

최근 이행강제금은 어떠한 행정상의 의무라도 그 대상으로 할 수 있을 뿐만 아니라 금전벌의 액수도 합리적으로 정할 수 있기 때문에 실효성이 인정되어, 최근 개별법에 이를 규정하는 경우가 증가하고 있다.

대표적으로 「건축법」의 이행강제금(同法 §80)을 비롯하여 「농지법」(同法 §62), 「부동산실권리자명의등기에 관한 법률」(同法 §6), 「장사 등에 관한 법률」(同法 §43), 「독점규제 및 공정거래에 관한 법률」(同法 §17의3), 「주차장법」(同法 §32) 등에서 이행강제금이란 형태로 규정되어 있다.

3. 이행강제금의 내용 · 부과절차 등

1) 부과금액 · 횟수

부과금액은 위반행위에 따라 이에 상응하는 금액을 부과한다. 구체적인 부과금액은 각 개별법에 규정되어 있다.

의무위반에 대한 시정명령 등이 이행되지 않는 경우에는 이행강제금을 반복하여 부과할 수 있으나, 「건축법」의 이행강제금은 1년에 2회 이내의 범위 안에서(同法 §80④), 「농지법」의 이행강제금은 매년 1회(同法 §62④) 부과 · 징수할 수 있도록 하는 등의 횟수의 제한이 있다.

2) 부과절차 · 형식

부과권자는 이행강제금을 부과하기 전에 이행강제금을 부과 · 징수한다는 뜻을 미리 문서로써 계고하여야 하며, 이행강제금을 부과하는 경우에는 이행강제금의 금액, 부과사유, 납부기한 및 수납기관, 이의제기 방법, 이의제기 기관 등을 구체적으로 밝힌 문서로 하여야 한다(建築法 §80②③ · 農地法 §62②③ 참조).

3) 징 수

이의를 제기하지 아니하고 이행강제금을 납부기한 내에 내지 아니하면 지방세 체납처분의 예에 의하여 이를 징수한다(建築法 §80⑥ · 農地法 §62⑧).

4. 불복절차

이행강제금의 부과처분에 대한 불복절차는 두 가지 유형이 있다.

1) 행정쟁송절차

이행강제금 부과처분도 처분에 해당하므로 일반 행정처분에 대한 불복절차와 같이 행정쟁송으로 이행강제금 부과처분을 다투게 된다.

2) 특별절차

이행강제금의 부과처분에 대하여 특별한 불복절차가 있는 경우에는 이에 따라야 한다.

즉, 이행강제금의 부과처분에 불복이 있는 자는 그 처분의 고지를 받은 날부터 30일 이내에 부과권자에게 이의를 제기할 수 있으며, 이 경우에 부과권자는 지체없이 관할법원에 그 사실을 통보하여야 하며, 그 통보를 받은 관할법원은 「비송사건절차법」에 의한 과태료의 재판에 준하여 재판을 하는(農地法 §62⑥⑦) 특별한 불복절차를 규정하고 있는 경우가 있다.

이와 같이 이행강제금의 부과처분에 대한 특별한 불복절차로서 이의제기가 허용되어 있는 경우에는 이를 행정쟁송으로 다툴 수 없다. 즉, 종전에는 「건축법」에 이행강제금 부과처분에 대하여는 이의신청이라는 별도의 불복절차가 있었으나, 「건축법」의 개정으로 폐지되었다(舊 建築法 §83⑥ 참조). 따라서 지금은 「건축법」의 이행강제금 부과처분은 행정쟁송으로 다투어야 한다. 그러므로 종전의 건축법 소정의 이행강제금 부과처분은 행정소송의 대상이 되는 행정처분이라고 볼 수 없다는 판례(大判 2000.9.22, 2000두5722)는 의미가 없다.

5. 대체강제구류제도의 도입

이행강제금의 납부의무자에 대한 강제징수가 불가능한 경우에는 독일과 같이 이행강제금 징수를 대체하여 일정기간 구금하는 대체강제구류제도의 도입을 검토할 필요가 있다.

Ⅳ. 直接强制

1. 의 의

1) 개 념

'직접강제'란 행정상의 의무의 불이행에 대하여 행정청이 직접적으로 의무자의 신체나 재산에 실력을 가함으로써, 의무가 이행된 것과 동일한 상태를 실현하는 작용을 말한다. 체류자격상실로 인한 강제퇴거가 이에 해당한다.

직접강제는 대체적 작위의무뿐만 아니라 모든 의무(비대체적 작위의무, 부작위의무, 수인의무 등)를 그 대상으로 한다

2) 유사개념과의 구별

직접강제는 ① 의무자의 불이행을 전제로 한다는 점에서 행정상 즉시강제와 다르며, ② 의무자의 신체나 재산에 실력을 가하여 직접 의무이행의 상태를 실현하는 것이라는 점에서 대집행과 구별된다.

2. 법적 근거와 한계

1) 법적 근거

직접강제에 관한 일반법은 없으며 개별법에 의해 예외적으로 허용된다. 현재로는 「출입국관리법」 제62조(강제퇴거명령서의 집행)와 제76조(송환조치), 「공중위생관리법」 제11조(영업폐쇄조치 등) 등 소수의 예에 불과하다.

2) 한 계

직접강제는 의무자에게 인권침해의 가능성이 높은 강제방법인 만큼 의무이행을 위한 최후수단으로 행사되어야 하는 등 비례원칙이 적절하게 고려되어야 할 것이다. 나아가 절차적 제도 정비도 필요하다.

3. 구제수단

1) 행정쟁송

직접강제는 권력적 사실행위이므로 행정쟁송의 대상이 될 수 있으나, 강제집행이 신속히 종료되므로 협의의 소의 이익이 없어 행정쟁송으로 다투기 어렵다. 그러므로 직접강제에 선행하는 명령을 상대로 행정쟁송을 제기할 수도 있다.

2) 국가배상 등

① 위법한 직접강제로 인하여 손해를 입은 자는 국가배상청구를 할 수 있다.
② 또한 위법한 직접강제에 대하여는 정당방위가 가능하다.
③ 위법한 직접강제를 행한 공무원에게는 형사책임과 징계책임이 인정된다.

V. 行政上 强制徵收

1. 의 의

'행정상 강제징수'란 행정상 금전급부의무가 이행되지 아니한 경우에 행정청이 의무자의 재산에 실력을 가함으로써 그 의무가 이행된 것과 같은 상태를 실현시키는 강제집행수단을 말한다.

이 경우 금전납부의무는 세금, 부담금, 사용료, 수수료, 분담금의 형태로 부과된다.

2. 법적 근거

행정상 강제징수에 관한 일반법은 존재하지 아니하나 실제 관계법률이 금전급부의무의 강제징수에 관하여는 「국세징수법」에 의한다고 규정하고 있으므로, 「국세징수법」이 실질적으로 행정상 강제징수에 관한 일반법의 지위에 있다.

3. 절 차

「국세징수법」이 규정하고 있는 국세체납처분의 절차는 원칙적으로 ① 독촉, ② 재산의 압류, ③ 압류재산의 매각, ④ 환매대금의 배분(청산)을 거쳐 종료한다.

1) 독 촉

국세를 납기까지 완납하지 아니하는 경우에는 세무서장・시장 또는 군수는 그 이행기간의 경과 후 10일 내에 납세의무자에게 독촉장을 발부하여야 하고(同法 §23①), 제2차납세의무자가 체납액을 납부기한까지 완납하지 아니한 때에는 세무서장은 그 기간 경과 후 10일 이내에 납부최고서를 발부하여야 한다(同法 §23②). 독촉장이나 납부최고서를 발부할 때에는 그 발부일로부터 20일 내의 납부기한을 주어야 한다(同法 §23③).

독촉 또는 납부최고는 체납처분(압류・매각・청산)의 전제조건을 충족시키며, 소멸시효의 중단이라는 법적 효과를 발생시킨다(國稅法 §28①).

독촉은 금전급부의무의 불이행시에 체납처분을 예고하는 통지행위로서 준법률행위적 행정행위이며, 이 절차를 결한 경우의 체납처분은 위법하나 무효는 아니다(大判 1988.6.28, 87누1009).

2) 재산의 압류

이는 국세납부의무자 재산의 사실상 법률상 처분을 금지하고, 체납액의 징수를 확보하는 강제적 보전행위이다.

압류대상인 재산은 의무자의 소유에 속하는 재산으로 동산·부동산 또는 무체재산권을 가리지 아니하나, 의무자와 그 동거가족의 생활상 없어서는 아니될 의류·침구·주방구·3개월간의 식료와 연료 등과 급료·임금·봉급·세비·퇴직연금 기타 이와 유사한 급여액의 2분의 1 이상에 해당하는 금액 등(同法 §31–§33)은 체납자의 최저생활의 보장이라는 관점에서 압류할 수가 없다.

체납금액과 압류재산의 시가 사이에 균형이 유지되지 아니하고 압류재산이 체납금액에 비하여 상당히 고가인 때에도 그것만으로 곧 무효가 되는 것은 아니나, 압류재산의 시가가 체납세액의 징수를 위하여 필요한 정도를 현저히 넘는 것인 때에는 과잉압류로서 위법이라고 할 것이다.

세무서장은 압류하려는 재산이 이미 다른 기관의 체납처분으로 압류되어 있을 때에는 그 집행기관에 대하여 체납세액의 교부청구(交付請求)를 하거나(同法 §56), 교부청구에 갈음하여 그 압류에 참가할 수 있다(同法 §57).

3) 압류재산의 매각

압류재산은 통화를 제외하고는 매각하여 금전으로 환가하여야 한다. 매각은 공정을 기하기 위하여 입찰 또는 경매 등 공매(公賣)에 의하는 것이 원칙이나(同法 §61), 예외적으로 압류재산이 부패·변질 또는 감량되기 쉬운 것으로서 신속한 매각을 요하는 것이거나, 압류재산의 견적가격이 1천만원 미만의 것 등일 때에는 수의계약의 방법에 의하는 경우도 있다(同法 §62).

공매는 입찰이나 경매의 방법으로 행하며 집행일 10일 전에 공고하도록 되어 있다(同法 §67, §70). 공매의 법적 성질에 대하여 판례는 '우월한 공권력의 행사로서 행정처분'이라고 한다(大判 1984.9.25, 84누201).

한편 종래 판례는 재공매결정과 공매계획의 통지를 항고소송의 대상이 되는 처분이 아니라고 보았었다(大判 2007.7.27, 2006두8464). 그런데 최근 대법원은 "체납자 등에 대한 공매통지는 공매의 절차적 요건이며, 체납자 등에게 공매통지를 하지 않았다거나 적법하지 않은 공매통지를 한 경우에 그 공매처분은 위법하다"고 판시하였는 바(大判 2008.11.20, 2007두18154 전합), 이를 근거로 공매통지가 항고소송의 대상이 된다고 보는 견해도 있다.

4) 배분(청산)

세무서장은 압류재산의 매각대금과 기타 금전을 체납국세, 지방세, 공과금, 전세권, 질권, 저당권과 가산금·체납처분비·기타의 채권 등에 배분한다(同法 §80, §81①). 이를 청산이라 한다. 배분 후 잔여금이 있으면 체납자에게 지급하고, 부족하면 법령에 따라 배분순위와 금액을 정한다(同法 §81③④). 배분에 있어서 국세관계채권은 다른 공과금 기타 채권에 우선하며(國稅法 §35), 국세관계채권 속에서도 체납처분비·국세·가산금의 순위로 이루어진다(國徵法 §4).

배분시 세무서장은 배분계산서를 작성하고, 이를 체납자에게 교부함으로써 체납처분은 종결된다(同法 §83①②).

5) 체납처분의 중지 및 결손처분

체납처분의 목적물인 총재산의 견적가격이 가산금과 체납처분비에 충당하고 나머지가 생길 여지가 없을 때에는 국세체납정리위원회의 심의를 거쳐 1개월간 공고를 한 후 체납처분을 중지하여야 하며(同法 §85), 이 경우에 세무서장은 결손처분을 할 수 있다(同法 §86① 2호). 체납처분이 중지된 때 또는 체납처분은 종결되었으나 그 체납액에 충당될 배분금액이 체납액에 미달할 때에는 지급의무는 소멸된다(國稅法 §26).

6) 체납처분의 유예

세무서장은 체납자가 성실납세자인정기준에 해당하거나 체납처분의 유예로 사업운영이 정상화되어 체납세액의 징수가 가능하다고 인정하면 국세청장의 승인을 얻어 체납처분을 유예할 수 있다(國徵法 §85의2).

4. 불복수단

1) 행정쟁송

행정상의 강제징수절차에 불복하는 자는 행정쟁송으로 그 효력을 다툴 수 있다. 그러나 「국세기본법」과 같이 체납처분에 대한 행정쟁송의 특칙으로서 국세청장에게 제기하는 이의신청·심사청구 및 조세심판원장에게 제기하는 심판청구 등과 같은 특별한 절차를 규정하고 있는 경우(同法 §55 이하)에는 이에 따라야 한다. 따라서 이러한 규정이 적용되는 한 일반법인 「행정심판법」의 적용이 배제된다(同法 §56①). 역시 행정소송에 대하여도 특례가 있다(同法 §56②).

2) 하자의 승계

조세 등의 납부의무를 부과하는 행위와 체납처분은 선후(先後)의 관계가 있다고 하더라도 이들은 각각 독립된 행정행위로서의 법률효과를 발생하는 것이기 때문에 양자 사이에 취소사유인 하자가 승계되지 아니한다. 그러나 체납처분은 유효한 부과행위의 존재를 전제로 하는 것이므로, 선행행위인 부과행위가 무효이거나 취소되어 효력을 상실한 것인 때에는 그에 관한 체납처분도 당연히 무효가 된다.

무효인 부과행위를 전제로 강제징수가 현실적으로 종료된 때에는 민사소송에 의하여 부당이득반환청구(과오납환급청구)를 하거나, 행정소송으로 무효확인청구를 하면서 그에 부당이득반환청구를 병합할 수도 있다(行訴法 §10).

第 2 節 行政上 卽時强制

주요쟁점

1. 행정상 즉시강제와 행정상 강제집행과는 어떠한 차이가 있는가?
2. 행정상 즉시강제에 대한 구제수단으로는 어떠한 것이 있는가?

Ⅰ. 概 觀

1. 의 의

1) 개 념

'행정상 즉시강제'란 목전의 급박한 위험을 제거하기 위하여 필요한 경우 또는 성질상 사전에 의무를 명하는 것으로는 목적을 달성할 수 없는 경우에 직접 국민의 신체 또는 재산에 실력을 가하여 행정상 필요한 상태를 실현시키는 행정작용을 말한다.

2) 유사개념과의 구별

(1) 행정상 강제집행과의 구별

행정상 즉시강제는 법령이나 행정행위에 의한 행정상 의무의 존재와 그 불이행을 전제로 하여 그 의무의 이행을 강제하는 수단인 행정상 강제집행, 특히 직접강제와 구별된다.

(2) 행정벌과의 구별

행정상 즉시강제는 행정상 필요한 상태를 실현하기 위한 수단이라는 점에서 과거의 의무위반에 대한 제재인 행정벌과 구별된다.

(3) 행정조사와 구별

행정상 즉시강제는 행정상 필요한 상태를 현실적으로 실현하는 수단이지만, 행정조사는 조사 그 자체를 기본적인 목적으로 한다는 점에서 구별된다. 행정조사가 강제적으로 이루어지는 경우에도 마찬가지이다.

3) 법적 성질

행정상 즉시강제의 법적 성질은 권력적 사실행위이다.

2. 법적 근거

행정상 즉시강제는 그것이 국민의 신체나 재산에 대한 직접적이고 중대한 침해나 규제가 되기 때문에 인권존중에 근거를 둔 법치주의에서는 법률의 명확한 근거를 필요로 한다. 나아가 그 목적과의 관계를 고려하여 필요한 최소한도의 것이어야 하는 비례원칙이 적용된다.

행정상 즉시강제의 인정근거에 대한 일반법으로는 「경찰관직무집행법」이 있고, 개별법으로는 「소방기본법」, 「감염병의 예방 및 관리에 관한 법률」, 「식품위생법」 등이 있다.

Ⅱ. 行政上 卽時强制의 手段

행정상 즉시강제의 수단은 일반적인 「경찰관직무집행법」을 비롯하여 여러 개별법에서 규정하고 있다.

그 종류를 유형별로 보면 ① 대인적 강제, ② 대물적 강제 및 ③ 대가택강제로 나눌 수 있다.

1. 대인적 강제

대인적 강제란 사람의 신체에 실력을 가하여 행정상 필요한 상태를 실현시키는 행정작용을 말한다.

①「경찰관직무집행법」의 대인적 강제수단에는 보호(同法 §4), 억류 또는 피난(同法 §5①), 범행제지(同法 §6) 및 무기사용(同法 §10의4)이 있다.

②「경찰관직무집행법」 이외의 각 개별법상의 대인적 강제수단으로는 강제격리(感染法 §42), 강제수용(痲藥法 §40), 원조강제(消防法 §24), 강제건강진단(感染法 §46) 및 교통차단(同法 §49) 등이 있다.

2. 대물적 강제

대물적 강제란 타인의 물건에 실력을 가함으로써 행정상 필요한 상태를 실현시키는 행정작용을 말한다.

①「경찰관직무집행법」의 대물적 강제수단에는 물건 등의 가영치(假領置)(同法 §4) 및 위험방지조치(同法 §5①, §6①) 등이 있다.

②「경찰관직무집행법」 이외의 각 개별법상의 대물적 강제수단에는 물건의 폐기(食品法 §72), 물건의 영치(刑執法 §25), 소방대상물의 강제처분(消防法 §25), 위법공작물 등의 제거(道交法 §71②, §72②) 등이 있다.

3. 대가택강제

대가택강제란 소유자나 점유·관리자의 의사에 관계없이 타인의 건물·영업소에 출입 또는 수색하는 등 실력을 가함으로써 경찰상 필요한 상태를 실현시키는 즉시강제를 말한다. 종래 대가택강제로 이해되던 것은 대부분 '행정조사'라는 독자적 작용으로 보기 때문에 즉시강제에 해당하는 것은 오히려 예외적이라고 하겠다.

「경찰관직무집행법」에 의한 위험방지를 위한 출입(同法 §7①) 등을 들 수 있다.

Ⅲ. 行政上 卽時强制의 要件과 限界

행정상 즉시강제는 사람의 신체 또는 재산에 물리력을 행사하는 작용이므로 국민의 기본권을 보장하기 위하여 엄격한 요건하에서 인정되어야 하며 또한 엄격한 한계가 지켜져야 한다.

1. 행정상 즉시강제의 요건

1) 실체법적 요건

행정상 즉시강제는 아무런 예고없이 행정기관이 실력을 행사하여 국민의 신체, 자유, 재산에 현실적 제약을 가하는 작용이며 인권에 대한 가혹한 침해라는 점에 특징이 있다. 그러므로 이를 발동 또는 행사함에는 법률의 근거를 요한다.

2) 절차법적 요건 –영장주의와의 관계

행정상 즉시강제는 때로는 마약중독자의 강제수용과 같이 사람의 신체를 구속하기도 하고, 위생검사를 위한 가택에의 출입과 같이 주거에 대한 침해를 수반하기도 한다. 이 경우 「헌법」 제12조 제3항은 "체포·구금·압수 또는 수색을 할 때에는 적법한 절차에 따라 검사의 신청에 의하여 법관이 발부한 영장을 제시하여야 한다."고 규정하고, 제16조는 "주거에 대한 압수나 수색을 할 때에는 검사의 신청에 의하여 법관이 발부한 영장을 제시하여야 한다."고 규정함으로써 신체의 구속, 주거의 수색, 물건의 압수에 대하여는 각각 법관의 영장을 요하고 있다.

이러한 영장주의는 행정상 즉시강제에도 적용되는 것인가에 대하여 논란이 있다.

(1) 학 설

(가) 영장불요설

헌법상의 영장주의는 범죄수사과정에서 형사사법권의 남용을 방지하고 이를 억제하기 위하여 둔 절차인 만큼 행정상의 즉시강제에는 영장주의가 적용되지 않는다는 입장이다.

(나) 영장필요설

헌법상의 영장주의는 형사사법작용에 적용되는 것이 원칙이지만, 국민의 기본권 보장을 위하여 영장주의에 대한 헌법규정의 정신은 행정과정에 있어서도 충분히 존중되어야 하므로 영장이 필요하다는 입장이다.

(다) 절충설

행정상 즉시강제에도 헌법상 영장주의가 원칙적으로 적용되어야 하나, 행정목적 달성을 위해 불가피한 경우에 영장주의가 적용되지 않는다고 한다.

⑵ 판 례

판례는 절충설을 취하고 있다.

⑶ 사 견

행정상 즉시강제는 생명, 신체, 재산에의 절박한 위험방지와 범죄의 예방과 저지를 위하여 이루어지는 것이므로, 긴급성 때문에 엄격한 영장주의의 관철은 불합리하다. 따라서 행정목적 달성을 위해 불가피한 경우에는 영장주의가 적용되지 않는다고 할 것이다.

다만, 긴급성이 없어지면 사후에도 영장이 필요하다고 할 것이다.

2. 행정상 즉시강제의 한계

행정상 즉시강제는 실정법상의 요건에 위반하여서는 아니되며, 또한 ① 위험의 발생이 목전에 급박하고(급박성), ② 다른 수단으로서는 그 목적달성이 곤란하며(보충성), ③ 목적에 필요한 최소한도의 실력행사이어야 한다(비례원칙)는 조리상의 한계가 따른다.

Ⅳ. 行政上 卽時强制와 救濟手段

행정상 즉시강제는 국민의 신체·재산에 실력을 가하여 행정상 필요한 상태를 실현시키는 강제작용이기 때문에, 국민의 권익을 침해할 우려가 매우 크다. 뿐만 아니라 제3자에 대하여 행하여지는 경우도 적지 않으므로, 이에 대한 적절한 구제수단이 마련되어야 할 것이다.

1. 적법한 즉시강제에 대한 구제

행정상 즉시강제가 아무런 하자없이 적법하게 이루어진 경우라도 이로 인하여 귀책사유 없는 자에게 특별한 희생을 야기하게 되면, 국가는 그 특별한 희생에 대해 정당한 보상을 하여야 한다.

적법한 즉시강제에 대한 구제는 개별법(消防法 §24②·25④, 自災法 §68 등)에서 규정하고 있는 경우도 있으나, 명문의 규정이 없더라도 「헌법」 제23조 제3항에 의하여 보상을 청구할 수 있을 것이다.

2. 위법한 즉시강제에 대한 구제

1) 인신보호제도

위법한 즉시강제에 의하여 신체의 자유가 제한되었을 경우에 「인신보호법」에 의한 인신보호제도를 이용하여 신체의 자유를 회복할 수 있다.

2) 행정쟁송

먼저 위법한 행정상 즉시강제로 인하여 권익을 침해당한 경우에 행정쟁송을 제기할 수 있다. 다만, 행정상 즉시강제는 권력적 사실행위로 그 실행이 완료된 경우에는 권리보호의 이익이 없으나, 즉시강제라 하더라도 강제입원조치와 같이 그 집행상태가 계속되는 것은 계속적 성질을 가지는 권력적 사실행위로 보아 이러한 위법한 상태를 배제하기 위하여 취소소송의 제기가 가능하며, 또한 즉시강제가 집행종료된 경우에도 그 취소로 인하여 회복되는 법률상 이익이 있는 경우에는 행정쟁송의 제기가 가능하다(行審法 §9①, 行訴法 §12)고 보아야 할 것이다.

3) 행정상 손해배상

위법한 즉시강제에 대한 구제방법은 「국가배상법」에 의거한 손해배상청구가 일반적이다.

4) 기 타

① 위법한 즉시강제에 대하여는 형법상 정당방위가 인정된다. 정당방위가 인정되는 경우에 공무집행방해죄의 적용은 없다고 할 것이다.

② 공무원에 대한 형사책임과 징계책임이 인정될 수 있다.

참고판례

▸ 즉시강제와 행정쟁송 여부 : 大判 1965.5.31, 65누25.

"행정상의 즉시강제 또는 행정대집행과 같은 사실행위는 그 실행이 완료된 이후에 있어서는 그 행위의 위법을 이유로 하는 손해배상 또는 원상회복의 청구를 하는 것은 몰라도 그 사실행위의 취소를 구하는 것은 권리보호의 이익이 없다."

▸ 즉시강제와 영장주의 : 大判 1997.6.13, 96다56115.

"사전영장주의는 인신보호를 위한 헌법상의 기속원리이기 때문에 인신의 자유를 제한하는 모든 국가작용의 영역에서 존중되어야 하지만, 헌법 제12조 제3항 단서도 사전영장주의의 예외를 인정하고 있는 것처럼 사전영장주의를 고수하다가는 도저히 행정목적을 달성할 수 없는 지극히 예외적인 경우에는 형사절차에서와 같은 예외가 인정되므로, 구 사회안전법 제11조 소정의 동행보호규정은 재범의 위험성이 현저한 자를 상대로 긴급히 보호할 필요가 있는 경우에 한하여 단기간의 동행보호를 허용한 것으로서 그 요건을 엄격히 해석하는 한, 동 규정 자체가 사전영장주의를 규정한 헌법규정에 반한다고 볼 수는 없다."

第3節 行政調査

Ⅰ. 概 觀

1. 의 의

1) 개 념

행정조사란 "행정기관이 정책을 결정하거나 직무를 수행하는 데 필요한 정보나 자료를 수집하기 위하여 현장조사·문서열람·시료채취 등을 하거나 조사대상자에게 보고요구·자료제출요구 및 출석·진술요구를 행하는 활동"을 말한다(行調法 §2 i). 여기에서의 행정기관이란 "법령 및 조례·규칙에 따라 행정권한이 있는 기관과 그 권한을 위임 또는 위탁받은 법인·단체 또는 그 기관이나 개인"을 말한다(行調法 §2 ii).

2) 유 형

행정조사의 유형은 관점에 따라 다양한 유형으로 나눌 수 있으나, 행정법상 의미를 지니는 것으로는 ① 당사자의 임의적 협력을 전제로 이루어지는 비권력적 조사(임의조사)와 ② 법률에 의하여 수권된 권한을 근거로 상대방이 응하지 아니할 경우에는 강제적 방법에 의하는 권력적 조사(강제조사)로 구분할 수 있다.

2. 행정상 즉시강제와 구별

종래 전통적 행정법이론에서는 권력적 조사는 '행정상 즉시강제'의 일종으로 논의되어 왔다.

그러나 행정조사를 권력적 행정작용에 한정하여 보면 행정상 즉시강제와 공통점이 있지만, 즉시강제 자체가 자기완결적인 행정목적을 달성하기 위한 권력적 작용임에 대하여 행정조사는 궁극적인 행정목적의 적정한 실현을 위한 예비적·보조적 작용이라는 점에서 다르다.

3. 법적 근거

상대방의 임의의 협력을 얻어 이루어지는 비권력적 행정조사의 경우에는 법률의 근거가 필요하지 않지만, 권력적 행정조사의 경우에는 강제성이 인정되므로 법률의 근거가 필요하다.

물론 비권력적 조사의 경우에도 조직법상의 근거는 필요하다.

행정조사에 관한 일반법으로는 「행정조사기본법」이 있으며, 개별법으로는 「경찰관직무집행법」, 「소방기본법」, 「국세징수법」 등이 있다.

참고판례

▸ 행정조사와 법적 근거에 관한 판례 : 大判 1992.4.10, 91도3044.

"노동조합법 제30조, 동법 시행령 제9조의 2에 의하면 행정관청은 당해 노동조합에 대하여 진정 등이 있는 경우와 분규가 야기된 경우뿐만 아니라 노동조합의 회계, 경리상태나 기타 운영에 대하여 지도할 필요가 있는 경우에도 노동조합의 경리상황 기타 관계서류를 제출하게 하여 조사할 수 있도록 규정되어 있으므로 행정기관이 그와 같은 업무지도의 필요성이 있다고 판단되면 관계서류 등의 제출을 요구하여 조사할 수 있다고 하여야 할 것이고, 설사 노동조합의 회계, 경리상태나 기타 운영에 대하여 지도할 필요가 있는 경우에 해당되지 않는다고 하더라도 행정관청이 그와 같이 판단하여 조사하기로 한 이상 노동조합은 이에 응할 의무가 있다고 할 것이다."

Ⅱ. 行政調査의 內容과 範圍

1. 「행정조사기본법」의 주요 내용

「행정조사기본법」이 정하고 있는 행정조사는 행정조사의 공정성·투명성 및 효율성을 확보함으로써 행정조사의 대상이 되는 기업 등에게 행정조사에 대한 부담을 덜어주고 국민의 권익을 보호하기 위하여 다음과 같은 주요 내용을 규정하고 있다.

1) 행정조사의 원칙

「행정조사기본법」은 행정기관이 행정조사를 함에 있어서 준수하여야 할 기본원칙을 다음과 같이 정하고 있다.

① 행정조사는 조사목적을 달성하는데 필요한 최소한의 범위 안에서 실시하여야 하며(조사범위의 최소화), 다른 목적 등을 위하여 조사권을 남용하여서는 아니되며(부당조사의 배제), ② 행정기관은 조사목적에 적합하도록 조사대상자를 선정하여 행정조사를 실시하여야 하며(조사목적의 적합성), ③ 행정기관은 유사하거나 동일한 사안에 대하여는 공동조사 등을 실시함으로써 행정조사가 중복되지 아니하도록 하여야 하며(중복조사의 제한), ④ 행정조사는 법령 등의 위반에 대한 처벌보다는 법령 등을 준수하도록 유도하는 데 중점을 두어야 하며(예방위주의 조사), ⑤ 다른 법률에 따르지 아니하고는 행정조사의 대상자 또는 행정조사의 내용을 공표하거나 직무상 알게 된 비밀을 누설하여서는 아니되며(조사결과의 비밀유지), ⑥ 행정기관은 행정조사를 통하여 알게 된 정보를 다른 법률에 따라 내부에서 이용하거나 다른 기관에 제공하는 경우를 제외하고는 원래의 조사목적 이외의 용도로 이용하거나 타인에게 제공하여서는 아니 된다(조사결과에 대한 이용제한)(同法 §4).

2) 행정조사방법의 구체화 및 행정조사의 사전통지

행정조사의 투명성과 예측가능성을 확보하고, 조사대상자의 협력을 통한 행정조사의 효율성을 제고하기 위하여 행정기관이 조사대상자에게 출석·보고·자료제출 등을 요구하거나 현장조사를 실시하는 경우에는 반드시 조사목적·조사범위 등이 기재된 서면요구서를 조사개시 7일전까지 조사대상자에게 발송하도록 행정조사방법을 구체화하고 행정조사의 사전통지제도를 규정하고 있다(同法 §9-11, §17).

3) 행정조사 대상자의 권익보호

행정조사가 진행되는 동안 행정조사의 대상자는 변호사 등을 입회시키거나 조사과정을 녹음 또는 녹화할 수 있도록 하고, 행정기관이 사전에 통지한 사항에 대하여 의견을 제출하거나 조사일시에 대하여 연기신청 등을 할 수 있도록 행정조사의 대상자에 대한 권익보호제도를 규정하고 있다(同法 §18, §21-23).

4) 자율신고제도 등

조사대상자가 조사내용을 스스로 신고하도록 하고, 신고한 조사내용에 대하여는 행정조사에 갈음할 수 있도록 하는 자율신고제도 등을 도입하며, 성실한 자율신고자에게는 행정조사를 감면해 주는 등 자율신고제도의 도입 및 자율관리에 대한 혜택의 부여 등에 관하여 규정하고 있다(同法 §25-27).

2. 행정조사와 실력행사

권력적 행정조사에 있어서 조사를 거부하는 경우에 당연히 실력의 행사까지 허용하는 것은 아니나, 강제조사의 방해를 배제하는 합리적인 정도까지의 실력행사는 가능하다고 보아야 할 것이다. 즉, 실력행사에는 비례원칙이 적용되는 범위내에서 필요최소한에 국한되어야 할 것이다.

물론 비권력적 행정조사의 경우에는 실력행사는 허용되지 아니한다.

3. 행정조사의 하자와 행정작용의 하자

위법한 행정조사에 근거하여 이루어진 행정작용의 효력에 대하여는 다툼이 있다.

학설은 ① 행정조사의 상대적인 독립성에 주목하여 행정조사의 위법이 당연히 행정작용의 위법을 구성하지는 않는다고 보는 견해와, ② 행정조사와 행정작용은 하나의 과정을 구성하고 있으며 행정조사에 중대한 하자가 존재할 때에는 당해 행정조사를 거쳐 이루어진 행정작용도 하자를 띤다고 하는 견해가 있다.

생각건대, 법치주의의 요청은 적법하고 정당한 절차를 요구하고 있다는 점에서 위법한 행정조사를 통하여 얻은 자료나 정보를 기초로 하여 이루어진 행정작용은 위법하다고 할 것이다.

Ⅲ. 行政調査의 限界

1. 실체법상의 한계

1) 실정법상의 한계

행정조사는 원칙적으로 「행정조사기본법」이 정한 행정조사의 기본원칙에 따라야 한다. 나아가 각 개별법이 특히 정한 내용에 위반하여서는 아니된다.

2) 조리상의 한계

행정조사는 또한 기본권 보장, 비례의 원칙, 부당결부금지의 원칙 등 행정법의 일반법원칙에 위반하여서는 아니된다.

2. 절차법상의 한계

1) 증표의 제시

행정조사에 임하는 공무원은 그 권한을 표시하는 증표를 휴대하고 관계자에게 제시할 의무가 있다. 제시하는 증표는 당해 행정조사의 근거와 범위 및 그 공무원의 권한을 표시하고 있어야 한다.

증표의 제시없는 행정조사는 위법하며, 이에 대하여 정당방위 등의 구제방법이 가능할 것이다.

2) 영장주의와의 관계

「헌법」의 영장주의(憲法 §12③, §16)가 행정조사에도 적용되는가의 여부에 대해서는 견해의 대립이 있다.

생각건대 행정조사의 결과가 형사소추로 발전될 위험, 즉 형사절차와 밀접한 연관을 가지는 점 등에 비추어 볼 때 행정조사에도 원칙적으로 영장주의가 적용된다고 본다. 다만, 행정조사의 신속성의 요구 및 사전영장주의에 대한 예외를 인정한 「헌법」 제12조 제3항 단서에 비추어 실질적으로 영장주의의 예외적인 사유에 해당한다고 볼 수 있을 때에는 영장을 요하지 아니한다고 할 것이다.

참고판례

▸ 행정조사와 영장주의와의 관계 : 大判 1976.11.9, 76도2703.

"세관공무원이 밀수품을 싣고 왔다는 정보에 의하여 정박 중인 선박에 대하여 수색을 하려면 선박의 소유자 또는 점유자의 승낙을 얻거나 법관의 압수수색영장을 발부받거나 또는 본조(관세법 제212조 수색압수영장) 1항 후단에 의하여 긴급을 요하는 경우에 한하여 압수수색을 하고 사후에 영장의 교부를 받아서 행하여야 한다."

Ⅳ. 行政調査에 대한 救濟

1. 적법한 행정조사에 대한 구제

하자없이 적법하게 이루어진 행정조사로 인하여 귀책사유없이 특별한 손해를 입은 자는 법률이 정하는 바에 따라 정당한 보상을 청구할 수 있다. 예를 들면, 토지수용을 위한 출입조사에 따른 손실의 보상이 그것이다.

2. 위법한 행정조사에 대한 구제

1) 행정쟁송

이는 위법 또는 부당한 행정조사로 말미암아 권익 또는 이익을 침해당한 경우에는 행정쟁송을 제기할 수 있다. 다만 이 경우 행정조사는 주로 신체나 재산에 실력을 가하는 권력적 사실행위로 대부분 단기간에 끝나기 때문에 행정쟁송을 제기하더라도 권리보호의 필요가 있다고 보기 어려운 경우가 일반적이다.

2) 국가배상

위법한 행정조사로 인하여 손해를 입은 자는 국가나 지방자치단체에 대하여 손해배상을 청구할 수 있다.

3) 자력구제

위법한 행정조사에 대하여는 정당방위가 인정된다. 이와 같이 자력구제가 인정되는 경우에는 공무집행방해죄를 구성하지 아니한다.

참고판례

▸ 위법한 행정조사와 정당방위와 관련된 판례 : 大判 1972.10.31, 72도2005.
"경찰관 이삼우는 본건에 있어 피고인에 대하여 임의동행을 요구하다가 거절당하자 무리하게도 피고인을 잡아 끄는 등 강제로 인치(引致)하려고만 하였을 뿐 피고인을 현행범으로 체포할 요건도 갖추어지지 않았거니와 현행범으로 체포하려 한 것도 아닌 것이니 적법한 공무집행행위가 있었다고 볼 수 없고 따라서 피고인이 위 이삼우의 현행범 체포의 공무집행을 방해하였다는 공소사실은 그 증명이 없음에 귀착된다.

第 2 章 行政罰

第 1 節 概　　說

Ⅰ. 行政罰의 意義

1. 개 념

행정벌이라 함은 일반적으로 행정법상의 의무위반에 대한 제재로서의 처벌을 총칭하는 개념으로, 벌의 내용에 따라 '행정형벌'과 '행정질서벌'로 대별된다.

행정벌은 행정상 의무의 실현을 간접적으로 강제하여 그 확보를 도모하려는 것이 목적이기 때문에 기능적 측면에서 보면, 행정상의 강제집행을 보완하는 작용이라고 할 수 있다.

2. 유사 개념과의 구별

1) 행정벌과 징계벌

행정벌은 일반 사인에게 일반 통치권의 발동으로서 과하는 제재임에 대하여, 징계벌은 특별행정법관계에서 그 내부질서를 유지하기 위하여 내부질서위반자에게 특별권력의 발동으로서 과하여지는 제재이다.

따라서 행정벌과 징계벌의 병과는 권력의 기초, 목적 등의 차이로 인하여 '일사부재리의 원칙'(憲法 §13① 後段)에 저촉되지 아니한다.

2) 행정벌과 집행벌(이행강제금)

행정벌과 집행벌은 모두 행정상 의무이행을 확보하기 위한 수단이라는 점에서 공통점이 있으나, 행정상 강제집행의 유형인 집행벌은 행정상 의무불이행이 있을 경우 장래의 의무이행을 확보하기 위한 강제집행의 수단임에 반하여, 행정벌은 과거의 의무위반행위에 대한 제재로서의 벌이라는 점에서 차이가 있다. 그러므로 행정벌과 집행벌은 병과가 허용된다.

3) 행정벌과 과징금 등

행정벌과 과징금, 행정벌과 영업정지 등의 제재적 행정처분 등은 그 목적이나 성질 등이 다르므로 원칙적으로 병과가 허용된다. 판례도 같은 취지이다(대판 2007.7.12, 2006두4554; 헌재 2003.7.24, 2001헌가25). 다만, 실정법은 과잉규제를 금지한다는 취지에서 행정질서벌과 과징금의 병과를 금지하는 규정을 두는 경우도 있다.

Ⅱ. 行政罰의 種類

행정벌은 처벌의 내용에 따라 ① 형법에 형명이 있는 형벌이 부과되는 '행정형벌'과 ② 과태료가 부과되는 '행정질서벌'로 나누어진다.

행정형벌은 그 행정법규위반이 직접적으로 행정목적과 사회공익을 침해하는 행위에 대한 제재인데 반하여, 행정질서벌은 직접적으로 행정목적을 침해하는 데까지 이르지 않고 간접적으로 행정상 질서에 장해를 줄 위험성이 있는 정도의 단순한 의무태만행위에 대한 제재에 해당한다.

또한 행정질서벌에는 ① 국가행정영역에서 법률에 의하여 부과되는 과태료와 ② 지방자치영역에서 조례에 의하여 부과되는 과태료가 있다.

Ⅲ. 行政罰의 根據

행정벌은 의무위반에 대한 제재로서의 처벌이라는 점에서 행정벌을 과하기 위해서는 법률의 근거가 필요하다.

Ⅳ. 行政罰과 刑事罰

1. 의 의

행정형벌이란 행정법규의 위반에 대하여 「형법」에 규정되어 있는 형(同法 §41)을 그 제재의 내용으로 하는 벌(행정벌)임에 대하여, 형사벌은 형사법규의 위반에 대하여 「형법」에 규정되어 있는 형(同法 §41)을 그 제재의 내용으로 하는 벌을 말한다.

2. 구 별

1) 차 이

행정형벌과 형사벌과의 성질상 구별에 대하여 부정적인 견해도 있지만, 다수설은 양자의 구별에 긍정적이다.

즉, 형사범은 그 행위를 금지하는 법규의 유무에 관계없이 인간으로서 당연히 하여서는 안 된다고 판단되는 반사회적·반도덕적 행위를 대상으로 한 것임에 대하여(자연범), 행정범은 그 행위를 하는 것 자체가 당연히 반사회적·반도덕적 행위로 허용될 수 없는 것이 아니라 이를 금지하는 법규가 존재함으로써 비로소 허용될 수 없는 행위를 대상으로 한 것(법정범)이라는 점에서 차이를 인정하고 있다.

2) 소 결

행정범과 형사범을 명확하게 구별하기란 용이한 일이 아니며, 어떤 행위를 행정범으로 분류하거나 아니면 형사범으로 분류함에 따라 곧바로 법해석상 차이가 있다고 보기도 어렵다. 또한 금지되는 행위가 반사회적·반도덕적 행위로 허용될 수 없는지의 여부가 나름대로의 의미를 지니고 있지만, 이도 상대적·유동적인 점을 고려하면 그 실익은 크지 않다.

第 2 節 行政刑罰

주요쟁점

1. 행정형벌과 행정질서벌은 어떻게 다른가?
2. 행정형벌에는 형법총칙이 적용되는가?
3. 양벌규정의 요건은 어떠한가?
4. 행정형벌의 과벌절차는 어떠한가?

Ⅰ. 行政刑罰의 意義

'행정형벌'이란 「형법」에 형명이 있는 형벌(사형 · 징역 · 금고 · 자격상실 · 자격정지 · 벌금 · 구류 · 과료 및 몰수–刑法 §41)이 부과되는 행정벌을 말한다.

행정형벌을 과하는 경우에는 원칙적으로 형법총칙이 적용되며, 그 과벌절차는 따로 특별한 규정이 없는 한 「형사소송법」에 의한다.

Ⅱ. 行政刑罰의 法的 根據

행정형벌도 형벌에 해당하므로 '죄형법정주의'가 적용된다. 따라서 행정형벌을 과하는 데는 법률의 근거가 필요하다(憲法 §12①).

Ⅲ. 行政刑罰과 刑法總則의 適用 여부

행정상 의무위반에 대하여 「형법」에 형명(刑名)이 있는 형벌을 과하는 행정형벌에 대하여는 원칙적으로 「형법」이 적용되지만(刑法 §8), 다른 법령에 특별한 규정이 있는 경우에는 그에 따른다(同條 但書).

그러므로 행정형벌은 특별한 규정에 의하여 형법총칙의 적용이 배제되거나 달리 적용될 수 있다.

행정형벌에 관한 특별규정으로 논의되는 것은 다음과 같은 것이 있다.

1. 범의(犯意)

1) 고의범과 과실범

형사범에 있어서 범의없는 행위는 원칙적으로 처벌하지 아니하며, 예외로 법률에 특별한 규정이 있는 경우에만 과실에 의한 행위를 처벌한다(刑法 §13).

이 「형법」 규정은 행정형벌에도 적용되므로(同法 §8) 행정형벌법규에 과실에 의한 행정법상의 의무위반을 처벌한다는 명문의 규정이 있거나, 법규의 해석상 과실에 의한 의무위반을 처벌할 뜻이 인정되는 경우 외에는 범의가 없는 한 행정범이 성립되지 아니하며 행정형벌을 과할 수 없다(大判 1986.7.22, 85도108).

2) 고의의 요소와 위법성 인식 여부

「형법」 제16조는 "자기의 행위가 법령에 의하여 죄가 되지 아니하는 것으로 오인한 행위는 그 오인에 정당한 이유가 있는 때에 한하여 벌하지 아니한다."고 규정하고 있으므로, 행정범의 범의의 성립에도 ㉠ 당해 행위가 구성요건에 해당한다는 '사실의 인식'과 ㉡ 당해 행위가 위법하다는 '위법성의 인식'이 있어야 한다.

고의의 요소로서의 위법성의 인식이란 위법성을 현실적으로 인식하지 못한 경우라도 위법성을 인식할 수 있는 가능성이 있는 경우를 의미한다(위법성인식가능성설). 따라서 행정범도 위법성의 인식이 있어야 범죄가 성립한다. 다만, 행정범에 있어서는 행위자가 구체적인 행정법규의 인식이 없는 결과 그 위법성을 인식하지 못하거나, 이러한 행정법규를 인식하지 못한 데 과실이 없어 범의가 성립되지 않는 경우가 있다.

참고판례

▸ 범의와 관련된 판례 : 大判 1986.7.22, 85도108.

"행정상의 단속을 주안으로 하는 법규라 하더라도 명문규정이 있거나 과실범도 벌할 뜻이 명확한 경우를 제외하고는 형법의 원칙에 따라 고의가 있어야 벌할 수 있다."

▸ 위법성의 인식이 없다는 판례

① 大判 1992.5.22, 91도2525.

"행정청의 허가가 있어야 함에도 불구하고 허가를 받지 아니하여 처벌대상의 행위를 한 경우라도, 허가를 담당하는 공무원이 허가를 요하지 않는 것으로 잘못 알려주어 이를 믿었기 때문에 허가를 받지 아니한 것이라면 허가를 받지 않더라도 죄가 되지 않는 것으로, 착오를 일으킨 데 대하여 정당한 이유가 있는 경우에 해당하여 처벌할 수 없다."

② 大判 1970.9.22, 70도1206.

"민사소송법 기타의 공법의 해석을 잘못하여 피고인이 가압류의 효력이 없는 것이라 하여 가압류가 없는 것으로 착오하였거나 또는 봉인 등을 손상 또는 효력을 해할 권리가 있다고 오신한 경우에는 민사법령 기타 공법의 부지에 인한 것으로서 이러한 법령의 부지는 형벌법규의 부지와 구별되어 범의를 조각한다고 해석할 것이다."

2. 책임능력

형사범의 경우에는 심신장애자 및 농아자의 행위는 벌하지 아니하거나, 그 형을 감경하며(刑法 §10, §11), 14세 미만의 자의 행위는 벌하지 아니한다(同法 §9).

그렇지만 행정형벌을 과하는 데 있어서는 이의 적용을 배제하는 규정을 둔 예가 있다(담배法 §31 등).

3. 법인의 책임

1) 의 의

형사범에 있어서 법인은 범죄책임능력을 가지지 아니하므로, 법인에 대하여 형사벌을 과할 수 없다. 그러나 행정범의 경우 행정법규가 법인의 대표자나 법인의 대리인·사용인 기타 종업원이 법인의 사무에 관하여 행정법상의 의무에 위반되는 행위를 한 때에는 그 행위자를 벌하는 외에 법인에 대하여도 재산벌(벌금·과료·몰수)을 과할 것을 규정하는 경우(예컨대, 消基法 §55, 道交法 §159 등)가 많다.

이와 같이 행위자와 법인을 함께 처벌하는 것을 '양벌규정'이라고 한다.

법인을 처벌하는 경우에 그 형벌은 성질상 벌금·과료·몰수 등의 금전벌이다.

2) 양벌규정과 법적 근거

행위자와 법인을 함께 처벌하는 규정이 없는 경우에도 법인을 처벌할 수 있는가에 대하여 논란이 없지는 않지만, 법인의 처벌은 그것을 인정하는 특별한 규정이 있는 때에 한하여 가능하다고 할 것이다.

3) 양벌규정과 책임의 성격

행위자와 함께 법인을 처벌하는 경우에 ① 법인의 대표자가 법인의 업무에 관하여 행정범을 범한 경우의 법인의 책임은 법인 자신의 '자기책임'이며, ② 법인의 대리인·사용인 기타 종업원이 법인의 업무에 관하여 행정범을 범한 경우의 법인의 책임은 법인의 기관인 업무에 관하여 종업원 등에 대한 주의·감독업무를 태만히 한 데 대한 '과실책임'이자 '자기책임'인 것이다. 그러므로 법인은 감독의무를 다한 경우에 면책이 된다.

4) 양벌규정과 면책규정

법인을 처벌하는 규정을 둔 실정법이 면책규정을 두지 않은 경우에도 법인의 책임은 자기책임이며 과실책임이므로 감독의무를 다한 경우에는 면책이 된다고 보았다(大判 1995.7.25, 95도391).

그러나 헌법재판소는 실정법이 면책규정을 두지 않은 경우에 감독의무를 다한 경우에는 면책이 된다고 해석하는 것은 헌법해석의 범위를 벗어난다고 판시하였으며(憲裁決 2007.11.29, 2005헌가10), 나아가 헌법재판소는 면책규정을 두지 아니하고 법인의 책임을 인정한 「의료법」 등 에 대하여 위헌결정을 하였다(憲裁決 2009.07.30, 2008헌가16).

그러므로 법인의 책임을 묻기 위해서는 앞으로 입법적 정비가 필요하다고 하겠다.

참고판례

▸ 법인의 책임에 관한 판결 : 大判 1968.2.20, 67도1683.

"법인도 처벌한다는 특별규정이 없는 수출진흥법하에서는 법인에게 위 법을 적용하지 못한다."

▸ 양벌규정의 성격과 면책규정의 의미에 관한 판례

① 憲裁決 2007.11.29, 2005헌가10.

"법률조항은 종업원의 일정한 범죄행위가 있으면 영업주 자신이 그와 같은 종업원의 범죄에 대해 어떠한 잘못이 있는지를 전혀 묻지 않고 곧바로 영업주를 종업원과 같이 처벌하도록 규정하고 있는 것이다.

이 사건 법률조항을 '영업주가 종업원에 대한 선임감독상의 주의의무를 위반한 과실이 있는 경우에만 처벌하도록 규정한 것'으로 해석함으로써 책임주의에 합치되도록 합헌적 법률해석을 할 수 있는지가 문제될 수 있다.

그러나 합헌적 법률해석은 어디까지나 법률조항의 문언과 목적에 비추어 가능한 범위 안에서의 해석을 전제로 하는 것이고, 법률조항의 문구 및 그로부터 추단되는 입법자의 명백한 의사에도 불구하고 문언상 가능한 해석의 범위를 넘어 다른 의미로 해석할 수는 없다. 따라서 이 사건 법률조항을 그 문언상 명백한 의미와 달리 "종업원의 범죄행위에 대해 영업주의 선임감독상의 과실(기타 영업주의 귀책사유)이 인정되는 경우"라는 요건을 추가하여 해석하는 것은 문언상 가능한 범위를 넘어서는 해석으로서 허용되지 않는다고 보아야 한다."

② 憲裁決 2009.07.30, 2008헌가16.

"이 사건 법률조항은 법인이 고용한 종업원 등이 업무에 관하여 의료법 제87조 제1항 제2호 중 제27조 제1항의 규정에 따른 위반행위를 저지른 사실이 인정되면, 법인이 그와 같은 종업원 등의 범죄에 대해 어떠한 잘못이 있는지를 전혀 묻지 않고 곧바로 그 종업원 등을 고용한 법인에게도 종업원 등에 대한 처벌조항에 규정된 벌금형을 과하도록 규정하고 있는바, 오늘날 법인의 반사회적 법익침해활동에 대하여 법인 자체에 직접적인 제재를 가할 필요성이 강하다 하더라도, 입법자가 일단 "형벌"을 선택한 이상, 형벌에 관한 헌법상 원칙, 즉 법치주의와 죄형법정주의로부터 도출되는 책임주의원칙이 준수되어야 한다. 그런데 이 사건 법률조항에 의할 경우 법인이 종업원 등의 위반행위와 관련하여 선임·감독상의 주의의무를 다하여 아무런 잘못이 없는 경우까지도 법인에게 형벌을 부과될 수 밖에 없게 되어 법치국가의 원리 및 죄형법정주의로부터 도출되는 책임주의원칙에 반하므로 헌법에 위반된다."

4. 타인의 행위에 대한 책임

형사벌에 있어서는 범죄를 저지른 자만을 벌하고 행위자 이외의 자를 처벌하는 일은 없으나, 행정형벌에 있어서는 행위자 이외의 자, 즉 법령상의 책임자에 대하여 행정벌을 과하는 경우가 적지 아니하다. 이 경우 사업주 또는 법정대리인의 책임은 대위책임 또는 무과실책임이 아니고, 자기의 생활범위 내에 있는 자가 법령을 위반하지 아니하도록 주의·감독할 의무를 태만히 한 데 대한 사업주·법정대리인 등의 자기책임이며 과실책임(주의·감독의무의 해태)이다.

이 책임에 관한 제반 논의는 법인의 책임과 동일하다.

5. 공범·경합범·작량감경 등

행정범에 있어서도 원칙적으로 형법규정의 공범, 경합범, 작량감경 등의 규정이 적용된다.

그러나 행정법규에는 행정법상 의무의 다양성으로 인하여 이에 관한 형법규정의 적용을 배제한 경우가 적지 않다.

이러한 특별규정이 없는 경우에도 행정범의 특수성과의 관련 때문에 형법규정의 적용이 제한 또는 배제되는가에 대해서는 견해의 대립이 있으나 적용된다고 보아야 할 것이다.

Ⅳ. 行政刑罰의 科罰節次

1. 일반절차

행정형벌은 형법에 형명이 있는 형벌을 과하는 것이기 때문에, 그 처벌의 절차는 당연히 「형사소송법」이 정하는 바에 따라 통상의 형사벌의 경우와 똑같이 법원의 선고로 과함이 원칙이다.

2. 특별절차

조세범 등에 관한 벌금 또는 과료나 조세범 외의 행정벌로서 벌금 또는 과료는 특별한 절차에 의하여 과할 수 있는 바, 특별한 절차로는 통고처분절차와 즉결심판절차가 있다.

1) 통고처분절차

(1) 의 의

현행법상 조세범·관세범·출입국사범·교통사범 및 전매사범 등에 대하여 정식재판에 대신하여 간이·신속하게 위반행위에 대한 처벌을 종료하기 위하여 행정청이 일정한 벌금 또는 과료에 상당하는 금액의 납부를 명하는 준사법적 행정행위가 통고처분이다(租次法 §15, 關稅法 §311, 道交法 §163, 出入法 §102).

통고처분에 의하여 부과되는 금전적 제제를 범칙금이라고 한다.

(2) 불복절차

통고처분을 받은 자가 이를 이행하지 않으면 통고처분은 당연히 효력을 상실하며, 세무서장·세관장 등이 범칙자를 고발함으로써 형사소송절차로 이행하게 된다.

따라서 통고처분에 불복하는 경우에는 소정의 기한 내에 통고처분을 이행하지 않음으로써 통고처분은 당연히 그 효력이 소멸되는 것이므로 행정쟁송의 대상이 되지 아니한다(大判 1995.6.29, 95누4674).

2) 즉결심판절차

20만원 이하의 벌금·구류 또는 과료의 행정형벌은 경찰서장의 청구에 의하여 「즉결심판에 관한 절차법」에 따라 즉결심판에 의하여 과하여지며, 그 형은 경찰서장에 의하여 집행된다(同法 §18). 즉결심판에 불복이 있는 피고인은 고지를 받은 날로부터 7일 이내에 소관지방법원 또는 지방법원지원에 정식재판을 청구할 수 있다(法組法 §35).

第 3 節 行政秩序罰

주요쟁점

1. 행정질서벌의 부과요건은 어떠한가?
2. 행정질서벌의 부과절차는 어떠한가?

Ⅰ. 行政秩序罰의 意義

1. 개 념

'행정질서벌'이란 일반사회의 법익 또는 행정목적을 직접적으로 침해하지는 않으나 간접적으로 행정상 질서에 장해를 야기할 우려가 있는 의무위반에 대하여 과태료가 가해지는 제재를 말한다.

2. 법적 성질

① 행정질서벌인 과태료는 형벌이 아니므로 형법총칙이 적용되지 않고, 원칙적으로 「질서위반행위규제법」의 적용을 받는다.

② 행정형벌과 행정질서벌은 양자 모두 행정벌이므로 동일 행위에 대하여 논리적으로 양자를 병과할 수 없다.

③ 행정질서벌과 행정처분의 병과는 목적과 수단이 다르므로 병과가 가능하다.

참고판례

▸ 행정처분과 형사벌의 병과가 허용된다는 판례: 大判 1983.6.14, 82누439.
"운행정지처분의 이유가 된 사실관계로 자동차운송사업자가 이미 형사처벌을 받은 바 있다 하여 피고(서울특별시장)의 자동차운수사업법 제31조를 근거로 한 운행정지처분이 일사부재리의 원칙에 위반된다 할 수 없다."

Ⅱ. 行政秩序罰의 法的 根據

행정질서벌도 제재이므로 법령에 근거가 있어야 한다.

국가가 부과하는 행정질서벌은 개별 법률에 근거가 있어야 하며, 지방자치단체가 부과하는 행정질서벌은 조례에 근거가 있어야 한다(地自法 §27, §139②).

Ⅲ. 行政秩序罰의 成立要件과 過怠料의 賦課·徵收 등

행정질서벌의 성립에 대한 일반법으로 「질서위반행위규제법」이 있다.

이 법에서 과태료가 부과되는 질서위반행위는 법률(지방자치단체의 조례를 포함한다)상의 의무를 위반하여 과태료를 부과하는 행위를 대상으로 한다. 따라서 ① 대통령령으로 정하는 사법(私法)상·소송법상 의무를 위반하여 과태료를 부과하는 행위와 ② 대통령령으로 정하는 법률에 따른 징계사유에 해당하여 과태료를 부과하는 행위는 제외된다(同法 §2 i).

「질서위반행위규제법」의 주요 내용은 다음과 같다.

1. 질서위반행위의 성립요건 등

1) 고의·과실과 위법성의 착오

① 종전에는 행정질서벌은 행정법규위반이라는 객관적 사실에 대하여 과하여지는 제재라는 이유로 원칙적으로 위반자의 고의·과실을 요하지 아니한다고 하였으나(大判 1994.8.26, 94누6949), 지금은 의미가 없어졌다.

②「질서위반행위규제법」은 고의 또는 과실이 없는 질서위반행위는 과태료를 부과하지 아니하고(同法 §7), 자신의 행위가 위법하지 아니한 것으로 오인하고 행한 질서위반행위는 그 오인에 정당한 이유가 있는 때에 한하여 과태료를 부과하지 아니한다고 하고 있다(同法 §8).

2) 책임연령과 심신장애

14세가 되지 아니한 자와 심신장애인의 질서위반행위는 다른 법률에 특별한 규정이 없는 한 과태료를 부과하지 아니한다(同法 §9, §10).

3) 법인의 책임

법인의 대표자, 법인 또는 개인의 대리인·사용인 및 그 밖의 종업원이 업무에 관하여 법인 또는 그 개인에게 부과된 법률상의 의무를 위반한 때에는 법인 또는 그 개인에게 과태료를 부과한다.

4) 공범·경합범·신분범 등

① 2인 이상이 질서위반행위에 가담한 때에는 각자가 질서위반행위를 한 것으로 본다(同法 §12①).

② 신분에 의하여 성립하는 질서위반행위에 신분이 없는 자가 가담한 경우에도 질서위반행위가 성립한다(同法 §12②).

③ 그리고 하나의 행위가 2 이상의 질서위반행위에 해당하는 경우에는 각 질서위반행위에 대하여 정한 과태료 중 가장 중한 과태료를 부과하고, 2 이상의 질서위반행위가 경합하는 경우에는 각 질서위반행위에 대하여 정한 과태료를 각각 부과한다(同法 §13①②).

5) 과태료의 시효

과태료는 행정청의 과태료 부과처분이나 법원의 과태료 재판이 확정된 후 5년간 징수하지 아니하거나 집행하지 아니하면 시효로 인하여 소멸한다(同法 §15).

2. 과태료의 부과 · 징수절차

1) 사전통지 · 의견제출

행정청이 질서위반행위에 대하여 과태료를 부과하고자 하는 때에는 미리 당사자에게 통지하고, 10일 이상의 기간을 정하여 의견을 제출할 기회를 부여한 후에 서면으로 과태료를 부과하여야 한다(同法 §16, §17 참조).

2) 과태료부과의 제척기간

질서위반행위가 종료된 날부터 5년이 경과한 경우에는 해당 질서위반행위에 대하여 과태료를 부과할 수 없다(同法 §19①).

3) 이의제기

행정청의 과태료 부과에 불복하는 당사자는 과태료 부과 통지를 받은 날부터 60일 이내에 해당 행정청에 서면으로 이의제기를 할 수 있다.

이러한 이의제기가 있는 경우에 행정청의 과태료 부과처분은 그 효력을 상실하고(同法 §20①②), 행정청은 이의제기를 받은 날부터 14일 이내에 이에 대한 의견 및 증빙서류를 첨부하여 관할 법원에 통보하여 관할법원이 재판에 의하여 과태료를 결정한다(同法 §21①, §25 이하 참조).

3. 과태료의 재판 · 집행절차

과태료 재판에서 행정청이 이해당사자임에도 재판에 참여할 기회가 인정되지 아니하였으며, 지방자치단체의 장이 부과한 과태료라도 과태료 재판 결과에 따라 집행한 과태료는 국고에 귀속되어 지방자치단체의 수입으로 되지 아니하는 문제점을 개선하였다.

이로써 ㉠ 행정청도 법원의 허가를 받아 재판에 참여할 수 있으며(同法 §32②),

㉡ 검사는 과태료 집행을 행정청에 위탁할 수 있고, 지방자치단체의 장이 위탁받는 경우에는 그 집행한 과태료를 지방자치단체의 수입으로 하고 있다(同法 §43).

4. 과태료의 실효성제고수단

과태료의 실효성을 제고하기 위하여, ① 당사자가 의견 제출 기한 이내에 과태료를 자진하여 납부하고자 하는 경우에는 과태료를 감경하고(同法 §18①), ② 질서위반행위의 발생 여부 및 과태료 부과·징수를 위하여 행정청에 질서위반행위에 대한 조사권한과 공공기관에 대한 자료제공요청권한을 부여하며(同法 §22, §23), ③ 과태료를 체납하는 경우에는 가산금 및 중가산금을 부과하고(同法 §24①②), ④ 관허사업을 제한하며(同法 §52), ⑤ 신용정보기관에 관련 정보를 제공하고(同法 §53), ⑥ 고액·상습체납자에 대하여는 법원의 재판을 통하여 30일의 범위 내에서 감치(監置)할 수 있는(同法 §54) 수단을 인정하고 있다.

第 3 章 기타 實效性確保手段

종래 행정의 실효성확보수단으로는 행정강제와 행정벌이 중심이 되어 운용되었지만, 이러한 전통적 수단만으로는 오늘날과 같이 다양한 행정현실에 충분히 대응할 수 없게 되었다. 따라서 이에 부응하여 다양한 행정의 실효성확보수단이 도입되었다.

이러한 새로운 수단은 과징금과 같이 금전적 제재를 과하는 유형과 허가·인가 등을 거부하거나 철회·제한하는 등의 비금전적 제재를 과하는 유형으로 대별할 수 있다.

또한 이러한 수단은 경우에 따라 행정상 제재수단으로서의 성질을 가지기도 하고, 강제이행확보수단의 성질을 가지기도 한다.

Ⅰ. 金錢的 制裁手段

1. 과징금

1) 의 의

(1) 개 념

'과징금'이란 행정청이 행정법상의 의무위반 또는 그 불이행에 대하여 그 의무자에게 부과·징수하는 금전적 제재를 말한다. 실정법상 과징금으로는 「독점규제 및 공정거래에 관한 법률」에서의 과징금(同法 §6) 「대기환경보전법」에서의 과징금(同法 §37) 및 「여객자동차운수사업법」에서의 과징금(同法 §88) 등이 있다.

(2) 법적 성질

과징금은 행정청이 구체적인 행정법상의 위반행위를 한 자에 대하여 과하는 것으로서, 과징금부과행위는 행정행위 중 하명(下命)에 속한다.

(3) 벌금·과태료 및 부과금과 구별

① 과징금은 일정한 행정법상의 의무위반에 대한 금전적 제재인 점에서는 벌금 또는 과태료와 다를 것이 없으나, 과징금은 형식상 행정벌에 속하지 않을 뿐만 아니라 다분히 이득환수적인 내용의 것인 점에서 벌금·과태료와 다르다. 따라서 행정벌과 과징금은 그 목적이나 성질이 다르므로 병과가 허용된다. 판례도 이를 허용하고 있다(대판 2007.7.12, 2006두4554; 헌재 2003.7.24, 2001헌가25).

그러나 「식품위생법」, 「개인정보보호법」 등 일부 실정법은 과잉규제를 지양한다는 취지에서 과징금과 행정벌(특히 행정질서벌)과의 병과를 금지하고 있는 경우도 있다.

참고판례

▶ 과징금과 행정벌의 병과 : 대판 2007.7.12, 2006두4554

"부동산 실권리자명의 등기에 관한 법률(2007.5.11. 법률 제8418호로 개정되기 전의 것) 제5조에 규정된 과징금은 그 취지와 기능, 부과의 주체와 절차 등에 비추어 행정청이 명의신탁행위로 인한 불법적인 이익을 박탈하거나 위 법률에 따른 실명등기의무의 이행을 강제하기 위하여 의무자에게 부과·징수하는 것일 뿐 그것이 헌법 제13조 제1항에서 금지하는 국가형벌권 행사로서의 처벌에 해당한다고 할 수 없으므로 위 법률에서 형사처벌과 아울러 과징금의 부과처분을 할 수 있도록 규정하고 있다 하더라도 이중처벌금지 원칙에 위반한다고 볼 수 없다."

② 환경보전을 위한 수단으로 환경관련법령에 규정되어 있는 부과금은 오염자부담원칙에 따라 부과된 의무일 뿐 의무위반에 대한 제제수단이 아니라는 점에서 금전적 제재수단인 과징금과 구별된다.

2) 법적 근거

과징금은 사인에 대한 강제적인 금전적 부담이므로 법률상의 근거가 있어야 한다. 과징금에 대한 일반법은 존재하지 아니하고, 개별법에만 존재한다.

3) 과징금의 유형

과징금은 ① 「독점규제 및 공정거래에 관한 법률」에서의 과징금과 같이 원칙적으로 행정법규 위반으로 인한 경제적 이익을 박탈하기 위한 부당이득환수의 성질을 갖는 과징금과 ② 「여객자동차운수사업법」에서의 과징금과 같이 영업정지나 사업정지 처분을 하여야 하는 경우에 그 영업정지나 사업정지 처분을 갈음하는 과징금으로 대별할 수 있다.

4) 부과와 징수

과징금은 행정청의 납입고지로 부과되며, 납부의무자는 소정의 기한 내에 당해 금액을 납부하여야 한다. 납부의무의 미이행시에는 체납처분의 예에 따라 강제징수된다(運輸法 §88③).

5) 구제수단

과징금의 부과행위는 행정행위이므로 그것이 위법한 경우에는 행정쟁송을 제기하여 부과처분의 취소 등을 구할 수 있다.

2. 가산금·가산세

1) 가산금

'가산금'이란 일정한 행정법상의 급부의무의 불이행에 대한 제재로서 과하는 일정한 금전적 부담을 말한다. 이는 당해 행정청이 일정한 지급의무의 위반이 있다고 인정함으로써 부과하는 것이므로 가산금의 부과는 하명적 성질의 행정행위이다. 가산금은 일정한 행정법상의 의무위반에 대하여 과하여지는 금전적 제재인 점에서 과징금과 같으나, 지급의무위반에 대한 것이라는 점에서 다르다.

대법원은 국세징수법에 의한 가산금의 성격을 수수료적인 것으로 본다(大判 1986.9.9, 86누76).

가산금의 예로는 「국세징수법」의 조세의 체납자에게 과하는 가산금(同法 §21) 등이 있다.

2) 가산세

'가산세'란 과세권의 행사 및 조세채권의 실현을 용이하게 하기 위하여 납세자가 정당한 이유없이 법에 규정된 신고, 납세 등 각종 의무를 위반한 경우에 개별세법이 정하는 바에 따라 부과되는 행정상의 제재로서 납세자의 고의·과실은 고려되지 않는 반면(大判 1993.6.8, 93누6744), 납세의무자가 그 의무를 알지 못한 것이 무리가 아니었다고 할 수 있어서 정당화할 수 있는 사정이 있거나 그 의무의 이행을 당사자에게는 기대하는 것이 무리라고 하는 사정이 있을 때 등 그 의무해태를 탓할 수 없는 정당한 사유가 있는 경우에는 이를 부과할 수 없다(大判 1993.11.23, 93누15939).

Ⅱ. 非金錢的 制裁手段

1. 제재적 행정처분

1) 의 의

행정청으로부터 허가 등을 받은 자가 법령 또는 허가 등에 부가된 부관에 위반한 경우에는 제재수단으로써 허가 등의 취소나 효력을 정지하는 것을 말한다. 영업허가의 취소·정지, 도로 등의 점용허가의 취소·정지, 자동차운전면허의 정지·취소가 그것이다.

원래 이와 같은 제재조치의 권한은 법률이 행정상의 감독수단으로서 행정기관에 부여한 것이지만, 허가의 취소나 철회 등의 수단이 존재하는 그 자체가 간접적으로 행정상의 의무이행을 확보하는 수단으로 기능한다.

2) 근 거

① 행정행위를 철회하는 경우에 법적 근거가 필요한가에 대하여는 근거불요설과 근거필요설의 다툼이 있다.

철회의 법적 근거의 문제는 공익의 실현과 사익의 보호라는 점을 고려하여 결정할 문제이다. 공익의 실현을 위한 수단인 철회는 철회사유에도 불구하고 철회권의 제한을 통하여 사익을 보호하고 있는 점, 철회권의 유보가 허용된다는 점을 고려하여 볼 때 법적 근거가 반드시 필요한 것은 아니라고 할 것이다.

② 판례는 근거불요설을 취하고 있다.

3) 구 제

하자있는 철회나 정지로 인하여 권리이익을 침해당한 자는 행정쟁송절차에 따라 이에 대한 시정을 구할 수 있으며, 국가배상을 청구할 수 있다.

2. 관허사업의 제한

1) 의 의

제재적 행정처분이 의무위반사항과 직접 관련이 있는 허가 등에 대하여 제재처분을 하는 경우라면 관허사업의 제한이란 의무위반사항과 직접 관련이 없는 허가 등에 대하여 제재처분을 말한다.

세금을 체납한 자에 대하여 세무서장 등의 요청에 의하여 해당 사업의 주무관서에 당해 납세자에 대하여 허가 등을 하지 않을 것을 요구할 수 있고, 주무관서는 정당한 사유가 없는 한 이에 따라 허가 등을 거부・정지・철회하는 것을 말한다.

2) 근 거

법률에 근거없이 관허사업을 제한하면 부당결부금지원칙에 위반된다고 보아야 할 것이다. 따라서 관허사업을 제한하고자 하는 경우에는 법률의 근거가 필요하다.

현재 관허사업의 제한은 ① 「국세징수법」(同法 §7) 및 「지방세기본법」(同法 §65)에 근거한 경우와 ② 「질서위반행위규제법」(同法 §52)에 근거한 경우가 있다.

3) 한 계

관허사업의 제한이 부당결부금지원칙에 위반되는가에 대하여는 논란이 있으나 공익을 실현하기 위한 적절한 수단이라고 보아야 할 것이다.

4) 구 제

관허사업의 제한에 따른 인・허가의 거부 등에 대하여는 행정쟁송을 제기할 수 있으며, 이로 인하여 손해를 입은 경우에는 국가배상을 청구할 수 있다.

다만 세무서장의 관허사업의 제한요청은 처분성이 인정되지 않으므로 주무관서의 처분을 다투어야 하며, 의견청취절차 등 사전절차도 주무관서가 행하여야 한다.

3. 공급의 거부 · 정지

1) 의 의

'공급의 거부 · 정지'란 행정법상의 의무를 위반한 자에 대하여 일정한 행정상의 역무나 재화의 공급을 거부하거나 정지하는 조치를 말한다. 예를 들면 수도사업에 의한 수돗물의 공급, 전기사업에 의한 전기공급 등을 거부하거나 정지하는 것 등이다.

이러한 수단은 국민의 입장에서 볼 때 실질적으로 국민생활에 있어서 직접강제 이상으로 효과적인 경우도 있으나, 국민의 생존배려는 현대행정의 중요한 사명이며 실정법상 행정기관은 각종의 급부제공의무를 지고 있다는 점에서 보다 신중하게 이루어져야 한다.

2) 근 거

공급의 거부나 정지는 침익적 행정작용이므로 법률의 근거를 필요로 한다. 그러나 그 실효성의 면에서 상당히 유효하게 기능하는 급부의 거부도 법률상의 공급의무와 관련하여 문제점을 안고 있다.

즉 「수도법」 제39조 제1항은 급부주체인 수도사업자가 정당한 이유없이 수돗물의 공급을 거부할 수 없다는 취지를, 「전기통신사업법」 제3조 제1항은 공급주체인 전기통신사업자가 '정당한 사유'없이 전기의 공급거부를 할 수 없다는 취지를 규정하고 있다. 이 경우 공급거부를 할 수 있는 '정당한 사유'는 법률에 특별한 규정이 없는 한 거부될 급부와 상당한 사물적 관련이 있어야 할 것이다. 따라서 이행을 확보하여야 할 의무와 전혀 관계가 없는 부문에서 행정이 해야 할 급부를 거부하거나 정지하는 것은 행정권한의 '부당결부금지원칙'에 위반된다고 하겠다(大判 1992.11.27, 92누10364).

3) 구 제

① 공급거부나 정지에 대한 구제절차는 그 공급거부나 정지의 성질에 따라 행정쟁송 또는 민사소송으로 구제될 수 있을 것이다.

대법원은 단수조치를 행정처분으로 보기 때문에 단수조치는 행정쟁송의 대상이 된다(大判 1980.12 .28, 79누21).

② 구「건축법」 제69조 제2항의 취지에 따르면 단전기 · 단수 · 단전화 요청은

「건축법」에 위반된 건축물에 대하여 건축허가권자인 시장이나 군수·구청장이 상당한 기간을 정하여 시정명령을 행한 후 그 불이행에 대한 제재로써 하는 사실상의 조치이고, 실제로 그 조치를 실행하는 자는 전기사업자 또는 수도사업자이다. 따라서 시정명령을 행하는 행정청이 직접 단전기·단수·단전화 조치를 취하는 것이 아니라, 위 각 해당사업자에게 그 조치를 의뢰할 수 있을 뿐이고 단지 건축주 등에게 그 조치의 의뢰를 한 사실을 통보하는 것에 불과하다. 그러므로 상대방인 건축주는 위 조치의뢰와 통보의 전단계에서 행한 위법건축물의 시정명령이 행정처분으로 인정되므로 이를 대상으로 위법 여부를 다툴 수는 있겠지만, 사후에 불이행에 대한 제재로서 한 단전기·단수·단전화 요청은 권고적 성격의 행위에 해당하는 사실상의 조치에 불과하다고 볼 수 있다(大判 1996.3.22, 96누433).

그러나 허가권자인 시장·군수·구청장의 요청을 받은 자는 특별한 이유가 없으면 요청에 따라야 하므로 공급거부 요청은 '그 밖에 이에 준하는 행정작용'에 해당한다고 보아 처분성을 인정하여야 할 것이다.

참고판례

▸ 단전요청의 처분성 여부 : 大判 1996.3.22, 96누433.

"건축법 제69조 제2항, 제3항의 규정에 비추어 보면, 행정청이 위법 건축물에 대한 시정명령을 하고 나서 위반자가 이를 이행하지 아니하여 전기·전화의 공급자에게 그 위법 건축물에 대한 전기·전화공급을 하지 말아 줄 것을 요청한 행위는 권고적 성격의 행위에 불과한 것으로서 전기·전화공급자나 특정인의 법률상 지위에 직접적인 변동을 가져오는 것은 아니므로 이를 항고소송의 대상이 되는 행정처분이라고 볼 수 없다."

4. 공 표

1) 의 의

(1) 개 념

'공표'란 행정상 의무를 이행하지 아니하거나 의무를 위반한 자에 대하여 그 성명 또는 의무위반사실을 불특정다수인에게 주지시키는 수단을 말한다. 즉, 공표는 이를 통한 사회적 비난을 매개로 하여 당해 의무이행의 확보를 얻으려고 하는 수단이다.

이러한 공표의 예로서는 고액의 조세체납자의 성명 · 금액 · 사업체 이름 등을 공시하거나, 환경오염물질의 배출업소를 공시하는 경우 등이 있다.

(2) 법적 성질

공표 그 자체는 단순히 위반사실 또는 위반자의 성명을 공표하는 행위에 불과하므로 공권력의 발동에 해당하는 것이 아니고 상대방에게 직접적인 법적 효과를 발생시키는 것도 아니다. 그렇지만 그 실효성은 국민의 의식에 따르는 면도 있기는 하나, 적어도 신용과 명예가 중시되는 기업이나 개인에 대하여 사회적 제재로서 매우 유효하게 기능한다.

2) 법적 근거

사실행위인 공표는 그 자체로서 아무런 법적 효과도 발생하지 아니하나, 현실적으로는 행정상 제재의 기능을 가지는 만큼 법적 근거 여부가 문제 된다.

원래 공표는 국민에게 정보제공을 하는 것으로 법령의 근거가 도외시되었지만, 이제 단순한 정보제공기능을 넘어서서 심리적 압박에 의한 의무이행의 확보라는 목적을 내포하게 되면 사실상의 침해행위와 똑같은 기능을 수행하게 된다.

그러므로 이러한 현실적 기능에 비추어 볼 때 공표를 행함에는 법률의 근거가 필요하다고 생각된다(公倫法 제8조의2, 國稅法 제85조의5 등).

3) 공표와 구제수단

(1) 행정쟁송

먼저 명예훼손 혹은 영업권침해를 이유로 공표의 취소소송이 허용될 수 있을 것인가에 대하여, 행정권에 의한 위법한 공표행위는 다른 적절한 구제수단이 없을 경우에는 공표행위를 공권력의 행사에 준하는 작용으로 보고(行訴法 §2① 1호) 처분성을 긍정하여 공표의 취소소송도 가능하다고 보는 견해도 있으나, 공표는 사실행위이므로 취소소송의 대상이 되지 않는다고 보아야 할 것이다.

(2) 손해배상 등

위법한 공표로 인하여 손해를 입은 경우에 국가배상청구소송이 가능하다. 또한 위법한 공표로 훼손된 명예의 회복방법으로서는 정정공고를 게재하도록 민사소송으로 요구하는 것도 고려될 수 있을 것이다.

다만, 공표가 위법한가에 대하여는 적시된 사실의 내용이 진실이 아니라 하더라도 국가기관이 공표 당시 이를 진실이라 믿었고 또 그렇게 믿을 만한 상당한 이유가 있다면 위법성이 인정되지 않는다(大判 1993.11.26, 93다18389).

(3) 형사책임

위법·부당한 공표를 한 관계 공무원에 대하여는 형사책임을 물을 수도 있을 것이다(刑法 §126, §127).

참고판례

▸공표의 위법성 판단기준 : 大判 1993.11.26, 93다18389.

"국가기관이 행정목적 달성을 위하여 언론에 보도자료를 제공하는 등 이른바 행정상 공표의 방법으로 실명을 공개함으로써 타인의 명예를 훼손한 경우, 그 공표된 사실의 내용이 진실이라는 증명이 없더라도 국가기관이 공표 당시 이를 진실이라고 믿었고 또 그렇게 믿을 만한 상당한 이유가 있다면 위법성이 없는 것이다. 이 점은 언론을 포함한 사인에 의한 명예훼손의 경우에서와 마찬가지라 할 것이다. 한편 이러한 상당한 이유의 존부의 판단에 있어서는, 실명공표 자체가 매우 신중하게 이루어져야 한다는 요청에서 비롯되는 무거운 주의의무와 공권력의 광범한 사실조사능력, 공표된 사실이 진실하리라는 점에 대한 국민의 강한 기대와 신뢰, 공무원의 비밀준수의무와 법령준수의무 등에 비추어, 사인의 행위에 의한 경우보다는 훨씬 더 엄격한 기준이 요구된다 할 것이다. 그러므로 그 사실이 의심의 여지없이 확실히 진실이라고 믿을만한 객관적이고도 타당한 확증과 근거가 있는 경우가 아니라면 그러한 상당한 이유가 있다고 할 수 없을 것이다."

第 4 篇　行政救濟制度

第 1 章 國家責任法制

第 1 節 國家賠償制度

第1. 概 觀

주요쟁점

1. 국가배상이란 무엇인가?
2. 「국가배상법」은 공법인가?
3. 국가배상청구절차는 어떠한가?

Ⅰ. 國家賠償制度의 意義

1. 개 념

국가배상이란 국가 등 행정주체가 자신의 사무와 관련하여 타인에게 손해를 가한 경우에 그 손해를 배상하여 주는 제도를 말한다.

2. 손실보상제도와의 차이

국가배상은 행정주체에 의한 손해전보제도라는 면에서 손실보상과 유사하나, 국가배상은 위법한 행정작용으로 인한 손해에 대한 배상으로 불법행위론에 근거한 국가책임이며, 손실보상은 적법한 행정작용으로 인한 손실에 대한 보상으로 공평부담에 근거한 국가책임이라는 점에서 구별된다.

Ⅱ. 國家賠償制度의 發達

1. 영미법계

영미법계 국가는 common law의 법리에 의하여 전통적으로 '국가무책임의 원칙'이 지배하였으며, "왕은 악을 행할 수 없다."(The king can do no wrong)는 논리에 의하여 국가의 불법행위책임을 부정하고, 이를 공무원 개인의 불법행위책임으로 대처하였다.

그러나 제2차 세계대전 후 영국에서는 1947년의 국왕소추법(Crown Proceedings Act)에 의하여, 그리고 미국에서는 1946년의 연방불법행위청구법(Federal Torts Claims Act)에 의해서 국가배상책임을 인정하였다.

2. 대륙법계

① 프랑스에서는 1873년의 Blanco판결에서부터 국가책임론에 의한 국가의 광범한 배상책임이 비교적 일찍부터 인정되었다.

② 독일에서는 20세기에 들어서면서부터 각 주(Land)마다 단편적으로 국가배상의 법제화가 이루어졌으며(1909년 프로이센 공무원책임법, 1910년 연방공무원책임법 등), 국가배상의 일반적 승인은 1919년의 바이마르헌법에 명문화되었으며, 이는 1949년에 제정된 독일의 기본법 제34조에 승계되어 있다.

Ⅲ. 國家賠償責任의 法的 根據

1. 헌법상 근거

1) 「헌법」 제29조의 의의

「헌법」 제29조 제1항은 "공무원의 직무상 불법행위로 손해를 받은 국민은 법률이 정하는 바에 의하여 국가 또는 공공단체에 정당한 배상을 청구할 수 있다. 이 경우 공무원 자신의 책임은 면제되지 아니한다."고 하여 국가배상청구권을 보장하는 한편, 동조 제2항은 "군인·군무원·경찰공무원 기타 법률이 정하는 자가 전투·훈련 등 직무집행과 관련하여 받은 손해에 대하여는 법률이 정하는 보상 외에 국가 또는 공공단체에 공무원의 직무상 불법행위로 인한 배상은 청구할 수 없다."고 하여 군인·군무원·경찰공무원 등 국가와의 사이에 공법상의 특수한 법률관계를 맺고 있는 자에 대해서는 특정한 경우에 국가배상청구권을 부인하고 있다.

2) 법적 성질

이 헌법조항은 ① 그 자체로서는 직접 실정법적 효력을 가지지 않는 프로그램적 규정에 불과한 것이라는 견해와 ② 청구권 자체는 직접 헌법규정에서 도출된다고 볼 것이므로 직접효력규정이라는 견해가 대립되고 있다.

생각건대 이 조항의 '법정주의'는 입법의 방침을 규정한 것이 아니라, 권리의 행사절차를 법률로써 정한다는 의미로 보아 직접적 효력규정이라고 봄이 타당하다. 판례도 같은 취지이다(大判 1971.6.22, 70다1010).

2. 「국가배상법」의 의의

「헌법」 제29조의 규정에 의거하여 1967년에 국가 또는 지방자치단체의 불법행위책임에 관한 「국가배상법」이 제정되었다.

「국가배상법」의 법적 성격 및 주요 내용은 다음과 같다.

1) 법적 성격

「국가배상법」의 법적 성격에 대해서는 그것이 공법이라는 견해와 사법이라는 견해의 대립이 있는 바, 이는 국가배상책임의 성질이 공법상의 배상책임인지 또는 사법상의 배상책임인지와 관련된다.

(1) 사법설

이 견해는 「헌법」이 국가의 면책특권을 부정하고 국가가 공무원의 불법행위에 대한 배상책임을 지도록 규정하고 있어도, 국가가 지는 책임은 영·미국가에 있어서와 같이 사인과 동일한 지위에서 지는 사법상 책임이며, 이를 규율하는 「국가배상법」은 일반적인 「민법」에 대한 특별법이라고 본다. 「국가배상법」(同法 §8) 자체가 「민법」의 보충적 적용을 인정함으로써 「민법」의 특별법임을 명시하고 있고(同法 §8), 헌법상 국가배상청구권은 사법상 불법행위이론의 한 유형에 불과하므로 국가배상책임이 공법에 특유한 책임론을 창설한 것이 아닌 점을 근거로 한다.

⑵ 공법설

이 견해는 실정법상 공·사법이원론이 인정되고 있는 이상 공법적 원인으로 인한 국가책임에는 평등원리에 의하여 지배되는 「민법」이 그대로 적용될 수 없으므로 「국가배상법」은 이러한 공법상의 책임에 관한 규정이라고 한다. 구「국가배상법」에서의 결정전치주의(舊國賠法 §9), 생명·신체의 침해에 대한 국가배상청구권의 압류·양도금지(同法 §4) 등을 채택하고 있는 점은 행정권의 특수성에서 유래한 공법의 특유한 현상으로 이해한다.

⑶ 결 어

생각건대 국가배상책임은 공행정작용에 대한 불법행위책임이라는 점에서 「국가배상법」은 공법이라고 보아야 할 것이다. 따라서 국가배상에 관한 소송은 행정청의 처분 등을 원인으로 한 법률관계에 관한 소송인 공법상의 당사자소송(行訴法 §3②)으로 「행정소송법」이 적용되어야 할 것이다.

그러나 소송실무에서는 이에 관한 소송을 민사소송으로 다루고 있다.

2) 일반법으로서의 「국가배상법」

「국가배상법」은 국가 또는 지방자치단체의 배상책임에 관한 일반법이다.

「국가배상법」 제8조는 "국가 또는 지방자치단체의 손해배상의 책임에 관하여는 이 법의 규정에 의한 것을 제외하고는 「민법」의 규정에 의한다. 다만, 「민법」 이외의 법률에 다른 규정이 있을 때에는 그 규정에 의한다."고 규정하여 이 법이 손해배상에 관한 일반법임을 명시하고 있다.

따라서 ① 국가배상에 관하여 특별법이 있는 경우에는 특별법이 우선적으로 적용되고(原損法 §3 이하, 郵便法 §38), ② 그러한 특별법이 없으면 「국가배상법」이 적용되며, ③ 국가배상에 관하여 「국가배상법」 및 특별법에 규정되어 있는 사항 이외에는 「민법」의 규정을 준용한다.

현재 국가배상에 관한 특별법으로는 ① 무과실책임을 인정하고 있는 법으로 「산업재해보상보험법」(同法 §37), 「원자력손해배상법」(同法 §3), 「공무원연금법」(同法 §35, §51 등) 등이 있으며, ② 배상책임의 범위 또는 배상액을 경감 내지 정형화하고 있는 법으로 「우편법」(同法 §38), 「철도사업법」(同法 §24) 등이 있다.

3) 국가배상의 유형

「국가배상법」은 국가배상의 유형으로서 ① 공무원의 직무상 불법행위로 인한 배상책임과, ② 영조물의 설치·관리의 하자로 인한 배상책임이 있다.

4) 외국인의 경우

「국가배상법」은 외국인에 대한 책임에 대하여 상호주의를 규정하고 있다. 따라서 외국인이 피해자인 경우에는 상호의 보증이 있는 경우에 한하여 동법이 적용된다(同法 §7).

Ⅳ. 國家賠償請求節次

1. 행정절차에 의한 배상청구

1) 임의적 결정전치

「국가배상법」 제9조는 "이 법에 의한 손해배상의 소송은 배상심의회에 배상신청을 하지 아니하고도 이를 제기할 수 있다."고 하여, 배상청구소송의 제기에 앞서 배상심의회에 대한 배상신청절차를 임의적 절차로 규정하고 있다.

종전의 「국가배상법」은 행정절차에 의한 배상신청절차를 필요적 결정전치주의로 규정하였다. 필요적 결정전치주의를 채택한 이유는 국가 등은 배상책임이 있는 경우에 스스로 배상금을 지급함으로써 국민과의 사이에 생길 수 있는 법률상 분쟁을 미리 해결하도록 하고, 시간과 경비를 절약하며, 신속한 절차에 의하여 배상금을 지급받을 수 있도록 하여 피해자 구제를 도모하려는 데 있었으며, 이러한 이유로 대법원(大判 1990.8.24, 90카72)과 헌법재판소(憲裁決 2000.2.24, 96헌마17·18·19)도 합헌으로 선언한 바가 있었다.

그렇지만 이러한 필요적 결정전치절차가 오히려 소송에 의한 구제를 지연시키는 역기능도 있음을 고려하여, 2000년 12월에 개정된 「국가배상법」은 결정전치주의를 필요적 절차로 하지 않고, 임의적 절차로 전환하였다.

2) 배상심의회의 결정절차

배상심의회는 피해자의 배상신청에 관하여 심의·결정하고 이를 신청인에게 알리는 권한을 가진 합의제행정기관이다(同法 §10, §13, §14 참조).

배상심의회에는 국가 또는 지방자치단체의 배상결정을 심의하기 위하여 법무부에 본부심의회와 군인·군무원이 가한 손해의 배상결정을 위하여 국방부에 둔 특별심의회, 하급심의회로서 지구심의회가 있다.

지구심의회는 국가배상사건에 대한 일차적 심의·결정기관으로서, 그 관할에 속하는 국가 또는 지방자치단체에 대한 배상금지급신청사건을 심의·처리한다. 본부심의회 소속 지구심의회는 각 지방검찰청에, 특별심의회 소속 지구심의회는 각군본부와 일정한 군부대에 둔다.

지구심의회는 배상금의 지급신청을 받은 때에는 지체없이 증인신문·감정·검증 등 증거조사를 한 후 그 심의를 거친 4주일 이내에 배상결정을 하여야 하고, 그 결정이 있은 날로부터 1주일 이내에 그 결정정본을 신청인에게 송달하여야 한다(同法 §13①, §14①). 지구심의회는 긴급한 사유가 있다고 인정한 때에는 장례비와 요양비의 일부를 사전에 지급할 수 있다(同法 §13②).

지구심의회에서 배상금지급신청이 기각된 때에는 신청인은 그 결정의 정본을 송달받은 날로부터 2주일 이내에 본부심의회 또는 특별심의회에 재심을 신청할 수 있으며(同法 §15의2①), 본부심의회 또는 특별심의회는 이에 대한 심의를 거쳐 4주일 이내에 다시 배상결정을 하여야 한다(同法 §15의2②③).

3) 배상결정의 효력

심의회가 내린 배상결정은 신청인이 동의함으로써 그 효력이 발생한다. 심의회의 결정에 동의하는 신청인은 지체없이 그 결정에 동의서를 첨부하여 국가 또는 지방자치단체에 배상금의 지급을 청구하여야 한다(同法 §15①).

그러나 배상결정을 받은 신청인이 배상금지급을 청구하지 아니하거나 지방자치단체가 소정기간 내에 배상금을 지급하지 아니한 때에는 배상심의회의 결정에 동의하지 아니한 것으로 간주되기 때문에(同法 §15③), 이 경우에 피해자는 국가배상청구소송을 제기할 수 있다.

한편, 종전의 "심의회의 배상결정은 신청인이 동의하거나 지방자치단체가 배상금을 지급한 때에는 「민사소송법」의 규정에 의한 재판상의 화해가 성립된 것으로 본다."는 「국가배상법」 제16조의 규정은 위헌으로 결정되어(憲裁決 1995.5.25, 91헌가7), 당해 규정은 삭제되었다. 따라서 신청인은 배상결정에 동의하여 배상금을 수령한 후에도 손해배상소송을 제기하여 배상금청구(증액청구)를 할 수 있다.

2. 사법(司法)절차에 의한 배상청구

배상심의회의 배상결정에 불복이 있는 자는 법정기간 내에 법원에 소송을 제기할 수 있다.

① 사법절차에 의하여 배상청구를 할 경우에는 「국가배상법」의 법적 성격을 공법으로 보는 견해에 의하면 공법상의 당사자소송에 의하여야 한다.

판례는 이를 민사사건으로 다룬다.[1)]

② 또 「행정소송법」 제10조(관련청구소송의 이송 및 병합)가 국가배상청구를 행정소송에 병합하여 제기할 수 있도록 하고 있는 바, 이는 심리의 중복을 피하고 소송경제적 요구를 충족시키는 특별절차라고 할 수 있다.

第2. 公務員의 違法한 職務行爲로 인한 損害賠償

주요쟁점

1. 성립요건은 어떠한가?
2. 과실요건은 어떠한가?
3. 위법성의 내용은 어떠한가?

Ⅰ. 國家賠償法 第2條의 意義

「국가배상법」 제2조는 "① 국가나 지방자치단체는 공무원 또는 공무를 위탁받은 사인이 직무를 집행하면서 고의 또는 과실로 법령을 위반하여 타인에게 손해

1) 종전에는 국가배상청구은 국가를 상대로 하는 재산권청구소송이므로 다른 민사사건과 구별하여 「소송촉진 등에 관한 특례법」 제6조 제1항 단서에 의하여 가집행선고를 할 수 없게 되어 있었지만, 「헌법」 제11조 제1항의 평등원칙을 위배한다는 헌법재판소의 위헌결정(憲裁決 1989.1.25, 89헌가7)으로 이 조항이 삭제되었다.

를 입히거나, 「자동차손해배상보장법」에 따라 손해배상의 책임이 있을 때에는 이 법에 따라 그 손해를 배상하여야 한다. 다만, 군인·군무원·경찰공무원 또는 향토예비군대원이 전투·훈련 등 직무 집행과 관련하여 전사·순직하거나 공상(公傷)을 입은 경우에 본인이나 그 유족이 다른 법령에 따라 재해보상금·유족연금·상이연금 등의 보상을 지급받을 수 있을 때에는 이 법 및 「민법」에 따른 손해배상을 청구할 수 없다. ② 제1항 본문의 경우에 공무원에게 고의 또는 중대한 과실이 있으면 국가나 지방자치단체는 그 공무원에게 구상(求償)할 수 있다."고 규정하여 공무원의 위법한 직무행위로 인한 국가의 배상책임을 규정하고 있다.

따라서 이 요건이 갖추어지기만 하면 국가나 지방자치단체는 그 공무원의 선임과 감독에 상당한 주의를 태만히 하지 않더라도 배상책임을 지는 바, 이는 「민법」의 사용자배상책임이 사용자가 피용자의 선임 및 그 사무감독에 상당한 주의를 한 때 또는 상당한 주의를 하여도 손해가 있을 경우에는 면책되는 것과는 차이가 있다.

Ⅱ. '賠償責任'의 性質 -國家責任과 公務員責任의 관계-

「헌법」 제29조의 배상책임에 관한 구체적 내용은 「국가배상법」에 규정되어 있다. 그러나 「국가배상법」 제2조가 규정하고 있는 국가책임의 본질에 대하여는 다양한 견해가 있다.

1. 학 설

1) 대위책임설

이 견해는 손해를 가한 공무원이 개인적으로 져야 할 불법행위의 책임을 국가가 대신하여 부담하는 것이라고 본다. 이 견해는 공무원 개인에게 직접 책임을 묻게 되면 공무원이 무사안일로 일관하여 공무의 수행이 위축될 뿐만 아니라 공무원의 책임재산으로는 피해자구제를 충분히 도모하기 어렵다는 점을 논거로 한다.

국가 또는 지방자치단체의 대위책임은 가해공무원에 대한 선임·감독의 주의의무를 다한 경우에도 책임을 진다는 점에서 피해자구제에 보다 유리하다고 한다.

2) 자기책임설

이 견해는 손해가 공무원에 의하여 가하여졌다 하더라도 공무원 개인의 책임을 전제로 하지 아니하고 국가가 공권력의 발동을 공무원에게 맡기는 이상 그 남용의 위험으로부터 생기는 책임도 당연히 져야 하는 국가 자신의 책임이라고 본다. 이른바 위법한 행사의 가능성이 있는 권한을 수권한 결과에 대한 위험책임 내지 무과실책임이다. 따라서 「국가배상법」 제2조의 규정은 국가가 스스로 져야 할 위험책임을 실정법화한 것으로 본다.

3) 복합책임설

이 견해는 경우에 따라 대위책임과 자기책임을 나누어 인정하는 것으로서 두 가지 견해로 나누어 볼 수 있다.

(1) 병합적 책임설

이 견해는 공무원을 기관(행정청)으로서의 공무원과 그렇지 않은 경우의 공무원(피용자)으로 구별하고, 기관의 입장에서 행한 불법행위는 법인 자신의 불법행위로서 자기책임이며 피용자의 입장에서 행한 경우에는 대위책임이라고 보는 견해이다.

(2) 중간적 책임설

이 견해는 국가나 지방자치단체의 책임은 자기 기관의 불법행위에 대하여 책임을 지는 것이지 타인의 불법행위를 대신하여 책임을 지는 것은 아니므로 자기책임이나, 공무원의 불법행위가 고의나 중대한 과실에 기인할 때에는 그 행위는 기관의 행위로서의 성질을 띠게 되는 것이라고 할 수 없기 때문에 공무원 자신의 책임을 국가가 대신하여 지는 대위책임이라는 견해이다. 「국가배상법」 제2조 제2항이 구상권을 규정하고 있는 이유도 바로 이 때문이라고 한다.

2. 결 론

1) 학설의 검토

① 복합책임설 중 병합적 책임설을 보면 공무원을 기관인 경우와 그렇지 않은 경우로 구별하는 것이 매우 어렵다. 또한 여기서 말하는 공무원은 공무원법상의 공무원보다는 넓은 개념이다. 즉, 「국가배상법」 제2조에서 말하는 공무원의 행위는 기관으로서 행한 것인가의 여부가 문제가 아니라 그 행위가 국가의 행위로 볼

수 있는가의 여부가 문제가 되기 때문에 이 견해는 설득력이 부족하다.

또한 중간적 책임설도 대위책임인가 아니면 자기책임인가의 문제로 귀착될 수 밖에 없다는 점에서 본질적 해결책으로 볼 수 없다.

② 대위책임설에 의할 경우 국가의 책임은 공무원 개인의 책임을 대신하여 지는 것이므로 국가의 책임이 성립되기 위해서는 먼저 그 논리적 전제로서 특정공무원에게 개인적 불법행위가 성립하여야 한다. 그러므로 국가의 책임을 논함에는 위법행위를 행한 공무원을 특정하고 난 후에 그의 책임능력이나 주관적인 인지상황에 비추어 보아 고의나 과실이 있었는가의 여부를 가리는 것이 필요불가결한 조건이다. 따라서 국가배상책임의 성립 여부는 현재 위법행위를 행한 공무원 개인의 주관적 책임능력이나 인식의 정도에 의하여 좌우되므로 공무원의 개인적 내지 주관적인 사정에 따라 피해자에게 구제 여부가 결정된다는 것은 구제제도로서 매우 불공평하다고 할 수 있다.

③ 자기책임설에 의하면, 「국가배상법」 제2조에서 규정하는 과실은 특정한 공무원의 주관적인 심리적 요소의 면에서가 아니라, 당해 위법행위가 국가권력으로 발동되었을 때 객관적으로 비난할 만한 직무수행의 하자로서 평가되어야 한다는 것이다.

과실의 이러한 해석은 「국가배상법」 제2조의 법문에 적합하지 않다는 비판이 있으며, 나아가 고의 또는 중과실에 의한 경우에는 이를 기관의 행위로 보아 국가의 자기책임을 인정하는 것은 적합하지 않다는 비판도 있다.

2) 소 결

결론적으로 ① 「국가배상법」 제2조가 규정하는 국가의 책임은 불법행위법의 발전상황으로 보면 자기책임으로 볼 수 있는 점, ② 공무원의 '고의 · 과실'은 과실의 객관화에 따라 가해공무원의 주관적인 심리상태가 아니라 국가가 책임을 져야 할 객관적인 사정이라고 해석되고 있는 점, ③ 고의 또는 중과실의 경우에도 직무행위의 외형을 갖추고 있다는 점 등을 고려하면 자기책임설이 타당하다.

다만, 자기책임설과 대위책임설은 구상권의 문제, 선택적 청구권의 문제 등과 관련되어 이론상 차이가 발생할 수 있으나, 입법적 해결 또는 판례의 확립 등으로 인하여 실제상의 차이는 없다고 할 수 있다.

Ⅲ. 成立要件

1. 공무원 또는 공무를 위탁받은 사인의 행위일 것

1) 공무원

공무원이란 「국가공무원법」 및 「지방공무원법」의 공무원이 여기에서 말하는 공무원에 해당한다. 따라서 행정부 소속의 공무원뿐만 아니라 입법부 및 사법부 소속의 공무원(국회의원, 법관 등)도 포함된다.

2) 공무를 위탁받은 사인

공무를 위탁받은 사인도 여기에 포함된다. 종전의 판례에 의하여 인정되었던 취지를 명문화하였다. 즉, 호적사무를 취급하는 기장이나 선장, 조세원천징수자, 각종위원회 위원, 집행관(집달관 및 공탁공무원), 소집 중인 향토예비군, 미군부대 카투사, 통장, 국가나 지방자치단체의 청원경찰, 별정우체국장 등 공무수탁사인이 그것이다. 나아가 공무의 위탁이 일시적이고 한정적인 사항에 관한 활동인 경우에도 공무원에 해당한다.

이러한 점에서 볼 때, 판례(大判 1978.7.11, 78다584)는 의용소방대원을 공무원으로 보지 아니하였으나, 공무원으로 보아야 할 것이다.

참고판례

▸ 공무를 위탁받은 사인을 공무원으로 본 판례

① 大判 1991.7.9, 91다5570.

"국가배상법 제2조 소정의 '공무원'이라 함은 국가공무원법이나 지방공무원법에 의하여 공무원으로서의 신분을 가진 자에 국한하지 않고, 널리 공무를 위탁받아 실질적으로 공무에 종사하고 있는 일체의 자를 가리키는 바, 서울특별시 종로구 통, 반 설치조례에 의하면 통장은 동장의 추천에 의하여 구청장이 위촉하고 동장의 감독을 받아 주민의 거주 이동상황 파악 등의 임무를 수행하도록 규정되어 있고, 주민등록법 제14조와 같은 법 시행령 제7조의2 등에 의하면 주민등록 전입신고를 하여야 할 신고의무자가 전입신고를 할 경우에는 신고서에 관할이장(시에 있어서는 통장)의 확인인을 받아 제출하도록 규정되어 있는 점 등에 비추어 보면 통장이 전입신고서에 확인인을 찍는 행위는 공무를 위탁받아 실질적으로 공무를 수행하는 것이라고 보아야 하므로, 통장은 그 업무범위 내에서는 국가배상법 제2조 소정의 공무원에 해당한다."

② 大判 2001.1.5, 98다39060.
"국가배상법 제2조 소정의 '공무원'이라 함은 국가공무원법이나 지방공무원법에 의하여 공무원으로서의 신분을 가진 자에 국한하지 않고, 널리 공무를 위탁받아 실질적으로 공무에 종사하고 있는 일체의 자를 가리키는 것으로서, 공무의 위탁이 일시적이고 한정적인 사항에 관한 활동을 위한 것이어도 달리 볼 것은 아니다.(중략)
지방자치단체가 '교통할아버지 봉사활동 계획'을 수립한 후 관할 동장으로 하여금 '교통할아버지'를 선정하게 하여 어린이 보호, 교통안내, 거리질서 확립 등의 공무를 위탁하여 집행하게 하던 중 '교통할아버지'로 선정된 노인이 위탁받은 업무범위를 넘어 교차로 중앙에서 교통정리를 하다가 교통사고를 발생시킨 경우, 지방자치단체가 국가배상법 제2조 소정의 배상책임을 부담한다."

2. 직무행위일 것 -직무집행-

1) 직무집행의 범위

직무집행의 범위에 관하여는 학설과 판례의 입장이 다양하다.

(1) 학 설

(가) 협의설

협의설에서는 원래부터 「국가배상법」 제2조는 민법이 적용되지 아니하고, 그렇기 때문에 국가의 배상책임이 부정되고 있었던 행정영역에 국가책임을 인정하려던 것이 목적이었으므로, 여기에서의 '직무집행'이라는 행위는 지금까지 민법의 적용이 곤란하였던 본래적인 권력적 행정작용만을 가리키는 것이라고 이해한다. 이를테면 공무원에 의한 명령·강제를 수반하는 작용만을 대상으로 하고 그 이외의 분야에 있어서의 공무원의 불법행위에 대해서는 「민법」의 불법행위법리에 따라 국가의 사용자책임을 물어야지 「국가배상법」의 적용은 불가하다고 하는 입장이다.

(나) 광의설

광의설에서는 「국가배상법」은 공행정에 관한 국가배상책임의 일반법이라는 점을 내세워 공행정작용에 관한 불법행위의 문제는 일반적으로 「국가배상법」에 의하여 처리되어야 한다고 한다. 이 견해에 의하면 명령·강제를 수반하는 공무원의 행정작용만이 아니라 비권력적인 행정활동이라 하더라도 공익적인 행정작용에는 널리 「국가배상법」 제2조가 적용되게 된다. 즉, 순수한 사경제적 작용과 공공시설의 설치·관리작용을 제외한 모든 공행정작용이 이에 해당한다. 좀 더 구체적으로 말하면 행정행위, 강제집행, 즉시강제 등의 본래적인 권력작용 외에 행정지도나 학교교육활동과 같은 공적인 사실행위도 공행정작용인 경우에는 이에 해당한다.

(다) 최광의설

최광의설은 「국가배상법」의 직무행위는 공익적인 행정작용뿐만 아니라 사경제적 작용까지를 포함한 모든 행정작용(공공시설의 설치・관리작용은 同法 제5조의 규정이 있으므로 제외)을 가리킨다고 본다. 이 견해는 「국가배상법」이 명문으로 이를 금지하고 있지 아니하며, 「민법」과는 달리 사용자의 면책규정이 적용되지 않으므로 피해자구제에 유리하다는 점을 들고 있다. 「국가배상법」의 성질을 사법이라고 보는 경우의 견해이다.

⑵ 판 례

판례는 「국가배상법」 제2조의 대상이 되는 행정작용의 범위에 대하여 협의설을 취하기도 하고, 광의설을 취하기도 하고, 최광의설을 취하기도 하는 등 다양한 입장을 보여 왔다. 그러나 현재는 광의설을 취하고 있는 것으로 판단된다.

⑶ 소 결

생각건대 법리적으로는 ① 「민법」 제756조에 의할 때에는 단서의 면책조항이 있기 때문에 「국가배상법」 제2조에 의하는 것이 피해자구제에는 유리하다는 최광의설의 견해도 의의가 있다고 볼 수 있지만, 현재 이 단서의 적용은 민사관계에 있어서도 그다지 예가 없을 뿐만 아니라, ② 「국가배상법」은 공법에 속하므로, 같은 성질을 가진 법률관계는 같은 성질을 가진 법에 의하여 규율되는 것이 합리적이므로 광의설이 타당하다고 하겠다.

다만 공무원의 직무상 불법행위에 대하여는 민사소송으로도 구제가 되고 있는 현실을 고려하면, 어느 견해를 취하든 실익상의 차이는 없다.

참고판례

▸ 판례상 직무행위의 범위

직무행위를 '공권력작용에 한한다'고 본 예(大判 1969.4.22, 68다2225)와 '공법적 작용(권력작용과 관리작용)'이라고 본 예(大判 1970.11.24, 70다1148)도 있는가 하면 '공법적 작용뿐만 아니라 사법적 작용도 포함한다'고 한 예(大判 1972.2.22, 71다1599)도 있다.

▸ 광의설에 입각한 판례 : 大判 1999.6.22, 99다7008.
"국가 또는 지방자치단체라 할지라도 공권력의 행사가 아니고 단순한 사경제의 주체로 활동하였을 경우에는 그 손해배상책임에 국가배상법이 적용될 수 없고 민법상의 사용자책임 등이 인정되는 것이고 국가의 철도운행사업은 국가가 공권력의 행사로서 하는 것이 아니고 사경제적 작용이라 할 것이므로, 이로 인한 사고에 공무원이 간여하였다고 하더라도 국가배상법을 적용할 것이 아니고 일반 민법의 규정에 따라야 하므로, 국가배상법상의 배상전치절차를 거칠 필요가 없으나(大法院 1997.7.22, 선고 95다6991 판결, 1970.7.28, 선고 70다961 판결 등 참조), 공공의 영조물인 철도시설물의 설치 또는 관리의 하자로 인한 불법행위를 원인으로 하여 국가에 대하여 손해배상청구를 하는 경우에는 국가배상법이 적용되므로 배상전치절차를 거쳐야 한다."

2) 직무행위의 내용

직무는 주로 공권력행사를 의미하는 바, 공권력은 일반적으로 행정권력의 뜻으로 이해하지만 행정권만이 아니라 입법권, 사법권도 여기에 해당된다. 그러므로 국회의 입법행위나 법원의 재판판결에도 「국가배상법」 제2조의 적용이 인정될 것이다.

그러나 행정작용과는 달리 입법 및 사법의 불법은 고의·과실, 법령위반, 손해의 발생 등과 같은 배상책임요건이 사실상 충족되기 어려운 만큼(大判 2001. 4.24, 2000다16114), 이 문제는 입법적으로 보완할 필요가 있다.

참고판례

▸ 사법작용과 국가배상책임에 관한 판례 : 大判 2001.4.24, 2000다16114.
"법관이 행하는 재판사무의 특수성과 그 재판과정의 잘못에 대하여는 따로 불복절차에 의하여 시정될 수 있는 제도적 장치가 마련되어 있는 점' 등에 비추어 보면, 법관의 재판에 법령의 규정을 따르지 아니한 잘못이 있다 하더라도 이로써 바로 그 재판상 직무행위가 국가배상법 제2조 제1항에서 말하는 위법한 행위로 되어 국가의 손해배상책임이 발생하는 것은 아니고, 그 국가배상책임이 인정되려면 '당해 법관이 위법 또는 부당한 목적을 가지고 재판을 하는 등 법관이 그에게 부여된 권한의 취지에 명백히 어긋나게 이를 행사하였다고 인정할 만한 특별한 사정이 있어야 한다'고 해석함이 상당하다."

3) 외관주의

이러한 공무원의 직무행위는 객관적으로 보아 직무행위로서의 외형을 갖추고 있는지의 여부에 따라 판단하여야 한다.

참고판례

▸ 외관주의에 입각한 판례 : 大判 1966.6.28, 66다781(同旨 大判 1966.3.22, 66다117 ; 大判 1971.8.31, 71다13 ; 大判 2001.1.5, 98두39060).

"국가배상법 제2조 1항에서 말하는 '직무를 집행함에 당하여'라는 취지는 공무원의 행위의 외관을 객관적으로 관찰하여 공무원의 직무행위로 보여질 때에는 비록 그것이 실질적으로 직무행위이거나 아니거나 또는 행위자의 주관적 의사에 관계없이 그 행위는 공무원의 직무집행행위로 볼 것이요, 이러한 행위가 실질적으로 공무집행행위가 아니라는 사정을 피해자가 알았다 하더라도 그것을 국가배상법 제2조 1항에서 말하는 '직무를 집행함에 당하여'라고 단정하는 데 아무런 영향을 미치는 것은 아니다"

3. 고의 또는 과실이 있을 것

1) 의 의

「국가배상법」은 과실책임주의를 취하여 배상책임의 성립에 공무원의 고의 또는 과실을 요건으로 하고 있다.

이 경우 '고의'는 일정한 결과의 발생을 알고 있는 경우이고, '과실'은 통상적으로 갖추어야 할 주의의무를 게을리한 경우를 가리킨다.

2) 추상적 과실론 -과실의 객관화

국가의 배상책임을 대위책임으로 보는 견해는 고의·과실을 당해 공무원의 주관적 책임요건으로 이해한다. 그러나 자기책임으로 보는 견해에 의하면 국가작용의 흠 내지 직무수행의 하자로 이해한다.

판례는 과실의 인정에 대해서 해당 공무원을 기준으로 판단하나, 일반적 공무원을 표준으로 하여 과실의 객관화를 도모하고 있어, 대위책임설과 자기책임설의 이론상 차이는 의미가 없다.

생각건대 과실의 인정에 대하여는 전술한 바와 같이 대위책임설과 자기책임설

사이에 논쟁이 있지만, 피해자구제라는 관점에서 「국가배상법」에서의 과실은 '추상적 과실'로 파악할 필요가 있다.

3) 입증책임의 완화

고의·과실의 입증책임은 피해자에게 있으나, 피해자를 두텁게 보호하기 위하여 고의·과실의 입증책임을 완화할 필요가 있다. 이를 위하여 '일응추정의 법리'에 의하여 입증책임을 가해자에게 전환하거나 '개연성이론'에 의하여 피해자에게는 고의·과실의 개연성을 주장하면 무과실을 국가에서 입증하도록 하여야 할 것이다.

4) 조직과실 등

공무원의 과실을 입증함에 있어서 가해 공무원을 특정하지 않아도 공무원의 행위이거나 행정기관의 행위인 것이 인정되면 과실은 인정된다.

참고판례

▸ 추상적 과실론에 입각한 판례 : 大判 2001.3.13, 2000다20731 ; 大判 2001.12.14, 2000다12679.

"어떠한 행정처분이 후에 항고소송에서 취소되었다고 할지라도 그 소송판결의 기판력에 의하여 당해 행정처분이 곧바로 공무원의 고의 또는 과실로 인한 것으로서 불법행위를 구성한다고 단정할 수는 없고, '그 행정처분의 담당공무원이 일반의 공무원을 표준으로 하여 볼 때 객관적 주의의무를 결하여 그 행정처분이 객관적 정당성을 상실하였다고 인정될 정도에 이른 경우'에야 국가배상법 제2조 소정의 국가배상책임의 요건을 충족하였다고 봄이 상당하며,

이 때에 객관적 정당성을 상실하였는지 여부는 '피침해이익의 종류 및 성질, 침해행위가 되는 행정처분의 성질·태양 및 그 원인, 행정처분의 발동에 대한 피해자측의 관여의 유무, 정도 및 손해의 정도 등' 제반 사정을 종합하여 손해의 전보책임을 국가 또는 지방자치단체에게 부담시켜야 할 실질적인 이유가 있는지의 여부에 의하여 판단하여야 한다."

▸ 법령의 해석과 과실 여부 : 大判 2001.2.9, 98다52988 ; 大判 1981.8.25, 80다1598.

"법령에 대한 해석이 복잡·미묘하여 워낙 어렵고, 이에 대한 학설·판례조차 귀일되어 있지 않는 등의 특별한 사정이 없는 한, '일반적으로 공무원이 관계법규를 알지 못하거나 필요한 지식을 갖추지 못하여 법규의 해석을 그르쳐 행정처분을 하였다면 그가 법률전문가가 아닌 행정직 공무원이라고 하여 과실이 없다고

> 는 할 수 없는 바', 서울특별시 중구청장이 미성년자 남녀의 혼숙행위를 이유로 숙박업 영업허가를 위법하게 취소하였다면, 서울특별시는 국가배상법상의 손해배상책임이 있다."

4. 위법한 행위일 것

1) 위법의 개념

「국가배상법」에서의 위법의 판단기준으로 ① 국민이 입은 손해가 수인할 수 있는 범위 내인가를 기준으로 하는 결과위법설, ② 직무행위의 행위규범에의 적합 여부를 기준으로 하는 행위위법설, ③ 행위 자체의 적법·위법뿐만 아니라 피침해이익의 성격과 정도 등을 고려하여 판단하여야 한다는 상대적 위법성설 등이 있다.

생각건대 위법이란 법질서에의 적합 여부의 문제이므로 행위위법설이 타당하다고 하겠다.

판례의 태도는 명확하지 않지만, 행위위법설을 취하고 있다는 견해가 일반적인 것으로 보인다(大判 2000.11.10, 2000다26807). 다만 최근에는 상대적 위법성설을 취하였다고 평가받는 판례도 있다(大判 2000.5.12, 99다70600).

참고판례

> ▸ 행위위법설에 입각한 판례 : 大判 2000.11.10, 2000다26807.
> "국가배상책임은 공무원의 직무집행이 법령에 위반한 것임을 요건으로 하는 것으로서, 공무원의 직무집행이 법령이 정한 요건과 절차에 따라 이루어진 것이라면 특별한 사정이 없는 한 이는 법령에 적합한 것이고 그 과정에서 개인의 권리가 침해되는 일이 생긴다고 하여 그 법령적합성이 곧바로 부정되는 것은 아니다."

2) 법령의 위반

① '법령에 위반하여'에서의 '법령'이란 법률과 명령을 포함한 모든 법규를 의미한다. 즉, 성문법 외에 행정법의 일반원칙을 포함한 불문법을 의미한다.

따라서 '위법'이라 함은 성문법 또는 행정법의 일반원칙을 포함한 불문법에 위반하여 직무집행이 이루어지는 것을 의미한다. 그러나 행정규칙은 일반적으로 법규성을 지니지 않으므로 행정규칙 위반은 이에 해당하지 아니한다.

② 한편 재량행위의 경우에는 재량권의 한계를 벗어난 경우에는 위법하지만, 재량권의 한계를 벗어나지 않는 경우에는 당·부당의 문제만 발생하므로 이 요건을 충족하지 않는다.

3) 부작위와 위법성

(1) 의 의

가해행위로서는 공무원에 의한 적극적 행위인 '작위'가 주가 되겠지만, 법령상 구체적인 작위의무를 가진 공무원이 그 의무에 위반하여 부작위의 상태에 있을 경우에 '부작위' 역시 위법한 가해행위가 된다.

「행정심판법」이나 「행정소송법」은 명문의 규정(行審法 §2① 2호, 行訴法 §2① 2호)을 두어, 부작위란 "행정청이 당사자의 신청에 대하여 상당한 기간 내에 일정한 처분을 하여야 할 법률상 의무가 있음에도 불구하고 이를 하지 아니하는 것"이라 하여 한정적 개념을 설정하고 있다.

(2) 부작위의 형태

부작위의 구체적 형태는 다양하지만, ① 공무원의 작위의무가 법령상 규정되어 있거나 법령의 해석에 의하여 일의적으로 결정할 수 있는 경우, ② 법령에 의하여 공무원에게 권한이 주어져 있기는 하지만, 그 권한의 행사가 공무원의 재량에 맡겨져 있는 경우, ③ 공무원의 작위권한이 법령에 의하여 구체적으로 규정되어 있지 않는 경우의 부작위 등 세 유형으로 분류할 수 있다.

(3) 부작위의 위법성

부작위의 위법성이 인정되기 위해서는 그 전제로서 행정청에 행정권한을 발동할 구체적 작위의무가 있어야 한다.

구체적 작위의무가 인정되는 형태로는 ① 법령상 작위의무가 부과되어 있거나, ② 권한의 행사가 재량행위의 경우에는 권한의 불행사가 재량권의 한계를 벗어나거나, ③ 작위권한이 법령에 구체적으로 규정되어 있지 않는 경우에는 조리에 의하여 작위의무가 인정되는 경우(大判 1998.10.13, 98다18520)에 부작위는 위법성을 지닌다.

참고판례

▶ 조리에 의하여 작위의무가 인정된 판례 : 大判 1998.10.13, 98다18520.

"공무원의 부작위로 인한 국가배상책임을 인정할 것인지의 여부가 문제되는 경우에 관련공무원에 대하여 작위의무를 명하는 법령의 규정이 없다면 공무원의 부작위로 인하여 침해된 국민의 법익 또는 국민에게 발생한 손해가 어느 정도 심각하고 절박한 것인지 관련 공무원이 그와 같은 결과를 예언하여 그 결과를 회피하기 위한 조치를 취할 수 있는 가능성이 있는지 등을 종합적으로 고려하여 판단하여야 할 것이다."

4) 위법성과 반사적 이익론

(1) 의 의

공익의 실현을 위한 규제행정의 결과로 개개인이 받는 이익이 권리가 아닌 반사적 이익에 불과한 경우에는 행정청의 직무수행이 위법하더라도 배상책임이 인정되지 않는다.

(2) 논 거

이와 같은 경우에 배상책임이 인정되지 않는 논거로는 직무의 요소로 보는 견해, 위법성의 요소로 보는 견해, 손해의 요소로 보는 견해 등이 있다.

판례는 위법성의 문제로 보기도 하고(大判 2001.10.23, 99다36280), 상당인과관계의 문제로 보기도 하였다(大判 2001.4.13, 2000다34891).

(3) 사 견

손해와 위법성은 별개의 국가배상요건이므로 반사적 이익은 위법성과 분리하여 고찰함이 타당하다. 따라서 위법성이 인정된다 하더라도 손해가 없으면 국가배상은 인정되지 않는다. 손해는 보호되어야 할 법익(사익)을 침해받는 경우를 말하므로 반사적 이익은 손해의 개념에 해당하지 않는다. 따라서 사인의 손해가 법률상 이익인지 반사적 이익인지는 관련 법령 등을 근거로 판단할 문제이다.

판례가 상당인과관계의 문제로 본 것은 결과적으로 손해의 요소로 본 것이라고 할 수 있다.

참고판례

▸ 사익보호성과 손해배상책임요건과의 관계

① 大判 2001.10.23, 99다36280.

"소속 공무원이 … 국민 개개인의 안전과 이익을 보호하기 위하여 법령에서 정한 직무상의 의무에 위반하여 국민에게 손해를 가하면 상당인과관계가 인정되는 범위 안에서 국가 또는 지방자치단체가 배상책임을 부담하는 것이지만, 공무원이 직무를 수행하면서 그 근거되는 법령의 규정에 따라 구체적으로 의무를 부여받았어도 그것이 … 직접 국민 개개인의 이익을 위한 것이 아니라 전체적으로 공공 일반의 이익을 도모하기 위한 것이라면 그 의무에 위반하여 국민에게 손해를 가하여도 국가 또는 지방자치단체는 배상책임을 부담하지 아니한다."

② 大判 2001.4.13, 2000다34891.

"공무원이 법령에서 부과된 직무상 의무를 위반한 것을 계기로 제3자가 손해를 입은 경우에 제3자에게 손해배상청구권이 발생하기 위하여는 공무원의 직무상 의무 위반행위와 제3자의 손해 사이에 상당인과관계가 있지 아니하면 아니되는 것이고, … 공무원에게 직무상 의무를 부과한 법령의 보호목적이 사회 구성원 개인의 이익과 안전을 보호하기 위한 것이 아니고 단순히 공공일반의 이익이나 행정기관 내부의 질서를 규율하기 위한 것이라면, 가사 공무원이 그 직무상 의무를 위반한 것을 계기로 하여 제3자가 손해를 입었다 하더라도 공무원이 직무상 의무를 위반한 행위와 제3자가 입은 손해 사이에는 법리상 상당인과관계가 있다고 할 수 없다."

5) 국가배상에서의 위법성과 취소소송에서의 위법성

국가배상에서의 위법성과 취소소송에서의 위법성이 동일한가에 대하여 이를 달리 보거나 인용판결과 기각판결을 구분하는 견해도 있지만, 법질서에서의 위법성을 달리 볼 이유는 없으므로 국가배상에서의 위법성과 취소소송에서의 위법성은 동일한 것으로 보아야 한다.

그러므로 동일한 행위를 대상으로 하는 경우에 취소소송의 기판력은 국가배상소송에도 미친다. 다만, 국가배상소송에서의 위법의 판단은 판결이유에서 적시되는 것이므로 기판력의 범위에 포함되지 않는다고 보아야 할 것이다. 주의할 것은 취소소송에서는 처분의 위법성이 인정되어 인용판결이 있는 경우에도 국가배상청구소송에서는 고의·과실이라는 요건을 갖추지 못하여 기각될 수 있다는 점이다.

5. 손해가 발생할 것

1) 의 의

① 손해란 가해행위로부터 발생한 일체의 손해를 말한다. 이에는 생명, 건강, 재산에 관한 것만이 아니라 정신적 손해도 포함된다.

② 그러나 손해란 법익에 대한 침해의 결과이므로 반사적 이익의 침해는 여기에 해당하지 아니한다. 따라서 국민의 이익과 관련된 것이라도 직접 국민 개개인의 이익을 위한 것이 아니라 전체적으로 공공 일반의 이익을 도모하기 위한 것이라면, 그 의무에 위반하여 국민에게 손해를 가하여도 국가 또는 지방자치단체는 배상책임을 부담하지 아니한다.

2) 가해행위와 손해 사이에 인과관계가 있을 것

가해행위와 손해의 발생 사이에 상당한 인과관계가 있어야 한다. 즉, 일반적으로 국가 또는 지방자치단체가 법령에서 정한 직무상의 의무에 위반하여 국민에게 손해를 가하면 상당인과관계가 인정되는 범위 안에서 국가 또는 지방자치단체가 배상책임을 부담하는 것이다.

이와 같이 인과관계의 문제는 손해배상의 범위문제로 논의되는 것이 보통이지만, 배상책임의 성립요건이 된다.

Ⅳ. 國家와 地方自治團體의 自動車損害賠償責任

1. 개 설

「국가배상법」제2조 제1항은 “국가나 지방자치단체는 … 「자동차손해배상보장법」에 따라 손해배상의 책임이 있을 때에는 이 법에 따라 그 손해를 배상하여야 한다.”고 규정하고 있다.

따라서 공무원의 차량사고로 인한 손해발생의 경우에 국가 등이 「자동차손해배상보장법」에서 규정한 책임성립요건을 갖추면, 「국가배상법」에 의하여 손해배상책임을 진다. 즉, 배상책임의 성립요건은 「자동차손해배상보장법」에 의하면서 배상책임의 범위와 절차를 「국가배상법」에 의하도록 특례를 인정하였다.

2. 「자동차손해배상보장법」에 의한 국가배상책임의 성립요건

1) 의 의

공무원의 차량사고로 인한 국가배상과 관련하여서는 국가 등이 「자동차손해배상보장법」상의 요건을 갖추면, 손해배상책임의 범위와 절차는 「국가배상법」이 정한 바에 의하여 배상책임을 지도록 함으로써 공무원의 차량사고로 인한 피해자구제가 보다 용이하게 되었다고 할 수 있다.

2) 성립요건

(1) 운행자성(運行者性)

「자동차손해배상보장법」상의 책임은 "자기를 위하여 자동차를 운행하는 자"에게 성립된다. 즉, 「자동차손해배상보장법」상의 책임이 성립하기 위하여는 '운행자성'을 갖추어야 한다.

(2) 운행자성의 요소

운행자성은 '운행이익'과 '운행지배'를 요건으로 한다(大判 1994.12.27, 94다31860).

따라서 ① 공무원이 공무를 위해 공용차를 운행한 경우에는 당연히 운행자성이 인정되어 국가배상책임이 인정된다.

② 공무원이 사무(私務)를 위해 무단으로 공용차를 운행한 경우에는 운행자성이 인정되지 않는다. 다만, 공용차를 무단으로 사용한 경우에도 국가 등에게 운행지배나 운행이익을 인정할 사정이 있는 경우에는 운행자성이 인정되어 국가배상책임이 인정된다.

③ 공무원이 공무수행을 위하여 자신 소유의 자동차를 운행한 경우에는 국가 또는 지방자치단체의 운행자성은 인정되지 않는다(大判 1996.3.8, 94다23876). 따라서 이 경우에는 공무원이 「자동차손해배상보장법」상의 책임을 지게 된다. 다만, 이 경우 국가 등의 운행자책임이 부정된다고 하더라도 국가배상책임 성립요건을 갖춘다면 국가배상책임은 성립될 수 있다.

참고판례

▸ 운행자성의 인정 여부와 관련된 판례

① 大判 1994.12.27, 94다31860.

"자동차손해배상보장법 제3조 소정의 '자기를 위하여 자동차를 운행하는 자'라고 함은 자동차에 대한 운행을 지배하여 그 이익을 향수하는 책임주체로서의 지위에 있는 자를 뜻하는 것인바, 공무원이 그 직무를 집행하기 위하여 국가 또는 지방자치단체 소유의 공용차를 운행하는 경우, 그 자동차에 대한 운행지배나 운행이익은 그 공무원이 소속한 국가 또는 지방자치단체에 귀속된다고 할 것이고 그 공무원 자신이 개인적으로 그 자동차에 대한 운행지배나 운행이익을 가지는 것이라고는 볼 수 없으므로, 그 공무원이 자기를 위하여 공용차를 운행하는 자로서 같은 법조 소정의 손해배상책임의 주체가 될 수는 없다."

② 大判 1981.2.10, 80다2720.

"군소속 차량의 운전수가 일과시간 후에 피해자의 적극적인 요청에 따라 동인의 개인적인 용무를 위하여 상사의 허락없이 무단으로 위 차를 운행하다가 사고가 일어났다면 군은 자동차손해배상보장법 제3조 소정의 자기를 위하여 자동차를 운행하는 자에 해당되지도 아니하며 위 사고가 위 운전수의 직무집행중의 과실에 기인된 것도 아니므로 군에 대하여 국가배상법상의 책임도 물을 수 없다."

③ 大判 1988.1.19, 87다카2202.

"국가소속 공무원이 관리권자의 허락을 받지 아니한 채 국가소유의 오토바이를 무단으로 사용하다가 교통사고가 발생한 경우에 있어 국가가 그 오토바이와 시동열쇠를 무단운전이 가능한 상태로 잘못 보관하였고 위 공무원으로서도 국가와의 고용관계에 비추어 위 오토바이를 잠시 운전하다가 본래의 위치에 갖다 놓았을 것이 예상되는 한편 피해자로서는 위 무단운전의 점을 알지 못하고 또한 알 수도 없었던 일반 제3자인 점에 비추어 보면 국가가 위 공무원의 무단운전에도 불구하고 위 오토바이에 대한 객관적, 외형적인 운행지배 및 운행이익을 계속 가지고 있었다고 봄이 상당하다."

④ 大判 1996.3.8, 94다23876.

"자동차손해배상보장법의 입법취지에 비추어 볼 때, 같은 법 제3조는 자동차의 운행이 사적인 용무를 위한 것이건 국가 등의 공무를 위한 것이건 구별하지 아니하고 민법이나 국가배상법에 우선하여 적용된다고 보아야 한다. 따라서, 일반적으로 공무원의 공무집행상의 위법행위로 인한 공무원 개인 책임의 내용과 범위는 민법과 국가배상법의 규정과 해석에 따라 정하여 질 것이지만, 자동차의 운행으로 말미암아 다른 사람을 사망하게 하거나 부상하게 함으로써 발생한 손해에 대한 공무원의 손해배상책임의 내용과 범위는 이와는 달리 자동차손해배상보장법이 정하는 바에 의할 것이므로, 공무원이 직무상 자동차를 운전하다가 사고를 일으켜 다른 사람에게 손해를 입힌 경우에는 그 사고가 자동차를 운전한 공무원의 경과실에 의한 것인지 중과실 또는 고의에 의한 것인지를 가리지 않고, 그 공무원이 자동차손해배상보장법 제3조 소정의 '자기를 위하여 자동차를 운행하는 자'에 해당하는 한 자동차손해배상보장법상의 손해배상책임을 부담한다."

3. 공무원의 책임

① 국가나 지방자치단체의 '운행자성'이 인정되어 국가배상책임이 인정되는 경우에는 공무원의 대외적 책임, 즉 민사상 책임도 「국가배상법」의 이론이 그대로 적용된다. 따라서 판례에 의하면 고의 또는 중과실이 있는 경우에 민사상 책임을 지게 될 것이다.

그러나 ② 국가나 지방자치단체의 '운행자성'이 부정되는 경우에는 공무원이 「자동차손해배상보장법」상의 운행자성이 인정되면 공무원은 「자동차손해배상보장법」에 따라 민사상 책임을 지게 된다.

4. 「국가배상법」 제5조와의 관계

자동차도 「국가배상법」 제5조의 공물에 해당한다. 따라서 자동차사고의 경우에는 제2조와 제5조와의 경합이 문제된다.

생각건대, 「국가배상법」 제2조 제1항 본문 후단은 자동차사고에 관한 「자동차손해배상보장법」의 특례규정이므로, 「국가배상법」 제2조가 적용되는 경우에는 제5조는 적용되지 않는다고 볼 것이다.

Ⅴ. 國家賠償法 第2條의 效果

1. 금전배상의 원칙

배상책임을 묻기 위한 불법행위의 요건이 충족되면 국가나 지방자치단체는 발생한 손해를 금전으로 배상하여야 한다.

경우에 따라서는 명예회복에 필요한 조치도 가능할 것이나 사죄광고는 허용되지 아니한다(憲裁決 1991.4.1, 89헌마160).

2. 배상책임자 －배상주체

1) 원 칙

「국가배상법」에서의 배상책임의 주체는 당해 사무의 귀속주체에 따라 국가사무인 경우에는 국가가, 지방자치단체의 사무인 경우에는 지방자치단체가 된다. 이 경우 지방자치단체의 장에게 기관위임된 경우에는 위임기관인 국가가 배상책임을 진다.

2) 비용부담자 등의 책임

(1) 대외적 책임

국가 또는 지방자치단체가 손해를 배상할 책임이 있는 경우에 공무원의 선임·감독을 맡은 자와 봉급·급여 기타의 비용을 부담하는 자가 동일하지 아니할 때에는 그 비용을 부담하는 자도 배상책임을 진다(國賠法 §6①). 따라서 피해자는 공무원의 선임·감독자 또는 비용부담자에게 선택적으로 배상책임을 요구할 수 있다.

(2) 대내적 책임

이 경우 손해를 배상한 자는 그 손해를 배상할 책임이 있는 자에게 구상권을 행사할 수 있다(同法 §6②). 따라서 공무원의 선임·감독자 또는 비용부담자 중에서 누가 궁극적인 배상책임자가 되는가에 대하여는 ① 사무귀속자설(관리주체설), ② 비용부담자설, ③ 기여도설 등 다양한 견해가 학설과 판례에 맡겨져 있다.

생각건대 비용부담자의 책임은 피해자보호를 위하여 인정되는 책임이므로 원칙적으로 궁극적인 책임은 사무귀속주체에게 있다고 보는 것이 합리적이다(大判 2001.9.25, 2001다41865).

3. 가해공무원의 책임

1) 선택적 청구권의 문제

피해자가 직접 공무원 개인에 대하여 배상을 청구할 수 있는가에 대하여는 다툼이 있다.

(1) 학 설

(가) 긍정설

「헌법」이 "공무원 자신의 책임은 면제되지 아니한다."(憲法 §29① 後段)고 규정하고 있는 점, 「국가배상법」이 공무원에게 고의나 중과실이 있을 경우 구상권을 행사할 수 있도록 하고 있는 점을 들어 국가 또는 지방자치단체와 행위자인 공무원 개인에 대하여 선택적 청구권을 인정한다. 이 견해는 주로 가해행위는 국가의 불법행위인 동시에 가해공무원 자신의 불법행위이기도 하다는 자기책임설의 입장이나, 대위책임설에서도 주장되기도 한다.

(나) 부정설

공무원의 경과실의 경우에는 구상권을 인정하지 않는 법의 취지, 국가나 지방자치단체에 1차적으로 배상책임을 인정한 이상 피해자의 구제는 충분하기 때문에 굳이 공무원 개인에게 배상책임을 물을 필요성이 없는 점을 들어 선택적 청구권을 부정한다. 이 견해는 가해행위에 대한 불법행위 책임이 공무원의 자신의 책임이나 국가가 대신하여 부담한다는 대위책임설의 입장이나, 자기책임설에서도 주장되기도 한다.

(다) 절충설(제한적 긍정설)

선택적 청구권은 배상책임의 본질과는 다른 입법정책적인 문제인 점, 「국가배상법」이 고의 또는 중과실의 경우에 구상권을 인정하고 있는 점을 들어 경과실의 경우에는 선택적 청구를 부인하고, 고의 또는 중과실의 경우에는 선택적 청구권을 인정한다.

(2) 판 례

판례는 선택적 청구권을 인정하기도 하고, 부정하기도 하였다. 그러나 그 후 대법원은 종전의 견해를 바꾸어 선택적 청구권을 제한적으로 인정하였다(제한적 긍정설).

(3) 사 견

피해자에게 가해진 가해행위는 공무원에 의해서 행해진 불법행위 하나뿐이라는 점을 고려하면 하나의 불법행위책임만 발생한다고 보아야 할 것이다. 따라서 선택적 청구권을 부정하는 것이 논리적이라 하겠다.

그러나 선택적 청구권은 배상책임의 본질과는 별도의 입법정책적인 문제가 될 수 있다는 점을 고려하면, 판례의 태도인 절충설(제한적 긍정설)은 나름대로 합리성이 있다고 하겠다.

참고판례

▶ 선택적 청구권의 인정 여부 : 大判 1996.2.15, 95다38677.

"공무원이 직무수행 중 불법행위로 타인에게 손해를 입힌 경우에 국가 등이 국가배상책임을 부담하는 외에 공무원 개인도 고의 또는 중과실이 있는 경우에는 불법행위로 인한 손해배상책임을 진다고 할 것이지만, 공무원에게 경과실뿐인 경우에는 공무원 개인은 손해배상책임을 부담하지 아니한다고 해석하는 것이 헌법 제29조 제1항 본문과 단서 및 국가배상법 제2조의 입법취지에 조화되는 올바른 해석이라고 할 것이다."

2) 구상책임

국가나 지방자치단체가 손해배상을 한 경우에 당해 공무원에게 고의 또는 중대한 과실이 있는 때에는 국가 또는 지방자치단체는 불법행위를 한 공무원에 대하여 구상권을 행사할 수 있다(同法 §2②). 경과실의 경우까지 구상권의 행사가 인정되면 공무원들의 공무수행이 위축될 우려가 있기 때문이다.

4. 이중배상의 금지

1) 의 의

「국가배상법」 제2조 제1항 단서는 "군인·군무원·경찰공무원 또는 향토예비군대원이 전투·훈련 등 직무 집행과 관련하여 전사·순직하거나 공상(公傷)을 입은 경우에 본인이나 그 유족이 다른 법령에 따라 재해보상금·유족연금·상이연금 등의 보상을 지급받을 수 있을 때에는 이 법 및 「민법」에 따른 손해배상을 청구할 수 없다."고 규정하여 이중배상을 금지하고 있다.

2) 요 건

이중배상이 금지되는 경우는 엄격하게 적용되어야 할 것이다. 판례는 교도소 경비교도대는 이중배상이 금지되는 자에 해당되지 않는다고 보았으며(大判 1998.2.10, 97다45914), 군인 등이 공상을 입고 퇴직한 경우에 「군인연금법」의 적용대상 등급에 해당하지 않는 경우에도 「국가배상법」이 적용된다고 보았다(大判 1997.2.14, 96다28066).

3) 공동불법행위의 경우

일반국민이 국가와 공동불법행위책임을 지는 경우에 일반국민이 이중배상이 금지되는 군인 등에 대하여 손해배상을 하면 국가에 대하여 구상권을 행사할 수 있는가에 대하여 논란이 있다.

이에 대하여 대법원은 일반국민은 자신의 부담부분에 대하여만 배상책임이 있으므로 자신의 귀책부분을 넘어서 손해를 배상하더라도 구상권을 인정하지 아니하나(大判 2001.2.15, 96다42420), 헌법재판소는 일반국민은 귀책비율에 따른 국가의 부담부분에 대하여는 구상권을 인정하고 있다(憲裁決 1994.12.29, 93헌바21).

생각건대 「국가배상법」에 특별한 규정이 없는 경우에는 불법행위론의 일반원칙에 따라야 한다고 보면 헌법재판소의 견해가 타당하다.

참고판례

▸ 구상권을 부정한 판례 : 大判 2001.2.15, 96다42420.

"공동불법행위자 등이 부진정연대채무자로서 각자 피해자의 손해 전부를 배상할 의무를 부담하는 공동불법행위의 일반적인 경우와 달리 예외적으로 민간인은 피해 군인 등에 대하여 그 손해 중 국가 등이 민간인에 대한 구상의무를 부담한다면 그 내부적인 관계에서 부담하여야 할 부분을 제외한 나머지 자신의 부담부분에 한하여 손해배상의무를 부담하고, 한편 국가 등에 대하여는 그 귀책부분의 구상을 청구할 수 없다고 해석함이 상당하다 할 것이고, 이러한 해석이 손해의 공평·타당한 부담을 그 지도원리로 하는 손해배상제도의 이상에도 맞는다 할 것이다."

▸ 구상권을 인정한 헌재판례 : 憲裁決 1994.12.29, 93헌마21.

"국가배상법 제2조 제1항 단서 중 군인에 관련되는 부분을, 일반국민이 직무집행 중인 군인과의 공동불법행위로 직무집행 중인 다른 군인에게 공상을 입혀 그 피해자에게 공동의 불법행위로 인한 손해를 배상한 다음 공동불법행위자인 군인의 부담부분에 관하여 국가에 대하여 구상권을 행사하는 것을 허용하지 않는다고 해석한다면, 이는 위 단서 규정의 헌법상 근거규정인 헌법 제29조가 구상권의 행사를 배제하지 아니하는데도 이를 배제하는 것으로 해석하는 것으로서 합리적인 이유 없이 일반국민을 국가에 대하여 지나치게 차별하는 경우에 해당하므로 헌법 제11조, 제29조에 위반되며, 또한 국가에 대한 구상권은 헌법 제23조 제1항에 의하여 보장되는 재산권이고 위와 같은 해석은 그러한 재산권의 제한에 해당하며 재산권의 제한은 헌법 제37조 제2항에 의한 기본권제한의 한계 내에서만 가능한데, 위와 같은 해석은 헌법 제37조 제2항에 의하여 기본권을 제한할 때 요구되는 비례의 원칙에 위배하여 일반국민의 재산권을 과잉제한하는 경우에 해당하여 헌법 제23조 제1항 및 제37조 제2항에도 위반된다."

5. 배상청구권의 소멸시효

국가 또는 지방자치단체의 손해배상의 책임에 관하여는 「국가배상법」의 규정에 의한 것을 제외하고는 「민법」의 규정에 의한다(國賠法 §8).

따라서 국가배상청구권은 피해자나 그 법정대리인이 손해 및 그 가해자를 안 날로부터 3년이 지남으로써 시효에 의하여 소멸한다(民法 §766①). 손해배상금지급신청은 시효중단의 사유에 해당한다(民法 §168).

第3. 營造物의 設置·管理의 瑕疵로 인한 損害賠償

주요쟁점
1. 영조물이란 무엇인가?
2. 설치·관리의 하자란 어떤 의미인가?

Ⅰ. 槪 觀

1. 의 의

「국가배상법」 제5조는 "① 도로·하천, 그 밖의 공공의 영조물의 설치나 관리에 하자가 있기 때문에 타인에게 손해를 발생하게 하였을 때에는 국가나 지방자치단체는 그 손해를 배상하여야 한다. 이 경우 제2조 제1항 단서, 제3조 및 제3조의2를 준용한다. ② 제1항을 적용할 때 손해의 원인에 대하여 책임을 질 자가 따로 있으면 국가나 지방자치단체는 그 자에게 구상할 수 있다."고 하여 공공의 영조물의 설치 또는 관리의 하자로 인한 국가 또는 지방자치단체의 배상책임을 규정하였다.

2. 영조물책임의 특징

「국가배상법」 제2조가 공무원의 고의·과실을 국가배상의 요건으로 하여 과실책임의 원칙에 입각하고 있는 것과는 달리 제5조는 무과실책임을 원칙으로 하고 있다.

일반적으로 영조물의 설치 또는 관리의 하자라 함은 영조물이 통상적으로 갖추어야 할 안전성을 결여하고 있음을 의미하며, 이로 인한 국가나 지방자치단체의 배상책임에 대해서는 과실의 존재를 필요로 하지 않는다. 따라서 영조물의 성질이나 상태 및 구조 등에 물적 하자가 있어서 통상 갖추어야 할 안전성을 결하고 있다면 그 관리자에게 과실이 없더라도 이로써 발생한 손해를 배상하여야 한다. 이 경우 재정력의 부족 등이 면책사유는 될 수 없다.

즉, ① 영조물의 물적 안전성의 결여, ② 무과실책임, ③ 재정적 이유가 면책 사유가 되지 않는 것 등의 3원칙이 「국가배상법」 제5조의 배상책임에 관한 기본 원칙으로 확립되어 있다(大判 1967.2.21, 66다1723).

3. 「국가배상법」 제2조와 제5조의 경합

「국가배상법」 제2조의 책임과 제5조의 책임이 서로 경합하여 피해가 발생한 경우에 피해자에게는 선택적 청구권이 인정된다.

Ⅱ. 成立要件

1. 공공의 영조물

1) 개 념

'공공의 영조물'이란 "공적 목적을 달성하기 위한 인적·물적 시설"을 의미하나, 여기에서의 공공의 영조물이란 국가 또는 지방자치단체가 공용(公用) 또는 공공용(公共用)의 목적에 제공하고 있는 유체물, 즉 '공물'을 뜻한다.

그러므로 국가나 지방자치단체가 관리하는 물적 시설이나 유체물이라도 직접 공적 목적에 제공되지 않는 일반재산은 이에 해당하지 않는다. 따라서 국가가 가지는 일반재산(國有林 등)으로 인하여 발생한 손해에 대하여는 「민법」 제758조에 의하여 배상책임을 진다.

2) 공물의 종류

① 공물에는 도로와 같은 인공공물과 하천·해변 등 자연공물도 포함된다.

② 공물에는 부동산만이 아니라 동산도 포함된다. 동물도 동산에 해당한다. 그러므로 관용차의 브레이크 고장으로 인한 사고나 공용 또는 공공용의 목적에 제공되고 있는 동산(군견이나 총기 등)의 물적 결함으로 인한 사고는 관리자의 고의·과실을 묻지 아니하고 국가배상책임을 인정하게 된다. 물론 이 경우라도 조작에 의한 과오라면 「국가배상법」 제2조의 적용을 받게 될 것이다.

3) 공물과 법률상 권원(權原)

공물의 여부는 어떠한 물건이 국가나 지방자치단체에 의하여 공적 목적에 제공되고 있는가의 문제이다. 따라서 공물의 설치·관리에 관한 법률상의 관리권 내지는 소유권 등 법률상의 권원을 가질 필요는 없으므로 행정주체가 사실상 관리하고 있는 사유공물(私有公物)도 공물에 해당된다(大判 1998.10.23, 98다17381).

참고판례

▶ 공물과 법률상 권원에 관한 판례 : 大判 1998.10.23, 98다17381.

"국가배상법 제5조 제1항 소정의 '공공의 영조물'이라 함은 국가 또는 지방자치단체에 의하여 특정 공공의 목적에 공여된 유체물 내지 물적 설비를 말하며, 국가 또는 지방자치단체가 소유권, 임차권 그 밖의 권한에 기하여 관리하고 있는 경우뿐만 아니라 사실상의 관리를 하고 있는 경우도 포함된다."

2. 설치 또는 관리의 하자

1) 의 의

설치 또는 관리의 하자란 설치의 하자와 관리의 하자를 모두 포함하는 것으로, '설치의 하자'는 당해 공물의 성립시의 하자를 의미하는 것이고, '관리의 하자'는 설치 이후의 하자를 의미한다.

2) 설치·관리의 하자

(1) 학 설

(가) 객관설 -객관적 물적 결함설-

객관설은 영조물(공물)의 설치·관리의 하자는 그 구조나 성질 등 물적 상태에 결함이 있어 통상 갖추어야 할 안전성을 결여하고 있는 것이라고 본다.

(나) 주관설 -안전확보의무위반설-

주관설은 영조물의 설치·관리의 하자의 의미를 공물관리자의 안전확보의무를 위반한 관리행위로 인하여 물적 결함이 생긴 상태로 이해하고, 관리자의 관리행위의 부주의라는 요소를 고려하여 영조물에 의한 배상책임을 한정하려는 견해이다.

(다) 절충설

절충설은 영조물의 설치·관리의 하자의 의미를 공물의 물적 결함에 한정하지 아니하고, 공물관리자의 안전관리의무의 위반이라는 주관적 요소까지 동시에 고려하여 하자 여부를 판단하는 견해이다. 따라서 물적 결함과는 별도로 공물관리자의 관리의무위반도 관리의 하자에 해당한다.

(2) 판 례

판례는 일반적으로 객관설을 취하고 있는 것으로 보인다. 즉, "영조물 설치의 하자라 함은 영조물의 축조에 불완전한 점이 있어 이 때문에 영조물 자체가 통상 갖추어야 할 안정성을 갖추지 못한 상태에 있음을 말한다고 할 것인 바, 영조물 설치의 하자 유무는 객관적 견지에서 본 안전성이 문제이고, 재정사정이나 사용목적에 의한 사정은 안정성을 요구하는 데 대한 정도 문제로서의 참작사유에는 해당할지언정, 안전성을 결정지울 절대적 요건이 되지 못한다."(大判 1967.2.21, 66다1723)고 하여 하자 유무의 판단에 '객관적 물적 결함설'을 취하고 있다.

그러나 설치·관리상의 하자에 대하여 주의의무 위반 등 영조물의 설치·관리자의 귀책사유를 요구하기도 하고, 하자의 유무를 판단함에는 제반사정을 종합적으로 고려한다고 하여 주관설인 '안전확보의무위반설'을 취하고 있는 경우도 있다(大判 2000.2.25, 99다54004). 이 판례를 변형된 객관설로 보는 견해도 있다.

(3) 사 견

생각건대, 「국가배상법」 제5조가 규정하는 '설치·관리의 하자'의 의미를 관리자의 안전확보의무 내지는 사고방지의무의 위반이라는 뜻으로 이해하는 것이 「국가배상법」 제5조의 법문에 적합할 뿐만 아니라, 의무위반을 귀책사유로 하여 불법행위의 책임을 묻는 것이 「국가배상법」 제2조의 법리와도 부합한다.

물론 이 안전확보의무위반설에 대하여는 「국가배상법」 제5조의 해석에 주관적 요소를 고려하게 되면 무과실책임원리를 도입한 정신에 배치된다는 비판이 있을 수 있다. 그러나 관리자의 안전확보의무를 객관적으로 파악하여 고도의 주의의무를 요구하면 결코 「국가배상법」 제5조의 구제기능을 저해함이 없이 국가의 배상책임의 범위에 대하여도 공정을 기할 수 있다고 생각된다. 그러므로 공공의 영조물의 설치·관리의 하자라 함은 관리자의 객관화된 안전확보의무위반으로 인하여 생긴 공물의 물적 위험상태의 방치를 의미한다고 보는 것이 타당하다.

참고판례

▸ 하자의 의미 : 大判 2000.2.25, 99다54004.

"국가배상법 제5조 제1항 소정의 영조물의 설치 또는 관리의 하자라 함은 영조물이 그 용도에 따라 통상 갖추어야 할 안전성을 갖추지 못한 상태에 있음을 말하는 것으로서, 영조물이 완전무결한 상태에 있지 아니하고 그 기능상 어떠한 결함이 있다는 것만으로 영조물의 설치 또는 관리에 하자가 있다고 할 수 없는 것이고, 위와 같은 안전성의 구비 여부를 판단함에 있어서는 당해 영조물의 용도, 그 설치장소의 현황 및 이용 상황 등 제반 사정을 종합적으로 고려하여 설치관리자가 그 영조물의 위험성에 비례하여 사회통념상 일반적으로 요구되는 정도의 방호조치의무를 다하였는지 여부를 그 기준으로 삼아야 할 것이며, 객관적으로 보아 시간적·장소적으로 영조물의 기능상 결함으로 인한 손해발생의 예견가능성과 회피가능성이 없는 경우, 즉 그 영조물의 결함이 영조물의 설치관리자의 관리행위가 미칠 수 없는 상황 아래에 있는 경우에는 영조물의 설치관리상의 하자를 인정할 수 없다고 하여 교차로의 진행방향 신호기의 정지신호가 단선으로 소등되어 있는 상태에서 그대로 진행하다가 다른 방향의 진행신호에 따라 교차로에 진입한 차량과 충돌한 경우, 신호기의 적색신호가 소등된 기능상 결함이 있었다는 사정만으로 신호기의 설치 또는 관리상의 하자를 인정할 수 없다."

3) 하자의 입증책임

하자의 입증책임은 원고인 피해자에게 있으나, 과실의 입증책임에서 적용되는 '일응추정의 법리'가 적용된다고 할 것이다. 따라서 피해자가 영조물 때문에 손해를 입었음을 입증하기만 하면 일응 하자가 있는 것으로 추정된다.

4) 영조물관리자의 안전확보의무의 범위

영조물의 관리자의 안전확보의무의 정도는 인공공물과 자연공물, 편익제공시설과 위험방지시설 등 공물의 기능에 따라 구체적으로 판단하여야 할 것이다.

3. 손해의 발생

1) 손해의 의의

손해란 법익침해에 의한 불이익을 의미하며 생명 및 신체적 손해·재산적 손해·정신적 손해 또는 적극적 손해·소극적 손해를 묻지 아니한다.

2) 상당인과관계

영조물의 설치·관리의 하자로 인하여 타인에게 손해가 발생하고, 그 하자와 손해발생과의 사이에는 상당인과관계가 있어야 한다. 자연현상, 제3자 또는 피해자의 행위가 그 손해의 원인으로 가세된 경우에도 하자와 손해발생과의 사이에 상당인과관계가 있는 한, 국가나 지방자치단체는 그 한도 내에서 책임을 져야 할 것이다. 다만, 불가항력에 의한 손해발생의 경우에는 상당인과관계를 인정할 수 없다.

상당인과관계의 입증책임은 원고에게 있다.

Ⅲ. 賠償責任者

1. 영조물의 설치·관리자와 비용부담자

1) 대외적 배상책임자

영조물책임의 요건이 갖추어지면 국가 또는 지방자치단체는 그 손해를 배상할 책임을 진다.

이 경우 영조물의 설치·관리를 맡은 자(관리주체)와 공공시설의 설치·관리의 비용을 부담하는 자(경제주체)가 다른 때에는, 비용부담자도 손해배상책임이 있기 때문에(國賠法 §6①), 피해자는 그 어느 한쪽에 대하여 선택적으로 배상을 청구할 수 있다.

2) 종국적 배상책임자

이 경우 손해를 배상한 자는 내부관계에서 그 손해를 배상할 책임이 있는 자에게 구상할 수 있다(同法 §6②).

종국적 배상책임자가 누구인가에 대하여는 ① 관리주체설, ② 비용부담자설, ③ 기여도설 등이 있다.

생각건대, 일반적인 경우에는 관리주체로 보는 것이 타당하다. 이는 국가배상책임이 불법행위 책임이라는 점 및 배상금이 제재적 성질을 지니고 있는 것으로 볼 수 있는 점 때문이다.

그러나 손해배상도 행정의 실시에 따르는 경비의 일종이라고 보면 비용부담자가 최종적으로 책임을 져야 한다고 보는 견해도 설득력이 있다. 그러므로 현재의 국가배상제도의 운용면에서 볼 때 법이 정하는 비용부담구분의 비율에 따라 분담하는 것이 적당할 것이다.

참고판례

▶ 종국적 배상책임자의 판단기준 : 大判 1998.7.10, 96다42819.
"광역시와 국가 모두가 도로의 점유자 및 관리자, 비용부담자로서의 책임을 중첩적으로 지는 경우에는, 광역시와 국가 모두가 국가배상법 제6조 제2항 소정의 궁극적으로 손해를 배상할 책임이 있는 자라고 할 것이고, 결국 광역시와 국가의 내부적인 부담 부분은, 그 도로의 인계·인수 경위, 사고의 발생 경위, 광역시와 국가의 그 도로에 관한 분담비용 등 제반 사정을 종합하여 결정함이 상당하다."

2. 원인책임자에 대한 구상(求償)

국가 또는 지방자치단체가 손해를 배상한 경우 그 손해의 원인에 대하여 책임을 질 자가 따로 있을 때에는, 그 자에 대하여 구상할 수 있다(同法 §5②).

손해의 원인에 대하여 책임을 질 자라 함은 불안전한 건축공사를 한 수급인(受給人)이나 영조물의 불법적 이용으로 그 하자를 야기한 자 등과 같이 고의 또는 과실로 공공시설의 설치 또는 관리상의 하자를 발생시킨 자를 가리킨다.

第 2 節 損失補償

주요쟁점

1. 「헌법」 제23조 제3항의 규정이 손실보상청구권의 직접적 근거가 되는가?
2. 손실보상여부의 판단기준에 대한 학설은 어떠한가?
3. 손실보상의 내용은 무엇인가?

第 1. 損失補償制度의 槪觀

Ⅰ. 損失補償의 意義

1. 손실보상의 개념

일반적으로 '손실보상'이란 공공의 필요에 의한 적법한 공권력의 행사에 의해 개인에게 가하여진 재산상의 특별한 희생에 대하여, 행정주체가 전체적인 공평부담의 견지에서 이를 조절하기 위하여 행하는 재산적 보상을 말한다.

2. 국가배상과의 비교

국가배상제도는 국가 또는 지방자치단체의 위법한 행위나 시설의 하자로 인하여 사인에게 발생한 재산적 손해의 전보에 관한 것이다.

이에 대하여 손실보상은 국가의 행위 자체는 적법이지만 이로 인하여 사인에게 발생한 특별한 손실을 그대로 방치하는 것은 공평부담의 이념에 반하기 때문에 이를 보상하려는 것이 손실보상제도이다.

Ⅱ. 損失補償制度의 沿革

손실보상제도는 국가배상제도보다 역사가 오래된다. 이는 국가배상제도의 발전에 장해가 되어 온 주권면책의 법리와 위법행위의 국가귀속불능이라는 두 개의 요인이 손실보상제도에는 존재하고 있지 않았기 때문이다.

1. 독 일

독일의 경우 1794년의 프로이센일반국법서장 제74조가 희생보상(Aufopferung)에 대한 규정을 두고 있었으며, 토지수용에 따르는 손실보상을 규정한 것으로는 1874년의 프로이센 토지수용법이 있었다. 이러한 재산권에 대한 손실보상은 바이마르헌법 제153조 제2항에 의해서 비로소 헌법상의 제도로 정착하게 되었다.

2. 미 국

미국에서도 역시 공용수용에 대한 손실보상은 국가배상제도의 정비 훨씬 이전에 헌법이 보장하고 있었다. 즉, 미국헌법 수정 제5조는 "……정당한 보상없이 사유재산을 공공을 위하여 수용당하지 않는다."고 규정하고 있다.

3. 한 국

「헌법」 제23조 제1항은 "모든 국민의 재산권은 보장된다. 그 내용과 한계는 법률로 정한다."고 하고, 다시 제2항에서 "재산권의 행사는 공공복리에 적합하도록 하여야 한다."고 규정하여 사적 재산권의 절대성을 부정하고 그 내용과 행사에 일정한 제한이 따르는 것으로 보고 있다.

따라서 재산권의 내용이나 행사의 제한이 사회적 구속에 따른 내재적 제약의 한계 내일 때에는 손실보상의 문제가 생기지 않지만, 재산권의 내재적 제약을 넘어 특별한 희생이 되면 손실보상의 문제가 생기게 된다. 이에 대한 원칙으로 「헌법」 제23조 제3항은 "공공필요에 의한 재산권의 수용·사용 또는 제한 및 그에 대한 보상은 법률로써 하되, 정당한 보상을 지급하여야 한다."고 규정하고 있다.

第2. 損失補償의 根據와 要件

Ⅰ. 損失補償의 根據

1. 헌법상 근거

1) 의 의

「헌법」 제23조 제3항의 "공공필요에 의한 재산권의 수용·사용 또는 제한 및 그에 대한 보상은 법률로써 하되 정당한 보상을 지급하여야 한다"는 규정에 따라, 일반적으로 개별법은 공용침해에 관한 법률적 근거와 그 요건을 규정함과 동시에 이에 따르는 손실에 대한 보상규정을 두고 있다(補償法 §61 이하, 道路法 §92, §93 등).

그러나 법률이 공익을 위하여 재산권의 수용·사용 또는 제한을 규정하고 있으면서도 이에 따른 보상규정을 두고 있지 않을 경우, 재산권의 침해를 받은 사인은 정당한 보상원칙을 천명하고 있는 「헌법」 규정에 근거하여 보상을 청구할 수 있는가에 대하여 문제가 제기되고 있다.

2) 학설・판례

(1) 학 설

(가) 입법지침설(방침규정설)

입법지침설(방침규정설)이란 「헌법」 제23조 제3항의 규정은 정책을 천명하는 입법의 방침규정으로서, 당해 법률에 보상규정이 없으면 행정청의 적법한 재산권 침해로 인한 손실은 수인할 수밖에 없다는 견해이다. 이 견해는 손실보상이 공적부담 앞의 평등에 근거하고 있다는 점에서 타당성을 용인하기 어렵다.

(나) 위헌무효설

위헌무효설이란 보상이 헌법상 필요함에도 불구하고 보상조항을 결하고 있는 법률은 위헌으로서 무효라고 보는 견해이다. 그러므로 보상규정 없는 법률에 의하여 재산권의 침해가 이루어지면 당해 법률은 위헌무효의 법률이며 이에 근거한 재산권침해는 위법한 작용이 되므로 사인은 손해배상청구권을 갖는다는 견해이다.

(다) 직접효력설

직접효력설이란 보상규정을 결여한 재산권 침해의 법률이 제정되더라도 당해 법률은 위헌이 아니며, 손실을 입은 자는 직접 헌법규정에 근거하여 손실보상청구권을 가진다는 견해이다.

(라) 간접효력설(유추적용설)

간접효력설이란 공용침해에 따르는 보상규정이 없는 경우에는 「헌법」 제23조 제1항(재산권보장규정) 및 제11조(평등원칙)에 근거하고, 「헌법」 제23조 제3항 및 관계규정의 유추해석을 통하여 보상을 청구할 수 있다는 견해이다.

(마) 보상입법부작위위헌설

보상입법부작위위헌설이란 법률에 공용침해를 규정하면서 그에 따른 보상규정을 두지 않은 경우에도 공용침해를 정하고 있는 당해 법률규정이 위헌이 되는 것이 아니라 손실보상을 규정하지 않은 입법부작위가 위헌이라는 견해이다. 따라서 이러한 법률에 의하여 재산권이 침해된 자는 입법부작위에 대한 헌법소원에 의하여 구제를 받아야 한다고 한다.

(2) 판 례

판례는 헌법규정의 내용에 따라 다소 변화를 보여 왔다.

① 구체적으로는 제3공화국 「헌법」에서는 직접효력설을 취하기도 하고, 위헌무효설과 관련이 있는 불법행위를 인정하기도 하였다. 유신헌법 아래에서는 입법지침설(大判 1976.10.16, 76다1443)을 취한 바도 있다.

최근에는 헌법재판소가 입법부작위위헌설을 취한 바 있다(憲裁決 1998.12.24, 89헌마214, 90헌바16, 97헌바78).

② 그러나 판례의 주류는 재산권의 수용·사용 또는 제한 및 그에 대한 보상은 법률로써 하되 정당한 보상을 지급하여야 한다는 「헌법」 제23조 제3항을 염두에 두고 법률에 명문의 보상규정이 없는 경우에 보상사유는 예시적이라고 보거나 관련보상규정을 유추적용할 수 있다고 하여 보상을 인정하는 유추적용설을 취하고 있다고 볼 수 있다.

(3) 사 견

손실보상청구권의 근거에 관하여 방침규정설을 제외한 각 견해는 나름대로의 타당성을 지니고 있다고 하겠다.

그러나 ① 직접효력규정설은 우리 헌법이 침해의 근거와 보상을 법률로 정하도록 하고 있다는 점에서 문제가 있으며, ② 위헌무효설은 국가배상법상의 배상책임의 성립요건과 관련하여 볼 때, 먼저 가해행위의 위법성에 관하여는 관계 법률이 위헌이므로 그에 기한 재산권의 침해행위는 법률상 근거없는 것이 되어 위법성이 인정되지만, 과실요건의 충족여부에 대해서는 현재 통설·판례가 과실을 주관적 관념으로 파악하고 있으므로 과실요건은 충족되기 어렵다는 점에서 문제가 있으며, ③ 보상입법부작위위헌설은 입법부작위에 대한 헌법소원에 따른 위헌결정과 후속의 보상입법조치에 의하여 구제를 받을 수 있다는 점에서 구제가 우회적이고 불완전하다는 점에서 문제가 있다.

따라서 「헌법」은 "공공필요에 의한 재산권의 수용·사용 또는 제한 및 그에 대한 보상은 법률로써 하되 정당한 보상을 지급하여야 한다."고 규정하여 재산권의 수용·사용 또는 제한의 경우에 정당한 보상을 당연한 것으로 전제한 다음, 그 보상의 구체적인 기준과 방법은 법률로 정하도록 유보하였다. 그러므로 현행 「헌법」에서는 공용수용·사용 또는 제한이 있으면 일반적·추상적인 손실보상청구권이 「헌법」 제23조 제3항 후단의 규정에 의하여 발생하는 것이나, 구체적인 손실보상청구권의 내용과 행사방법은 「헌법」이 보장한 정당한 보상의 취지에 부합하도록 법률로 정하여지는 것이기 때문에, 관계 법률의 합리적 해석을 통하여 손실보상청구권을 인정하는 것이 합리적이라고 본다. 이와 같은 견해는 법률에 규정하기 어려운 공익사업의 대상지역 밖에 미치는 간접손실에 대한 구제에도 적용될 수 있다는 점에서 타당성이 인정된다.

참고판례

▸ 직접효력설을 취한 판례 : 大判 1972.11.28, 72다1597.

"토지구획정리사업으로 말미암아 본건 토지에 대한 환지를 교부하지 않고 그 소유권을 상실케 한데 대한 본건과 같은 경우에 손실보상을 하여야 한다는 규정이 본법에 없다 할지라도 이는 법리상 그 손실을 보상하여야 할 것이다."

▸ 위헌무효설(불법행위)를 취한 판례 : 大判 1966.10.18, 66다1715.

"군사상의 긴급한 필요에 의하여 국민의 재산권을 수용 또는 사용하게 되었던 것이라 할지라도 그 수용 또는 사용이 법률의 근거 없이 이루어진 경우에는 재산권자에 대한 관계에 있어서는 불법행위가 된다."

▸ 간접효력설(유추적용설)을 취한 판례 : 大判 2004.9.23, 2004다25581.

"행정주체의 행정행위를 신뢰하여 그에 따라 재산출연이나 비용지출 등의 행위를 한 자가 그 후에 공공필요에 의하여 수립된 적법한 행정계획으로 인하여 재산권행사가 제한되고 이로 인한 공공사업의 시행 결과 공공사업시행지구 밖에서 발생한 간접손실에 관하여 그 피해자와 사업시행자 사이에 협의가 이루어지지 아니하고, 그 보상에 관한 명문의 근거 법령이 없는 경우라고 하더라도, 헌법 제23조 제3항 및 구 토지수용법(2002.2.4. 법률 제6656호로 폐지되기 전의 것) 등의 개별 법률의 규정, 구 공공용지의취득및손실보상에관한특례법(2002.2.4. 법률 제6656호로 폐지되기 전의 것) 제3조 제1항 및 같은법시행규칙(2002.12.31. 건설교통부령 제344호로 폐지되기 전의 것) 제23조의2 내지 7 등의 규정 취지에 비추어 보면, 공공사업의 시행으로 인하여 그러한 손실이 발생하리라는 것을 쉽게 예견할 수 있고, 그 손실의 범위도 구체적으로 이를 특정할 수 있는 경우에는 그 손실의 보상에 관하여 구 공공용지의취득및손실보상에관한특례법시행규칙의 관련 규정 등을 유추적용할 수 있다."

▸ 간접손실의 보상에 대하여 유츄적용설을 취한 판례 : 大判 1999.10.8, 99다27231.

"공공사업의 시행 결과 그 공공사업의 시행이 기업지 밖에 미치는 간접손실에 관하여 그 피해자와 사업시행자 사이에 협의가 이루어지지 아니하고 그 보상에 관한 명문의 근거 법령이 없는 경우라고 하더라도, 헌법 제23조 제3항은 '공공필요에 의한 재산권의 수용·사용 또는 제한 및 그에 대한 보상은 법률로써 하되, 정당한 보상을 지급하여야 한다.'고 규정하고 있고, 이에 따라 국민의 재산권을 침해하는 행위 그 자체는 반드시 형식적 법률에 근거하여야 하며, 토지수용법 등의 개별 법률에서 공익사업에 필요한 재산권 침해의 근거와 아울러 그로 인한 손실보상 규정을 두고 있는 점, 공공용지의취득및손실보상에관한특례법 제3조 제1항은 '공공사업을 위한 토지 등의 취득 또는 사용으로 인하여 토지 등의 소유자가 입은 손실은 사업시행자가 이를 보상하여야 한다.'고 규정하고, 같은법시행규칙 제23조의2 내지 7에서 공공사업시행지구 밖에 위치한 영업과 공작물 등에 대한 간접손실에 대하여도 일정한 조건하에서 이를 보상하도록 규정하고 있는 점에 비추어, 공공사업의 시행으로 인하여 그러한 손실이 발생하리라는 것을 쉽게 예견할 수 있고 그 손실의 범위도 구체적으로 이를 특정할 수 있는 경우라면 그 손실의 보상에 관하여 공공용지의취득및손실보상에관한특례법시행규칙의 관련 규정 등을 유추적용할 수 있다고 해석함이 상당하다."

▸ 보상입법부작위위헌설을 취한 憲裁例 : 憲裁決 1998.12.24, 89헌마214, 90헌바16, 97헌바78(병합).

"도시계획법 제21조에 규정된 개발제한구역제도 그 자체는 원칙적으로 합헌적인 규정인데, 다만 개발제한구역의 지정으로 말미암아 일부 토지소유자에게 사회적 제약의 범위를 넘는 가혹한 부담이 발생하는 예외적인 경우에 대하여 보상규정을 두지 않은 것에 위헌성이 있는 것이고, 보상의 구체적 기준과 방법은 헌법재판소가 결정할 성질의 것이 아니라 광범위한 입법형성권을 가진 입법자가 입법정책적으로 정할 사항이므로, 입법자가 보상입법을 마련함으로써 위헌적인 상태를 제거할 때까지 위 조항을 형식적으로 존속케 하기 위하여 헌법불합치결정을 하는 것인바, 입법자는 되도록 빠른 시일내에 보상입법을 하여 위헌적 상태를 제거할 의무가 있고, 행정청은 보상입법이 마련되기 전에는 새로 개발제한구역을 지정하여서는 아니되며, 토지소유자는 보상입법을 기다려 그에 따른 권리행사를 할 수 있을 뿐 개발제한구역의 지정이나 그에 따른 토지재산권의 제한 그 자체의 효력을 다투거나 위 조항에 위반하여 행한 자신들의 행위의 정당성을 주장할 수는 없다."

2. 법률상 근거

손실보상에 관한 일반법으로는 「공익사업을 위한 토지 등의 취득 및 보상에 관한 법률」(이하 "補償法"이라 한다)이 있으며, 개별법으로 「도로법」, 「하천법」 등이 있다.

특히 경찰과 소방 등 위험업무의 수행 중에 발생하는 손실에 대하여 「경찰관직무집행법」(동법 §12의2)과 「소방기본법」(동법 §25, §27)은 따로 손실보상규정을 두고 있다.

Ⅱ. 損失補償請求權의 性質

1. 학 설

손실보상청구권의 성질을 둘러싸고 공권설과 사권설이 대립하고 있다.

① 공권설은 손실보상의 원인이 공법적이므로 그 효과도 공법적인 것이라고 보아 손실보상에 관한 소송을 행정소송(당사자소송)의 대상으로 보고 있으며, ② 사권설은 손실보상의 원인은 공법적이나 그 효과는 사법적인 것이므로 손실보상에 관한 소송을 민사소송의 대상으로 보고 있다.

2. 판 례

종전의 판례는 손실보상청구권을 사권으로 보았으나, 최근에 이를 공권으로 보아 손실보상에 관한 소송을 행정소송(당사자소송)의 대상이 된다고 판시하였다(大判 2006.5.18, 2004다6207).

3. 소 결

손실보상제도는 공권력작용에 의한 공법상의 제도이므로 손실보상청구권은 공권으로 보아야 하며, 손실보상에 관한 소송도 행정소송(당사자소송)의 대상이 된다.

Ⅲ. 損失補償의 成立要件

손실보상청구권이 성립하기 위한 요건은 손실보상청구권의 근거에 관한「헌법」제23조 제3항의 규정의 해석에 따라 차이가 있을 수 있으나, 다음과 같은 요건은 필요하다.

1. 공공필요에 의한 침해일 것

손실보상청구권이 성립하기 위해서는 공용침해가 공공필요를 위한 것이어야 한다. 여기에서의 공공필요란 넓은 의미로 이른바 공익사업을 의미한다.

공익사업의 주체는 행정주체가 아니더라도 상관이 없다. 따라서 사인에 의한 사업이라도 「보상법」에서 규정하고 있는 공익사업으로 인정되면 공용침해가 가능하다. 이른바 공공적 사적수용(私的收用)이 인정된다.

2. 재산권에 대한 침해일 것

손실보상청구권이 성립하기 위해서는 재산권에 대한 침해가 있어야 한다. 재산권의 종류나 내용이 무엇인가는 문제가 되지 않는다.

3. 적법한 침해일 것

① 재산권의 침해란 재산권을 박탈하는 '수용', 재산권의 일시사용을 의미하는 '사용', 재산권의 사용·수익을 제한하는 '제한'을 말한다. 넓은 의미로 공용침해라고 한다.

② 이러한 침해는 적법한 것이어야 하며, 직접적으로 의도된 침해이어야 한다.

4. 특별한 희생일 것

1) 재산권의 내용(내재적 제약)과 공용침해의 관계

헌법규정에 따라 공용침해가 이루어진 경우에는 법률에 보상에 관한 규정을 두어야 함이 원칙이다. 그러나 재산권의 수용이나 사용과는 달리 재산권의 제한은 그것이 보상이 필요한 '특별한 희생'과 보상이 필요하지 않는 '재산권의 내재적 제한'인지가 불분명하다. 이 경우에 특별한 희생에 해당하면 보상규정이 필요한 것인가의 여부를 둘러싸고 경계이론과 분리이론이 대립하고 있다.

(1) 경계이론

경계이론이란 재산권의 내용과 공용침해는 별개의 제도가 아니며, 양자 사이는 정도의 차이가 있을 뿐이므로 내용규정의 경계를 벗어나면 보상의무가 있는 공용침해로 전환한다는 이론을 말한다. 따라서 사회적 제약을 벗어나는 재산권의 규제는 특별한 희생이 되며 이에는 보상규정의 유무를 불문하고 보상이 따라야 한다는 논리이다.

경계이론은 손실보상을 재산권의 가치보장에 둔 이론으로 독일의 연방사법재판소가 이 견해를 취하고 있으며, 수용유사침해론으로 연결된다.

대법원은 이 견해를 취하고 있다(大判 1999.10.8, 99다27231).

(2) 분리이론

입법자의 의사에 따라 공용침해와 재산권의 내용의 설정이 분리된다는 이론을 말한다. 따라서 입법자가 재산권의 내용을 규정하는 경우에 그 규정이 일정한 한계를 벗어나 공용침해를 가져오는 경우에는 보상의 문제가 아니라 위헌의 문제만 된다는 견해이다.

분리이론은 손실보상을 재산권의 존속보장에 둔 이론으로 독일의 연방헌법재판소가 취하는 입장이다.

헌법재판소는 이 견해를 취하고 있다(憲裁決 1998.12.24, 89헌마214, 90헌바16, 97헌바78).

(3) 소 결

재산권에 대한 규제가 내재적 제약을 벗어나 공용침해가 되면 구제가 이루어져야 한다는 점에서는 차이가 없다. 그러나 ① 경계이론에 의하면 보상이 이루어지고, ② 분리이론에 의하면 위헌적 침해가 되어 보상이 아닌 방법으로 구제가 이루어진다.

생각건대, 보상규정을 결한 공용침해에 대한 논의와 관련하여 유추적용설(간접효력규정설)의 타당성을 인정한다면 경계이론이 논리적이라고 할 것이다.

2) 특별한 희생의 기준

일반적으로 손실보상은 국가의 적법한 침해행위에 대하여 공평부담의 이념에 따라 그 손실을 보전하는 제도인 만큼, 그 손실이 공평에 반하는 경우임을 요한다. 그러나 어떠한 경우에 당해 손실이 특별한 희생에 해당하는가에 대하여 다양한 견해가 있다.

(1) 형식적 기준설

이 견해는 특별한 희생을 형식적으로 파악하여 재산권의 침해를 받은 자가 특정되어 있는가의 여부에 따라 특별한 희생을 판단하는 견해이다. 이에는 개별행위설과 특별희생설이 있다.

(가) 개별행위설

공권력의 주체가 개별행위로 특정인의 재산권을 침해하였는가를 기준으로 특별한 희생을 판단하는 견해이다.

(나) **특별희생설**

개별행위설을 대체하여 보상의 범위를 확대하기 위해 발전된 이론으로 특정인은 물론 불특정 다수인이라 하더라도 다른 개인이나 집단에 비하여 불평등하게 재산권을 침해당하였는가를 기준으로 특별한 희생을 판단하는 견해이다.

⑵ 실질적 기준설

보상을 요하지 아니하는 재산권의 내재적 제한과 보상을 요하는 특별한 희생의 구별을 재산권에 대한 '제한의 내용과 정도'를 기준으로 하는 견해이다.

무엇을 '제한의 내용과 정도'의 기준으로 삼을 것인가에 대하여는 다양한 견해가 있다.

(가) **수인가능성설**

재산권의 침해 내용이 보상 없이도 수인할 정도인가를 기준으로 수인을 기대할 수 없는 정도이면 특별한 희생에 해당한다는 견해이다.

(나) **사적 효용설**

재산권에 대한 침해가 당해 재산권의 사적인 효용을 본질적으로 침해하는 경우에는 특별한 희생에 해당한다는 견해이다.

(다) **목적위배설(목적소외설)**

공공의 필요를 위한 재산권의 이용제한에 대해서는 당해 제한이 재산권 본래의 이용목적에 따라 그 효용을 높이기 위하여 과해진 경우에는 호혜적 제한이기 때문에 사회통념상 수인하여야 할 제약이나, 재산권의 이용제한이 재산권의 본래의 이용목적에 따른 효용과 관계가 없는 경우에는 특별한 희생에 해당한다는 견해이다.

(라) **상황구속성설**

재산권은 그 소재하는 구체적 위치나 상황에 따라 차이가 있으므로 특별한 희생의 여부도 이러한 구체적 상황을 고려하여 판단하여야 한다는 견해이다.

⑶ 소 결

이상의 견해는 반드시 대립하는 것이 아니므로, 형식적 기준은 물론 실질적 기준을 종합적으로 고려하여 판단함이 바람직하다.

第3. 補償의 基準과 內容

Ⅰ. 憲法上의 基準-正當한 補償

「헌법」 제23조 제3항은 공공필요에 의한 재산권의 수용·사용 또는 제한에 따라 재산권(사유재산)에 부과된 특별한 손실에 대하여는 '정당한 보상'을 지급하도록 규정하고 있다. '정당한 보상'의 내용과 관련하여 견해가 대립하고 있다.

1. 학 설

정당한 보상의 내용과 관련하여 ① 수용되는 재산권의 객관적 가치의 전액을 보상하여야 한다는 '완전보상설'과 ② 공정한 산정의 기초에 근거하여 공익과 사익을 고려하여 보상하여야 한다는 '상당보상설'이 있다. 상당보상설은 완전보상을 원칙으로 하지만 합리적인 사유가 있는 경우에는 완전보상을 상회하거나 하회할 수 있다고 한다.

2. 판 례

대법원은 "「헌법」 제23조 제3항에 따른 정당한 보상이란 원칙적으로 피수용재산의 객관적인 재산가치를 완전하게 보상하여야 한다는 완전보상을 뜻하는" 것이라고 하고(大判 2001.9.25, 2000두2426), 헌법재판소도 "「헌법」 제23조 제3항의 '정당한 보상'이라 함은 손실보상액의 결정에 있어서 객관적인 가치를 완전히 보상하여야 한다는 취지일 뿐 아니라, 한걸음 나아가서 그 보상의 시기, 방법 등에 있어서 어떠한 제한을 받아서는 안 된다는 것을 의미한다고 풀이하여야 할 것이다." 고 하여(憲裁決 1990.6.25, 89헌바101) 「헌법」이 규정하는 정당한 보상은 완전보상임을 명확히 하고 있다.

3. 소 결

손실보상이 국가의 통상적인 정책의 실현으로 발생하는 손실의 공평부담이라는 관점에서 본다면, 수용 등의 행위를 전후하여 자신이 소유하는 재산적 가치에 증감이 없는 것을 정당한 보상이라고 보아야 할 것이므로 원칙적으로 완전보상설이 타당하다.

그러나 완전보상이라 하더라도 그 내용이 완전보상의 취지에 반하지 않는 범위 내에서 입법자에게 상당한 재량이 부여되어 있는 점을 고려하면 상당보상설이 타당하다고 하겠다.

따라서 보상에 대하여 규정하고 있는 일반법인 「공익사업을 위한 토지 등의 취득 및 보상에 관한 법률」의 보상 내용이 일응 '정당한 보상'의 내용이 된다고 하겠다.

Ⅱ. 損失補償의 法律上 基準과 內容

헌법상의 정당한 보상의 구체적 기준과 내용은 손실보상에 관한 일반법인 「공익사업을 위한 토지 등의 취득 및 보상에 관한 법률」에 규정되어 있다. 「보상법」은 종전의 「토지수용법」과 「공공용지의 취득 및 손실보상에 관한 특례법」의 통합에 의해 제정되어 2003년 1월 1일부터 시행되고 있다.

「보상법」에 규정되어 있는 보상 내용은 완전보상을 원칙으로 하고, 생활보상 등을 인정하는 상당보상을 규정하고 있다.

1. 객관적 가치의 보상

1) 협의 또는 재결 당시의 가격

손실보상의 산정기준시는 "협의에 의한 경우에는 협의성립 당시의 가격을, 재결에 의한 경우에는 수용 또는 사용의 재결 당시의 가격을 기준으로 한다(同法 §67 ①)". 즉, '수용재결시주의'를 채택하고 있다.

2) 공시지가 기준

협의 또는 재결에 의하여 취득하는 토지에 대하여는 「부동산가격공시 및 감정평가에 관한 법률」에 의한 공시지가(표준공시지가)를 기준으로 하여 보상하되, 그 공시기준일부터 가격시점까지의 관계 법령에 의한 당해 토지의 이용계획, 당해 공익사업으로 인한 지가의 영향을 받지 아니하는 지역의 대통령령이 정하는 지가

변동률, 생산자물가상승률 그 밖에 당해 토지의 위치, 형상, 환경, 이용상황 등을 참작하여 평가한 적정가격으로 보상하여야 한다(同法 §70①).

3) 개발이익의 배제

보상액의 산정시 피수용자인 토지소유자의 부당한 이익을 배제하기 위하여 공익사업의 시행에 따르는 개발이익을 보상액에서 공제한다. 그러나 당해 공익사업과 관련이 없는 경우에는 그러하지 아니하다(大判 1999.10.22, 98두7770).

「보상법」은 개발이익을 배제하기 위한 내용으로 ① 사업인정고시일 전 공시지가기준, ② 당해 공익사업으로 인한 지가변동 배제, ③ 변경되기 전의 용도지역 등 기준으로 보상액을 결정하도록 하여 개발이익을 배제하고 있다.

아울러 이와 같은 경우에 공익사업지역 안의 토지소유자 중 토지를 수용당하는 자와 그렇지 않은 자 사이에 불균형문제를 해결하기 위하여 「개발이익환수에 관한 법률」에 의하여 개발이익환수제도를 두고 있다.

참고판례

▸ 손실보상액의 기준 : 大判 1999.10.22, 98두7770.

"토지수용으로 인한 손실보상액을 산정함에 있어서 '당해 공공사업의 시행을 직접 목적으로 하는 계획의 승인·고시 또는 사업 시행으로 인한 가격변동'은 이를 고려함이 없이 수용재결 당시의 가격을 기준으로 하여 적정가격을 정하여야 하고, '당해 공공사업과는 관계없는 다른 사업의 시행으로 인한 개발이익'은 이를 배제하지 아니한 가격으로 평가하여야 한다."

4) 부대적 손실의 보상

취득의 대상이 아니라 하더라도 취득이 원인이 되어 발생한 손실도 보상된다. 입목·건물 등의 이전료보상(同法 §75①), 영업손실보상, 건물의 이전으로 인한 임차손실의 보상(同法 §77①) 및 토지 일부의 수용·사용으로 인한 잔여지의 가격감소나 기타 손실 및 그 효용 유지를 위한 공사비의 보상(同法 §73)과 잔여지수용청구권(同法 §74) 등이 인정된다.

2. 생활보상

1) 의 의

생활보상이란 개별 재산의 재산권 가치에 대한 보상만이 아니라 주민들의 생활 전체에 대한 보상 또는 보다 적극적인 생활재건을 위한 보상을 의미한다.

2) 근 거

생활보상의 헌법적 근거로는 「헌법」 제23조 제3항과 '인간다운 생활을 할 권리'를 규정한 「헌법」 제34조가 있다.

생활보상의 구체적 내용은 「보상법」 등에 규정되어 있다.

3) 내 용

「보상법」 및 「동법시행령」과 「동법시행규칙」에서의 생활보상의 내용으로는 이주정착금(同令 §41), 주거이전비(同規則 §54), 이농비(離農費)(同規則 §56) 등이 있고, 또 생활재건조치로서는 이주대책의 수립·시행(同法 §78) 등이 있다. 나아가 직업훈련, 고용 또는 고용알선(産開法 §36②), 각종 상담, 보상금에 대한 조세감면조치도 생활재건조치의 일환으로 생활보상의 내용이라 할 수 있다.

3. 간접손실의 보상

대규모적인 공공사업의 실시나 완성 후의 시설이용이 직접 재산권을 박탈하거나 그 행사를 제한하지는 않지만, 공공사업의 간접적인 영향으로 기업지(起業地) 밖에 미치는 손실 등에 대하여도 보상이 필요하다.

「보상법」은 공익사업시행지구 밖의 대지 등에 대한 보상, 소수잔존자보상 등에 관하여 규정하고 있다.

Ⅲ. 損失補償의 方法

1. 현금보상의 원칙

보상은 원칙적으로 현금지불방식에 의하지만(금전보상원칙)(同法 §63①), 공익사업의 시행으로 조성한 토지로 보상할 수 있는 경우도 있으며, 일정한 경우에는 채권으로 보상될 수도 있다(同法 §63①但書,⑦⑧).

2. 개인별 보상의 원칙

손실보상은 토지소유자 또는 관계인에게 개인별로 행하여야 한다. 다만, 개인별로 보상액을 산정할 수 없는 때에는 그러하지 아니하다(同法 §64). 즉, 보상은 목적물별로 하는 것이 아니라 피보상자 개인별로 함을 뜻한다.

3. 사전보상의 원칙

사업시행자는 당해 공익사업을 위한 공사에 착수하기 이전에 토지소유자 및 관계인에 대하여 보상액을 지급하여야 한다. 다만, 천재·지변시의 토지의 사용과 시급을 요하는 토지의 사용 또는 토지소유자 및 관계인의 승낙이 있은 때에는 사후보상이 허용된다(同法 §62). 이자와 물가변동에 따르는 불이익은 사업시행자(보상책임자)가 부담하여야 한다.

4. 전액보상(일시급)의 원칙

사업시행자는 토지소유자 및 관계인에 대하여 보상액의 전액을 지급하여야 한다(同法 §62). 분할급이 이루어지는 경우에는 사후보상과 마찬가지로 이자와 물가변동에 따르는 불이익은 사업시행자(보상책임자)가 부담하여야 한다.

第4. 損失補償額의 決定方法 및 不服節次

Ⅰ. 補償額의 決定方法

「보상법」에 따르면 보상액의 결정방법은 다음 세 가지로 단계로 구분할 수 있다. 이에 관하여 각 개별법에서 따로 규정하고 있는 경우에는 그에 따른다.

1. 협 의

① 손실보상액을 당사자 사이의 협의에 의하여 결정하는 경우로서 토지수용위원회의 재결의 전단계로 규정되어 있다(同法 §26①).

② 사업시행자와 토지소유자 및 관계인 사이에 협의가 성립된 때에는 사업시행자는 재결의 신청기간 이내에 당해 토지소유자 및 관계인의 동의를 얻어 관할 토지수용위원회에 협의성립의 확인을 신청할 수 있으며, 이 경우의 확인은 이 법에 의한 재결로 보며, 사업시행자·토지소유자 및 관계인은 그 확인된 협의의 성립이나 내용을 다툴 수 없다(同法 §29①④).

2. 재 결

1) 재결의 신청

당사자 사이에 협의가 성립되지 아니하거나 협의를 할 수 없는 때에는 사업시행자는 사업인정고시가 있은 날부터 1년 이내에 관할 토지수용위원회에 재결을 신청할 수 있다(同法 §28①). 토지소유자 및 관계인은 사업시행자에게 재결의 신청을 할 것을 청구할 수 있으며, 사업시행자는 관할 토지수용위원회에 재결을 신청하여야 한다(同法 §30).

2) 보상액의 결정

토지수용위원회의 재결에 의하는 경우로는 ① 토지수용위원회의 수용재결과 같이 토지 등의 재산권의 수용결정 및 그에 따른 보상액의 결정이 동시에 행하여지는 경우와, ② 「징발법」에 의한 보상금결정(同法 §19)이나 「도로법」(同法 §92, §93) 등에 의한 토지수용위원회의 재결과 같이 보상액만을 결정하는 경우가 있다.

3. 행정쟁송

토지수용위원회의 재결에 의하여 보상액이 결정되지 않는 경우에는 행정쟁송절차에 따라 보상액이 결정된다.

행정쟁송수단으로는 ① 이의신청과 ② 행정소송이 있다. 이의신청은 임의절차이므로 이의신청 없이 행정소송을 제기할 수 있다.

Ⅱ. 補償額決定에 대한 不服節次

1. 행정심판(이의신청)·행정소송

토지수용위원회의 수용결정과 보상액결정이 하나의 결정으로 이루어질 경우 당사자는 원칙적으로 그 처분(재결) 자체를 다툼으로써 간접적으로 보상액 결정을 다투게 된다.

「보상법」에 규정된 불복절차는 다음과 같다.

1) 이의신청

지방토지수용위원회 또는 중앙토지수용위원회의 재결에 대하여 이의가 있는 자는 재결서의 정본을 받은 날부터 30일 이내에 중앙토지수용위원회에 이의를 신청할 수 있다(同法 §83). 여기에서의 이의신청은 광의의 행정심판에 해당한다.

2) 행정소송

사업시행자·토지소유자 또는 관계인은 토지수용위원회의 재결에 대하여 불복이 있는 때에는 재결서를 받은 날부터 60일 이내에, 이의신청을 거친 때에는 이의신청에 대한 재결서를 받은 날부터 30일 이내에 각각 행정소송을 제기할 수 있다. 이 경우 사업시행자는 행정소송을 제기하기 전에 증액된 보상금을 공탁하여야 하며, 보상금을 받을 자는 공탁된 보상금을 소송종결시까지 수령할 수 없다(同法 §85①).

다만, 이의신청을 거친 경우에는 수용재결을 행정소송의 대상으로 할 것인지 이의재결을 행정소송의 대상으로 할 것인지에 대하여 논란이 있으나, 원처분주의에 따라 수용재결을 행정소송의 대상으로 하여야 할 것이다.

2. 보상금증감소송

1) 구「토지수용법」에서의 보상금증감소송

종전의 「토지수용법」 제75조의2는 재결의 취소소송 외에 '보상금의 증감에 관한 소송'을 규정하여, 「토지수용법」에 의한 수용재결에 있어 보상재결에 불복할 경우에는, 직접 그 보상금의 증액 또는 감액을 구하는 소송을 원고가 토지소유자 또는 관계인인 경우에는 재결청 외에 기업자를, 원고가 기업자인 경우에는 재결청 외에 토지소유자를 각각 피고로 하여 당사자소송의 형식으로 제기하도록 하였다. 이 소송의 성질에 대하여 형식적 당사자소송으로 보는 견해, 특수한 형태의 항고소송으로 보는 견해, 항고소송과 당사자소송이 결합된 소송으로 보는 견해 등이 있었으나, 대법원은 필요적 공동소송으로 보았다(大判 1997.11.28, 96누2255).

2) 현행 「보상법」에서의 보상금증감소송

「보상법」 제85조 제2항에서는 수용재결 또는 그 이의재결에 불복하여 제기하는 "행정소송이 보상금의 증감에 관한 소송인 경우에는 당해 소송을 제기하는 자가 토지소유자 또는 관계인인 때에는 사업시행자를, 사업시행자인 때에는 토지소유자 또는 관계인을 각각 피고로 한다."고 규정하여 명확히 형식적 당사자소송으로 규정하고 있다.

第 3 節 結課責任의 法理

第1. 結課責任의 概觀

Ⅰ. 結課責任의 意義

일반적으로 국가책임제도는 국가배상과 손실보상을 중심으로 구성되어 왔다. 그러나 국가배상과 손실보상의 그 어느 쪽에 의해서도 구제를 받을 수가 없거나 어려운 영역이 존재한다. 예를 들면 예방접종의 부작용으로 인한 피해는 「국가배상법」 제2조의 적용도 곤란하며, 또 생명과 신체에 대한 피해인 만큼 손실보상에 의한 구제도 불가능하다.

그러나 현실적으로 행정활동으로 인한 피해를 입고 있음에도 불구하고 그 피해의 전보가 이루어지지 아니하여 방치된다면, 공평부담의 원칙에 비추어 볼 때 문제가 되지 않을 수 없다. 그러므로 이와 같은 국가배상과 손실보상으로 구제가 곤란한 국민의 손해나 손실의 영역에 손해전보를 이룩하게 하려는 것이 결과책임론이다.

이러한 의미에서 결과책임론에 입각한 국가책임이라 함은 위법행위에 의한 손해배상과 적법행위에 의한 손실보상제도와 구별되는 행정활동의 결과로 발생한 손해나 손실을 전보하는 책임을 의미한다.

따라서 결과책임은 가해행위의 위법·적법, 공무원의 고의·과실의 유무를 요건으로 하지 아니한다.

Ⅱ. 結課責任의 類型

일반적으로 결과책임론의 유형은 위험책임이론, 수용유사침해이론과 수용적 침해이론, 희생보상청구권 및 결과제거청구권 등으로 구분할 수 있다.

第2. 危險責任

Ⅰ. 危險責任의 意義

위험책임이란 국가작용에 의하여 형성된 위험상태로 인하여 발생한 손해에 대한 책임을 말한다. 「재해구호법」이 규정한 협력요구에 대응하는 구호경비(손실보상)가 이에 해당한다(同法 §9, §11).

Ⅱ. 危險責任의 根據와 限界

과실책임주의를 원칙으로 하는 국가배상제도와 적법행위에 근거한 손실보상제도의 중간영역에서 발생하는 손해에 대해서도 법해석론상 어느 정도까지는 구제할 수 있는 법리를 구성할 수가 있다. 그러나 위험상태에서 발생한 손해라는 점만으로는 일반적으로 국가책임을 인정할 수 없다.

현재로서는 이러한 실정법규의 존재가 소수에 불과하므로 손해배상제도와 손실보상제도의 중간영역에서 발생하는 손실문제는 최종적으로 광범한 입법으로 해결해야 하는 입법정책의 문제라고 할 수밖에 없다.

또한 이러한 입법이란 행정활동으로 인한 손해의 전보를 그러한 손해가 발생한 원인의 여하를 중심으로 생각할 것이 아니라, 어떠한 행정활동으로 손해가 발생하였다고 하는 결과에 주목하여 국가나 공공단체에 그 전보의 책임을 지우는 결과책임을 인정하는 입법이 되어야 할 것이다.

第3. 收用類似侵害理論과 收用的 侵害理論

Ⅰ. 收用類似侵害의 理論

1. 의 의

1) 개 념

수용유사침해의 이론은 행정청의 처분 등에 의한 재산권의 침해행위가 손실보상의 요건은 구비하고 있으나, 법률이 이에 관한 보상규정을 두고 있지 않을 경우에 그 손해(보상규정이 결여된 침해)를 전보하는 법리이다. 오늘날과 같은 산업사회에 있어서는 손해전보에 관한 법률의 규정이 미처 마련되지 못하거나, 있더라도 내용이 명확하지 못한 경우가 허다하기 때문에 이러한 법리의 연구는 필요하다.

2) 연 혁

독일의 경우에는 기본법 제14조 제3항이 재산권에 대한 침해와 그 보상은 법률로써 하도록 규정하고 있기 때문에 각종 법률이 재산권의 수용·사용 등을 규정하고 있지만 이에 대한 보상규정을 두고 있지 않으면 손실보상은 불가능하게 된다. 이 경우 당해 법률은 기본법 제14조 제3항에 반하여 위헌이므로, 그에 기한 재산권의 침해행위도 위법한 것이 되지만, 피해자는 여전히 손해배상을 청구할 수 없게 된다. 그 이유는 손해배상은 당해 행위의 위법과 담당공무원의 고의·과실이 요청되는 바, 비록 법률이 위헌이라는 사실만으로는 당해 법률을 집행한 공무원에게 곧바로 과실이 있다고 할 수 없기 때문이다. 이러한 경우는 이른바 '위헌·무책'의 행위로서, 그로 인한 손해는 손실보상이나 손해배상 그 어느 법제에 의해서도 전보될 수 없게 된다.

이러한 손해를 전보하기 위하여 연방사법재판소(BGH)는 기본법 제14조 제3항에 준거하여, 동조에 기하여 적법한 재산권침해가 보상된다면, 형평적 논리에 입각하여 위법한 침해는 당연히 전보되어야 한다는 '수용유사침해의 이론'을 탄생시키게 된 것이다.

3) 확대론

이와 같이 수용유사침해이론은 처음에 공용침해의 모든 요건을 충족하는 경우에만 인정되었던 것이지만, 이후 판례에 의하여 공익목적에 기한 위법한 재산권의 침해에까지 일반적으로 인정되게 되었다. 이는 침해행위가 위법하다는 사실은 곧 타인에게는 부과되지 아니하는, 수인한도를 넘는 희생이 부과되었음을 의미한다는 논리에 입각한 것이다.

이 법리에 따르면 구제범위가 현저하게 확대되어 당해 행위가 적법한 것인 때에는 보상을 요하지 아니하는 재산권에 대한 제한행위도, 단지 그 위법성으로 인하여 수용유사침해로 인정되어 그로 인한 보상이 인정된다.

그러나 이 이론에 있어서도 재산권에 대한 침해에 대해서만 적용된다는 제한은 여전히 존재한다. 이 법리는 결국 행정청에 의한 위법·무과실의 행위에 의한 권리침해를 전보하고자 하는 것이므로 이 장에서 본 '결과책임의 법리'의 제1유형이라고 볼 수도 있다.

2. 근 거

1) 학설·판례

위법한 재산권의 침해행위는 ① 손해배상의 법리에 의하여야 한다는 견해, ② 「헌법」 제23조 제3항에 의하여 손실보상의 법리에 의하여야 한다는 견해, ③ 기본적으로 취소소송의 법리에 의하여 그 효력을 다투어야 한다는 견해 등이 있다.

판례는 보상규정이 결여된 재산권 침해행위에 대하여 손실보상의 법리, 손해배상의 법리 등 다양한 형태로 문제를 해결하였다. 다만, 수용유사침해의 법리를 언급한 경우는 있으나, 이의 인정 여부에 대하여는 명확한 입장을 유보하였다.

2) 사 견

보상규정을 결한 재산권의 수용은 헌법규정을 근거로 손실보상을 인정하는 견해를 취하는 경우에 손실보상의 문제로 해결하는 방법이 합리적이라 할 수 있다. 직접효력설을 취하는 경우에는 수용유사침해이론은 의미가 없으며, 간접효력설을 취하는 경우에는 수용유사침해이론을 수용할 수 있다.

참고판례

▸ 수용유사침해이론에 관한 판례 : 大判 1993.10.26, 93다6409.

"…수용유사적침해이론은 국가 기타 공권력의 주체가 위법하게 공권력을 행사하여 국민의 재산권을 침해하였고 그 효과가 실제에 있어서는 수용과 다름없을 때에는 적법한 수용이 있는 것과 마찬가지로 국민이 그로 인한 손실의 보상을 청구할 수 있다는 것이다. 과연 우리 법제하에서 그와 같은 이론을 채택할 수 있는 가는 별론으로 하더라도 1980.6월의 비상계엄 당시 국군보안사령부 정보처장이 언론통폐합조치의 일환으로 사인소유의 방송사 주식을 강압적으로 국가에 증여하게 한 것이 위 수용유사침해행위에 해당하지 않는다…."

3. 요 건

수용유사침해로 인한 손실보상의 요건은 손실보상의 일반적 요건인 ① 공공필요, ② 재산권에 대한 침해, ③ 특별한 희생 이외에 ④ 보상규정의 결여로 인한 위법한 침해이어야 한다.

Ⅱ. 收用的 侵害의 理論

1. 의 의

1) 개 념

수용적 침해란 적법한 공행정작용의 비전형적이고 비의도적인 부수적 효과로서 발생한, 개인의 재산권에 대한 손해를 전보하는 것을 그 내용으로 하는 법리이다. 타인의 재산권에 수용적 영향을 가하게 되는 이러한 침해는 처음에는 법률에 근거하여 적법하게 타인의 재산권에 가해진 침해이므로 상대방은 수인의무를 지며, 따라서 손실보상의 범위에 포함될 수도 없다.

그러나 시간의 경과에 따라 수인할 수 없을 정도의 의도되지 않은 적법한 침해로 되는 경우가 있는 바, 예컨대 지하철공사가 장기간 계속됨으로 인하여 주변의 상가들이 오랫동안 영업을 하지 못한 경우 또는 도시계획에 의한 도로구역으로 고시되었으나 공사의 미착수로 오랫동안 방치함으로써 고시지역 내의 토지소유자가 커다란 불이익을 입고 있는 경우 등이 그것이다.

이와 같이 공공공사로 인하여 재산권에 대해 가해지는 일정 한도의 제한은 재산권에 대한 사회적 제약으로서 국민은 이를 어느 정도까지는 감수하여야 하겠지만, 그 손해의 내용이나 범위가 매우 심각하다면 타인에게는 부과되지 않은 수인한도를 넘는 특별한 손해로서 수용유사침해의 예에 따라 보상을 요한다고 보는 법리이다.

2) 연 혁

수용적 침해의 이론은 독일의 연방사법재판소에 의하여 정립된 것으로서, 수용적 침해이론은 보상요건으로서 당해 행위의 위법성의 문제를 제기하지 아니하면서도, 그로 인한 특별한 손해를 전보하여 주는 데에 그 특질 또는 존재의의가 있는 것이다.

2. 근 거

수용유사침해이론과 동일하다.

3. 요 건

수용적 침해로 인한 손실보상의 요건은 손실보상의 일반적 요건인 ① 공공필요, ② 특별한 희생 이외에 ③ 침해의 적법성 및 비의도성, ④ 보상규정의 부존재이다.

Ⅲ. 犧牲補償請求權 등

1. 의 의

희생보상청구권이란 행정청의 처분 등에 의한 비재산권의 침해행위가 손실보상의 요건을 구비하고 있으나 법률이 이에 관한 보상규정을 두고 있지 않을 경우에, 이에 관한 손실을 보상하는 법리이다.

이 제도는 독일의 관습법상의 희생보상청구권에 그 유래를 두고 있다.

특히 행정청의 처분 등에 의한 비재산권의 침해행위가 위법하나 법률이 이에 관한 보상규정을 두고 있지 않을 경우에 그 손실을 전보하는 법리를 희생유사보상청구권이라고 구별하기도 하나, 구별의 실익은 의문스럽다.

2. 근거(인정 여부)

희생보상청구권의 인정 여부에 대하여 손해배상의 문제로 보거나, 일반적인 손실보상으로 보아 이를 부정하는 견해가 있으며, 「헌법」 제23조 제3항에 의하여 손실보상의 법리를 유추적용하여 이를 수용하는 견해가 있다.

생각건대, 수용유사침해이론과 보상규정을 결한 비재산권의 침해의 문제는 손실보상의 문제로 해결하는 방법이 합리적이라 할 수 있다. 간접효력설을 취하는 경우에는 수용유사침해이론을 수용할 수 있다.

3. 요 건

희생보상청구권의 요건은 손실보상의 일반적 요건인 ① 공공필요, ② 특별한 희생 이외에 ③ 비재산권에 대한 침해, ④ 보상규정의 부존재이다.

第4. 結果除去請求權論

Ⅰ. 槪 念

1. 의 의

'결과제거청구권'이란 위법한 공행정작용에 의하여 야기된 사실상태로 인하여 권리를 침해받은 자가 행정주체에 대하여 위법한 사실상태(결과)를 제거하여 침해 이전의 원래의 상태로의 회복을 청구할 수 있는 권리를 말한다.

이러한 의미에서 결과제거청구권은 행정상의 원상회복청구권 또는 방해배제청구권이라고도 한다.

결과제거청구권은 독일에서 학설과 판례를 통하여 인정되었다.

2. 성 질

결과제거청구권은 손해배상제도나 손실보상제도에 의해서 구제가 불완전한 경우에 효율적인 권리구제를 위하여 인정되는 권리로서 공권에 속한다.

또한 결과제거청구권은 위법한 공행정작용에 의하여 야기된 결과의 제거를 구하는 권리이므로, 고의·과실과는 무관한 독자적인 국가책임제도의 하나이다.

Ⅱ. 法的 根據

결과제거청구권을 인정할 것인가에 대하여 명문의 규정이 없는 경우에 이를 부정하는 견해가 없지 아니하나, 오늘날에는 결과제거청구권을 인정하는 견해가 지배적이다.

결과제거청구권을 인정하는 경우에는 법치행정원리, 기본권규정, 「민법」상의 관계규정의 유추적용에서 그 근거를 찾을 수 있다.

Ⅲ. 要 件

1. 공행정작용

결과제거청구권은 공행정작용을 대상으로 한다. 행정주체의 사법상 작용의 경우에는 사법상 청구권만이 문제된다. 공행정작용은 작위만을 뜻하는 것이 아니고, 침해를 가져오는 의무에 위반한 부작위로도 가능하다.

2. 법률상 이익의 침해

개인의 권리가 침해되어야 한다. 침해된 권리는 일반적으로 재산권이지만, 재산상 가치 있는 권리에만 한정되는 것은 아니고, 그 밖에 명예·직업 등도 포함된다.

3. 위법한 상태의 계속

결과제거청구권은 위법한 상태의 제거를 내용으로 하므로 위법한 상태가 존재하고 있어야 한다.

위법은 처음부터 위법한 경우도 있고, 기한의 경과나 조건의 발생 등으로 인해 사후에 위법하게 되는 경우도 있다.

그러나 행정행위가 위법하더라도 취소되지 아니하고 효력을 유지하고 있는 경우에는 결과제거청구건은 인정되지 아니한다.

4. 결과제거의 가능성·허용성·수인가능성

① 원상회복 또는 유사한 상태의 회복이 가능하여야 하며, ② 법상 허용되어야 하며, ③ 수인이 가능하여야 한다. 이러한 요건이 구비되지 아니하면 손해배상이나 손실보상만이 문제된다.

Ⅳ. 內 容

1. 원상회복의 청구

결과제거청구권은 위법한 공행정작용으로 발생하거나 사후적으로 위법하게 된 상태의 직접적인 제거만을 목적으로 한다. 즉, 결과제거청구권은 발생된 손해의 배상이나 보상이 아니라, 공행정작용으로 인한 위법한 사실상태를 원래의 상태 또는 그와 유사한 상태로 회복하는 것을 내용으로 한다.

2. 과실상계

결과제거청구권의 발생을 가져오는 위법한 상황에 청구권자도 책임이 있다면, 청구권의 범위는 감소된다.

3. 청구권의 경합

결과제거청구권에 의하여도 침해된 손해가 완전히 복구되지 아니하는 경우에는 결과제거청구권 외에 손해배상청구권의 행사도 가능하다.

Ⅴ. 爭訟節次

결과제거청구권을 공권으로 보는 경우에는 이에 관한 쟁송은 공법상의 당사자소송으로 제기하여야 한다. 경우에 따라서는 취소소송에 관련청구소송으로 병합하여 제기할 수도 있다.

第 2 章 行政爭訟法制

第 1 節 行政審判

第1. 概 觀

주요쟁점

1. 행정심판이란 무엇을 말하는가?
2. 「행정심판법」에서의 행정심판제도와 개별법의 특별행정심판제도는 어떠한 관계에 있는가?
3. 행정심판의 장점과 단점은 무엇인가?
4. 행정심판의 제기요건은 무엇인가?
5. 행정심판은 행정소송과 어떤 차이가 있는가?

Ⅰ. 行政審判의 意義

1. 개 념

1) 의 의

(1) 광의의 행정심판

일반적으로 행정심판이란 행정청의 위법 또는 부당한 처분 그 밖에 공권력의 행사·불행사 등으로 인한 국민의 권리 또는 이익의 침해에 대한 구제를 도모하기 위하여 행정소송에 앞서 행정기관이 행하는 심판절차를 말한다.

이와 같은 행정심판은 현행법상으로는 행정심판(行審法 §1), 이의신청(國稅法 §66), 심사청구·심판청구(國稅法 §55 이하) 등 여러 가지 용어로 불리워진다. 즉, 특별행정심판을 포함하는 개념이다.

(2) 협의의 행정심판

좁은 의미에서의 행정심판이라 하면 「행정심판법」에 의하여 운용되는 행정심판을 말한다. 즉, 일반행정심판을 의미한다.

2) 일반행정심판 · 특별행정심판

일반행정심판이란 행정청의 위법 · 부당한 처분 또는 부작위에 대한 불복에 대하여 행정기관이 행하는 쟁송절차로서 「행정심판법」에 의하여 운용되는 행정심판제도를 말한다.

이에 반하여 특별행정심판이란 행정청의 처분이나 부작위에 대한 행정심판에 관하여 규정한 일반법으로서의 「행정심판법」이 정한 행정심판절차와는 달리 처분의 특수성에 비추어 각 개별법에서 정한 특별한 쟁송절차에 의한 행정심판을 말한다.

「행정심판법」 제4조 제1항은 행정심판체계화를 도모하고자 "행정심판에 관하여는 사안의 전문성과 특수성을 살리기 위하여 특히 필요한 경우가 아니면 청구인에게 불리한 내용으로 이 법에 대한 특례를 다른 법령으로 정할 수 없다."라고 규정하여, 다른 법률에 의한 특별행정심판절차는 허용하되 청구인에게 불리한 내용을 배제하도록 하였다.

현행법제에서의 특별행정심판의 전형적인 예는 조세의 부과 · 징수처분에 대한 행정심판(심사청구 등)을 들 수 있으며, 기타 공무원의 신분상 불이익처분에 대한 행정심판(소청)과 특허심판, 해난심판 등을 들 수 있다.

2. 성 격

1) 준사법적 작용

행정심판은 행정상의 분쟁에 관하여 사실을 인정하고 그에 대하여 법을 해석 · 적용하여 그 분쟁을 심리 · 판단한다는 점에서 재판에 준하는 작용이다. 이러한 의미에서 행정심판은 실질적 의미의 사법작용이라고 한다.

2) 행정작용

또한 행정심판은 행정의사의 표현으로서 분쟁있는 행정법관계를 규율하고 일정한 행정법질서를 형성 · 유지 · 소멸시킴으로써 행정목적의 실현을 도모한다는 점에서 볼 때 행정행위의 성질을 지닌다.

이는 「행정소송법」이 소송의 대상을 '처분'과 '재결'을 합하여 '처분 등'으로 하고 있는(同法 2① 1호) 것은 행정심판의 행정행위로서의 성격을 전제로 한 것임을 알 수 있다.

3. 다른 개념과의 비교

1) 청 원

모든 국민은 법률(청원법)이 정하는 바에 의하여 국가기관에 청원할 권리를 가진다. 국가는 청원에 대하여 심사할 의무가 있으며(憲法 §26①②), 「청원법」은 청원을 받은 행정기관에게 심사처리의무와 통지의무를 부과하고 있다(同法 §9).

이처럼 청원과 행정심판은 모두 행정권에 대하여 자기반성을 촉구하고 행정처분의 취소·변경을 구함을 목적으로 한다는 점에서 공통된다.

그러나 양자는 다음과 같은 성질상의 차이가 있다.

① 행정심판은 침해된 권리·이익의 구제를 위한 쟁송제도이나, 청원은 권리구제제도라기보다 국정에 대한 국민의 의사표시를 보장하는 제도이다. 따라서 행정심판은 권리·이익이 침해된 경우에만 제기할 수 있지만, 청원은 그 뿐만 아니라 법령의 제정·개정이나 제도의 개선 등에 대한 희망의 표시로도 할 수 있다.

② 청원은 누구든지 어떠한 기관(입법·사법·행정기관·처분기관·감독기관·지방자치단체기관)에 대해서도, 기간의 제한없이 원칙적으로 어떠한 사항에 관해서도 제기할 수 있지만, 행정심판은 제기권자·수리기관·제기기간·제기사항 등에 엄격한 제한이 따른다.

③ 청원의 심사절차·재정형식·통지형식 또는 판정내용에 대하여 법적 기속이 없고, 통지행위가 불가변력·불가쟁력을 발생하지 않으므로, 심사결과에 불만이 있으면 다시 청원 또는 행정쟁송을 제기할 수 있으며, 행정청도 신청 또는 직권으로 앞의 통지내용을 변경할 수도 있을 것이다.

그러나 행정심판에 있어서는 재결의 형식·절차에 법적 제한이 따르고 판정내용에 기속력이 인정되는 점에서 차이가 있다.

2) 「민원 처리에 관한 법률」에서의 이의신청제도

「민원 처리에 관한 법률」은 "법정민원에 대한 행정기관의 장의 거부처분에 불복하는 민원인은 그 거부처분을 받은 날부터 60일 이내에 그 행정기관의 장에게 문서로 이의신청을 할 수 있다."고 규정하고, "민원인은 제1항의 규정에 의한 이의신청 여부와 관계없이 「행정심판법」에 의한 행정심판 또는 「행정소송법」에 의한 행정소송을 제기할 수 있다."라고 규정하고 있다(同法 §35①③).

따라서 이 법에 의한 이의신청은 준사법적 절차가 보장되어 있지 않고, 별도로 「행정심판법」에 의한 행정심판을 제기할 수 있으므로 협의의 행정심판에는 해당하지 아니한다. 또한 이의신청을 기각하는 결정의 통지도 종전의 처분이 적법·타당하다는 사실을 확인하는 사실행위에 해당하므로 처분성이 인정되지 않는다.

3) 진정(陳情) 등

행정심판은 법이 정한 일정한 절차와 형식에 따라 행하여지는 법적 행위인데 반하여, 진정은 법정의 형식과 절차에 의하지 아니하고, 행정청에 대하여 어떤 희망을 진술하는 행위로서 사실행위에 불과하다.

행정의 적법·타당성을 보장하기 위한 행정의 자율적 통제수단으로 행정청 자신의 발의에 의한 '직권재심사'도 심판청구의 제기에 의하는 행정심판과 구별된다.

Ⅱ. 行政審判의 機能

1. 의 의

행정심판은 ① 행정의 자율적 통제기능과 ② 국민의 권리구제기능을 가진다.

이러한 행정심판의 기능은 행정심판제도의 장점으로 구현되고 있다. 그러나 국민의 권리구제기능을 제고하는 데 행정심판제도는 일정한 한계를 지닌다.

2. 행정심판제도의 장점과 단점

1) 행정심판제도의 장점

(1) 시간·비용의 절감

법원이 정식의 절차를 밟아 신중히 심리하는 경우와는 달리 충분한 심리를 하지 못하는 면이 있기는 하지만, 신속하고 저렴한 비용으로 끝낼 수 있다는 장점이 있다.

(2) 자율적 통제의 보장

행정심판의 판단기관은 행정기관이므로 행정행위의 당·부당까지 판단할 수 있어 행정권의 자율적 통제를 보장하고 있다.

(3) 전문·기술적 지식의 활용

법문제에 국한하여 볼 때 현재로서는 과학기술의 발달·사회제도의 복잡화 등에 따라 행정활동의 적법여부의 판단에는 전문기술적 지식이 요청되는 경우가 많아지고, 이러한 경우에는 법원보다도 전문행정기관이 훨씬 신속하고 정확한 판단을 내릴 수 있다.

(4) 법원의 부담의 완화

행정주체와 사인 사이에 처분이 대량으로 이루어지는 영역에서 행정심판의 단계에서 분쟁을 해결하고 법원의 부담을 줄이는 입법정책도 합리적이라 할 수 있다. 조세나 사회보험과 같이 사안의 내용이 전문적인 경우에는 더욱 그러하다. 특히 이러한 경우는 행정심판의 과정에서 쟁점이 명확해지므로 이후 최종심에 임하는 법원의 심리가 용이하게 진행된다.

2) 행정심판제도의 단점

행정심판제도의 단점은 다음과 같다.

① 행정기관에 의한 판단이라는 점에서 법원보다는 판단기관의 독립성(제3자성)이 확보되지 않기 때문에 판단의 공정성이 담보되지 않을 수 있다.

② 간이·신속성을 확보한다는 면에서 볼 때 사실인정이 법원의 심리만큼 엄격한 절차에 의할 수 없다는 한계로 인하여 판단의 공정성이 낮아질 수 있다.

물론 이 점을 지나치게 염려하여 독립성, 절차의 엄격성·신중성에 신경을 쓰면 장점으로서의 간이·신속성을 실현할 수 없게 된다.

3. 행정심판의 임의절차화

행정심판제도의 장·단점과 국민의 권리구제적 기능을 고려하여 행정심판제도의 선택 여부를 국민에게 부여하기 위하여 「행정소송법」의 개정을 통하여 1998년 3월 1일부터 행정심판이나 행정소송의 선택주의를 택함으로써 국민의 권리보호에 편의를 부여하였다(行訴法 §18-행정심판과의 관계).

第2.「行政審判法」

주요쟁점

1.「행정심판법」의 적용범위는 어떠한가?
2. 행정심판위원회의 종류로는 어떠한 것이 있는가?
3. 행정심판 제기요건의 내용(처분, 청구인, 피고적격, 제기기간 등)은 어떠한가?

Ⅰ. 槪 觀

1. 의 의

「행정심판법」은 행정기관이 심리·재결하는 행정심판절차에 관한 일반법을 말한다. 따라서 개별법에 따로 행정심판에 관하여 특별한 사항을 규정한 경우가 아니라면 「행정심판법」이 적용된다.

2. 연 혁

우리나라에서의 행정심판제도는 1951년에 「소원법(訴願法)」을 제정하여 30여년간 운영되었다.

이후 행정수요의 팽창과 국민의 권익보호의 필요에 부응하기 위하여 「행정심판법」을 1984년 제정하여 1985년 10월 1일자로 시행하게 되었다. 이후 운영상의 미비점 등을 개선·보완하는 수 차례의 개정을 거쳐 현재에 이르고 있다.

3. 주요 내용

현행법상의 행정심판제도 전체를 개관하면 다음과 같다.

① 「행정심판법」은 원칙적으로 행정청의 어떠한 처분이나 부작위에 대해서도 행정심판을 제기할 수 있도록 개괄주의를 채택하고 있다. 그러나 행정심판을 청구할 것인가 아니면 직접 법원에 행정소송을 제기할 것인가는 다른 법률에 특별한 규정이 있는 경우를 제외하고는 자유롭게 선택할 수 있다(行訴法 §18①②).

② 최근 제7차 「행정심판법」의 일부 개정(2008.2.29 법률 제8871호)으로 국무총리

행정심판위원회, 국민고충처리위원회, 국가청렴위원회를 통합하여 행정심판사건과 고충민원 등의 창구를 일원화하기 위한 국민권익위원회를 설치함에 따라 국무총리행정심판위원회의 소속·구성을 국무총리 소속에서 국민권익위원회로 변경하고, 위원장을 법제처장에서 국민권익위원회 부위원장 3인 중 1인이 겸임하도록 변경하였으며(同法 §5③, §6의2③), 다시 제8차 「행정심판법」의 전부개정(2010. 1.25 법률 제9968호)을 통하여 국무총리행정심판위원회를 중앙행정심판위원회로 변경하였다(同法 §6②).

③ 행정심판위원회가 행정심판사건에 대하여 직접 재결을 하도록 하는 등 절차 간소화를 통하여 사건 처리기간을 대폭 단축함으로써 창구 일원화의 효과를 극대화하고 행정심판제도의 본래 취지인 신속한 권리구제에 기여하고자 하였다.

④ 「행정심판법」에 의하여 운용되는 행정심판제도 이외에 사안의 전문성과 기술성을 살리기 위한 특허심판과 그에 대한 항고심판, 해난심판(海難審判), 소청, 조세심판청구 등 특별행정심판제도가 있다. 이와 같이 특별법에 의하여 운용되는 행정심판은 재결에 대한 특별한 불복절차를 두기도 한다.

⑤ 행정청의 처분이나 부작위 때문에 발생할 수 있는 당사자의 중대한 불이익이나 급박한 위험을 막기 위하여 집행정지제도 이외에 당사자에게 임시지위를 부여할 수 있는 임시처분제도를 두고 있다(同法 §31).

⑥ 전자정보처리조직을 통하여 간편하게 행정심판을 청구할 수 있는 제도를 두고 있다(同法 §52-§54).

4. 행정심판의 목적

행정심판제도에 관한 기본법으로서의 지위와 성격을 가지는 「행정심판법」은 첫째로, 행정청의 위법 또는 부당한 처분이나 부작위로 침해된 국민의 권리 또는 이익을 구제하고 둘째로, 행정의 적정한 운영의 확보라는 객관적 법질서, 즉 행정의 자기통제에 그 목적을 둔다(同法 §1).

Ⅱ. 行政審判의 種類

1. 취소심판

1) 의 의

행정심판의 대표적인 유형으로 행정청의 위법 또는 부당한 처분(공권력의 행사 또는 그 거부나 그 밖에 이에 준하는 행정작용)으로 인하여 권익을 침해당한 자가 그 취소 또는 변경을 구하는 행정심판을 말한다(行審法 §5 ⅰ).

취소심판의 주된 목적은 공정력 있는 처분의 취소 또는 변경에 있으며, 일정한 청구기간 안에 심판청구를 하여야 하는 제한이 있다.

2) 성 질

취소심판의 성질은 법률관계를 성립시킨 처분의 효력을 다툼으로써 당해 처분의 취소 또는 변경을 통하여 그 법률관계를 소멸·변경하는 성질의 심판, 즉 형성적 성질을 가진다.

3) 재 결

취소심판의 청구가 이유 있다고 인정할 때에는 행정심판위원회는 심판청구의 대상이 된 처분을 취소·변경하거나 처분청에게 변경을 명할 수 있다(인용의 재결-行審法 §43③).

2. 무효등확인심판

1) 의 의

행정청의 처분의 효력유무 또는 존재여부에 대한 확인을 구하는 행정심판을 말한다(行審法 §5 ⅱ).

무효(또는 부존재)인 행정처분은 무효선언 등 별도의 행위를 기다릴 것 없이 처음부터 당연히 무효이지만, 행정행위로서의 외형이 존재하거나 존재하는 것처럼 오인됨으로써 법적으로 무효 또는 부존재인 처분도 행정청에 의하여 집행될 우려가 있다. 뿐만 아니라 엄연히 유효하게 존재하는 처분을 관계 행정청이 마치 무효 또는 부존재인 것처럼 주장하는 예도 없지 않을 것이다. 그러므로 처분의 상대방이나 이해관계인은 특정한 처분의 효력유무나 존재여부에 대한 공권적인 판단·선언을 받음으로써 처분의 무효·부존재 또는 유효·존재를 유권적으로 확정하여야 할 필요가 있다.

무효등확인심판은 취소심판의 경우와는 달리 청구기간이나 사정재결에 관한 규정이 적용되지 않는다(行審法 §27⑦, §44③).

2) 성 질

무효등확인심판의 성질에 대해서도 확인적 쟁송으로 보는 견해와 형성적 쟁송으로 보는 견해로 나누어진다.

생각건대, 무효등확인심판은 실질적으로는 확인적 쟁송이나, 형식적으로는 처분의 효력의 유무 등을 직접 소송의 대상으로 한다는 점에서 형성적 쟁송으로서의 성질을 동시에 지니는 것으로서 준형성적 쟁송이라고 보는 것이 타당하다.

3) 재 결

행정심판위원회는 심판청구가 이유 있다고 인정할 때에는 심판청구의 대상이 된 처분의 유효·무효 또는 존재·부존재를 확인하는 재결을 한다(行審法 §43④). 원래 확인판결의 효력은 당해 소송의 당사자 및 관계인에게만 미치는 것이 원칙이나, 확인재결은 그 대상인 처분의 성질상 취소판결과 같이 당해 행정심판의 당사자는 물론 제3자에게도 미친다(大判 1982.7.27, 82다173).

3. 의무이행심판

1) 의 의

행정청의 위법 또는 부당한 거부처분이나 부작위로 인하여 권익의 침해를 당한 자의 청구에 의하여 그 법률상 의무인 처분의 이행을 구하는 행정심판을 말한다(行審法 §5 iii).

「행정심판법」은 행정심판의 유형의 하나로 의무이행심판을 명시함으로써 행정청의 하자있는 부작위에 대한 구제문제를 입법적으로 해결하였다.

부작위에 대한 의무이행심판은 소극적 행정작용을 대상으로 하는 것이기 때문에 심판청구기간의 제한을 받지 아니한다(行審法 §27⑦).

2) 성 질

의무이행심판은 행정청에게 일정한 처분을 할 것을 명하거나 처분을 하는 심판이므로, 재결의 형태에 따라 이행재결의 경우에는 이행쟁송으로서의 성질을 가지며, 처분재결의 경우에는 형성적 쟁송으로서의 성질을 가진다. 또한 피청구인이 일정한 처분을 하여야 할 법률상 의무의 이행기가 도래한 경우에는 그 이행의무의 존재를 주장하는 행정심판만이 가능하고, 장래의 이행쟁송(民訴法 §251 참조)과 같은 것은 허용되지 아니한다.

3) 재 결

행정심판위원회는 심판청구가 이유 있다고 인정할 때에는 지체없이 신청에 따른 처분을 하거나(형성적 재결), 처분을 할 것을 처분청에게 명하는 재결(이행적 재결)을 하여야 한다(行審法 §43⑤).

처분의 이행을 명하는 재결이 있으면 행정청은 지체 없이 이전의 신청에 대하여 재결의 취지에 따라 처분을 하여야 한다(同法 §49②). 처분청은 기속행위의 경우에는 신청대로의 처분을 하여야 하지만, 재량행위의 경우에는 처분을 할 의무는 있으나(인용 또는 거부) 원칙적으로 신청대로의 처분을 할 의무는 없다.

Ⅲ. 行政審判의 對象

1. 의 의

행정심판의 대상은 행정청의 '처분'과 '부작위'이다(同法 §3).

'행정청'이란 행정주체의 법률상의 의사를 스스로 결정하고 이를 외부에 표시하는 권한을 가진 행정기관을 말한다.

「행정심판법」에서도 '행정청'이란 "행정에 관한 의사를 결정하여 표시하는 국가 또는 지방자치단체의 기관, 그 밖에 법령 또는 자치법규에 따라 행정권한을 가지고 있거나 위탁을 받은 공공단체나 그 기관 또는 사인(私人)을 말한다."(同法 §2 iv)라고 규정하고 있다.

2. 처 분

행정심판의 대상은 행정청의 처분이다. '처분'은 "행정청이 행하는 구체적 사실에 관한 법집행으로서의 공권력의 행사 또는 그 거부, 그 밖에 이에 준하는 행정작용"을 말한다(同法 §2 i). 그러므로 행정심판의 대상인 '처분'에는 ① 공권력의 행사, ② 공권력행사의 거부, ③ 공권력행사나 그 거부에 준하는 행정작용이 포함된다.

1) 공권력의 행사

구체적 사실에 관한 법집행으로서의 '공권력의 행사'라 함은 행정청이 행하는 권력적 행정작용을 의미하며, 강학상의 행정행위가 그 중심이다. 이른바 행정청의 처분적 행위를 의미한다.

이에 대하여 공권력의 행사에는 행정행위, 이른바 처분적 행위 뿐 아니라 권력적 사실행위, 예컨대 「형사소송법」에서의 사람의 수용, 「국세징수법」에서의 물건의 압류나 「감염병의 예방 및 관리에 관한 법률」에서의 격리조치 등도 포함된다고 보는 견해가 일반적이나, 이러한 행정작용은 공권력행사에 준하는 행정작용으로 파악하는 것이 법문에 충실한 견해라 할 것이다.

2) 공권력행사의 거부 -거부처분-

거부처분이란 인・허가 또는 행정규제권한발동 등 일정한 적극적 행정행위의 신청이 있을 경우, 그 신청에 따른 행정행위를 할 것을 거부하는 내용의 행정행위이다. 신청에 대하여 명시적으로 거부하거나 반려하는 결정은 물론이고, 신청에 대하여 일정기간 내에 처분을 하지 않으면 거부로 본다고 규정하고 있는 간주거부도 이에 포함된다. 이 거부처분은 행정청의 부작위와는 구별되는 것으로서, 비록 소극적 내용의 것이기는 하더라도 외관상 행정청의 일정한 행정행위가 있는 것이며, 다만 그 효과가 현재의 법률상태를 변동시키지 않으려는 소극적 효과, 즉 소극적 공권력행사이다.

3) 공권력행사와 그 거부에 준하는 행정작용

이는 행정청의 행정작용 가운데 공권력행사작용 또는 거부처분은 아니지만 행정청의 대외적 작용으로서 개인의 권리와 이익에 구체적으로 영향을 미치는 작용을 말한다. 「행정심판법」이 행정청의 공권력행사 또는 그 거부처분 이외에 이에 준하는 행정작용을 '처분'의 개념에 포함시킨 것은 현대와 같은 고도의 정보·산업사회에서 행정작용의 다양화와 전문화 경향에 발맞추어 새로운 유형의 행정작용으로 시민이 입을 불이익을 구제받을 수 있도록 하기 위한 것임과 동시에, 어떤 행정작용이 공권력행사나 그 거부로서의 실체를 갖추지 못한 것이지만 그에 대한 실효적 구제수단이 존재하지 않을 경우에 처분의 개념을 확대함으로써 구제의 폭을 넓히기 위한 것이다.

따라서 취소를 구하는 행정처분의 내용이 불분명하여 행정처분으로써 유효하게 성립되었는지의 여부에 관하여 당사자 사이의 다툼으로 논쟁의 소지가 있는 경우에 법원으로서는 당사자들이 다투지 않더라도 이에 관하여 직권으로 조사·판단할 수 있다(大判 1995.2.14, 94누5069; 大判 1995.11.14, 95누10853).

3. 부작위

1) 부작위의 의의

'부작위'라 함은 "행정청이 당사자의 신청에 대하여 상당한 기간 내에 일정한 처분을 하여야 할 법률상 의무가 있는데도 처분을 하지 아니하는 것"을 말한다(行審法 §2 ii).

이는 행정청이 개인의 법령에 의거한 신청을 방치하거나 그 처리를 지연시켜 불이익을 입히는 일이 없도록 부작위에 대하여도 행정심판을 제기할 수 있게 함으로써 사무처리의 촉진과 그 부작위로 인한 국민의 권리이익의 침해를 구제하려는 것이다.

법령 가운데 개인의 신청이 있은 후 일정 기간이 경과하기까지 행정청이 아무런 결정도 아니하는 경우에 그 기간 종료일에 당해 신청이 거부된 것으로 의제되는 규정이 있는 바, 그러한 경우에는 부작위가 아니라 거부처분에 해당한다.

2) 부작위의 성립요건

(1) 당사자의 신청의 존재

신청은 법령에 규정이 있는 경우(旅券法 §6)뿐만 아니라, 「헌법」의 기본권 조항과 관련하여 법해석상 신청권이 있는 것으로 인정되는 경우를 포함한다.

(2) 상당한 기간의 경과

당사자의 신청이 있은 후 상당한 기간이 지나도 행정청이 인용이나 거부 등 어떠한 처분도 하지 아니한 상태가 존재하여야 한다. 어느 정도의 기간을 상당한 기간으로 볼 것인지는 일반적으로 사회통념상 또는 사무처리상의 상식으로 보아 필요하다고 생각되는 기간을 가리킨다. 「민원사무처리에 관한 법률」의 사무처리기간이 판단의 기준이 될 수 있다(同法 §20① 참조).

(3) 처분을 할 법률상 의무의 존재

행정청이 처분을 하여야 할 법률상 의무는 법령이 일정한 요건을 갖춘 때에 일정한 처분을 할 것을 명하는 뜻의 명문의 규정이 있을 경우는 물론, 법령의 취지나 당해 처분의 성질로 보아 기속행위에 해당하는 경우도 포함한다. 나아가, 재량행위의 경우에도 내용이 특정되어 있지는 않지만 일정한 처분을 하여야 할 의무는 있다고 하겠다.

4. 행정심판의 제외사항

행정심판에서 제외되는 사항은 두 가지 유형이 있다. 하나는 「행정심판법」에 행정심판의 성격상 예외를 인정하는 경우이며, 다른 하나는 행정심판이 가능함에도 행정심판을 허용하지 아니하고 다른 구제수단을 통한 권리구제제도를 둔 경우이다. 따라서 전자는 행정소송을 통한 권리구제가 가능하나, 후자는 행정소송을 통한 권리구제가 허용되지 않는다.

1) 「행정심판법」에서의 예외

「행정심판법」은 행정심판사항에 대하여 개괄주의를 채용함으로써 법률상 예외를 규정하고 있는 경우를 제외하고는 모든 위법·부당한 '처분' 또는 '부작위'가 행정심판의 대상이 되지만, 「행정심판법」은 행정심판사항에 대하여 두 가지 예외사항을 규정하고 있다.

즉, ① 대통령의 처분 또는 부작위에 대하여는 다른 법률에 특별한 규정이 있는 경우를 제외하고는 행정심판을 제기할 수 없으며(同法 §3②), ② 행정심판청구에 대한 재결 및 같은 처분 또는 부작위에 대하여 다시 심판청구를 제기할 수 없다(同法 §51-재심판청구의 금지).

2) 특별법에서의 예외

① 다른 법률에 의하여 행정심판을 제기할 수 없다고 규정되어 있는 처분, 즉 「농지법」 제62조 또는 구 「건축법」 제83조와 같이 별도의 구제절차가 마련되어 있는 처분은 행정심판의 대상에서 제외된다.

② 한편 통고처분에 이의가 있는 자는 불이행으로 고발되어 당연히 법원의 재판을 받게 되어 있으므로(租次法 §15, 關稅法 §311 등), 이 경우도 행정심판을 제기할 수 없다.

Ⅳ. 行政審判機關 -行政審判委員會

1. 의 의

행정심판기관이란 행정심판이 적법하게 제기되면 이를 심리·재결하는 권한을 가진 기관을 말한다.

「행정심판법」은 행정심판의 청구를 심리·재결하는 행정기관으로 행정심판위원회를 두고 있다(同法 §2 iii, §6).

종전의 「행정심판법」은 행정심판의 객관적 공정성을 확보한다는 차원에서 심리·의결기능과 재결기능을 분리하여 심리·의결기관으로 행정심판위원회를 두고 재결기관으로 재결청을 두었다.

그러나 처분청·의결기관인 행정심판위원회·행정심판위원회의 의결에 따라 재결하는 재결청 등 행정심판과 관련된 기관의 구조가 복잡해서 국민에게 혼선이 발생하며, 처분청의 답변서가 행정심판위원회에 접수되기 전에 반드시 재결청을 경유하여야 하고, 행정심판위원회에서 의결결과를 청구인에게 직접 통보하지 못함에 따라 행정심판사건의 처리기간만 늘어나 신속한 권리구제라는 행정심판제도의 취지에 부합하지 못하는 문제점을 개선하기 위하여, 재결청의 개념을 없애고 행정심판위원회에서 행정심판사건의 심리를 마치면 직접 재결을 하도록 하여 행정심판사건의 처리기간을 단축하여 신속한 권리구제에 기여하고자 「행정심판법」(2008.2.29 법률 제8871호)을 개정하여, 행정심판위원회에 합의제행정청의 지위를 부여하였다.

2. 행정심판위원회의 유형

1) 해당 행정청 소속으로 두는 경우

심판청구의 대상인 처분 또는 부작위를 한 행정청이 ① 감사원, 국가정보원장, 그 밖에 대통령령으로 정하는 대통령 소속기관의 장, ② 국회사무총장・법원행정처장・헌법재판소사무처장 및 중앙선거관리위원회사무총장, ③ 국가인권위원회, 그 밖에 지위・성격의 독립성과 특수성 등이 인정되어 대통령령으로 정하는 행정청 또는 그 소속 행정청의 경우에는 해당 행정청의 소속으로 행정심판위원회를 둔다(同法 §6①).

2) 국민권익위원회에 두는 경우

심판청구의 대상인 처분 또는 부작위를 한 행정청이 ① 상술한 행정청 외의 국가행정기관의 장 또는 그 소속 행정청, ② 특별시장・광역시장・도지사・특별자치도지사(특별시・광역시・도 또는 특별자치도의 교육감을 포함한다) 또는 특별시・광역시・도・특별자치도의 의회(의장, 위원회의 위원장, 사무처장 등 의회 소속 모든 행정청을 포함한다), ③「지방자치법」에 따른 지방자치단체조합 등 관계 법률에 따라 국가・지방자치단체・공공법인 등이 공동으로 설립한 행정청-〔다만, 시・도의 관할구역에 있는 둘 이상의 지방자치단체(시・군・자치구를 말한다)・공공법인 등이 공동으로 설립한 행정청은 제외한다〕-인 경우에는「부패방지 및 국민권익위원회의 설치와 운영에 관한 법률」에 따른 국민권익위원회에 중앙행정심판위원회를 둔다(同法 §6②).

3) 시・도지사 소속으로 두는 경우

심판청구의 대상인 처분 또는 부작위를 한 행정청이 ① 시・도 소속 행정청, ② 시・도의 관할구역에 있는 시・군・자치구의 장, 소속 행정청 또는 시・군・자치구의 의회(의장, 위원회의 위원장, 사무국장, 사무과장 등 의회 소속 모든 행정청을 포함한다), ③ 시・도의 관할구역에 있는 둘 이상의 지방자치단체(시・군・자치구를 말한다)・공공법인 등이 공동으로 설립한 행정청인 경우에는 시・도지사 소속으로 두는 행정심판위원회를 둔다(同法 §6③).

4) 직근 상급행정기관 소속으로 두는 경우

해당 행정청에 두거나 국민권익위원회에 두지 않는 대통령령으로 정하는 국가

행정기관 소속 특별지방행정기관의 장의 처분 또는 부작위에 대한 심판청구에 대하여는 해당 행정청의 직근 상급행정기관 소속으로 행정심판위원회를 둔다(同法 §6④).

3. 행정심판위원회의 구성 · 운영 등

1) 구 성

(1) 행정심판위원회

행정심판위원회는 위원장 1명을 포함하여 50명 이내의 위원으로 구성한다. 위원장은 그 행정심판위원회가 소속된 행정청이 되며, 위원장이 없거나 부득이한 사유로 직무를 수행할 수 없거나 필요하다고 인정하는 경우에는 ① 위원장이 사전에 지명한 위원, ② 소속 공무원인 위원(2명 이상인 경우에는 직급 또는 고위공무원단에 속하는 공무원의 직무등급이 높은 위원 순서로, 직급 또는 직무등급도 같은 경우에는 위원 재직기간이 긴 위원 순서로, 재직기간도 같은 경우에는 연장자 순서로 한다)의 순서에 따라 위원이 위원장의 직무를 대행한다(同法 §7①②). 다만, 시 · 도지사 소속으로 두는 행정심판위원회의 경우에는 해당 지방자치단체의 조례로 정하는 바에 따라 공무원이 아닌 위원을 위원장으로 정할 수 있다. 이 경우 위원장은 비상임으로 한다(同法 §7③).

행정심판위원회의 위원은 ① 변호사 자격을 취득한 후 5년 이상의 실무 경험이 있는 사람, ②「고등교육법」 제2조 제1호부터 제6호까지의 규정에 따른 학교에서 조교수 이상으로 재직하거나 재직하였던 사람, ③ 행정기관의 4급 이상 공무원이었거나 고위공무원단에 속하는 공무원이었던 사람, ④ 박사학위를 취득한 후 해당 분야에서 5년 이상 근무한 경험이 있는 사람, ⑤ 그 밖에 행정심판과 관련된 분야의 지식과 경험이 풍부한 사람 중에서 성별을 고려하여 위촉하거나 그 소속 공무원 중에서 지명한다(同法 §7④).

회의는 위원장과 위원장이 회의마다 지정하는 8명의 위원으로 구성하되, 위촉위원이 6명(위원장이 공무원이 아닌 경우에는 5명) 이상 포함되어야 한다. 다만, 시 · 도지사 소속으로 두는 행정심판위원회의 경우에는 해당 지방자치단체의 조례로 정하는 바에 따라 위원장과 위원장이 회의마다 지정하는 6명의 위원(그중 위촉위원은 5명 이상으로 하되, 공무원이 아닌 위원이 위원장인 경우에는 4명 이상으로 한다)으로 구성할 수 있다(同法 §7⑤). 이는 심리 · 재결의 객관성과 공정성을 보장하기 위한 것이라고 볼 수 있다.

⑵ 중앙행정심판위원회

중앙행정심판위원회는 위원장 1명을 포함하여 70명 이내의 위원으로 구성하되, 위원 중 상임위원은 4명 이내로 한다(同法 §8①).

위원회의 위원장은 국민권익위원회의 부위원장 중 1명이 되며, 위원장이 없거나 부득이한 사유로 직무를 수행할 수 없거나 위원장이 필요하다고 인정하는 경우에는 상임위원(상임으로 재직한 기간이 긴 위원 순서로, 재직기간이 같은 경우에는 연장자 순서로 한다)이 위원장의 직무를 대행한다(同條 ②).

상임위원은 일반직공무원으로서 「국가공무원법」 제26조의5에 따른 임기제공무원으로 임명하되, 3급 이상의 공무원 또는 고위공무원단에 속하는 일반직공무원으로 3년 이상 근무한 사람이나 그 밖에 행정심판에 관한 지식과 경험이 풍부한 사람 중에서 위원장의 제청으로 국무총리를 거쳐 대통령이 임명하고, 그 임기는 3년으로 하며, 1차에 한하여 연임할 수 있다(同法 §8③, §9②).

비상임위원은 행정심판위원회의 위원 자격에 해당하는 사람 중에서 위원장의 제청으로 국무총리가 성별을 고려하여 위촉하되, 위촉된 위원의 임기는 2년으로 하되, 2차에 한하여 연임할 수 있다(同法 §8④, §9③).

위원회의 회의는 위원장, 상임위원 및 위원장이 회의마다 지정하는 비상임위원을 포함하여 총 9명으로 구성한다(同法 §8⑤).

위원회는 「도로교통법」에 따른 자동차운전면허 행정처분에 관한 사건을 심리·의결하게 하기 위하여 4명의 위원으로 구성하는 소위원회를 둘 수 있으며, 위원장이 지정하는 사건을 미리 검토하도록 필요한 경우에는 전문위원회를 둘 수 있다(同法 §8⑥⑧).

2) 운 영

합의제기관인 행정심판위원회는 구성원 과반수의 출석과 출석위원 과반수의 찬성으로 의결한다(同法 §8⑦).

위원회의 조직과 운영 등에 필요한 사항은 대통령령으로 정한다.

3) 위원의 신분보장 등

① 대한민국 국민이 아닌 사람, ②「국가공무원법」 제33조 각 호의 어느 하나에 해당하는 사람은 행정심판위원이 될 수 없으며, 위원이 이에 해당하게 된 때에는 당연히 퇴직한다(同法 §9④).

위촉된 위원은 금고(禁錮) 이상의 형을 선고받거나 부득이한 사유로 장기간 직무를 수행할 수 없게 되는 경우 외에는 임기 중 그의 의사와 다르게 해촉(解囑)되지 아니한다(同法 §9⑤).

4) 제척 · 기피 · 회피제도

행정심판의 객관성과 공정성을 유지하기 위하여 위원이 담당하는 구체적 사건과 특수한 관계가 있을 경우 그 사건의 직무집행에서 배제되는 제척 · 기피 · 회피제도를 두고 있다.

「행정심판법」은 심판청구사건에 대한 심리 · 의결의 공정을 도모하기 위하여 위원과 당해 사건의 심리 · 의결에 관한 사무에 관여하는 직원의 제척 · 기피 및 회피에 관하여 명시하고 있다(同法 §10).

위원에 대한 제척신청이나 기피신청은 그 사유를 소명(疏明)한 문서로 하여야 하나, 불가피한 경우에는 신청한 날부터 3일 이내에 신청 사유를 소명할 수 있는 자료를 제출하여야 한다. 위원장은 제척신청이나 기피신청을 받으면 제척 또는 기피 여부에 대한 결정을 하고, 지체 없이 신청인에게 결정서 정본(正本)을 송달하여야 한다(同法 §10③내지⑥ 참조).

(1) 제 척

제척이란 행정심판위원회의 위원 및 관계직원이 구체적인 심판청구사건에 대하여 법률에서 정한 특수한 관계가 있는 때에 법률상 당연히 그 사건에 관한 심리 · 의결을 행할 수 없는 경우를 가리킨다(同法 §10①).

제척사유는 ① 위원 또는 그 배우자나 배우자이었던 자가 당해 사건의 당사자가 되거나 당해 사건에 관하여 공동권리자 또는 의무자의 관계에 있는 경우, ② 위원이 당해 사건의 당사자와 친족관계에 있거나 있었던 경우, ③ 위원이 당해 사건에 관하여 증언이나 감정(鑑定)을 한 경우, ④ 위원이 당해 사건에 관하여 당사자의 대리인으로서 관여하거나 관여하였던 경우, ⑤ 위원이 당해 사건의 대상이 된 처분 또는 부작위에 관여한 경우이다.

(2) 기 피

기피란 법률상 정해진 제척사유 이외의 심리 · 의결의 공정을 기대하기 어려운 사정이 있는 경우에 당사자의 신청을 기다려 위원회의 의결을 거치지 아니하고 위원장의 결정으로 위원이 심리 · 의결에서 배제되는 경우를 가리킨다(同法 §10②).

(3) 회 피

회피란 위원이 스스로 제척 또는 기피의 사유가 있다고 인정하여 자신이 스스로 심리·의결을 피하는 경우를 가리킨다(同法 §10③).

4. 행정심판위원회의 권한과 의무

1) 권 한

행정심판위원회가 심판청구사건을 심리하고 재결하는 과정에서 가지는 권한에는 다음과 같은 것이 있다.

(1) 심리·재결권

행정심판위원회는 심판청구사건을 심리·재결할 권한을 가진다.

심리권이란 재결의 기초가 되는 사실관계 및 법률관계를 명백히 하기 위하여 당사자 및 관계인의 주장과 반박을 듣고, 그를 뒷받침하는 증거 기타의 자료 등을 수집·조사할 수 있는 권한을 말한다.

이 경우 심리는 구술심리 또는 서면심리로 한다. 다만, 당사자가 구술심리를 신청한 때에는 서면심리만으로 결정할 수 있다고 인정되는 경우 외에는 구술심리를 하여야 하며, 구술심리 신청을 받으면 그 허가 여부를 결정하여 신청인에게 알려야 한다(同法 §40①②).

심리는 각 심판청구사건을 단위로 각각 하는 것이 원칙이나, 필요하다고 인정할 때에는 서로 내용이 유사한 사건의 심리청구를 병합하여 심리하거나 병합된 심판청구를 다시 분리하여 심리할 수 있다(同法 §37).

행정심판위원회는 심판청구사건의 심리의 능률화를 도모할 수 있도록 심리권에 수반되는 일정범위 내의 부수적인 여러 가지 권한을 가진다.

「행정심판법」이 규정하고 있는 내용으로는 ① 대표자선정권고권(同法 §15②), ② 청구인의 지위승계신고접수 및 허가권(同法 §16⑤), ③ 대리인선임허가권(同法 §18①ⅴ), ④ 피청구인경정권(同法 §17②), ⑤ 제3자 및 이해관계인의 심판참가허가 및 요구권(同法 §20⑤, §21①), ⑥ 청구변경허가권(同法 §29⑥), ⑦ 보정요구권(同法 §32①) 등이 있다.

(2) 증거조사권

행정심판위원회는 심판청구사건의 심리를 위하여 필요하다고 인정할 때에는 당사자의 신청 또는 직권에 의하여 증거조사를 할 수 있는 권한을 가진다(同法

§36①). 즉, 행정심판위원회는 심판청구사건의 심리를 위하여 필요하다고 인정할 때에는 당사자의 신청이나 직권에 의하여 ① 당사자나 관계인을 신문(訊問)하는 방법, ② 당사자 또는 관계인이 소지하는 문서·장부·물건 그 밖의 증거자료의 제출을 요구하고 이를 영치하는 방법, ③ 특별한 학식과 경험을 가진 제3자에게 감정을 요구하는 방법, ④ 당사자 또는 관계인의 주소·거소·사업장이나 그 밖의 필요한 장소에 출입하여 당사자 또는 관계인에게 질문하거나 서류·물건 등을 조사·검증하는 방법으로 증거조사를 할 수 있다.

증거조사를 수행하는 사람은 그 신분을 나타내는 증표를 지니고 이를 당사자나 관계인에게 내보여야 하며, 당사자 등은 위원회의 조사나 요구 등에 성실하게 협조하여야 한다(同法 §36③④).

(3) 기 타

행정심판위원회는 사정재결권(同法 §44), 집행정지결정권(同法 §30②), 임시처분결정권(同法 §31①) 등을 가진다.

2) 의 무

(1) 심판청구의 통지를 할 의무

제3자가 심판청구를 한 때에는 행정심판위원회는 당해 처분의 상대방에게 이를 통지할 의무가 있다(同法 §24②). 즉, 심판청구에 대한 재결은 관계행정청에 대하여 기속력을 가지는 것이며, 특히 취소심판에 대한 인용재결은 대세적 효력을 가지는 것이기 때문에, 제3자가 제기한 심판청구에 대한 재결로 인하여 당해 처분의 상대방은 불측의 손해를 입을 우려가 있으므로 이를 방지하기 위한 것이다.

(2) 제출된 증거자료 등의 원본반환의무

행정심판위원회는 재결을 한 후에 당사자의 신청이 있는 때에는 당해 당사자가 제출하였던 문서·장부·물건 그 밖에 증거자료의 원본을 지체없이 반환하여야 할 의무를 진다(同法 §55).

5. 행정심판위원회의 권한 및 지위의 승계

행정심판청구 이후에 「정부조직법」 등 관계 법령의 개폐로 인하여 행정심판위원회에 변동이 생길 수 있다. 그러한 경우에는 새로이 심리·재결권을 갖게 된 행정심판위원회가 종전의 행정심판위원회의 권한을 승계하게 된다. 그러므로 행정심판위원회의 권한승계가 이루어진 경우에는 종전의 행정심판위원회는 심판청구서와 관계서류 등을 새로이 재결권을 가지게 된 행정심판위원회에 송부하여야 하며, 이 경우 송부를 받은 행정심판위원회는 지체없이 그 사실을 청구인, 피청구인 및 참가인에게 통지하여야 한다(同法 §12).

6. 법령 등의 개선 요청

중앙행정심판위원회는 심판청구를 심리·재결할 때에 처분 또는 부작위의 근거가 되는 명령 등(대통령령·총리령·부령·훈령·예규·고시·조례·규칙 등)이 법령에 근거가 없거나 상위 법령에 위배되거나 국민에게 과도한 부담을 주는 등 크게 불합리하면 관계 행정기관에 그 명령 등의 개정·폐지 등 적절한 시정조치를 요청할 수 있으며, 이 경우 중앙행정심판위원회는 시정조치를 요청한 사실을 법제처장에게 통보하여야 한다. 이러한 요청을 받은 관계 행정기관은 정당한 사유가 없으면 이에 따라야 한다(同法 §59).

7. 권한의 위임

위원회의 권한 중 일부를 국회규칙·대법원규칙·헌법재판소규칙·중앙선거관리위원회규칙 또는 대통령령이 정하는 바에 따라 위원장에게 위임할 수 있다(同法 §61).

V. 行政審判의 當事者 및 關係人

1. 청구인

1) 의 의

행정심판의 제기는 행정청의 처분 또는 부작위에 대하여 이의가 있는 자 모두에게 허용되는 것이 아니라 정당한 청구인만이 제기할 수 있다. 행정심판을 제기할 정당한 청구인이 되기 위하여는 이른바 청구인능력(당사자능력)과 청구인적격(당사자적격)을 구비하여야 한다.

여기서 청구인능력(당사자능력)이란 자신의 이름으로 행정심판을 제기할 수 있는 일반적인 자격을 말한다. 실체법상 권리능력을 가진 자는 자연인이든 법인이든 관계없이 청구인능력을 가지며, 법인 아닌 사단 또는 재단으로서 대표자 또는 관리인이 정하여져 있는 경우에는 그 사단이나 재단도 청구인능력을 가진다(行審法 §14). 또 다수의 청구인들이 공동으로 심판청구를 하여 선정대표자를 선정한 경우에는 그들도 청구인능력을 가진다(同法 §15).

한편 청구인능력이 자신의 이름으로 심판청구인이 될 수 있는 일반적 자격임에 대하여, 청구인적격은 특정의 쟁송에 있어서 당사자로서 승인될 구체적 지위 내지 자격을 말한다.

2) 청구인적격

「행정심판법」은 처분의 취소·변경이나(취소심판) 무효등의 확인(무효등확인심판) 또는 일정한 처분을 구할(의무이행심판) 법률상 이익이 있는 자가 심판청구를 제기할 수 있다고 규정하고 있다(同法 §13①②③).

(1) 취소심판의 청구인적격

취소심판의 청구는 처분의 취소 또는 변경을 구할 '법률상 이익'이 있는 자가 할 수 있다(同法 §13①).

여기서 말하는 '법률상 이익'의 의미와 내용에 대해서는 ① '법률상 보호 이익설'과 ② '보호할 가치있는 이익설'의 대립이 있지만, 법률상 보호이익설이 통설과 판례의 입장이다.

그러나 실제로 누가 청구인적격을 가지는가에 대해서 판단하기란 어려운 경우가 적지 아니하다. 행정심판은 행정소송보다 간이신속한 절차이고 처분의 위법성만이 아니라 당·부당의 문제까지도 다루고 있으므로 청구인적격은 행정소송의 경우보다는 넓게 인정되어야 할 것이라는 주장과 함께 「행정심판법」에서의 청구인적격의 입법상 과오론이 제기되고 있다. 이에 대하여는 청구인적격의 입법상 과오 여부 부분에서 후술하고자 한다.

또한 취소심판의 목적을 청구인의 권익침해를 구제하는 데 있다고 보아 처분이 소멸 또는 실효된 뒤에도 그 취소를 통하여 회복될 수 있는 권리·이익(가령 인격이나 명예의 회복 등)이 있을 경우에도 권리보호의 필요를 인정하고 있다(同法 §9① 後段).

⑵ 무효등확인심판의 청구인적격

무효등확인심판에 있어서는 처분의 효력유무 또는 존재여부에 대한 확인을 구할 법률상 이익이 있는 자가 청구인적격을 가진다(同法 §13②). '무효확인을 구할 법률상 이익'은 행정소송에서의 무효확인소송과 마찬가지로 행정처분의 근거 법률에 의하여 보호되는 직접적이고 구체적인 이익이 있는 경우에는 인정된다고 보아야 하고, 이와 별도로 무효확인심판의 보충성이 요구되는 것은 아니므로 행정처분의 무효를 전제로 한 이행소송 등과 같은 직접적인 구제수단이 있는지 여부를 따질 필요가 없다.

⑶ 의무이행심판의 청구인적격

의무이행심판의 청구인적격은 행정청의 거부처분 또는 부작위에 대하여 일정한 처분을 구할 법률상 이익이 있는 자가 가진다(同法 §13③). 여기서 '처분을 구할 법률상 이익'은 관계법률이 행정청에게 처분의무를 부과한 취지가 적어도 특정개인의 이익도 보호하고자 하는 것인 때에 인정되는 이익이다.

이 경우 재량행위에 있어서는 행정청이 처분의무는 있으나 원칙적으로 특정처분을 할 의무까지를 부담하고 있는 것은 아니므로, 개인은 다만 일정한 처분을 할 것을 청구할 수 있음에 그친다. 그러나 재량행위에 있어서도 재량권이 영으로 수축되는 예외적인 경우에는, 개인이 행정청에 대하여 오직 의무에 합당한 재량처분으로서 하나의 특정처분을 구할 수 있을 것이다.

3) 청구인적격의 입법상 과오 여부

⑴ 입법상 과오설

「행정심판법」에서의 청구인적격으로서의 '법률상 이익'이라는 표현은 입법상 과오라고 한다. 왜냐하면 행정심판의 경우 처분의 위법성뿐만 아니라 당·부당의 문제에 대하여도 다툴 수 있는데(同法 §1), 부당한 행위로는 법률상 이익이 침해될 수 없으므로 청구인적격은 행정소송의 원고적격보다 넓게 인정되어야 하고, 이에 따라 청구인적격으로서의 '법률상 이익'이라는 표현은 입법상 과오에 해당한다는 것이다.

⑵ 입법상 비과오설

청구인적격의 문제는 행정심판제기의 요건에 관한 문제로서 행정의 적법·타당성의 보장과 남소방지의 요청 사이에 결정되는 문제이므로, 본안심리에서의 승소사유와는 직접적으로 관련성이 없기 때문에 입법상 과오가 아니라고 한다.

(3) 사 견

입법상 과오설은 침해의 태양와 침해의 결과를 구분하지 못한 잘못이 있다고 하겠다. 바꾸어 말하면, 침해의 태양은 부당한 침해도 있을 수 있고 위법한 침해도 있을 수 있으며, 이로 인한 침해의 결과는 법률상 이익이 침해될 수도 있고 반사적 이익이 침해될 수도 있다. 따라서 청구인적격으로서의 '법률상 이익'은 입법정책적인 문제이지 입법상 과오라고 할 수는 없다.

4) 청구인의 심리과정상의 권리

(1) 의 의

행정심판에서의 심리미진을 방지하고 분쟁의 공정한 해결을 도모하기 위하여 심리진행에 있어서 행정심판청구인에게 여러 가지 권리를 보장하고 있다.

(2) 내 용

행정심판청구인의 심리과정상의 권리로는 ① 행정심판의 심리는 직권심리를 원칙으로 하고 있기 때문에(同法 §39①) 이를 보완하기 위하여 구술심리를 신청할 수 있도록 하고, 당사자가 구술심리를 신청한 때에는 서면심리를 함이 필요하다고 인정되는 경우 외에는 구술심리를 하도록 하여(同法 §40①) 청구인에게 의견진술의 권리를 부여하고 있으며, ② 당해 사건의 심리를 맡은 위원에게 심리·재결의 공정을 기대하기 어려운 사정이 있다고 생각하는 경우에는 기피신청을 할 수 있으며(同法 §10②), ③ 피청구인의 답변서 제출을 요구하는 권리, ④ 보충서면제출의 권리, ⑤ 증거조사를 신청할 수 있는 권리, ⑥ 청구를 취하할 수 있는 권리 등이 인정되고 있다.

5) 청구인의 지위승계

청구인이 사망한 때에는 상속인 등이, 그리고 법인이나 법인 아닌 사단 또는 재단인 청구인 사이에 합병이 있을 때에는 합병 후 존속하는 법인 등이나 합병 등으로 설립된 법인 등이 그 청구인의 지위를 당연히 승계한다(同法 §16①②③④). 심판청구의 대상인 처분에 관계되는 권리 또는 이익을 양수받은 자는 위원회의 허가를 받아 청구인의 지위를 승계할 수 있다(同條⑤).

2. 피청구인

1) 피청구인적격

심판청구는 처분을 한 행정청(의무이행심판의 경우에는 청구인의 신청을 받은 행정청)을 피청구인으로 하여 제기하여야 한다(同法 §17①). 피청구인은 권리주체인 국가 또는 지방자치단체이어야 하지만 분쟁해결의 편의성을 고려하여 행정청을 피청구인으로 한 것이다.

2) 피청구인 경정

청구인이 심판청구를 제기함에 있어 피청구인을 잘못 지정한 때에는, 행정심판위원회는 당사자의 신청 또는 직권에 의한 결정으로 피청구인을 경정할 수 있다(同法 §17②). 피청구인의 경정이 있으면 종전의 피청구인에 대한 심판청구는 취하되고, 새로운 피청구인에 대한 심판청구가 처음에 심판청구를 한 때에 소급하여 제기된 것으로 본다(同法 §17④).

3) 권한승계에 따른 경정

처분이나 부작위와 관계되는 권한이 다른 행정청에게 승계된 때에는, 이를 승계한 행정청을 피청구인으로 하여야 하는 바(同法 §17① 但書), 심판청구가 제기된 후에 권한승계가 이루어졌을 때에는, 위원회는 위의 경정절차에 준하여 피청구인을 경정한다(同條⑤).

3. 참가인(이해관계자)

행정심판의 결과에 이해관계가 있는 제3자나 행정청은 그 사건에 대하여 심판참가를 할 수 있다. 여기에서의 이해관계자란 행정심판의 재결로 인하여 자기의 법률상 이익이 침해되는 사람을 말한다(大判 1997.12.26, 96다51714).

참가는 ① 이해관계자가 행정심판위원회의 허가를 받아 참가하는 경우와 ② 행정심판위원회가 필요하다고 인정하여 그 사건 심판에 참가할 것을 요구하여 참가하는 경우가 있다. 참가 요구를 받은 자나 행정청은 지체 없이 그 사건 심판에 참가할 것인지 여부를 위원회에 통지하여야 한다.

Ⅵ. 行政審判의 請求

1. 행정심판제기기간

1) 의 의

「행정심판법」은 심판의 청구기간에 제한을 두고 있다. 이는 행정법관계의 조속한 안정을 기하려는 데 그 취지가 있으며, 심판청구기간은 취소심판청구와 거부처분에 대한 의무이행심판청구에만 적용되고, 그 성질상 무효등확인심판과 부작위에 대한 의무이행심판청구에는 적용되지 아니한다(同法 §27⑦).

2) 원칙적 기간

심판청구는 원칙적으로 처분이 있음을 안 날로부터 90일 이내에, 그리고 정당한 사유가 없는 한 처분이 있은 날로부터 180일 이내에 제기하여야 한다(同法 §27①③).

'처분이 있음을 안 날'이란 통지·공고 기타의 방법으로 처분이 있은 것을 현실적으로 알게 된 날을 말하며, 격지자(隔地者)에게 서면으로 통지하는 경우는 그 서면이 상대방에게 도달한 날, 공시송달의 경우는 서면이 상대방에게 도달한 것으로 간주되는 날을 의미한다.

또 '처분이 있은 날'이란 당해 처분이 고지에 의하여 외부에 표시되고 처분으로서의 효력이 발생한 날을 가리킨다(大判 1977.11.22, 77누195). 처분은 보통 상대방에 도달되어야만 효력이 발생한다. 「행정심판법」이 처분의 존재에 대한 상대방의 인식여부와 관계없이 180일이 경과하면 심판청구를 할 수 없게 한 것은 행정법관계의 조속한 안정을 기하기 위한 것이다.

이와 같이 행정심판을 법정기간 내에 제기하도록 한 것은 취소소송의 제소기간에 대응한 것이며, 행정행위의 효력인 불가쟁력의 제도적 표현의 하나이다.

참고판례

▸ '처분이 있음을 안 날'의 의미 : 大判 2002.8.27, 2002두3850.

"행정심판법 제18조 제1항 소정의 '처분이 있음을 안 날'이라 함은 당사자가 통지·공고 기타의 방법에 의하여 당해 처분이 있었다는 사실을 현실적으로 안 날을 의미하고, 추상적으로 알 수 있었던 날을 의미하는 것은 아니라 할 것이며,

다만 처분을 기재한 서류가 당사자의 주소에 송달되는 등으로 사회통념상 처분이 있음을 당사자가 알 수 있는 상태에 놓여진 때에는 반증이 없는 한 그 처분이 있음을 알았다고 추정할 수는 있다.

아파트 경비원이 관례에 따라 부재중인 납부의무자에게 배달되는 과징금부과처분의 납부고지서를 수령한 경우, 납부의무자가 아파트 경비원에게 우편물 등의 수령권한을 위임한 것으로 볼 수는 있을지언정, 과징금부과처분의 대상으로 된 사항에 관하여 납부의무자를 대신하여 처리할 권한까지 위임한 것으로 볼 수는 없고, 설사 위 경비원이 위 납부고지서를 수령한 때에 위 부과처분이 있음을 알았다고 하더라도 이로써 납부의무자 자신이 그 부과처분이 있음을 안 것과 동일하게 볼 수는 없다."

3) 예외적 기간

(1) 90일에 대한 예외

천재 · 지변 · 전쟁 · 사변 그 밖에 불가항력적 사유로 위 기간 내에 심판청구를 제기할 수 없었을 때에는 그 사유가 소멸한 날로부터 14일(국외는 30일) 이내에 제기하면 된다(同法 §27② 但書).

(2) 180일에 대한 예외

심판청구는 정당한 사유가 있으면 180일을 경과한 뒤에도 제기할 수 있다(同條③ 但書). 무엇이 '정당한 사유'에 해당하는가는 위원회에서 합리적으로 판단할 문제이나, 위의 불가항력적 사유보다는 넓은 개념이라 하겠다. 위 기간은 180일의 경우를 제외하고는 모두 불변기간이다(同條④).

4) 제3자의 심판청구와 청구기간

처분의 상대방이 아닌 제3자가 행정심판을 제기하는 경우(일반적으로 복효적 행정행위)에도, 그 기간은 원칙적으로 처분이 있음을 안 날로부터 90일 이내에, 처분이 있은 날로부터 180일 이내라 할 것이다.

참고판례

▸ 제3자의 행정심판 청구기간 : 大判 2002.5.24, 2000두3641.

"행정처분의 상대방이 아닌 제3자는 일반적으로 처분이 있는 것을 바로 알 수 없는 처지에 있으므로 처분이 있은 날로부터 180일이 경과하더라도 특별한 사유가 없는 한 구 행정심판법(1995.12.6. 법률 제5000호로 개정되기 전의 것) 제

18조 제3항 단서 소정의 정당한 사유가 있는 것으로 보아 심판청구가 가능하나, 그 제3자가 어떤 경위로든 행정처분이 있음을 알았거나 쉽게 알 수 있는 등 같은 법 제18조 제1항 소정의 심판청구기간 내에 심판청구가 가능하였다는 사정이 있는 경우에는 그 때로부터 60일 이내에 심판청구를 하여야 하고, 이 경우 제3자가 그 청구기간을 지키지 못하였음에 정당한 사유가 있는지 여부는 문제가 되지 아니한다."

5) 불고지 등과 청구기간

행정청이 고지의무(同法 §58①)에도 불구하고 심판청구기간을 고지하지 아니하거나, 착오로 소정의 기간보다 긴 기간으로 잘못 고지하는 경우가 있을 수 있는 바, 「행정심판법」은 그에 따르는 책임을 행정청이 지도록 하고 있다. 즉, 착오로 소정의 기간보다 장기로 고지된 경우에는 잘못 알린 기간 내에 심판청구가 있으면 90일 이내에 제기된 것으로 보고, 심판청구기간을 고지하지 아니한 때에는 처분이 있은 날부터 180일 이내에 제기할 수 있다(同法 §27⑤⑥).

6) 심판청구기간의 계산

'심판청구가 있은 때'란 피청구인인 행정청 또는 행정심판위원회에 심판청구서가 제출된 때에 심판청구가 제기된 때로 보는 도달주의를 취하고 있다(同法 §23④).

기간의 계산은 법령에 특별한 규정이 있는 경우 외에는 「민법」상의 기간의 계산에 관한 규정(民法 §156-§161)에 따름이 원칙이다.

심판청구기간은 불변기간이다(同法 §27④).

2. 행정심판청구서 제출기관 등

1) 심판청구서의 서면제출

심판청구는 일정한 사항을 기재(필요적 기재사항)한 서면으로 하여야 한다(同法 §28①②). 즉, 청구인의 성명 및 주소, 피청구인인 행정청과 행정심판위원회, 심판청구의 대상이 되는 처분의 내용, 처분이 있은 것을 안 날, 심판청구의 취지 및 이유, 처분을 한 행정청의 고지의 유무 및 그 내용 등이다.

참고판례

▶ 행정심판청구의 형식에 관한 판례 : 大判 1999.6.22, 99두2772.
"행정심판청구는 엄격한 형식을 요하지 아니하는 서면행위이므로, '행정청의 위법·부당한 처분으로 인하여 권리나 이익을 침해당한 사람이 당해 행정청에 그 처분의 취소나 변경을 구하는 취지'의 서면을 제출하였다면 서면의 표제나 형식 여하에 불구하고 행정심판청구로 봄이 옳다."

2) 제출기관

행정심판을 청구하려는 자는 심판청구서를 작성하여 피청구인이나 위원회에 제출하여야 한다. 종전의 처분청경유주의는 폐지되었다. 행정청이 고지를 하지 아니하거나 잘못 고지하여 청구인이 심판청구서를 다른 행정기관에 제출한 경우에는 그 행정기관은 그 심판청구서를 지체 없이 정당한 권한이 있는 피청구인에게 보내야 한다(同法 §23①②).

3) 행정청의 처리

(1) 피청구인(행정청)에 제출된 경우

(가) 피청구인의 청구인용

심판청구서를 받은 행정청(피청구인)은 심판청구가 이유있다고 인정할 때에는 심판청구의 취지에 따라 직권으로 처분을 취소·변경하거나 확인을 하거나 신청에 따른 처분을 할 수 있다.

이 경우 서면으로 청구인에게 알려야 하며, 또한 관련 서류를 행정심판위원회에 제출하여야 한다(同法 §25).

(나) 행정심판위원회에의 송부

행정청(피청구인)은 청구인이 심판청구를 취하한 경우를 제외하고는 심판청구서를 그 접수일로부터 10일 이내에 답변서를 첨부하여 행정심판위원회에 송부하여야 한다(同法 §24①).

(다) 청구인에의 통지 등

청구인이 스스로 제출한 심판청구서의 처리상황을 알게 하여 주장의 보충과 증거서류를 준비할 수 있도록 피청구인인 행정청은 심판청구서를 행정심판위원회에 송부한 때에는 지체없이 그 사실을 청구인에게 통지하여야 한다(同法 §24⑤). 피청구인이 심판청구서를 접수하거나 송부받으면 10일 이내에 심판청구서와 답변서를 위원회에 보내야 한다. 피청구인은 처분의 상대방이 아닌 제3자가 심판청구를 한 경우에는 지체 없이 처분의 상대방에게 그 사실을 알려야 한다(同法 §24①②).

(2) 행정심판위원회에 제출된 경우

행정심판위원회가 심판청구서를 받으면 지체 없이 피청구인에게 심판청구서 부본을 보내야 하며, 위원회는 피청구인으로부터 답변서가 제출되면 답변서 부본을 청구인에게 송달하여야 한다(同法 §26①②).

3. 심판청구의 변경

심판청구의 계속 중에 청구인이 청구한 심판사항을 변경하는 것을 말한다.

1) 청구의 변경

청구인은 청구의 기초에 변경이 없는 한도 안에서 청구취지(예컨대, 취소심판에서 무효확인심판으로 변경) 또는 청구이유(예컨대, 처분의 위법을 부당으로 변경)를 변경할 수 있다(同法 §29①). 청구변경은 행정심판위원회의 의결이 있기 전까지 할 수 있다.

2) 처분변경으로 인한 청구변경

피청구인인 행정청이 심판청구 후에 그 대상인 처분을 변경한 때, 예컨대 영업허가의 취소처분을 정지처분으로 변경한 때에 청구인은 변경된 처분에 맞추어 청구취지 또는 이유를 변경할 수 있다(同條②).

3) 청구변경의 절차

청구변경은 서면으로 신청하되, 위원회는 청구변경 신청에 대하여 허가할 것인지 여부를 결정하고, 지체 없이 신청인에게는 결정서 정본을, 당사자 및 참가인에게는 결정서 등본을 송달하여야 한다(同條③⑥).

4) 심판청구의 취하

청구인은 의결이 있을 때까지는 언제든지 서면으로 심판청구를 취하할 수 있으며(同法 §42①), 취하로서 심판청구는 소급하여 소멸된다. 취하에는 피청구인의 동의를 필요로 하지 아니한다.

4. 심판청구의 효과

행정심판의 제기에 따르는 효과는 행정심판기관에 대한 것과 심판청구의 대상인 처분의 집행부정지에 대한 것으로 나누어 볼 수 있다.

1) 행정심판기관에 대한 효과

심판청구가 제기되면 행정심판위원회는 심리·재결할 의무를 진다. 이는 심판청구의 제기요건에 흠결이 있어 부적법한 심판청구인 경우에도 동일하다.

2) 집행부정지원칙

처분에 불복하여 행정심판을 제기한 효과로서 처분의 집행정지효과를 인정할 것인가의 여부는 입법정책의 문제이다.

「행정심판법」은 행정의 원활한 운영이라는 공익목적을 위하여 행정심판이 제기되더라도 그것이 원칙적으로 처분의 효력이나 집행 또는 절차의 속행에 영향을 주지 아니한다(同法 §30①)고 하여 집행부정지원칙을 채택하고 있다.

Ⅶ. 行政審判의 審理

1. 의 의

1) 개 념

사건이 회부되면 행정심판위원회는 재결에 필요한 각종 사실 및 증거 등의 자료를 수집하고 정리하는 절차를 밟게 되는 바, 이 절차를 가리켜 심판청구의 심리라 한다. 즉, '심리'란 재결의 기초가 될 사실관계 및 법률관계를 명백히 하기 위하여 당사자 및 관계인의 주장과 반박을 듣고 증거서류 등 기타의 자료를 수집하고 조사하는 일련의 절차를 말한다.

2) 심리와 재결

심리권은 당연히 재결권을 가진 행정심판위원회의 권한에 속한다.

3) 사법절차의 준용

행정심판위원회의 적정한 재결은 관계인의 충분한 의견개진과 증거자료의 제출, 당사자 사이의 자유로운 변론기회가 보장되어야만 가능하다. 그러나 행정심판제도의 간이신속한 권리구제적 기능 때문에 영미법상의 적법절차 또는 자연적 정의의 원리가 반드시 요청되는 것은 아니나, 가능한 한 존중되어야 한다.

우리 「헌법」은 "행정심판의 절차는 법률로 정하되 사법절차가 준용되어야 한다."(同法 §107③)고 천명하여 심리절차의 사법화를 도모하고 있다.

2. 요건심리와 본안심리

1) 요건심리

요건심리는 당해 심판청구가 법정의 제기요건을 구비한 적법한 것인가의 여부를 심리하는 것을 말한다. 요건심리의 결과 그것이 부적법한 것인 때에는 이를 각하한다. 그러나 그 요건불비가 보정될 수 있는 것인 때에는 위원회는 상당한 기간을 정하여 그 보정을 요구하거나, 경미한 것은 직권으로 보정할 수 있다(同法 §32①).

2) 본안심리

본안심리는 요건심리의 결과 심판청구가 적법한 것이면, 당해 심판청구의 내용의 당부, 즉 처분 또는 부작위의 적법·위법(법률문제)이나 당·부당(재량문제)에 관하여 실질적으로 심사하는 것을 말한다.

본안심리는 당해 심판청구에 대하여 인용 또는 기각·사정재결 등의 판정을 하기 위한 심리이다.

3. 심리의 범위

1) 불고불리(不告不理) 및 불이익변경금지의 원칙

심리권의 범위가 심판청구의 취지에 의하여 제한되는지의 여부, 즉 심판청구의 심리에 있어서 '불고불리' 및 '불이익변경금지의 원칙'이 적용되는가에 대하여는 견해의 대립이 있었지만, 「행정심판법」은 행정심판의 권리구제적 기능을 중시하여, 행정심판의 심리·재결에 있어서 이들 원칙의 적용을 명문으로 규정하였다(同

法 §47①②).

그러므로 행정심판위원회가 필요하다고 인정할 때에는 당사자가 주장하지 아니한 사실에 대하여 심리할 수 있다(同法 §39)고 하더라도, 그 경우에는 불고불리원칙의 적용을 받아 청구인의 청구범위 내에서 필요에 따라 당사자의 주장 외의 사실을 심리할 수 있을 뿐이다.

2) 법률문제와 사실문제

행정심판의 심리에 있어서는 심판청구의 대상인 처분이나 부작위에 관하여 법률문제로서의 적법·위법문제 뿐만 아니라, 재량행위에 있어서의 당·부당의 문제, 그리고 사실문제까지도 심리할 수 있다.

4. 심리의 기본원칙

1) 대심주의(對審主義)

이는 서로 대립되는 분쟁당사자의 공격과 방어를 통하여 심리를 진행하는 제도이다.

「행정심판법」은 심판청구인과 피청구인을 당사자로 하여 이들이 각각 공격·방어방법을 제출케 하고, 원칙적으로 제출된 공격·방어방법을 기초로 하여 심리·의결하는 대심주의(對審主義)를 취하고 있다. 위원회가 구술심리를 할 경우에 기일을 정하여 당사자와 관계인을 소환하도록 한 것은 바로 대심주의의 제도적 보장이라고 할 수 있다(同法 §40②).

2) 구술심리와 서면심리

행정심판의 심리는 구술심리 또는 서면심리를 원칙으로 한다. 다만, 당사자가 구술심리를 신청한 때에는 서면심리만으로 결정할 수 있다고 인정되는 경우 외에는 구술심리를 하여야 한다(同法 §40①). 이는 종래 「행정심판법」이 서면심리주의원칙을 취하고 있었던 것과는 크게 대조를 이룬다.

3) 직권주의

이는 심리의 진행을 위원회의 직권으로 함과 동시에 심리에 필요한 자료를 당사자가 제출하는 것에만 의존하지 아니하고 직권으로 수집·조사하는 것이다. 직권주의를 채용하는 이유는 심리의 간이·신속을 도모하고, 심리를 통한 진실의 발견을 위해서이다.

「행정심판법」은 위원회가 필요하다고 인정할 때에는 당사자가 주장하지 아니한 사실에 대하여도 심리할 수 있고(同法 §39), 직권으로 당사자나 관계인을 신문할 수 있으며, 전문가에게 감정 등을 요구할 수 있다고 규정함으로써(同法 §36①) '직권주의'를 취하고 있다.

4) 비공개주의

소송에 있어서는 재판의 객관적 공정성을 높이기 위하여 '공개주의'를 원칙으로 하나(憲法 §109, 法組法 §57①), 「행정심판법」은 명문의 규정을 두고 있지는 않지만 '직권심리주의'를 채용한 법의 취지를 보건대 '비공개주의'에 의한다고 볼 수 있다.

5. 구체적인 심리절차

구체적인 심리절차 가운데 주요한 것으로는 ① 청구인의 보정서의 제출(同法 §32②), ② 피청구인의 답변서의 제출(同法 §24①), ③ 당사자의 주장의 보충(同法 §33), ④ 당사자의 증거서류 등의 제출권(同法 §34①), ⑤ 증거조사와 의견진술요구권(同法 §36①, §35②), ⑥ 관련청구의 병합과 분리(同法 §37), ⑦ 참가(同法 §20, §21), ⑧ 청구의 취하(同法 §42①②) 등이 있다.

6. 이의신청제도

당사자의 절차적 권리에 중대한 영향을 미치는 지위승계의 불허가, 참가신청의 불허가 또는 청구의 변경 불허가 등 행정심판위원회의 결정에 대하여 행정심판위원회에 이의신청을 할 수 있다(同法 §16⑧, §17⑥, §20⑥, §29⑦).

이는 심판절차에 참여하는 자의 절차적 권리를 보장하고, 행정심판위원회로 하여금 관련 결정을 신중히 하도록 함으로써 행정심판절차의 공정성을 강화하기 위한 것이다.

Ⅷ. 行政審判의 假救濟

1. 집행정지제도

처분에 불복하여 행정심판을 제기한 효과로서 처분의 집행정지효과를 인정할 것인가의 여부는 입법정책의 문제이다.

「행정심판법」은 행정의 원활한 운영이라는 공익목적을 위하여 행정심판이 제기되더라도 그것이 원칙적으로 처분의 효력이나 집행 또는 절차의 속행에 영향을 주지 아니한다(同法 §30①)고 하여 집행부정지원칙을 채택하고 있다.

그러나 이 원칙을 공익이라는 명목하에 지나치게 엄격하게 관철하면 국민의 권리이익의 구제라는 행정심판 제도의 본래의 목적이 손상될 위험성이 크다. 따라서 「행정심판법」은 일정한 요건을 갖추면 집행정지를 인정함으로써(同法 §30②) 국민에 대한 잠정적인 권리보호를 하고 있다.

집행정지는 행정심판위원회가 당사자의 신청이나 직권으로 결정한다(同法 §30②). 또한 집행정지를 결정한 후에 집행정지가 공공복리에 중대한 영향을 미치거나 그 정지사유가 없어진 경우에는 직권으로 또는 당사자의 신청에 의하여 집행정지 결정을 취소할 수 있다(同法 §30④).

집행정지의 요건 등 일반적 법리는 취소소송에서 기술한 바를 참조하기 바란다.

2. 임시처분제도

행정심판위원회는 처분 또는 부작위가 위법·부당하다고 상당히 의심되는 경우로서 처분 또는 부작위 때문에 당사자가 받을 우려가 있는 중대한 불이익이나 당사자에게 생길 급박한 위험을 막기 위하여 임시지위를 정하여야 할 필요가 있는 경우에는 직권으로 또는 당사자의 신청에 의하여 임시처분을 결정할 수 있다(同法 §31①).

임시처분은 집행정지로 목적을 달성할 수 있는 경우에는 허용되지 않으며, 임시처분에 관한 절차 등은 집행정지의 경우를 준용한다(同法 §31②③).

Ⅸ. 行政審判의 裁決

1. 재결의 의의

'재결'이란 행정심판의 청구에 대하여 행정심판위원회가 행하는 판단을 말한다(同法 §2① iii). 이는 행정법상 법률관계의 존부 또는 정부(正否)에 관한 분쟁에 대하여 행하는 행정심판위원회의 판단행위로서 준사법적 성질을 가진다.

2. 재결기간

재결은 피청구인인 행정청 또는 행정심판위원회가 심판청구서를 받은 날로부터 60일 이내에 하여야 하나, 부득이한 사정이 있는 때에는 위원장이 직권으로 30일을 연장할 수 있다. 재결기간을 연장한 때에는 재결기간이 만료되기 7일전까지 당사자에게 이를 통지하여야 한다(同法 §45①②). 위의 재결기간에는 심판청구에 흠결이 있어 그 보정을 명한 경우의 그 보정기간은 산입되지 아니한다(同法 §32⑤).

3. 재결의 방식

① 재결은 서면으로 하되, 재결서에는 사건번호와 사건명, 당사자·대표자 또는 대리인의 이름과 주소, 주문, 청구의 취지, 이유, 재결한 날짜 등을 기재하고 기명날인하여야 한다(同法 §46①②).

② 특히 재결의 방식에서 유의할 점은 '이유' 부기를 필요적 기재사항으로 하고 있다는 점이다. 재결의 이유를 결한 재결이 무효사유인가 아니면 취소사유가 되는가에 대하여 논의가 있지만 무효사유가 된다는 견해가 유력하다.

또 일단 '이유'의 부기가 있을 경우, 그것을 적법한 이유부기라 하기 위하여 어느 정도 구체적으로 기재하여야 할 것인가에 대하여는 다툼이 있다. 일반적으로 재결의 이유에는 주문에 이르기까지의 논리적인 판단과정을 기재할 것이 요구되기 때문에 행정심판위원회가 재결한 판단의 근거를 심판청구인이 이해할 수 있을 정도로 구체적으로 기재되어야 할 것이다.

4. 재결의 범위

「행정심판법」은 "행정심판위원회는 심판청구의 대상이 되는 처분 또는 부작위 외의 사항에 대하여는 재결하지 못하며", "행정심판위원회는 심판청구의 대상이 되는 처분보다 청구인에게 불이익한 재결을 하지 못한다."(同法 §47①②)고 규정하여 '불고불리의 원칙'과 '불이익변경금지의 원칙'을 명문으로 채택하고 있다.

또한 행정심판위원회는 처분의 위법 여부 뿐만 아니라 당·부당도 판단할 수 있다(同法 §1).

5. 재결의 발송·효력발생·공고 등

행정심판위원회가 재결을 한 때에는 지체없이 당사자에게 재결서의 정본을 송달하여야 하고, 재결은 청구인에게 송달이 있은 때에 그 효력이 생긴다(同法 §48①②).

법령의 규정에 의하여 공고된 처분이 재결로써 취소 또는 변경된 때에는, 처분을 행한 행정청은 지체없이 그 처분이 취소 또는 변경되었음을 공고하여야 하고(同法 §49④), 법령의 규정에 의하여 처분의 상대방 이외의 이해관계인에게 통지된 처분이 재결로써 취소 또는 변경된 때에는 처분청은 지체없이 이해관계인에게 그 취소·변경된 사실을 통지하여야 한다(同條⑤).

6. 재결의 내용과 종류

1) 요건재결(각하재결)

요건재결이란 각하재결을 말한다.

'각하재결'은 요건심리의 결과 그 제기요건에 흠결이 있는 부적법한 것이라 하여 본안심리를 거부하는 재결을 말한다(同法 §43①). 예를 들면 청구인적격이 없는 자의 심판청구, 심판청구기간이 경과된 후에 제기된 심판청구, 심판청구사항이 아닌 것에 대한 심판청구 등이 이에 해당한다.

2) 본안재결

(1) 기각재결

'기각재결'은 본안심리의 결과 심판청구가 이유없다고 하여 청구를 배척하고 원처분을 지지하는 재결이다(同法 §43②).

이것은 원처분이 적법하고 타당함을 지지하는 데 그치고 그 효력을 확정하는 것은 아니므로, 기각재결이 있은 후에도 처분청은 당해 처분을 직권으로 취소·변경할 수 있다고 보아야 한다.

(2) 사정재결

(가) 의 의

행정심판위원회는 심판청구가 이유있다고 인정하는 경우에도 이를 인용하는 것이 공공복리에 크게 위배된다고 인정하면 그 심판청구를 기각하는 재결을 할 수 있는 바(同法 §44①), 이를 '사정재결'이라 한다.

사정재결은 그 성격상 취소심판 및 의무이행심판에만 인정되는 것이며, 무효등 확인심판에서는 인정되지 아니한다(同法 §44③).

사정재결을 하는 경우에는 행정심판위원회는 그 재결의 주문에서 그 처분 또는 부작위가 위법하거나 부당하다는 것을 구체적으로 밝혀야 한다(同法 §33① 但書).

(나) 요 건

사정재결은 심판청구를 인용하는 것이 '공공복리에 크게 위배된다고 인정되는 경우'에 할 수 있다.

사정재결은 공공복리라는 공익도모를 위하여 허용되는 예외적인 것이므로, 그 요건인 '공공복리'는 엄격히 해석하여야 한다.

(다) 구제조치

사정재결을 함에 있어서는 행정심판위원회는 청구인에 대하여 상당한 구제방법을 취하거나 상당한 구제방법을 취할 것을 피청구인에게 명할 수 있다(同法 §44②). 다만, 청구인은 사정재결로 인한 구체적인 손해가 있음에도 불구하고 행정심판위원회 등에 의하여 상당한 구제방법이 취하여지지 아니하는 때에는 당해 처분 또는 부작위의 위법을 이유로 「국가배상법」 제2조에 의한 손해배상을 청구할 수 있을 것이다.

(3) 인용재결

인용재결은 본안심리의 결과 심판청구가 이유 있다고 인정하여 청구의 취지를 받아들이는 내용의 재결이다.

① 취소심판에서 인용재결을 하는 경우에는 행정심판위원회는 스스로 당해 처분을 취소 또는 변경하거나(형성재결에 해당), 처분을 다른 처분으로 변경할 것(이행재결에 해당)을 피청구인에게 명한다(同法 §43③).

② 무효등확인심판에서는 처분의 효력 유무 또는 처분의 존재 여부를 확인하는 확인재결을 한다(同法 §43④).

③ 의무이행심판에서는 지체 없이 신청에 따른 처분을 하거나(처분재결에 해당) 처분을 할 것(처분명령재결에 해당)을 피청구인에게 명한다(同法 §43⑤).

7. 재결의 효력

1) 개 관

재결이 이루어지면 행정심판위원회는 지체없이 당사자에게 재결서의 정본을 송달하여야 하며, 이 송달이 있은 때에 재결의 효력이 발생한다(同法 §38①②). 재결도 행정처분과 똑같은 공정력, 집행력, 불가쟁력 등의 효력을 가지며, 재결은 신중한 절차를 거쳐 이루어지는 행정작용이기 때문에 불가변력이 인정된다. 또한 재결은 준사법적 판단작용이라는 점에서 기속력 등과 같은 특별한 효력이 인정된다.

2) 형성력

취소·변경하는 재결이 이루어지면 기존의 법률관계의 변동을 가져오는 형성력이 발생한다. 그러므로 이 경우 처분청이 행하는 재결결과의 통보는 사실행위에 불과하다(大判 1998.4.24, 97누17131).

재결의 형성력은 제3자에게도 미치는 대세적 효력이 있다.

취소재결, 변경재결 내지 처분재결에는 형성력이 인정되나, 명령재결에는 형성력이 인정되지 않는다.

참고판례

▸ 형성적 재결과 이에 따른 처분의 법적 성질 : 大判 1998.4.24, 97누17131.

"원처분(허가처분)에 대한 형성적 취소재결이 확정된 후 처분청이 다시 원처분을 취소한 경우 … 당해 취소재결에 의하여 (원처분은) 당연히 취소·소멸되었고, 그 이후에 다시 위 허가처분을 취소한 당해 처분은 당해 취소재결의 당사자가 아니어서 그 재결이 있었음을 모르고 있는 위 회사에게 위 허가처분이 취소·소멸되었음을 확인하여 알려주는 의미의 사실 또는 관념의 통지에 불과할 뿐 위 허가처분을 취소·소멸시키는 새로운 형성적 행위가 아니므로 항고소송의 대상이 되는 처분이라고 할 수 없다."

3) 기속력

재결은 청구인, 참가인만이 아니라 피청구인과 그 밖의 관계 행정청까지도 기속한다(同法 §49①-기속력의 주관적 범위). 또한 기속력은 처분에 관하여 재결주문 및 그 전제가 된 요건사실의 인정과 판단에만 미치고, 이와 직접 관계가 없는 다른 처분에 대하여는 미치지 아니한다(기속력의 객관적 범위)(大判 1998.2.27, 96누13972). 이를 재결의 기속력이라 한다.

재결의 기속력은 인용재결의 효력이므로, 각하재결이나 기각재결에는 인정되지 아니한다.

기속력의 내용으로 반복금지효와 재처분의무 및 직접처분, 원상회복의무가 있다.

(1) 반복금지효

인용재결이 있게 되면 행정청은 동일한 상황에서 그 재결에 반하는 행위를 할 수 없다. 반복금지효에 위반하는가의 여부는 '기본적 사실관계의 동일성' 여부에 따라 판단하여야 한다.

참고판례

▸반복금지효의 범위 : 大判 2003.4.25, 2003두3201.

"행정심판법 제37조가 정하고 있는 재결은 당해 처분에 관하여 재결주문 및 그 전제가 된 요건사실의 인정과 판단에 대하여 처분청을 기속하므로, 당해 처분에 관하여 위법한 것으로 재결에서 판단된 사유와 기본적 사실관계에 있어 동일성이 인정되는 사유를 내세워 다시 동일한 내용의 처분을 하는 것은 허용되지 않는다고 할 것이다."

(2) 재처분의무와 직접처분

(가) 재처분의무

당사자의 신청을 거부하거나 부작위로 방치한 처분의 이행을 명하는 재결이 있는 경우에는 행정청은 지체없이 이전의 신청에 대하여 재결의 취지에 따라 처분을 하여야 한다(同法 §49②). 이 경우 기속행위의 경우에는 신청한 대로 처분을 하여야 하며, 재량행위의 경우에는 신청에 대한 처분을 하여야 한다.

(나) 직접처분

행정심판위원회는 당해 행정청이 재처분의무를 이행하지 아니하는 경우에는 그 처분의 성질이나 그 밖의 불가피한 사유로 위원회가 직접 처분을 할 수 없는 경우 외에는 당사자가 신청하면 기간을 정하여 서면으로 시정을 명하고 그 기간 내에 이행하지 아니하면 직접 처분을 할 수 있다(同法 §50①).

이와 같은 직접처분 규정은 이행재결의 기속력을 담보하기 위한 제도이므로, 해당 행정청이 어떤 내용이든 처분을 하였다면 위원회의 직접처분권한이 허용되지 않는다고 할 것이다(大判 2002.7.23, 2000두9151). 한편, 행정심판위원회가 직접처분을 한 때에는 그 사실을 당해 행정청에 통보하여야 하며, 그 통보를 받은 행정청은 위원회가 행한 처분을 당해 행정청이 행한 처분으로 보아 관계법령에 따라 관리·감독 등 필요한 조치를 하여야 한다(同法 §50②).

(3) 원상회복의무

취소재결이 있게 되면 행정청은 위법·부당으로 판단된 처분에 의하여 야기된 상태를 제거하여 원상으로 회복할 의무가 있다.

8. 재결에 대한 불복

1) 재심판청구의 금지

심판청구에 대한 재결에 대하여는 다시 심판청구를 제기할 수 없다(同法 §51).

2) 재결에 대한 행정소송

재결에 불복하는 경우에는 그 재결 자체에 고유한 위법이 있음을 이유로 그 취소·변경을 구하거나, 그 재결에 무효사유가 있음을 이유로 무효확인을 구하는 소송을 제기할 수 있다(行訴法 §4, §19 但書).

X. 告知制度

1. 의 의

1) 개 념

고지제도란 행정청이 처분을 함에 있어서 당해 처분의 상대방이 행정심판을 제기하고자 하는 경우의 필요사항, 즉 심판청구절차 등을 고지하여야 할 의무를 지는 제도를 말한다.

2) 성 격

고지는 일정한 처분에 대한 행정불복의 행정심판위원회·불복절차 및 불복기간 등 행정심판의 제기요건을 당해 처분의 상대방에게 알리는 행위로서 비권력적 사실행위이다. 이는 행정청의 일정한 관념을 알린다거나 일정한 의사를 알리는 것이 아니라, 「행정심판법」의 행정심판의 제기에 관한 내용을 구체적으로 알리는 비권력적 사실행위이기 때문에 아무런 법률효과도 수반하지 아니한다. 다만 불고지 또는 오고지로 인하여 손해가 발생한다면 국가배상청구가 가능할 것이다.

3) 필요성

처분의 상대방에게 행정불복절차를 밟을 수 있는 기회를 보장함으로써 행정구제의 가능성을 보장한다. 또 행정청이나 그 구성원인 공무원들은 행정쟁송의 제기를 예상한다면 처분을 행함에 보다 신중을 기함으로써 처분의 적정화를 도모할 수 있을 것이라는 점에서 필요한 제도이다.

2. 고지의 종류

1) 필요적 고지

행정청은 서면에 의한 처분을 하는 경우에 처분의 상대방에게 ① 해당 처분에 관하여 행정심판을 청구할 수 있는지, ② 행정심판을 청구하는 경우의 심판청구 절차 및 심판청구기간을 상대방 신청의 유무에 관계없이 알려야 한다(行審法 §58①).

고지의 방법에 대하여는 「행정심판법」 제58조 제2항 후단의 규정으로 보아 그 처분서면과 함께 서면으로 하는 것이 원칙이라고 하겠다.

고지는 처분시에 하는 것이 원칙이지만, 처분 후에 고지를 하면 불고지의 하자는 치유되며, 그 고지의 효과에는 영향이 없다고 보겠다.

2) 청구에 의한 고지

행정청은 이해관계인으로부터 당해 처분이 행정심판의 대상이 되는 처분인지의 여부와 행정심판의 대상이 되는 경우에 행정심판위원회 및 청구기간에 관하여 알려 줄 것을 요구받으면 지체없이 이를 알려야 한다(同法 §58②).

고지를 요구받은 행정청은 지체없이 고지를 하여야 한다. '지체없이'라는 뜻은 사회통념상 인정될 수 있는 범위 내에서의 신속한 시간의 범위 내를 뜻한다.

고지의 방법에 특별한 제한은 없지만, 고지를 신청한 자가 서면에 의한 고지를 요구한 때에는 반드시 서면의 방법으로 고지를 하여야 한다(同法 §58②).

3. 불고지(不告知) 및 오고지(誤告知)

1) 고지를 하지 아니한 경우

행정청이 고지의무를 해태한 경우에도 당해 처분의 효력에는 아무런 영향이 없다. 그러나 행정청이 고지를 하지 아니하거나 잘못 알려서 청구인이 심판청구를 다른 행정기관에 제출한 때에는 당해 행정기관은 그 심판청구서를 지체 없이 정당한 권한이 있는 피청구인에게 보내야 하고, 그 사실을 청구인에게 알려야 한다(同法 §23②③). 이는 행정청이 필요한 고지를 하지 아니함으로 인하여 국민이 행정불복신청의 기회를 잃지 않도록 하기 위해서이다. 그것이 송부되었을 때에는 처음부터 권한 있는 행정청에 행정심판이 제기된 것으로 본다.

행정청이 심판청구의 기간을 고지하지 아니한 때에는 처분이 있음을 안 경우에도 그 처분이 있은 날로부터 180일내에 심판청구를 할 수 있다(同法 §27⑥).

2) 고지를 잘못한 경우

잘못된 내용의 고지가 행하여진 때에는 고지의 상대방은 그 고지의 내용을 신뢰하고 그에 따라 행정심판의 제기절차를 밟게 된다. 그러므로 행정청의 고지에 따른 신뢰를 보호할 뿐만 아니라, 고지제도의 취지를 살려 행정심판의 기회를 보장하여야 한다.

「행정심판법」은 행정청이 제58조의 규정에 의한 고지를 하지 아니하거나 잘못 알려서, 청구인이 그 고지에 따라서 심판청구서를 다른 행정기관에 잘못 제출한 때에는 그 심판청구서를 접수한 행정기관은 정당한 권한 있는 행정청에 송부하고(同法 §23②), 그 사실을 청구인에게 통지하여야 한다. 행정청이 고지한 심판청구기간이 착오로 소정의 심판청구기간보다 길게 된 때에는 그 고지된 청구기간 내에 심판청구가 있으면 가령 소정의 청구기간이 경과된 것인 때에도 적법한 기간 내에 심판청구가 있은 것으로 의제된다(同法 §23④).

이와 같이 잘못된 고지에 대하여는 행정심판청구인의 신뢰보호의 관점에서 구제수단이 강구되고 있다.

XI. 電子情報處理組織을 통한 行政審判

전자정보처리조직을 통하여 간편하게 행정심판을 청구할 수 있는 시스템이 개발·운영됨에 따라 전자정보처리조직을 통하여도 행정심판을 청구할 수 있다. 이 경우 전자서명 등을 통하여 본인(本人)임을 확인하고, 전자문서를 통한 송달을 허용하고 있다(同法 §52-§54).

第3. 個別法에 의한 特別行政審判

Ⅰ. 概 觀

행정청의 처분이나 부작위에 대한 행정심판에 관하여 규정한 일반법으로서의 「행정심판법」 이외에 사안의 전문성과 특수성에 비추어 각 개별법에서는 특별한 행정불복절차를 규정하고 있는 예가 있다. 「행정심판법」 제4조 제1항은 행정심판 체계화를 도모하고자 "행정심판에 관하여는 사안의 전문성과 특수성을 살리기 위하여 특히 필요한 경우 외에는 이 법에 따른 행정심판을 갈음하는 특별한 행정불복절차(특별행정심판)나 이 법에 따른 행정심판 절차에 대한 특례를 다른 법률로 정할 수 없다."라고 규정하여 특별행정심판을 제한하고 있다.

나아가 다른 법률에서 특별행정심판이나 「행정심판법」에 따른 행정심판 절차에 대한 특례를 정한 경우에도 그 법률에서 규정하지 아니한 사항에 관하여는 「행정심판법」이 정하는 바에 따르도록 하고, 관계 행정기관의 장이 특별행정심판 또는 「행정심판법」에 따른 행정심판 절차에 대한 특례를 신설하거나 변경하는 법령을 제정·개정할 때에는 미리 중앙행정심판위원회와 협의하도록 하여, 「행정심판법」에 의한 행정불복절차가 원칙적이어야 함을 선언하고 있다.

이하에서는 현행법제에서의 특별행정심판의 전형적인 예인 공무원의 신분상 불이익처분에 대한 행정심판과 조세의 부과·징수처분에 대한 행정심판을 개관한다.

Ⅱ. 公務員身分關係에 대한 行政審判 - 訴請

1. 의 의

소청은 징계처분 기타 그의 의사에 반하는 불이익처분(징계 · 강임 · 휴직 · 면직 · 직위해제)을 받은 공무원이 그 처분에 불복하여 소청심사위원회의 심사를 청구하는 행정심판이다(國公法 §76, 地公法 §67). 공무원에 대하여 징계처분을 할 때나 강임(降任) · 휴직 · 직위해제 또는 면직처분을 할 때에는 처분권자 또는 처분제청권자는 처분사유서를 교부하고, 그 처분사유설명서를 받은 공무원이 그 처분에 불복이 있을 때에는 징계처분 · 강임 · 휴직 · 직위해제 또는 면직처분에 대하여 그 사유설명서를 받은 날로부터, 그 이외의 그 의사에 반한 불이익한 처분을 받았을 때에는 그 처분이 있은 것을 안 날로부터 30일 이내에 소청심사위원회에 심사를 청구할 수 있다.

소청의 대상은 징계처분 · 강임 · 휴직 · 직위해제 · 면직처분 기타 본인의 의사에 반하는 불리한 처분이다(國公法 §9①, 地公法 §13). '불리한 처분'은 일반적으로 소청의 취지에 비추어 공무원의 신분에 관한 불이익처분을 가리킨다. 따라서 소청대상인 '불리한 처분'에는 의원면직의 형식에 의한 면직 · 대기명령 · 전직 등이 포함된다고 할 수 있겠다. 공무원에 대한 징계처분의 사유설명서의 교부는 소송서류의 송달이 아니므로 「민사소송법」의 송달방법에 의한 것이 아니고, 이를 받을 자가 볼 수 있는 상태에 놓여질 때에 교부한 것이 된다.

파면이나 근무성적의 불량을 이유로 직권면직(國公法 §70, 地公法 §62)을 한 때에는, 원칙적으로 그 처분을 한 날로부터 40일 이내에 후임자의 보충발령을 하지 못한다(國公法§76②, 地公法§67③). 그러나 소정의 기간 내에 심사청구를 하지 아니한 때에는 그 기간 경과 후에 후임자의 보충발령을 할 수 있다.

2. 심사 및 결정

소청심사위원회가 소청사건을 심사할 때에는 반드시 소청인 또는 그 대리인에게 진술의 기회를 주어야 하며, 진술의 기회를 주지 아니하고 한 결정은 무효이다(國公法 §13).

소청심사청구가 파면 또는 해임이나 대기명령을 받은 자의 직권면직처분으로 인한 경우, 소청심사위원회는 그 청구를 접수한 날로부터 5일 이내에 당해 사건의 최종결정이 있을 때까지 후임자의 보충발령을 유예하게 하는 가결정을 할 수 있으며, 소청심사위원회가 가결정을 하였을 경우에는 가결정을 한 날로부터 20일 이내에 최종결정을 하여야 하고, 각 임용권자는 그 최종결정이 있을 때까지 후임자를 보충발령할 수 없다.

소청심사위원회는 후임자의 보충발령을 유예하게 하는 가결정을 한 경우를 제외하고는, 소청심사청구를 접수한 때에는 그 청구를 접수한 날로부터 60일 이내에 그에 대한 결정을 하여야 하나, 그 의결로 불가피하다고 인정되는 경우에는 30일을 연장할 수 있다(國公法 §76, 地公法 §67).

소청심사위원회의 심리에는 불고불리의 원칙 및 불이익변경금지의 원칙이 적용되지만, 적극적인 변경결정도 가능하다.

소청심사위원회의 결정은 이유를 명시한 결정서로 하여야 하며(國公法 §14⑦), 그 결정은 처분행정청을 기속한다(國公法 §15, 地公法 §20).

3. 결정에 대한 불복

소청을 제기한 자가 소청심사위원회의 결정에 불복이 있는 때에는 위법을 이유로 하는 때에 한하여 그 결정서의 송달을 받은 날로부터 1월 이내에 행정소송을 제기할 수 있다.

징계 또는 본인의 의사에 반하는 불이익처분에 대한 행정소송에 있어서 그 처분청이 대통령인 때에는 「행정소송법」 제13조의 규정에 불구하고 소속장관이 피고가 된다(國公法 §16).

Ⅲ. 租稅處分에 대한 行政審判

조세의 처분에 대한 행정심판은 조세의 부과・징수에 관한 처분의 하자를 이유로 행정기관에 그 취소・변경을 구하는 불복절차를 가리킨다. 「국세기본법」은 조세사건의 특수성을 고려하여 국세의 부과와 징수에 관한 위법・부당한 처분에 대하여는 「행정심판법」의 적용을 배제(同法 §56①)하고 있으며, 「관세법」은 관세의 부과・징수에 관하여 특별규정을 두고 있다(同法 § 38 이하).

조세의 위법・부당한 부과 및 징수처분에 대한 행정심판은 국세와 지방세의 경우로 나누어 볼 수 있다.

1. 「국세기본법」에 의한 행정심판

「국세기본법」은 국세의 처분에 대한 불복수단으로 이의신청과 심사청구 또는 심판청구제도를 두고 있다. 행정심판불복절차로는 ① 심사청구 또는 심판청구를 제기하거나, ② 이의신청을 거쳐 심사청구 또는 심판청구를 제기할 수 있다. 따라서 국세에 관한 불복절차는 원칙적으로 단심급(심사청구 또는 심판청구)이고 예외적으로 2심급(이의신청과 심사청구 또는 심판청구)이다. 행정소송은 행정심판불복절차를 거친 후에 제기할 수 있도록 하여 필요적 행정심판전치주의를 취하고 있다.

1) 이의신청

국세의 부과・징수처분에 대하여 이의가 있는 자는 국세청장이 조사・결정 또는 처리하거나 하였어야 할 것인 경우를 제외하고는 불복의 사유를 갖추어 세무서장이나 세무서장을 거쳐 관할 지방국세청장에게 이의신청을 할 수 있다(國稅法 §55③, §66①).

이의신청기간은 해당 처분이 있음을 안 날(처분의 통지를 받은 때에는 그 받은 날)로부터 90일이다(同法 §61①).

세무서장이나 지방국세청장은 이의신청이 있으면 국세심사위원회의 심의를 거쳐 그 접수일로부터 30일 내에 심리・결정하여, 결정이유를 기재한 결정서를 신청인에게 송달하여야 한다(同法 §66⑥). 다만, 세무서장이 이의신청을 받은 경우에 그 이의신청의 목적물인 처분이 지방국세청장이 조사・결정 또는 처리한 사항인 때에는, 이의신청을 받은 날로부터 7일 이내에 의견서를 붙여 소관 지방국세청장에게 이송하고, 그 뜻을 신청인에게 통지하여야 한다(同法 §66②).

이의신청에 대한 결정에의 불복수단은 심사청구 또는 심판청구가 있다.

2) 심사청구

국세에 관한 처분으로서 위법 또는 부당한 처분을 받거나 필요한 처분을 받지 못함으로써 권리 또는 이익의 침해를 당한 자는 증빙서류를 갖추어 처분세무서장을 거쳐 국세청장에게 심사청구를 할 수 있다. 이의신청에 대한 결정에 이의가 있을 때나 이의신청의 결정기간 내에 결정의 통지가 없을 때에도 동일하다(同法

§62①②).

심사청구기간은 당해 처분이 있은 것을 안 날(처분의 통지를 받은 때에는 그 받은 날)로부터 90일 이내임이 원칙이지만(同法 §61①), 이의신청을 거친 경우에는 그에 대한 결정통지를 받은 날로부터, 결정통지가 없었을 경우에는 그 결정기간이 경과한 날로부터 90일이다(同法 §61②).

국세청장은 심사청구서의 접수일로부터 90일 이내에 국세심사위원회의 의결을 거쳐 결정을 하여야 하며, 결정이유를 기재한 결정서를 청구인에게 송달하여야 한다(同法 §64, §65②).

3) 심판청구

국세에 관한 처분으로서 위법 또는 부당한 처분을 받거나 필요한 처분을 받지 못함으로써 권리 또는 이익의 침해를 당한 자는 증빙서류를 갖추어 처분을 하거나 하였어야 할 세무서장을 거쳐 조세심판원장에게 심판청구를 할 수 있다(同法 §68①, §69①).

심판청구기간은 심사결정서를 받는 날 또는 심사청구에 대한 결정기간이 경과한 날로부터 90일이다(同法 §68②). 심판청구 역시 심사청구에 있어서와 같이 당해 처분의 집행정지의 효력을 가지지 아니한다.

심판청구에 대한 결정기관으로 국무총리 소속으로 조세심판원이 있으며, 조세심판원은 원장과 조세심판관으로 구성된다(同法 §67①③). 조세심판원은 준사법기관에 해당한다.

조세심판원의 결정에는 불고불리(不告不理)의 원칙과 불이익변경금지의 원칙이 적용되며(同法 §79), 그 결정은 관계행정청을 구속한다(同法 §80).

2. 「지방세기본법」에 의한 행정심판

지방세의 불복수단으로는 ① 이의신청을 제기하거나, ② 심사청구 또는 심판청구를 제기하거나, ③ 이의신청을 제기한 후 다시 심사청구 또는 심판청구를 제기할 수 있다.

1) 이의신청

지방세의 부과와 징수에 관한 처분에 이의가 있는 자는 그 처분통지를 받은 날로부터 90일 이내에 불복의 사유를 갖춘 서면으로 도세에 있어서는 도지사에게, 시·군세에 있어서는 시장·군수에게 이의신청을 하여야 한다(同法 §118①).

2) 심사청구 또는 심판청구

이의신청에 대한 결정의 통지를 받은 날로부터 90일 이내에 도지사의 결정에 대하여는 조세심판원장에게 심판청구를, 시장·군수의 결정에 대하여는 도지사에게 심사청구를 하거나 조세심판원장에게 심판청구를 하여야 한다(同法 §119).

3. 「감사원법」에 의한 행정심판 – 심사의 청구

국세나 지방세의 부과·징수에 관한 처분에 이의가 있는 자는 이상의 행정심판절차에 따라 불복절차를 밟는 것이 원칙이나, 예외적으로 「감사원법」 제43조에 의한 감사원에의 심사청구를 할 수 있다. 감사원에의 심사청구는 「감사원법」 제44조의 심사청구기간에 불구하고 당해 처분이 있은 것을 안 날로부터 90일 이내에 하여야만 유효하다(國稅法 §56④, 地稅法 §119). 그러므로 국세나 지방세의 부과·징수에 관한 처분에 이의가 있는 자는 「감사원법」에 의한 심사청구절차를 거쳐서 행정소송을 제기할 수도 있다(大判 1991.2. 26, 90누7944).

4. 심사청구 등의 결정에 대한 불복

1) 필요적 전치주의

조세행정사건에 관하여 행정소송을 제기하기 위하여는 「국세기본법」에 의한 행정심판절차를 거치거나 「감사원법」에 의한 심사청구절차를 거쳐야 한다.

다만, 종전에는 지방세의 경우에도 지방세부과처분에 불복하는 경우 이의신청과 심사청구를 거쳐야만 행정소송을 제기할 수 있었으나, 이의신청과 심사청구를 거치지 아니하고서는 행정소송을 제기할 수 없도록 한 구 「지방세법」은 위헌이라는 결정(헌재 2001.6.28, 2000헌바30)에 따라 현재는 이의신청과 심사청구를 거치지 아니하더라도 바로 행정소송을 제기할 수 있는 임의적 행정심판전치주의로 변경되었다.

2) 제소기간

조세사건의 경우 국세나 관세의 부과와 징수에 관한 행정소송의 제소기간은

「행정소송법」 제20조의 규정에 불구하고 심사청구 또는 심판청구에 대한 결정서의 송달을 받은 날로부터 90일(심사청구 또는 심판청구에 대한 결정통지가 없는 때에는 그 결정기간이 경과한 날로부터 90일)이다(國稅法 §56③).

第 2 節 行政訴訟

第1. 概 觀

주요쟁점

1. 행정소송의 한계의 의미는 무엇이며, 그 내용은 어떠한가?
2. 객관소송의 종류와 내용은 어떠한가?

Ⅰ. 行政訴訟의 意義

1. 행정소송의 개념

1) 실질적 개념

행정소송은 행정법상의 법률관계에 관하여 제기된 소송을 법원이 특수한 소송절차에 따라 해결하는 것이다. 즉, 행정소송이란 "행정작용으로 인하여 국민의 구체적인 권리·이익이 침해된 경우에 법원에 소를 제기하여 행정청의 작위·부작위에 대한 위법성의 심리를 구하여 위법상태를 배제함으로써 권리·이익의 회복이나 실현을 구하는 소송절차"를 가리킨다. 행정소송은 행정기관에 의한 쟁송(행정심판)과는 달리 원칙적으로 행정사건에 대하여 '모든 국민의 재판을 받을 권리'(憲法 §27)의 구체적 보장형태이며, 법치주의의 실효성을 확보하고, 최종적으로 국민의 권리구제를 위한 절차이다.

2) 형식적 개념

한편 「행정소송법」에 의하면 행정소송은 항고소송, 당사자소송, 민중소송, 기관소송의 4종류를 가리킨다고 정의하고 있기 때문에(同法 §3), 형식적 의의에서의 행정소송이란 네 종류의 소송을 의미하게 된다.

2. 구별개념

1) 행정심판과의 차이

행정소송은 행정권행사의 적법성여부를 둘러싼 분쟁을 해결함으로써 국민의 권리·이익의 구제를 목적으로 하는 절차라는 점에서는 행정심판과 유사하다. 그러나 행정소송은 법원에 의한 정식쟁송절차라는 점에서 행정기관에 의한 약식쟁송절차인 행정심판과 구별된다.

2) 민사소송과의 차이

행정소송이 법원에서의 소송절차라는 점에서는 민사소송과 다를 바가 없다. 그러나 행정권의 행사에 관련된 분쟁을 처리하는 절차이기 때문에, 시민 사이의 사적 분쟁을 처리하는 민사소송과는 절차가 다를 수밖에 없다. 따라서 현행 우리 법제는 행정사건에 대하여는 「행정소송법」에 근거하여 별도로 그 심리에 임하고 있다.

3. 행정소송의 이념

1) 기본권의 보장

기본적 인권의 보장은 인권의 향유와 행사의 안전을 도모하고, 그 침해에 대한 적절하고 효과적인 보호와 구제의 확보를 의미한다. 국가권력에 의한 기본권의 침해에 대한 법적 구제방법으로 행정쟁송과 헌법소원을 들 수 있고, 「행정소송법」 제1조는 행정소송의 기본권 보호기능을 구현한다.

2) 법치주의의 실현

법치주의의 실질적인 목적은 행정권의 작용을 법에 종속시켜 그 자의를 불허함으로써, 개인의 자유와 권리를 보장하는 데 있다. 행정소송은 법치주의에 위반된 행정작용으로 인하여 개인의 권익이 침해된 경우에, 그러한 행정작용을 시정함으로써 법치주의의 내용적 실현을 도모하는 제도적 기능을 담당한다.

4. 행정소송제도의 유형

1) 사법국가형과 행정국가형

(1) 개 념

행정소송은 행정권의 행사에 관한 행정청의 판단의 적부를 법원이 심리판단하는 작용이므로 완전히 평등한 입장에서 권리관계를 다투는 국민 개인 상호간의 분쟁해결절차인 민사소송과는 다른 특수한 성격을 가진다. 따라서 행정소송의 절차에는 민사소송과 다른 절차가 요청되지만, 어느 정도까지 여기에 특수성을 인정할 것인가를 둘러싸고 사법국가형과 행정국가형으로 대별할 수 있다.

(가) 사법국가형

영미법계의 국가는 역사적으로 민주주의의 전통이 확고하여 행정권을 행사하는 공무원이라 할지라도 시민과 마찬가지로 보통법(common-law)에 복종해야 하는, 이른바 '법의 지배'의 원칙이 지배하고, 공무원의 위법한 행위로 인하여 시민이 피해를 입은 경우에는 공무원의 개인적 책임이 일반법원에서 민사소송의 절차에 따라 추궁되므로 행정사건이라 할지라도 재판절차에 있어서는 그 특수성이 거의 인정되지 않고 일반법원에서 행정사건을 관할하는 재판제도를 취하는 형태의 국가를 '사법국가'라 한다.

(나) 행정국가형

독일이나 프랑스 등 대륙법계의 국가에서는 전통적으로 왕권이 강대하였던 관계로 행정청과 국민의 관계는 시민 상호간을 규율하는 법인 민사법(私法)과는 다른 계통의 법인 행정법(公法)의 규율대상이 되어 공권의 보장은 사법권에 의하지 않고 행정권 자체의 판단에 속하였다. 행정권의 자립성을 보호하고 유지하기 위하여 행정조직의 내부에 행정재판소가 설치되고 행정권행사의 적부에 관하여는 행정재판소가 관할하는 제도를 취하는 형태의 국가를 '행정국가'라 한다.

(2) 양제도의 특색

① 행정사건을 일반법원에서 관할하는 사법국가형의 이론적 근거와 특색은 권

력분립의 원리를 국가작용의 기능상의 분립으로 파악하여 재판기능을 사법권에 속하게 하는 것이다.

행정사건과 민사사건이 모두 일반법원의 관할에 속하기 때문에 재판기관의 권한의 저촉을 해결하기 위한 제도인 권한재판제도가 필요하지 않게 되어 그 결과 재판권의 통일을 이룰 수 있다는 것이다.

② 행정사건을 일반법원의 관할에서 배제하여 행정권에 속하게 하는 행정국가형의 이론적 근거와 특색은 사법권으로부터의 행정권의 독립이라는 권력분립의 원리와 행정의 전문적·기술적 성질 때문에 행정권의 작용에 관한 분쟁에 대하여는 그에 관한 전문적 재판기관으로 하여금 담당케 하는 것이 합리적이라는 것이다.

이러한 행정재판소제도를 채택하는 경우에는 두 계통의 재판기관 사이의 권한저촉을 해결하기 위한 권한재판제도가 필요하며, 두 계통의 재판기관 사이에 판례의 통일성을 결하게 될 우려가 있다는 점이 지적되고 있다.

(3) 양제도의 접근

행정청의 특징을 강조한 행정국가형의 행정재판제도와 인권보호에 철저한 사법국가형의 행정재판제도는 제2차 대전 후 접근하는 경향을 보이고 있다.

행정국가형에서는 인권보장을 실현하기 위하여 행정재판권을 행정권으로부터 완전히 분리하여 사법권에 속하게 하고, 사법국가형에서는 행정의 전문성을 인정함으로써 사법권의 1차적 관할권을 행정위원회에 부여하거나 일반사법법원의 사실인정권을 제한하는 등 '사법권의 한계이론'을 형성하여 서로 접근하는 경향을 나타내고 있다.

따라서 오늘날 행정권에 대한 사법심사의 성패는 제도 그 자체보다는 오히려 어떻게 합리적인 소송이론을 정립하여 실천화해 나가는가에 달려 있다고 하겠다.

2) 현행 행정소송제도

우리 「헌법」은 행정사건을 포함한 일체의 '법률상 쟁송'을 일반법원의 관할에 둠으로써 「법원조직법」(同法 §2①)·「행정소송법」(同法 §9)의 규정과 관련하여 행정사건에 대하여 법원의 통일관할주의를 규정하고 있다(憲法 §101①②, §107②).

Ⅱ. 行政訴訟과 司法權의 範圍 - 行政訴訟의 限界 -

1. 사법본질적 한계 – '법률상의 쟁송'

1) 헌법과 행정소송

우리 「헌법」은 모든 국민에게 헌법과 법률이 정한 법관에 의하여 법률에 의한 재판을 받을 권리를 보장하고 있으며(憲法 §27①), 명령・규칙 또는 처분이 헌법이나 법률에 위반되는 여부가 재판의 전제가 된 경우에는 대법원은 이를 최종적으로 심사할 권한을 가진다고 규정하고 있다(同法 §107②). 또한, 「행정소송법」이 행정소송사항에 대하여 개괄주의를 채택함으로써(同法 §19, §2① ⅰ) 이론상 일체의 행정사건에 대한 사법심사가 가능하다고 볼 수 있다.

이와 같은 헌법의 취지를 따라, 「법원조직법」은 "법원은 헌법에 특별한 규정이 있는 경우를 제외한 일체의 법률상의 쟁송을 심판하고, 이 법과 다른 법률에 의하여 법원에 속하는 권한을 가진다."(同法 §2①)고 규정함으로써, '법률상의 쟁송'이라면 민사사건이든 행정사건이든 관계없이 모두 사법권의 심리판단에 따라야 한다는 점을 명확히 하였다.

따라서 행정사건도 '법률상의 쟁송'이어야 법원의 사법심사가 가능하다.

2) '법률상의 쟁송'의 개념과 구성요소

'법률상의 쟁송'이란 권리주체 상호간에 존재하는 구체적이고 현실적인 이해의 분쟁으로서 법을 적용하여 해결이 가능한 사건을 가리킨다. 즉, 법률상 쟁송이란 구체적 사건성과 법적 해결성을 갖추어야 한다.

이러한 개념을 구성하는 요소를 분석하면 다음과 같다.

(1) 구체적 사건성

법률상의 쟁송은 구체적이고 현실적인 분쟁이어야 한다.

사법권의 내용은 구체적이고 개별적인 분쟁에 대하여 해결을 하는 것이므로 그 대상이 되는 분쟁은 현실적이고 구체적인 것이 되지 않으면 안 된다. 가정적인 문제 또는 일반적・추상적인 문제는 제외된다.

(2) 법적 해결성

법률상의 쟁송은 법을 적용하여 해결할 수 있는 분쟁이어야 한다.

법원은 법의 적용을 사명으로 하기 때문에 재판의 대상으로 되는 분쟁은 법의 적용에 의하여 해결될 수 있는 분쟁이 되지 않으면 안된다. 정치적 또는 경제적 정책의 당부라든가, 예술적 또는 학술적 평가에 관한 다툼은 법의 해석 · 적용을 직무로 하는 사법권이 판단하기에 적합하지 않는 사항임은 명백하다.

3) 관련 문제

(1) 구체적 사건성과의 관련문제

(가) 일반적 · 추상적인 법령의 효력과 해석

헌법에 위반되는 일체의 법령은 무효이며 상위법령에 위배되는 하위법령도 무효이다. 그러나 이와 같은 법령의 효력과 해석의 문제는 그것이 재판의 전제가 되는 경우와 재판의 전제가 되지 않는 경우가 있다. 물론 입법정책적으로는 구체적 사건과 관련없이 추상적인 법령의 효력 또는 해석에 관한 분쟁 자체를 사법심사의 대상으로 하는 이른바 추상적 규범통제를 인정하는 국가도 있으나, 이는 전통적인 사법의 개념에는 속하지 아니한다. 또한 우리나라 「헌법」은 법령의 효력 또는 해석에 관한 분쟁도 오로지 그것이 개인의 권익을 침해하게 됨으로써 재판의 전제가 되는 경우에 한하여 인정하고 있으므로(憲法 §107②), 구체적인 법적용의 문제를 떠난 추상적인 법령 그 자체의 효력 또는 해석은 처음부터 행정소송의 대상이 되지 않는다(大判 1992.3.10, 91누12639).

그러나 법령 그 자체가 직접 구체적으로 국민의 권리의무관계에 영향을 미치는 경우(이른바 처분법령)에는 행정소송의 대상이 된다(大判 1996.9.20, 95누8003).

(나) 반사적 이익

법률상의 쟁송은 당사자의 구체적인 권리 · 의무에 관한 분쟁의 해결이기 때문에 그 분쟁은 반드시 일방 당사자의 상대방에 대한 구체적 권리 기타 법률상의 이익을 포함하는 것이어야 한다. 따라서 법률관계의 당사자 이외의 자가 제3자적 지위에서 얻을 수 있는 이른바 반사적 이익의 침해는 법률상의 쟁송의 대상이 될 수 없다.

(다) 객관적 소송

법률상의 쟁송의 개념은 당사자의 구체적 권리 · 의무에 관한 분쟁의 해결이므로 일방 당사자의 상대방에 대한 구체적인 권리 기타 법률상의 이익의 주장을 포함하지 않으면 안된다.

따라서 구체적인 권리 · 의무와 직접 관계되지 아니하고, 객관적인 법질서의 유지를 목적으로 하는 민중소송이나 기관소송과 같은 객관적 소송은 법률상의 쟁송이 아니므로 특별한 법률의 근거(憲法 §111①, 憲裁法 §62, §66)가 없는 한 인정되지 아니한다.

(라) 사실행위

일반적으로 사실행위는 개념상 법률적 효과 발생을 직접 의욕하지 않기 때문에 사실행위로 인하여 당사자의 권리나 의무에 직접 영향을 발생하지 않는다. 따라서 '단순한 사실행위'는 법률상 쟁송은 아니나, 수인의무가 발생하는 '권력적 사실행위'는 법률상 쟁송으로 소송제기가 가능하다.

(2) 법적 해결성과의 관련 문제

(가) 행정상의 방침규정

법령이 단순히 행정상의 방침을 규정하고 있음에 지나지 아니하는 경우에는 법률적용상의 문제가 되지 아니하므로 소로써 그 실현을 청구할 수 없다.

(나) 자유재량행위

전통적 행정법이론은 재량불심리원칙 아래 자유재량행위에 있어서의 재량의 당부는 법원의 심사권이 미치지 않는 것으로 보았다. 이를테면, 자유재량의 범위 안에서 한 행위는 가령 잘못이 있다 하더라도 그것은 부당함에 그치고 위법한 것이 아니기 때문에 이에 대하여는 적법 또는 위법이라는 법률문제가 발생할 수 없고, 따라서 법률상의 쟁송의 대상이 될 수 없다는 것이다. 그러므로 자유재량행위를 다투는 소가 제기되었을 경우에는 각하 사유가 된다고 하였다.

그러나 오늘날 재량행위를 자유재량행위와 기속재량행위로 구별하여 자유재량행위를 법원의 심사대상에서 제외하고자 하는 이론은 그 의의를 상실하였다. 비록 자유재량행위라는 용어를 사용하는 경우에도 당해 재량은 법이 허용하는 재량권의 범위 내에서 행하여져야 한다. 즉, 법이 허용한 재량권의 외적 한계를 벗어나거나(재량권의 일탈 또는 유월) 재량권의 내적 한계를 벗어나면(재량권의 남용), 이는 위법의 문제로서 법률상의 쟁송에 해당한다.

「행정소송법」은 이 문제를 "행정청의 재량에 속하는 처분이라도 재량권의 한계를 넘거나 그 남용이 있는 때에는 법원은 이를 취소할 수 있다."(同法 §27)고 하여 입법적으로 해결하였다.

(다) 특별권력관계에 있어서의 행위

특별권력관계에 있어서의 행위에 대하여는 일반사회의 법질서를 유지하는 것을 목적으로 하는 사법권이 미치지 않는 것이 원칙이며 특별권력관계 내의 질서유지는 오직 특별권력의 자율에 맡겨진 것으로 이해하여 왔다.

그러나 실질적 법치주의 아래에서는 이러한 특별권력관계에 대하여 사법심사권이 미치지 않는다는 이론은 많은 비판을 받아 역사 속으로 사라졌다. 오늘날 특별권력관계라는 용어는 특별행정법관계 또는 특별신분법관계라는 용어로 대체되면서 특별권력관계의 행위에 대하여 사법심사를 인정하고 있다.

판례는 아직도 특별권력관계라는 용어를 사용하면서 특별권력관계의 행위도 사법심사의 대상이 된다고 하고 있다(大判 1991.11.22, 91누2144).

2. 권력분립적 한계

1) 통치행위론

(1) 의 의

통치행위란 '국가적 이해에 직접 관련되는 사항을 대상으로 하는 고도로 정치적인 의미를 가진 국가행위' 내지 '헌법상의 최상급의 기관이 행하는 행위로서 고도로 정치성을 가진 행위'를 말한다. 종래 이러한 정치성이 높은 행위의 적부에 관한 분쟁은 법률상의 쟁송에 해당하는 경우에도 '정치문제'로서 법원의 판단으로부터 제외된다고 하는 바, 이를 통치행위라고 부른다.

(2) 근거와 비판

이러한 법리를 승인하는 근거는 ① 국가의 운명을 좌우하는 것과 같은 중대한 고도의 정치적 결단은 비록 법률적 판단이 가능한 경우라도 그 당부는 법원의 판단보다도 정부(또는 국회)가 직접 국민에게 책임을 지면서 국민의 비판으로 실시하는 것이 민주적 정치원리에 합당하며, ② 정치적 가치판단에 관한 사항을 법원의 판단에 유보시킨다면 법원이 정치적 분쟁의 와중에 빠지게 되어 중립을 표방하는 사법(司法)의 원리를 해칠 우려가 있다는 점 등을 들 수 있다.

그렇지만 통치행위를 인정하는 것은 인권존중의 견지에서 사법국가형의 체제를 택하고 있고 그 위에 위헌법령심사제가 인정되고 있는 제도의 취지에 반한다는 견해도 간과하여서는 안된다.

물론 이러한 통치행위의 법리를 둘러싸고 이론상으로는 긍정론과 부정론의 대립을 보이지만, 통치행위의 개념을 인정하는 근거와 필요성, 범위 등은 주로 판례를 통하여 변함없이 발전되어 왔다. 즉, 프랑스 최고행정재판소는 '사법자제설', 영국 보통재판소는 '대권행위설', 미국 사법재판소는 '권력분립설'의 입장에서 통치행위의 개념을 인정하고 있다.

(3) 판 례

① 대법원은 대통령의 비상계엄선포행위에 대한 재정(裁定) 요지에서 "비상계엄의 선포가 당연히 무효라고 볼 수 없으며 당연무효로 판단할 수 없는 계엄에 대하여는 그 계엄의 선포가 옳고 그른 것은 국회에서 판단하는 것이고 법원에서 판단할 수 없다고 해석하는 것"이라고 판시함으로써 그에 대한 사법심사를 거부하여 통치행위를 인정하였다(大判 1964.7.21, 64초3).

② 그러나 헌법재판소는 대통령의 긴급재정경제명령에 관한 헌법소원에서 "비록 고도의 정치적 결단에 의하여 행해지는 국가작용이라고 할지라도 그것이 국민의 기본권 침해와 직접 관련되는 경우에는 당연히 헌법재판소의 심판대상이 된다."고 판시하여(憲決 1996.2.29, 93헌마186), 국민의 기본권 침해와 관련되는 경우에는 통치행위 개념의 적용을 부인하는 태도를 취하고 있다.

(4) 소 결

생각건대, 통치행위에 관하여는 국가의 운명을 좌우하는 고도의 정치적인 결단은 가령 법률적 판단이 가능한 경우에도 그 당부는 법원이 판단하는 것보다도 행정부가 직접 국민이나 국회에 대하여 책임을 지면서 국민의 비판을 받는 편이 민주적 정치원리에 적합하다. 뿐만 아니라 정치적 가치판단에 관계하는 사항을 법원이 판단한다면 법원을 정치적 분쟁의 와중에 말려들게 하여 공평과 중립을 목표로 하는 사법의 권위를 실추시킬 염려가 있다는 것이 사법심사를 배제하는 근거이다. 통치행위론에는 이와 같이 나름대로 충분한 이유가 있으나, 고도의 정치적 판단이라고 하는 개념을 확장하면 사법 자제의 이름 아래 사법권의 후퇴를 초래하여 법치국가로서의 성질을 부정할 위험성이 커진다. 그러므로 통치행위의 범위는 최소한에 그쳐야 한다. 따라서 고도의 정치적인 국가행위 중에서도 ① 헌법상의 최상급국가기관 상호간의 행위와, ② 국정의 기본적인 상태에 결정적인 영향을 주는 내용의 행위이거나, ③ 현실적으로 국민의 정치적 비판에 맡겨야 할 행위에 한하여 통치행위를 인정해야 할 것이다.

구체적으로 말한다면 대통령이 국가의 중요정책을 국민투표에 회부하는 행위(憲法 §72), 대통령의 외교·선전·강화행위(同法 §73), 사면행위(同法 §79), 국무위원의 임면(同法 §78, §86①, §87①, §98②, §104①) 등이 통치행위의 예이다. 뿐만 아니라 예산의 편성 등 정부와 국회와의 사이의 기본적 관계에 관한 행위라든가 중대한 외교문제의 처리에 관한 행위가 이에 속할 것이다. 그러나 지방의회의 의결 등은 통치행위의 범주에 포함되는 것이 아니므로, 절차나 내용상의 하자는 사법심사의 대상이 될 수 있다.

2) 의무화소송 등

원래 행정소송은 행정의 제1차적 판단에 대한 사후심사를 원칙으로 한다. 그러나 사후심사로서는 도저히 권리구제의 실효를 기할 수 없을 경우까지 사후심사를 고집하게 되면 국민의 권리구제의 요청을 무시하는 결과가 되기 때문에 합리적이라 할 수 없다. 따라서 권리침해의 위험이 절박하거나 달리 구제수단이 없는 경우와 같은 특별한 사정이 있는 경우에는 권리구제의 실효를 거두기 위하여 행정의 제1차적 판단이 없는 경우에도 사법권이 행정권에 대하여 작위·부작위를 명하거나 행정청에 대하여 일정한 행정처분을 할 것을 청구하는 의무화소송 등이 허용될 수 있는가가 권력분립적 측면에서 문제가 된다(이에 관한 상세한 논의는 무명항고소송 참조).

Ⅲ. 行政事件과 民事事件 -「行政訴訟法」과 「民事訴訟法」-

1. 「행정소송법」의 일반적 성격

(1) 우리 「헌법」에서는 민사사건만이 아니라 행정사건도 일반 사법법원의 관할에 속한다(憲法 §101, 法組法 §2). 그러나 행정사건은 단순히 국민의 권리·이익의 구제만을 목적으로 하지 아니하고 행정권의 적법한 발동을 보장하는 작용이다. 따라서 공공의 이익과 밀접한 관련을 갖는 만큼 행정사건에 대하여는 「민사소송법」과는 별도로 「행정소송법」을 제정하여 민사소송과는 다른 절차가 이루어지고 있다.

(2) 「행정소송법」은 행정사건에 관한 일반법이다(同法 §1). 그러나 소송일반에 공통되는 구두변론, 증거 등에 관한 규정을 결여하고 있기 때문에 자기완결적인 절차가 아니고, "행정소송에 관하여 이 법에 특별한 규정이 없는 사항에 대하여는 「법원조직법」과 「민사소송법」의 규정을 준용한다."(同法 §8②)고 규정함으로써 행정사건의 심리도 그 대부분을 「민사소송법」에 의하도록 하고 있다.

2. 행정사건과 민사사건

현행 우리 법제는 「민사소송법」과 「행정소송법」을 2대지주로 하여 행정사건과 민사사건의 취급을 달리하는 이원주의가 채택되고 있다. 그렇지만 국가·공공단체와 국민 사이의 분쟁이 행정사건인지 민사사건인지에 따라 「행정소송법」의 적용 여부가 결정된다.

1) 공법관계와 사법관계

전통적 행정법이론은 공법·사법의 체계적 이원론에 입각하여 행정상의 법률관계를 공법관계와 사법관계로 이분하고 공법관계에서 일어나는 분쟁은 행정사건으로, 그리고 사법관계에서 일어나는 분쟁은 민사사건이라고 분류하였다. 「행정소송법」도 이러한 견해에 따라 "행정청의 위법한 처분 그 밖에 공권력의 행사·불행사 등으로 인한 국민의 권리 또는 이익의 침해를 구제하고, 공법상의 권리관계 또는 법적용에 관한 다툼을 적정하게 해결함을 목적으로 한다."고 규정하여 공권력의 행사에 대한 불복의 소인 항고소송(行訴法 §3 i, §4)을 전형으로 설정하고, 당사자소송(同法 §3 ii)을 행정사건의 일종으로 법정하여 사법상의 법률관계에 관한 소송인 민사소송과 구별하고 있다.

이와 같이 「행정소송법」은 소송법상의 행정사건과 민사사건의 구분을 실체법상의 공법관계와 사법관계에 대비시켜 규정하고 있고, 학설이나 판례 역시 공법·사법의 이원론에 입각하여 행정사건과 민사사건을 구분하고 있다.

2) 공법상의 당사자소송

① 「행정소송법」은 항고소송 이외에 "행정청의 처분 등을 원인으로 하는 법률관계에 관한 소송 그 밖에 공법상의 법률관계에 관한 소송으로서 그 법률관계의 한쪽 당사자를 피고로 하는 소송"으로서 당사자소송(同法 §3 ii)이라는 소송형식을 규정하고 있다. 국가·공공단체와 국민이 서로 대등한 입장에서 그 권리관계를 다투는 소송이라도 공법상의 권리에 관한 소송은 공법상의 당사자소송으로 민사소송과 구별하여 형식상으로는 행정사건으로 된다.

그러나 현실적으로나 소송실무상으로는 국가·공공단체와 국민이 대등한 입장에서 권리를 주장하는 소송은 손실보상의 청구소송이나 공무원의 신분에 관한 소송을 제외하면 그 대부분이 청구내용이 공권인가 사권인가에 관계없이 민사소송으로 다투어지고 있기 때문에 구별의 실익은 거의 없다.

② 그러므로 행정소송의 특질은 항고소송에 있으므로 이하에서 항고소송을 중심으로 고찰하기로 한다.

Ⅳ. 우리나라 行政訴訟制度의 沿革 및 주요 內容

1. 개 설

① 1951년에 제정된 구「행정소송법」은 14개 조문으로 구성된 매우 간략한 법률이었다. 이 법은 두 차례 개정되었으나, 그 기본구조는 그대로 유지된 채 30여 년간 시행되어 왔다.

② 1984년 12월 15일에 대폭적으로 개정・보완된「행정소송법」전면개정법률이 1985년 10월 1일부터 시행하였다.

③ 이후 1994년 7월 14일에「행정소송법」의 일부 규정을 개정하였다.

2. 1984년의 전면개정된「행정소송법」의 주요 내용(특징)

1985년에 시행된「행정소송법」은 구법에 비하여 개선된 내용을 많이 두고 있다. 그 내용을 구체적으로 개관하면 다음과 같다.

1) 행정소송의 종류의 구체적 규정

구법이 행정소송의 종류・내용에 관하여 구체적으로 규정하지 않았으나, 현행법은 행정소송의 종류를 항고소송・당사자소송・민중소송・기관소송으로 대별하고, 다시 항고소송을 취소소송・무효등확인소송 및 부작위위법확인소송으로 구분하여, 각각에 대한 적용법조를 명시하였다.

2) 소익의 확대

처분의 효과가 소멸된 뒤에도 처분의 취소로 인하여 회복되는 법률상 이익이 있는 경우에는 취소소송을 제기할 수 있도록 소익의 범위를 확대하였다.

3) 행정심판전치주의에 대한 예외의 확대

행정심판전치주의를 완화하기 위하여, 행정심판을 거치지 않거나 행정심판 자체는 제기하되 그 재결을 거치지 않고 취소소송을 제기할 수 있는 예외의 범위를 확대하였다.

4) 제소기간의 연장

제소기간을 연장하여 행정심판을 거쳐 소송을 제기하는 경우에는 재결서의 송달을 받은 날로부터 60일 이내에, 행정심판 또는 그 재결을 거치지 아니하는 경우에는 처분이 있음을 안 날로부터 180일, 처분이 있은 날로부터 1년 이내에 제기하도록 하였다(同法 §20).

5) 간접강제제도의 도입

거부처분이 취소되거나 부작위의 위법이 확인된 경우에는 행정청은 판결의 취지에 따라 이전의 신청에 대한 처분을 하여야 할 의무가 있다고 하여 판결의 적극적 기속력을 규정하고, 이러한 판결의 적극적 기속력의 실효성을 보장하기 위하여 행정청이 일정한 기간 내에 그 의무를 이행하지 아니한 경우에는 그 지연기간에 따라 일정한 배상을 할 것을 명하는 것을 내용으로 하는 간접강제제도를 신설하였다(同法 §34).

6) 제3자의 소송참가 및 재심청구

취소판결의 효력이 제3자에게도 미침에 따라(同法 §29①), 이해관계 있는 제3자의 소송참가(同法 §16) 및 재심청구(同法 §31)를 규정하였다.

3. 1994년의 「행정소송법」의 부분개정

1994년 7월에 대법원의 사법제도개혁을 위한 입법으로 「법원조직법 중 개정법률」, 「행정소송법 중 개정법률」, 「상고심절차에 관한특별법」, 「각급법원의 설치와 관할구역에 관한 법률」 등 6개 법률이 국회에서 제정 또는 개정되었다.

이들 법률에 의하여 행정소송제도가 일부 개정되었는 바, 주요 내용은 다음과 같다.

1) 행정심판의 임의절차

종전의 「행정소송법」의 필요적 행정심판전치주의를 개정하여 "취소소송은 법령의 규정에 의하여 당해 처분에 대한 행정심판의 재결을 거치지 아니하면 취소소송을 제기할 수 없다는 규정이 있는 때에는 그러하지 아니하다."라고 규정함에 따라, 행정심판은 법률에 특별한 규정이 있는 경우를 제외하고는 임의절차가 되었다.

2) 행정법원의 설치 및 행정소송의 삼심제(三審制)

이전 행정소송은 2심제로 운영되었으나, 국민의 재판을 받을 권리의 실질적 보장이라는 측면에서 삼심제를 도입하였다. 이를 위하여 「법원조직법 중 개정법률」은 지방법원급의 행정법원을 신설하여(同法 §3 vi), 당해 법원을 행정사건에 관한 제1심 관할법원으로 하였다(행정소송법중개정법률 §9①, 법원조직법중개정법률 §40④).

행정법원은 「법원조직법 중 개정법률」 중 행정법원의 설치에 관한 규정의 적용시기인 1998년 3월 1일까지는 단지 서울지역에만 행정법원을 설치하도록 하고, 그 이외의 지역에서는 행정법원의 권한에 속하는 사건은 지방법원 본원 합의부에서 관할하도록 하고 있다(각급법원의설치및관할구역에관한법률 §4 별표6, 법원조직법중개정법률 부칙 2).

3) 취소소송의 제소기간의 연장

종전의 제소기간을 연장하여, 취소소송은 처분이 있음을 안 날 또는 재결서의 송달을 받은 날부터 90일 이내에 그리고 처분이 있은 날부터 1년 이내에 제기하도록 하였다.

4) 상고심사제의 채택

1994년의 개정법률은 "고등법원의 재판에 대하여는 대법원에 상고할 수 있다."고 규정하고 있던 이전의 「행정소송법」 제9조 제2항을 삭제하였고, 한편 「상고심절차에 관한 특례법」 제2조는 "이 법은 민사, 가사, 행정소송의 상고사건에 적용한다."고 규정하여, 행정소송을 상고심사제의 적용대상으로 하였다. 이 특례법은 상고심에서의 본안심리에 관한 이유를 제한적으로 열거한 후 상고이유에 대한 주장이 그러한 열기사유에 해당하지 않는 때에는 심리를 하지 않고 당해 상고사건을 기각하되(法 §4①), 그 기각판결에는 이유를 기재하지 않을 수 있다고 규정하고 있다(同法 §5①).

4. 2013년의 행정소송제도의 개정방안

우리 행정소송제도는 「행정소송법」의 1985년의 전면개정 및 1994년의 부분개정에 따라 그 내용이 상당히 보완되었으나, 행정형식의 다양화 등 급변하는 사회환경의 변화에 따른 국민의 실효적 권리구제의 관점에서 현행 행정소송제도에는 여러 가지 미비점이 적지 않은 것으로 지적되어 왔다.

이에 법무부는 2013년 3월 "신속하고 실질적인 권익구제를 도모하면서도 누구나 쉽고 편리하게 이용할 수 있는 행정소송제도 마련"이라는 목적 아래, "국민의 권익구제 확대를 위한 소송제도 개선, 사전권리구제절차 정비, 이용하기 쉬운 행정소송제도 마련, 행정소송의 전문성 강화 등"을 골자로 하여「행정소송법」개정안을 제안하였다. 이 개정안의 주요 내용은 다음과 같다.

1) 국민의 권익구제 확대를 위한 소송제도 개선

(1) 의무이행소송의 도입

개정안은 선진법제에서 대부분 도입하고 있는 의무이행소송을 도입하여 분쟁의 발본적·일회적 해결이 가능하도록 하였다. 의무이행소송이 도입되면 거부행위나 부작위에 대한 거부처분취소소송이나 부작위위법확인소송의 현행 권리구제절차의 불완전성을 해소할 수 있게 된다. 다만, 개정안은 부작위위법확인소송을 존치함으로써 국민의 소송유형 선택의 자유를 보장하고, 행정청 스스로의 재처분 기회도 보장하고자 하였다.

(2) 원고적격 개정

현행 처분의 근거법률 등에 의해 보호되는 직접적, 구체적 이익을 의미하는 '법률상 이익'이 원고적격 범위를 제한하고 있다는 점을 지양하여 국민의 실질적 권익구제 가능성을 넓히기 위해 원고적격을 '법적 이익'으로 변경하였다. 또한 행정행위의 효과가 소멸한 뒤에도 취소소송의 원고적격의 기준을 그 효과가 소멸하지 않은 경우와 동일하게 설정하고 있다.

2) 사전 권리구제절차의 정비

(1) 집행정지 요건 완화 및 담보부 집행정지제도 신설

① 부담적 처분의 '위법성이 명백한 경우' 및 '금전상 손해라도 손해가 중대한 경우'에 집행정지가 가능하도록 집행정지의 요건을 완화하고, ② 제3자에

대한 수익적 행정처분의 취소를 구하는 소송, 이른바 '제3자효 행정처분에 대한 소송'의 경우 제3자 보호를 위해 담보제공 규정을 신설하였다.

(2) 가처분제도 도입

사전 권리구제절차의 중심인 집행정지제도는 부담적 행정처분을 중심으로 한 것이고, 수익적 행정처분에 대한 사전 권리구제절차에는 흠결이 있어 이를 보완하기 위해 가처분제도를 도입하였다. 가처분제도는 특히 어업면허, 체류기간연장 등과 같은 기한부 처분에 대한 갱신처분을 거부할 경우에 권리구제의 실효성이 인정된다.

3) 이용하기 쉬운 행정소송 제도 마련

(1) 소의 변경 · 이송의 허용범위 확대

① 일반 국민의 입장에서 민사소송과 행정소송의 구분이 어려워 잘못 제소하는 경우 제소기간 도과, 소각하 등 불이익이 발생할 우려가 있어 잘못 제소하는 경우에 소의 변경을 허용하고, ② 현행 규정은 행정소송의 이송에 고의 또는 중대한 과실의 요건을 추가하여 민사소송보다 더욱 엄격하게 운용되고 있어, 현행 「행정소송법」 제7조를 삭제하여 이송을 보다 쉽게 허용하였다.

(2) 관할지정제도 도입

일반 국민의 입장에서 관할 법원 선택의 위험 및 불편을 해소하기 위하여 사건이 행정법원과 지방법원 중 어느 법원의 관할에 속하는지 명백하지 아니한 때, 고등법원이 관할법원을 지정해 줄 수 있는 관할지정제도를 도입하였다.

(3) 결과제거의무 규정 신설

현행법은 위법한 행정처분의 집행으로 일정한 위법상태가 발생한 경우 이에 대한 행정청의 제거 의무는 '취소판결의 기속력'으로 규정되어 있어, 행정청이 자발적으로 위법한 결과를 제거하지 않는 경우에 별소를 제기하여야 하는 문제점 발생이 발생하나, 결과제거의무규정을 신설하여 행정청에 대하여 위법한 결과를 제거하기 위한 필요조치 의무를 부여하여 신속하게 적법상태를 실현할 수 있도록 하였다.

(4) 제3자 소제기 사실 통지제도 신설

법원이 피고 외의 다른 행정청 및 이해관계가 있는 제3자에게 소제기 사실을 통지할 수 있도록 하는 규정을 신설하여, 행정처분으로 인해 영향 받을 이해관계자의 참여를 보장하여 일회적인 분쟁해결을 보장하였다.

4) 행정소송의 전문성 강화

① 성질상 행정소송이지만 편의상 민사소송으로 다루어지던 행정상 손해배상·부당이득반환 등 공법상 원인으로 발생하는 법률관계에 관한 소송을 행정소송의 대상으로 명시하여 당사자소송을 활성화하고, ② 행정처분의 위법성 다툼과 직접 관련된 소송의 경우 행정소송의 공익성 등을 고려할 수 있는 전문법원에서 담당하도록 하여 행정소송의 전문성을 강화하였다.

5) 기타 사항

(1) 명령·규칙의 위헌판결 등 통보 대상 개정

명령·규칙의 위헌판결 등 통보 대상을 '안전행정부장관'에서 명령·규칙의 성질에 따라 '안전행정부장관 또는 해당 공공단체의 장'으로 개정하였다.

(2) 처분변경으로 인한 소의 변경기간 연장

처분변경으로 인한 소의 변경기간을 현행 60일에서 90일로 연장하여 제소기간과의 균형을 맞추어 국민의 권익구제 기회를 확대하였다.

(3) 국가를 상대로 한 가집행금지조항 삭제

국가를 상대로 한 가집행금지조항이 재산권과 신속한 재판을 받을 권리에서 합리적 이유 없이 소송당사자를 차별하는 규정으로 보아, 국민의 신속한 권익구제를 위하여 국가를 상대로 한 가집행금지조항 규정을 삭제하였다.

(4) 기 타

이해하기 쉬운 법률이 되도록 용어를 변경하고 어려운 한자나 일본식 표현 등을 전체적으로 정비하였으며, 직접 자기의 법적 이익과 관계없이 행정기관의 위법한 행위에 대하여 그 시정을 구할 수 있는 '민중소송'의 명칭을 '공익소송'으로 표현을 변경하였다.

5. 향후의 과제

국민의 실효적 권리구제를 위하여 대법원에서 마련한 「행정소송법」 개정안 등에서 몇 차례 도입이 논의되었던 법규명령을 대상으로 하는 항고소송의 대상 확대, 행정청이 장래에 일정한 행정행위를 할 것이 임박한 경우에 그 행정행위의 효력을 다투는 방법으로 회복하기 어려운 손해를 입을 우려가 있는 때에 행정행위를 금지하는 예방적 금지소송제도, 항고소송에서의 화해권고제도 등의 개정 또는 도입은 2013년의 법무부가 마련한 「행정소송법」 개정안에서는 보류되었다. 향후 국민의 실효적인 권리구제와 분쟁의 효율적 해결을 위하여 적극적으로 입법화할 필요가 있다.

第2. 行政訴訟의 類型

「행정소송법」 제3조는 행정소송의 유형으로 주관적 소송인 항고소송과 당사자소송, 그리고 객관적 소송인 민중소송과 기관소송을 규정하고 있다.

Ⅰ. 主觀訴訟과 客觀訴訟

1. 주관소송

주관소송이란 행정청의 위법한 처분 그 밖에 공권력의 행사・불행사 등으로 인한 국민의 권리 또는 이익의 침해의 구제를 목적으로 하는 소송을 말한다.

주관적 소송은 「법원조직법」 제2조에서 말하는 '법률상의 쟁송'으로 당연히 법원의 권한에 속한다.

2. 객관소송

객관소송이란 국민의 개인적 권리・이익의 구제를 목적으로 하는 것이 아니라 행정청의 위법한 행위의 시정을 목적으로 하는 소송을 말한다.

객관소송은 법률상의 쟁송에 해당하지 아니하며 법률에 규정이 있는 경우에 한하여 예외적으로 허용되는 특수한 소송형태이다.

Ⅱ. 抗告訴訟

항고소송이란 "행정청의 처분 등이나 부작위에 대하여 제기하는 소송"(行訴法 §3

ⅰ)을 말하며, ① 취소소송, ② 무효등확인소송, ③ 부작위위법확인소송의 세 가지 유형이 있다(同法 §4). 이를 법정항고소송이라 한다. 그리고 이 외에 공권력의 행사에 관한 불복의 소송도 있을 수 있는 바, 이와 같이 「행정소송법」에서 구체적으로 규정하지 아니하고, 판례나 학설에 맡길 수밖에 없는 소송을 무명항고소송이라고 한다.

1. 법정항고소송

1) 취소소송

(1) 의 의

취소소송은 "행정청의 위법한 처분 등을 취소 또는 변경하는 소송"을 말한다(行訴法 §4 ⅰ). 이는 항고소송의 가장 대표적인 형태로서 행정청의 위법한 처분이나 재결의 취소 또는 변경을 구하는 소송으로 '처분의 취소소송'이 주가 되겠지만, 심사청구나 행정심판에 있어서의 '재결의 취소소송'도 그 내용을 이룬다.

취소소송은 엄밀한 의미에서는 하자가 있으나 일단 유효한 행정처분의 효력을 판결에 의하여 배제하는 소로서 당초부터 무효인 행정처분에 대하여 그 무효확인을 구하는 무효확인의 소와 구분된다. 그러나 취소사유인 하자와 무효사유인 하자의 구분이 쉽지 아니하고, 소를 제기하는 당사자의 의도는 취소든 무효든, 그 행정처분의 효력을 부인하는데 중점이 있는 것이므로, 무효사유의 하자가 있더라도 행정처분 무효확인의 소가 아닌 취소의 소를 제기할 수 있다. 이러한 경우의 취소소송을 통상 '무효를 선언하는 의미의 취소소송'이라고 하며, 이 소송 역시 형식상 취소소송에 속하므로 제소기간 등 취소소송으로서 갖추어야 할 소송요건을 갖추어야 한다(大判 1990.8.28, 90누1892).

(2) 재결의 취소소송

(가) 기각재결의 경우

행정청의 제2차적 판단에 대한 소송인 '재결의 취소소송'은 본질적으로 처분의 취소소송과 동종의 것이지만, 행정청의 처분에 불복하여 행정심판을 청구한 자가 원처분을 지지하는 뜻의 기각재결을 받은 경우에 취소소송의 대상이 원처분인지 기각재결인지가 문제된다.

취소소송은 행정청의 처분의 전부 또는 일부의 취소나 변경을 구하는 내용을 원칙으로 하며, 재결의 취소나 변경은 당해 재결 자체에 고유한 위법(재결의 권한, 절차, 형식의 하자 등)이 있음을 이유로 하는 경우에만 허용되는 것이므로(同法 §19 但書-취소소송의 대상), 현행법에서의 취소소송은 원칙적으로 기각재결이 아닌 원처분을 다투어야 하는 '원처분주의'를 취하고 있다.

여기에서의 '재결 자체에 고유한 위법'이란 행정심판위원회에 재결권한이 없는 경우, 행정심판위원회의 위원에 결격사유가 있는 경우, 재결의 내용에 위법이 있는 경우, 재결의 절차나 형식에 위법이 있는 경우를 가리킨다(大判 1997.9.12, 96누14661).

(나) 각하재결의 경우

행정심판의 청구에서 각하재결을 받은 경우에도 기각재결을 받은 경우와 같이 원칙적으로 원처분을 다투는 취소소송을 제기하되, 재결 자체에 고유한 위법이 있음을 이유로 하는 경우에 한해서만 재결의 취소소송을 제기하여야 할 것이다(同法 §19 但書).

(다) 일부취소 또는 수정재결의 경우

재결에서 원처분의 일부가 취소되거나 수정된 경우에는 ㉮ 일부취소재결의 경우(예를 들면 지방세 등 과세처분의 일부가 재결로 취소되거나 감액된 형태로 원처분이 존재하는 경우)에는 원처분의 취소소송을 제기하여야 하며, ㉯ 수정재결의 경우(예를 들면 영업허가의 취소가 상급청의 재결에서 영업정지로 변경된 경우 또는 공무원의 징계처분이 중징계에서 경징계로 감하여진 경우)에는 수정재결로 새로운 처분이 이루어졌다고 보아 원처분이 아니라 수정재결 자체를 다투어야 한다는 견해도 있지만, 수정재결도 원처분의 수정이라는 점에서는 여전히 원처분이 존재하므로 일부취소재결과 같이 원처분주의를 적용하여 원처분의 취소소송을 제기하여야 한다.

(라) 인용재결의 경우

자신에 대한 허·인가 등의 처분이 제3자의 행정심판청구에 의한 재결로 취소된 경우에는 취소재결의 취소를 구하는 소송으로 원처분의 회복을 구할 수밖에 없다. 이 경우에는 재결에 대한 취소소송이 허용된다.

(3) 성 질

취소소송의 성질에 관하여는 판결에 의하여 발생하는 기판력·형성력·기속력이 소송의 결과로서 직접 발생한다는 형성소송설과, 소송의 결과는 다만 그러한 효력을 확인하는 데 지나지 아니하고 그의 효력발생, 즉 법상태의 변경은 행정청의 별도의 의무이행이 있어야 한다는 확인소송설로 나누어진다.

형성소송설이 통설이고, 판례도 취소소송을 형성소송으로 이해하고 있다(大判 1996.2.9, 95누14978).

(4) 소송물

취소소송은 위법한 처분의 취소를 목적으로 하는 소송인 만큼 '처분의 위법성 일반'을 소송물로 하여 심리의 대상으로 한다.

따라서 법원은 처분의 객관적인 적법여부를 주체·절차·형식·내용의 측면에서 심사하게 된다. 다만, 취소소송은 권리구제를 주된 목적으로 하는 주관적 소송이라는 성격을 고려하여 처분의 객관적 위법성과 주관적 권리침해성이 동시에 심리대상이 된다는 견해와 처분 개개의 위법사유로 보는 견해도 있다.

2) 무효등확인소송

(1) 의 의

무효등확인소송이라 함은 "행정청의 처분 등의 효력유무 또는 존재여부를 확인하는 소송"을 말한다(行訴法 §4 ii).

이 소송은 행정처분이 무효 내지 부존재인 경우에는 공정력이나 불가쟁력 등의 효력이 발생하지 않는다는 것을 전제로 하여 제기되는 것이기 때문에 출소기간의 제약을 받지 아니한다. 「행정소송법」의 '무효등확인소송'에는 처분이나 재결의 무효확인소송 뿐만 아니라, 처분이나 재결의 유효확인소송·존재확인소송·부존재확인소송 및 실효확인소송이 포함된다.

행정처분이 무효 또는 부존재라면 공정력이 인정되지 않기 때문에 굳이 행정소송을 통하여 처분의 무효 등 확인을 받을 필요가 없으나, 처분 등의 무효원인과 취소원인은 절대적인 것이 아니며 그 외형이 존재하기 때문에, 무효 또는 부존재인 처분 등도 행정청에 의하여 집행될 우려가 적지 아니하다. 따라서 무효 또는 부존재인 처분이나 재결의 상대방 및 이해관계인은 그 무효 또는 부존재임을 공적으로 선언받을 필요가 있는 바, 이 점에서 무효등확인소송의 존재의의가 있다.

참고판례

▸ 무효확인소송에서의 확인의 이익의 의미 : 大判 2002.6.14, 2002두1823.
"행정처분에 대한 무효확인의 소에 있어서 확인의 이익은 '그 대상인 법률관계에 관하여 당사자 사이에 분쟁이 있고, 그로 인하여 원고의 권리 또는 법률상의 지위에 불안·위험이 있어 판결로써 그 법률관계의 존부를 확정하는 것이 위 불

> 안·위험을 제거하는 데 필요하고도 적절한 경우'에 인정된다 할 것이므로, 원고의 권리가 존재하지 아니하고, 그 판결을 받는다 할지라도 그 권리가 회복될 가능성이 전혀 없다면 그러한 원고의 확인의 소는 그 확인의 이익이 없다."

(2) 성 질

무효등확인소송은 주관소송이며, 항고소송의 일종으로 처분 등의 효력 유무 또는 존재 여부를 확인하는 확인의 소이다. 그러나 무효확인판결의 효력은 취소판결의 경우와 같이 제3자에게도 미치므로 형성판결과 유사한 기능을 갖는다. 이러한 의미에서 무효등확인소송을 준항고소송으로 보며, 무효확인판결을 준형성판결로 보기도 한다.

(3) 무효확인소송과 소의 이익(무효확인소송의 보충성)

무효등확인소송을 제기할 수 있는 원고는 처분의 효력 유무 또는 존재 여부의 확인을 구할 법률상 이익이 있어야 한다(行訴法 §35). 여기에서 '확인을 구할 법률상 이익'을 둘러싸고 무효등확인소송의 보충성이 문제되고 있다.

(가) 보충성을 인정하는 견해

종래의 일반적 견해는 무효등확인소송을 제기할 수 있는 자는 무효 등을 전제로 하는 통상의 권리주장절차, 즉 쟁점소송(爭點訴訟)이나 공법상의 당사자소송으로 직접 권리를 보호받을 수 없는 자에 한정하였다. 예를 들면, 면직처분을 받은 공무원이 면직처분의 무효를 주장하고자 할 경우에는 그 무효를 전제로 급여지급청구나 공무원신분의 확인을 구하는 당사자소송으로 현재의 법률관계에 대한 구제목적을 달성할 수 있으므로, 굳이 면직처분의 무효확인을 구할 이익은 존재하지 아니한다는 것이다. 즉, 무효등확인소송은 이러한 통상의 소송형식으로는 구제목적을 달성할 수 없는 경우에 이용되는 예외적이고 보충적인 소송으로 인식하여 왔다(大判 2001. 9. 18, 99두11752).

따라서 무효확인소송의 보충성의 원칙에서 무효등확인소송을 제기할 수 있는 경우는 ① 예방적 무효확인소송과 ② 보충적 무효확인소송의 두 유형이 있다.

예방적 무효확인소송은 당해 처분 또는 재결에 따르는 후속처분으로 손해를 입을 위험이 있는 경우(건물의 철거명령이 무효임에도 불구하고 그 후속처분인 대집행이 예상될 때 이를 예방하기 위한 경우)이며, 보충적 무효확인소송은 당해 처분 또는 재결의 효력유무 또는 존재여부의 확인을 구할 법률상의 이익이 있더라도, 당해 처분 또는 재결의 효력유무 또는 존재여부를 전제로 하는 현재의 법률관계에 관한 소송으로써 목적을 달성할 수 없는 경우(거부처분의 무효를 다투는 경우나 기존업자가 거리제한구역 내에서 이루어진 신규허가의 무효확인을 구하는 경우와 같이, 원고에게는 처분의 무효확인을 구할 법률상의 이익은 있으나 그 이익이 통상의 민사소송 내지 당사자소송으로 주장하기에 충분한 권리라고까지는 말할 수 없는 경우)에 인정되었다.

(나) 보충성을 부정하는 견해

이에 대하여 처분의 무효를 전제로 하는 현재의 법률관계에 관한 소송이 가능하더라도 무효확인소송에 의하는 것이 보다 적절하게 구제목적을 달성할 수 있다면 무효확인소송의 보충성의 원칙을 완화하여 무효확인소송의 제기를 허용하여야 한다는 무효확인소송의 보충성을 요구하지 않는 견해가 일반적으로 주장되고 있다. 최근의 판례도 이와 같은 취지로 판례를 변경하였다.

참고판례

▸ 무효확인소송의 보충성을 부인한 판례 : 大判 2008.3.20, 2007두6342.
"행정처분의 근거 법률에 의하여 보호되는 직접적이고 구체적인 이익이 있는 경우에는 행정소송법 제35조에 규정된 '무효확인을 구할 법률상 이익'이 있다고 보아야 하고, 이와 별도로 무효확인소송의 보충성이 요구되는 것은 아니므로 행정처분의 무효를 전제로 한 이행소송 등과 같은 직접적인 구제수단이 있는지 여부를 따질 필요가 없다고 해석함이 상당하다."

(4) 취소소송과의 관계

실체법상 무효원인과 취소원인의 구별이 분명하지 않기 때문에 무효인 행정처분에 대하여 취소소송을 구하는 경우 또는 취소할 수 있는 행정처분에 대하여 무효확인을 구하는 경우가 있다.

(가) 무효인 행정처분에 대하여 취소소송을 제기한 경우

무효인 행정처분에 대하여 취소청구를 구하는 항고소송에는 무효확인청구는 포함되지 아니하므로 이른바 무효선언으로서의 취소판결을 할 수 있다. 물론 이 경우에는 취소소송의 요건을 구비하여야 한다.

(나) 취소할 수 있는 행정처분에 대하여 무효확인소송을 제기한 경우

취소할 수 있는 행정처분에 대하여 무효확인소송을 제기하는 경우에는 무효확인청구에는 취소청구의 취지를 포함한다고 보고 있다(大判 1994.12.23, 94누477). 이 경우에도 취소소송의 요건을 구비하여야 한다.

행정처분에 대한 무효확인과 취소청구는 서로 양립할 수 없는 청구로서 주위적·예비적 청구로서만 병합이 가능하고 선택적 청구로서의 병합이나 단순병합은 허용되지 않는다(大判 1999.8.20, 97누6889). 이때에도 무효확인을 주위적 청구로 취소청구를 예비적 청구로 하는 것은 가능하지만, 그 반대는 불가능하다. 또한 취소소송의 소송물을 처분 등의 위법성 일반으로 보는 이상 기각판결의 기판력은 무효확인소송에도 미친다(大判 1993.4.27, 92누9777).

그러나 신소송물이론에서는 취소원인과 무효원인은 행정행위의 하자의 경중일 뿐, 원고의 목적은 행정처분에 의하여 형성된 위법상태의 배제에 있다고 보아 무효인 행정처분에 대하여 취소청구를 구하는 경우에 무효확인판결을 할 수 있으며, 취소할 수 있는 행정처분에 대하여 무효확인소송을 제기한 경우에 취소판결을 할 수 있다고 본다.

(5) 당사자소송과의 관계

무효인 처분 등에는 공정력이 인정되지 않으므로 무효확인소송과 당사자소송은 모두 허용된다. 예를 들면 무효인 과세처분을 항고소송인 무효확인소송으로 다툴 수도 있고, 당사자소송인 조세채무부존재확인소송으로도 다툴 수 있다. 이에 대하여는 당사자소송의 보충성을 이유로 반대하는 견해도 있으나, 보충성이란 요건을 엄격하게 해석할 필요는 없다고 하겠다.

3) 부작위위법확인소송

(1) 의 의

(가) 개 념

부작위위법확인소송이란 사인이 법령에 근거하여 허·인가 등 행정청의 처분 또는 재결을 신청하였음에도 불구하고 행정청이 신청에 대한 아무런 회답도 없이 부작위를 계속하고 있는 경우에 구제수단으로 인정되는 것이다. 「행정소송법」은 이를 정의하여 "행정청의 부작위가 위법하다는 것을 확인하는 소송"이라고 규정하고 있다(行訴法 §4 iii).

(나) 기 능

행정청의 위법한 부작위에 대한 가장 직접적이고 바람직한 구제수단은 적극적인 의무이행소송일 것이지만, 「행정소송법」은 행정권과 사법권의 조화를 도모하면서 권리구제의 목적달성을 위하여, 적극적 의무이행소송을 인정하지 않는 대신 우회적인 권리구제수단으로 부작위위법확인소송을 인정하고 있다.

즉, 행정청의 위법한 부작위에 대하여, ① 먼저 부작위위법확인소송을 제기할 수 있도록 하고, ② 그 인용판결에 대하여 기속력을 부여함으로써 행정청으로 하여금 적극적이든 소극적이든 어떠한 처분을 강제한 다음, ③ 그 처분에 대하여 불만이 있을 경우 그 처분의 취소 등을 구하도록 함으로써 당사자로 하여금 소정의 목적을 달성하도록 한 것이다.

(다) 성 질

부작위위법확인소송은 행정청이 사인의 신청권 행사를 전제로 어떠한 처분을 하여야 할 법적인 의무가 있음에도 불구하고 이를 하지 아니하기 때문에 그 위법함을 확인받기 위한 소송이므로, 확인소송의 성질을 가진다. 따라서 부작위위법확인소송의 판결은 행정청의 특정한 부작위의 위법여부를 확인하는 데 있는 것이지, 적극적으로 행정청에 대하여 일정한 처분을 할 의무를 명하는 것은 아니다.

(2) 요 건

부작위란 "행정청이 당사자의 신청에 대하여 상당한 기간 내에 일정한 처분을 하여야 할 법률상 의무가 있음에도 불구하고 이를 하지 아니하는 것"을 말한다. 따라서 부작위위법확인소송의 성립요건은 다음과 같다.

(가) 당사자의 신청이 있을 것

당사자에게 처분을 구할 신청권이 있어야 한다. 그러므로 처분을 구하는 것이 아니거나(大判 1995.3.10, 94누14018) 법령상 신청권이 없는 경우에는 부적법한 소로서 각하사유가 된다.

법령상 신청권을 가지지 아니한 자가 제기한 소송에 대해서는 ① 대상적격의 문제로 보는 견해, ② 원고적격의 문제로 보는 견해, ③ 본안문제로 보는 견해 등이 있다. 이에 대하여 법원은 원고가 법령상의 신청권을 가지지 아니한 경우에 대상적격을 인정하지 않기도 하고, 원고적격을 인정하지 않기도 하여 부적법한 소로 각하하고 있다(大判 2000. 2. 25, 99두11455).

생각건대, 신청권의 유무는 권리의 존부의 문제이므로 원고적격의 문제로 보는 것이 합리적이나, 대상적격의 문제로 보더라도 차이는 없다.

(나) 상당한 기간이 경과할 것

상당한 기간이 경과하여야 한다. 상당한 기간이란 어떠한 처분을 함에 있어 통상 요구되는 기간을 뜻한다(節次法 §19① 참조).

신청 후 상당기간을 경과하지 않았음에도 불구하고 제기된 소송에 대하여는 상당한 기간의 판단은 소의 본안을 구성하는 내용으로 보아야 하기 때문에 본안심리의 대상으로 처리되어야 하고, 신청 후 상당기간이 경과하지 않았음이 판명되었을 경우에는 청구기각의 판결을 내려야 함이 타당할 것이다.

(다) 처분을 할 법률상의 의무가 있을 것

행정청에게 어떠한 처분을 하여야 할 법률상의 의무가 있어야 한다. 법률상의 의무란 명문의 규정에 의한 의무뿐만 아니라 조리상의 의무도 포함된다.

(라) 아무런 처분도 하지 않았을 것

행정청이 아무런 처분도 하지 않았어야 한다. 거부처분이 있는 경우에는 거부처분을 다투는 취소소송을 제기하여야 한다. 부작위가 거부처분으로 간주되는 경우에도 취소소송으로 다투어야 한다.

참고판례

▸ 부작위위법확인소송에서 신청권과 소송요건 : 大判 2000.2.25, 99두11455 ; 大判 2002.6.28, 2000 두 4750.

"행정소송법 제4조 제3호가 정하는 부작위위법확인의 소는 '행정청이 당사자의 법규상 또는 조리상의 권리에 기한 신청에 대하여 상당한 기간 내에 신청을 인용하는 적극적 처분 또는 각하하거나 기각하는 등의 소극적 처분을 하여야 할 법률상 응답의무가 있음에도 불구하고 이를 하지 아니하는 경우 그 부작위가 위법하다는 것을 확인함으로써 행정청의 응답을 신속하게 하여 부작위 또는 무응답이라고 하는 소극적 위법상태를 제거하는 것'을 목적으로 하는 제도이고, 이러한 소송은 '처분의 신청을 한 자로서 부작위가 위법하다는 확인을 구할 법률상의 이익이 있는 자'만이 제기할 수 있는 것이므로, '당사자가 행정청에 대하여 어떠한 행정처분을 하여 줄 것을 요청할 수 있는 법규상 또는 조리상의 권리를 갖고 있지 아니하거나 부작위의 위법확인을 구할 법률상의 이익이 없는 경우'에는 항고소송의 대상이 되는 위법한 부작위가 있다고 볼 수 없거나 원고적격이 없어 그 부작위위법확인의 소는 부적법하다."

(3) 제소기간

부작위가 지속되고 있는 한 부작위위법확인을 구할 이익이 있으므로 제소기간의 제한을 받지 아니한다. 다만, 행정심판 등 전심절차를 거친 경우에는 「행정소송법」 제20조가 정한 제소기간 내에 제기하여야 한다(大判 2009.7.23, 2008두10560).

(4) 심리범위

일반적으로 부작위위법확인소송은 사무처리의 촉진을 그 목적으로 하기 때문에 심리의 범위는 행정청의 판단의 지연 유무에만 한정하여야 하며, 신청에 실체법상 이유가 있는가의 여부에 대하여는 미치지 않는다고 보는 것이 일반적 견해이다. 판례도 같은 입장이다(大判 1992.7.28, 91누7361).

(5) 판 결

부작위위법확인 판결이 있음에도 불구하고 행정청이 아무런 처분을 하지 아니할 경우 법원이 당사자의 신청에 의하여 상당한 기간을 정하여 행정청이 그 기간 내에도 처분을 하지 아니할 때에는 그 지연기간에 따라 일정한 배상을 명하거나 즉시 손해배상을 명할 수 있다(行訴法 §34, §38②). 즉, 부작위위법확인소송은 간접강제제도에 의하여 판결의 실효성이 담보되는 소송형식이라 할 수 있다.

2. 무명항고소송

1) 의 의

무명항고소송이란 「행정소송법」에 규정되지 아니한 항고소송을 말한다. 법정외의 항고소송이라고도 한다.

2) 종 류

대표적으로 논의되는 무명항고소송의 종류로는 ① 행정청으로 하여금 일정한 처분을 할 것을 명하는 이른바 의무화소송, ② 행정권에 의한 위법한 침해를 사전에 예방하기 위하여 행정청의 침해행위 자체를 금지시키는 행정상의 중지소송(영미법상의 injunction) 또는 예방소송 및 ③ 작위의무확인소송 등이 있다.

(1) 의무화소송

(가) 의의 및 성질

의무화소송이라 함은 행정청에 대하여 일정한 행정처분을 할 것을 청구하는 소송을 말하는 바, 이 의무화소송은 행정청이 허・인가나 급부결정을 신청한 당사자에 대하여 거부처분을 하거나, 상당한 기간 내에 일정한 처분을 해야 할 법률상 의무가 있음에도 불구하고 이를 하지 아니하는 경우에 신청대로의 처분을 구하여 제기된다는 점에서 항고소송의 일종이다.

취소소송이 침해행정으로부터 국민의 자유와 재산을 보호하기 위한 기본적 소송형식임에 대하여, 의무화소송은 국민이 급부행정상의 수익권을 관철하기 위한 기본적인 소송형식이라 할 수 있다. 그러나 급부행정의 중요성을 부정할 수는 없지만, 규제행정의 영역에 있어서도 행정청이 규제권을 발동하여 사회적 위험행위를 규제하여야 할 필요가 있으므로 의무화소송의 필요성이 있다.

(나) 학설 · 판례

① 소극설

행정권행사의 제1차적 판단은 행정권에 유보되어야 하기 때문에 사법권이 행정권에 대하여 작위·부작위를 명하거나 의무를 확인하는 것은 사법권의 행정권에 대한 부당한 간섭으로 삼권분립의 취지에 반하므로 사법권은 어디까지나 행정권의 제1차적 판단인 행정처분의 사후심사에 그쳐야 한다고 보아 이를 부정한다. 현재로서는 판례도 소극적 입장을 유지하고 있다.

② 적극설

사법권이 행정처분의 사후심사에 그치는 한, 국민의 국가에 대한 급부신청 등의 시의적절한 관철이 어렵기 때문에 사법권은 처분의 사후심사에 머무를 것이 아니라 법이 행정권의 발동을 기속하고 있는 경우에는 사전에 급부판결로써 국민의 수익권 보장을 도모하기 위하여 허용되어야 한다고 한다.

(다) 소 결

소극설은 항고소송의 구분에 관한 「행정소송법」 제4조는 열거규정이며, 동법 제4조 제1호의 '변경'은 소극적 변경, 즉 일부취소를 의미하는 것으로 본다. 이에 반하여 적극설은 제4조는 예시규정이며, 제4조 제1호의 '변경'은 적극적 변경을 의미한다고 한다. 어떤 견해이든 논리적으로는 모순이 없으므로 인정 여부는 실익에서 찾는 것이 바람직하다.

원래 행정소송은 사후심사를 원칙으로 한다. 그러나 사후심사로서는 도저히 권리구제의 실효를 기할 수 없을 경우까지 사후심사를 고집하게 되면 국민의 권리구제의 요청을 무시하는 결과가 되기 때문에 합리적이라 할 수 없다. 따라서 권리침해의 위험이 절박하거나 달리 구제수단이 없는 경우와 같은 특별한 사정이 있는 경우에는 권리구제의 실효를 거두기 위하여 예외적으로 의무화소송과 같은 무명항고소송을 제한적으로 허용하는 것이 적절하다.

따라서 의무화소송은 국민의 권리구제의 측면에서 ① 행정청의 작위 또는 부작위의무의 존재가 법률상 일의적으로 명료하고, ② 그것에 의하여 국민에게 중대한 손해 내지 위험의 발생이 절박하며, 더욱이 ③ 다른 구제를 구할 적절한 방법이 없다는 사정이 있는 경우에는 이를 인정하여야 할 것이다.

⑵ 예방소송(중지소송) · 작위의무확인소송 등

① 예방소송이란 위법한 행정처분의 부작위를 명할 것을 구하거나, 위법한 행정처분이 이루어지지 않도록 사전에 그 중지를 구하는 항고소송을 말한다.

작위의무확인소송이라 함은 행정청이 일정한 수익적 처분을 할 법적 의무가 있다는 확인을 구하는 항고소송을 말한다.

② 위법한 행정처분의 부작위를 명할 것을 구하거나, 위법한 행정처분이 이루어지지 않도록 사전에 그 중지를 구하는 예방소송이나 처분을 하여야 할 의무의 확인을 구하는 작위의무확인소송 등의 허용 여부도 의무화소송의 허용 여부와 동일한 논리를 취하고 있다.

③ 생각건대, 사후적으로 처분을 다투어서는 회복하기 어려운 중대한 손해를 입을 위험이 있는 경우와 같이 사전의 구제를 인정하여야 할 특별한 사정이 있는 경우에는 예외적으로 이러한 소송을 허용하여야 할 것이다. 그러나 판례는 부정적이다.

3) 개정안의 의무이행소송

2013년 입법예고된 법무부 개정안은 의무이행소송을 법정항고소송으로 도입하였다.

행정청의 위법한 거부처분이나 부작위에 대하여 처분을 하도록 하는 소송인 의무이행소송에 대하여는 행정청의 거부처분이나 부작위가 위법한 때에는 ① 당사자의 신청에 따른 처분을 할 의무가 있음이 법령상 명백하고 그 의무를 이행하게 하는 것이 상당하다고 인정하는 경우에는 행정청에게 그 의무를 이행하도록 선고하고, ② 행정청이 그 처분을 하지 않는 것이 재량권의 한계를 넘거나 그 남용이 있다고 인정하는 경우에는 행정청에게 판결의 취지를 존중하여 처분을 이행하도록 선고한다. 이 경우 거부처분의 경우에는 이를 함께 취소한다.

의무이행소송의 제기 등과 관련하여 원고적격, 제소기간, 소의 변경, 의무이행판결의 기속력에 관하여 취소소송에 준하는 규정을 두고 있으며, 재판관할에 관한 규정, 피고적격 등 당사자에 관한 규정, 처분변경으로 인한 소의 변경, 가처분 및 심리와 재판에 관한 규정을 준용하고 있다.

참고판례

▸ 무명항고소송을 부인한 판례

① 大判 1989.9.12, 87누868.

"행정심판법 제3조에 의하면 행정청의 위법 또는 부당한 거부처분이나 부작위에 대하여 의무이행심판청구를 할 수 있으나, 행정소송법 제4조에서는 행정심판법상의 의무이행심판청구에 대응하여 부작위위법확인소송만을 규정하고 있으므로 행정청의 부작위에 대한 의무이행소송은 현행법상 허용되지 않는다."

② 大判 1997.9.30, 97누3200.
"현행 행정소송법상 행정청으로 하여금 일정한 행정처분을 하도록 명하는 이행판결을 구하는 소송이나 법원으로 하여금 행정청이 일정한 행정처분을 행한 것과 같은 효과가 있는 행정처분을 직접 행하도록 하는 형성판결을 구하는 소송은 허용되지 아니한다."

Ⅲ. 當事者訴訟

1. 의 의

'당사자소송'이란 행정청의 처분 등을 원인으로 하는 법률관계에 관한 소송 기타 공법상의 법률관계에 관한 소송으로서 법령의 규정에 의하여 그 법률관계의 한쪽 당사자를 피고로 하는 소송을 말한다(行訴法 §3 ii). 이는 서로 대립하는 대등한 당사자 사이의 행정법관계의 형성·존부에 관한 소송이다.

2. 성 질

항고소송이 행정청의 처분의 적법 여부를 다투는 소송으로 민사소송과는 그 본질을 달리하는 것임에 대하여, 당사자소송은 권리주체가 대등한 입장에서 권리관계를 다투는 소송이라는 점에서 통상의 민사소송과 기본적 구조를 달리하는 것은 아니다. 다만, 민사소송이 사권을 둘러싼 분쟁임에 대하여, 당사자소송은 공권을 심리의 대상(소송물)으로 하는 분쟁이라는 점에서 민사소송과 다를 뿐이다.

일반적으로 공법상의 권리관계에 관한 분쟁이 있는 경우에는 「행정소송법」의 개괄주의의 원칙(同法 §1)에 의하여 당사자의 일방이 원고가 되고 다른 일방을 피고로 하여 당사자소송을 제기할 수 있다.

즉, 당사자소송의 대상은 공법상의 권리관계 자체이고, 그것을 규율하는 행정처분은 아니다. 물론 공법상의 권리관계가 행정처분에 기인하는 경우도 있지만, 그 행정처분의 적법 여부는 선결문제임에 그치고 소송의 직접 대상은 아니다. 당사자소송은 그 소송의 대상인 법률관계에 대하여 당사자 일방이 우월한 지위에서 행한 구속력 있는 처분이 존재하지 않는다는 점에서 시심(始審)적 소송에 속한다. 이 점에서 구속력 있는 처분 등을 다투는 복심(覆審)적 소송인 항고소송과 다르다.

3. 종 류

1) 실질적 당사자소송

실질적 당사자소송은 처분 등을 원인으로 하는 법률관계에 관한 소송으로서, 대립되는 대등 당사자 사이의 공법상의 법률관계에 관한 소송으로서 당해 법률관계의 한쪽 당사자를 피고로 하는 소송이다(大判 1991.1.25, 90누3041). 항고소송과 같이 행정청의 권한행사를 소송물로 하는 것이 아니라 공법상의 권리 또는 법률관계 그 자체를 소송물로 하며, 권리주체가 대등한 입장에서 권리관계를 다투는 소송이라는 점에서 민사소송과 유사한 성질을 가진다. 다만 공권을 둘러싼 분쟁을 대상으로 하는 점에서 민사소송과 다르다. 일반적으로 당사자소송이라 함은 이를 가리킨다.

이론상으로 이러한 당사자소송의 예로는 ① 행정청의 처분 등이 원인이 되어 그 직접적인 결과로 형성된 법률관계의 당사자가 제기하는 소송으로 처분의 무효나 취소를 전제로 하는 공법상의 부당이득반환청구소송, 공무원의 직무상 불법행위에 대한 손해배상청구소송 등과, ② 공법상의 법률관계에 관한 소송으로 공법상의 계약과 사무관리에 대한 소송, 공무원 등의 공법상의 지위·신분의 확인에 관한 소송, 공무원의 급여나 연금 등 청구소송 등을 들 수 있다.

그러나 판례는 공법상의 부당이득반환청구소송, 공무원의 직무상 불법행위에 대한 손해배상청구소송 등은 민사소송으로 다루고 있어 당사자소송의 예는 많지 않다.

2013년 입법예고된 법무부 개정안은 행정소송의 전문성을 강화하기 위하여 행정상 손실보상, 손해배상이나 부당이득반환청구소송 등을 당사자소송의 대상으로 명시하였다.

참고판례

▸ 당사자소송에서의 피고적격: 大判 1991.1.25, 90누3041; 同旨 大判 1990.10.23, 90누4440.

"공법상의 권리관계의 확인을 구하는 당사자소송은 그 권리주체인 국가 또는 공공단체 등을 피고로 하여야 하므로 그 권리주체가 아닌 재향군인회장과 국방부장관을 피고로 하여 제기한 소는 부적법하다."

▶ 실질적 당사자소송의 예

① 大判 1995.12.22, 95누4636.

"서울특별시립무용단원의 공연 등 활동은 지방문화 및 예술을 진흥시키고자 하는 서울특별시의 공공적 업무수행의 일환으로 이루어진다고 해석될 뿐 아니라, 단원으로 위촉되기 위하여는 일정한 능력요건과 자격요건을 요하고, 계속적인 재위촉이 사실상 보장되며, 공무원연금법에 따른 연금을 지급받고, 단원의 복무규율이 정해져 있으며, 정년제가 인정되고, 일정한 해촉사유가 있는 경우에만 해촉되는 등 서울특별시립무용단원이 가지는 지위가 공무원과 유사한 것이라면, 서울특별시립무용단 단원의 위촉은 공법상의 계약이라고 할 것이고, 따라서 그 단원의 해촉에 대하여는 공법상의 당사자소송으로 그 무효확인을 청구할 수 있다."

② 大判 1997.5.30, 95다28960 ; 同旨 大判 1992.12.24, 92누3335.

"석탄가격안정지원금은 국가정책적 차원에서 지급하는 지원비의 성격을 갖는 것이고, 석탄광업자가 석탄산업합리화사업단에 대하여 가지는 이와 같은 지원금 지급청구권은 석탄사업법령에 의하여 정책적으로 당연히 부여되는 공법상의 권리이므로, 석탄광업자가 석탄산업합리화사업단을 상대로 석탄산업법령 및 석탄가격안정지원금 지급요령에 의하여 지원금의 지급을 구하는 소송은 공법상의 법률관계에 관한 소송인 공법상의 당사자소송에 해당한다."

이에 대하여 당사자소송이 아니라 항고소송으로 제기하여야 한다는 判例로는 大判 2003.9.5, 2002두3522 ; 同旨 大判 1996.12.6, 96누6417.

"퇴역연금 등의 급여를 받을 권리는 법령의 규정에 의하여 직접 발생하는 것이 아니라 각 군 참모총장의 확인을 거쳐 국방부장관이 인정함으로써 비로소 구체적인 권리가 발생하고, 위와 같은 급여를 받으려고 하는 자는 우선 관계 법령에 따라 국방부장관에게 그 권리의 인정을 청구하여 국방부장관이 그 인정 청구를 거부하거나 청구 중의 일부만을 인정하는 처분을 하는 경우 그 처분을 대상으로 항고소송을 제기하는 등으로 구체적인 권리를 인정받은 다음 비로소 당사자소송으로 그 급여의 지급을 구하여야 할 것이고, 구체적인 권리가 발생하지 않은 상태에서 곧바로 국가를 상대로 한 당사자소송으로 그 권리의 확인이나 급여의 지급을 소구하는 것은 허용되지 아니한다."

2) 형식적 당사자소송

형식적 당사자소송이라 함은 서로 대립하는 당사자 사이의 공법상의 권리관계에 관한 분쟁에 대하여 행정청의 처분 또는 재결 등을 거친 뒤에 그 처분 또는 재결 등을 다투는 것이나 취소소송처럼 처분행정청을 피고로 하지 아니하고 그 법률관계의 당사자의 일방을 피고로 하는 소송을 말한다.

예를 들면, 토지수용에서 토지수용위원회가 결정한 보상금액에 대하여 사업시행자와 토지소유자 또는 관계인이 토지수용위원회의 재결에 불복하여 소송을 제기하는 경우이다. 이 경우 통상적이라면 토지수용위원회의 재결의 취소를 구하겠지만, 보상금액에 관한 한 취소소송의 형식을 피하여 사업시행자와 토지소유자 등 당사자 사이에 해결되어야 할 문제로 보아 재결금액에 불복하는 당사자는 직접 다른 당사자를 피고로 하여 보상금액의 증액(토지소유자 또는 관계인이 사업시행자에게) 또는 감액(사업시행자가 토지소유자 또는 관계인에게)을 청구하는 소송을 말한다(補償法 §85② 참조).

이는 분쟁의 실체가 처분 또는 재결 그 자체이기 보다는 오히려 처분 또는 재결 등에 따른 당사자 사이의 권리관계에 관한 문제이다. 따라서 행정청이 피고로서 관여할 정도의 이해관계가 없고, 직접 이해관계가 있는 그 법률관계의 당사자를 소송당사자로 하는 것이 분쟁의 해결에 적합한 경우에 인정된다.

형식적 당사자소송의 예로는 상술한 보상금증감소송 이외에 「특허법」(同法 §191), 「실용신안법」(同法 §33), 「디자인보호법」(同法 §75) 등에서도 볼 수 있다.

4. 적용법규

당사자소송은 대등한 당사자 사이의 법률관계에 관한 소송이라는 점에서 민사소송과 유사하나 「행정소송법」의 어떠한 규정들이 당사자소송에도 적용될 수 있는가에 대하여는 논의가 있다.

1) 재판관할

당사자소송의 재판관할은 「행정소송법」 제9조(취소소송의 재판관할)에 의하여 피고의 소재지를 관할하는 행정법원으로 한다. 다만, 국가 또는 공공단체가 피고인 경우에는 관계행정청의 소재지를 피고의 소재지로 본다(同法 §40).

2) 기타 소송절차상의 특수성

「행정소송법」은 원칙적으로 항고소송의 특수성을 규정한 것이므로 성질상 민사소송과 유사한 당사자소송에는 그 특례가 적용될 수 없다. 그러나 당사자소송도 현행법상 행정소송의 일종이므로 「행정소송법」의 규정 중에서 피고의 경정에 관한 제14조, 공동소송에 관한 제15조, 직권증거조사에 관한 제26조, 판결의 기속력에 관한 제30조, 관련청구소송의 이송과 병합에 관한 제10조 등은 당사자소송에도 적용된다(同法 §44). 그러나 제소기간에 관한 제20조, 집행부정지의 원칙을 규정한 제23조, 사정판결에 관한 제28조 등은 적용될 수가 없다.

Ⅳ. 民衆訴訟

1. 의 의

민중소송이란 "국가 또는 공공단체의 기관이 법률에 위반되는 행위를 한 때에 직접 자기의 법률상 이익과 관계없이 그 시정을 구하기 위하여 제기하는 소송"(行訴法 §3 iii)으로 이른바 객관적 소송의 하나이다.

민중소송은 당사자 사이의 구체적인 권리·의무에 관한 소송이 아니므로 주관적 소송인 법률상의 쟁송은 아니다. 따라서 민중소송은 일반적으로 허용되는 소송이 아니라 법률이 정한 경우에 법률에 규정된 자에 한하여 제기될 수 있는 예외적인 소송이며(行訴法 §45-소의 제기), 그 절차 및 재판관할 등도 구체적으로 해당 법률에서 규정하고 있다.

2013년에 입법예고된 법무부의 개정안은 이를 '공익소송'으로 표현을 변경하였다.

2. 종 류

현행법상 인정되고 있는 민중소송의 종류는 다음과 같은 것이 있다.

1) 「공직선거법」의 민중소송

① 선거의 효력에 관하여 이의가 있는 선거인·정당 또는 후보자는 선거일로부터 30일 이내에 선거관리위원회위원장(관할선거구의 선거관리위원회위원장)을 피고로 하여 대법원에 소를 제기할 수 있으며(公選法 §222-선거소송), 당선의 효력에 관하여 이의가 있는 정당 또는 후보자는 당선결정일로부터 30일 이내에 당선인을 피고로 하여 대법원에 소를 제기할 수 있다(同法 §223-당선소송).

② 지방의회의원 및 지방자치단체의 장의 선거 또는 당선의 효력에 관하여 이의가 있는 선거인 또는 후보자는 먼저 선거일 또는 당선인 결정의 공고가 된 날

로부터 14일 이내에 지방의회의원선거 및 자치구 · 시 · 군의 장 선거에 있어서는 시 · 도 선거관리위원회에, 시 · 도지사선거에 있어서는 중앙선거관리위원회에 소청한 후(公選法 §219①②), 그 소청에 대한 결정에 대하여 불복이 있는 때에는 그 결정서를 받은 날로부터 10일 이내에, 선거관리위원회가 소청을 접수한 날부터 60일 이내에 결정이 없을 때에는 그 기간이 종료된 날부터 10일 이내에, 비례대표 시 · 도의원선거 및 시 · 도지사선거에 있어서는 대법원에 소를 제기하고 지방의회의원선거 및 자치구 · 시 · 군의 장 선거에 있어서는 그 선거구를 관할하는 고등법원에 소를 제기할 수 있다(同法 §223②).

2) 「국민투표법」의 민중소송

국민투표의 효력에 관하여 이의가 있는 투표인은 투표인 10만 이상의 찬성을 얻어 중앙선거관리위원회 위원장을 피고로 하여 투표일로부터 20일 이내에 대법원에 소를 제기할 수 있다(國投法 §92).

3) 「지방자치법」의 주민소송

「지방자치법」의 개정으로 2006년 1월 1일부터 시행되는 주민소송의 내용은 대체로 다음과 같다.

공금의 지출에 관한 사항, 재산의 취득 · 관리 · 처분에 관한 사항, 당해 지방자치단체를 당사자로 하는 매매 · 임차 · 도급 그 밖의 계약의 체결 · 이행에 관한 사항 또는 지방세 · 사용료 · 수수료 · 과태료 등 공금의 부과 · 징수의 해태에 관한 사항을 감사청구한 주민은 감사결과 등에 불복이 있는 경우 그 감사청구한 사항과 관련 있는 위법한 행위나 해태사실에 대하여 당해 지방자치단체의 장을 상대로 하여 주민소송을 제기할 수 있는 바, 그 제기기간은 감사결과 등의 통지를 받은 날부터 90일 이내이다(同法 §17①④).

Ⅴ. 機關訴訟

1. 의 의

기관소송이라 함은 "국가 또는 공공단체의 기관 상호간에 있어서의 권한의 존부 또는 그 행사에 관한 다툼이 있을 때에 이에 대하여 제기하는 소송"(行訴法 §3

iv)을 말한다.

행정기관 상호간의 권한에 관한 다툼은 순수하게 행정의 내부적인 문제로 개인의 권익보호와는 관계가 없기 때문에 그런 의미에서 기관소송은 주관적 소송이 아니고 민중소송과 마찬가지로 행정활동의 적법성을 직접 목적으로 하는 객관적 소송의 일종으로 법률에 의하여 특별히 규정된 경우에 한하여 인정된다.

2. 종 류

국가 또는 공공단체의 기관 상호간의 권한의 존부 또는 그 행사에 관한 분쟁을 해결하는 유형은 ① 주관쟁의결정, ② 권한쟁의심판, ③ 기관소송의 세 가지가 있다.

첫째, 기관 상호간의 권한의 존부 또는 그 행사에 관한 분쟁은 행정의 내부관계의 문제이므로 외부의 간섭을 허용하지 않고 행정청 자신이 해결하는 주관쟁의 결정의 방법으로 해결하는 것이 원칙이다. 즉, 종래에는 행정기관 상호간의 권한쟁의는 상급행정청이 이를 해결하고 상급행정청 사이에서 해결되지 않는 경우에는 행정각부 사이의 권한의 획정에 관한 문제로서 국무회의의 심의를 거쳐 대통령이 이를 해결하도록 되어 있다(憲法 §89 x).

둘째, 「헌법」과 「헌법재판소법」은 국가기관 상호간의 기관소송에 해당하는 것을 권한쟁의심판이라 하여 헌법재판소의 관장사항으로 하고 있다(국가기관상호간 권한쟁의에 관한 심판-憲法 §111① iv). 권한쟁의심판을 청구할 수 있는 국가기관이란 헌법에 의하여 설치된 기관으로 법률에 의하여 설치된 기관(예; 국가인권위원회)은 권한쟁의심판을 청구할 수 없다(憲裁決 2010.10.28, 2009헌라6).

셋째, 기관 상호간의 권한의 존부 또는 그 행사에 관한 분쟁을 법원에서 기관소송으로 해결하는 유형이다. 현행법상 인정되고 있는 기관소송은 다음과 같다.

1) 「지방자치법」의 기관소송

지방자치단체의 장은 지방의회의 의결이 월권이거나 법령에 위반되거나 공익을 현저히 해친다고 인정되면 그 의결사항을 이송받은 날부터 20일 이내에 이유를 붙여 재의를 요구할 수 있고, 이 경우 재의결된 사항이 법령에 위반된다고 인정되면 재의결된 날로부터 20일 이내에 지방의회를 피고로 하여 대법원에 제소할 수 있다(地自法 §107).

2) 「지방교육자치에 관한 법률」의 기관소송

「지방교육자치에 관한 법률」은 교육감은 교육위원회의 의결 또는 교육·학예에 관한 시·도의회의 의결이 법령에 위반되거나 공익을 현저히 저해한다고 판단될 때에는 그 의결사항을 이송받은 날부터 20일 이내에 이유를 붙여 재의를 요구할 수 있고, 재의결된 사항이 법령에 위반된다고 판단될 때에는 교육감은 재의결된 날부터 20일 이내에 대법원에 제소할 수 있다(同法 §28 ①③).

第3. 行政訴訟(取消訴訟)의 提起要件

취소소송을 제기하기 위해서는 법원의 실질적인 심사, 즉 본안에 관한 심리·판단을 받기 위한 '소송요건'을 갖추어야 한다. 즉, 소송요건이란 소송제도의 이용조건을 말한다. 법원은 이 요건을 결여한 때에는 부적법한 소로서 본안심리·본안판결을 거부하는 각하판결을 하게 된다.

취소소송을 제기하기 위해서는 ① 행정청의 위법한 처분 등에 대하여, ② 법률상 이익이 있는 자가, ③ 처분청 등을 피고로 하여, ④ 제소기간 내에, ⑤ 소장(訴狀)으로, ⑥ 관할법원에 제기하여야 한다. 또한 ⑦ 개별법에 특별한 규정이 있는 경우에는 행정심판을 거쳐야 한다.

Ⅰ. 處分性

1. '처분 등'의 의미

「행정소송법」에 의하면 '처분 등'이란 "행정청이 행하는 구체적 사실에 관한 법집행으로서의 공권력의 행사 또는 그 거부와 그 밖에 이에 준하는 행정작용('처분'이라 함) 및 행정심판에 대한 재결"을 말한다(同法 §2① ⅰ). 즉, 행정소송의 대상은 처분 또는 재결이어야 한다.

2. 처 분

1) 의 의

「행정소송법」에 의하면 '처분'이란 "행정청이 행하는 구체적 사실에 관한 법집행으로서의 공권력의 행사 또는 그 거부와 그 밖에 이에 준하는 행정작용"을 말한다.

전통적으로 강학상의 행정행위가 처분에 해당하는 것으로 이해되었지만, 「행정소송법」은 이에 준하는 행정작용까지도 포함한다고 규정하고 있다.

구체적으로 행정청이 행하는 어떠한 행위에 처분성을 인정할 것인가에 관하여는 기본적으로 다른 두 가지 견해가 있다.

(1) 실체적 행정행위론

이 견해는 전통적인 견해로서 취소소송이란 행정행위의 공정력을 배제하기 위한 절차로 보아 그 대상을 공정력을 가진 행정행위로 한정하려는 입장이다. 이 견해는 공정력을 가진 실체적 행정행위의 개념을 정의하고, 그 정의에 해당되는 행정청의 행위에 처분성을 인정한다. 예를 들면, 취소소송의 대상이 되는 행정청의 처분은 "공권력의 주체인 국가 또는 공공단체가 행한 행위 중에서 그 행위에 의하여 직접 국민의 권리·의무를 형성하거나 또는 권리·의무의 범위를 확정하는 것이 법률상 인정되고 있는 것"이며 이에 해당되지 않는 행정청의 행위는 취소소송의 대상이 되는 처분으로 인정되지 아니한다.

(2) 형식적 행정행위(처분)론

이 견해는 취소소송의 배타적 관할에 속하는 것, 즉 실체적 행정행위에 한정하지 아니하고, 취소소송에 의하지 않으면 그 효력을 부인할 수 없는 행정청의 행위에는 모두 처분성을 인정한다는 견해이다.

취소소송의 기능은 국민의 권리구제에 있기 때문에 행정청의 행정행위 이외의 행위라도 실질적으로 국민생활을 일방적으로 규율하는 것으로서 국민이 이러한 행정청의 행위에 의하여 현실적으로 불이익을 입거나 또는 입을 염려가 있음에도 불구하고 다른 적절한 구제절차가 쉽사리 발견되지 않는 경우에는 이것을 취소소송의 대상이 되는 처분으로 인정하여 널리 구제의 기회를 주어야 한다는 입장이다. 이 견해에 의한다면 그 자체는 공정력을 가지지 않는 행정행위라 하더라도 구제의 필요성이 존재하는 한, '처분성'을 인정하여 취소소송의 절차에 따라 다툴 수 있다.

(3) 소 결

‘실체적 행정행위론’은 처분성의 요건을 엄격하게 해석하여 취소소송의 기회를 제한하게 되어 국민의 권리구제의 측면에서 바람직스럽지 않다. 한편, ‘형식적 행정처분론’은 종래 공정력을 가지지 않는 행위에까지 공정력을 부여하는 결과가 되어 국민의 권리구제에 도움이 되지 않을 수도 있다.

따라서 공정력을 배제하기 위한 취소소송의 기능을 저해하지 않으면서 국민의 권리구제 기능을 제고할 수 있는 범위 내에서 처분 개념을 탄력적으로 해석하여야 할 것이다. 이러한 해석은 「행정소송법」이 ‘처분’을 “행정청이 행하는 구체적 사실에 관한 법집행으로서의 공권력의 행사와 그 밖에 이에 준하는 행정작용”으로 규정하고 있는 처분의 정의 규정에도 부합하게 된다.

판례도 “행정청의 어떤 행위가 항고소송의 대상이 될 수 있는지의 문제는 추상적·일반적으로 결정할 수 없고, 구체적인 경우 행정처분은 행정청이 공권력의 주체로서 행하는 구체적 사실에 관한 법집행으로서 국민의 권리의무에 직접적으로 영향을 미치는 행위라는 점을 염두에 두고, 관련 법령의 내용과 취지, 그 행위의 주체·내용·형식·절차, 그 행위와 상대방 등 이해관계인이 입는 불이익과의 실질적 견련성, 그리고 법치행정의 원리와 당해 행위에 관련한 행정청 및 이해관계인의 태도 등을 참작하여 개별적으로 결정하여야 한다.”고 판시하여(대판 1992.1.17.91누1714; 대판 2010.11.18, 2008두167) 같은 견해를 취하고 있다.

2) 처분성의 요소

실체적 행정행위론의 처분성을 인정하기 위한 요소로는 첫째, 당해 행위가 공권력의 행사에 해당할 것, 둘째 당해 행위가 구체적인 법적 효과를 발생하게 할 것, 셋째, 당해 행위가 분쟁의 성숙성을 갖추고 있을 것을 요구한다.

(1) 공권력성

처분성이 인정되는 행위는 공권력의 행사에 해당하는 행위이어야 한다. 그리하여 행정청의 행위일지라도 공법상계약이나 사법상의 행위 등은 공권력의 행사에 해당하지 않는 것으로 처분성이 부정된다.

(2) 법적 효과성

처분은 국민에 대하여 법적 효과를 발생하는 것이 되어야 하므로 실질적으로는 국민의 이해에 중대한 영향을 미치는 행위일지라도 형식적으로 법적 효과를 가지지 않는 것에 대하여는 처분성을 부정한다. 토목사업의 실시나 행정지도 등 사실행위는 법적 효과성이 없으므로 처분성이 인정되지 않는다. 나아가 훈령은 사실상 국민생활에 중대한 영향을 미치는 것이지만, 행정조직의 내부적 행위라는 형식적인 이유로 처분성이 부인된다. 마찬가지로 공기업 등의 정부관계기관에 대한 감독청의 조치에 대하여도 널리 행정조직의 내부적 행위로 취급하여 처분성을 인정하지 않는다.

(3) 분쟁의 성숙성

분쟁의 성숙성을 엄격하게 요구하여 일련의 행정과정을 형성하는 행정청의 행위에 대하여는 당사자의 권리·의무를 최종적으로 결정하는 종국단계로 받아들이지 않음으로써 처분성을 인정하지 않는다. 예를 들면 행정입법 또는 행정계획은 후속될 행위에 의하여 권리관계가 구체화될 것으로 예상되기 때문에 이 단계에서는 아직 분쟁은 미성숙한 것으로서 처분성도 존재하지 않는다.

3) 판례상의 처분성

판례는 「행정소송법」의 처분에 대한 규정에 따라, ① 행정청의 공권력의 행사 및 그 거부와 ② 기타 이에 준하는 행정작용에 대하여 처분성을 인정하고 있다. 이를 구체적으로 살펴보면 다음과 같다.

(1) 행정청의 공권력의 행사와 그 거부

(가) 행정청의 공권력의 행사

행정청의 공권력행사는 강학상의 행정행위를 기본요소로 한다. 따라서 특별권력관계에서의 행위 및 (자유)재량행위, 준법률행위적 행정행위 등은 이에 해당한다.

그러나 행정행위가 아닌 공법상 계약·사경제적 행위(국고작용)·행정기관의 내부적 행위, 비권력적 내지 단순한 사실행위, 일반·추상적 법규명령 및 행정규칙, 비구속적 행정계획 등에 대하여는 행정청의 공권력의 행사가 아니라는 이유로 처분성을 인정하지 않았다.

참고판례

▸ 처분성을 인정하지 않은 판례

① 단순한 관념의 통지: 大判 2002.2.5, 2000두5043; 大判 1999.6.25, 98두15863.
"개별토지가격합동조사지침 제12조의3은 '행정청이 개별토지가격결정에 위산·오기 등 명백한 오류가 있음을 발견한 경우 직권으로 이를 경정'하도록 한 규정으로서 토지소유자 등 이해관계인이 그 경정결정을 신청할 수 있는 권리를

인정하고 있지 아니하다. 토지소유자 등의 토지에 대한 개별공시지가 조정신청을 재조사청구가 아닌 경정결정신청으로 본다고 할지라도, 이는 행정청에 대하여 직권발동을 촉구하는 의미밖에 없으므로, '행정청이 위 조정신청에 대하여 정정불가 결정 통지를 한 것'은 이른바 관념의 통지에 불과할 뿐 항고소송의 대상이 되는 처분이 아니다."

② 공법상 계약 : 大判 2002.11.26, 2002두5948 ; 同旨 大判 1996.5.31, 95누10617.

"계약직공무원에 관한 현행 법령의 규정에 비추어 볼 때, 계약직공무원 채용계약해지의 의사표시는 일반공무원에 대한 징계처분과는 달라서 항고소송의 대상이 되는 처분 등의 성격을 가진 것으로 인정되지 아니하고, 일정한 사유가 있을 때에 국가 또는 지방자치단체가 채용계약 관계의 한쪽 당사자로서 대등한 지위에서 행하는 의사표시로 취급되는 것으로 이해되므로, 이를 징계해고 등에서와 같이 그 징계사유에 한하여 효력 유무를 판단하여야 하거나, 행정처분과 같이 행정절차법에 의하여 근거와 이유를 제시하여야 하는 것은 아니다."

③ 사경제적 작용 : 大判 1995.5.12, 94누5281 ; 同旨 大判 2001.2.27, 99두6842.

"국유잡종재산에 관한 관리 처분의 권한을 위임받은 기관이 국유잡종재산을 대부하는 행위는 국가가 사경제 주체로서 상대방과 대등한 위치에서 행하는 사법상의 계약이지 행정청이 공권력의 주체로서 상대방의 의사 여하에 불구하고 일방적으로 행하는 행정처분이라고 볼 수 없고, 국유잡종재산에 관한 사용료의 납입고지 역시 사법상의 이행청구에 해당하는 것으로서 이를 항고소송의 대상이 되는 행정처분이라고 할 수 없다."

④ 행정기관의 내부적 행위 : 大判 1997.11.14, 97누7325.

"시험승진후보자명부에 등재된 자가 승진임용되기 전에 감봉 이상의 징계처분을 받은 경우에는 임용권자 또는 임용제청권자가 위 징계처분을 받은 자를 시험승진후보자명부에서 삭제하도록 되어 있는바, 이처럼 시험승진후보자명부에 등재되어 있던 자가 그 명부에서 삭제됨으로써 승진임용의 대상에서 제외되었다 하더라도, 그와 같은 시험승진후보자명부에서의 삭제행위는 결국 그 명부에 등재된 자에 대한 승진 여부를 결정하기 위한 행정청 내부의 준비과정에 불과하고, 그 자체가 어떠한 권리나 의무를 설정하거나 법률상 이익에 직접적인 변동을 초래하는 별도의 행정처분이 된다고 할 수 없다."

이와 같은 취지의 판결로는 과세표준결정(大判 1996.9.24, 95누12842), 징계위원회의 결정(大判 1983.2.8, 81누35) 등이 있다.

⑤ 비권력적 사실행위 : 大判 1996.3.22, 96누433.

"행정청이 위법 건축물에 대한 시정명령을 하고 나서 위반자가 이를 이행하지 아니하여 전기·전화의 공급자에게 그 위법 건축물에 대한 전기·전화공급을 하지 말아 줄 것을 요청한 행위는 권고적 성격의 행위에 불과한 것으로서 전기·전화공급자나 특정인의 법률상 지위에 직접적인 변동을 가져오는 것은 아니므로 이를 항고소송의 대상이 되는 행정처분이라고 볼 수 없다."

⑥ 행정입법(행정규칙): 大判 1994.9.10, 94두33.

"교육부장관이 … 내신성적 산정기준에 관한 시행지침을 마련하여 시·도 교육감에서 통보한 것은 행정조직 내부에서 내신성적 평가에 관한 내부적 심사기준을 시달한 것에 불과하며, 각 고등학교에서 위 지침에 일률적으로 기속되어 내신성적을 산정할 수밖에 없고 또 대학에서도 이를 그대로 내신성적으로 인정하여 입학생을 선발할 수밖에 없는 관계로 장차 일부 수험생들이 위 지침으로 인해 어떤 불이익을 입을 개연성이 없지는 아니하나, 그러한 사정만으로서 위 지침에 의하여 곧바로 개별적이고 구체적인 권리의 침해를 받은 것으로는 도저히 인정할 수 없으므로, 그것만으로는 현실적으로 특정인의 구체적인 권리의무에 직접적으로 변동을 초래케 하는 것은 아니라 할 것이어서 내신성적 산정지침을 항고소송의 대상이 되는 행정처분으로 볼 수 없다."

⑦ 비구속적 행정계획: 大判 2000.9.5, 99두974; 同旨 大判 2002.5.17, 2001두10578.

"구농어촌도로정비법(1997.12.13. 법률 제5454호로 개정되기 전의 것) 제6조에 의한 농어촌도로기본계획은 군수가 시도·군도 이상의 도로를 기간으로 관할구역 안의 도로에 대한 장기개발방향의 지침을 정하기 위하여 내무부장관의 승인을 받아 고시하는 계획으로서 그에 후속되는 농어촌도로 정비계획의 근거가 되는 것일 뿐 그 자체로 국민의 권리의무를 개별적 구체적으로 규제하는 효과를 가지는 것은 아니므로 이는 항고소송의 대상이 되는 행정처분에 해당한다고 할 수 없다."

(나) (행정청의 공권력행사의) 거부

① 의 의

거부라 함은 국민의 공권력 행사의 신청에 대하여 처분의 발령을 거부하는 행정청의 행위(즉, 거부처분)를 말한다. 따라서 행정청이 아무런 의사표현을 하지 않는 부작위와 구별된다. 다만, 법령에 의하여 부작위가 거부로 간주되는 경우에는 거부처분에 해당한다. 또한 실질적으로 거부로 볼 수 있는 경우에도 거부처분으로 볼 수 있다.

② 거부처분의 성립요건

거부행위가 처분이 되기 위하여는 ① 그 신청에 따른 행정처분을 하여 줄 것을 요구할 수 있는 법규상 또는 조리상의 신청권이 있어야 하며, ② 거부행위로 인하여 신청인의 권리의무나 법률관계에 직접 영향을 미쳐야 한다(大判 1997.5.9, 96누5933).

거부처분의 성립요건으로서의 신청권의 존부가 소송요건인지 본안요건인지에 대하여 다툼이 있으나, 대법원은 이를 소송요건으로 보아 신청권이 없는 경우에

각하판결을 하고 있다.

참고판례

① 거부처분으로 본 판례(즉, 신청권이 있고, 거부행위로 권리의무에 영향이 있다고 본 판례 : 大判 1991.2.12, 90누5825.

"지원자 중 한정된 수의 임용대상자에 대한 임용 결정은 한편으로는 그 임용대상에서 제외한 자에 대한 임용거부결정이라는 양면성을 지니는 것이므로 임용대상자에 대한 임용의 의사표시는 동시에 임용대상에서 제외한 자에 대한 임용거부의 의사표시를 포함한 것으로 볼 수 있고, 이러한 임용 거부의 의사 표시는 본인에게 직접 고지되지 않았다고 하여도 본인이 이를 알았거나 알 수 있었을 때에 그 효력이 발생한 것으로 보아야 한다."

같은 취지의 판결로는 도시계획구역 내 토지 등을 소유하고 있는 주민의 도시계획입안신청을 한 경우(大判 2004.4.28, 2003두1806), 문화재보호구역 내의 토지소유자가 문화재보호구역의 지정해제를 신청한 경우(大判 2004.4.27, 2003 두8821) 등이 있다.

② 거부처분이 아니라고 본 판례(즉, 신청권이 없고, 따라서 거부행위로 권리의무에 영향이 없다고 본 판례 : 도시계획의 변경을 신청한 경우(大判 1994.1.28, 93누22029), 산림훼손용도변경을 신청한 경우(大判 1998.10.13, 97누13764) 등.

"산림법이나 같은법시행령 등에는 산림훼손 용도변경신청에 관하여 아무런 규정을 두지 않고 있고, 산림청훈령인 '산림의형질변경허가및복구요령'은 법규로서의 효력이 없는 행정청 내부의 사무처리준칙에 불과하며, 처분 후에 원래의 처분을 그대로 존속시킬 수 없게 된 사정변경이 생겼다 하여 처분의 상대방에게 그 철회·변경을 요구할 권리가 생기는 것도 아니므로, 산림훼손허가를 얻은 자에게는 법규상 또는 조리상 산림훼손 용도변경신청권이 없고, 따라서 산림훼손 용도변경신청을 반려한 것은 항고소송의 대상이 되는 처분에 해당하지 아니한다."

(2) 기타 이에 준하는 행정작용

행정청의 공권력의 행사 또는 그 거부에 준하는 행정작용으로 주목할 만한 것으로 집행행위의 개입 없이도 그 자체로서 직접 주민 또는 구성원의 구체적인 권리의무나 법적 이익에 영향을 미치는 등의 법률상 효과를 발생하는 경우의 조례(大判 1996.9.20, 95누8003) 또는 대학의 학칙 〔大判 2009.1.30, 2008두19550, 2008두19567(병합)〕 등과 같은 처분적 법규명령 및 행정규칙, 구속적 행정계획(大判 1982.3.9, 80누105), 권력적 사실행위 등이 있다. 즉, 판례는 실체적 행정행위 개념에 입각하면서 일부 행위에 처분성을 인정하고 있다.

참고판례

▸ 행정행위는 아니지만 기타 이에 준하는 행정작용으로 보아 처분성을 인정한 판례

① 처분적 법규명령 : 大判 1996.9.20, 95누8003.

"조례가 집행행위의 개입 없이도 그 자체로서 직접 국민의 구체적인 권리의무나 법적 이익에 영향을 미치는 등의 법률상 효과를 발생하는 경우 그 조례는 항고소송의 대상이 되는 행정처분에 해당하고…."

② 문책성 경고 : 大判 2002.7.26, 2001두3532.

"어떠한 처분의 근거나 법적인 효과가 행정규칙에 규정되어 있다고 하더라도, 그 처분이 행정규칙의 내부적 구속력에 의하여 상대방에게 권리의 설정 또는 의무의 부담을 명하거나 기타 법적인 효과를 발생하게 하는 등으로 그 상대방의 권리 의무에 직접 영향을 미치는 행위라면, 이 경우에도 항고소송의 대상이 되는 행정처분에 해당한다.

… 행정규칙에 의한 '불문경고조치'가 비록 법률상의 징계처분은 아니지만 위 처분을 받지 아니하였다면 차후 다른 징계처분이나 경고를 받게 될 경우 징계감경사유로 사용될 수 있었던 표창공적의 사용가능성을 소멸시키는 효과와 1년 동안 인사기록카드에 등재됨으로써 그 동안은 장관표창이나 도지사표창 대상자에서 제외시키는 효과 등이 있다는 이유로 항고소송의 대상이 되는 행정처분에 해당한다."

③ 권력적 사실행위 : 大判 1979.12.28, 79누218.

"단수처분은 항고소송의 대상이 되는 행정처분에 해당한다."

4) 소 결

「행정소송법」이 기타 이에 준하는 행정작용을 처분의 개념으로 규정하여 처분성을 확대할 수 있는 여지를 두고, 아울러 헌법상의 기본권 규정 및 관계법령의 해석 등을 통하여 사익보호성이 인정될 수 있는 법리가 정착함으로써 종래 처분성을 인정하지 않았던 행정작용에 대하여 처분성을 인정하는 경향에 있다.

나아가 대법원이 최근에 처분성과 관련하여 국민의 권리·의무에 영향을 미치는 행위인가를 둘러싸고 태도를 변경하여 처분성을 확대하는 경향에 있다. 주요한 것으로는 임야대장상의 등재·수정행위거부행위(大判 2004.4.22, 2003두9015(전합))와 교수재임용거부행위(大判 2004.4.22, 2000두7735)와 건축신고불허(또는반려)처분행위(大判 2010.11.18, 2008두167(전합))에 대하여 종래의 판례를 변경하여 처분성을 인정하

였다. 또한 대법원은 나아가 대학의 교원신규채용중단조치(大判 2004.6.11, 2001두7053)에 대하여도 처분성을 인정하여 처분성 확대를 도모하고 있다.

이와 같은 처분성 확대 경향은 국민의 권익구제와 행정의 적법성을 도모할 수 있다는 점에서 매우 바람직하다 하겠다.

참고판례

▸ 공부(公簿)에의 등재행위 : 大判 2004.4.22, 2003두9015(전합).

"구 지적법(2001.1.26. 법률 제6389호로 전문 개정되기 전의 것) 제20조, 제38조 제2항의 규정은 토지소유자에게 지목변경신청권과 지목정정신청권을 부여한 것이고, 한편 지목은 토지에 대한 공법상의 규제, 개발부담금의 부과대상, 지방세의 과세대상, 공시지가의 산정, 손실보상가액의 산정 등 토지행정의 기초로서 공법상의 법률관계에 영향을 미치고, 토지소유자는 지목을 토대로 토지의 사용·수익·처분에 일정한 제한을 받게 되는 점 등을 고려하면, 지목은 토지소유권을 제대로 행사하기 위한 전제요건으로서 토지소유자의 실체적 권리관계에 밀접하게 관련되어 있으므로 지적공부 소관청의 지목변경신청 반려행위는 국민의 권리관계에 영향을 미치는 것으로서 항고소송의 대상이 되는 행정처분에 해당한다."

▸ 임용만료기간의 통지(재임용거부) : 大判 2004.4.22, 2000두7735.

"기간제로 임용되어 임용기간이 만료된 국·공립대학의 조교수는 교원으로서의 능력과 자질에 관하여 합리적인 기준에 의한 공정한 심사를 받아 위 기준에 부합되면 특별한 사정이 없는 한 재임용되리라는 기대를 가지고 재임용 여부에 관하여 합리적인 기준에 의한 공정한 심사를 요구할 법규상 또는 조리상 신청권을 가진다고 할 것이니, 임용권자가 임용기간이 만료된 조교수에 대하여 재임용을 거부하는 취지로 한 임용기간만료의 통지는 이와 같은 대학교원의 법률관계에 영향을 주는 것으로서 행정소송의 대상이 되는 처분에 해당한다."

▸ 신규채용 중단조치 : 大判 2004.6.11, 2001두7053.

"임용지원자가 당해 대학의 교원임용규정 등에 정한 심사단계 중 중요한 대부분의 단계를 통과하여 다수의 임용지원자 중 유일한 면접심사 대상자로 선정되는 등으로 … 장차 나머지 심사단계를 거쳐 대학교원으로 임용될 것을 상당한 정도로 기대할 수 있는 지위에 이르렀다면, 그러한 임용지원자는 임용에 관한 법률상 이익을 가진 자로서 임용권자에 대하여 나머지 심사를 공정하게 진행하여 그 심사에서 통과되면 대학교원으로 임용해 줄 것을 신청할 조리상의 권리가 있다고 보아야 할 것이고, 또한 유일한 면접심사 대상자로 선정된 임용지원자에 대한 교원신규채용업무를 중단하는 조치는 교원신규채용절차의 진행을 유보하였다가 다시 속개하기 위한 중간처분 또는 사무처리절차상 하나의 행위에 불과한 것이라고는 볼 수 없고, … 신규임용을 사실상 거부하는 종국적인 조치에 해당하는 것이며, 임용지원자에게 직접 고지되지 않았다고 하더라도 임용지원자가 이를 알게 됨으로써 효력이 발생한 것으로 보아야 할 것이므로, 이는 임용지원자의 권리 내지 법률상 이익에 직접 관계되는 것으로서 항고소송의 대상이 되는 처분 등에 해당한다."

3. 행정심판의 재결

1) 재결의 의의

재결이란 행정심판에 대한 판단행위로서의 결정을 말한다. 행정심판은 「행정심판법」의 규정에 의한 형식적 의미의 행정심판에 한하지 아니하고, 널리 행정기관이 재결청이 되는 행정심판을 말한다. 즉, 위법·부당한 처분으로 인하여 권익을 침해당한 자가 행정기관에 대하여 그 시정을 구하는 행정쟁송절차에 따라 이루어진 재결청의 결정이 곧 재결이다.

2) 취소소송의 대상인 재결

(1) 원 칙 – 원처분주의 –

① 취소소송의 대상은 원칙적으로 행정청의 처분이고, 재결이 취소소송의 대상이 되는 것은 일정한 경우에 한정된다. 「행정소송법」은 취소소송의 대상에 관하여 원칙적으로 '원처분주의'를 취하고 있다. 다만, 원처분주의로 일관하는 경우에는 복효적 행위에서 볼 수 있는 바와 같이 원처분을 다툴 수 없거나 다툴 필요가 없는 자가 재결로 말미암아 권익의 침해를 받은 경우에 대한 행정구제의 길이 막히는 폐단을 피할 수 없다. 따라서 「행정소송법」은 재결 자체에 고유한 위법이 있음을 이유로 하는 경우에 한하여 예외적으로 재결을 취소소송의 대상으로 할 수 있도록 하였다(行訴法 §19 但書).

'재결 자체에 고유한 위법이 있다는 것'은 원처분의 하자 유무와 관계없이 재결 자체에 주체·절차·형식 또는 내용상의 위법이 있는 경우를 가리킨다. 이는 재결청의 권한행사 또는 그 구성에 위법이 있거나, 재결의 절차나 형식에 위법이 있는 경우 또는 재결의 내용 자체가 위법한 경우를 뜻한다(大判 1994.6.29, 93두48). 구체적으로는 원처분이 아닌 재결을 다툴 실익이 있는 경우에 재결을 취소소송의 대상으로 할 수 있다고 하겠다.

다만, 일부인용 또는 수정재결의 경우에는 재결에 의하여 일부취소되고 남은 처분(100일 운전면허정지처분이 50일 운전면허정지처분으로 변경된 경우 또는 3월감봉

처분이 1월감봉처분으로 변경된 경우) 또는 변경된 처분(운전면허취소처분이 운전면허정지처분으로 변경된 경우 또는 해임처분이 정직3월처분으로 변경된 경우)을 원처분으로 보아 원처분청을 피고로 변경된 처분을 다투어야 한다(大判 1993.8.24, 93누5673)(학설상 다툼이 있다).

② 원처분을 취소하는 경우에는 재결을 다투어야 한다. 이 경우에 취소재결이 형성재결인 경우에는 취소재결 자체가 소송의 대상이 되며(大判 1997.12.23, 96누10911), 취소명령재결인 경우에는 이에 따른 취소처분을 소송의 대상으로 하는 것이 타당하다. 다만, 판례는 취소명령재결을 다투는 것도 허용하고 있다(大判 1993.9.28, 92누15093).

(2) 예 외

원처분주의에 따라 취소소송의 대상은 재결이 아니라 원처분이며, 재결은 예외적으로만 취소소송의 대상이 될 수 있다(行訴法 §19 但書).

그러나 개별법률에서 원처분주의의 예외로서 원처분이 아닌 재결을 취소소송의 대상으로 하는 경우가 있다. 이에 해당하는 것으로는 ① 감사원의 '재심의판정'(監査院法 §40②), ② 중앙노동위원회의 '재심판정'(勞動組合및勞動關係調整法 §85) 및 ③ 특허심판원의 '심결'(特許法 §186, §189, 實用新案法 §35, 디자인보호법 §75 등) 등이 있다.

다만, 토지수용에 있어서 재결의 불복절차와 관련하여 「공익사업을 위한 토지 등의 취득 및 보상에 관한 법률」은 "사업시행자·토지소유자 또는 관계인은 제34조의 규정에 의한 재결에 대하여 불복이 있는 때에는 재결서를 받은 날부터 60일 이내에, 이의신청을 거친 때에는 이의신청에 대한 재결서를 받은 날부터 30일 이내에 각각 행정소송을 제기할 수 있다."라고 규정하고 있다(同法 §85①). 이 규정의 해석과 관련하여 재결에 대한 행정소송은 재결을 대상으로 하므로 원처분에 대한 행정소송에 해당함에는 의문의 여지가 없다. 그러나 이의재결을 거친 경우의 행정소송의 대상에 대하여는 재결(원처분)인지 이의재결(재결)인지에 대하여는 의문의 여지가 있을 수 있으나, 동규정이 원처분주의의 예외를 인정하는 규정으로 볼 근거가 없다는 점에서 원처분인 재결을 소의 대상으로 하는 것이 타당하다고 하겠다(大判 2010.1.28, 2008두1504).

주의할 점은 사립학교 교원의 징계처분에 대한 소청심사위원회의 결정과 같이, 위법·부당한 처분을 전제로 그 시정을 구하는 경우가 아니면 행정심판기관의 재결(결정)이라 하더라도, 그와 같은 재결(결정)을 취소소송의 대상으로 삼는 것은 그것이 원처분으로서 취소소송의 대상이 되기 때문이다(憲裁 2006.2.23, 2005헌가7). 이

점은 국공립학교 교원의 징계처분에 대한 소청심사위원회의 결정은 재결에 해당하므로 원처분주의에 따라 원처분을 항고소송의 대상으로 삼는 것과 차이가 있다(大判 1994.2.8, 93누17874).

참고판례

▸ 인용재결(취소명령재결)의 경우 취소소송의 대상: 大判 1993.9.28, 92누15093

"행정심판법 제37조 제1항의 규정에 의하면 재결은 행정청을 기속하는 효력을 가지므로 재결청이 취소심판의 청구가 이유 있다고 인정하여 처분청에게 처분의 취소를 명하면 처분청으로서는 그 재결의 취지에 따라 처분을 취소하여야 하지만, 그렇다고 하여 그 재결의 취지에 따른 취소처분이 위법할 경우 그 취소처분의 상대방이 이를 항고소송으로 다툴 수 없는 것은 아니다."

▸ 재결을 취소소송의 대상으로 하여야 한다는 판례: 大判 1995.9.15, 95누6794.

"노동위원회법 제19조의2 제1항의 규정은 행정처분의 성질을 가지는 지방노동위원회의 처분에 대하여 중앙노동위원장을 상대로 행정소송을 제기할 경우의 전치요건에 관한 규정이라 할 것이므로 당사자가 지방노동위원회의 처분에 대하여 불복하기 위하여는 처분 송달일로부터 10일 이내에 중앙노동위원회에 재심을 신청하고 중앙노동위원회의 재심판정서 송달일로부터 15일 이내에 중앙노동위원장을 피고로 하여 재심판정취소의 소를 제기하여야 할 것이다."

▸ 사립학교 교원징계 불복 대상은 원처분이라는 결정: 憲裁 2006.2.23, 2005헌가7.

"행정심판이라 함은 행정청의 처분 등으로 인하여 침해된 국민의 기본권 등 권익을 구제하고, 행정의 자기통제 및 자기감독을 실현함으로써 행정의 적법성을 보장하는 권리구제절차이므로 학교법인과 그 소속 교원 사이의 사법적 고용관계에 기초한 교원에 대한 징계 등 불리한 처분을 그 심판대상으로 삼을 수는 없는 것이다. 따라서 재심위원회를 교육인적자원부 산하의 행정기관으로 설치하는 등의 교원지위법 규정에도 불구하고 여전히 재심절차는 학교법인과 그 교원 사이의 사법적 분쟁을 해결하기 위한 간이분쟁해결절차로서의 성격을 갖는다고 할 것이므로, 재심결정은 특정한 법률관계에 대하여 의문이 있거나 다툼이 있는 경우에 행정청이 공적 권위를 가지고 판단·확정하는 행정처분에 해당한다고 봄이 상당하다."

Ⅱ. 訴의 利益

1. 개 설

1) 의 의

"소 없으면 재판 없다."(nemo judex sine actore)는 법언이 모든 소송에 공통된 원칙이기는 하지만, 청구의 당부를 판단하기 위해서는 행정소송도 '법률상의 쟁송'인 이상 "이익 없으면 소권 없다."는 원칙에 따라 소의 이익이 있어야 한다.

2) 원고적격과 협의의 소의 이익

광의의 소의 이익의 문제는 ① 행정청의 어떠한 행위가 취소소송의 대상이 되는가 하는 소송의 대상, ② 어떠한 자가 취소소송의 원고가 될 수 있는가 하는 원고적격, 그리고 ③ 구체적 사안에서 본안판결을 할 필요가 있는가 하는 협의의 소의 이익이라는 세 가지 문제를 내포한다.

일반적으로는 '소의 이익'은 항고소송의 원고가 될 수 있는 요건인 원고적격에 관한 내용과 처분이 취소된 경우에 원고에게 현실적으로 이익이 회복되지 않으면 안 된다는 '협의의 소의 이익'에 관한 내용을 의미한다.

2. 원고적격

1) 의 의

'원고적격'이라 함은 취소소송에서 처분성이 인정된 경우에 그 처분의 취소를 구할 수 있는 자격을 말한다.

취소소송을 제기할 수 있는 자는 '처분 등의 취소를 구할 법률상 이익'을 가진 자라야 하지만(行訴法 §12), 여기서 말하는 '법률상 이익'이 구체적으로 무엇을 내용으로 하는 것인가는 반드시 명확하다고 할 수 없다.

2) 법률상 이익의 개념

(1) 학 설

법률상 이익의 개념은 취소소송의 본질 내지 기능과 관련하여 다음의 네 가지 견해가 있다.

(가) 권리회복설(권리구제설)

이 견해는 취소소송의 목적이 위법한 처분으로 인하여 침해된 개인의 권리의 회복에 있다는 전제하에 권리가 침해된 자만이 취소소송을 제기할 수 있다고 한다.

(나) 법률상 보호이익설

이 견해는 위법한 처분으로 인하여 개인의 이익이 침해된 경우에 그 이익이 관계법에 의하여 보호되고 있는 경우에 취소소송을 제기할 수 있다고 한다.

이러한 의미에서의 법률상 보호이익설은 법적으로 보호되고 있는 이익이 곧 권리라는 점에서, 권리회복설과 본질적으로 차이가 없다.

(다) 보호가치이익설

이 견해는 법에 의하여 보호되는 이익은 물론 법에 의하여 보호되는 이익이 아니라고 하더라도 그 이익의 실질적인 내용이 재판상 보호할 가치가 있다고 판단되는 경우에는 그러한 이익이 침해된 자도 취소소송을 제기할 수 있다고 한다.

이 견해에 의하면, 법률상 보호이익설보다 원고적격이 인정되는 범위가 보다 넓어진다.

(라) 적법성보장설

이 견해는 취소소송의 목적이 행정의 적법성 보장에 있다고 보아 행정청의 적법성 확보에 가장 적합한 이해관계를 가지는 자가 취소소송을 제기할 수 있다고 한다.

이 견해에 의하면, 취소소송에서의 원고적격은 원고의 이익의 내용과는 무관하게 되어 취소소송이 객관소송으로 변질될 수 있다.

⑵ 판 례

판례는 "법률상 이익이라 함은 '당해 처분의 근거법률에 의하여 보호되는 직접적이고 구체적인 이익이 있는 경우'를 가리키며, '간적접이거나 사실적 · 경제적 이해관계를 가지는데 불과한 경우'는 포함되지 아니한다."고 하여 법률상 보호이익설을 취하고 있다(大判 2001. 9. 28, 99두8565). 최근에는 근거법령 외에 관련법령에 의하여 보호되는 이익까지 포함하거나(大判 2005. 5. 12, 2004두14229), 헌법상의 기본권을 고려하여 법률상 이익 여부를 판단하고 있다(大判 1992. 3. 8, 91부8).

판례에서 이러한 기준이 적용되는 대표적인 유형은 다음과 같다.

(가) 경업자의 경우

① 허가영업의 경우에는 일반적으로 기존업자의 원고적격을 부정하고 있다.

즉, 신설공중목욕탕 영업허가를 다툰 기존업자의 원고적격을 부정하였다(大判 1960.9.30, 4292행상20).

② 특허영업의 경우에는 기존업자의 원고적격을 인정하고 있다. 선박운항사업 면허처분으로 불이익을 받고 있는 기존업자에 대해서는 원고적격을 긍정하였다(大判 1969.12.30, 69누106). 또 기존 시외버스운송사업자가 새로운 정류장허가신청 중에 타업자에게 주어진 정류장허가처분에 대하여 법에 의하여 마땅히 보호되어야 할 이익을 침해받은 것으로 원고적격을 인정하였다(大判 1975.7.22, 75누12).

그러나 면허받은 장의자동차운송사업구역에 위반하였음을 이유로 한 행정청의 과징금부과처분에 의하여 동종업자의 영업이 보호되는 결과는 사업구역제도의 반사적 이익에 불과하기 때문에 그 과징금부과처분을 취소한 재결에 대하여 처분의 상대방 아닌 제3자는 그 취소를 구할 법률상 이익이 없다고 하여 원고적격을 부인하였다(大判 1992.12.8, 91누13700).

(나) 경원자의 경우

일방에 대한 인·허가가 다른 사람에 대한 불인가·불허가로 귀결되는 경우에는 불허가 등으로 인해 침해받는 이익은 법률상 이익으로 인정하고 있다(大判 1992.5.8, 91누13274).

동일 대상지역에 대한 도로점용허가 또는 거리제한규정이나 개소제한규정이 있는 영업허가와 같이 경원자관계의 경우에는 일반적으로 인·허가대상이 허가인가 특허인가는 문제되지 아니한다.

(다) 이웃주민의 경우

이웃주민의 법률상 이익은 관련법규의 취지에 따라 원고적격 여부를 판단하고 있다. 즉, 주거지역 내에서의 연탄공장신축으로 인하여 주거생활상 불이익을 받고 있는 제3자인 인근거주자에게도 원고적격을 인정하였으며(大判 1975.5.13, 73누96·97), 또 LPG자동차 충전소설치 허가를 다툰 설치장소 인근거주 주민들에게 법률상 이익의 침해를 인정하고 원고적격을 긍정하였다(大判 1983.7.12, 83누59).

대법원은 최근에 새만금사건(정부조치계획취소등 사건)에서 "환경영향평가대상지역 밖의 주민이라 하더라도 공유수면매립면허처분 등으로 인하여 그 처분 전과 비교하여 수인한도를 넘는 환경피해를 받거나 받을 우려가 있는 경우에는, 공유수면매립면허처분 등으로 인하여 환경상의 이익에 대한 침해 내지 침해 우려가 있다는 것을 입증함으로써 그 처분의 무효확인을 구할 원고적격을 인정받을 수 있다."고 전제한 후 환경영향대상지역 밖의 주민에 대하여, "공유수면매립면허처분 등으로 인하여 그 처분 전과 비교하여 수인한도를 넘는 환경피해를 받거나 받을 우려가 있다는 점을 입증하지 못하고 있으며,"라고 판시하여 원고적격을 부인하였다(大判 2006.3.16, 2006두330).

생각건대, 이 판결은 원고적격의 인정은 처분의 근거법률 내지 관련법률의 해석으로 판단하지만, 그렇지 않은 경우에는 원고적격이 있음을 원고가 구체적으로 입증하여야 한다는 취지로 해석된다.

(3) 평 가

일반적 견해인 '법률상 보호이익설'은 「행정소송법」 제12조가 규정하고 있는 '법률상의 이익'이란 실정법이 보호하고 있는 이익이라고 본다. 따라서 처분의 취소를 구하는 경우에 처분에 의하여 침해된 자기의 이익이 실정법에 의하여 보호되는 이익인지 또는 반사적 이익에 지나지 않는지를 고려하여 원고적격의 인정 여부를 결정한다. 결국 실정법의 취지·목적을 해석하여 원고적격의 유무를 결정한다.

이에 대하여 위법한 행정처분에 의하여 원고가 현실적으로 입고 또 입을 위험이 있는 실생활상의 불이익이 재판상 보호할 가치가 있는 정도의 실질을 갖추고 있는 경우에도 원고적격을 확대하려는 '보호가치이익설'은 판단기준의 객관성을 담보하기가 어려울 뿐만 아니라 개별 행정법규를 떠나 법원의 자의적인 판단에 따라 원고적격의 인정 여부가 달라질 수 있다는 문제가 있다.

이러한 관점에 따르면, 원고적격의 판단기준으로서는 '법률상 보호이익설'이 설득력이 있다. 다만, 법원은 관련법규를 좁게 인정하거나 관련법규를 지나치게 엄격하게 해석함으로써 원고적격을 부당하게 제한하지 않도록 근거법령 외에 관련법령에 의하여 보호되는 이익 및 헌법상의 기본권을 고려하여 법률상 이익 여부를 판단할 필요가 있다.

참고판례

▶ 법률상 이익을 인정한 판례 : 지역주민이 일반폐기물소각시설설치계획입지를 결정·고시처분을 다툰 사건(大判 2005.5.12, 2004두14229).

"… 여기에서 말하는 법률상 보호되는 이익이라 함은 당해 처분의 근거 법규 및 관련 법규에 의하여 보호되는 개별적·직접적·구체적 이익이 있는 경우를 말하는데, 환경·교통·재해등에관한영향평가법(이하 '환경영향평가법'이라 한다), 같은법시행령, 구 폐기물처리시설설치촉진및주변지역지원등에관한법률(2004.2.9. 법률 제7169호로 개정되기 전의 것, 이하 '폐촉법'이라 한다), 같은법시행령의 각 관련 규정에 의하면, … 폐기물처리시설을 설치하는 경우에는 폐촉법에 따른 환경상 영향조사 대상에 해당할 뿐만 아니라 환경영향평가법에 따른 환경영향평가 대상사업에도 해당하므로 폐촉법령뿐만 아니라 환경영향평가법령도 위와 같은 폐기물처리시설을 설치하기 위한 폐기물소각시설 설치계획 입지결정·고시처분의 근거 법령이 된다고 할 것이고, 따라서 위 폐기물처리시설설치계획입지가 결정·고시된 지역 인근에 거주하는 주민들에게 위 처분의 근거 법규인 환경영향평가법 또는 폐촉법에 의하여 보호되는 법률상 이익이 있으면 위 처분의 효력을 다툴 수 있는 원고적격이 있다."

▸ 법률상 이익을 인정하지 않은 판례:

침몰선박의 부보 보험회사가 중앙해양안전심판원의 재결의 취소를 구한 사건(大判 2002.8.23, 2002추61); 온천발견신고자명의변경신고수리재결의 취소를 구한 사건(大判 2000.9.8, 98두13072); 부정당업자제재등처분취소를 다툰 사건(大判 2002.9.6, 2001두5200); 기본행위인 임시이사들에 의한 이사선임결의의 내용 및 그 절차에 하자가 있다는 이유로 이사선임결의의 효력에 관하여 다툼이 있는 경우, 그 보충행위인 임원취임승인처분의 무효확인이나 그 취소를 구한 사건(大判 2002.5.24, 2000두3641); 당연무효인 당초의 환지처분이 있은 뒤에 적법한 절차를 거쳐 새로운 환지처분이 유효하게 이루어진 경우, 당초의 환지처분에 대한 무효확인을 구한 사건(大判 2002.4.23, 2000두2495).

▸ 이웃주민의 원고적격이 인정된 판례: 大判 1998.4.24, 97누3286; 大判 2001.7.27, 99두2970; 大判 1998.9.22, 97누19571; 大判 1998.9.4, 97누19588.

"환경영향평가에 관한 자연공원법령과 환경영향평가법령의 규정의 취지 및 환경영향평가대상지역 안의 주민들이 당해 변경승인 및 허가처분과 관련하여 갖고 있는 환경상의 이익은 주민 개개인에 대하여 개별적으로 보호되는 직접적·구체적인 이익이고, 따라서 국립공원 집단시설지구개발사업으로 인하여 직접적이고 중대한 환경피해를 입으리라고 예상되는 환경영향평가대상지역 안의 주민들에게 환경영향평가대상작업에 관한 변경승인 및 허가처분의 취소를 구할 원고적격이 있다."

▸ 이웃주민의 원고적격이 부정된 판례

① 大判 1995.9.26, 94누14544(상수원보호구역변경처분등취소)

"제3자에게는 도시계획결정(상수원보호구역변경)처분의 취소를 구할 법률상의 이익이 없다."

② 大判 2001.9.28, 99두8565(도지정문화재 지정처분 취소)

"구 문화재보호법 제55조 제1항, 제5항, 구 경상남도문화재보호조례 제11조 제1항에 의하여 행하여지는 도지사의 도지정문화재 지정처분은, 문화재를 보존하여 이를 활용함으로써 국민의 문화적 향상을 도모함과 아울러 인류문화의 발전에 기여할 목적에서(같은 법 제1조), 도지사가 그 관할구역 안에 있는 문화재로서 국가지정문화재로 지정되지 아니한 문화재 중 보존가치가 있다고 인정되는 것을 도지정문화재로 지정하는 행위이므로, 그 입법목적이나 취지는 지역주민이나 국민 일반의 문화재 향유에 대한 이익을 공익으로서 보호함에 있는 것이지, 특정 개인의 문화재 향유에 대한 이익을 직접적·구체적으로 보호함에 있는 것으로 해석되지 아니하고, 달리 같은 법과 같은 조례에서 위 지정처분으로 침해될 수 있는 특정 개인의 명예 내지 명예감정을 보호하는 것을 목적으로 하여 그 지정처분에 제약을 가하는 규정을 두고 있지도 아니하므로, 설령 위 지정처분으로 인하여 어느 개인이나 그 선조의 명예 내지 명예감정이 손상되었다고 하더라도, 그러한 명예 내지 명예감정은 위 지정처분의 근거 법규에 의하여 직접적·구체적으로 보호되는 이익이라고 할 수 없으므로 그 처분의 취소를 구할 법률상의 이익에 해당하지 아니한다."

3) 판정기준

권리나 이익의 침해를 받은 자는 자연인과 법인을 포함하며, 원칙적으로 권리주체이어야 한다. 다만, 아파트의 자치회와 같은 법인격 없는 단체도 단체의 이름으로 대표자를 통하여 제소할 수 있다.

(1) 처분의 상대방

일반적으로 불이익처분을 입은 상대방이 법률상의 이익을 가진다는 점에 대해서는 이론이 없다.

(2) 상대방 이외의 제3자

처분의 상대방 이외의 제3자가 타인에 대한 처분으로 불이익을 입은 경우라든가, 도로의 공용폐지와 같은 일반처분에 의하여 불이익을 입은 자가 제소한 경우에 법률상의 이익이 인정될 수 있을 것인가에 관하여는 법률상 이익의 유무에 따라 판단하여야 한다.

(3) 단체의 경우

오늘날 지역주민이나 소비자 등 다수인의 공통되는 이익을 법률상 또는 사실상 대표하는 단체(소비자보호단체, 환경보호단체 등)가 원고가 되어 소송을 제기하는 경우도 많다. 이러한 소송을 단체소송이라고 하는 바, 단체소송을 인정할 것인가에 대하여는 현재는 소극적이지만 앞으로는 단체소송의 문제는 행정소송에 있어서 중요한 과제가 될 것이다.

4) 개정안의 원고적격

2013년에 입법예고된 법무부의 개정안은 국민의 실질적 권리구제 가능성을 넓히기 위해 원고적격을 '법률상 이익'에서 '법적 이익'으로 개정하였다.

그러나 개정안의 '법적 이익'이 원고적격의 범위를 넓힐 수 있는가 여부는 개정안의 '법적 이익'이 무엇을 의미하는가에 귀결된다. 그렇다면 개정안의 '법적 이익'의 범위문제는 여전히 학설·판례에 맡겨져 있다고 보아야 한다는 점에서 볼 때 개정안이 특별한 의의는 지닌다고 보기는 어렵다.

이러한 논의는 후술하는 협의의 소의 이익에서도 동일하다.

3. 협의의 소의 이익(권리보호의 필요)

1) 의 의

「행정소송법」 제12조 후단은 "처분 등의 효과가 기간의 경과, 처분 등의 집행 그 밖의 사유로 인하여 소멸된 뒤에도 그 처분 등의 취소로 인하여 회복되는 법률상 이익이 있는 자의 경우에는 또한 같다."라고 하여 협의의 소의 이익에 대하여 규정하고 있다.

'협의의 소의 이익'이란 '권리보호의 필요'를 의미한다. 즉, 재판은 당사자에게 관념적 만족이 아니라 현실적 구제를 목적으로 하므로 권리보호의 필요가 있어야 한다. 따라서 항고소송이 의미를 지니기 위해서는 원고적격자가 소(訴)를 제기하는 것 이외에 그 소에 대한 취소판결이 이루어졌을 때 원고의 구제가 현실적으로 실현될 수 있는 상태에 있어야 한다. 따라서 처분을 취소하더라도 가옥의 원상회복이 불가능한 경우에는 소의 이익이 없다(大判 2002.1.11, 2000두2457).

2) 판단기준

(1) 원 칙

'회복되는 법률상 이익'이란 취소판결에 의하여 원고에게 현실적인 이익이 회복되는가 여부를 말한다.

'회복되는 법률상의 이익'이란 원고적격에서의 법률상 이익과 동일하다. 따라서 회복되는 법률상 이익이란 원칙적으로 위법한 처분에 의하여 침해된 기본적인 권리 내지 지위의 회복을 의미하지만, 위법한 처분을 취소함으로써 어떠한 법률상 이익이 회복될 가능성이 있는 경우에는 비록 그것이 부수적 이익이라 할지라도 소의 이익이 인정된다(大判 2002.1.11, 2000두3306). 그러나 명예·신용 등의 불이익은 일반적으로 단순한 사실상의 이익으로 법률상의 이익으로 보지 않는다.

일반적으로 원고적격이 인정되면 협의의 소의 이익이 인정된다. 그러나 소송목적이 실현된 경우, 원상회복이 불가능한 경우 및 보다 실효적인 구제절차가 있는 경우에는 협의의 소의 이익이 인정되지 아니하나, 이 경우에도 회복되는 법률상 이익이 있는 경우에는 협의의 소의 이익이 인정된다.

(2) 처분의 효력 소멸과 소의 이익

「행정소송법」 제12조 후단은 처분 등의 효과가 기간의 경과·처분 등의 집행 그 밖의 사유로 인하여 소멸된 뒤에도 그 처분 등의 취소로 인하여 회복되는 법률상 이익이 있는 자에게 소의 이익을 인정하고 있다.

(3) 제재적 처분과 소의 이익

(가) 판 례

종래에는 제재적 처분이 장래의 제재적 처분의 가중요건인 경우에 ① 가중요건이 법률이나 시행령에 규정되어 있는 경우에는 처분의 효력이 소멸된 뒤에도 당연히 소의 이익을 인정하고 있으며(大判 1991.3.27, 91누3512), ② 부령에 규정되어 있는 경우에는 종전에는 시행규칙을 행정규칙으로 보아 소의 이익을 부정하였다(大判 1995.10.7, 94누14148).

최근에 "제재적 행정처분의 가중사유나 전제요건에 관한 규정이 법령이 아니라 규칙의 형식으로 되어 있다고 하더라도, … 그 법적 성질이 대외적·일반적 구속력을 갖는 법규명령인지 여부와는 상관없이, 관할 행정청이나 담당공무원은 이를 준수할 의무가 있으므로 이들이 그 규칙에 정해진 바에 따라 행정작용을 할 것이 당연히 예견되고, 그 결과 행정작용의 상대방인 국민으로서는 그 규칙의 영향을 받을 수밖에 없다. 따라서 그러한 규칙이 정한 바에 따라 선행처분을 받은 상대방이 그 처분의 존재로 인하여 장래에 받을 불이익, 즉 후행처분의 위험은 구체적이고 현실적인 것이므로, 상대방에게는 선행처분의 취소소송을 통하여 그 불이익을 제거할 필요가 있다."라고 하여 부령의 법규성과 관련없이 협의의 소의 이익을 인정하였다(大判 2006.6.22, 2003두1684).

물론 제재적 가중처분을 받을 우려가 없는 경우에는 당연히 소의 이익은 부정된다(大判 2000.4.21, 98두10080).

(나) 평 가

생각건대, 판례의 태도는 원칙적으로 타당하다. 그러나 제재적 가중처분이 부령에 규정되어 있는 경우에도 부령의 법규성을 인정하여 소의 이익을 인정하여야 한다는 점에서 보면 부령의 법규성 여부를 묻지 않고 소의 이익을 인정한 판례는 다소 미흡한 점이 있다.

결국, 판례는 부령의 법규성을 부정하더라도 행정청은 행정의 자기구속의 법리 등에 의하여 부령에 따라 제재적 가중처분을 하게 되고, 처분의 상대방에게는 부령에 따른 가중처분의 불이익을 제거하여야 할 신뢰이익이 인정되어야 하므로,

협의의 소의 이익은 인정되어야 한다는 취지라고 볼 수 있다. 이와 같은 취지에 의하면 제재적 가중처분의 요건 등이 훈령에 규정되어 있는 경우에도 동일하게 협의의 소의 이익이 인정되어야 할 것이다.

참고판례

▸ 가중요건이 법률이나 시행령에 규정되어 있는 경우에 소의 이익 인정

① 大判 1991.3.27, 91누3512.

"건축사법 제28조 1항이 건축사업무정지처분을 연 2회 이상 받고 그 정지기간이 통산하여 12월 이상이 될 경우에는 가중된 제재처분인 건축사 사무소등록취소처분을 받게 되도록 규정하여 건축사에 대한 제재적인 행정처분인 업무정지명령을 보다 무거운 제재처분인 사무소등록취소처분의 기준요건으로 규정하고 있는 이상, 건축사업무정지처분을 받은 건축사로서는 위 처분에 정한 기간이 도과되었다 하더라도 위 처분을 그대로 방치하여 둠으로써 장래 건축사사무소등록취소라는 가중된 제재처분을 받게 될 우려가 있는 것이므로 건축사로서의 업무를 행할 수 있는 법률상 지위에 대한 위험이나 불안을 제거하기 위하여 건축사업무정지처분의 취소를 구할 이익이 있다."

② 大判 1995.10.7, 94누14148.

"일반적으로 행정처분에 효력기간이 정하여져 있는 경우 그 처분의 효력 또는 집행이 정지된 바 없다면 위 기간의 경과로 그 행정처분의 효력은 상실되므로 그 기간의 경과 후에는 그 처분이 외형상 잔존함으로 인하여 어떠한 법률상 이익은 없다…행정명령에 불과한 각종 규칙상의 행정처분기준에 관한 규정에서 위반횟수에 따라 가중처분하도록 되어 있다고 하더라도 법률상 이익이 있다고 할 수 없다."

③ 大判 2006.6.22, 2003두1684.

"제재적 행정처분이 그 처분에서 정한 제재기간의 경과로 인하여 그 효과가 소멸되었으나, 부령인 시행규칙 또는 지방자치단체의 규칙(이하 이들을 '규칙'이라고 한다)의 형식으로 정한 처분기준에서 제재적 행정처분(이하 '선행처분'이라고 한다)을 받은 것을 가중사유나 전제요건으로 삼아 장래의 제재적 행정처분(이하 '후행처분'이라고 한다)을 하도록 정하고 있는 경우, 제재적 행정처분의 가중사유나 전제요건에 관한 규정이 법령이 아니라 규칙의 형식으로 되어 있다고 하더라도, 그러한 규칙이 법령에 근거를 두고 있는 이상 그 법적 성질이 대외적·일반적 구속력을 갖는 법규명령인지 여부와는 상관없이, 관할 행정청이나 담당공무원은 이를 준수할 의무가 있으므로 이들이 그 규칙에 정해진 바에 따라 행정작용을 할 것이 당연히 예견되고, 그 결과 행정작용의 상대방인 국민으로서는 그 규칙의 영향을 받을 수밖에 없다. 따라서 그러한 규칙이 정한 바에 따라 선행처분을 받은 상대방이 그 처분의 존재로 인하여 장래에 받을 불이익, 즉 후행처분의 위험은 구체적이고 현실적인 것이므로, 상대방에게는 선행처분의 취소소송을 통하여 그 불이익을 제거할 필요가 있다."

(4) 주요 관련문제 – 경정처분 · 재경정처분과 소의 이익

과세처분에 이의를 제기하여 경정처분을 받은 납세자가 경정처분의 취소소송 제기 중에 재경정처분이 이루어졌을 때, 경정처분에 대한 소의 이익과 관련하여 ① 재경정처분으로 경정처분은 소멸하기 때문에 이후는 재경정처분을 다투어야 하며 경정처분에 대한 소의 이익은 소멸한다고 보는 흡수설 · 소멸설, ② 경정된 금액, 재경정된 금액마다 각각 처분이 함께 유효하게 존속한다는 병존설, ③ 경정처분은 재경정처분으로 인하여 변경되어 변경된 형태로 존속하기 때문에 재경정처분이 있더라도 경정처분에 대한 소의 이익은 소멸하지 않는다고 보는 역흡수설이 있다.

생각건대 일련의 행위로 이루어지는 행정과정에 관한 소송에서는 가급적이면 후속처분으로 인하여 선행처분에 대한 소의 이익이 좌우되지 않도록 하여 원고의 지위의 안정을 도모할 필요가 있으므로 역흡수설이 타당하다 할 것이다. 물론 역흡수설의 견해를 취하더라도 증액경정에만 불복이 있는 자가 증액경정처분에 대하여 독자적인 소송을 제기할 수 있다.

Ⅲ. 被告適格

1. 의 의

일반적으로 민사소송에서는 당사자능력이 있는 자가 원고나 피고가 된다. 그러나 취소소송에 있어서는 「행정소송법」 제13조에 의하여 다른 법률에 특별한 규정이 없는 한, 그 '처분 등을 행한 행정청'이 원칙적으로 피고가 된다.

이와 같이 원칙적으로 행정청을 피고로 하고 국가나 공공단체 등의 행정주체를 피고로 하지 않는 것은, 취소소송은 행정청의 판단에 의하여 형성된 행정상 법률관계의 효력 유무를 다투고 행정청의 권한행사의 적정 여부를 묻는 것이기 때문에 행정청을 피고로 하는 것이 편리하기 때문이다(大判 1995.12.22, 95누14688). 물론 다른 법률에 특별한 규정이 있는 경우에는 처분 등을 행하지 않은 행정기관도 피고가 된다(同法 §13②).

2. 처분청

1) 원 칙

① 행정청이란 국가 또는 공공단체 등 행정주체의 의사를 외부에 대하여 결정·표시할 수 있는 권한을 가진 기관을 가리킨다.

② 처분 등을 행한 행정청은 원칙적으로 소송의 대상인 행정처분 등을 외부적으로 그의 명의로 행한 행정청을 의미한다(大判 1995.3.14, 94누9962).

③ 처분청에는 원처분을 행한 행정청과 재결청(행정심판위원회)이 있으나, 원처분주의에 따라 원처분을 한 행정청이 피고가 된다. 다만 재결취소소송의 피고는 재결청이 될 것이다.

2) 예 외

(1) 대통령이 처분청인 경우

대통령이 처분청인 경우에는 법률에 특별한 규정이 있다. 즉, 국가공무원, 교육공무원, 외무공무원에 대한 징계 기타 불이익처분의 처분청이 대통령인 때에는 각각 소속장관이 피고가 되고, 경찰공무원, 국가소방공무원에 대한 것일 때에는 경찰청장 또는 해양경찰청장 및 소방방재청장이 피고가 된다(國公法 §16, 外公法 §30, 警公法 §28, 消公法 §25 등 참조).

(2) 행정청의 권한이 위임·위탁된 경우

행정청의 권한이 위임·위탁된 경우에는 그 수임·수탁청이 피고가 된다. 「행정소송법」은 "이 법을 적용함에 있어서는 법령에 의하여 행정권한의 위임 또는 위탁을 받은 행정기관·공공단체 및 그 기관 또는 사인 등이 행정청에 포함"됨을 명시하고 있어(同法 §2②), 공무수탁사인도 행정청에 포함시키고 있다.

내부위임의 경우에는 위임청이 처분행정청이 되나, 수임기관이 수임기관의 명의로 처분을 한 경우에는 수임기관이 명목상의 처분청이므로 수임기관이 피고가 된다.

(3) 권한이 다른 행정청에 승계된 경우

처분 등이 있은 뒤에 그 처분 등에 관계되는 권한이 다른 행정청에 승계된 때에는 이를 승계한 행정청이 피고가 된다(行訴法 §13① 但書).

(4) 처분이나 재결을 한 행정청이 없게 된 경우

처분이나 재결을 한 행정청이 없게 된 때에는 그 처분 등에 관한 사무가 귀속되는 국가 또는 공공단체가 피고가 된다(同法 §13②).

참고판례

▸ 권한이 내부위임된 경우의 피고적격 : 大判 1994.8.12, 94누2763.

"행정처분의 취소 또는 무효확인을 구하는 행정소송은 다른 법률에 특별한 규정이 없는 한 그 처분을 행한 행정청을 피고로 하여야 하며, 행정처분을 행할 적법한 권한 있는 상급행정청으로부터 내부위임을 받은 데 불과한 하급행정청이 권한 없이 행정처분을 한 경우에도 실제로 그 처분을 행한 하급행정청을 피고로 하여야 할 것이지 그 처분을 행할 적법한 권한있는 상급행정청을 피고로 할 것은 아니다."

3. 피고경정

권한의 위임이나 대리가 있거나, 또는 기타 사정으로 취소소송의 피고를 잘못 지정하는 경우도 있을 수 있다. 이 경우에 그 소를 부적법한 것으로 각하하게 되면, 다시 정당한 피고를 정하여 제소하려고 해도 제소기간의 경과 등의 사유로 그것이 불가능할 수도 있을 것이므로 그러한 결과를 피하여 구제의 길을 확보하려는 의도에서 피고경정의 제도가 있다(行訴法 §14).

1) 피고경정의 허가

원고가 피고를 잘못 지정한 때에는 법원은 원고의 신청에 의하여 결정으로써 피고의 경정을 허가할 수 있다(同法 §14①). '피고를 잘못 지정한 때'라 함은 당해 취소소송의 피고로 지정된 자가 정당한 피고적격(同法 §13)을 객관적으로 가지지 않는 경우를 말하며, 피고를 잘못 지정한 것에 고의・과실이 있는가 여부는 묻지 아니한다.

피고를 잘못 지정하였는가의 여부는 제소시를 기준으로 판단하며, 제소후의 사정(행정청의 권한의 변동・소의 변경 등)으로 인하여 피고를 경정하는 것은 여기서의 피고경정에는 해당되지 않는다.

2) 피고경정의 촉구

원고가 피고의 지정을 잘못하였을 경우, 법원으로서는 석명권을 행사하여 원고로 하여금 이를 시정할 기회를 주어야 한다. 만일 그러한 기회를 주지 아니하고 바로 소를 각하함은 위법이다(大判 1990.1.12, 89누1032).

3) 피고경정의 승계

취소소송의 제기 후에 처분 등에 관한 권한이 타기관에 승계된 경우 및 행정조직상의 개편으로 인하여 행정청이 없어지게 된 때에는, 그 권한을 승계한 행정청 및 처분 등에 관한 사무가 귀속되는 국가 또는 공공단체로 피고를 경정한다(同法 §13① 但書・②, §14⑥ 참조).

4) 피고경정의 절차

피고를 잘못 지정한 경우에는 원고의 신청으로(同法 §14①), 소의 제기 후의 권한 승계, 기관폐지로 인한 피고경정의 경우에는 당사자의 신청 또는 직권에 의하여 피고를 경정한다(同法 §14⑥).

「행정소송법」 제14조 소정의 피고경정은 사실심 변론종결시까지만 가능하고 상고심에서는 허용되지 않는다(大判 1996.1.23, 95누1378).

5) 피고경정의 효과

피고경정의 허가결정이 있게 되면 새로운 피고에 대한 소송은 처음에 소를 제기한 때에 제기된 것으로 본다(同條④). 따라서 허가결정당시에 이미 제소기간이 경과하고 있는 경우에도 제소기간은 준수된 것으로 본다.

피고경정의 허가결정이 있을 때에는 종전의 피고에 대한 소송은 취하된 것으로 본다(同條⑤).

Ⅳ. 行政審判과의 관계 - 行政審判前置主義 -

1. 의 의

1) 개 념

행정심판전치주의란 법령에 의하여 위법・부당한 행정작용에 대한 행정심판이 인정되고 있는 경우에는, 그 행정심판을 행정소송제기의 전심절차로 하는 제도를 말한다. 그러므로 '행정심판전치주의'라고 하는 경우의 행정심판은 행정심판이라는 형식상 명칭을 가지는 것만을 가리키는 것이 아니라, 이의신청・심사청구

기타 명칭의 여하에 관계없이 모든 행정심판을 가리킨다.

2) 근 거

「헌법」 제107조 제3항이 "재판의 전심절차로서 행정심판을 할 수 있다."고 하여 행정심판전치주의의 헌법적 근거를 두고 있다.

취소소송을 제기함에 있어 행정심판을 거치게 할 것인가는 행정심판전치제도가 지니는 장・단점을 고려하면, 입법정책적 사항이라 할 수 있다.

이에 따라 「행정소송법」은 지난 1994년 7월 27일 법개정을 통하여 "취소소송은 법령의 규정에 의하여 당해 처분에 대한 행정심판을 제기할 수 있는 경우에도 이를 거치지 아니하고 제기할 수 있다. 다만, 다른 법률에 당해 처분에 대한 행정심판의 재결을 거치지 아니하면 취소소송을 제기할 수 없다는 규정이 있는 때에는 그러하지 아니하다."(同法 §18①)고 규정하여 행정심판전치주의를 1998년 3월 1일부터 종래와 같이 필요적 전치절차로 하지 아니하고 임의적 전치절차로 변경하였다.

행정심판전치주의가 필요적 절차로서 인정되는 경우는 「행정소송법」 이외의 다른 법률에 의하여 예외적으로 인정되는 경우에 한정된다. 이에는 ① 「국가공무원법」에서의 징계처분에 대한 불복절차인 소청, ② 「국세기본법」에서의 과세처분에 대한 불복절차인 심사청구・심판청구, ③ 「도로교통법」에서의 운전면허취소・정지처분 등에 대한 불복절차인 행정심판 등이 있다.

3) 존재이유와 문제점

대륙법계국가가 행정심판을 통하여 행정권의 자율적 통제・자기감독을 도모하려한 데 대하여, 영미법계국가에서는 이를 준사법절차로 하여 사법기능을 보완하려고 하였다.

일반적으로 행정심판은 ① 행정행위의 위법성만이 아니라 합목적성까지도 심사할 수 있기 때문에 국민의 권리구제의 확대를 기할 수 있으며, ② 행정청으로 하여금 스스로 자기반성의 기회를 제공함으로써 행정의 자율성과 자기통제가 확보되며, ③ 행정청의 전문지식을 활용하여 행정의 전문성과 기술성에 대비할 수 있고, ④ 비교적 단기에 저렴한 비용으로 권리구제에 기여하고, ⑤ 이로써 법원의 부담을 경감할 수 있다는 등의 합리적 존재이유를 가진다.

그러나 행정심판전치주의가 이와 같은 장점이 있는가 하면, 다음과 같은 부정적 측면도 있다.

즉, ① 행정심판의 공평성을 기대하기 어려운 점, ② 행정기관인 심판기관으로 인하여 행정심판에서의 인용율이 낮을 우려가 있는 점, ③ 행정심판청구기간을 도과하게 되면 행정소송의 길마저 막혀버리게 되는 점, ④ 전치절차를 요구하는 경우에는 불필요한 전심절차를 강요하는 결과가 될 우려가 있는 점 등이다.

2. 적용범위

1) 소송의 유형

「행정소송법」에 의하면, 행정심판전치주의가 적용되는 소송의 유형은 다음과 같다.

① 취소소송에 대하여 임의적 행정심판전치주의가 적용된다(同法 §18①).

② 이를 부작위위법확인소송에도 준용할 것을 규정하고 있다(同法 §38②).

③ 무효등확인소송에 대하여는 행정심판전치주의가 적용되지 않는다. 무효인 행정행위는 처음부터 당연히 효력이 발생하지 않고 또한 비록 외형상으로는 행정행위가 존재한다 하더라도 법적으로 효력이 없으므로, 무효등확인소송의 경우에는 행정심판전치주의가 적용될 여지가 없다.

④ 행정심판은 항고쟁송의 형식으로 인정되고 있으므로, 공법상의 법률관계에 관한 소송인 당사자소송의 경우에는 성질상 행정심판전치주의가 적용될 여지가 없다.

2) 제3자에 의한 제소의 경우

건축허가나 영업허가와 같은 특정인에 대한 수익적 행정처분으로 인하여 법률상 이익의 침해를 입은 제3자가 제기하는 취소소송의 경우에도 행정심판전치주의는 적용된다. 다만, 「행정심판법」 제27조 제3항의 제척기간의 적용을 배제할 정당한 사유가 있다고 보고 있다(大判 1988.9.27, 88누29).

3) 2단계 이상의 행정심판의 경우

하나의 행정처분에 대하여 법령이 이의신청·행정심판 등 2단계 이상의 행정심판절차를 규정하고 있는 경우에는 행정심판전치주의의 취지가 행정청의 전문지식을 활용하여 자기반성의 기회를 부여하려는 데 있기 때문에 1차의 행정심판절차로써도 그 취지를 달성할 수 있으므로 그와 같은 경우 2단계 이상의 모든 행정심판절차를 거치게 한다는 것은 오히려 관계인에게 불필요한 절차를 강요하는 등 너무 큰 부담을 지우게 된다. 따라서 특히 명문규정이 있는 경우(國稅法 §55 등)를 제외하고는 그 중의 하나만 거치면 된다.

4) 행정심판과 행정소송의 인적 관련

행정심판전치주의의 취지는 당해 행정처분에 대해서 행정청에 의한 재심사를 구하는 데 있으므로, 행정심판청구인과 행정소송의 원고는 반드시 동일인임을 요하지 아니한다.

공동소송의 경우(行訴法 §15) 공동소송인 중의 1명이 행정심판을 거쳤으면 다른 공동소송인은 행정심판을 거치지 않더라도 무방하다(大判 1988.2.23, 87누704). 또 행정소송의 원고가 당해 행정처분에 대한 관계에서 심판청구인과 동일한 지위에 있는 경우 또는 그의 지위를 실질적으로 승계하고 있는 경우에는 원고 자신이 행정심판을 경유하지 않고 제소할 수 있다.

5) 처분을 변경한 경우

취소소송이 계속되고 있는 동안에 당해 소송의 대상인 처분이 행정청에 의하여 변경된 때에는 그 변경된 처분에 맞추어 소의 변경을 할 수 있는 바(行訴法 §22①), 그러한 경우에는 변경된 처분에 대하여 따로 행정심판을 거칠 것 없이 전심절차의 요구를 충족한 것으로 된다(行訴法 §22③). 이는 행정청에 의한 소송지연을 막고 원고의 소송절차상의 편의를 도모하기 위한 것이다.

3. 예 외

행정심판전치주의가 국민의 신속한 재판을 받을 권리를 제한한다는 문제점을 감안하여, 행정심판전치주의에 대하여 두 가지 예외를 인정하고 있다.

1) 행정심판의 재결을 거치지 아니하고 제소할 수 있는 경우

다음 사유가 있는 때에는 행정심판을 제기한 뒤 그 재결을 거치지 아니하고 직접 취소소송을 제기할 수 있다(同法 §18②)(大判 1987.12.8, 87누381).

① 행정심판청구가 있은 날로부터 60일이 지나도 재결이 없는 때(同條 i), ②

처분의 집행 또는 절차의 속행으로 생길 중대한 손해를 예방하여야 할 긴급한 필요가 있는 때(同條 ii), ③ 법령의 규정에 의한 행정심판기관의 의결 또는 재결을 하지 못할 사유가 있는 때(同條 iii), ④ 그 밖의 정당한 사유가 있는 때(同條 iv)이다. 이 경우 청구인은 선택적으로 곧 행정소송을 제기할 수도 있고, 또는 재결을 기다려서 제소할 수도 있다.

이상의 사유가 있는 경우에 원고는 이를 소명하여야 한다(行訴法 §18④).

2) 행정심판을 제기하지 아니하고 직접 제소할 수 있는 경우

다음의 사유가 있는 때에는 직접 행정소송을 제기할 수 있다(同法 §18③).

① 동종사건에 관하여 이미 행정심판의 기각재결이 있은 때

② 서로 내용상 관련되는 처분 또는 같은 목적을 위하여 단계적으로 진행되는 처분 중 어느 하나가 이미 행정심판의 재결을 거친 때

③ 행정청이 사실심의 변론종결 후 소송의 대상인 처분을 변경하여 당해 변경된 처분에 관하여 소를 제기하는 때

④ 처분을 행한 행정청이 행정심판을 거칠 필요가 없다고 잘못 알린 때

Ⅴ. 管轄法院 · 提訴期間 등

1. 관할법원

1) 행정법원

취소소송의 제1심 관할법원은 피고의 소재지를 관할하는 행정법원으로 하되(行訴法 §9①), ① 중앙행정기관, 중앙행정기관의 부속기관과 합의제행정기관 또는 그 장, 또는 ② 국가의 사무를 위임 또는 위탁받은 공공단체 또는 그 장을 상대로 취소소송을 제기하는 경우에는 대법원소재지를 관할하는 행정법원에 제기할 수 있다(行訴法 §9②). 즉, 대법원 소재지가 아닌 지역에 소재지를 둔 중앙행정기관 등을 피고로 하는 취소소송의 토지관할권은 피고의 소재지를 관할하는 행정법원에 관할권이 있음을 원칙으로 하면서, 예외적으로 대법원 소재지를 관할하는 서울행정법원에도 토지관할권을 인정하고 있다.[1] 그런데 행정법원이 설치되지 아니한

1) 취소소송에 대한 관할권이 피고의 소재지와 대법원 소재지를 관할하는 행정법원에 같이 존재하는

지역에 있어서의 행정법원의 권한에 속하는 사건은 행정법원이 설치될 때까지 해당 지방법원의 본원이 관할하도록 되어 있으므로(法組法 §40의④), 결국 행정법원이 설치된 서울을 제외하고는 피고의 소재지를 관할하는 지방법원본원이 취소소송의 제1심 관할법원이 된다. 토지의 수용 기타 부동산 또는 특정의 장소에 관계되는 처분 등에 대한 취소소송은 그 부동산 또는 장소의 소재지를 관할하는 행정법원에 이를 제기할 수 있다(同條③).

또한「행정소송법」제9조의 규정은 당사자소송의 경우에 준용한다. 다만 국가 또는 공공단체가 피고인 경우에는 관계행정청의 소재지를 피고의 주소지로 본다(同法 §40).

2) 관련청구소송의 이송 및 병합

취소소송과 관련청구소송, 즉 당해 처분 등과 관련되는 손해배상·부당이득반환·원상회복 등 청구소송이 각각 다른 법원에 계속되고 있는 경우에 관련청구소송이 계속된 법원이 상당하다고 인정하는 때에는 당사자의 신청 또는 직권에 의하여 이를 취소소송이 계속된 법원으로 이송할 수 있다(行訴法 §10①). 또 취소소송에는 사실심의 변론종결시까지 관련청구소송을 병합하거나 피고 외의 자를 상대로 한 관련청구소송을 취소소송이 계속된 법원에 병합하여 제기할 수 있다(同法 §10②).

3) 관할지정제도

2013년 입법예고된 법무부 개정안은 일반 국민의 입장에서 관할법원 선택의 위험 및 불편을 해소하기 위하여 사건이 행정법원과 지방법원 중 어느 법원의 관할에 속하는지 명백하지 아니한 때, 고등법원이 관할법원을 지정해 줄 수 있는 관할지정제도를 도입하였다.

2. 제소기간

1) 의 의

취소소송은 제소기간 내에 제기하여야 하는 바, 이는 처분 등의 효력을 장기간 불확정한 상태에 둠으로 인한 권리관계의 불안정을 조속히 없애기 위하여 제소기

경우에 관할의 이송의 문제가 발생하며, 관할의 이송에 관하여는「민사소송법」제35조의 관할의 이송에 관한 규정이 적용된다(서울행정법원, 2014.7.11, 2014아10532이송).

간의 경과 후에는 그 행정처분의 효력을 더 이상 다툴 수 없도록 하기 위한 것이다. 즉, 취소소송에 관하여 제소기간을 정한 것은 그 기간이 경과됨으로써 당해 처분 등은 불가쟁력을 가지게 되므로 소송에 의한 취소・변경의 대상이 되지 않는다. 그러나 제소기간이 지났다고 하여 위법한 처분 등이 적법한 것으로 변하는 것은 아니므로 직권취소에 의하여 취소될 수는 있다.

2) 행정심판의 재결을 거친 때

행정심판의 재결을 거쳐 제기하는 사건에 대한 소는 그 재결서의 정본의 송달을 받은 날로부터 90일 이내에 제기하여야 한다(行訴法 §20① 但書).

행정심판을 청구한 경우에 그에 대한 재결은 당사자에게 재결서의 정본을 송달함으로써 하는 것인 바(行審法 §38①), 그 송달에 관하여는 「민사소송법」중 송달에 관한 규정을 준용한다(行審法 §57). 이 경우의 제소기간은 불변기간이므로(行審法 §20③) 그 제소기간의 준수 여부는 법원의 직권조사사항이다.

3) 행정심판 또는 그 재결을 거치지 않은 때

① 행정심판을 제기하지 아니하거나 그 재결을 거치지 아니하는 사건에 대한 소는 처분 등이 있음을 안 날로부터 90일을, 처분이 있은 날로부터 1년을 경과하면 이를 제기하지 못한다. 다만, 정당한 사유가 있는 경우는 그러하지 아니하다(行訴法 §20②).

② '처분이 있음을 안 날'이란 당해 처분의 존재를 현실적으로 알게 된 날을 말하며, '처분이 있은 날'이란 당해 행정처분이 효력을 발생한 날을 가리킨다.

③ 제소기간의 기산점과의 관계에서 관계인이 사실상 처분의 내용을 미리 알았다 하더라도 그 처분이 효력을 발생하기 전에는 제소기간이 진행되지 아니하고, 효력이 발생한 때가 기산점이 된다. 처분에 대하여 오기 등의 정정이 있은 경우에 그 정정에 따라 처분의 동일성이 상실된 때에는 정정한 때에 새로운 처분이 있은 것으로 보아 제소기간은 그 때부터 진행된다. 그러나 정정이 처분의 동일성을 해치지 아니하는 것인 경우에는 원처분을 기준으로 하게 된다.

④ 제소기간의 두 가지 기준, 즉 '처분이 있음을 안 날'과 '처분이 있은 날'은 서로 선택적인 것이 아니라, 그 중의 하나의 기준에 의한 기간이 도과됨으로써 제소기간이 만료된다.

4) 정당한 사유가 있는 경우

행정심판의 재결을 거쳐서 취소소송을 제기하는 때와는 달리, 행정심판 또는 그 재결을 거치지 아니한 채 취소소송을 제기하는 경우의 제소기간은 불변기간이 아니어서, 정당한 사유가 있는 경우에는 제소기간이 경과한 후라도 제소할 수 있다(行訴法 §20② 但書).

'정당한 사유'의 존재는 원고가 소명하여야 한다. '정당한 사유'는 제소기간의 취지와 행정심판청구기간에 관한 「행정심판법」 제18조 제2항에 비추어 천재·지변·전쟁·사변 기타 제소의 장해가 될 만한 불가항력적 사유를 가리키는 것으로 볼 것이며, 그러한 사유가 해소된 때에는 지체없이 제소되어야 한다.

3. 소송제기방식 －소장(訴狀)－

취소소송의 제기는 일정한 형식을 갖춘 서면인 소장을 법원에 제출함으로써 한다. 소의 제기방식이나 소장의 기재사항에 관하여는 「행정소송법」에 특별한 규정이 없으므로 동법 제8조 제2항에 의하여 「민사소송법」의 일반원칙(民訴法 §249①)에 따라 법정의 형식을 갖춘 소장을 관할법원에 제출하여야 한다. 그러므로 소장에는 당사자, 즉 원고와 피고, 대리인, 청구의 취지와 원인을 기재하여야 한다.

소장을 제출할 때에는 ① 「민사소송 등 인지법」에 따라 소정의 인지(현금납부의 경우는 그 증명서)를 소장에 붙여야 하는 바, 인지액은 소송목적의 값에 따라 일정한 금액에 해당하는 인지를 붙여야 한다. 다만, 국가를 당사자로 하는 소송에는 인지를 붙이지 아니한다(인지첩부 및 공탁제공에 관한 특례법 §2). ② 피고에 대한 송달관계상 피고의 수만큼의 소장의 부본(副本)을 함께 제출하여야 한다. ③ 비용을 필요로 하는 소송행위에 대하여 법원은 당사자에게 그 비용을 미리 내게 할 수 있다(民訴法 §116).

第4. 行政訴訟의 審理

Ⅰ. 審理의 基本原則

1. 소송의 개시와 종료 －처분권주의－

당사자가 소송의 개시 및 심리・판단대상의 범위와 종료를 결정할 수 있는 원칙을 '처분권주의'라 한다. 이를테면 소의 개시는 말할 것도 없고, 소송물의 특정도 원고의 청구에 의하고 소송의 종료도 판결에 의하지 아니하고 당사자 사이의 화해, 청구의 포기・인락(認諾), 소의 취하 등에 의하는 것이 허용된다.

2. 소송자료의 수집 －변론주의와 직권탐지주의－

1) 변론주의

소송에서 판결의 기초가 되는 자료의 수집을 당사자의 책임으로 하는 것을 변론주의라 한다.

변론주의에 입각하여 법원은 당사자가 주장하지 아니하는 사실에 대하여 판단할 수 없으며(주장책임), 당사자 자신에 다툼이 없는 사실은 그대로 판결의 자료로 인정하여야 하며(자백의 구속력), 증거는 원칙적으로 당사자가 신청한 것에 의하지 않으면 안된다(직권증거조사금지의 원칙).

그러나 취소소송은 사적 이익을 둘러싼 분쟁의 해결을 도모하는 민사소송과는 달리 공익을 실현하기 위하여 발동되는 행정행위가 적법하게 이루어져 있는가의 여부에 대한 심리가 이루어져야 한다는 점에서 변론주의는 일정한 한계를 지닌다.

2) 직권탐지주의

「행정소송법」은 "법원은 필요하다고 인정할 때에는 직권으로 증거조사를 할 수 있고, 당사자가 주장하지 아니한 사실에 대하여도 판단할 수 있다."(同法 §26)고 규정하여, 계쟁사실의 진위에 대한 당사자의 입증이 불충분하여 법원이 공정한 심증을 갖기 어려운 경우에는 직권으로 증인을 불러 심문하거나 물증의 제출을 요구함으로써 스스로 직권으로 증거조사를 실시할 수 있도록 하였다. 즉, 변론주의에 대한 예외를 규정하고 있다.

「행정소송법」 제26조에 의한 직권심리가 직권탐지를 뜻하는 것인지에 관하여 견해가 대립된다.

(1) 변론주의보충설

이 견해는 「행정소송법」 제26조는 변론주의를 원칙으로 하면서도 이를 보충하여, 법원이 당사자가 제출한 증거에 관하여 충분한 심증을 얻기 어렵고 공정·타당한 재판을 확보하기 위하여 필요하다고 인정하는 경우에 당사자가 주장한 사실에 관하여 직권으로 증거조사를 할 수 있음을 규정한 것에 불과한 것으로 본다.

(2) 직권탐지주의설

이 견해는 「행정소송법」 제26조 후단의 규정에 주목하여 법원은 당사자가 제출한 사실에 관한 보충적 증거조사를 할 수 있음에 그치지 아니하고, 당사자가 주장하지 아니한 사실에 대하여도 직권으로 이를 탐지하여 재판의 자료로 할 수 있음을 의미한다고 한다.

(3) 소 결

생각건대 「행정소송법」 제26조는 당사자가 주장하는 사실에 대한 당사자의 입증활동이 불충분하여 심증을 얻기 어려운 경우에 당사자의 증거신청에 의하지 아니하고 직권으로 증거조사를 할 수 있는 변론주의보충설을 뜻하는 것으로 보아야 할 것이다.

판례 역시 변론주의보충설을 취한다(大判 1999.5.25, 99두1052).

참고판례

▸ 변론주의보충설을 취하고 있는 판례 : 大判 1988.4.27, 87누1182.

"행정소송법 제26조에 '법원은 필요하다고 인정할 때에는 직권으로 증거조사를 할 수 있고 당사자가 주장하지 아니한 사실에 대하여도 판단할 수 있다'고 규정되어 있다하여 법원은 아무런 제한없이 당사자가 주장하지도 않은 사실을 판단할 수 있는 것은 아니고 일건 기록상 현출(現出)되어 있는 사항에 관하여서만 이를 직권으로 심리조사하고 이를 기초로 하여 판단할 수 있을 따름이다."

3. 소송의 진행 – 직권진행주의 –

소송의 진행은 「민사소송법」의 직권진행주의(同法 §135)가 취소소송에도 적용된다.

4. 기 타

이 밖에도 ① 심리·판결은 공개적으로 진행되어야 한다는 공개주의, ② 소송절차는 구두로 진행되어야 한다는 구두변론주의, ③ 증거에 대한 평가는 법관의 자유심증에 의한다는 자유심증주의 등이 적용된다.

Ⅱ. 審理의 範圍

1. 요건심리

1) 의 의

취소소송이 제기되면 법원은 먼저 취소소송의 제기요건, 즉, 소송요건을 갖추고 있는가의 여부를 심리한다. 이를 '요건심리'라 한다. 소송요건의 심리는 소송제도를 국민으로 하여금 이용하게 할 것인가에 대한 판단이기 때문에 직권조사사항이다.

2) 요건판단의 시점

원칙적으로 소송요건의 존부를 판단하는 시점은 변론종결시이다(大判 1977.5.24, 76다2034). 따라서 제소 당시에는 부존재하여도 사실심의 변론종결시까지 이를 구비하면 된다(大判 1987.4.28, 86누29). 다만, 관할권·제소기간의 준수는 제소 당시를 표준으로 판단하여야 할 것이다. 반대로 제소 당시에는 소송요건이 갖추어졌으나 그 뒤에 소멸되면 본안판결을 할 수 없고, 소각하판결을 하여야 한다.

2. 본안심리

1) 불고불리(不告不理)의 원칙

법원은 당사자가 신청한 사항에 대하여 신청한 범위 내에서 심리·판단하여야 한다.

2) 법률문제·사실문제

법원은 소송의 대상이 처분 등의 법률문제 및 사실문제까지 심리할 수 있다. 다만, 행정의 전문적·정책적 사실에 대하여는 사실심리가 제한되는 경우가 있다

(판단여지이론 내지 실질적 증거의 법칙).

3) 재량문제

행정청의 재량행위도 취소소송의 대상이 된다.

그러나 행정청의 재량에 속하는 처분이라도 재량권의 한계를 넘거나 그 남용이 있는 때에는 법원은 이를 취소할 수 있으나(行訴法 §27), 단순히 부당함에 그치는 경우에는 기각하여야 한다.

참고판례

▸ 소송요건 하자의 치유 및 시점 : 大判 1987.4.28, 86누29.

"전심절차를 밟지 아니한 채 증여세부과처분취소소송을 제기하였다면 소송당시로 보면 전치요건을 구비하지 못한 위법이 있다 할 것이지만, 소송계속 중 심사청구 및 심판청구를 하여 각 기각결정을 받았다면 원심변론종결일 당시에는 위와 같은 전치요건흠결의 하자는 치유되었다고 볼 것이다."

Ⅲ. 審理過程의 問題

1. 행정심판기록 제출명령

취소소송에 있어서 원고의 지위를 보장하기 위한 입증방법의 확보를 위하여 관계 행정청에 대한 서류의 열람 및 등사청구권을 인정하지 않고, 행정심판기록 제출명령의 제도를 인정함에 그치고 있다.

법원은 당사자의 신청이 있는 때에는 결정으로써 그 재결을 행한 행정청에 대하여 행정심판에 관한 기록의 제출을 명할 수 있으며, 그 기록제출명령을 받은 행정청은 지체없이 당해 행정심판에 관한 기록을 법원에 제출하여야 한다(行訴法 §25①②). 여기서 말하는 '행정심판기록'은 당해 행정심판에 관한 모든 기록을 가리키며, 행정심판청구서와 그에 대한 답변서 및 재결서뿐만 아니라, 행정심판위원회의 회의록 기타 위원회의 심리를 위하여 원고와 행정청이 제출한 모든 증거와 기타 자료를 포함한다.

2. 관련청구의 이송과 병합

1) 관련청구소송의 이송

(1) 이송의 의의

행정청의 처분이나 재결에 불복하여 재판을 청구하는 경우에는 취소소송 뿐만 아니라, 손해배상·부당이득반환·원상회복 등의 청구소송을 제기하는 경우도 있다. 이 경우 항고소송은 처분행정청을 피고로 하는 데 대하여, 손해배상·부당이득반환·원상회복 등의 관련청구소송은 국가나 공공단체를 피고로 하고, 관할법원이 다른 경우가 많다.

이러한 경우에 소송이 서로 다른 법원에 제기되어 각 법원이 개별적으로 심리하는 것은 동일한 분쟁에 대하여 사실상 중복심리를 하는 것이 되어 소송경제면에서나 각 법원에 의한 복수의 재판이 서로 모순될 우려도 있으므로, 여기에 관련되는 각 소송을 하나로 통합하여 병합심리할 필요가 있다.

취소소송과 관련청구소송이 각각 다른 법원에 계속되어 있는 경우에 관련청구소송이 계속되어 있는 법원이 상당하다고 인정하는 때에는 당사자의 신청 또는 직권에 의하여 당해 사건을 취소소송이 계속된 법원에 이송할 수 있다(行訴法 §10①).

(2) 이송의 요건

사건의 이송에는 ① 취소소송과 관련청구소송이 각각 다른 법원에 계속되어 있어야 하며, ② 이송하여 심리함이 상당하다고 인정될 만한 사정이 존재하고, ③ 당사자의 신청이나 직권으로, ④ 사실심의 변론종결시까지는 이송결정이 이루어져야 한다. 이송의 상당성 여부의 인정은 법원의 재량에 속한다(大判 1982.9.28, 82누144).

(3) 이송의 효과

이송의 결정은 당해 관련청구소송을 이송받은 법원을 기속하기 때문에 이송받은 법원은 당해 소송을 다시 다른 법원에 이송하지 못한다(民訴法 §38②).

이송결정이 확정되면 당해 소송은 처음부터 이송받은 법원에 계속된 것으로 본다(同法 §40①).

2) 관련청구의 병합

(1) 청구병합의 의의

청구의 병합이란 한 원고가 동일피고를 상대로 하나의 소송절차에서 복수의 청구를 하는 경우를 가리킨다. 청구의 병합을 인정하는 것은 법원·당사자 그 밖의 소송관련인의 소송경제를 도모하려는 것과, 서로 관련있는 사건끼리 판결의 저촉을 피하려는 데 있다.

따라서 「행정소송법」은 관련청구의 병합에 관하여 특별한 규정을 두어, 취소소송에는 관련되는 손해배상·부당이득반환·원상회복 등의 관련청구소송을 병합할 수 있도록 하였다(同法 §10②).

(2) 청구병합의 요건

① 관련청구의 병합은 그 청구를 병합할 본체인 취소소송을 전제로 그에 관련되는 청구를 병합하는 것이므로, 관련청구소송이 병합될 본체인 취소소송이 적법한 것이어야 한다(大判 2001.11.27, 2000두697).

② 취소소송에 병합할 수 있는 청구는 본체인 취소소송의 대상인 처분 등과 관련되는 손해배상·부당이득반환·원상회복 등 청구소송이나 본체인 항고소송의 대상인 처분 등과 관련되는 취소소송이다(行訴法 §10①).

"처분 등과 관련되는 손해배상·부당이득반환·원상회복 등의 청구"란 당해 항고소송의 대상인 처분이나 재결의 취소 또는 무효·부존재를 선결문제로 하는 청구 및 당해 처분이나 재결로 인하여 입은 손해에 관한 청구를 말한다(大判 2000.10.27, 99두561).

③ 취소소송에는 관련청구소송을 병합하거나(객관적 병합), 피고 이외의 자를 상대로 한 관련청구소송을 취소소송이 계류되어 있는 법원에 병합하여 제기하고자 할 때(주관적 병합)에는 사실심변론종결시까지 하여야 한다(同法 §10②).

④ 제3자에 의한 병합이 아니어야 한다. 수인의 원고들이 단일 또는 수인의 피고에 대하여 각자의 관련청구소송을 병합하고자 하는 경우에는 처음부터 공동소송인이 되어야 한다(同法 §15).

취소소송에서 원고는 피고인 행정청이 속하는 국가 또는 공공단체를 상대로 손해배상, 제해시설(除害施設)의 설치 등의 청구를 병합하여 제기할 수 있다(同法 §28③). 이 조항은 주관적·예비적 병합을 인정한 예외적 조항이라는 것이 판례의 입장이다(大判 1989.10.27, 86누1).

⑤ 주위적 청구가 허용되지 않거나 이유없는 경우를 대비하여 예비적 청구(보조청구)를 병합하여 제기하는 것도 관련청구소송의 한 특별한 형태이다. 서로 양립할 수 없는, 예컨대 무효확인과 취소청구는 주위적·예비적 청구로만 가능하며 선택적 청구로서의 병합이나 단순병합은 허용되지 않는다(大判 1999.8.20, 97누6889).

3. 소의 변경

1) 의 의

소의 변경이란 원고가 소송 계속 중에 청구를 변경하는 것(民訴法 §235, §236)을 말하며, 청구의 변경이라고도 한다. 소의 변경에는 종래의 청구를 철회하고 새로운 청구를 하는 경우(교환적 변경)와 종래의 청구를 유지하면서 새로운 청구를 제기하는 경우(추가적 변경)가 있다.

「행정소송법」은 소의 변경에 관한 특별한 규정을 두고 있는 바, ① 제21조의 규정에 의한 소의 종류의 변경과, ② 제22조에서 규정한 처분변경에 따르는 소의 변경이 그것이다.

2) 소의 종류의 변경

(1) 유 형

행정소송의 원고는 당해 소송의 사실심의 변론이 종결될 때까지 청구의 기초에 변경이 없는 범위 안에서 법원의 허가를 받아 당해 행정소송을 다른 종류의 행정소송으로 변경할 수 있다(行訴法 §21, §37, §42).

① 취소소송을 무효등확인소송 또는 부작위위법확인소송으로 변경하거나, 취소소송의 대상인 처분 등에 관련되는 사무가 귀속되는 국가 또는 공공단체에 대한 당사자소송으로 변경하는 경우(行訴法 §21①), ② 무효등확인소송을 취소소송 또는 부작위위법확인소송으로 변경하거나, 당해 처분 등에 관계되는 사무가 귀속되는 국가 또는 공공단체에 대한 당사자소송으로 변경하는 경우(同法 §37), ③ 부작위위법확인소송을 다른 종류의 항고소송이나 당사자소송으로 변경하는 경우(同法 §37), ④ 당사자소송을 당해 처분 등을 한 행정청에 대한 항고소송으로 변경하는 경우(同法 §42)가 있다.

(2) 요 건

① 행정소송이 사실심에 계속되고 변론종결 전이며, ② 청구의 기초에 변경이 없으며, ③ 변경하는 소가 적법하게 제기될 수 있는 것이며, ④ 소의 변경이 상당하다고 인정되며, ⑤ 원고의 신청이 있으면, 결정으로 소의 종류의 변경이 허용된다(同法 §21①).

3) 처분변경으로 인한 소의 변경

(1) 의 의

법원은 행정청이 당해 소송의 대상인 처분을 소가 제기된 후 변경할 때에는 원고의 신청에 의하여 결정으로써 소(청구의 취지 또는 원인)의 변경을 허가할 수 있다(行訴法 §22①).

행정소송의 행정구제제도로서의 기능을 효과적으로 살리기 위하여는 처분의 변경에 따르는 소의 변경을 인정하는 것이 원고에게 책임없는 사유로 인한 무용한 절차의 반복을 피하고, 간편·신속하게 당해 소송의 목적을 달성할 수 있도록 한 것이다(大判 2001.9.28, 2000두8684).

(2) 요 건

① 처분의 변경이 있을 것, ② 처분의 변경이 있은 것을 안 날로부터 60일 이내일 것(行訴法 §22②), ③ 처분변경으로 인한 소의 변경도 소의 변경인 만큼 소의 변경 일반에서 성질상 요구되는 요건인 변경될 소가 계속하고, 또 사실심의 변론종결 전일 것이 요구된다. 다만, 취소소송의 제기절차로서 요구되는 행정심판전치주의는 따로 충족할 것 없이 전심절차의 요건을 갖춘 것으로 의제된다(同法 §22③).

4) 2013년 법무부 개정안의 소의 변경

일반 국민의 입장에서 민사소송과 행정소송의 구분이 어려워 잘못 제소하는 경우 제소기간 도과, 소각하 등 불이익이 발생할 우려가 있어 잘못 제소하는 경우에 소의 변경의 허용범위를 확대하였다.

구체적으로 청구의 기초에 변경이 없는 한 사실심의 변론이 종결될 때까지 원고의 신청에 따라 ① 취소소송을 취소소송 외의 항고소송 또는 해당 처분등에 관계되는 사무가 귀속하는 국가나 공공단체에 대한 당사자소송 또는 민사소송으로 변경하는 것이 상당하다고 인정할 때, ② 국가나 공공단체에 대한 민사소송을 해당 청구에 관계되는 처분 등에 대한 취소소송으로 변경하는 것이 상당하다고 인정할 때 법원은 소의 변경을 허가할 수 있다. 이러한 소의 변경은 무효 등 확인소송이나 부작위위법확인소송 또는 의무이행소송을 다른 항고소송이나 당사자소송 또는 민사소송으로 변경하는 경우 및 민사소송을 무효 등 확인소송이나 부작위위법확인소송 또는 의무이행소송으로 변경하는 경우는 물론 당사자소송을 항고소송 또는 민사소송으로 변경하는 경우 및 항고소송 또는 민사소송을 당사자소송으로 변경하는 경우에도 허용된다.

또한 처분변경으로 인한 소의 변경의 경우에 현행 60일에서 90일 이내에 신청할 수 있도록 기간을 연장하였다.

4. 소송참가

1) 의 의

'소송참가'라 함은 계속 중인 소송에 제3자가 자기의 권리와 이익을 보호하기 위하여 참가하는 것을 말한다.[2)]

「행정소송법」 제16조와 제17조는 이러한 소외의 이해관계인이나 관계행정청을 소송에 참가시켜 객관적으로 공정한 재판을 행하여 적정한 심리와 판단이 이루어지도록 함으로써 자기의 권리와 이익을 지킬 기회를 부여하고 있다. 더구나 이는 취소소송의 확정판결이 제3자에 대하여도 효력을 미치기 때문에(行訴法 §29①-취소판결의 대세적 효력〈제3자효-〉) 제3자의 권익보호를 위한 제도적 장치로 마련된 것이라고 하겠다. 또 제3자에 의한 재심청구 규정(同法 §31)도 제3자의 소송참가가 보장된 결과조항이다.

물론 취소소송의 소송참가는 「민사소송법」에 의한 소송참가를 배제하는 것은 아니다(行訴法 §8②).

2) 제3자의 소송참가

(1) 의 의

"법원은 소송의 결과에 따라 권리 또는 이익의 침해를 받은 제3자가 있는 경우에는 당사자 또는 제3자의 신청 또는 직권에 의하여 결정으로써 그 제3자를 소송에 참가시킬 수 있다."(行訴法 §16①). 이 경우 소송에 참가한 제3자는 필요적 공동소송에 있어서의 공동소송인에 준하는 지위가 부여되지만(同法 §16④), 당사자에 대하여 독자적인 청구를 가지는 것은 아니므로 그 성질은 공동소송적 보조참가와 유사하다.

---

2) 「민사소송법」에는 제3자의 소송참가의 형태로 ① 제3자가 단순히 당사자의 한 쪽의 승소를 보조하기 위하여 참가하는 보조참가(民訴法 §71), ② 계속 중의 소송당사자 쌍방에 대하여 독립한 당사자로서 참가하는 독립당사자참가(同法 §79), ③ 제3자가 당사자의 일방의 공동소송인으로서 참가하는 공동소송참가(同法 §83), ④ 이외 규정은 없지만 공동소송적 보조참가 등이 있는 바, 이들은 모두 소송의 결과에 따른 제3자의 이익을 보호하려는 목적을 가진다.

그러므로 실질적인 당사자로서의 지위를 갖게 되는 제3자는 소송에 있어 공격·방어방법을 제출할 기회를 가지며, 적정한 심리·재판을 실현함과 동시에 소송에 참가한 제3자는 취소소송의 판결의 효력에 구속되기 때문에 판결확정 후는 제3자로서의 재심청구의 소송(同法 §31)을 제기할 수 없게 된다.

또한 제3자의 소송참가는 취소소송 이외의 항고소송, 당사자소송, 민중소송 및 기관소송에도 준용된다(同法 §38, §44①, §16).

⑵ 요 건

제3자의 소송참가가 인정되기 위하여는 소송참가의 성질상 적법한 타인 사이의 항고소송이 제기되어 계속되고 있을 것을 필요로 하며, 소송이 계속되고 있는 동안은 언제나 참가할 수 있다.

뿐만 아니라 제3자의 소송참가가 인정되기 위하여는 "소송의 결과에 따라 권리 또는 이익을 침해받을 제3자"일 것을 필요로 하는 바, '제3자'란 당해 소송당사자 이외의 자를 말하는 것으로서 국가 및 공공단체도 이에 포함될 수 있는 것이나, 행정청은 그 자체로서 당사자능력이 없으므로 제3자에 해당되지 아니한다.

취소판결로써 침해될 '권리 또는 이익'은 법률상 이익을 가리키며, 반사적 이익이나 단순한 사실상의 이익은 해당되지 아니한다.

⑶ 절 차

제3자의 소송참가는 직권소송참가가 원칙이라 하겠으나, 그 성질상 참가제도를 이용할 수 있는 기회를 될 수 있는 대로 넓히기 위하여 당사자 및 제3자에게도 신청권을 인정하였다(行訴法 §16①).

법원은 제3자의 참가를 허가하거나 명하는 결정을 하고자 하는 때에는 미리 당사자 및 제3자의 의견을 들어야 하며(行訴法 §16②), 직권으로 참가를 명한다.

제3자가 참가신청을 한 경우에 그 신청을 각하하는 결정이 있으면 제3자는 그에 대하여 즉시항고를 할 수 있는 바(行訴法 §16③), 이는 당해 소송의 결과에 따라 권익이 침해될 우려가 있는 제3자의 이익을 보호하기 위한 것이다.

⑷ 참가인의 지위

법원의 참가결정이 내려지면 제3자는 참가인의 지위를 취득한다. 참가인인 제3자에 대하여는 「민사소송법」 제76조의 규정이 준용되므로(同法 §16④), 그 참가인은 피참가인과 필요적 공동소송에 있어서의 공동소송인에 준한 지위에 서지만, 당사자에 대하여 독자적인 청구를 하는 것은 아니므로 그 성질은 공동소송적 보조참가와 비슷하다.

참가인은 현실적인 소송행위와는 관련 없이 당연히 참가한 소송의 판결의 효력을 받는다(同法 §29).

3) 행정청의 소송참가

(1) 의 의

취소소송에 있어서는 처분 또는 재결을 한 행정청이 피고가 됨이 원칙이기 때문에(行訴法 §13①), 처분청이나 재결청 이외에 행정청이 소송상 중요한 공격·방어의 방법을 가지고 있다 하더라도 당해 소송에서 관계인으로 참가할 수가 없다. 따라서 「행정소송법」은 처분청에 대해 감독권을 가지는 상급행정청 등 당해 처분 등에 관계를 가지는 관계행정청을 소송에 참가하게 하여 풍부한 소송자료를 활용함으로써 적정한 심리와 재판을 기하도록 행정청의 소송참가제도를 명문으로 규정하고 있다(同法 §17).

(2) 요 건

법원은 다른 행정청을 소송에 참가시킬 필요가 있다고 인정할 때에는 당사자 또는 당해 행정청의 신청 또는 직권에 의하여 결정으로써 그 행정청을 소송에 참가시킬 수 있다(同法 §17).

(3) 절 차

법원의 직권, 당사자 또는 당해 행정청의 신청에 의한다(同法 §17①). 신청의 방식에 관하여는 「민사소송법」 제72조가 준용된다. 참가의 허용 여부의 재판은 결정의 형식으로 하며 사전에 당사자 및 당해 행정청의 의견을 들어야 한다(同條②).

(4) 참가행정청의 지위

법원의 참가결정이 있게 되면, 그 소송에 참가한 행정청에 대하여는 「민사소송법」 제76조의 규정이 준용된다(同條③). 따라서 참가행정청은 보조참가인에 준한 지위에서 소송 정도에 따라서 소송에 관하여 공격·방어만이 아니라, 이의·상소제기 등의 소송행위를 할 수 있다. 그러나 피참가인(원고)의 소송행위와 저촉되는 소송행위는 할 수 없다(民訴法 §76).

4) 행정청 및 제3자에 대한 소송통지 등

2013년 입법예고된 법무부 개정안은 행정처분으로 인해 영향을 받을 이해관계자의 참여를 보장하여 일회적인 분쟁해결을 보장하기 위하여 법원은 당사자 외의 다른 행정청이나 소송결과에 이해관계가 있는 제3자에게 소제기 사실을 통지하거나, 관보 등에 이를 공고하는 제도를 도입하였다.

5. 주장책임 · 입증책임

1) 주장책임

주장책임이란 당사자가 분쟁의 중요한 사실관계를 주장하지 않음으로써 당사자가 입는 불이익부담을 말한다. 주장책임은 변론주의에서 나타나는 심리의 원칙이다.

따라서 취소소송에서도 변론주의가 적용되므로 주장책임은 인정된다. 다만, 직권탐지주의가 보충적으로 인정되고 있으므로 그러한 한도 내에서 주장책임은 완화되고 있다(大判 2000.5.30, 98두20162).

2) 입증책임

(1) 의 의

입증책임이란 당사자가 소송에서 다투고 있는 요건사실의 존재여부에 관하여 법원이 확고한 심증을 얻기 어려운 경우에 불이익한 판단을 받지 않을 수 없는 일방 당사자의 법적 부담을 말한다.

취소소송에서는 직권증거조사주의가 채택되고 있지만(行訴法 §26), 직권으로 증거조사를 하더라도 심증의 형성이 어려운 경우도 있을 수 있으므로 입증책임의 문제는 취소소송에서도 여전히 존재한다.

(2) 입증책임분배의 원칙

(가) 학 설

① 행정행위는 공정력을 가지고 적법성의 추정을 받으므로, 그 취소를 구하는 원고가 반대사실의 입증을 통하여 당해 처분이 위법함을 증명하여야 한다는 원고부담설, ② 법치행정의 원칙으로부터 피고인 행정청이 그 적법성을 담보하는 개개의 구체적 사실에 관한 입증책임을 져야 한다는 피고부담설, ③ 각 당사자는 자기에게 유리한 법규의 요건사실에 대하여 입증책임을 진다는 법률요건분류설, ④ 취소소송의 입증책임은 행정소송의 특수성을 고려하여 소송의 진행에서 당사자의 공평, 사안의 성질 그리고 사물에 관한 입증의 난이도 등을 고려하여 일률적이 아니라 개별·구체적으로 판단되어야 한다는 개별·구체적 판단설 내지 독자분배설 등이 있다.

(나) 판 례

판례는 대체로 민사소송에서와 같이 법률요건분류설과 같은 입장을 취하고 있다(大判 1984.7.24. 84누124).

(다) 결 어

공정력은 행정목적의 원활한 수행 및 국민의 신뢰보호라는 견지에서 인정되는 절차적·잠정적 효력에 불과하고, 실체법적인 적법성의 추정을 의미하는 것은 아니므로 원고부담설은 타당성이 없으며, 사실이 불명확한 경우의 위험을 피고에게만 부담시키는 것은 공평이념에 반하므로 피고부담설도 타당하지 않다.

법률요건분류설은 원래 민사소송에서 주장되고 있는 분배원칙으로서 입증책임 분배의 일반적 원칙을 제시한 것이므로 타당성이 있다. 다만 행정소송의 특수성을 고려하여 법률요건분류설에 의하면서도 입증의 난이성, 사실존재의 개연성 등을 종합하여 입증책임을 적절히 분배함으로써 구체적 타당성을 도모할 수 있도록 하여야 할 것이다.

참고판례

▸ 직권주의와 주장책임: 大判 2000.5.30, 98두20162.

"행정소송에 있어서 특단의 사정이 있는 경우를 제외하면 당해 행정처분의 적법성에 관하여는 당해 처분청이 이를 주장·입증하여야 할 것이나, 행정소송에 있어서 직권주의가 가미되어 있다고 하여도 여전히 당사자주의, 변론주의를 그 기본 구조로 하는 이상 행정처분의 위법을 들어 그 취소를 청구함에 있어서는 직권조사사항을 제외하고는 그 위법된 구체적인 사실을 먼저 주장하여야 한다."

▸ 입증책임분배설을 취하고 있는 판례: 大判 1984.7.24. 84누124.

"민사소송법의 규정이 준용되는 행정소송에 있어서 입증책임은 원칙적으로 민사소송의 일반원칙에 따라 당사자간에 분배되고 항고소송의 경우에는 그 특성에 따라 당해 처분의 적법을 주장하는 피고에게 그 적법사유에 대한 입증책임이 있다 할 것인바 피고가 주장하는 당해 처분의 적법성이 합리적으로 수긍할 수 있는 일응의 입증이 있는 경우에는 그 처분은 정당하다 할 것이며 이와 상반되는 주장과 입증은 그 상대방인 원고에게 그 책임이 돌아간다고 할 것이다."

Ⅳ. 違法判斷의 基準時

1. 의 의

행정상의 법률관계는 법적 상태나 사실상태의 변화나 판결의 지연 등으로 인하여 처분 후 판결이 있기까지의 사이에 사정이 변화하여 처분시에 위법이었던 것이 판결시에는 적법하게 된다든지, 또는 처분시에 적법이었던 것이 판결시에는 위법하게 되는 경우가 적지 아니하다. 따라서 행정소송에 있어서는 행정처분의 위법성이 어느 시점을 기준으로 판단되어야 할 것인가 하는 위법판단의 기준시가 매우 중요한 문제이다.

2. 학설 · 판례

1) 처분시설

이 견해는 행정소송에서 당해 처분의 위법 여부의 판단은 처분시의 법령 및 사실을 기준으로 하여야 한다는 견해이다. 즉, 법원은 행정청의 처분의 적법 여부를 사후적으로 심리하는 데 그쳐야 하기 때문에 행정처분의 적법 여부는 그 처분 당시의 사정을 기준으로 하여 판단해야 한다.

판례는 처분시설을 취하고 있다(大判 1988.6.7, 87누1079).

2) 판결시설

이 견해는 행정처분의 위법판단은 판결시(즉, 변론종결시)를 기준으로 하여야 한다는 견해이다. 즉, 행정소송의 목적은 처분의 효력을 현재 유지시켜야 할 것인가 어떤가에 있기 때문에 처분의 취소 여부는 판결시를 기준으로 하여야 한다.

3. 결 어

생각건대, 행정청이 처분을 행할 때에 그 처분은 법령에 적합하여야 하는 법치주의의 요청, 사법권의 사후심사성의 원칙과 행정법질서의 제1차적 형성권은 행정권에 속한다는 원칙으로 보아 처분시설이 타당하다.

다만, 처분시설은 처분 등의 존재를 전제로 하는 항고소송에 대한 원칙이지,

부작위위법확인소송과 같이 아무런 처분도 전제되지 않은 항고소송에까지 타당한 것이라고는 할 수 없다. 왜냐하면 부작위위법확인소송은 취소소송과 달라 그 인용판결의 효력(行訴法 §30②)과의 관계에서 볼 때 현재의 법률관계에 있어서의 처분권한 행사의 적부에 관한 것이기 때문이다. 그러므로 부작위위법확인소송에 있어서 위법판단의 기준시점은 판결시설이 타당하다고 하겠다.

참고판례

▸ 위법판단시-처분시설: 大判 2005.4.15, 2004두10883.

"행정처분의 취소를 구하는 항고소송에 있어서 그 처분의 위법 여부는 처분 당시를 기준으로 판단하여야 하는 것이고, 처분청은 당초 처분의 근거로 삼은 사유와 기본적 사실관계에 있어서 동일성이 있다고 인정되지 않는 별개의 사실을 들어 처분사유로 주장함은 허용되지 아니한다."

第5. 잠정적 權利救濟制度(假救濟制度)

주요쟁점

1. 집행부정지원칙이란 무엇이며, 집행정지의 요건은 어떠한가?
2. 가처분은 인정되는가?

Ⅰ. 意 義

잠정적 권리구제제도란 원고가 승소한 경우에 권리보호의 목적을 달성할 수 있도록 판결이 있기 전에 일시적으로 조치를 취하여 잠정적으로 권리를 보호하기 위한 제도를 말한다. 일반적으로 가구제라고 하나, 용어의 의미를 고려하면 잠정적 권리구제라고 하는 것이 옳다.

잠정적 권리구제제도는 원고의 승소를 대비한 제도이므로 원고의 부당한 소제기로부터 피고를 보호할 필요도 있다. 따라서 행정목적의 실현과 사인의 권리보호를 고려하여야 한다.

취소소송에서는 이와 같이 공익과 사익을 고려하여 잠정적 권리구제제도로서 집행정지제도를 두고 있으며, 가처분제도가 논의되고 있다.

Ⅱ. 執行停止制度

1. 의 의

1) 개 념

「행정소송법」은 "취소소송의 제기는 처분 등의 효력이나 그 집행 또는 절차의 속행에 영향을 주지 아니한다."(同法 §23①)고 규정하여 간접적으로 집행부정지의 원칙을 인정하여 '남소에 의한 행정의 정체'로부터 오는 공적 불이익의 회피를 도모하고 있다.

그러나 「행정소송법」은 집행부정지의 원칙을 취하면서도, 일정한 요건을 구비하면 집행정지를 허용하고 있다.

2) 제도의 근거

집행정지제도는 공정력에 따르는 문제가 아니라, 행정의 원활한 운영이라는 공익과 국민의 권익보호라는 사익의 조화 속에 입법정책적으로 결정할 사항이다.

따라서 공정력이 인정되지 않는 무효확인소송에도 집행정지규정은 준용된다(同法 §38①).

2. 집행정지의 요건

1) 취소소송이 계속(係屬)되고 있을 것

집행정지는 가처분의 청구와는 달리 본안소송의 부수절차이므로 본안소송이 제기되고 이것이 계속되고 있는 경우에 한하여 할 수 있다(大判 1988.6.14, 88두6). 따라서 집행정지 결정을 한 후에라도 본안소송이 취하되어 그 소송이 계속되지 아니한 것으로 되면 이에 따라 집행정지결정은 당연히 그 효력이 소멸된다.

2) 처분 등이 존재할 것

(1) 처분 등의 의의

「행정소송법」 제23조 제1항에 의한 집행정지의 대상은 처분 등이다. 여기에서의 '처분 등'은 행정소송사항으로서의 '처분 등'과(同法 §2① ⅰ) 같다.

(2) 거부처분 등

집행정지는 처분에 의하여 야기되는 적극적인 효과를 배제하는 데 있으므로 새로운 허가신청에 대한 거부처분이나 아무런 적극적인 효과를 가지고 있지 않는 처분에 대한 집행정지는 허용되지 않는다는 것이 판례의 입장이다(大判 1993.2.10, 92두72).

그러나 예외적이지만 기간의 제한이 있는 허가사업을 영위하는 자가 허가기간이 만료되어 갱신허가신청을 거부한 경우 또는 체류기간연장신청을 거부한 경우와 같이 집행정지를 인정할 실익이 있는 경우는 허용할 필요가 있다(제한적 긍정설). 다만, 입법론으로서 이러한 경우에 공법상의 가처분제도를 인정할 필요가 있다.

3) 회복하기 어려운 손해가 생길 우려가 있을 것

'회복하기 어려운 손해'라 함은 특별한 사정이 없는 한 사회통념상 원상회복이나 금전으로 보상할 수 없는 손해를 말한다(大判 1995.11.23, 95두53). 또한 집행정지의 입법취지가 사익보호에 있으므로 이러한 손해는 제3자가 받는 손실이나 공익적 손해가 아니라 원고가 받는 사적 이익에 관한 것이어야 한다.

2013년 입법예고된 법무부 개정안은 '회복하기 어려운 손해'를 '중대한 손해'로 하여 금전상 손해라도 손해가 중대한 경우에 집행정지가 가능하도록 요건을 완화하였다.

4) 긴급한 필요가 있을 것

집행정지를 결정함에는 본안판결을 기다릴 수 없는 긴급보전의 필요가 있어야 한다.

5) 공공복리에 중대한 영향을 미칠 우려가 없을 것

집행정지는 위의 요건이 충족되어도 그것이 공공복리에 중대한 영향을 미칠 우려가 있을 때에는 허용되지 아니한다. 여기서 '중대한 영향'이란 단순히 공익목적 실현에 지장이 있다는 정도가 아니라, 개인에게 회복할 수 없는 손해가 발생하더라도 그것이 부득이한 것으로 인정될 수 있는 정도의 것이어야 한다.

6) 본안에 관하여 이유없음이 명백하지 않을 것

집행정지는 원고가 승소하여 처분의 효력이 취소되는 경우에 대비하여 원고의 권익을 보전해 두고자 하는 제도이므로 원고의 승소가능성이 보이지 않을 때에는 집행정지를 인정할 실익이 없다(大判 1999.11.26, 99부3).

2013년 입법예고된 법무부 개정안은 이를 명문으로 규정하였다.

3. 집행정지의 절차

집행정지는 본안이 계속되어 있는 법원이 당사자의 신청 또는 직권에 의하여 결정으로써 한다(同法 §23②). 신청인은 그 신청의 이유에 대하여 소명하여야 한다(同法 §23④). 이 경우 신청인의 소명사항은 집행정지의 적극적 요건에 관한 것이고, 공공복리에의 배치라는 소극적 요건에 대하여는 그 성질상 피신청인인 행정청이 소명하여야 한다.

집행정지의 결정에 있어서는 본안에 관한 이유의 유무가 아니라, 단지 당해 처분의 효력이나 집행 등을 정지시킬 것인지의 여부와 관련하여 「행정소송법」이 정하는 소정요건의 존부가 판단대상이 된다(大判 1995.6.7, 95두22).

4. 집행정지의 내용

법원이 취하는 집행정지의 구체적인 조치는 계쟁처분 등의 효력, 그 집행 또는 후속절차의 전부 또는 일부의 정지이다.

① '처분의 효력'의 정지란 처분에 의하여 생기는 효력을 일시 정지하고 장래에 향하여 처분이 없었던 것과 같은 상태를 만드는 것이다. 처분의 효력이 정지되면 처분의 집행이나 절차의 속행이 불가능하게 되는 것은 물론이며 처분의 존재를 전제로 하는 법률상의 관계가 전부 부정되는 것으로 된다. 예를 들면, 공무원의 면직처분의 효력이 정지되면 공무원은 이전의 지위를 회복한다.

② '처분의 집행'의 정지란 처분의 내용을 사실상으로 실현하기 위하여 행해지는 행정권에 의한 실력행사를 정지시키는 것, 즉 처분청이 행정상의 강제집행에 의하여 처분의 내용을 강제적으로 실현하는 것을 불가능하게 하는 것을 의미한다.

③ '후속절차'의 정지란 처분 자체의 효력은 유지하면서 그 처분의 존재를 전제로 하여 행해지는 후속처분을 하지 않게 하는 것이다. 예를 들면, 토지수용에서 사업인정의 고시에 대하여 후행절차가 정지되면 고시 자체는 유효하지만(따라서 토지의 현상유지의무는 발생한다.), 이후의 수용절차를 진행하는 것은 불가능하게 된다.

이 가운데 처분의 효력정지가 가장 효력이 강한 집행정지의 조치이므로 처분 등의 집행 또는 절차의 속행을 정지함으로써 목적을 달성할 수 있는 경우에는 허용되지 아니한다(同法 §23② 但書).

그리고 집행정지의 결정 또는 이것을 취소하는 결정은 제3자에 대하여도 효력을 가진다.

5. 집행정지결정의 효력

집행정지결정은 그 내용에 따라 처분의 효력, 처분의 집행 또는 절차의 속행의 전부 또는 일부를 정지시키는 효력을 발생한다.

1) 형성력

집행정지는 공정력을 바탕으로 한 처분 등의 구속력을 일시적으로 정지시킴으로써 당해 처분 등이 없었던 것과 같은 상태를 실현하는 것이므로, 그 범위 안에서는 형성력이 있다.

그러므로 집행정지결정에 어긋나는 내용의 행정행위는 중대하고 명백한 내용상의 하자로 인하여 무효가 된다.

2) 기속력

집행정지결정은 취소판결의 효력에 준하여 "그 사건에 관하여 당사자인 행정청과 관계행정청을 기속한다."(行訴法 §23⑥).

6. 집행정지결정에 대한 불복

집행정지결정 또는 그 기각결정에 대하여는 즉시항고를 할 수 있으나, 그것이 즉시항고의 대상인 정지결정의 집행을 정지하는 효력은 없다(同法 §23⑤ 後段).

7. 집행정지결정의 취소

집행정지결정을 한 후에, 그것이 공공복리에 중대한 영향을 미치거나 또는 정지사유가 없어진 때에는, 법원은 당사자의 신청 또는 직권에 의하여 결정으로써 집행정지결정을 취소할 수 있다(行訴法 §24①).

집행정지결정의 취소신청은 행정청이 할 것이다. 복효적 행정행위에 있어서 수익처분의 상대방(소송상으로는 제3자)도 취소신청을 할 수 있는가의 문제가 제기되는 바, 적극적으로 해석하여야 할 것이다.

집행정지결정의 취소결정에 대하여도 즉시항고를 할 수 있다(同法 §24②).

8. 담보부 집행정지제도

「행정소송법」개정안은 제3자에 대한 수익적 행정처분의 취소를 구하는 소송, 이른바 '제3자효 행정처분에 대한 소송'의 경우 제3자 보호를 위해 담보부 집행정지제도를 신설하였다.

담보부 집행정지제도란 이웃이 제3자에 대한 처분(예; 건축허가처분)의 취소를 구함과 동시에 집행정지를 신청하는 경우, 법원은 신청자로 하여금 담보를 제공하게 하고 제3자에 대한 처분(예; 건축허가처분)의 집행을 정지하도록 하는 제도를 말한다.

즉, 법원은 집행정지를 결정하는 경우 소송의 대상이 된 처분 등의 상대방에게 재산상 손해가 생길 우려가 있는 때에는 권리자를 지정하여 그 손해에 대한 담보를 제공하게 할 수 있다. 이 경우 권리자로 지정된 자는 그 담보물에 대해서 질권자와 동일한 권리를 가진다. 이 담보에 대해서는 「민사소송법」 제122조, 제124조부터 제126조까지를 준용한다.

Ⅲ. 假處分

1. 의 의

가처분이란 금전채권 이외의 특정물의 급여나 인도 등을 목적으로 하는 청구권의 잠정적인 보전을 내용으로 하는 제도를 말한다. 「행정소송법」은 침익적 처분에 대한 잠정적인 권리구제제도로서 소극적인 집행정지제도만을 두고 있다.

따라서 위법한 행정작용으로부터 국민의 권리구제를 위하여 가처분의 인정 여부가 논의되고 있다.

2. 인정가능성

1) 부정설

취소소송이 제기되더라도 원칙적으로는 당해 처분의 집행이 정지되지 아니하기 때문에 취소소송과 가처분은 서로 조화될 수 없는 성질의 것이다. 또 가처분이란 금전채권 이외의 특정물의 급여나 인도 등을 목적으로 하는 청구권의 보전방법이므로, 가처분은 피신청인에게 일정한 작위, 부작위, 급부 등을 명하고 이를 집행하도록 하는 것이 일반적인 바, 이를 인정한다는 것은 행정소송의 이행판결을 인정하는 것이 되므로 취소소송에는 「민사집행법」 중 가처분에 관한 규정은 적용되지 아니한다고 한다.

판례도 항고소송에 있어서는 「민사집행법」의 규정 중 가처분에 관한 규정은 준용할 수 없다고 한다(大判 1992.7.6, 92마54).

2) 긍정설

이행소송을 인정할 수 있다면 가처분에 관한 규정의 적용을 배제할 수 없으며, 특히 행정처분의 무효확인소송에서 무효인 행정처분은 처음부터 효력이 없어 공정력이 미칠 수 없으므로 가처분에 관한 「민사집행법」의 규정이 적용될 수 있다는 견해도 있다.

3. 결 론

「행정소송법」은 "이 법에 특별한 규정이 없는 사항에 대하여는 「민사집행법」을 준용한다."고 하고 있을 뿐 「민사집행법」의 가처분 규정을 배제하는지 여부에 관하여는 아무런 규정이 없다. 그러나 「행정소송법」이 집행정지의 특칙(行訴法 §23, §24)을 두고 있는 범위 내에서는 그 대상인 처분 등에 대하여는 가처분의 준용은 배제되어야 할 것이다.

그러나 다양한 소송유형을 고려하면, 집행정지제도에 의해서는 효율적인 권리구제를 할 수 없는 예외적인 경우에 가처분제도를 인정할 필요가 있다. 이와 같은 필요성은 취소소송은 물론 무효등확인소송이나 부작위위법확인소송에서도 인정된다.

또한 당사자소송의 경우에는 집행정지의 규정이 적용되지 아니하므로 「민사집행법」의 가처분규정이 준용되지 않을 이유가 없다. 따라서 행정처분과 관계없는 공법상의 금전채권에 대한 가처분 등은 이론상 가능하다고 하여야 할 것이다.

2013년 입법예고된 「행정소송법」 개정안은 수익적 행정처분에 대한 사전 권리구제절차에 흠결이 있어 이를 보완하기 위해 가처분제도를 도입하였다. 가처분제도는 특히 어업면허, 체류기간연장 등과 같은 기한부 처분에 대한 갱신처분을 거부할 경우에 권리구제의 실효성이 인정된다. 판결확정시까지 임시로 어업활동, 체류가 가능하도록 할 급박한 사정이 있는 경우에 가처분이 허용된다.

참고판례

▸ 거부처분에는 집행정지가 인정되지 않는다는 판례: 大判 1993.2.10, 92두72.

"사행행위영업허가의 효력은 유효기간 만료 후에도 재허가신청에 대한 불허가처분을 받을 때까지 당초 허가의 효력이 지속된다고 볼 수 없으므로 허가갱신신청을 거부한 불허처분의 효력을 정지하더라도 이로 인하여 유효기간이 만료된 허가의 효력이 회복되거나 행정청에게 허가를 갱신할 의무가 생기는 것도 아니라 할 것이니 투전기업소갱신허가불허처분의 효력을 정지하더라도 불허처분으로 입게 될 손해를 방지하는 데에 아무런 소용이 없고 따라서 불허처분의 효력정지를 구하는 신청은 이익이 없어 부적법하다."

第6. 行政訴訟의 終了

Ⅰ. 判決에 의하지 아니한 訴訟의 終了

행정소송도 민사소송과 마찬가지로 법원의 종국판결에 의하여 종료하는 것이 원칙이다. 그러나 특별한 경우에는 판결에 의하지 아니하고 종료하는 경우도 있다.

1. 소의 취하

원고의 소의 취하에 의하여 소송은 종료한다. 원고는 판결의 확정에 이르기까지는 언제라도 소를 취하할 수 있으며(民訴法 §266①), 판결의 확정전이면 종국판결이 있은 후라도 가능하다(同法 §267②). 그러나 피고가 본안에 관한 준비서면을 제출하거나 준비절차에서 진술하거나 변론을 한 후에 소를 취하할 때에는 피고의 동의가 필요하다(同法 §266②).

그러나 행정소송은 행정의 적법성을 담보하는 것이므로 원고가 임의로 소를 취하할 수 있는가에 대하여 의문이 없지 아니하나, 소의 제기가 국민의 자유에 맡겨지고 있으므로 소의 취하를 인정할 수 있다고 보아야 할 것이다.

2. 청구의 포기·인낙(認諾) 및 재판상 화해

행정소송에서도 민사소송에서와 마찬가지로 청구의 포기·인낙 및 재판상 화해가 허용될 것인가에 대하여는 학설상 다툼이 있다.

1) 긍정설

행정청에 실체법상의 재량이 인정되고 있는 경우에 그 범위 내에서는 청구의 포기·인낙 및 재판상 화해가 허용된다고 하여 제한적인 범위 내에서 이를 긍정하고 있다.

2) 부정설

행정청은 객관적으로 보아 먼저 공익에 적합한 판단을 하여야 하며 당사자의 합의 하에 임의로 서로의 주장을 양보하는 것은 허용되지 아니하므로 행정처분은 비록 재량이 허용된 범위 내에서도 재판상의 화해와는 친하지 않는 것으로 보아 행정소송에는 청구의 포기·인낙 및 재판상 화해가 인정되지 않는 것으로 본다.

3) 소 결

생각건대, 양 견해의 차이는 행정청의 재량이 인정되는 범위 내에서 청구의 포기·인낙 및 재판상 화해가 허용될 것인가에 관한 것이다. 가령 행정소송에도 청구의 포기·인낙 및 재판상 화해를 허용하게 되면 이것에 확정판결과 동일한 효력을 인정하게 된다. 그렇다면 문제는 이를 허용함에 있어서 행정처분의 내용이 재량권의 범위 내인가의 여부를 일단 살펴볼 필요가 있다.

그러나 이러한 심리절차는 현행법상 인정되고 있지 아니하며 행정처분의 내용은 법에 의하여 객관적으로 규율되어야 하므로 행정소송에 있어서는 기술적으로도 청구의 포기·인낙 및 재판상 화해가 허용되지 않는다고 보아야 할 것이다. 다만, 법원의 화해권고결정에 따른 화해 등 법령에 위반되지 않는 범위 내에서는 제한적으로 허용된다고 할 것이다.

3. 원고의 사망

행정소송은 원고가 사망한 경우로서 소송물인 권리관계의 성질상 이를 승계할 자가 없는 경우에는 원고의 사망에 의하여 당연히 소송이 종료되며, 법원은 그 뜻을 판결로 확인하여야 한다.

이에 반하여 피고인 행정청이 소멸한 경우에는 그 사무를 승계하는 행정청 또는 그 사무가 귀속하는 행정주체(국가 또는 공공단체)가 소송을 승계하므로 소송이 종료되지 아니한다.

Ⅱ. 判決에 의한 訴訟의 終了

'판결'이라 함은 법원이 원칙적으로 변론을 거쳐 구체적인 행정소송사건에 대하여 법적 판단을 선언하는 행위이다.

행정소송의 판결은 민사소송의 판결과 성질상 다를 바가 없는 바, 판결선고의 기일·방식이라든가 판결서의 기재사항 등에 관하여 「민사소송법」의 규정이 준용된다(行訴法 §8②).

종국판결은 그 내용에 따라 소송판결과 본안판결로 나누어진다.

1. 소송판결

소송판결이라 함은 소가 소송요건을 갖추고 있지 않는 경우에 이를 부적법하다고 하여 각하하는 판결을 말한다. 이는 행정처분의 취소청구의 내용적 당부에 관하여 판단하는 것이 아니므로 계쟁처분의 적법성을 확정하는 것은 아니지만 소송요건의 흠결에 관해서는 기판력이 생긴다.

각하판결은 소가 처음부터 소송요건을 갖추고 있지 않는 경우에 행하여지는 것이 원칙이지만, 소가 제기된 후에 소송요건이 흠결된 경우(예를 들면, 계쟁처분이 취소되었기 때문에 소의 이익이 소멸한 경우)에도 행하여진다.

2. 본안판결

본안판결이라 함은 청구의 당부를 판단하는 판결로 청구인용·청구기각의 판결 외에 예외적으로 사정판결이 인정되고 있다.

1) 청구인용의 판결

원고의 청구가 이유있다 하여 그 청구의 전부 또는 일부를 인용하는 판결이다. 즉, 청구인용의 판결은 계쟁처분의 위법성을 인정하는 판결을 말한다. 이에는 다시 청구의 내용에 따라 확인판결·형성판결 및 이행판결로 나눈다.

(1) 확인판결

확인판결이라 함은 일정한 위법상태의 존재를 확인하는 판결이다. 행정처분의 무효확인을 구하는 소송에 대한 인용판결이 이에 해당한다.

다만 작위의무확인판결이나 부작위의무확인판결이 가능한 것인지에 대하여는 사법권의 한계를 이유로 소극적으로 보는 것이 통설이지만 행정소송의 사법작용성을 고려한다면 이를 긍정적으로 보아야 할 것이다.

(2) 형성판결

형성판결이라 함은 법원이 다툼이 된 처분 또는 재결과는 다른 내용의 법률관계를 형성하는 판결을 말한다. 법원이 유효한 처분을 취소하고 변경하는 판결이 이에 속한다. 이른바 취소소송에서의 인용판결이 이에 해당한다.

형성판결은 적극적 형성판결과 소극적 형성판결로 나눌 수 있는 바, 문제가 되는 것은 법원이 행정청에 대신하여 직접 일정한 행정처분을 하는 것을 내용으로 하는 적극적 형성판결이 가능한 것인가에 있다. 적극적 형성판결을 인정하는 견해도 있으나, 전통적인 견해와 판례는 소극적 형성판결만을 인정하고 있다.

(3) 이행판결

이행판결이라 함은 국가·공공단체 기타 행정청에 대하여 일정한 행위를 명하는 판결을 말한다. 당사자소송에서의 인용판결에서 일반적으로 볼 수 있는 예이다. 이러한 이행판결이 항고소송에서도 가능할 것인지에 대하여 적극적 형성판결을 부인하는 견해와 판례는 부정적이나 적극적 형성판결을 인정하는 견해는 긍정적이다.

2) 청구기각의 판결

원고의 청구가 이유없다 하여 이를 배척하는 내용의 판결이다. 계쟁처분에 원고가 주장하는 것과 같은 위법사유가 인정되지 않는 경우에 행하여지는 것이 원칙이나, 예외적으로 원고의 청구가 이유있는 경우(처분 등이 위법인 경우)에도 그 처분 등을 취소·변경함이 현저하게 공공복리에 적합하지 않다고 인정되는 때에는 청구를 기각하는 사정판결(行訴法 §28①)이 있다.

3) 사정판결

(1) 사정판결의 의의

사정판결은 원고의 청구가 이유있는 경우라도, 당해 처분 등을 취소·변경함이 현저하게 공공복리에 적합하지 아니하다고 인정하여 이유있는 원고의 청구를 기각하는 판결을 말한다(行訴法 §28①).

처분이나 재결에 취소사유인 하자가 있으면 당연히 취소판결을 하여야 하지만, 그러한 원칙을 일관하게 되면 이미 성립된 법률적 또는 사실적인 사회관계가 그 기초를 상실함으로써 공공복리에 크게 어긋날 뿐만 아니라, 위법한 처분 등으로 인하여 손해를 입은 사인에 대한 구제는 반드시 당해 처분 등의 취소만으로 이루어질 수 있는 것은 아니고, 손해의 배상, 제해시설(除害施設)의 설치 등의 방법으로 실질적인 권리구제가 이루어질 수도 있다. 사정판결제도는 이러한 점을 감안하여 개인의 권리구제를 염두에 두면서도, 보다 현저한 공익의 보장을 도모하기 위하여 극히 예외적으로 인정된 기각판결인 것이다.

(2) 사정판결의 요건

(가) 취소소송일 것

처분 등이 무효 내지 부존재이거나 부작위의 경우는 존치시킬 유효한 처분 등이 없으므로 무효등확인소송이나 부작위위법확인소송에 있어서는 사정판결이 인정되지 않는다.

이에 대하여 ① 무효와 취소의 구별이 상대적이라는 점, ② 사정판결제도가 분쟁해결의 화해적 기능을 갖기 때문에 반드시 원고에게 불이익하지만은 않다는 점, ③ 공익상 기성사실을 존중해야 할 경우가 있을 수 있다는 점 등을 들어 무효등확인소송에도 사정판결이 타당한 것으로 보는 견해가 있다.

그러나 「행정소송법」이 사정판결을 취소소송에 관해서만 규정하고(同法 §28) 그 규정의 무효등확인소송 및 부작위위법확인소송에 대한 준용을 인정하지 아니하였을 뿐만 아니라(同法 §38), 사정판결에 관하여 규정한 「행정소송법」 제28조 제1항에서 "처분 등을 취소하는 것이"라고 한 점을 보건대 사정판결은 취소소송에서만 인정되는 것으로 보는 것이 타당하다.

「행정심판법」은 무효등확인심판에는 사정재결을 명문으로 인정하지 아니한다(同法 §44③).

(나) 처분 등을 취소하는 것이 현저히 공공복리에 적합하지 아니하다고 인정할 것

'공공복리'란 개인의 이익과 대립되는 다수인의 이익, 즉 사회공공의 이익을 뜻한다. 그러나 사정판결은 이유있는 청구를 한 원고의 개인적인 이익의 희생을 바탕으로 공공복리의 실현상태를 유지하려는 취지의 극히 예외적인 것이므로, 원고의 청구를 인용하는 것이 현저히 공공복리에 적합하지 아니한 것인지의 여부는 적정한 이익형량에 의하여 구체적·개별적으로 판단되어야 한다(大判 2000.2.11, 99두7210).

이는 「행정소송법」에서 법원이 사정판결을 함에 있어서는 미리 "원고가 그로 인하여 입게 될 손해의 정도와 배상방법 그 밖의 사정을 조사하여야 한다."(同法 §28②)라고 규정하고 있음을 보더라도 명백하다.

4) 주장·입증의 책임

사정판결의 필요성은 피고인 행정청이 주장·입증하여야 하며, 그러한 주장과 입증이 없는 한 판결의 기초로 할 수 없다.

다만, 판례는 당사자의 명백한 주장이 없는 경우에도 일건 기록에 나타난 사실을 기초로 하여 법원이 직권으로 석명권을 행사하거나 증거조사를 하여 사정판결을 할 수 있다고 한다(大判 2001.1.19, 99두9674).

5) 사정판결의 효과

① 사정판결은 형식상 기각판결이므로 사정판결에 의한 패소자인 원고는 불복할 수 있음은 물론이다.

② 사정판결이 있은 경우의 소송비용은 원고의 청구가 이유있음에도 불구하고 그 청구를 기각한 것이므로 일반적인 소송비용부담의 경우와는 달리 승소자인 피고가 부담한다(行訴法 §32).

③ 사정판결은 당해 소송의 대상인 처분 등이 위법하되 그 처분 등을 취소·변경하지 아니하고 오히려 원고의 청구를 기각하는 것이므로 당해 처분 등으로 인하여 손해를 입은 경우의 손해배상청구라든가 당해 처분 등을 전제로 한 후속처분 등을 저지하기 위하여 당해 처분 등이 위법한 것임을 법적으로 확정할 필요가 있다. 「행정소송법」은 그러한 뜻에서 "이 경우 법원은 그 판결의 주문에서 그 처분 등이 위법함을 명시하여야 한다."(同法 §28① 後段)라고 하여, 사정판결의 주문에는 그 처분 등이 위법한 것이라는 뜻을 명기하도록 하였다.

6) 원고의 권익구제

사정판결의 경우에는 공공복리상태의 유지를 위하여 원고의 청구가 배척되더라도 당해 처분 등은 그대로 위법한 것이므로 그러한 위법한 처분 등으로 말미암아 입게 된 손해는 불법행위로 인한 손해로서 보전되어야 하고(憲法 §29①, 國賠法 §2), 손해의 발생 내지 확대를 막기 위한 제해시설의 설치 기타의 구제방법이 강구되어야 함은 당연한 일이다.

「행정소송법」 제28조 제3항은 "원고는 피고인 행정청이 속하는 국가 또는 공공단체를 상대로 손해배상, 제해시설(除害施設)의 설치 그 밖에 적당한 구제방법의 청구를 당해 취소소송 등이 계속된 법원에 병합하여 제기할 수 있다."라고 규정하고 있다.

참고판례

▸ 사정판결의 요건, 주장책임 등에 관한 판례: 大判 2001.1.19, 99두9674.

"행정처분이 위법한 경우에는 이를 취소하는 것이 원칙이고, 예외적으로 그 위법한 처분을 취소·변경하는 것이 도리어 현저히 공공복리에 적합하지 아니하는 경우에는 그 취소를 허용하지 아니하는 사정판결을 할 수 있고, 이러한 사정판결에 관하여는 당사자의 명백한 주장이 없는 경우에도 기록에 나타난 여러 사정을 기초로 직권으로 판단할 수 있는 것이나, 그 요건인 현저히 공공복리에 적합하지 아니한지 여부는 위법한 행정처분을 취소·변경하여야 할 필요와 그 취소·변경으로 인하여 발생할 수 있는 공공복리에 반하는 사태 등을 비교·교량하여 판단하여야 한다."

Ⅲ. 判決의 效力

취소소송의 판결의 효력으로는 민사소송에서의 판결의 일반적 효력인 기판력 외에도 기속력과 같이 취소소송에 특별히 인정되는 효력도 있다.

1. 기판력

1) 기판력의 의의

기판력이란 종국판결이 확정되었을 때 법원이 판결로써 판단한 사항에 대하여는 다시 법원에서 판단하지 못하는 것을 의미한다(民訴法 §216, §218). 즉, 취소소송의 판결이 확정되면 확정된 판단내용은 당사자 및 법원을 구속하여 후소(後訴)에서 당사자 및 법원은 동일소송물(請求)에 대하여 확정판결의 내용과 모순되는 주장·판단을 할 수 없는 바, 이러한 확정판결의 내용적 효력을 말한다. 실질적 확정력이라고 부른다.

예를 들면, 소유권확인소송에서 패소한 후 다시금 동일인이 사정의 변화없이 동일한 물건의 소유권확인을 법원에 청구하더라도 법원은 그 청구를 허용하지 아니한다.

2) 기판력의 취지

「행정소송법」은 이러한 의미에서의 기판력에 대하여 특별한 규정을 두고 있지는 않지만, 행정소송에 있어서도 기판력은 소송절차의 반복과 모순된 재판의 방지라는 법적 안정성의 요청에 따라 인정되고 있다. 따라서 당사자의 일방이 이미 판단된 사항에 대하여 반복하여 소를 제기한 경우에는 상대방은 기판사항(旣判事項)의 항변으로 각하를 청구할 수 있으며, 또 법원도 일사부재리의 원칙에 의하여 이를 각하하여야 한다.

3) 기판력의 타당범위

(1) 주관적 범위

취소소송의 기판력은 당사자 및 당사자와 동일시할 수 있는 자(당사자의 승계인)에게만 미치고, 제3자에게는 미치지 않는 것이 원칙이다. 원래 판결은 당사자 사이의 분쟁의 상대적·개별적인 해결을 위한 것이기 때문에 그 해결의 결과도 양

당사자를 상대적으로 구속시키는 것은 당연하나, 소송수행의 기회가 주어지지 아니하는 제3자에게 소송의 결과에 따를 것을 요구하는 것은 부당하기 때문이다. 그러나 항고소송의 피고는 권리주체가 아닌 처분행정청이므로, 피고인 행정청에 관하여는 그가 속하는 국가나 공공단체도 객관적 당사자로서 기판력이 미친다고 할 것이다.

(2) 객관적 범위

(가) 의 의

일반적으로 기판력은 소송물에 관한 판단에만 생기고, 그에 이르기까지의 전제문제에 관한 판단에는 생기지 않는 것이 원칙이다. 「민사소송법」에 규정된 바와 같이 기판력은 판결의 주문에 포함된 것에 한하여 발생한다(同法 §216①). 따라서 취소소송의 기판력도 판결의 주문에 표시된 소송물에 관한 판단에만 인정되고, 판결이유에 적시된 개개의 위법사유에 관한 판단에는 인정되지 아니한다(大判 1987.6.9, 86다카2756).

또한 기판력은 판결에서 나타난 법적 판단과 달리 상대방에게 불이익한 주장을 펴는 것을 금지하는 힘이기 때문에 당사자가 자신에게 불이익한 법률관계를 다시 새롭게 주장하는 것은 상관이 없다. 즉, 취소소송에서 기각판결이 있더라도 처분청이 스스로 이 처분을 위법이라고 인정하여 직권으로 이를 취소할 수 있다.

(나) 기판력과 국가배상청구소송과의 관계

취소소송의 기판력이 국가배상청구소송에서 어떠한 영향을 미치는가에 대하여 취소소송의 소송물을 처분의 위법성일반으로 보게 되면, ① 취소소송에서의 위법과 국가배상소송에서의 위법은 동일한 것이므로 기판력이 미친다는 견해, ② 취소소송에서의 위법과 국가배상소송에서의 위법은 서로 다른 개념으로 보아 기판력이 미치지 않는다는 견해, ③ 취소소송에서의 기각판결의 기판력은 국가배상청구소송에는 미치지 않는다는 견해 등이 있다.

다만 취소소송의 소송물을 처분 개개의 위법성 사유로 보면 기판력은 개개의 위법성 사유에 한정되기 때문에 청구기각의 판결의 경우 원고는 후소인 국가배당청구소송에서 전소인 취소소송에서 주장한 것과 다른 위법사유를 주장할 수 있다.

생각건대 취소소송의 소송물은 계쟁행정처분의 위법성 유무이기 때문에 인용판결(取消判決)의 경우에는 기판력에 의하여 당해 처분의 위법성이 확정된다. 행정청은 당해 처분의 위법을 이유로 하는 국가배상청구소송 등에 있어서 처분이 적법이었음을 주장할 수 없다.

마찬가지로 기각판결의 경우에도 당해 처분이 위법이 아니었음이, 즉 적법임이 기판력에 의하여 확정된다. 그러므로 다른 위법사유를 주장하여 다시 처분의 취소를 청구하거나 국가배상청구소송을 제기하는 것은 허용되지 않는다. 이러한 효력을 '판결의 차단효(遮斷效)'라고 부른다.

(3) 시간적 범위

기판력은 사실심의 변론종결시를 기준으로 하여 발생한다. 즉, 당사자는 사실심의 변론종결시까지 사실자료를 제출할 수 있고, 종국판결도 그때까지 제출한 자료를 기초로 한 것이기 때문에, 그 시점을 기준으로 하여 기판력이 발생한다. 기판력은 이와 같이 변론종결시의 법률관계나 법률상태의 당부 또는 존부의 판단에만 생기므로, 변론종결시 이후의 권리관계까지를 확정하는 것은 아니다. 이와 같이 기판력의 범위를 한정하는 것이 기판력의 시간적 범위에 관한 문제이다.

2. 형성력

1) 형성력의 의의

행정처분을 취소하는 판결이 확정되면 당해 처분의 효력은 소급적으로 소멸하여 처음부터 당해 처분이 없었던 것과 동일한 상태를 초래한다. 이러한 효과를 가리켜 취소판결의 형성력이라고 한다.

취소소송은 형성소송이므로 취소판결은 당연히 형성력을 가지게 된다.

2) 재결주의와 형성력의 확장

취소판결의 형성력은 계쟁처분이 가지는 법적 효과를 소급하여 효력을 소멸시키는 데 있음이 원칙이지만, 재결주의가 취하여지고 있는 경우에 원처분이 위법이라는 이유로 판결에서 원처분을 지지한 재결(棄却裁決)이 취소된 경우에는 그 판결의 형성력은 원처분에도 미쳐 원처분도 당연히 효력을 상실한다. 이 경우 물론 기각재결이 절차상의 하자 기타 재결 고유의 하자로 인하여 취소된 경우에는 취소판결의 형성력은 재결에만 미치고 원처분에는 미치지 아니함은 물론이다. 이러한 때에는 일반원칙에 따라 재결청은 하자없는 방법으로 다시 재결을 하여야 할 구속을 받는다.

3) 형성력과 제3자효

(1) 제3자효의 의의

「행정소송법」은 “처분 등을 취소하는 확정판결은 제3자에 대하여도 효력이 있다.”고 규정하여(同法 §29①), 취소판결의 효력이 당해 소송의 당사자에만 미치는 것이 아니라 소외(訴外)의 이해관계인인 제3자에 대하여도 미친다는 것을 명확히 하고 있다. 이와 같이 취소판결의 형성력이 제3자에게도 미치는 것을 일반적으로 취소판결의 대세적 효력 또는 제3자효라고 부른다.

제3자효는 취소판결 뿐만 아니라 무효등확인소송 및 부작위위법확인소송 등과 같은 항고소송 일반에 있어서의 인용판결에 대하여도 인정된다(同法 §38).

(2) 제3자의 범위

「행정소송법」이 취소판결의 효과가 미치는 제3자의 범위에 대하여는 명확하게 규정하고 있지 않기 때문에 그 범위를 둘러싸고 해석상 문제가 있다.

① 취소판결의 효과인 형성력이 미치는 제3자로서 전혀 다툼이 없는 자는 원고와 대립관계에 있는 제3자이다. 전형적인 예로서 토지의 수용재결취소판결의 사업시행자, 농지매수처분 취소판결에 있어서의 농지매도처분의 상대방 등을 들 수 있다.

만약 이들에 대하여 취소판결의 효과가 미치지 않는다면 사업시행자들에 대하여 원고가 토지를 인도하고 소유권확인을 구하더라도 자신들은 수용재결 등의 효력은 존속하고 있다는 항변을 받게 되어, 분쟁의 합리적 해결을 도모할 수 없게 된다.

② 제3자효의 문제는 아니지만 부수적인 문제로서 소송외의 제3자도 취소판결의 혜택을 당연히 받게 되는 경우가 생긴다. 이 문제는 취소소송의 중지기능과 관련되는 것인 바, 원자로설치허가의 취소소송의 취소판결이나 건축허가취소소송의 취소판결로 인하여 당해 시설의 설치행위, 건축행위를 할 수 없게 되면, 이로 인한 사실상의 효과를 소송외의 부근주민들이 당연히 받게 된다.

③ 이익을 공유하고 있는 제3자가 포함되는가의 문제가 있다. 예를 들면, 원고가 공공요금의 인상에 대한 인가처분의 취소소송을 제기하여 승소한 경우에 원고 이외의 사람들에게 미치는가 하는 문제이다.

취소소송의 목적을 소를 제기한 원고의 개인적 권리・이익의 회복에 그쳐야 한다고 보면 원고 이외의 자에 대하여는 판결의 효과가 미치지 않는다고 보아야 한다고 견해도 일리가 없는 것은 아니나, 이러한 종류의 소송이 필연적으로 대표소송적 성격을 가진 점 또는 획일적 처리를 가능하게 한다는 점 등에 비추어 보건대, 「행정소송법」 제31조의 제3자 범위에는 이러한 이익을 공유하는 제3자까지도 포함한다고 보는 것이 타당할 것이다.

(3) 제3자의 소송참가와 재심제도

취소판결의 효과가 미치는 제3자는 오로지 그 결과만을 감수하여야 하는 바, 이는 절차상 문제가 되기 때문에 「행정소송법」은 당해 소송의 결과에 따라 권리・이익의 침해를 받을 제3자의 소송참가(同法 §16, §17)와 제3자의 재심제도(同法 §31)를 규정하였다.

(가) 제3자의 소송참가

취소소송에서의 인용판결은 위에서 본 바와 같이 소송 외의 제3자에 대하여도 그 효력이 미치는 것이므로(同法 §29①), 「행정소송법」은 소송에 관여하지 아니한 제3자가 불측의 손해를 입지 않도록 하기 위하여 제3자의 소송참가와 행정청의 소송참가를 인정하고 있다(同法 §16, §17).

(나) 제3자에 의한 재심청구

취소판결의 효과를 받는 제3자로서 자기에게 귀책사유없이 소송에 참가하지 못하는 경우도 있을 수 있다. 따라서 「행정소송법」은 취소소송에 대한 인용판결이 확정된 뒤에도 제3자는 당해 확정판결로 인한 권익의 침해를 주장할 수 있도록 제3자에 의한 재심청구를 특별히 인정하였다(同法 §31).

즉, 처분 등을 취소하는 판결에 의하여 권리 또는 이익의 침해를 받은 제3자는 자기에게 책임없는 사유로 소송에 참가하지 못함으로써 판결의 결과에 영향을 미칠 공격 또는 방어방법을 제출하지 못한 때에는 이를 이유로 확정된 종국판결에 대하여 재심의 청구를 할 수 있다(同法 §31). 재심청구를 할 수 있는 자, 즉 재심원고는 항고소송의 인용판결에 의하여 권리 또는 이익의 침해를 받은 제3자이며(同法 §31, §38), 재심사유로 자기에게 책임없는 사유로 소송에 참가하지 못하였을 것과, 판결의 결과에 영향을 미칠 공격 또는 방어방법을 제출하지 못하였을 것을 들 수 있다.

재심청구를 할 수 있는 기간은 당해 확정판결을 안 날로부터 30일, 판결이 확정된 날로부터 1년이며, 그 기간은 불변기간이다(同法 §31②③).

3. 기속력(羈束力)

1) 기속력의 의의 및 성질

(1) 기속력의 의의

처분 등을 취소하는 확정판결은 그 내용에 따라 당사자인 행정청과 관계행정청을 기속하는 바, 이를 판결의 기속력이라 한다. 구속력이라고도 한다.

「행정소송법」은 "처분 등을 취소하는 확정판결은 그 사건에 관하여 당사자인 행정청과 그 밖의 관계행정청을 기속한다."(同法 §30①)고 규정하여 당사자인 행정청과 관계행정청이 판결의 취지에 따라야 할 실체법상의 의무를 발생시키는 효력인 기속력을 법제화하여 원고의 구제의 실효를 기하고 있다.

이는 취소판결의 경우에만 한하지 아니하며 무효등확인소송과 부작위위법확인소송을 포함한 다른 항고소송 및 당사자소송의 판결에도 인정되는 효력이다(同法 §38, §44①).

(2) 기속력의 성질

(가) 기판력설

이 견해에 의하면 기속력은 기판력의 당연한 결과로서 확정판결이 있은 이상 판결을 받은 행정청은 그 이후에 동일한 당사자 사이의 동일한 사항을 처리함에 있어서 당해 판결이 위법이라고 확정한 판단을 존중하도록 기속하는 효력에 불과한 것이라고 한다.

(나) 특수효력설

이 견해에 의하면 기속력은 취소판결의 실효성을 담보하기 위하여 실정법에 의하여 부여된 특수한 효력으로서, 행정청이 판결의 취지에 따라 행동할 실체법상의 의무를 지게 하는 것이므로, 소송에서 후소(後訴)의 재판을 구속하여 모순된 재판을 금하는 기판력과는 구별되는 것이라고 한다.

(다) 소 결

기판력이란 소송의 대상(소송물)에 대한 법원의 판단내용에 관하여 당사자가 거듭 분쟁을 일으키는 것을 금지하는 소송법상의 효력임에 대하여, 기속력은 원고의 권리구제를 실질적으로 보장하기 위하여 「행정소송법」이 특별히 부여한 실체법적 효력으로 기판력과는 성질이 다른 특별한 효력으로 보아야 한다.

2) 기속력의 내용

「행정소송법」에서의 기속력은 소극적 측면에서는 '반복금지효'를 내용으로 하고, 적극적 측면에서는 '재처분의무'를 내용으로 하고 있다. 그리고 이론상 '원상회복의무'도 포함된다.

(1) 반복금지효

(가) 의 의

취소판결이 확정되면, 행정청은 동일한 사정 하에서 동일 이유에 기하여 동일인에 대하여 동일한 내용의 처분을 하여서는 아니된다는 반복금지효를 가진다.

(나) 내 용

기속력은 판결에 적시된 구체적 위법사유에 대한 효력이므로 처분이 형식·절차상의 위법을 이유로 취소된 경우에 있어서는, 행정청은 위법한 형식·절차를 적법하게 갖추어 동일한 내용의 처분을 하거나 다른 위법사유를 이유로 동일한 처분을 할 수 있을 것이다(大判 1992.5.26, 91누5242).

(다) 범 위

반복금지효는 원고의 권리구제를 위한 효력이므로 청구인용판결, 즉 처분의 취소판결에만 인정되며, 기각판결에는 인정되지 아니한다.

(라) 위반의 효과

반복금지효에 위반하여 동일한 처분을 하는 경우, 그것은 당해 행위의 무효사유가 된다(大判 1989.9.12, 89누985).

(2) 재처분의무

재처분의무란 행정청이 판결의 취지에 따른 처분을 하여야 할 의무로서 거부처분의 경우와 절차위반의 경우로 구분된다.

(가) 거부처분취소에 의한 재처분의무

「행정소송법」 제30조 제2항은 "판결에 의하여 취소되는 처분이 당사자의 신청을 거부하는 것을 내용으로 하는 경우에는 그 처분을 행한 행정청은 판결의 취지에 따라 다시 이전의 신청에 대한 처분을 하여야 한다."고 규정하고 있다.

그러므로 ① 재처분은 당사자의 신청없이 하여야 하며, ② 재처분의 내용은 원고의 신청내용이 아니라 판결의 취지에 따라야 하므로, 기속행위의 경우에는 신청한대로 신청을 인용하는 처분을 하여야 하고, 재량행위의 경우에는 원고가 신청한 내용대로 하여야 하는 것은 아니므로 신청을 인용하거나 당초의 거부처분과는 다른 이유로 다시 거부처분을 할 수 있으며, ③ 행정소송의 사실심 변론종결 이후 발생한 새로운 사유를 이유로 거부처분을 할 수 있다.

(나) 절차위법으로 인한 취소에 의한 재처분의무

「행정소송법」 제30조 제3항은 "제2항의 규정은 신청에 따른 처분이 절차상의 위법을 이유로 취소되는 경우에 준용한다."고 규정하고 있다.

해당 처분이 오로지 절차상의 위법사유로 인하여 취소된 경우는 적법한 절차에 따라 처분을 하면 다시 원래의 신청이 인용될 수도 있기 때문에 절차위법으로 취소된 경우에도 재처분의무가 있다.

따라서 행정청은 판결의 취지에 따라 동일한 절차의 위법을 반복하지 아니하고 다시 처분을 하여야 한다. 이 경우 행정청은 적법한 절차에 따라 앞서 거부처분과 다른 새로운 거부처분을 할 수도 있다.

(3) 원상회복의무

원상회복의무란 행정청은 처분이 위법하여 취소된 경우에 당해 처분에 의해 초래된 위법상태를 제거하여야 할 의무를 말한다. '결과제거의무'라고도 한다.

원상회복의무는 명문의 규정은 없지만 국민의 권리구제의 실효성을 위하여 인정할 필요가 있다. 이와 관련하여 2013년 법무부의 개정안은 판결에 따라 취소되는 처분등이 이미 집행된 경우 당사자인 행정청과 그 밖의 관계행정청은 그 집행으로 인하여 직접 원고에게 발생한 위법한 결과를 제거하기 위하여 필요한 조치를 하도록 결과제거의무 규정을 신설하였다.

3) 기속력이 미치는 범위

(1) 주관적 범위

기속력이 미치는 주관적 범위는 당사자인 행정청뿐만 아니라 그 밖의 관계행정청이다(同法 §30① 참조). 관계행정청이란 취소된 처분 등을 기초로 하여 그와 관련되는 처분 등을 할 수 있는 행정청을 의미한다.

(2) 객관적 범위

기속력은 취소판결 등의 실효성을 도모하기 위하여 인정된 효력인 만큼 판결주문 및 그 전제가 된 요건사실의 인정과 효력의 판단에만 미치고, 판결의 결론과 직접 관계없는 방론(放論 ; obiter dictum)이나 간접사실의 판단에는 미치지 아니한다(大判 2001.3.23, 99두5238).

(3) 시간적 범위

기속력은 처분시까지의 법률관계 및 사실관계에만 미치고 그 이후에 발생한 사유에는 미치지 아니한다. 왜냐하면 처분의 위법 여부의 판단시점은 처분시이기 때문이다. 따라서 처분시 이후에 발생한 사유로 동일한 처분을 하여도 기속력에 반하는 것은 아니다.

참고판례

▸ 반복금지효와 재처분 : 大判 1992.5.26, 91누5242.

"행정처분의 절차 또는 형식에 위법이 있어 행정처분을 취소하는 판결이 확정되었을 때는 그 확정판결의 기판력은 거기에 적시된 절차 및 형식의 위법사유에 한하여 미치는 것이므로 행정관청은 그 위법사유를 보완하여 다시 새로운 행정처분을 할 수 있고 그 새로운 행정처분은 확정판결에 의하여 취소된 종전의 행정처분과는 별개의 처분이라 할 것이어서 종전의 처분과 중복된 행정처분이 아니다."

▸ 재처분의무의 내용에 관한 판례 : 大判 1999.12.28, 98두1895.

"행정청의 거부처분을 취소하는 판결이 확정된 경우에는 그 처분을 행한 행정청은 판결의 취지에 따라 이전의 신청에 대하여 재처분할 의무가 있고, 이 경우 확정판결의 당사자인 처분 행정청은 그 행정소송의 사실심 변론종결 이후 발생한 새로운 사유를 내세워 다시 이전의 신청에 대하여 거부처분을 할 수 있으며, 그러한 처분도 이 조항에 규정된 재처분에 해당한다."

▸ 기속력의 객관적 범위 : 大判 2001.3.23, 99두5238.

"행정소송법 제30조 제1항에 의하여 인정되는 취소소송에서 처분 등을 취소하는 확정판결의 기속력은 주로 판결의 실효성 확보를 위하여 인정되는 효력으로서 판결의 주문뿐만 아니라 그 전제가 되는 처분 등의 구체적 위법사유에 관한 이유 중의 판단에 대하여도 인정되고, 같은 조 제2항의 규정상 특히 거부처분에 대한 취소판결이 확정된 경우에는 그 처분을 행한 행정청은 판결의 취지에 따라 다시 처분을 하여야 할 의무를 부담하게 되므로, 취소소송에서 소송의 대상이 된 거부처분을 실체법상의 위법사유에 기하여 취소하는 판결이 확정된 경우에는 당해 거부처분을 한 행정청은 원칙적으로 신청을 인용하는 처분을 하여야 하고, 사실심 변론종결 이전의 사유를 내세워 다시 거부처분을 하는 것은 확정판결의 기속력에 저촉되어 허용되지 아니한다."

4. 간접강제 – 집행력 –

1) 의 의

'집행력'이란 민사소송에서 강제집행을 할 수 있게 하는 확정판결의 효력을 말한다. 「행정소송법」은 의무이행소송을 도입하고 있지 않기 때문에 강제집행의 문제가 생길 여지가 없지만, 재처분의무의 실효성을 담보하기 위하여 민사소송의 경우에 준하여(民執法 §261) 간접강제제도를 도입하고 있다.

2) 간접강제

행정청이 취소판결의 취지에 따른 처분을 하지 않는 경우에 제1심 수소법원은 당사자의 신청에 의하여 결정으로써 처분을 하여야 할 상당한 기간을 정하고, 행정청이 그 기간 내에 처분을 하지 않는 때에는 그 지연기간에 따라 일정한 배상을 할 것을 명하거나, 즉시 손해배상을 할 것을 명할 수 있도록 하고 있다(行訴法 §34①). 이 경우 「행정소송법」 제33조를 준용하여 배상명령의 효력이 피고인 행정청이 소속하는 국가 또는 공공단체에도 미치게 하여 그 집행의 실효성을 보장하고 또한 「민사집행법」 제262조(채무자의 심문)를 준용하여 행정청을 심문하도록 하고 있다(同法 §34②). 이러한 간접강제제도는 부작위위법확인소송에도 준용되고 있다(同法 §38②). 「행정소송법」은 무효확인소송에 대해서는 준용규정을 두고 있지 않은 바, 학설상으로는 입법상의 불비로 보아 긍정하는 견해가 다수이나 판례는 소극적이다(大決 1998. 12.24, 98무37).

입법론으로는 의무이행소송을 도입하여 문제를 해결하는 것이 합리적이라 할 것이다.

Ⅳ. 判決의 不服과 違憲判決의 公告

1. 상고 등

행정법원 및 고등법원의 판결에 불복하는 자는 고등법원 및 대법원에 항소 및 상고할 수 있다.

2. 재 심

1) 의 의

확정된 종국판결에 일정한 사유가 있으면(재심사유; 民訴法 §451①) 판결법원에 재심을 청구할 수 있다.

이에는 당사자가 제기하는 일반적인 재심과 제3자가 제기하는 재심이 있다. 행정소송에서는 판결의 형성력으로 인하여 제3자의 재심이 필요하다.

2) 제3자의 재심

취소소송의 확정판결은 제3자에 대하여도 효력이 있으므로(行訴法 §29①), 그에 따라 제3자의 권리가 부당하게 침해될 우려가 있다. 따라서 「행정소송법」은 제3자의 소송참가제도를 규정하는 동시에(同法 §16) 자기에게 책임없는 사유로 인하여 소송에 참가하지 못함으로써 판결의 결과에 영향을 미칠 공격 또는 방어방법을 제출하지 못한 제3자의 권리를 보호하기 위하여, 확정된 종국판결에 대한 제3자의 재심청구를 인정하였다(同法 §31).

제3자에 의한 재심청구는 제3자의 권리・이익의 보호를 목적으로 하고, '권리 또는 이익이 침해된 자'는 법률상 이익이 침해된 자를 의미하고, 반사적 이익이 침해된 경우는 제외된다. 이때 재심의 청구는 확정판결이 있음을 안 날로부터 30일 이내, 판결이 확정된 날로부터 1년 이내에 제기하여야 하며 이 기간은 불변기간이다(同法 §31②③).

3. 위헌판결의 공고

행정소송에서 대법원의 판결에 의하여 명령・규칙이 헌법 또는 법률에 위반되는 것으로 확정된 경우에, 대법원은 지체없이 그 사유를 안전행정부장관에게 통보하여야 하며, 통보를 받은 안전행정부장관은 지체없이 이를 관보에 게재하여야 한다(同法 §6①②).

각급 법원과 대법원은 명령・규칙이 헌법이나 법률에 위반되는지 여부에 대한 심사권을 갖고 있지만(憲法 §107②), 이것은 간접적 통제에 그치는 것인 바, 명령 또는 규칙이 헌법이나 법률에 위반되는 것으로 판단되는 경우에도 법원으로서는 당해 사건에서 이를 적용하지 아니함에 그치고, 당해 명령・규칙의 법적 효력에는 영향이 없다. 위헌・위법의 확정은 명령・규칙의 폐지가 아니라, 적용의 거부인 만큼 일선 행정기관에서 여전히 이를 적용할 가능성이 있기 때문에 법원에 의하여 위헌・위법인 것으로 판단된 명령 또는 규칙을 공고하여 일반인에게 공지시키는 것은 실질적 의의가 매우 크다.

第7. 訴訟費用

Ⅰ. 訴訟費用負擔原則

1. 의 의

행정소송의 비용은 「민사소송법」의 일반원칙에 따라 패소자가 부담하며, 원고의 청구가 일부인용된 판결의 경우에는 각 소송당사자가 분담하는 것이 원칙이다(民訴法 §98, §101, 行訴法 §8②). 다만, 원고의 청구가 사정판결로 기각되거나(行訴法 §28), 행정소송사건의 계속 중에 행정청의 처분 등을 취소 또는 변경함으로 인하여 청구가 각하 또는 기각된 때에는 형식상 승소자인 피고가 그 소송비용을 부담한다(同法 §32). 이는 사정판결의 경우나 소송의 목적물인 처분 등을 취소 또는 변경함으로써 원고의 청구가 각하 또는 기각된 경우에는 형식적으로는 원고의 패소임에도 불구하고 실질적으로 원고의 청구가 그 한도 내에서 인용된 승소와 다름없는 것이므로 공평의 요구에 따라 원고승소의 경우에 준하여 소송비용을 피고의 부담으로 하게 한 것이다. 국가의 기관위임사무에 속하는 처분에 대하여 패소한 경우에는 사무수행자가 비용을 부담하게 된다.

한편 소를 취하한 경우에는 취하한 자가 부담하고, 재판상 화해의 경우에는 합의가 없는 한 분담하여야 할 것이다.

또 기간의 경과로 소의 이익이 소멸하여 소가 각하된 경우에는 계쟁처분이 위법임을 나타내는 특별한 사유가 있을 때에는(예컨대, 원심에서 처분이 위법으로 인정된 경우 등) 소송비용은 행정청측이 부담하여야 하지만, 그 이외의 경우는 원고의 부담이 될 수밖에 없다.

2. 변호사비용

종전에는 변호사비용은 패소에도 불구하고 당사자가 각각 부담하는 것으로 되어 있었으나, 「민사소송법」의 개정(신설)으로 변호사비용은 대법원규칙으로 정하는 금액의 범위 안에서 이를 소송비용으로 하도록 하였다(民訴法 §109의2①).

이는 국민이 소권을 남용하여 이길 수도 없는 행정소송을 제기하여 국가나 공공단체에 불필요한 회계상의 지출을 초래하게 될 때에는 그 비용을 원고에게도 배상시키는 의미를 지닌다.

Ⅱ. 訴訟費用에 대한 判決의 效力

소송비용에 관한 재판이 확정된 때에는 피고 또는 참가인이었던 행정청이 소속하는 국가 또는 공공단체에 그 효력을 미치도록 하였는 바(同法 §33, §38), 항고소송은 소송수행의 편의를 위하여 피고를 행정청으로 하고 있어(同法 §13, §38) 소송비용에 대한 재판이 확정되면 피고인 행정청에 대해서만 효력이 발생하는 것이 원칙이나, 그렇게 되면 권리주체인 국가 또는 공공단체에 대하여 집행할 수 없기 때문에, 특칙을 두어 행정청을 피고로 하는 소송의 소송비용부담에 관한 재판의 효력을 권리주체인 국가 또는 공공단체에 대하여 미치게 하여 집행할 수 있도록 한 것이다.

소송비용에 관한 재판을 독립하여 상소의 대상으로 하지 못한다(民訴法 §391).

第 3 節 違憲法令審査와 憲法訴願

Ⅰ. 違憲法令審査

1. 위헌법률심사

1) 의 의

「헌법」 제107조 제1항은 "법률이 헌법에 위반되는 여부가 재판의 전제가 된 경우에는 법원은 헌법재판소에 제청하여 그 심판에 의하여 재판한다."고 규정하고 있다. 그러므로 구체적 사건을 전제로 하지 아니하는 이른바 '추상적 규범통제'는 허용되지 아니한다

법률의 위헌여부심판은 당해 사건을 담당하는 법원이 직권 또는 당사자의 신청에 의한 결정으로 제청되면 헌법재판소가 담당한다(憲法 §111① ⅰ).

2) 절 차

법원의 제청은 ① 제청법원의 표시, ② 사건 및 당사자의 표시, ③ 위헌이라고 해석되는 법률 또는 법률의 조항, ④ 위헌이라고 해석되는 이유, ⑤ 기타 필요한 사항을 기재한 제청서로 하되, 하급법원의 제청서는 대법원을 경유하여 헌법재판소에 송부한다(憲裁法 §43, §41⑤).

법률의 위헌여부심판에 대한 제청의 신청이 법원에 의하여 기각된 때에는 당사자는 헌법소원심판을 헌법재판소에 직접 청구할 수 있다(同法 §68②).

3) 위헌결정의 효력

(1) 기속력

법률의 위헌결정이 있을 때에는 그 결정은 법원 기타 국가기관과 지방자치단체를 구속하는 기속력이 생긴다(同法 §47①).

(2) 재심사유

법률의 위헌여부심판을 당사자가 직접 헌법재판소에 청구하여(同法 §68②) 인용된 경우 이미 관련 소송사건이 확정되었으면 당사자는 재심을 청구할 수 있으며(同法 §47③), 재심의 경우 형사사건에 대하여는 「형사소송법」, 그 외의 사건에는 「민사소송법」의 규정을 준용한다.

(3) 장래효와 소급효

(가) 원 칙

「헌법재판소법」 제47조 제2항은 위헌으로 결정된 법률 또는 법률조항이 그 결정이 있은 날로부터 효력을 상실한다고 규정하여 이른바 장래효주의를 채택하고 있다. 다만, 형벌에 관한 법률 또는 법률조항은 소급하여 그 효력을 상실한다(同法 §47②).

(나) 제한적 소급효

대법원은 이 장래효원칙의 예외로서, 처음에는 법원의 제청 또는 헌법소원의 청구 등을 통하여 헌법재판소에 법률의 위헌결정을 위한 계기를 부여한 구체적인 사건, 즉 당해 사건에 대하여는 소급효를 인정해야 한다는 견해를 표명한 바 있다(大判 1991.6.11, 90다5460; 大判 1991.6.28, 90누9346). 이후 이 예외적 소급효 범위를 확대하여, "위와 같은 경우의 당해 사건 뿐만 아니라, 위헌결정이 있기 전에 이와 동종의 위헌여부에 관하여 헌법재판소에 위헌여부심판제청이 되어 있거나 법원에 위헌여부심판제청 신청이 되어 있는 경우의 당해 사건과 별도의 위헌제청신청 등은 하지 아니하였으나 위헌여부가 쟁점이 되어 법원에 계속 중인 모든 일반사건에까지 확대하는 것이 타당하다."고 하여(大判 1992.2.14, 91누1462), 소급효의 범위를 확대하였다.

또한 위헌결정 이후에 제소된 일반사건에 대하여서도 소급효를 인정하여도 법적 안정성과 기득권자의 이익을 해할 사안이 아닌 경우로서 소급효의 부인이 오히려 정의와 형평 등 헌법적 이념에 배치될 때에는 소급효를 인정할 수 있다는 것이 헌법재판소와 대법원의 태도이다(憲裁決 1993.5.13, 92헌가10, 91헌바7, 92헌바24, 92헌바50; 大判 1993.1.15, 91누5747).

참고판례

▸ 위헌결정의 소급효

① 大判 1993.1.15, 91누5747.

"헌법재판소의 위헌결정의 효력은 위헌제청을 한 당해 사건, 위헌결정이 있기 전에 이와 동종의 위헌 여부에 관하여 헌법재판소에 위헌여부심판제청을 하였거나 법원에 위헌여부심판제청신청을 한 경우의 당해 사건과 따로 위헌제청신청은 아니하였지만 당해 법률 또는 법률의 조항이 재판의 전제가 되어 법원에 계속중인 사건뿐만 아니라 위헌결정 이후에 위와 같은 이유로 제소된 일반사건에도 미친다."

② 憲裁決 1993.5.13, 92헌가10, 91헌바7, 92헌바24, 92헌바50(병합).

"헌법재판소에 의하여 위헌으로 선고된 법률 또는 법률의 조항이 제정 당시로 소급하여 효력을 상실하는가 아니면 장래에 향하여 효력을 상실하는가의 문제는 특단의 사정이 없는 한 헌법적합성의 문제라기 보다는 입법자가 법적 안정성과 개인의 권리구제 등 제반이익을 비교형량하여 가면서 결정할 입법정책의 문제인 것으로 보인다. 우리의 입법자는 헌법재판소법 제47조 제2항 본문의 규정을 통하여 형벌법규를 제외하고는 법적 안정성을 더 높이 평가하는 방안을 선택하였는바, 이에 의하여 구체적 타당성이나 평등의 원칙이 완벽하게 실현되지 않는다고 하더라도 헌법상 법치주의의 원칙의 파생인 법적 안정성 내지 신뢰보호의 원칙에 의하여 정당화된다 할 것이고, 특단의 사정이 없는 한 이로써 헌법이 침해되는 것은 아니라 할 것이다.

그렇지만 효력이 다양할 수밖에 없는 위헌결정의 특수성 때문에 예외적으로 부분적인 소급효의 인정을 부인해서는 안될 것이다. 첫째, 구체적 규범통제의 실효성의 보장의 견지에서 법원의 제청·헌법소원 청구 등을 통하여 헌법재판소에 법률의 위헌결정을 위한 계기를 부여한 당해 사건, 위헌결정이 있기 전에 이와 동종의 위헌여부에 관하여 헌법재판소에 위헌제청을 하였거나 법원에 위헌제청신청을 한 경우의 당해 사건, 그리고 따로 위헌제청신청을 아니하였지만 당해 법률 또는 법률의 조항이 재판의 전제가 되어 법원에 계속(係屬) 중인 사건에 대하여는 소급효를 인정하여야 할 것이다. 둘째, 당사자의 권리구제를 위한 구체적 타당성의 요청이 현저한 반면에 소급효를 인정하여도 법적 안정성을 침해할 우려가 없고 나아가 구 법에 의하여 형성된 기득권자의 이득이 해쳐질 사안이 아닌 경우로서 소급효의 부인이 오히려 정의와 평등 등 헌법적 이념에 심히 배치되는 때에도 소급효를 인정할 수 있다. 어떤 사안이 후자와 같은 테두리에 들어가는가에 관하여는 본래적으로 규범통제를 담당하는 헌법재판소가 위헌선언을 하면서 직접 그 결정주문에서 밝혀야 할 것이나, 직접 밝힌 바 없으면 그와 같은 경우에 해당하는가의 여부는 일반법원이 구체적 사건에서 해당 법률의 연혁·성질·보호법익 등을 검토하고 제반이익을 형량해서 합리적·합목적적으로 정하여 대처할 수밖에 없을 것으로 본다."

2. 위헌명령심사

1) 의 의

「헌법」은 법률의 위헌심사권을 헌법재판소에 맡겼으나(憲法 §107①, §111①ⅰ, §113①), 명령·규칙·처분의 구체적 위헌 내지 위법심사권을 최종적으로 대법원에 부여함으로써(同法 §107②), 형식적으로 법령의 위헌심사권자를 이원화하였다.

2) 헌법재판소의 위헌명령심사권의 문제

명령·규칙의 심사권의 소재가 ① 대법원에 있다는 견해와, ② 헌법재판소에 있다는 견해가 대립된다.

이 문제와 관련하여 헌법재판소는 "헌법 제107조 제2항이 명령·규칙에 대하여는 대법원에 최종적 심사권이 있다고 규정하고 있지만, 이는 구체적인 소송사건에서 명령·규칙의 위헌 여부가 재판의 전제가 되었을 경우에 대법원이 이를 헌법재판소에 제청할 것 없이 심사할 수 있다는 의미에 불과하고, 이 규정 때문에 헌법재판소의 명령·규칙의 위헌 여부에 대한 판단권이 배제되는 것이 아니다."라는 것을 이유로 "법무사법시행규칙(1988.2.26, 대법원규칙 제1108호) 제3조 제1항은 헌법에 위반된다."고 판시하였다(憲裁決 1990.10.15, 89헌마178).

국가의 헌법해석에 대한 통일을 기한다는 차원에서 분열을 막고 명령·규칙에 대한 헌법재판소의 일반적 관할권을 당연한 전제로 유보하면서, 헌법재판소도 「헌법재판소법」 제68조 제1항 단서의 이른바 보충성원칙에 따라 원칙적으로 법원의 판단에 맡기는 것이 적절하다.

Ⅱ. 憲法訴願審判

1. 의 의

헌법소원제도는 국가공권력의 남용으로부터 헌법상 보장된 국민의 기본권을 보호하는 헌법재판제도이며, 가장 실효성있는 통치권력의 통제장치로서 기능한다(憲法 §111① ⅴ, 憲裁法 §68①).

2. 심판청구의 요건

심판청구의 요건으로는 ① 헌법상 보장된 기본권을 침해하는 행위와 이로 인하여 침해받은 자가 있어야 하며(憲裁法 §68① 本文), ② 헌법소원에는 보충성의 원칙이 적용되므로 다른 법률에 구제절차가 있을 때는 그 절차를 모두 거쳐야만 청구할 수 있고(同法 §68① 但書), ③ 청구기간은 심판청구 사유가 있음을 안 날로부터 90일 이내에, 그 사유가 있은 날로부터 1년 이내이고, 다만 다른 법률에 의한 구제절차를 거친 경우에는 그 최종결정을 통지받은 날로부터 30일 이내이다(同法 §69①). 또한 위헌법률심판의 제청신청이 기각된 경우의 헌법소원심판청구는 기각된 날로부터 30일 이내에 청구하여야 한다(同條②). ④ 헌법소원심판의 청구서에는 청구인 및 대리인의 표시, 침해된 권리, 침해원인된 공권력의 행사 또는 불행사, 청구이유, 기타 필요한 사항을 기재하고, 대리인 선임을 증명하는 서류 또는 국선대리인 선임통지서를 첨부하여야 한다(同法 §71①③). ⑤ 위헌심사형 헌법소원심판청구(同法 §68②)의 경우에는 청구서에 청구인 및 대리인의 표시, 사건의 표시, 위헌이라고 해석하는 법률 또는 법률조항, 위헌이라고 해석되는 이유, 기타 필요한 사항을 기재하고, 대리인 관계서류를 첨부하여야 한다(同法 §71②③).

3. 심판절차

헌법소원심판은 재판관 3인으로 구성되는 '지정재판부'가 사전심사를 한 다음, 각하결정 또는 심판회부결정을 하고, 그 사실을 청구인 또는 피청구인 등에게 통지한다(同法 §72, §73).

헌법소원심판에 이해관계 있는 국가기관·공공단체·법무부장관은 심판에 관한 의견서를 제출할 수 있다(同法 §74).

4. 인용결정의 효력

헌법소원에 대한 본안심리의 결과 이유 있다고 하여 내리는 인용결정은 모든 국가기관과 지방자치단체를 기속하며(同法 §75③), 피청구인은 결정취지에 따라 새로운 처분을 할 의무를 진다(同條④).

헌법재판소는 인용결정서의 주문에서 기본권 침해의 원인이 된 공권력의 행사를 취소하거나 그 불행사가 위헌임을 확인할 수 있다(同條③).

판례색인

사항색인

ㅈ

저/자/약/력/

부산고등학교 졸업
서울대학교 법과대학 졸업
부산대학교 법학박사
부산대학교 법과대학 학장
부산대학교 대학원장
사법고시 · 행정고시 · 외무고시 · 지방고등고시위원 · 국가 및 지방 7급 및 9급
출제위원 · 국무총리행정심판위원 · 중앙행정심판위원 · 방송통신위원회행정심판위원 ·
행정자치부정책자문위원 · 법제처법령해석심의위원
한국비교공법학회 고문 · 한국공법학회 부회장
현) 부산대학교 법학전문대학원 명예교수

[저서]
행정법총론 〔공저〕 (삼영사, 2010)
행정구제법 〔공저〕 (삼영사, 2010)
환경법 〔공저〕 (삼영사, 법문사, 2004)

기본행정법 [제6판]

2011년 1월 30일 1판 1쇄 발행
2012년 2월 20일 2판 1쇄 발행
2013년 2월 25일 3판 1쇄 발행
2014년 2월 10일 4판 1쇄 발행
2015년 2월 25일 5판 1쇄 발행
2016년 8월 30일 6판 1쇄 발행

저 자 김 명 길
발행인 김 광 식
조 판 아 람 기 획

07285
발행처 서울특별시 영등포구 선유로3길 10, 617호
도서출판 **탑 북 스**
등 록 2009.12.21 제 2016-000101 호
전 화 02)365-2223 팩스 02)365-2224

정가 32,000 원
ISBN 979-11-87343-10-3-93360